KB169360

강대국 지정학

강대국 지정학

◄────── 세력균형을 통한 미국의 세계 전략 ──────►

니컬러스 존 스파이크먼 지음 | 김연지 김태중 모준영 신영환 옮김

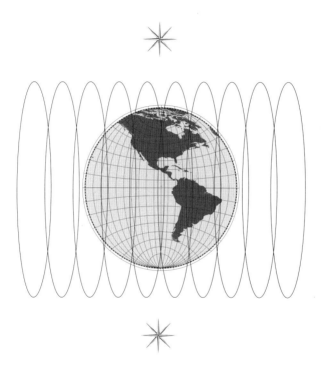

AMERICA'S STRATEGY IN WORLD POLITICS

The United States and the Balance of Power

글항아리

일러두기

· 이 책은 Nicholas J. Spykman, *America's Strategy in World Politics: The United States and the Balance of Power*, Harcourt Brace & Company, 1942를 완역한 것이다.

· 본문 하단 각주 가운데 '지은이'라고 표기된 것 외에는 모두 옮긴이 주다.

· 원서에서 이탤릭체로 강조한 것은 고딕체로 표시했다.

나치 팽창주의의 이론적 기반이 되었던 독일 지정학은 제2차 세계대전 이후 사라졌지만, 지리적 특징에 따라 세계를 구획하고 지역들 사이의 관계를 연구하는 지정학은 영국과 미국을 중심으로 꾸준히 발전되어왔다. 이런 영미 지정학을 확립한 학자 중 한 명인 니컬러스 스파이크먼(1893~1944)은 네덜란드의 암스테르담에서 태어났다. 1916년부터 1920년까지 중동과 극동에서 특파원으로 활동하다가 1920년 미국으로 이주했다. 이후 버클리대학에서 사회학 전공으로 학사, 석사, 박사 학위를 취득한 후 모교에서 정치학과 사회학을 가르쳤다. 1925년 예일대학으로 자리를 옮겨 예일대학 국제문제연구소YIIS를 설립했으며, 그곳에서 자신의 지정학을 발전시켰다.

그는 1930년대 후반부터 지리와 세계 정치에 관한 논문을 썼고 두 권의 명저를 남겼다. 1942년 이 책이 발간되었고, 그가 암으로 사망한 1944년에 강의 자료를 바탕으로 림랜드 이론을 정리한『평화의 지리학The Geography of the Peace』이 동료들에 의해 출간되었다.

제2차 세계대전이 한창이던 1942년에 발표된 이 책은 스파이크먼이 지정학을 바탕으로 미국이 취해야 할 외교정책 및 세계 전략을 제시한 것이다. 지정학의 본질은 국제관계를 지리적 요인과 국가 간 힘의 상호작용을 통해 분석하고 이해하는 것이며, 그 목적은 학문적 성과를 내는 데 그치지 않고 현실 정책의 길잡이가 되는 것이다. 이 책이 바로 그런 지정학 연구의 본보기라 할 수 있다.

1939년 9월 1일 나치 독일이 폴란드를 침공하면서 제2차 세계대전이 시작되었지만, 처음에 미국은 중립법으로 전쟁 개입을 거부하는 듯했고, 나중엔 무기대여법을 통해 간접적으로만 연합국을 돕고자 했다. 그러다 1941년 12월 7일 일본이 진주만을 공습하고 나서야 미국은 완전한 교전국이 되었다. 이것은 미국의 외교정책 역사에서 언제나 있어왔던 '고립 대對 개입' 논쟁에서 처음엔 고립이 우세하다가 일본의 침공을 받은 후 개입을 지지하는 여론이 비등한 결과였다.

하지만 스파이크먼은 전쟁이 끝나면 고립주의가 다시 힘을 얻을 것을 우려했다. 고립주의자들은 아메리카 대륙에서 미국이 패권을 유지한다면 대서양과 태평양의 보호를 받으며 다른 대륙의 간섭 없이 지상 천국을 구축할 수 있을 거라 생각하고 있었다. 그래서 그는 이 책을 통해 미국이 주도하는 고립된 서반구란 환상일 뿐이며 미국의 국가 전략은 언제나 다른 대륙에 대한 '개입'이 되어야 한다는 것을 지리와 '힘의 정치Power Politics'의 관점에서 설파했다.

이 책에서 그는 전쟁 후의 상황을 구체적으로 전망하며 미국 외교정책의 가이드라인을 제시했다. 스파이크먼은 유라시아가 하나의 거대한 국가 또는 제2차 세계대전의 독일-일본 동맹과 같은 하나의 연합 세력에 의해 지배되지 못하도록 세력균형 상태를 유지해야 미국과 아메리카 대륙이 안전하며, 따라서 미국의 올바른 국가 전략은 유라시아 지역의 세력균형을 유지시키는 '균형자'가 되는 것이라고 보았다.

스파이크먼은 연합국이 전쟁에서 승리하면 분단 등을 통해 독일을 약화시켜야겠지만 서유럽에서 여전히 강한 국가로 남겨두어 소련에 대항하도록 해야 한다고 보았다. 또한 그는 지정학적 잠재력 측면에서 볼 때 미래 유라시아 동쪽에서 걱정할 요소는 일본이 아닌 중국이 될 것임을 예상하면서, 극동에서 세력균형이 유지되도록 미국이 일본과 손을 잡아야 한다고 주장했다. 실제 역사는 그의 예언과 조언대로 진행되었다. 중국의 위협을 마주하고 있는 오늘날의 미국에 필요한 정책 방향까지 예상했다는 점에서 그의 통찰력에 감탄하지 않을 수 없다.

1940년대 초에 저술된 이 책이 80여 년이 지난 지금까지 설득력을 갖는 이유는 무엇일까? 그것은 이 책이 전 세계 지역 및 주요 국가들의 지리적 특징, 힘의 관계, 정치와 경제의 상호 의존 등을 모두 분석해서 미래를 정확히 예측하고 이에 따른 정책을 제안했기 때문이다. 그리고 미국의 외교 전략 기조가 제2차 세계대전 이후 이 책이 제시한 가이드라인을 크게 벗어나지 않는 이유 역시 세계의 지리적 조건과 미국의 힘의 지위Power Position가 당시의 상황과 크게 바뀌지 않았기 때문이다.

그는 국가의 지리적 토대(크기, 천연자원, 지형 및 기후, 위치)가 국가의 잠재적 국력, 안보 전략 등에 다방면으로 영향을 미친다고 했다. 그렇기에 정책 결정자들은 지리적 요인에 의해 한정되는 선택지 내에서 정책을 골라야 하고, 그 정책은 각국이 가진 힘에 적절한 것이어야 한다. 그 요인을 무시하고 부적절한 정책을 추진하면 국가의 안전은 위태로워질 수밖에 없다.

누구든 자신이 국가 전략 입안자라고 상상해보자면, 사실 지정학에 입각해서 국가 전략을 수립한다는 것이 말만 쉬울 뿐 실제로 어디서부터 어떻게 시작해야 할지 막막하게 느껴질 것이다. 이 책은 그 방법을 정확하게 보여주고 있다. 총 16장에 걸쳐 세계 지역 및 국가들의 지리를 분석하고, 힘의 관계를 분석하고, 그 힘의 관계와 지리의 상호작용을 보여주며, 최악의 상황을 막기 위해 취해야 할 최선의 전략이 무엇인지를 단계적이고도 유기적으로 보여준다. 그래서 이 책은 내용 면에서뿐만 아니라 국가 전략을 세우는 방법을 알려준다는 측면에서도 중요하다. 이 책은 국가 전략 입안자를 위한 가이드북이자 바이블인 것이다.

번역은 스파이크먼의 지혜와 통찰력이 전달될 수 있도록 원문에 충실하고자 했다. 다만 1940년대에 저술된 책이라 현재의 상식에 비춰 이해하기 힘든 부분도 있고 지명이나 국적이 달라진 곳도 있다. 특히 라틴아메리카의 지리와 역사는 국제정치학자인 역자들에게도 생소한 것이 많아 수없이 지도와 백과사전을 뒤져야 했다. 이에 독자들의 이해를 돕고자 불가피하게 주석들을 추가하게 되었다. 지명에 대한 간단한 설명은 별도의 표기 없기 본문 내 괄호로 추가했다. 모쪼록 이 책을 통해 지정학에 기반을 둔 국제관계에 대한 이해의 폭과 깊이가 더해지기를 바란다.

김연지, 김태중, 모준영, 신영환

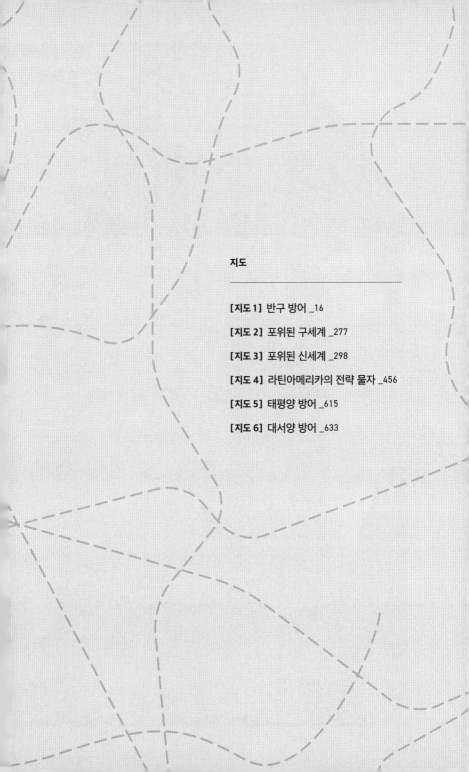

지도

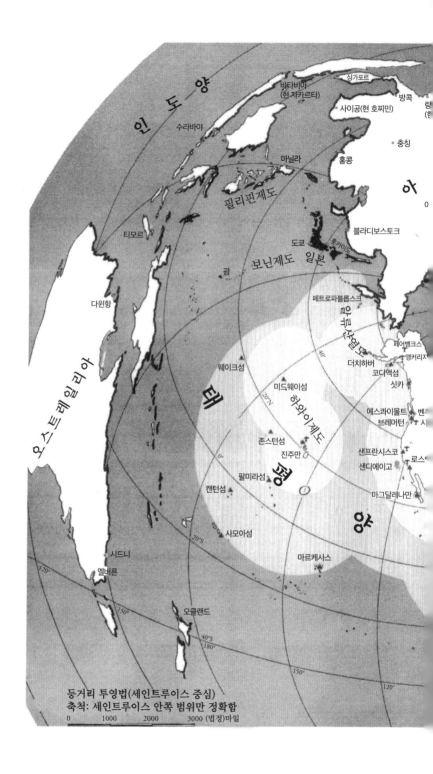

인 도 양

싱가포르

바타비아
(현 자카르타)

방콕

수라바야

사이공(현 호찌민)

충칭

아

마닐라

홍콩

필리핀제도

티모르

블라디보스토크

도쿄

홋카이도

보닌제도

일본

다윈항

괌

페트로파블롭스크

웨이크섬

페어뱅크스

앵커리지

미드웨이섬

40°

더치하버

코디액섬

20°N

하와이제도

싯카

에스콰이몰트

벤

브레머턴

존스턴섬

시

0°

진주만

샌프란시스코

태

캔턴섬

팔미라섬

로스

샌디에이고

마그달레나만

20°S

사모아섬

평

양

마르케사스

시드니

멜버른

120°

150°

오클랜드

40°S

180°

150°

120°

등거리 투영법(세인트루이스 중심)

축척: 세인트루이스 안쪽 범위만 정확함

0   1000   2000   3000 (법정)마일

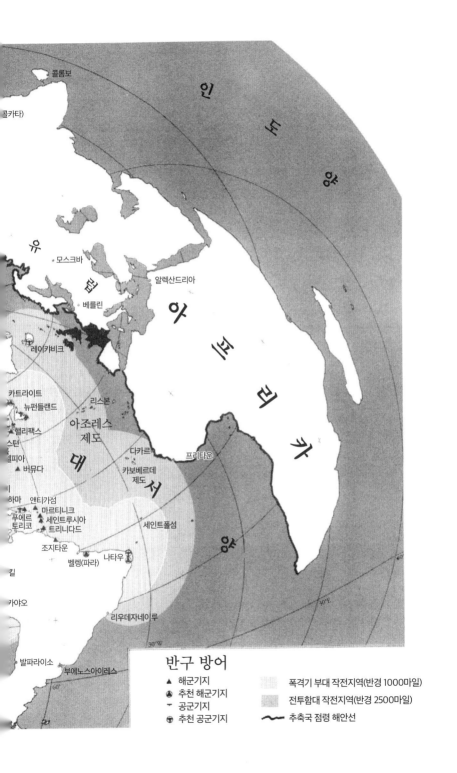

제1차 세계대전이 끝난 1918년 11월 이후 거의 25년이 지났다. 그리고 윌슨 대통령이 더 나은 국제질서에 대한 청사진을 세계의 정치가들에게 제시한 지 20년이 지났다. 당시 많은 사람은 그 청사진이 평화와 안보를 가져올 것이라고 믿었다. 그러나 세계는 다시 화마에 휩싸였다. 발전된 기술은 대량 살상을 위한 더 크고 더 우수한 기계들을 만들어냈다. 황폐화와 파괴는 다시 국가의 에너지가 집중되는 궁극적인 목표가 되었고, 인간의 생명은 국가적 목표 달성을 위해 또다시 대규모로 희생되고 있다. 또 다른 세계대전이 한창 진행 중이고 미국은 한 번 더 적극적인 참전국이 되어 있다.

미국은 진주만에 대한 일본의 공격 및 독일과 이탈리아의 선전포고로 완전히 전의에 불타올랐다. 그 공격은 하룻밤 사이에 주목할 만한 국가적 단결을 만들어냈고, 고립과 개입 중 미국을 위한 가장 바람직한 대전략은 무엇인가에 대한 논쟁을 잠시 중단시켰다. 고립 정책과 개입 정책은 미국의 안보와 이익을 보호하기 위한 두 가지 다른 프로그램을 대표했을 뿐만 아니라 이념적 견해와 정치적 공감에서도 큰 차이를 드러냈다. 고립주의자들의 주장은 항상 광범위한 사람들에게 강한 심리적, 정서적 호소력을 지녔다. 미국이라는 국가는 유럽에 등을 돌린 사람들과, 대부분 19세기에 구세계를 잊으려고 왔던 이민자들에 의해 만들어졌다. 그러나 그들을 불안하게 했던 그 대륙의 전쟁과 다툼은 그들이 바다를 건너와 미국에 사는 동안에도 계속 그들을 어지럽혔다. 유럽의 정치는 여전히 그들의 자유와 해방의 욕구를 좌절시켰다. 미국인들이 유럽에 대해 걱정할 필요가 없다는 주장은 이러한 뿌리 깊은 욕망에 대한 대답이다. 개입 정책의 가장 확고한 지지자들은 이상주의적 고려에서 영감을 받은 사람들이다. 일부는 친영親英적이기 때문에, 일부는 이데올로기 전쟁 동안 미국에게 사회적, 정치적 구조가 가장 유사한 사람들을 지원할 도덕적 의무가 있다고 믿었기 때문에 참전을 요구했다. 많은 사람이 미국이 직접 교전국이 되어야 한다고 주장했다. 그렇게 해야만 미국이 1920년의 실패를 만회할 수 있고, 전후 세계에 집단 안보와 항구적인 평화 체제를 제시할 수 있기 때문이다.

　사람들이 고립이나 개입 정책을 선호하도록 한 동기가 무엇이든 간에, 이 두 프로그램은 힘Power*에 대해 서로 다른 인식을 갖고 있으며, 이 연구의 주된 관심도 힘의 의미와, 힘이 미국의 지위에 미치는 영향에 관한 것이다. 이러한 관점에서 볼 때, 고립과 개입의 두 가지 태도는 유럽의 세력균형 Balance of Power과 아시아의 세력균형이 미국의 안보에 얼마나 중요한가를 평가하는 데서 상당한 차이를 보였다. 그 차이는 미국의 지리적 위치의 의미에 대한 인식 차이를 낳았고, 지리에 대한 인식 차이 때문에 군사 및 정치 전략을 이끌어야 할 원칙에 대한 의견 불일치가 나타났다. 이러한 관점에서 개입주의자와 고립주의자는 뚜렷한 양대 지정학적 학파를 대표한다고 할 수 있다.

세력관계를 고려해서 개입을 요구한 이들은 미국의 방어를 위해 맨 처음 취할 조치가 유럽과 아시아의 세력균형 유지에 있다고 봤다. 그들은 미국의 지리적 위치가 영토 안보에 있어서 분명한 이점을 준다는 사실을 부인하지 않지만, 오히려 이것이 우리가 세력균형에 대한 고려를 소홀히 할 수 없게 만든다고 주장했다. 우리라고 역사상 다른 모든 국가가 생존을 위해 추구할 수밖에 없었던 그 정책을 고려 사항에서 배제해서는 안 된다는 것이다. 개입주의자들은 유럽과 아시아가 균형을 유지하는 상태에서 서반구에 두 번째 방어선이 형성될 수 있다고 보았다. 한편 고립주의자들은 그들 프로그램이 갖고 있는 힘의 의미를 바탕으로 태평양과 대서양 사이에 있는 미국의 특수한 지리적 위치 때문에 대양 너머의 세력 투쟁에 무관심할

---

* 많은 국제정치 관련 서적에서 power는 힘, 권력 또는 세력으로 번역된다. 여기서도 상황에 맞게 힘, 세력, 권력을 혼용했다.

수 있고, 유럽과 아시아의 세력균형이 파괴될 가능성을 조용히 지켜보고만 있을 수 있다고 생각했다. 바다가 제공하는 보호와 함께 우리가 가진 힘 덕분에 해안에서 방어 정책을 택하고 유럽과 아시아를 그들의 방식에 맡겨두는 정책은 실현 가능할 뿐만 아니라 현명해 보였다.

개입 대 고립은 미국의 지리적 위치에서 기인한 상위 전략 원칙에 대한 논쟁으로, 제2차 세계대전의 발발과 함께 시작된 것이 아니다. 그것은 미국의 외교정책에서 가장 오래된 논쟁이고, 대양 너머 강대국과의 협력이나 유럽 및 아시아에서 행동할 필요성이 제기될 때마다 논의 주제가 되었다. 19세기 초 프랑스가 신성동맹의 도움으로 스페인 식민지의 재탈환을 고려했을 때, 영국은 이 계획을 저지하기 위해 미국에 공동 행동을 취할 것을 제안했다. 길고도 격렬한 논쟁 끝에 단독 행동을 지지하는 사람들이 마침내 승리했다.

19세기 후반에 이 문제는 제1, 2차 모로코 회의와 베를린 회의 같은 유럽 회의에 참여하는 것과 관련해서 다시 논의되었는데, 이 회의들은 모두 유럽 열강의 아프리카 투쟁에서 비롯된 정치적 문제들을 다루었다. 이 논쟁은 스페인-미국 전쟁 초기에는 나타나지 않았지만, 미국이 승리한 후 필리핀을 관리해야 하는가 여부를 둘러싸고 나타났다. 필리핀 보유를 반대한 자들은 그러한 조치가 부자연스럽고, 지리적 위치상 미국이 현재 영역 밖의 어떤 영토도 차지해서는 안 된다고 주장했다. 포기를 주장하는 사람들은 이 정책 논쟁에서 패배했고 필리핀은 40년 이상 미국 영토였지만, 이것이 그 논쟁을 중단시키지는 못했다. 그 기간에도 미국이 극동 정치에 참여하는 것에 대한 반대가 있었다.

제1차 세계대전은 그 문제를 다시 화급한 이슈로 만들었다. 1917년 4월, 우리는 완전한 교전국이 되었고 그 논쟁은 잠깐 중단되었지만, 기정사실이 됐다고 해서 결코 논쟁이 끝난 것은 아니라는 점에 다시 한번 주목해야 한다. 미국의 참전에 대한 반대는 전쟁 기간 내내 계속되었다. 휴전 협정으로 논쟁은 새로운 국면으로 접어들었고 이번에는 고립주의자들이 승리했다. 미국은 국제연맹의 회원이 되는 것이나 유럽에서의 정치적 책임을 받아들이기를 거부했다. 하지만 여전히 이 문제는 해결되지 않았다. 제1차 세계대전 이후에는 미국이 유럽과 아시아의 질서 보전에 가담하는 정도에 대한 것으로 논쟁이 계속되었다. 고립주의 학파는 주로 상원에서 갖고 있던 전략적 지위를 활용해 외교정책 수립에 지배적인 영향력을 행사했고, 미국의 입장은 거리두기와 불참이 되었다. 국제연맹 체제와 협력하려는 개입주의자들의 시도는 모두 부결되었고, 의회가 통과시킨 중립법은 제2차 세계대전이 발발하기 직전까지 계속해서 고립주의 철학을 드러내고 있었다.

적절한 방어 체계를 만드는 데 필요한 신세계의 지리적 크기는 고립주의자들의 머릿속에서 점점 확대되었다. 원래 신세계의 방어는 미국의 국토에 한정되었다. 그러나 파나마 운하가 건설된 후 신세계 방어는 카리브해 연안을, 그리고 최종적으로는 전체 반구를 포함하는 범위로 확장되었다. 개입주의자와 고립주의자 모두 신세계 보호를 그들 계획의 한 부분으로 만들었지만, 그것의 상대적 중요성에 대해서는 견해차가 있었다. 개입주의자들에게 신세계는 유럽과 아시아에서 개입 정책이 실패할 경우, 미국이 철수할 수 있는 제2방어선을 의미했다. 고립주의자들에게 신세계는 모든 에너지를 쏟아야 하고 그것을 벗어나서는 어떤 노력도 할 필요가 없는 최대 계획이며 첫 번째 방어선을 의미했다. 고립을 통한 서반구 방어는 옛 고립주의 주장을 현대화한 최신 버전이 되었다.

미국은 다시 참전국이 되었고, 그에 따라 오랜 이슈가 새로운 의미를 지니게 되었다. 그 이슈는 이제 평화 전략의 문제가 아니라 전쟁 전략과 전쟁 목표의 문제로 모습을 드러낸다. 미국은 주로 신세계의 영해에 초점을 맞춰서 서반구를 보호하는 데 전쟁 노력 기울여야 할 것인가, 아니면 대양을 건너가서 공격적으로 싸울 것인가? 독일-일본 동맹이 구세계의 모든 저항을 분쇄할 경우 미국은 서반구 내에서 독립적인 국가로서 생존할 수 있는가? 아니면 미국의 자유와 안전을 위해 지금 유럽과 아시아에서 형성되고 있는 거대한 군사 제국을 파괴하고 세력균형을 재구축해야 하는가? 대양 너머의 세계는 미국이 1918년에 그랬던 것처럼 승리 후에 철수할 수 있는 세계인가, 아니면 미국의 운명과 불가피하게 얽혀 있는 세계인가? 제2차 세계대전은 새로운 국면에서 개입 대 고립의 이슈를 제기하고 있지만, 그 이슈는 언제나처럼 기본적으로 같은 질문이다. 즉, 대양을 보호막으로 두고 우리 쪽 영토를 방어함으로써 미국의 이익을 보호할 것인가, 아니면 대양 건너 대륙에 적극적으로 관여해서 미국의 이익을 보호할 것인가?

고립이나 개입을 주장하는 사람은 선례를 참조하고 건국의 아버지들의 권위에 호소해 전략의 타당성을 입증하려는 수많은 시도를 해왔다. 두 그룹 다 토론이라는 수단을 풍부하게 사용했고, 우리 역사는 양측 모두에게 훌륭한 논거들을 제공할 만큼 충분히 풍부하고 다양하다. 하지만 비록 과거의 선례가 어느 한쪽을 다른 쪽보다 더 선호해야 한다는 것을 보여주더라도, 그 선호에 따르는 것이 반드시 더 현명한 정책으로 귀결되는 것은 아니다. 역사적 선례와 국부들의 의견은 독트린에 대한 지지를 얻기 위한 수단으로 사용될 수 있지만, 독트린에 대한 타당성의 증거로는 사용될 수 없다. 과거의 사례에 대한 순응이 아니라 현재의 실행 가능성이 타당한 정책의 기준이 되어야 한다. 미국 역사에서 특별히 선정된 사례가 아니라 일반적인 국가들의 경험이 정책 프로그램의 지침이 되어야 한다.

국제관계에서 기본이 되는 힘은 미국에서 거의 주목을 받지 못했는데, 부분적으로는 미국을 보호하는 대양이라는 해자 뒤에서 미국이 선택한 고립 때문이고, 다른 한편으로는 우리 국가 이념 속에 있는 특정한 종교적 요소 때문이다. 사람들이 힘에 대한 충동보다는 다른 욕망에 의해 동기 부여를 받고 있고, 힘이 국제관계의 유일한 특성이 아니라는 사실을 나도 충분히 인식하고 있다. 국내 정세뿐만 아니라 국제 정세도 사랑, 증오, 자선, 도덕적 분노와 물질적 이득에 대한 희망, 통치자의 기분과 심리적 이상異常, 그리고 사람들의 감정적 고통에 의해 영향을 받는다. 그러나 국제사회는 법과 질서를 유지할 수 있는 중앙집중적 권위체가 없고, 국가들의 권리를 향유하도록 보장하는 공식적 기관이 없는 사회다. 그 결과, 개별 국가들은 자국의 힘을 보전하고 개선하는 것을 외교정책의 주요 목표로 삼아야 한다. 미국은 타당한 외교정책을 위해 국제사회의 이러한 기본적인 현실을 받아들여야 하고, 세계 속에서 그들의 지리적 위치를 기반으로 전쟁과 평화를 위한 대전략을 개발해야 한다.

따라서 고립 대 개입의 문제는 새로운 접근법을 필요로 한다. 이 책은 그러한 접근법을 제공하기 위한 시도다. 책에서는 국가들의 일반적인 경험 및 국제관계의 본질에 반하는 미국의 독특한 문제점을 보여주고, 지리와 힘의 정치의 관점에서 미국의 위치를 분석한다. 이것은 미국 외교정책의 가장 기본적인 문제에 대한 지정학적 연구로, 미국 역사만큼 오래되었고, 미국이 자유롭고 독립적인 국가로 남아 있는 한 계속 논의 주제로 남을 것이다.

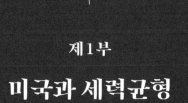

제1부

미국과 세력균형

제1장

힘의 정치와 전쟁

인간사 중 정의란 힘이 대등한 사이에서나 논할 수 있는 문제다. 강자는 그들이 할 수 있는 것을 하고, 약자는 그들이 해야 하는 것을 한다는 사실을 우리 둘 다 똑같이 알고 있다._투키디데스

기계적 힘, 즉 물체를 움직이는 능력이 없다면 기술도 있을 수 없다. 정치적 힘, 즉 사람을 움직이는 능력이 없으면 기술은 사회적 목적에 도움이 될 수 없다. 그러므로 모든 문명화된 삶은 종국에는 힘에 달려 있다. 그러나 힘은 평판이 안 좋고, 힘의 사용은 종종 비난받는다. 미국에서 그 단어는 악을 내포하고 있다. 가치 있는 목표를 추구하기 위해서 무력 행사가 이따금 필요하다는 것은 마지못해 받아들여진다. 그러나 힘 그 자체가 목적이 되는 것, 그리하여 개인이나 사회 혹은 국가적 행동의 목표가 되는 것은 바람직하지 않을 뿐 아니라 사악한 것으로 간주된다. 이것은 불운한 비난인데, 왜냐하면 그러한 비난이 모든 사회적 삶의 근본적인 모습의 한 부분을 제대로 이해할 수 없도록 방해하기 때문이다.

힘, 즉 힘의 도덕적 성격에 대한 불신은 기독교적 양심에서 비롯된 것인데, 그것이 인간이 온 마음을 다해 힘을 추구하는 것을 막지는 못하고 있다. 어떻게 하면 강해질 수 있는지에 대한 12가지 쉬운 교훈이 담긴 책들은 영원한 베스트셀러이고, 힘을 수반하는 직위는 금전적인 이익을 수반하는 자리만큼이나 간절히 추구되고 있다. 영향력 있는 지위를 도모하는 과정에서 투쟁은 종종 격렬하고 거칠어졌으며, 여성 자선 바느질회나 기독교 성신회의 회장직을 위한 많은 캠페인은 피렌체의 마키아벨리가 군주의 행동을 위해 추천했던 모든 전술로 점철되었다.

힘의 본성

인간은 친구를 얻고 사람들에게 영향을 주고자 매우 다양한 기술을 발명해왔다. 이들 방법은 설득, 매수, 교환, 강요의 네 가지 포괄적인 주제로 분류될 수 있지만, 다른 사람들을 우리 명령대로 행동하도록 하기 위한 모든 노력이 이 네 범주 가운데 하나로 깔끔하게 분류될 수 있다는 뜻은 아니다. 오히려 대부분의 성공적인 정책은 네 가지 모두를 현명하게 혼합한 것임을 알게 될 것이다. 각 요소의 상대적인 비율은 사례, 개인, 공동체마다 다르고, 이때 수용 가능한 것과 비난받는 것을 규정하는 것은 공동체다. 자유와 개인의 존엄성이 소중히 여겨지는 공동체에서는 설득이 강요보다 더 수용될 수 있고, 강요의 사용은 보통 개인들 사이에서는 제한된다. 개인이 아닌 국가만이 야경봉, 최루탄, 경기관총을 이용해 합법적으로 강제할 수 있다.

　윤리적 관점에서 힘은 목적을 위한 수단으로만 고려될 수 있다. 그러므로 힘의 사용은 끊임없이 도덕적 판단을 받아야 한다. 그러나 강제 없이 작동하는 세계를 희망하면서 힘을 얻으려는 인간의 욕망을 비난하는 것은 현실로부터 꿈의 세계로 도피하려는 시도에 불과하다. 인간은 협력과 적응, 갈등을 통해 사회를 만들고, 이 세 가지는 모두 사회생활의 본질적이자 필수적인 부분이다. 인간은 공통의 목적을 위해 다른 사람들과 협력하고 바로 그 목적을 위해 정부라는 도구를 만든다. 사람은 관습과 법규의 규범적 압력을 수용함으로써 자신의 행동을 공통의 가치에 맞게 형성하고 동료들에게 적응한다. 하지만 그는 또한 개인적 이익이나 자신과 상관없는 이상을 위해서 갈등을 감수하기도 한다. 투쟁은 삶의 기본적인 측면 중 하나이며, 따라서 개인, 집단, 국가 간의 모든 관계의 구성 요소다. 투쟁 없는 세상은 생명이 존재하지 않는 세상일 것이다. 질서 있는 세계는 갈등이 없는 세계가 아니라, 투쟁과 갈등이 무력충돌이 아니라 정치적, 법적 통로로 이어지는 세계이고, 전장이 회의실과 법정으로 옮겨진 세계다.

　개인과 마찬가지로 집단에게도 반대와 충돌이 있을 때 원하는 목표를 이루기 위한 두 가지 접근법, 즉 직접적인 행동과 "정치적 행동"이 있다. 첫 번째는 집단이 원하는 결과를 얻기 위해 협력이 필요한 개인들에게 직접 행동함을 의미한다. 두 번째는 집단이 국가의 강압적인 힘을 이용해 목표를 성취하려는 것이다. 현대 경제생활의 많은 부분에서는 직접적인 행동의 형태로 집단 투쟁이 일어난다. 거기에는 토지 소유주에 대항하는 물납 소작인들, 우유 유통업자에 대항하는 농부, 무역노조에 반대하는 산업노조, 고용주에 대항하는 노동조합, 그리고 기업들 사이의 투쟁 등이 있다. 많은 서부 철도와 송유관의 현재 통행권은 법원의 결정이 아니라 전략 지점에서 대립하는 회사들 사이에 있었던 혈투의 성공적인 결과 덕분이나.

노사분규는 고용주와 노동조합의 협상에서 시작될 수도 있다. 협상이 실패하면 당사자들은 조정을 시도하거나 중재를 받아들일 수도 있다. 다른 한편 그들은 평화적인 해결책을 거부하고 파업이나 봉쇄의 형태로 전쟁을 선언할 수도 있다. 이때 상대방은 설득, 매수, 교환, 강압을 포함해 서로의 행동에 영향을 미치는 방법이라면 모두 시도할 것이다. 집단의 힘은 분명히 방법을 선택하는 데 영향을 미칠 것이며, 오직 강압을 발휘할 때만 힘이 중요하다고 가정하는 것은 실수다. 노조가 강력하다면 오히려 힘을 시험하는 것을 불필요하게 만들고 성공적인 협상을 훨씬 더 쉽게 만들 수도 있다.

그러므로 노조와 다른 모든 단체는 그 집단의 목표 추구뿐만 아니라 집단의 힘의 지속적 향상에 전념할 수밖에 없다. 목표를 달성하기 위해 다른 사람이나 집단의 행동에 의존하는 집단은 그 목적이 아무리 단순하더라도 힘을 위한 투쟁에 참여하게 되고, 자기 보전 self-preservation뿐만 아니라 힘의 지위Power Position의 개선을 대내외 정책 모두의 주요 목표로 삼아야 한다.

노동조합은 국내에서 활동하는 모든 단체와 마찬가지로 그들의 목표를 달성하기 위한 대안적 방법을 가지고 있다. 직접 접근이 지나치게 어렵다면, 그 집단들은 입법부를 통한 간접 경로를 모색할 수 있고 국가의 입법권을 사용하려고 할 수 있다. 아마도 고용주들에 대한 직접적 조치로는 얻을 수 없는 최소 표준을 법적으로 규정해서 노동에 대한 보상을 획득하는 것이 가능하다. 기독교여성교풍회 Woman's Christian Temperance Union는 설득과 시위 등으로 직접 행동할 수도 있고, "수정헌법 제18조"*를 통해 간접적으로 행동할 수도 있다. "정치적 행동"이라는 접근법은 개인이나 집단이 이익을 도모하고자 정부의 통제권을 놓고 투쟁하는 기법을 국가적 범위에서 사용하는 것이다.

민간 집단들이 정부 기관을 통해 작업하고자 한다면, 그 집단들은 광범위한 힘의 증가라는 목표에 정치적 힘의 증가라는 구체적인 과제를 추가해야 한다. 특정 종류의 집단인 정당에게 정치권력은 주요 목표이자 존재 이유다. 정당은 공공 정책에 영향을 미칠 목적으로 존재하며, 다른 정당들과 경쟁해 선거에서 승리해야만 그 목적을 달성할 수 있다. 정당에서의 권력투쟁은 겉으로 잘 드러나서 쉽게 볼 수 있기에, 사람들은 정당이 상대적인 권력 지위를 증진하기 위해 끊임없이 노력해야 한다는 점에 기꺼이 동의한다. 활동 자금이 채워지는 것보다 더 빨리 고갈될 때, 충성심이 약해질 때, 조직과 기강이

---

* 음료용 알코올의 제조 및 판매 등을 금지하는 조항.

쇠퇴할 때, 그 정당은 퇴출되고 경쟁 정당 중 하나로 대체될 것이다.

많은 상황에서 입법을 통한 간접적인 압력을 행사하는 정치 행동은 가능하지 않다. 성별이나 재산이라는 자격 조건 때문에 구성원으로서의 권리를 갖지 못하고 정치권력 없이 존재하는 집단도 있다. 또한 헌법상의 제약이나 예산 제한, 행정기관의 부재 등으로 인해 정부가 행동할 수 없기도 하다. 이런 때라면 그 집단은 헌법 개정, 정부 권력의 확대, 권한 분배의 변화, 새로운 기관의 설립을 목표로 하는 특별한 종류의 직접적인 행동과 정치적 활동 중 하나를 선택해야 할 것이다. 그때의 정치적 활동은 정부의 기존 수단을 사용하지 않고 이를 수정하거나 새로운 수단을 만드는 것으로 방향을 설정한다.

국가라고 불리는 권력 조직 내에서 작동하는 집단들은 허용 가능한 방법 내에서 그들의 외부 정책을 수행해야 한다. 이론적으로 국가는 물리적 힘을 법적으로 독점하며, 물리적 폭력이 없는 형태의 강압만을 허용한다. 이 원칙을 집행하는 국가들의 능력이나 의지에는 분명히 큰 차이가 있고, 동일한 국가라 해도 "완벽한 질서"에서 "완벽한 무정부 상태"에 이르기까지 시기마다 큰 차이가 있다. 미국 정부와 국민은 대체로 관대했다. 도시의 폭력 조직 전쟁은 오랫동안 윤택한 도시생활의 부산물로 묵인되어왔고, 고압적인 방법은 도시 선거에서 필수적인 영감을 주는 보조 수단으로 받아들여졌다. 노동 분쟁과 "실제로는 존재하지 않는" 계급투쟁에서 물리적 폭력이 중요하다는 것은, 최루탄과 다른 장비를 만드는 무기산업이 번창하고 비용을 감당할 수 있는 노조와 고용주가 용병을 사용할 수 있다는 것으로 입증된다. 폭력의 독점에 관한 법과 현실의 차이는 여타 독점에 관한 법과 현실만큼이나 큰 차이를 보인다.

질서와 정부 통제는 집단이 활동하는 데 있어 환경적 요소이며, 이런 환경은 그들의 외부 정책에 직접적인 영향을 미친다. 결정한 것을 집행할 수 있는 광범위한 힘을 가진 강력한 정부가 존재할 때, 집단 간 투쟁에서 취할 수 있는 방법은 효과적으로 제한될 것이다. 입법을 통한 간접적인 방식은 직접적인 행동 방식 못지않게 중요할 것이고, 힘의 투쟁은 집단에 직접적으로 행사할 수 있는 힘에 대한 투쟁뿐 아니라, 정부에 행사할 수 있는 정치적 힘에 대한 투쟁이 될 것이다. 결정한 것을 집행할 광범위한 권한과 능력을 가진 정부가 없을 때, 집단 간 갈등에서 취할 수 있는 수단은 거의 제약받지 않을 것이다. 그러면 정부에 영향을 미치려 하는 일은 아무 소용이 없을 것이고, 정부가 바뀌는 등의 때가 오기 전까지는 직접적인 행동이 선호될 것이다. 이러한 조건에서 힘의 투쟁은 주로 다른 집단에 대한 직접적인 투쟁이고, 집단들 위에 있는 정부에 대한 힘의 투쟁은 단지 부차적인 투쟁이 될 것이다.

국제관계에서의 힘

다른 사회 집단과 마찬가지로 국제사회에서도 협력, 적응, 갈등이라는 세 가지 기본 과정을 관찰할 수 있다. 개인과 집단뿐만 아니라 국가도 세 유형의 사회적 관계를 유지한다. 그들은 공동의 목적을 위해 협력했고, 만약 없었다면 현대의 국제 교류가 불가능했을 통신과 교통 분야의 국제 행정 수단을 만들었다. 그들은 공동의 가치 수용을 통해 관습과 선례를 바탕으로 국제법이라 불리는 일련의 규칙을 구축하고 적용하는 방식을 발전시켰다. 국가들은 종종 자발적으로 이러한 규칙들을 준수했고 분쟁 해결을 위해 평화적인 절차를 기꺼이 채택했다. 그러나 국가는 갈등 또한 받아들이고 국가적 목표 달성을 위해 전쟁을 포함한 강압도 사용했다.

국가 내 집단들 간의 관계에서 중앙 권위의 위기와 붕괴 시에만 나타나는 상황이 국제사회의 국가들 관계에서는 일반적이다. 이른바 국가의 주권과 독립성, 더 높은 권위의 부재, 그리고 외부 제약으로부터의 자유 등이 국가 간 관계에 무정부 상태라는 독특한 성격을 가져온다.

주권을 가진 독립 단위로 구성된 국가들의 체제는 성공할 경우 체제의 기본 성격을 변화시킬지도 모르는 정복과 연합이라는 두 가지 과정의 지배를 받아왔다. 그러나 두 과정 다 부분적인 성공에 그칠 수밖에 없었다. 인접국을 정복하고 약소국을 속국으로 삼은 강하고 활동적인 국가들이 있었지만, 고대의 거대 제국들조차 그들 지역 통제권 너머의 국가들을 흡수해서 단일 패권 체제로 통합할 수는 없었다. 마찬가지로 아래로부터의 권력 위임 과정도 성공하지 못했다. 모든 역사적 시기에 연방이 존재했지만, 그것들은 항상 부분적이고 제한적이었다. 소수의 국가만을 포함했다는 점에서 부분적이었고,

국가 간 조직이 특정한 목적 즉 보통은 행정적인 목적을 위해 형성되었다는 점에서 제한적이었다. 국제 협력과 제한된 연방의 실례는 많이 있지만, 군사력과 정치적 권한이 개별 국가로부터 국제사회의 기관으로 실제로 이전된 사례는 없었다.

따라서 집단행동을 위한 환경에서 국제사회와 국내사회의 본질적인 차이는 국제사회에서 질서를 유지하고 법을 집행할 수 있는 정부 조직의 유무다. 사실 국제사회는 국제 협약의 명색뿐인 조항이 무엇을 규정했든 간에 회원국들에게 생존, 자유, 재산, 또는 행복 추구를 보장한 적이 없다. 개별 국가는 자국의 권리 향유와 이익 보호뿐만 아니라 생존 그 자체를 위해 주로 자신의 힘이나 보호국의 힘에 의존해왔다.

국가 차원에서 자기 보전은 특별한 의미가 있다. 영토는 국가의 고유한 부분이기 때문에, 자기 보전은 영토에 대한 자국의 통제권을 지키는 것을 의미한다. 그리고 독립은 국가의 본질이기 때문에, 자기 보전은 또한 독립적 지위를 위한 싸움을 의미한다. 이는 모든 국가의 외교정책의 기본 목적이 영토 보전과 정치적 독립 유지인 이유를 설명한다.

국가의 외교정책은 생존이라는 주요 과제 외에도 다양한 방식으로 분류될 수 있는 수많은 특정한 목표를 지향한다. 그것들은 본질적으로 다음과 같이 지리적, 인구학적, 인종적, 민족적, 경제적, 사회적, 이데올로기적인 항목들을 포함한다. 즉 해군기지의 획득, 이민의 제한, 소수민족의 동화, 원자재와 시장 및 투자 기회에 대한 접근로 모색, 파괴적인 외부 힘에 맞서 사회질서의 보호, 문화적 교류의 장려, 그리고 위험한 마약 거래의 제한 등이다.

집단 이익을 증진하기 위해 국가 영역에서 사용되는 두 가지 방법은 국제 영역에서도 국가 이익을 증진하기 위해 사용된다. 국가들은 다른 국가들에 즉시 작용하는 직접적인 방법을 사용할 수도 있고, 혹은 기존의 국제기구들을 이용할 수도 있으며, 새로운 수단을 만드는 네 외교정책을 활용할 수도 있다. 그러나 이 방법들의 상대적 중요성은 국가 영역과는 매우 다르다. 오늘날 국제사회의 특성은 국제기구에 영향을 미치는 능력보다는 다른 국가에 대해 직접 행사하는 힘을 훨씬 더 유용하게 만든다.

국제연맹 창설 당시, 그리고 이 조직이 국제 정부의 중요한 기관으로 발전할 것이라고 기대했던 초창기에는 강대국과 약소국 사이, 그리고 이사회와 주요 위원회의 자리를 놓고 각국이 경쟁했다. 한동안 전장에서의 힘의 투쟁이 정말 회의실에서의 힘의 투쟁으로 전환될 수 있을 것처럼 보였다. 그러나 회의실은 그저 숙고의 장소일 뿐이고 연맹은 토론을 위한 공론의 장에 불과하다는 사실이 분명해졌을 때, 관심은 시들해졌다. 힘없는 정부를 통제하려는 것은 쓸모없는 일이었다. 외무장관들은 그들의 차관보를 보냈고 마침내 이들마저 출석하지 않았다. 국가들을 위한 의회가 되고자 했던 그 조직은 버려진 희망의 값비싼 상징이 되어버렸다.

국가 간의 직접적인 행동은 여전히 일반적이고 가장 보편적인 접근법으로 남아 있다. 직접적인 행동은 외교정책의 가장 특징적인 모습을 보여준다. 국제 정부가 존재하지 않기 때문에 국가의 직접 행동이 중요할 뿐만 아니라 사용되는 수단에서도 공동체의 제약이 존재하지 않는다. 국제사회에서는 파괴적인 전쟁을 비롯해 모든 형태의 강압이 허용된다. 이는 힘을 위한 투쟁이 생존을 위한 투쟁과 동일하고, 상대적 힘의 개선이 국가의 대내외 정책의 일차적 목표가 된다는 것을 의미한다. 다른 모든 것은 부차적이다. 왜냐하면 마지막엔 오직 힘으로만 외교정책의 목표를 달성할 수 있기 때문이다. 힘은 생존, 자신의 의지를 다른 국가에게 강요하는 능력, 힘없는 국가들에게 명령하는 능력, 힘이 약한 국가로부터 양보를 강요하는 가능성을 의미한다. 갈등의 최종 형태가 전쟁인 곳에서 힘의 투쟁은 전력戰力을 확보하기 위한 투쟁, 즉 전쟁 준비와 다르지 않다.

외교정책을 수행하는 정치인은 힘이라는 목표에 기여하거나 간섭하지 않는 한에서만 정의, 공정, 관용의 가치를 고려할 수 있다. 그것들은 힘의 추구를 위한 도덕적 정당화 도구로 사용될 수 있지만, 그것들의 적용이 약점이 되는 순간 폐기해야 한다. 도덕적 가치의 달성을 위해 힘을 추구하는 것이 아니고, 힘의 성취를 용이하게 하기 위해 도덕적 가치를 이용하는 것이다.

이러한 종류의 세계에서 국가들은 오직 힘의 정치에 끊임없이 전념해야만 생존할 수 있다. 힘은 결국 전쟁을 할 수 있는 힘이기 때문에, 국가들은 항상 군사 시설을 건설하는 데 상당한 노력을 기울여 왔다. 그러나 국가의 상대적 힘은 군사력뿐만 아니라 영토의 크기, 국경의 특성, 인구의 크기, 원자재의 유무, 경제 및 기술 개발, 재정, 민족 동질성, 효과적인 사회 통합, 정치적 안정, 그리고 국가 정신 등에 달려 있다. 힘의 투쟁에서 이러한 항목은 중요한 2차 목표가 된다. 그것들은 그 자체로 가치가 있고, 힘을 얻기 위한 수단이 된다.

그러나 한 국가의 힘의 지위는 자국의 군사력뿐만 아니라 잠재적 적들의 군사력에 달려 있다. 이는 자국의 군비 확대와 별도로 힘을 추구할 수 있는 두 번째 접근법이 있다는 것을 의미한다. 이 접근법의 목적은 다른 국가들의 힘의 지위에 직접적으로 영향을 미치는 것으로, 어떤 국가를 약화시키고 다른 국가를 강화시키는 것이다. 이러한 목표를 달성하기 위해 국가들은 자국의 영토 보호뿐만 아니라 다른 나라의 영토 보호를 위해 기꺼이 군사력을 사용할 텐데, 그것은 어떤 이타적인 이유가 아니라 제3국의 지속적인 존재가 그들의 안보에 기여하기 때문이다.

아주 먼 고대로 거슬러 올라가면, 강대국이 국경을 접하고 있는 약소국을 타국의 침략으로부터 보호하는 관행이 있다. 완충국을 보호하는 이 정책은 특별한 국경지대 구축을 통해 영토 방어를 발전시키고 개선하는 오래된 방법이다. 한편 약한 국가가 아니라 강한 국가와 이웃하고 있을 때 이웃한 강한 국가는 잠재적 위협이 된다. 이러한 상황에서, 국가들은 보통 이웃 국가 너머의 국가와 동맹을 맺어 상호 의무를 갖고 영토 보호를 위해 함께 싸웠다. 하지만 이때 다른 국가를 지원하려는 의지는 국경이나 특별한 전략적 중요성을 지닌 지역의 안전에 대한 욕망이 아니라, 더 이상 성장하면 위협이 될 지도 모르는 어떤 큰 국가의 확장을 저지하려는 욕망에서 비롯되었다. 그다음 정책으로는 패권을 방지하기 위한 것이 채택되며, 이때 패권은 도달 가능한 범위 내에서 지배력을 발휘할 수 있는 힘의 지위를 말한다.

세력균형

그러한 정책의 근거는 역사의 교훈에서 찾을 수 있다. 강한 역동적 국가가 만족 때문에 팽창을 중단하거나 힘의 목표에 적절한 한계를 둔 사례는 사실 거의 없었다. 성장하는 국가를 억제하는 것을 목표로 하는 세력균형 정책은 성공한 모든 국가의 외교에서 중요한 부분을 차지했다. 선의의 선언보다 세력이 균형을 이룰 때 더 안전하다는 것이 경험상 증명되어왔다. 균형을 유지하는 것은 너무 강력해진 이웃 국가뿐만 아니라 먼 나라들에 대한 조치에서도 필요하다. 사실 이 정책을 적용하기에 가장 좋은 시기는 이웃 국가가 팽창을 거듭하면서 성장하기 전이다. 바다에 접근할 수 있는 패권은 멀리 떨어진 해안에 위협이 될 수 있고, 현대 항공기의 폭격 범위가 계속 확장되면서 해군력처럼 공군력도 비인접 국가들에 대한 효과적인 위협 수단이 되었다.

세력균형 정책이 우선 강대국들을 위한 정책이라는 것은 명백하다. 소국들은, 그들이 성공적으로 결합할 수 없다면, 다른 국가들이 사용하는 저울의 추가 될 수밖에 없다. 소국들은 행위자라기보다는 판돈에 불과하지만, 경기 결과는 그들에게 큰 영향을 준다. 소국은 정치적 압력이 높은 지역에서 공백으로 작용한다. 소국은 자신의 힘 때문이 아니라 다른 어느 국가도 그 소국의 영토를 원하지 않거나 더 강한 국가가 완충국이나 세력균형에서의 추로서 그 소국의 보전에 강한 관심을 갖고 있을 때 생존한다. 균형이 사라지면 소국들은 통상 그 균형과 함께 사라진다.

르네상스와 종교개혁 이후, 세력균형은 유럽의 정치철학자들 사이에서 가장 인기 있는 고찰의 주제였다. 황제와 교황이 유럽 정치 질서에서 중심 기능을 상실한 후, 새로운 통합 원칙이 모색되기 시작했다. 그 원칙은 "세력균형"에서 발견되었고, 학술적 담론의 주제가 되었다. 철학자들은 자연의 법칙에 따라 천체들이 조화를 이루는 것처럼 균형은 본질적으로 아름다울 뿐만 아니라 실용적이고 윤리적인 함의로 가득 차 있다고 생각했다. 만약 모든 국가가 견제된다면 어떤 국가도 전쟁에서 이길 수 없을 것이고, 만약 어떤 국가도 전쟁에서 이길 수 없다면 어떤 국가도 전쟁을 시작하거나 전쟁으로 위협하지 않을 것이다. 평형은 균형 잡힌 힘이고, 균형 잡힌 힘은 상쇄된 힘이다. 정치적 평형에 있는 사회는 무력이 쓸모없는 사회이고, 따라서 그 사회에서 사람들은 법에 의해 행복하게 살면서 예술과 품위에 전념할 것이다.

학자들에게 국가가 세력균형을 추구해야 한다는 것은 명백해 보였고, 자연의 법칙과 기독교 윤리가 모두 그런 정책을 요구하는 것처럼 보였다. 국가들은 자국에 대한 특정 위협에 균형을 맞추는 것뿐만 아니라 국제사회 전체를 위한 균형 잡힌 시스템을 확립하는 외교를 지향해야 한다. 국가들은 단지 자국의 상대적 힘의 지위를 보전하기 위해서만이 아니라 평화를 보전하기 위해서 세력균형을 추구해야 한다.

정치인들은 언제나 외교정책을 이끄는 올바른 윤리적 교훈을 신학자와 철학자들로부터 받아들이기를 열망해왔고, 그래서 17세기 이후 모든 힘의 정치는 험난한 세상에서 살아남기 위한 미숙한 시도가 아니라 정치적 평형과 질서 유지의 확립에 목표를 둔 고귀한 노력으로 간주되어왔다.

그렇게 고안된 것은 그리 성공적이지 않았다. 우리는 세력균형을 만드는 과정이 보장되지 않고 모든 정치인이 훌륭한 전문가가 아니라는 사실에서 그 이유를 찾을 수도 있지만, 그들이 균형을 이루는 데 진정으로 관심이 없었다는 학설이 결과를 더 잘 설명할 수 있을 것 같다. 역사에서 거대하고 강력한 국가들이 자신의 힘을 제한하기 위해 동맹과 조직을 만든 사례는 많지 않다. 국가들은 언제나 다른 국가의 힘을 억제하는 데 관여한다. 문제는 국가들이 자신에게 유리한 균형에만 관심이 있다는 것이다. 평형이 아니라 충분한 우위가 국가들의 목표다. 잠재적인 적만큼만 힘을 가져서는 진정한 안전이 보장되지 않는다. 조금이라도 더 강해져야만 안전이 보장된다. 자국의 힘이 완전히 견제되면 움직일 수가 없고, 힘의 우위에 있어야만 그 힘을 자유롭게 사용하며 유리한 외교정책을 펼칠 수 있다. 이론과 합리화가 무엇이든 간에, 실질적인 목표는 자국의 상대적 힘의 지위를 꾸준히 향상시키는 것이다. 바람직한 균형이란 다른 국가의 힘은 중화시키면서, 자국은 결정적 힘과 결정적 발언권을 자유롭게 갖는 것이다.

완벽한 균형을 측정해야 할 만큼 정확할 필요는 없지만, 그렇다 하더라도 그 과제를 수행하는 데에는 많은 어려움이 있다. 기계적 힘은 측정될 수 있기 때문에 균형을 잡기 쉽지만, 정치적 힘에 대한 측정 수단은 없다. 두 국가는 균형을 이루고 있고, 그들의 힘은 동등하며, 두 동맹 사이의 관계는 평형상태에 있는가? 이 질문에 대해서는 일반적으로 상당한 이견이 존재한다. 상대적 힘은 순전히 주관적인 판단이다. 각 국가는 언제나 다른 국가들의 힘이 상쇄될 필요가 있다고 생각한다. 관련된 힘이 결국 전쟁을 수행하는 힘이기 때문에 군인들은 답을 알고 있을 것이라고 가정할 수도 있다. 그러나 그들의 의견은 좀더 숙련됐을지언정 마찬가지로 주관적인 의견일 뿐이다. 가장 학식 있는 장군들도 정치인들만큼이나 자주 의견이 맞지 않았다. 상대적 힘에 대한 유일한 객관적인 시험은 전쟁에 참전해서 누가 이기는지 보는 것이지만, 이것은 싸울지 말지를 결정하려는 국가에게 결코 도움이 되는 지침이 아니다.

두 번째 어려움은 힘의 크기를 결정하는 요소들이 고정된 것이 아니라 변화한다는 사실에 있다. 그 요소들은 불변의 것이 아니다. 새로운 경제발전, 새로운 원자재, 새로운 무기, 새로운 군인 정신은 불과 몇 년 전만 해도 거의 동등했던 국가들 사이에 가장 큰 불평등을 만들어낼지도 모른다. 게다가 동등한 힘을 가진 국가들의 세계에서 제3의 국가에 대항하기 위해 두 국가가 결합하는 것을 무엇으로 막겠는가?

간혹 나타나는 또 다른 문제는 성장하는 강대국에 대항해 동맹국으로 선택된 국가가 이미 상대와 거래를 했고, 그래서 균형을 잡을 기회를 놓쳤다는 사실을 발견하는 것이다. 정치인들이 다른 국가 정치인들의 순수함을 믿을 때 종종 비슷한 불운의 결과가 나올 수 있다. 그런 경우 그들 중 일부가 작은 영토들을 계속 추가하면서 결국 엄청나게 팽창할 수도 있다. 루시타니아주는 모리타니주*의 작은 영토를 합병하는 매우 제한된 목표만을 갖고 있고 그 후에 진정한 균형이 구축될 것이며 추가로 단 1제곱피트의 땅도 욕심내지 않겠다고 발표할 것이다. 그 요구는 몹시 작고 대단치 않아서 분명 싸울 가치가 없다. 물론 그 후에 여전히 완벽한 균형이 아니라는 것이 발견되고, 상대방은 추가로 매우 작은 땅을 요구할 것이다. 이러한 훨씬 더 작은 조각 땅은 마찬가지로 싸울 가치가 없다. 그것은 아마도 어떻게 대응할지를 결정해야 하는 국가의 직접적인 이익 지역 밖에 놓여 있고, 그래서 합병은 반대 없이 진행된다. 대부분의 성공적인 패권은 이처럼 점진적인 정복 과정에 의해서 확립된다.

실제 세력균형 정책은 경계선 설정, 보상, 동맹 결성 등 몇 가지 단계를 따라, 중립으로 약간 기우는 것에서부터 동맹으로서 완전히

---

* 루시타니아주는 고대 로마의 속주로 현재의 포르투갈 남부 및 스페인 서부 에스트레마두라 지방이다. 모리타니주는 아프리카 북서부 대서양 연안 지역으로 현재는 독립 공화국이다.

참여하는 것까지 전쟁에 대한 다양한 수준의 개입으로 실행된다. 경계 설정은 전쟁이 끝날 때 중요하기 때문에 역사적으로 강대국들은 분쟁에 참여하지 않더라도 항상 평화 합의에 귀를 기울여야 했다. 보상 이론에서 보면, 국가들은 자신이 동등한 힘과 위신을 갖게 되면 다른 국가들이 성장하는 것을 허용했다. 베스트팔렌 조약이 독일의 작은 공국들을 오스트리아, 바이에른, 브란덴부르크, 스웨덴으로 배분한 것, 폴란드가 네 차례 분할된 것, 아프리카가 분할된 것, 중국 분할 계획이 수립되었던 것 등은 바로 이러한 보상 원칙과 세력 균형이라는 이름 아래에서였다.

경계선 설정과 보상 외에도 국가들은 역동적인 힘의 성장을 견제하기 위해 동맹 체제를 활용해왔다. 가장 비용이 적게 들고, 따라서 국가들이 가장 선호하는 방법은 제3국들이 위험을 막을 수 있을 만큼 충분히 강력한 동맹을 맺도록 장려하는 것이다. 그러나 이것은 거의 가능하지 않으며, 국가는 스스로 긍정적으로 공헌하면서 동맹의 일부가 될 준비를 해야 한다. 동맹은 고정된 금액, 일정한 수의 선박, 혹은 정해진 수의 군인 등의 유한한 형태로 기여의 정도를 규정한다. 그러나 그렇게 제한하다보면 동맹을 보호하기가 힘들어진다. 동맹국의 생존과 지속적인 독립이 자국의 안보를 위해 정말 중요하다면, 동맹의 지원은 원래의 약속을 훨씬 뛰어넘어야 할지도 모른다. 사실 지원은 승리와 안보를 보장하는 데 필요한 모든 것으로 증대되어야 할 것이다.

동맹의 목적은 모든 세력 정치의 목적과 마찬가지로 활동 무대에서 필요한 여분의 안보를 확보하는 것이다. 그러나 어느 한쪽의 여분의 안보는 다른 한쪽의 여분의 위험이다. 따라서 영원한 세력 경쟁의 투쟁 속에서 동맹은 대응 동맹counter-alliance으로, 군비는 대응 군비로 맞서야 한다. 그런 까닭에 역사의 모든 시기에 이런 것이 존재해왔다. 한 국가는 인접한 영토를 성공적으로 정복하고, 새로운 정복지를 추가 팽창을 위한 디딤돌로 만들며, 힘의 축적은 그 이상의 확장을 위한 수단이 된다. 힘은 더 넓은 지역을 통해 성장하고 확산되는 경향이 있으며, 근처의 국가들은 집단 방어와 완전한 흡수 중 하나를 선택한다.

티그리스-유프라테스 계곡의 약소국들은 더 강한 경쟁자들에 맞서 동맹을 맺었고, 함무라비가 바빌로니아 제국을 건설할 때까지 수세기 동안 독립을 유지했다. 이후 새롭고도 언제 끝날지 모를 세력 투쟁이 이집트인, 아시리아인, 히타이트인, 페르시아인 사이에서 나타났다. 그 투쟁은 완충 지대와 무게추로 사용되는 작은 국가들이 있는 훨씬 더 넓은 지역에서 나타났다. 그리스 도시국가들은 아테네와 스파르타의 지휘 아래 델로스 동맹과 펠로폰네소스 동맹으로 위태로운 균형을 유지했지만, 마케도니아의 위협에 맞서 연합하는 데는 실패했다. 승리한 로마는 자국의 거대한 팽창을 막을 어떤 연맹도 만나지 않았고 하나씩 차례로 적들을 패배시켰다.

근대 유럽의 역사는 이탈리아 도시국가 간의 세력 경쟁에서 시작되는데, 경쟁의 영역이 점점 더 넓어지다 결국 전 세계에서 벌어지는 민족국가 간의 세력 경쟁으로 전환했다. 카를 5세 치하의 합스부르크 왕가가 다른 국가들에 위협이 될 정도로 거대한 영토를 획득했을 때, 다른 국가들은 연합해 합스부르크 왕가의 우세를 견제했다. 펠리페 2세 치하의 스페인, 루이 14세와 나폴레옹 치하의 프랑스, 카이저 빌헬름 2세 치하의 독일의 패권적 야심도 이와 유사한 운명을 맞았다. 유럽 지배를 위한 독일의 새로운 시도의 운명은 제2차 세계대전의 결과에 달려 있다.

투쟁하는 국가들에 대한 이 끝없는 이야기에서, 세력균형이 거의 달성되었던 짧은 기간이 있다. 누가 균형을 원하거나 성취하려고 노력했기 때문이 아니라, 두 개의 국가 또는 두 개의 국가 집단이 다른 방향으로 균형을 뒤엎으려 했기 때문에 달성되었다. 그런 상황은 모든 당사자가 끊임없이 현상 파괴를 시도하는 탓에 본질적으로 불안정하지만, 그 상황이 지속되는 동안에는 철학자들이 기대했던 것처럼 인류에게 중요한 이익을 가져다준다. 국가들이 세계 정복 및 연방 형태의 세계정부에 대항해 그들의 독립을 보전하려고 하는 국제사회에서, 세력균형은 유일하게 질서와 비슷한 상태다. 국가들이 그들의 힘이 의지를 집행하기에 불충분하다고 확신하면, 그 국가들은 평화롭고 합리적이 되며, 화해와 중재의 이익을 발견하고, 힘으로 요구하는 대신에 법과 정의에 호소한다.

그러나 정치적 평형은 신의 선물도 아니고, 내재적으로 안정된 상태도 아니다. 그것은 인간의 적극적인 개입과 정치적 힘의 작동에서 비롯된 결과다. 국가는 기적적으로 세력균형이 이루어져서 평화와 안보를 가져올 행복한 시간이 되기를 소극적으로 기다릴 수 없다.

만약 그들이 살아남기를 원한다면, 그들은 당시 성장하는 패권 세력에 대항해 균형을 유지하고자 기꺼이 전쟁을 해야 한다. 균형 잡힌 힘은 결국 전쟁의 만연을 감소시킬 수 있지만, 무력은 여전히 국가의 팽창을 견제하는 가장 효율적인 도구로 남아 있다. 국제 교류 과정에서 갈등은 불가피하게 생겨나고, 그래서 전쟁을 해야 하는 이유는 목록을 만들 만큼 많은 상황인데, 힘의 정치는 그 목록에 또 하나를 추가한다. 국가는 영토의 방어와 정복, 국경 내 국민의 보호와 통합, 경제적 이익의 보전과 획득, 그리고 국가 이데올로기의 방어와 전파를 위해서뿐만 아니라 상대적 힘을 수호하고 향상시키기 위해 싸울 준비가 되어 있어야 한다.

그러므로 계속되는 전투의 북소리에 따라 국제관계가 진행되는 것은 놀라운 일이 아니다. 평화를 정상으로, 전쟁을 비정상적으로 보는 경향이 있지만 이는 전쟁에 대한 감정적 반응에 따른 지적인 혼란 때문이다. 전쟁은 불쾌한 것이지만, 그것은 주권을 가진 독립 국가들로 구성된 시스템 속에 내재된 것이다. 전쟁이 달갑지 않다고 해서 그러한 현실을 잊는 것은 재난을 자초하는 것이다. 전쟁은 국제관계 역사의 모든 시기에서 지속된 현상이다. 세계 어디에서도 무력 충돌의 소리가 들리지 않았던 때는 불과 몇 년에 지나지 않았다. 유럽의 국가들은 17세기의 75퍼센트 동안, 18세기의 50퍼센트 동안, 19세기의 25퍼센트 동안 전쟁을 치렀다. 전쟁의 빈도는 줄어들고 있는 것처럼 보이지만, 투쟁의 결과는 점점 더 치명적이고, 더 많은 인간의 생명과 물질적 파괴라는 비용을 수반한다. 길어진 평화의 기간에도 불구하고 전쟁이 국민의 삶에 미치는 피해의 총량은 줄어든 것이 아니라 증가해왔다.

전쟁의 본성

힘의 정치는 전쟁 준비를 계속 요구하고 있다. 발전된 문명은 무기와 기술의 큰 변화를 가져왔지만, 전쟁의 기본 목적은 변히지 않았다. 목적은 적에 대한 강압, 저항 의지의 파괴, 종국에는 항복이다. 그 목적을 위해 상대 군사의 패퇴가 아마 가장 중요한 수단일 테지만, 그것은 수단 중 하나일 뿐이다. 현대적 조건에서 군사 투쟁은 정치 전쟁뿐만 아니라 경제 전쟁, 이데올로기 전쟁에 의해서도 보완된다.

1. 군사전

전쟁은 항상 투쟁에 참여한 집단의 사회적, 경제적, 기술적 특성을 반영한다. 18세기에는 여전히 용병들과 상대적으로 적은 양의 군수품을 이용해 제한된 목적을 위한 전쟁을 치렀지만, 19세기에는 훨씬 더 많은 국민의 참여를 수반하는 전멸의 전쟁으로 바뀌었다. 미국의 독립혁명을 비롯해 프랑스 혁명과 나폴레옹에 맞선 프로이센의 반란은 "국민군"을 "왕의 군대"의 후계자로 만들었고, 징병제를 채택하면서 국가의 인력이 전투 병력의 한도가 되도록 했다. 산업혁명은 많은 병사를 입히고 무장시킬 수 있는 생산 기술을 발전시켰다. 즉 증기 엔진과 가솔린 모터, 철도, 고속도로는 병력에 기동성을 부여했고, 현대 의학은 전염병에 의한 죽음으로부터 병력을 구했다. 그 결과 현대의 대규모 군대가 탄생했다.

보수를 위해 어디든 가서 싸울 준비가 되어 있는 직업군인은 징병제를 통해 비상시 국가를 위해 싸우는 무장한 시민으로 대체되었다. 그 변화는 많은 장점뿐 아니라 많은 단점도 가져왔다. 인력은 더 저렴하고 풍부해졌지만 방어적 행동 본능을 극복하기 위해 훨씬 더 많은 심리적 훈련이 필요했고, 효과적인 전투 부대로 변모하기 위해 훨씬 더 많은 이데올로기적 준비가 필요했다. 징집된 군대는 보수를 위해 싸우는 것이 아니라 국가적 목적을 위해 싸우는 것이다. 여론이 공격의 전략적 이점에 대해 교육되거나 메시아적 이념에 의해 영감을 받지 않는 한, 국가는 오직 국가 방위를 위해서만 아들들의 목숨을 바칠 것이다. 평범한 사람에게 국가 방위는 공격으로부터 방어하는 것을 의미하고, 공격은 침략과 동일시된다. 일반 대중에게 침략을 막을 수 있는 타당한 장소는 국경이고, 국경 방어는 직관적으로 선호되는 전쟁의 형태다. 이러한 태도는 선량한 시민의 두 가지 모순된 심리적 욕구를 충족시켜주는데, 그것은 공격성을 자제해야 한다는 것과 조국을 방어하기 위해 남자다움을 보여줘야 한다는 것이다.

일반 사람들이 해외가 아닌 자국의 영토에서 죽기를 선호하는 것은 민주주의 국가에게 있어 심각한 핸디캡이다. 역사상 성공적인 전쟁의 대부분은 다른 국가의 영토에서 진행되어왔다. 프로이센의 군사철학에 따르면 전쟁은 적국 쪽에서 수행되어야 하며, 국가는 이 교리를 충실히 따라야 한다. 덴마크 전쟁은 슐레스비히와 발트해 연안에서 벌어졌고, 오스트리아 전쟁은 대부분이 보헤미아에서 벌어졌으며, 프랑스-프로이센 전쟁은 프랑스 영토의 파괴를 가져왔다. 제1차 세계대전은 1914년 러시아의 동프로이센 침공을 제외하고는 대부분이 적의 영토에서 벌어졌다. 독일은 궁극적으로 전쟁에서 패했지만 영토 침공 전에 항복했고, 군사적 패배의 가시적 징표인 영토의 황폐화를 가까스로 피했다. 현재의 제2차 세계대전은 공중전을 제외하고는 다시 국경에서 훨씬 떨어진 곳에서 벌어지고 있고, 공중전에서도 영국군 폭격의 상당 부분은 독일이 아니라 북해와 대서양을 따라 정복된 국경 지대에 떨어졌다. 프로이센 영토에서의 전투는 1806년 나폴레옹이 승리한 전투* 이전에 프로이센의 쇠퇴기에만 발생했다.

프랑스의 역사도 마찬가지로 교훈적이다. 루이 14세 치하의 오랜 기간 동안 프랑스는 결코 본국에서 싸우지 않았다. 프랑스 혁명 전쟁은 나폴레옹이 이탈리아, 네덜란드, 스페인, 독일, 그리고 마지막으로 러시아에서 전쟁을 했던 것처럼 모두 해외에서 벌어졌다. 러시아와의 전쟁은 병참선의 과도한 확장과 겨울 기후가 합쳐져 나폴레옹 몰락의 원인이 되었다. 프랑스가 참가했던 마지막 세 번의 큰 전쟁은 모두 프랑스 영토에서 벌어졌다. 프랑스는 1870년 프로이센

---

* 예나 전투. 1806년 나폴레옹이 프로이센을 대파하고 베를린으로 입성한 전투.

과의 전쟁으로부터 회복되었다. 1914년 전쟁에서는 동맹국들에 의해 패배를 면했지만 결코 복원력을 되찾지 못했고, 국경 방어 전략과 마지노선 뒤에서 안보를 모색하는 데 계속 집착했다. 세 번째 전쟁도 다시 프랑스 영토에서 벌어졌고, 공화국의 존재는 종말을 고했다.

영국은 이전과 마찬가지로 19세기에도 전문 군대를 활용해 싸웠다. 영국은 원래 해상 강국이기 때문에 대륙의 징병제 관행을 따르지 않았다. 제1차 세계대전은 영국 역사에서 대규모 징집군이 해외 전투에 투입된 첫 번째 사례였고, 그 징집군의 막대한 손실은 제1차 세계대전 이후에 방어 전쟁과 제한 전쟁의 장점에 관한 새로운 교리의 인기가 높아지는 데 영향을 미쳤다. 영토 방위에 있어 영국의 역사는 독일이나 프랑스의 역사보다 훨씬 더 시사하는 바가 크다. 영국은 모든 대륙에서, 모든 종류의 영토에서, 모든 기후에서, 그리고 모든 인종 및 민족과 싸워왔지만 1066년 이래로 본국에서 대륙의 군대와 싸워본 적은 없다. 영국의 해양력은 군대를 바다 건너로 수송하고 적을 막아낼 수 있게 해주었다. 유럽 전쟁을 위해서 영국은 현명하게 해협 너머의 전장을 선택했고, 현재 제2차 세계대전에서 영국은 다시 한번 국내보다는 해외에서 대적하는 것을 선호한다. 과거의 패턴에 따라 대륙에서 현재의 전쟁을 치르려는 영국의 시도는 덜 성공적이었고, 영국의 군대는 노르웨이, 벨기에, 프랑스, 그리스에서 밀려났다. 그러나 영국의 군대가 다른 민족의 영토에서 패배했다는 사실은 명백한 이득이었다. 영국의 관점에서 볼 때, 외국 도시의 파괴는 영국의 시골이 파괴되는 것보다 훨씬 낮고, 원정군의 패배는 국경을 방어하는 군대의 패배보다 그 결과 면에서 덜 치명적이며 민간인의 사기를 덜 해친다. 항공력의 발전은 영국 역사상 처음으로 영국 본토에 전쟁을 가져왔고, 심지어 적이 위험을 감수하고 침략을 시도할 수 있을 만큼 충분히 오랫동안 영국의 해양력을 무력화시킬 수도 있다. 만약 해협을 건너올 수 있다면, 영국의 마을과 도시들은 거의 10세기 만에 처음으로 대륙군을 보게 될 것이다. 영국의 방어는 국경 방어가 될 것이고, 대륙이 아닌 영국의 해변과 바위 많은 해안에서 싸워야 한다는 사실은 영국에게 패배의 서막은 아니더라도 약점의 상징이 될 것이다.

역사의 교훈은 전쟁을 수행하는 방식에 대한 선한 사람들의 거의 반사적인 대답, 즉 국경 방어에 대해 심각한 의문을 던진다. 전략은 공격적 행동 없이는 승리가 없고 단순히 국경 방어만으로는 교착상태를 가져올 뿐 끝을 내지 못한다고 가르친다. 인구가 적고 경제적으로나 산업적으로 중요하지 않은 국경지대를 갖고 있는 거대한 크기의 국가만이 자국의 영토에서 싸울 여유가 있다. 약하고 쇠퇴기에 있는 국가들만 국내에서 싸웠다. 활력이 있고 힘이 있는 시기의 국가들은 다른 국가의 영토에서 싸운다. 정치인과 군 지도자들에게 잘 알려진 이 사실은 국가 간의 세력 투쟁에서 징집된 군대에 의존하는 정부가 항상 계엄령을 유지하고 민족주의의 이념을 배양해야 하는 이유를 설명해준다.

장비와 보급의 중요성이 커지면서 현대 군대가 현지에서 식량을 조달하거나 보급 부대가 운송할 수 있는 작은 무기에 의존하는 것은 불가능해졌지만, 우리 시대의 항공기가 전쟁을 삼차원으로 만들기 전까지 그 외 지상 작전의 기본 성격은 거의 변하지 않았다. 장기간의 전투는 세 가지 구별되는 지대, 즉 작전 지대, 보급로가 이어지는 지대, 기지 지대에 대한 경제 및 군사활동의 효율적인 통합이 뒷받침되어야 한다. 과거 창고와 공급 기지였던 기지 지대는 오늘날 국가의 경제 및 산업 중심지와 함께 확장되고 있다. 보급로는 분명 작전 구역, 즉 전선의 위치에 따라 달라진다. 이 노선을 따라 군수품이 이동해야 군대의 전투력이 유지된다. 군대가 끊이지 않는 군수품의 흐름에 의존하고 있기 때문에 군대의 후방과 보급로는 가장 중요하고 가장 필수적인 공격 지역이 된다. 이 지대를 목표로 한 공격은 중앙 돌파, 전방에 대한 직접 공격, 혹은 양 끝을 중심으로 단일 또는 이중의 측면 공격을 통해 시도된다. 직접 공격은 전통적으로 보병의 임무였고, 이동성과 속도를 요구하는 측면 작전은 기병의 임무였다.

지난 제1차 세계대전에서 일찍이 예고된 추세의 정점을 보았다. 소총 화력의 발전과 기관총을 사용한 화력의 집중은 공격보다 방어에 큰 이점을 주었다. 측면 작전의 무기로서 기병의 유용성은 상당히 줄어들었고, 보병은 요새화된 진지를 공격할 힘을 잃었다. 전쟁은 포병에 완전히 의존하게 되었고, 원거리 집중 포격 태세가 갖춰진 영토에서만 우위를 점할 수 있었다. 이것은 공격이 보통 화력 범위 한계에서 멈추고, 포병이 다음 진격을 위해 전진할 때까지 기다려야 한다는 것을 의미했다. 이 과정은 아주 드물게만 전선을 돌파했고, 통상 인명 손실이 획득한 영토에 비해 너무 컸다. 그 결과는 고정된 전선과 소모전으로 나타났다. 전차는 지난 전쟁에서 사용되었지만 당시에는 전술적 가능성이 충분히 입증되지 않았다. 소수의 통찰력 있는 군사 사상가들만이 전차의 타격력에 상당히 깊은 인상을 받고 기계화 전쟁의 중요성을 예측하며 전차의 미래 적용을 예언했다.

사용된 전술이 명백한 난관에 부딪혔기 때문에, 전후 시기에는 대규모 군대를 소규모의 고도로 훈련된 기동 부대로 대체할 가능성에 대한 논의가 많이 있었다. 독일군은 급강하 폭격기, 전차, 차량화 보병으로 강력한 공격력뿐만 아니라 기동성을 갖춘 합동군을 만들었지만, 대규모 징집군을 대신하지는 못했다. 합동군의 기능은 기습 부대 역할을 하면서 돌파, 침투, 측면우회, 포위를 하고, 대중이 버티고 통합할 수 있는 기반을 확보하는 것이다. 기계화된 기동 부대는 공격 작전을 위한 훌륭한 전술 부대가 되었지만, 정복된 영토를 지켜야 하는 보병 사단을 유지하기 위해 대규모 징집이 여전히 필요하다.

현재의 전쟁은 전쟁의 기동성을 복원시켰다. 보호와 기동성, 화력을 갖추고 있는 전차는 급강하 폭격기와 더불어, 이전의 보병과 집중사격을 제공하는 포병의 조합보다 훨씬 더 공격적인 무기가 되었다. 또한 빠른 속도의 전차는 이전의 전쟁에서는 볼 수 없었던 대규모 측면우회 작전의 가능성을 열어놓았다. 1941년의 러시아 전투에서 보듯이 비행기와 전차를 함께 잘 갖추고, 또한 종심방어 Defense in

Depth* 시스템을 만들 수 있을 때에만 현대 기계화 사단의 기동을 막을 수 있다. 이 경우에 종심은 지난 전쟁과 같이 단순하게 보병 보호를 위한 다수의 평행 참호를 의미하는 것이 아니라, 보병을 지원하고 있는 발전된 전차 부대를 보병으로부터 분리할 수 있을 만큼 충분히 깊은 방어지대를 의미한다.

그러나 전차 고유의 능력을 최대한 사용하고, 포병의 엄호사격을 급강하 폭격으로 대체하는 것보다 훨씬 더 중요한 것은 전선 뒤쪽에 대규모 항공 작전을 도입하는 것이다. 참호 진지에 맞서는 공격 수단으로 사용된 전차와 단거리 급강하 폭격기는 기본적으로 전쟁의 이차원적 성격을 변화시키지 않는다. 전쟁을 삼차원으로 만드는 것은 실제 전선에서 멀리 떨어진 지점에 대한 공군의 작전이다. 용어의 기술적 의미에서 "전방"은 이제 사라졌다. 이전의 전쟁들, 즉 이차원 전쟁에서 전방은 상대적으로 안전한 보급로를 뒤에 두고 있는 방어선이었다. 보급로의 보호와 안전의 문제는 지휘관의 지속적인 관심사였지만 문제의 해결은 적어도 이론상으로는 비교적 간단했다. 그것은 보급로가 끊기지 않고 측면이 공격당하지 않도록 막는 것을 뜻한다. 새로운 형태의 전쟁에서 지상군은 더 이상 기지 구역과 작전 구역 사이의 경로에 안보를 제공할 수 없다. 항공 우세만이 그 선을 지키고 공격 작전이나 방어 작전에 필요한 물자의 흐름을

---

* 선線 방어의 결점을 막기 위해 이중, 삼중으로 진지를 배치해 적의 침투를 차단하는 방법. 적의 공격을 유인해서 점진적으로 약화시킴.

보장할 수 있다.

산업혁명과 항공산업의 발전은 지상전에 변화를 가져왔을 뿐만 아니라 해전에서 새로운 문제를 만들어냈다. 해전의 목적은 해상 통제인데, 이는 해양 수송의 통제, 해로 사용의 자유, 적의 해로 사용을 막는 능력을 의미한다. 해양 항로의 통제는 적의 함대를 파괴하거나, 봉쇄 혹은 차단을 통해서 중요 지역으로 접근하는 것을 막음으로써 달성될 수 있다. 세해권을 얻기 위해 국가는 동상 선선에 투입되는 함선들을 상대국보다 우세하게 구축하고자 했다.

해양력은 간접적인 방식으로만 적의 패배와 최후의 항복에 도움이 될 수 있다. 해양력으로는 국가를 침략하거나 요새를 공격하거나 영토를 점령할 수 없다. 또한 해양력으로 해안을 폭격할 순 있지만 그 효과는 좀처럼 결정적이지 않다. 함대는 군대를 이동시키고 보급을 유지함으로써, 다른 한편 적은 그렇게 하지 못하게 막음으로써 지상 작전의 보조적인 역할을 한다. 또한 해군은 적의 전쟁 산업용 원자재와 식료품을 차단함으로써 경제적 압박을 가한다.

지난 10년간의 기술 발전은 선박 건조, 해군 전술, 해양 지리에 중요한 변화를 가져왔다. 증기 항해는 연료 공급의 문제를 야기했고, 이전보다 훨씬 더 해군기지에 의존하게 되었다. 그래서 새로운 거점 기지와 원거리 해군기지들에 새로운 관심을 갖게 되었다. 한편 연료는 공급 지점들 사이에서 훨씬 더 큰 이동성과 행동의 자유를 주었다. 순풍에 의존하지 않는 자유는 지구상의 두 지점 사이의 가장 짧은 거리인 대권항로great circle routes*를 따라 항해하는 자유를 의미했다. 이전에 전략적 중요성이 컸던 항구는 중요성을 크게 상실했고, 다른 항구들이 그 자리를 대신했다.

　잠수함의 발명은 전술과 전략에 새로운 문제를 일으켰다. 잠수함은 기뢰 부설 지역과 결합되어 근접 봉쇄를 더 어렵게 만들었다. 잠수함은 해전에서 삼차원적 요소를 대표하며, 수상함에서 열세인 나라들조차 봉쇄를 뚫을 수 있게 한다. 전선이 형성된다 해도 그것이 잠수함의 위험을 파괴할 수 없기 때문에, 바다의 효과적인 통제는 더 이상 전투 함대의 우위에만 좌우되지 않는다. 바다의 효과적인 통제를 위해 많은 소형 선단의 도움이 필요해졌다.

　항공기의 발전은 해전에 또 다른 삼차원적 요소를 더했고, 이어 안전과 보호라는 새로운 문제를 만들어냈다. 지상에 기지를 가진 적 항공기의 사거리 내에 있는 해군기지는 효율성을 많이 잃었다. 전투 현장에서 공군력이 열세인 함대는 승리할 기회가 거의 없다. 공중 어뢰는 전함에도 매우 위험한 무기이고, 폭격기는 순양함과 구축함 상부 구조물의 상당 부분을 파괴할 수 있다. 전투기는 관측기를 격추시켜서 자국 함대에 공중 관측 독점이라는 이점을 줄 수 있다. 또한 공군력은 함대를 경제적 압박의 수단으로 사용하는 것에도 영향을 준다. 공군력은 잠수함에 공중 정찰의 혜택을 제공하고, 항구에 폭격을 가해 연안 지역에 대피했던 것들을 처리함으로써 좁은 해

---

*　지구의 중심을 통하는 원의 호를 대권이라고 하는데 지표면상의 두 지점 간의 최단 코스는 이 호를 따라 있다. 이 코스가 대권항로가 되며 북극권을 중심으로 많이 개발되었다.

협의 상업을 쉽게 파괴할 수 있게 만든다. 공군력이 원거리 봉쇄의 효과를 줄일 수는 없지만, 예외적인 지리적 상황에서는 가능할 수도 있다.

적의 최종 패배에 대한 해양력의 기여는 직접적이기보다는 간접적이기 때문에, 상대적 중요성은 상대의 봉쇄에 대한 취약성, 해외 작전의 중요성, 침투의 중요성 등에 따라 시기별, 전쟁별로 다양하다. 경제적, 기술적 발전은 봉쇄의 중요성에 관해 상반되는 경향을 만들어냈다. 인구밀도가 높아지면서 많은 국가가 해외로부터 수입된 식료품에 의존하게 되었고 산업화는 점점 외국 원자재에 의존하는 경향을 만들었다. 한편 국가 계획과 전쟁에 대비한 경제 자립 정책이 결합해 나타난 화학작용은 이전에 존재했던 것보다 훨씬 더 큰 일시적 자급자족의 가능성을 만들어냈다. 봉쇄에 관한 추세가 불확실하다면, 침략에 관한 추세는 명백하다. 현대 원정군은 대규모 수송과 특수 항만 시설을 요구하고, 기뢰, 잠수함, 항공기 때문에 적 해안의 점령은 점차 어려워지고 있다. 해상 통제는 더 이상 군대를 상륙시킬 능력을 보장하지 않고, 상륙 지점에서의 공중 우세가 그 문제를 결정할 것이다.

상대적 기동성과 같은 특정한 다른 측면에서도 대륙 세력보다 해양 세력의 이점이 감소했다. 범선의 개발 이후, 특히 증기선의 개발 이후 해양 세력은 상대적으로 속도가 빨라졌다. 육지 교통수단은 행군보다 훨씬 더 빠르게 군대를 이동시킬 수 있게 되었다. 철도, 고속도로, 자동차 운송의 발달로 선진 수송 시스템을 갖춘 특정 지역에서는 대륙 세력이 우위에 서게 되었다. 항공기 산업과 군 항공 수송의 발전은 그 차이를 훨씬 더 크게 만들었다. 상대적 기동성의 변화는, 육상 폭격기가 커버할 수 있는 좁은 해역을 떠다니는 항공모함으로는 제공권을 확립하기 어렵고 공군기지가 해군기지보다 훨씬 더 빠르게 건설될 수 있다는 사실과 합쳐져서, 내륙 및 연안 해역에서 해양 세력과 대륙 세력 사이에 존재하는 전략적 우위의 변화를 가져왔다.

그러나 육군 및 해군 작전에 대한 공중전의 효과보다 훨씬 더 중요한 것은 민간인에 대한 영향이다. 시민은 더 이상 군대가 유지하고 있는 전선 뒤에서 상대적으로 안전하게 있을 수 없게 되었다. 전쟁은 이제 멀리 떨어진 곳에서 일어나지 않는다. 전쟁은 정원, 뒷마당, 폐허가 된 집 주변에서 벌어지고, 민간인과 군인 모두를 가리지 않고 살해한다. 공중 폭격은 전쟁 산업 시설에 대한 직접적인 공격의 길을 열어주었고, 국민의 사기를 겨냥한 공격 수단을 만들었다. 이전에 민간인은 봉쇄에 의한 것을 제외하고는 자국의 전투력이 파괴될 때까지 영향을 받지 않았다. 그러나 현대전의 군사행동은 민간인에 대한 직접 공격 및 공중 폭격으로 전투 지속 의지를 파괴하려는 시도가 수반된다.

2. 정치전

역사의 모든 시기에서 군사전은 정치적 행동을 동반했다. 정치 행동은 최초의 전쟁에서 사용되었고 최후의 전쟁에서도 사용될 것이다. 이것은 적대 행위의 발발 이전에 지속되고 강화되어온 세력 투쟁을 뜻한다. 그러한 행동은 우리 쪽 동맹국을 얻고 유지하며, 적의 동맹을 파괴하기 위한 것이다. 목표는 집단행동을 막고 적을 고립시켜 홀로 싸우게 하는 것이다. 수단은 평화 시기에 사용되는 무기들과 같다. 여기에는 설득, 매수, 교환, 무력 위협, 실제 무력 사용 등이 포함된다. 또한 국가의 내부 단결을 파괴하는 데 사용되는 것과 유사한 기법이 추가로 쓰일 수 있다. 이러한 공격은 동맹 구성원들 사이에 공통의 관심사가 존재한다는 것에 대한 의구심을 불러일으키고, 파트너들의 전쟁 노력에 대한 불신을 높이며, 그들이 갖고 있던 기존의 차이와 불일치를 고조시킬 것이다.

3. 경제전

현대 전쟁은 전략 원자재의 풍부한 공급과 막대한 산업 생산량의 토대 위에서만 성공적으로 치를 수 있다. 현대적인 군사 시설을 준비하는 것은 약간의 정부 군수물자로 수행될 수 있는 임무가 아니다. 군사 시설은 높은 생산성과 광범위한 산업 장비를 갖춘 국가 경제 전체의 참여를 요구한다. 대규모 철강 생산, 막대한 기계와 공작기계 산업, 알루미늄의 대량생산, 거대하고 잘 분화된 화학 산업은 최소한의 요구 사항일 뿐이다. 무기들이 점점 더 복잡해지고 필요한 무기의 양도 많아지면서, 대량생산은 더 큰 기술적 어려움을 수반한다. 그리고 새로운 무기의 도입은 더 오랜 준비를 요구한다. 산업 생산에 대한 요구가 많은 현대 전쟁은 국민소득의 매우 큰 비중을 소비한다. 지금의 전쟁에서는 그 비율이 50퍼센트가 넘는다. 투입된 경제적 노력이 엄청나게 크기 때문에, 전쟁 준비는 필연적으로 경제 생활에 대한 정부의 통제를 증가시키고, 군사적 필요성에 대한 고려가 비용 및 이익에 대한 고려를 대체하도록 하며, 국가 계획과 생산 능력의 재할당은 소비자의 욕구 충족이 아니라 군사적 욕구를 충족하는 방향으로 이루어진다. 오늘날의 전쟁은 훈련된 군사 조직뿐만 아니라 잘 통제되고 통합된 경제를 요구한다.

경제전이 현대 전쟁에서 점점 더 중요한 역할을 맡기 시작한 것은 산업 생산이 지속적인 군사활동에 필수 요소가 되었기 때문이다. 경제적 무기를 사용 가능하게 만든 것은 분명히 현대 국가의 자급자족 결여 때문이다. 특정 국가의 세계경제에 대한 의존성은 경제적 공격에서 그 국가가 얼마나 취약할지를 나타내는 대략적 지표다. 공격적 측면에서 봤을 때 경제전의 목적은 적의 군사활동을 지탱하는 국가 경제를 파괴하는 것이다. 방어적 측면에서 경제 전략의 목적은 국가 경제의 효율성을 보전하는 것이다.

현대 기술은 경제전을 봉쇄와 함락을 위한 단순한 수단 이상으로 발전시켰다. 전쟁은 교전국 시장의 폐쇄, 수출 금지, 그리고 가능하다면 통화 안정성에 대한 공격으로 시작된다. 그러나 국가들은 그러한 경제 투쟁의 수단을 자국의 경제에서만 찾는 것이 아니다. 금수 조치는 다른 국가들의 상품까지 금지하도록 고안된 조치들로 강화될 것이다. 원래 이것은 주로 해군의 봉쇄 작전에 의해 달성되었지만, 현대 경제 전략은 경제적 압력을 통해 제3국이 경제 투쟁에 직접 참여하도록 강요하는 방향으로 발전했다. 가능하다면, 적국으로 가는 모든 수입품을 빼앗고 적의 수출 및 외환 창출 능력을 감소시키는 계획에 중립국과 준중립국들을 참가시킬 것이다. 방법은 기업 통제, 블랙리스트, 그리고 개인과 기업에 대한 다른 형태의 위협, 중립국의 수출 시장 폐쇄 위협, 그리고 마지막으로 군사행동의 위협이다. 그러한 공격에 대한 방어는 필연적으로 국경 내에서나 직접적으로 군사 통제를 하고 있는 지역 내에서 최대의 자급자족을 창출하는 것과, 중립국에 사용할 대응 압력의 수단을 창출하는 방향이 될 것이다.

4. 이데올로기전

봉쇄와 공중전이 민간인에게 미치는 영향과 더불어 전쟁에 대한 국가 경제의 참여 증가로, 전쟁은 전문가들의 활동이 아니라 국가 전체의 공동 사업으로 바뀌었다. 현대 전쟁은 전 국민이 단결해 협력할 것을 요구한다. 군인과 민간인이 전심전력으로 협력하지 않고서는 이길 수 없고, 민간인도 군인과 마찬가지로 기꺼이 위험과 희생을 감수하고 국가의 명분과 자신들을 일치시키기 위해 노력해야 한다. 이 때문에 전쟁의 수행은 점점 더 복잡해지고 국방을 위한 효과적인 통합 또한 점점 더 어려운 문제가 된다. 국가는 새로운 무기에 취약해졌다. 경제적 교살, 정치 공작, 군사 공격의 기법에 심리전과 이데올로기전이 추가되었다. 투쟁 의지를 훼손하거나 강화하는 무기에 선전propaganda과 대응 선전counter-propaganda이 추가되었다.

전쟁에서의 힘은 단결과 효과적인 사회 통합의 결과이며, 따라서 국민 통합에 대한 공격은 적의 첫 번째 접근법이 되었다. 국가 결속, 규율, 집단 사기를 파괴하는 것이 공격의 기본 목적이다. 그것은 가족, 당파, 종교적 헌신 등 국가보다 작은 집단을 향해 있는 충성심에 대한 호소로 시작한다. 그것은 분열로 가는 모든 잠재적인 가능성에 대한 독려로 이어진다. 그 방법은 인종, 민족, 지역, 경제, 이데올로기 등 모든 사회적 분열과 갈등을 고조하고 심화시키는 것이다. 노동과 자본에게 상대방의 부당 이득에 대해 암시하기, 농촌과 도시 공동체의 불공평한 희생에 대해 언급하기, 전쟁 산업 계약과 새로운 산업 육성에 있어서 지역 편파주의 시사하기, 특정 인종 집단이나 계층이 전쟁을 도발했다고 비난하기, 전쟁 목표에 대해 정당들이 싸움을 시작하도록 부추기기 등이 있을 것이다. 이러한 형태의 공격이 실제로 성공한다면, 그것은 국가를 통일된 강력한 군대가 아니라 상호 불신하고 싸우는 집단으로 변화시켜서 적에 대한 전쟁을 효과적으로 수행할 수 없게 한다.

심리전은 한 국가의 단결을 공격할 뿐만 아니라, 개인의 투쟁 의지를 파괴하고자 한다. 그 접근법은 다음과 같은 몇 가지 노선을 따른다. 저항이 소용없고 패배가 확실하다는 의식 형성, 두려움의 증폭, 걱정과 공포의 자극 등을 들 수 있다. 선전은 아군의 군사적 약점과 준비 부족을 강조하고 적의 무적의 힘을 강조한다. 다른 전술들은 "신경전"과 "공포 심리"를 사용한다. 그 전술들은 위험의 성격이 알려져 있고 그것을 다룰 능력이 있다고 자신한다면, 위험에 직면해서도 집단 사기가 보전될 수 있다는 사실에 토대를 두고 있다. 선전활동을 통해 적이 비밀 무기를 갖고 있으며 앞으로 닥칠 공격의 시간, 장소, 형태 등이 불확실하다는 인식을 심어주어 사기를 꺾으려고 한다. 거주 구역에 대한 폭탄 시위, 압도적인 군대에 대한 영화 상영, 감히 저항하는 사람들에 대한 지속적인 위협 등의 테러가 거리낌 없이 사용된다.

또한 이데올로기 전쟁은 국가 목적에 대한 신념과 정부에 대한 신뢰의 파괴를 목적으로 한다. 국가의 사기를 보전하기 위해, 대의명분에 대한 흔들림 없는 믿음을 유지하는 것이 절대적으로 필요하다. 인간의 이상주의에는 투사로서 강점과 약점이 모두 있다. 인간을 개인적, 사회적 생존을 위해 싸우도록 할 수 있지만, 이때 물질적 이득을 약속하는 것보다는 추상적 가치를 위해 봉사한다는 소명을 갖도록 하는 편이 더 쉽다. 인간의 관심사는 다양하다. 그러나 인간은 오직 도덕질서 옹호를 위해서만 단결할 수 있다. 인간은 평화를 사랑하기 때문에 침략자는 언제나 적이고, 품위를 선호하기 때문에 불공정하게 싸우고 잔혹하며 비열한 수단으로 싸우는 이는 언제나 적이다. 국가의 투쟁은 불가피하게 선과 악의 충돌이 되고, 죄와 악마에 맞서는 십자군 전쟁이 된다. 현대 전쟁은 비현실과 가상적인 분위기에서만 성공적으로 치를 수 있다.

인간의 도덕적 완결성에 대한 열망을 이용한 심리적 공격은 국가의 결점을 강조하고, 윤리적 행위에 대해 국가가 공언해왔던 기준에 부응하지 못한 과거 사례를 강조하는 선전활동이다. 심리적 공격은 자국이 상대방을 비난하는 모든 범죄를 저질렀으며, 현재의 동기가 순수하지 않다고 지적하는 것이다. 국가가 영토를 정복했고, 패배한 사람들을 착취했으며, 타국의 문제에 개입했고, 힘 그 자체를 위해 힘을 추구했으며, 그것을 남용했다는 것을 보여준다. 그 공격은 그들의 과거가 흠잡을 데 없는 것과는 거리가 멀다는 점을 상기시키고, 어떤 국가도 다른 국가를 심판할 권리를 갖고 있지 않음을 암시하며, 죄 없는 국가만이 첫 번째 돌을 던질 수 있다는 도덕적 완결성을 조언하는 형태로 이뤄진다. 과거의 무력 사용에 대한 죄책감에 시달리는 국가는, 무력의 실체를 받아들일 뿐만 아니라 수치심이나 죄의식 없이 무력의 창조적 가치를 지지하는 국가에 비해 상당히 불리하다.

5. 총력전

20세기의 전쟁은 군사, 정치, 경제, 이데올로기 전술을 하나의 위대한 전쟁 노력에 결합하고 통합하는 총력전이다. 통념과는 달리, 총력전은 독일의 발명이 아니라 오랜 역사적 발전 과정의 결과였다. 제1차 세계대전에서 총력전의 가장 성공적인 옹호자들은 현대 문명이 만들어낸 모든 무기를 매우 효과적으로 사용한 연합국이었다. 연합국은 세 개 대륙에서 전투를 치르는 거대한 군사 기구를 조직했다. 연합국은 이탈리아를 삼국동맹에서 능숙하게 분리해냈고, 미국을 끌어들였으며, 그리스가 협력하도록 강요했고, 30개의 다른 동맹국을 확보했을 뿐 아니라, 마지막으로 아랍인과 유대인 모두의 협력을 얻어냈다. 연합국은 전 세계가 봉쇄를 받아들이도록 강요해서 마침내 동맹국(독일, 이탈리아, 오스트리아-헝가리)에 대해 경제적 교살을 단행했다.

연합국은 오스트리아-헝가리 제국과 튀르키예의 인종적, 민족적 차이, 독일의 지역적 차이, 그리고 모든 곳의 계급적 차이를 강조할 목적으로 선전을 활용했다. 연합국은 제국주의 정권들의 동기와 방법에 대한 불신을 조장했다. 연합국은 동맹국들의 국민에게 전투가 소용없다고 알렸고, 그들이 기존 정부를 전복시키고 민주주의 국가들과 동일한 정권으로 대체할 경우 그들에게 평화와 안녕을 주겠다고 약속했다.

반면에 독일의 전쟁 노력은 비록 지난 제1차 세계대전에서 승리를 거두기엔 역부족이었지만, 모든 작전 분야에서 승리를 거두었다. 세계 대부분의 인력과 경제 자원에 맞선 독일의 군사적 저항은 전문가들의 찬사를 받았다. 잠수함 작전은 영국에 재앙을 가져올 뻔한 대응 봉쇄Counter-blockade를 가능케 했다. 독일은 튀르키예와 불가리아를 동맹으로 끌어들였고 사회전 및 이데올로기전을 훌륭하게 활용했다. 독일은 아일랜드의 반란을 도왔고, 레닌을 러시아로 보내 공산주의 혁명에 불을 붙였으며, 미국의 소수민족 사이에서 반전활동을 부추겼다.

제2차 세계대전에서 독일은 오래된 절차를 개량하고 개선했을 뿐 추가한 것이 없지만, 히틀러는 그것을 적용하는 데 있어서 한 가지 중요한 변화, 즉 타이밍에서 차이를 만들었다. 나치 이전의 전쟁 준비에도 군사적, 정치적, 경제적 준비가 포함되었지만, 잠재적 적국의 영토 내에서 행동은 군인의 첩보활동과 공인된 외교관의 외교활동 이상으로 확장되지 않았다. 경제전 및 이데올로기전에 의한 보조작전은 첫 번째 총성이 있은 후에야 시작되었다. 그것들은 군사 공세를 뒤따를 뿐 앞서가지 않았다. 현대 독일은 이 과정을 뒤바꾸었다. 군사행동은 투쟁의 시작이 아니라 끝이 되었다. 과거에 보병 공격에 앞서 포병이 집중 포격을 했던 것처럼, 이번엔 심리적 공격이 전쟁 전에 행해졌다. 클라우제비츠에게 있어 전쟁은 다른 수단에 의한 정치의 연속이었다. 히틀러에게 있어 평화는 다른 수단에 의한 전쟁의 서막이다. 결과적으로, 전시와 평시의 세력 투쟁의 형태 차이는 이제 완전히 사라졌다. 어떤 국가도 더 이상 미래의 분쟁에 대한 준비라는 관점에서만 국방을 생각할 수 없다. 투쟁은 계속된다. 총력전은 영속적인 전쟁이다.

제 2 장

서반구 속의 미국

모든 강대국의 정치는 그들의 지리에서 비롯된다._나
폴레옹

무정부 상태의 국제세계에서, 외교정책은 무엇보
다 국가의 상대적 힘의 지위 개선 혹은 보전을 목표로 해야 한다. 힘
은 결국 성공적인 전쟁을 수행하는 능력이고, 지리는 군사적, 정치
적 전략의 문제에 대한 단서를 갖고 있다. 영토는 전쟁 시에 국가가
활동하는 근거지이자, 평화라고 불리는 일시적인 휴전 기간에 국가
가 점유하고 있는 전략적 위치다. 지리는 가장 영속적이기 때문에
국가의 외교정책에 있어 가장 근본적인 요소다. 장관들은 바뀌고 심
지어 독재자들도 죽지만, 산맥은 동요 없이 그대로 존재한다. 초라
한 군대로 13개 주를 방어하던 조지 워싱턴은 대륙의 자원을 마음껏
누릴 수 있는 프랭클린 D. 루스벨트로 바뀌었지만, 대서양은 계속
해서 유럽과 미국을 분리하고 있고 세인트로렌스강(일부가 미국과

캐나다의 국경)의 항구들은 여전히 추운 날씨 속에서 얼음으로 막혀 있다. 러시아의 차르 알렉산더 1세는 평범한 공산당원인 이오시프 스탈린에게 권력뿐만 아니라 바다에 접근하기 위한 끝없는 투쟁까지 물려주었고, 마지노와 클레망소는 카이사르와 루이 14세로부터 탁 트인 독일 쪽 국경에 대한 불안을 물려받았다.

국가 영토의 크기는 세력 투쟁에서 국가의 상대적 힘에 영향을 미친다. 천연자원은 인구밀도와 경제구조에 영향을 미치고, 이것들이 봉쇄에 대한 취약성을 규정한다. 적도, 대양, 대륙을 기준으로 한 위치는 힘의 중심, 분쟁 지역, 교통로에 대한 근접성을 결정한다. 그리고 인접한 이웃 국가를 기준으로 한 위치는 잠재적 적들과 영토 안보의 기본 문제를 규정한다. 지형은 통일성과 내적 결집에 영향을 주기 때문에 국가의 힘에도 영향을 준다. 기후는 농업 생산을 제한하고 운송과 국제 무역의 환경을 결정한다. 따라서 국가의 힘의 지위에 대한 모든 설명은 지리의 분석에서 시작돼야 한다.

세계의 대륙들

수에즈 운하와 파나마 운하에 의해 구세계와 신세계가 관통된 이후, 지구 표면의 거대한 땅덩어리는 다섯 개의 대륙 섬으로 구성되어 있다. 남반구에 위치해 있는 세 개의 대륙, 즉 호주, 남아메리카, 아프리카는 배로 주변을 돌 수 있는 진정한 섬이다. 북반구에 위치해 있는 두 개의 대륙, 즉 북아메리카와 유라시아는 지리적으로 진정한 섬이기는 하지만 북극해의 만년설 때문에 항행의 측면에서 볼때 반도라고 할 수 있다. 두 개의 북쪽 대륙 가운데 유라시아가 훨씬더 크다. 유라시아의 면적은 북아메리카의 2.5배 이상이고 인구는북아메리카의 10배 이상이다. 세계의 정치적 힘은 대부분 온대 지역에 집중되어 있기 때문에, 적도를 기준으로 하는 위치는 기후뿐만아니라 힘의 중심에 대한 근접성도 결정할 것이다. 해류, 고도, 그외 요인들이 일반적인 기후 조건을 변경시킬 수도 있지만, 대체로역사는 온대 지방에서 만들어지고 있고, 남반구 대륙에는 온대 지방이 극히 일부이기 때문에 역사는 북반구의 온대 지방에서 만들어진다고 할 수 있다.

북쪽의 육지가 훨씬 더 크고 남반구에 존재하는 가장 큰 육지가열대기후라는 사실은 분명한 시사점을 갖고 있다. 경제적, 정치적,군사적 관점에서 볼 때 세계의 북쪽 절반은 항상 남쪽 절반보다 더중요할 것이고, 북반구 대륙 사이의 관계는 같은 대륙의 적도를 가로지르는 관계보다 세계 역사에 더 많은 영향을 미칠 것이다. 따라서 적도의 북쪽 또는 남쪽이라는 위치는 국가의 정치적 중요성, 국제관계의 성격, 그리고 외교정책의 문제를 결정하는 데 있어 큰 역할을 할 것이다.

서반구는 대서양, 태평양, 북극해에 둘러싸인 섬이다. 서반구는유라시아 대륙의 유럽 쪽 대양과 아시아 쪽 대양 사이에 위치하고있고, 약 1500만 제곱마일의 거대한 면적을 차지하고 있다. 이 거대한 육지는 아메리카 지중해로 분리된 북아메리카와 남아메리카라는 두 대륙으로 이뤄져 있다. 북아메리카 대륙은 역삼각형이다. 북아메리카 대륙의 양쪽 해안선은 알래스카와 그린란드를 향해 뻗어 있어서 최북단의 전초지들은 아시아와 유럽에 가장 가깝다. 남아메리카 대륙 역시 역삼각형이지만 북쪽 대륙보다 더 동쪽에 위치해 있어서 브라질의 돌출부는 아프리카의 어깨 쪽과 가깝다. 두 대륙 가운데 위치한 아메리카 지중해가 북아메리카와 남아메리카 사이, 대서양과 태평양 사이의 통과 지대를 제공한다.

미국은 세계에서 독특한 장소를 점유하고 있다. 지구 북반구의 거대한 육지 영역에 위치한 미국 영토는 경제적 힘을 암시하는 모든 것을 갖춘 대륙 규모의 땅이다. 두 개의 대양에 접해 있는 미국은 세계의 가장 중요한 무역 운송망에 직접 접근할 수 있다. 미국의 영역은 서유럽과 동아시아의 밀집된 인구 집단들 사이, 그래서 경제적, 정치적, 군사적으로 가장 중요한 지대들 사이에 위치하고 있다.

북아메리카 대륙

미국의 대륙 영역은 캐나다와 멕시코 사이의 약 300만 제곱마일의 지역으로, 풍부한 천연자원과 생산성 높은 국가 경제 및 1억3500만 명의 인구를 보유하고 있다. 로키산맥의 위치와 방향은 미국의 강을 주로 대서양으로 흐르게 만들고, 다양한 지형과 기후는 각 지역에 뚜렷한 경제적 특성을 부여하고 있다. 북동부는 인구 중심지이자 산업 및 상업활동의 중심지를 포함하고 있다. 중서부는 본래 농업을 담당하고 있고, 서부는 축산과 비철금속 생산을 주로 담당한다.

아시아에 가장 가까운 서반구 지역은 알래스카다. 이 반도는 북극, 베링해, 태평양으로 둘러싸여 있는데, 스칸디나비아 국가들과 핀란드의 면적보다 더 큰 50만 제곱마일 이상의 지역이다. 이 고장에는 약 10만 제곱마일의 방목지가 있고, 풍부한 수력과 매우 다양한 광물이 보유되어 있다. 알래스카는 잠재적 가능성이 매우 큰 땅이지만 인구는 6만 명에 불과하고 앞으로도 상당히 느리게 증가할 것이다. 기후와 지형을 고려하고, 인구가 밀집되고 상업이 발전한 지역에서 멀리 떨어져 있다는 점을 고려하면 미국의 산업 중심지 근처의 자원들이 소진될 때까지 이 지역의 개발이 지연되는 상황은 불가피할 것이다.

유럽과 가장 가까운 서반구 지역은 거대한 얼음으로 뒤덮인 그린란드섬으로, 이 섬은 아이슬란드와 스피츠베르겐섬(북극 노르웨이령) 가까이에 있다. 약 10만 제곱마일의 작은 지역을 제외하고 빙상이 전체 섬을 덮고 있다. 북대서양 해류가 남서부 해안에 따뜻한 기후와 폭우를 제공해서 여름 몇 개월 동안 식물이 잘 자랄 수 있게 한다. 그린란드섬은 두 가지 중요한 원자재를 매우 풍부하게 생산한다. 수출의 5분의 4를 차지하는 빙정석은 이비히투트에서 채굴되고, 흑연은 서해안과 남서부 해안에서 발견된다. 기후상의 한계가 없다면 그린란드는 항공으로 북아메리카 대륙에 접근할 때 자연적인 현관이 될 것이다.

알래스카와 그린란드라는 대륙의 두 전초지와 미국 사이에는 캐나다 자치령이 있다. 캐나다 자치령은 미국의 48개 주*보다 더 넓은 지역에 펼쳐져 있지만, 인구는 약 1200만 명에 불과하다. 지역 대부분이 경제적 개발과 이용에 제약이 있고, 영토의 상당 부분이 북극 불모지인 기후와 지형이 그 이유를 설명해준다. 캐나다의 넓은 지리적 지역은 실질적으로 미국 지역들의 연장으로, 유사한 경제적 분화를 보여준다. 동쪽 지역은 대서양으로부터 슈피리어호 조금 뒤까지의 지역으로, 대륙의 거의 중간쯤까지 펼쳐져 있다. 중부의 프레리(대초원) 지역은 로키산맥 기슭까지 거의 800마일**을 뻗어 있다. 대부분 브리티시컬럼비아가 차지하고 있는 서부 지역은 해안과 평행을 이루는 로키산맥과 셀커크산맥의 험준한 산악지대에서 시작해 태평양을 향해 서쪽에 도달한다. 서부는 삼림과 목초지 그리고 광산으로 대표된다. 프레리 지역에는 농업, 특히 밀 생산지가 있다. 동부는 광산, 산업, 무역의 중심이다. 제철 및 철강산업은 제분 공장과 함께 온타리오에서 시작되었다. 미국에서 수입한 철광석과 석탄이 산업의 기반이 되었다. 마찬가지로 뉴펀들랜드***에서 수입한 철광

---

* 이 책 저술 당시 미국은 48개 주로 이루어져 있었다. 1959년 알래스카와 하와이가 정식 주로 편입되어 현재는 총 50개 주다.

** 항공의 중요성이 증가하고 있기 때문에 모든 거리는 법정 마일(또는 육상 마일statute mile)로 제시되며, 심지어 보통 해상 마일(또는 해리sea mile)로 표현되는 해상 거리도 마찬가지로 법정 마일로 표시한다. ─지은이

*** 이 책 저술 당시 뉴펀들랜드는 독립된 영국 자치령이었으나 1948년 주민투표에 의해 정식으로 캐나다의 일부가 되었다.

석을 기반으로 노바스코샤의 철강산업이 시작되었다. 이들 산업 지역에는 에너지 자원 중 오직 수력 자원만 풍부하다.

캐나다의 경제는 미국 경제와 상당한 유사성을 보여준다. 1인당 생산성이 높고 그 결과 생활 수준도 높다. 기후 및 여타 지리적 이유로 인해 캐나다 국토의 상당 부분은 앞으로도 희박한 인구밀도를 보일 것이다. 그렇지만 자연자원 개발이 이제 막 시작되었기 때문에 캐나다 앞에는 성장하는 미래가 놓여 있다고 할 수 있다.

현재까지 캐나다의 생활 구역 중 상당 부분은 캐나다와 미국 국경을 따라 100에서 200마일의 좁은 지대에 형성되어 있다. 그리고 국가의 주요 활력 지역의 90퍼센트 이상이 동부에 집중되어 있다. 세인트로렌스강을 접하는 온타리오주와 퀘벡주가 여기에 해당된다. 이곳에 캐나다 인구의 상당수가 결집해 있으며, 주요 산업, 금융, 상업 중심지 및 대도시와 주요 항구가 있다.

세인트로렌스만 너머에, 래브라도 돌출부 아래의 한적한 곳에 뉴펀들랜드가 위치해 있다. 이곳은 황량한 암석지대로, 겨울에는 차가운 돌풍에 노출되고 여름에는 절반이 안개로 싸이는 곳이다. 궁핍과 가난의 땅인 이곳에 거주하는 30만 명의 인구는 벌목업, 광업, 어업으로 궁핍한 생계를 이어가고 있다. 경제적으로 중요하지도 않고 재정적으로 파산한 곳이지만, 캐나다로 들어가는 관문이라는 전략적 위치로 인해 중요성을 가진다.

미국과 캐나다 사이의 국경은 알래스카 병합 훨씬 전에 수립되었다. 알래스카와 미국 사이에는 브리티시컬럼비아 회랑이 있다. 이 회랑은 프레이저와 스키나강의 계곡을 관통해 서부 캐나다에서 태평양으로 갈 수 있는 접근로를 제공한다. 후안데푸카 해협과 딕슨 해협 사이의 이 캐나다 영토는 미국 본토에서 북쪽 영토 알래스카까지 곧바로 육로를 통해 접근하는 것을 막는다. 언뜻 보면 상황은 민족 문제가 없는 폴란드 회랑을 닮은 것 같다. 그러나 좀더 신중히 분석하면 근본적인 차이가 보인다. 폴란드 회랑은 동프로이센과 서프로이센 사이의 교류를 유지하는 오래되고 자리 잡힌 도로와 철도가 있는 저지대다. 그러나 브리티시컬럼비아는 산이 많고 남북으로 이동하기 쉬운 경로가 없다. 그 땅을 정복하거나 구매한다고 해도 이런 지형적 사실을 바꿀 순 없다. 워싱턴주와 알래스카는 언제나 바다로 소통해왔고 적어도 평화 시에는 의심할 바 없이 계속 그렇게 할 것이다.

캐나다는 여러 면에서 미국과 유사한 사회가 북쪽으로 확장된 것이지만, 리오그란데강(미국과 멕시코 국경을 이루는 강) 아래의 땅은 다른 세계, 즉 라틴아메리카의 세계를 보여준다. 영어와 라틴어를 사용하는 대륙의 두 부분을 모두 아메리카라고 부르면서, 존재하지 않는 유사성을 무의식적으로 기대하는 것은 아마 불행한 일일 것이다. 핵심적인 지리적 특징에서, 인종 및 민족 구성에서, 경제생활에서, 그리고 사회적 관습, 이데올로기, 문화적 전통에서 남쪽에 있는 국가들이 미국과 다르다는 것을 깨달을 때, 비로소 미국은 자국의 삶에 있어 남쪽 지역의 중요성을 평가할 수 있고 반구 방어hemisphere defense라는 공동 정책에 대한 효과적인 협력이 가능할지를 정확하게 판단할 수 있을 것이다.

아메리카 지중해

라틴아메리카 세계는 멕시코 국경 너머로 미국과 마주하고 있고, 아메리카 지중해 이북에서 미국은 가장 중요한 연안 국가다. 동쪽 가장자리를 따라 있는 나머지 해안 국가 및 섬들의 배수 지역에는 약 5000만 명의 인구를 보유한 200만 제곱마일의 땅이 있다. 이 배수 지역은 멕시코, 중앙아메리카, 콜롬비아, 베네수엘라의 많은 부분을 포함하고, 베네수엘라 동쪽에서 쿠바의 서쪽 끝까지 거대한 호로 뻗어 있는 열도들로 이루어져 있다. 이 호선 열도는 멕시코 유카탄에서 150마일, 키웨스트(미국 최남단 섬)에서는 75마일 떨어져 있다. 플로리다 동쪽과 대앤틸리스 제도는 바하마 제도라 불리는 두 번째 열도상에 위치하는데, 바하마의 섬들은 촘촘하게 배치된 보초들처럼 멕시코만 입구에 줄지어 있다. 아메리카 지중해는 유럽의 지중해와 마찬가지로, 서부 지중해인 멕시코만과 동부 지중해인 카리브해로 나뉜다. 뉴올리언스에서 트리니다드까지의 거리는 바툼*과 지브롤터 사이의 거리와 비슷하고, 두 바다로 흘러 들어가는 지류의 해안 면적도 거의 같다.

멕시코와 중앙아메리카의 산맥은 서쪽보다 동쪽에 완만한 경사

---

* 조지아의 흑해 연안 항구도시.

와 넓은 해안 평야가 있고, 그래서 무역활동도 동쪽으로 치우쳐 있다. 유카탄과 과테말라, 온두라스, 니카라과 평원은 만과 카리브해에 접해 있고, 파나마에서만 저지대의 상당 부분이 태평양에 접해 있다. 엘살바도르는 이 지역에서 유일하게 태평양에만 접해 있는 국가이고, 과테말라와 연결된 철도만이 대서양 쪽 출구를 제공한다. 콜롬비아의 안데스산맥은 태평양 가까이에 있고 세 개의 수평한 지맥支脈이 직각으로 카리브해에 접근하고 있어서, 물줄기는 아트라테 강 및 막달레나강의 계곡과 그 강의 지류를 따라 동쪽의 바다, 즉 대서양으로 흘러 들어간다. 베네수엘라는 지형 때문에 마라카이보 호수의 저지대를 제외하고 카리브해의 배수지가 아닌 대서양의 배수지로 분류되지만, 기후와 천연자원의 분포는 베네수엘라를 경제적으로 카리브해 국가로 만들었다. 오리노코 협곡은 아직까지 별로 중요하지 않고, 기아나 고지도 사실상 개척되지 않았다. 경제생활은 산맥이 열대의 더위를 식혀주고 단거리 철도로 좋은 항구와 연결되어 있는 북부 해안에 집중되어 있다.

멕시코는 유럽 강대국들에 비해 영토가 넓지만 미국에 비하면 작은 나라이고, 캐나다의 경우처럼 상대적 힘의 지위가 크게 달라질 것 같지 않다. 형태, 위치, 지형, 건조도, 토양 조건 등이 경제성장과 군사력 발전을 가로막고 있다. 멕시코는 미국 국경으로부터 북회귀선에 이르는 광활한 지역을 차지하고 있는데, 멕시코만 연안을 제외한 지역은 남부 캘리포니아와 애리조나의 사막과 반半사막 지역의 연속이며, 광물 개발 외에는 목축경제가 대부분이다. 고도, 기온,

강우량에서 큰 차이를 보이는 몇 개의 지역이 있어서 다양한 경제적 가능성이 있지만, 철도로 부분적으로만 극복해온 지형 조건이 효과적인 경제적, 정치적 통합을 가로막고 있다. 천연자원이 현재보다 훨씬 더 개발된 이후에도 경제적, 군사적 힘의 중심은 남쪽의 높은 중앙 고원에 남아 있을 것이다. 수도와 인구의 40퍼센트를 보유하고 있는 이 지역은 탐피코와 베라크루스, 그리고 미국이 통제하는 멕시코만을 통해 외부 세계에 접근할 수 있다.

멕시코와 대륙에 있는 다른 국가들은 아메리카 원주민의 인구 비율이 높고 대체로 과소 인구인 데 반해, 높은 흑인 인구 비율을 가진 섬 주변부, 특히 소앤틸리스 제도의 일부 지역은 인구밀도가 높다. 플랜테이션 농장* 노예의 후손들은 언뜻 보기에 열대의 낙원에 사는 것처럼 보인다. 녹색 화산섬들은 푸른 바다를 향해 다양한 모양과 윤곽으로 뻗어 있다. 야자나무가 늘어선 해변은 경작이 잘되는 완만한 경사면에 접해 있고, 가파른 대칭의 화산 원뿔은 흰 구름을 향해 솟아 있다. 다양한 색깔의 꽃들이 늘어선 매력적인 시골 도로는 사탕수수 농장, 바나나 숲, 감귤나무를 지나치며 마을에서 마을로 뻗어 있다. 그러나 꽃이 만발한 늪지대 옆으로는 빈곤이 만연하고, 질병이 산비탈 지역을 괴롭히고 있다. 황열병은 통제되고 있지만, 십이지장충과 말라리아는 열대의 더위와 더불어 비타민이 부족한 사

---

* 열대 또는 아열대 지방에서 자본과 기술을 지닌 유럽인이나 미국인이 현지인의 값싼 노동력을 이용해 쌀·고무·솜·담배 따위의 특정 농산물을 대량으로 생산하는 경영 형태.

람들의 에너지를 빼앗는다.

이러한 지중해 세계의 국가들은 지질학적 기원, 지리적 특성, 그리고 토착 식물과 작물이 유사하다. 이 국가들은 북부 열대 지역과 동부 무역풍 지대에 위치해 있고 다양한 고도에서 유사한 기후대를 보여준다. 이 지역은 열대 생산물뿐만 아니라 풍부한 광물 수출 때문에 중요하다.

이 지역의 경제적 중요성은 미국에 열대 원자재를 제공한다는 사실에 있다. 실제로 미국의 뒷마당인 이 지역은 부족하고 잘못 배분된 노동력 공급이 아니라면 현재 아시아와 아프리카 열대로부터 수입되고 있는 많은 품목을 생산할 수 있을 것이다. 설탕을 제외한 이 지역의 주요 농산물은 미국 중서부의 농산물과 경쟁하지 않고, 지역의 광물은 미국 동부 산업의 필수적인 원자재로 활용된다.

아메리카 지중해의 전략적 중요성은 북부 아메리카와 남부 아메리카 사이에 있다는 사실뿐만 아니라, 대서양과 태평양 사이에 있다는 사실에서 비롯된다. 이 지역의 중요성은 파나마 운하 건설로 강화되기는 했지만, 스페인 식민지 시대의 파나마와 필리핀의 관계가 증명하듯이 그것으로만 중요해진 것은 아니다. 1914년에 완공된 이 통행로는 미국에 두 개의 대양에 접하고 있는 지리적 위치의 모든 이점을 제공한다. 이 운하는 미국의 국경 밖에 있지만 미국의 해안 항행에 있어 중요한 연결 고리이고, 대서양과 태평양 항구 사이의 운항 거리를 8000마일 정도 줄여줬다. 훨씬 더 중요한 것은 그 운하가 생산품의 수요에 따라 태평양 쪽 주에서 유럽으로, 대서양 쪽 주에서 아시아로 이동하는 경로를 단축했다는 사실이다.

남아메리카 대륙

남아메리카의 북쪽 해안을 따라 있는 두 개의 국가, 콜롬비아와 베네수엘라는 아메리카 지중해 지역에 포함되어 있다. 물론 엄격한 지리적 관점에서 보면 이 두 국가는 남부 대륙의 일부이지만, 지정학적 관점에서 보면 북쪽 대륙과 남쪽 대륙의 중간 세계에 속해 있다. 지리적 요인들은 이 두 국가가 남아메리카보다는 북아메리카 및 중간 바다의 양쪽 해안과 더 밀접한 접촉을 유지하게 만든다. 비슷한 상황은 다른 지중해 지역에서도 관측될 수 있다. 북아프리카는 사하라 사막 너머의 적도 지역보다 유럽과 더 친밀한 관계를 맺고 있고, 북부 호주는 넓은 호주 사막의 반대편에 있는 멜버른보다 싱가포르와 더 친밀하다.

북아메리카와 남아메리카 사이의 장벽은 카리브해가 아니라 적도를 따라 나타나는 영토의 자연적 특징이다. 안데스산맥으로부터 동쪽으로 굽어 나온 산맥은 막달레나강과 오리노코강의 협곡으로부터 아마존 분지를 나누고 기아나의 남쪽 경계를 형성한다. 안데스 너머에는 아마존 계곡의 뚫을 수 없는 거대한 정글과 열대 숲이 자리하고 있다. 강과 그 지류들은 서쪽에서 동쪽으로의 훌륭한 교통 시스템을 제공하지만, 남북 이동을 위한 교통로를 제공하지는 않는다. 북아메리카와 남아메리카는 이따금 잘못 제시되는 것처럼 하나의 대륙이 아니다. 이들은 두 개의 분리된 대륙일 뿐만 아니라, 남아메리카 대륙 자체도 육로 교통의 측면에서 하나의 대륙으로 기능하지 않는다.

적도 너머의 남아메리카에는 바다를 통해서만 도달할 수 있다. 미국뿐만 아니라 콜롬비아와 베네수엘라 공화국도 남부의 이웃 국가들과 연결되는 적절한 육상 교통이 부족하기 때문에 바다를 이용해야 한다. 남부 대륙의 중심 지역은 미국의 외교정책에서 볼 때 대륙의 인접국이 아니라 바다 건너의 땅으로 계속 남아 있을 것이다. 스페인인들의 원래 진입로가 카르타헤나(카리브해 연안)에서 시작해 안데스 고원을 따라가는 육로였고, 팬아메리칸 고속도로가 동일한 일반 경로를 따르는 것으로 계획되기는 했지만, 현재의 조건에서 이러한 육로 접근은 아마 상업적, 전략적으로 해양 경로와 경쟁하기 힘들 것이다.

북아메리카와 남아메리카 사이의 관계를 결정하는 다른 지리적 특징은 거대한 산맥들의 위치와 남부 대륙의 절반이 동쪽으로 튀어나왔다는 것이다. 뉴욕의 경선은 발파라이소(칠레 중부)의 경선과 같은데, 이 선은 남부 대륙의 중심에서 볼 때 한참 서쪽에 있다. 남부 대륙은 남북으로 뻗어 있는 주요 축인 안데스산맥을 포함할 뿐만 아니라 브라질 산맥에 의해 형성된 제2의 축을 포함하고 있다. 이 거대한 산맥들의 방향은 서남쪽과 동북쪽으로 뻗어나가며, 대륙의 북쪽인 열대 지역을 넓게, 남쪽인 온대 지역을 좁게 만든다. 더욱이 남부 대륙은 서아프리카 쪽을 향해 대서양으로 멀리 돌출되어 있어서, 페르남부쿠(브라질 북동부) 아래의 모든 지점이 뉴욕보다는 포르투갈 리스본에 약간 더 가깝다.

로키산맥, 시에라산맥, 안데스산맥은 전체 반구를 주로 대서양 배수 지역으로 만들고 있는데, 이 배수 지역의 동부 해안에 경제력, 군사력, 정치력의 주요 중심지가 있다. 이는 북아메리카와 남아메리카 사이의 가장 중요한 관계가 동일한 대양, 즉 대서양에서 이루어진다는 것을 의미한다. 파나마 운하의 건설은 그러한 관계에 영향을 미치지 않았다. 파나마 운하는 콜롬비아와 베네수엘라를 비롯해 아메리카 지중해의 연안에 추가적인 중요성을 부여했고, 남아메리카의 서해안을 다른 어떤 강대국들보다 미국에 더 가깝게 만들었지만, 뉴욕으로부터 부에노스아이레스까지 가는 길도, 그 두 도시에서 유럽까지의 거리도 단축시키지는 않았다.

1. 남아메리카의 서쪽 해안

파마나 운하의 건설 이후 미국의 경제 중심지는 오랫동안 세계에서 가장 고립된 지역의 하나였던 남아메리카의 서해안과 밀접하게 접촉하게 되었다. 이곳은 19세기에 구아노*와 질산염 광상이 개발된 이후에야 비로소 마젤란 해협(남아메리카 남단)을 통해 유럽과의 정기적인 접촉이 이뤄졌다. 운하는 미국에게 무역 수치 경쟁에서 우위를 가져다주었지만, 서쪽 해안 지역의 경제적, 정치적 가능성은

---

* 조분석. 바다새 배설물의 퇴적물이다.

여전히 심각하게 지리적 요인에 의해 제한되고 있다.

　서쪽 해안은 티베트 다음으로 세계에서 가장 높은 산지인 안데스 산맥의 땅이다. 그 지역은 폭이 100마일에서 400마일까지 다양하고 2만5000피트의 봉우리들이 있으며 남쪽을 제외하고는 1만5000피트 아래의 통행로가 거의 없는 평행한 산맥들로 구성되어 있다. 해안으로부터 가파르게 솟아오르고 여기저기 구멍이 뚫려 있는 거대한 산의 절벽은 대부분 바다로부터 100마일 이내에 정상에 이른다. 해안 분지는 에콰도르, 페루 북부, 칠레의 작은 지역을 제외하고는 매우 좁은데, 그중 칠레의 센트럴밸리는 국가의 심장부이자 농업의 중심지다. 몇 개의 강이 있지만 항행 목적으로 이용될 수 없고 남부 끝 지역의 소수의 강 몇 개를 제외하고는 수력발전조차 적합하지 않다.

　산악지대의 특징 때문에 전체 지표면에서 경작지 비율이 매우 낮다. 또한 이 특징이 효과적인 교통수단의 건설에 장애가 되어 고高운임을 만들었고, 높은 운임은 농업, 광업, 산업 등 모든 경제발전을 지연시키는 요인으로 남아 있다. 이러한 어려움은 해안 대부분에 좋은 항구가 없다는 사실로 인해 더 가중된다. 항공기가 이 지역에 큰 도움이 된 것은 사실이지만, 유용성에서는 명확한 한계가 있다. 탐사가 촉진되었고, 새로운 지역으로의 접근이 가능해졌으며, 도시 간의 소통이 빨라졌고, 미국에서 며칠 만에 남부 수도들에 도착할 수 있게 되었지만, 지금까지 항공기를 통해서는 저렴한 비용으로 대량의 화물을 운반해야 하는 운송의 기본 문제를 해결하지 못했다.

약 5000마일의 이 거대한 산악지대에는 정착에 적합한 땅이 거의 없다. 농업은 해안 분지와 산맥들 사이의 저지대와 고원에 한정된 데다가, 비교적 작은 이 지역 중 농업에 적합한 곳은 기후 탓에 더 줄어든다. 만연한 편서풍이 칠레 남부에 폭우를 불러오고, 에콰도르는 열대우림 지대에 있는 반면, 페루, 칠레, 볼리비아의 많은 지역은 불모지이거나 심지어 사막이다. 따라서 칠레 북부와 페루 남부의 해안 분지는 설탕과 목화 작물 재배를 위해 관개에 전적으로 의존하고 있고, 아마 관개의 개발도 제한된 범위 안에서만 가능할 것이다. 해안 지대와 높은 대산맥 사이의 칠레 센트럴밸리는 온화한 기후대에 있지만 비가 대부분 겨울에 내리기 때문에 관개를 통해 용수가 보충되어야 한다.

칠레 중부와 남부를 제외하고, 남아메리카의 서쪽 해안은 모두 열대 지방에 속해 있다. 산의 고지대만이 백인들이 영구 정착하기에 적합한 기후이며, 그들은 원주민 노동자의 고용주로서만 정착할 수 있다. 에콰도르, 페루, 볼리비아의 고원에서는 희박한 공기에 충분히 적응한 아메리카 원주민만이 육체노동을 할 수 있다. 백인 노동력에 의존하면서 농업경제의 필수 요건을 갖춘 유일한 지역은 칠레이고, 그 외의 다른 어떤 지역도 농업이 발전할 가능성은 없다. 칠레의 많은 지역은 온화한 지중해성 기후인 데다 경작지와 목초지에 적합한 약 1200만 에이커의 땅이 있으며 그중 약 200만 에이커가 현재 경작 중이다. 관개시설을 추가로 개발하면 칠레는 적어도 이탈리아 인구만큼 큰 인구 규모를 유지할 수 있을 것이다. 칠레 남부를 제외한 서쪽 해안은 삼림과 목초지가 부족해서 아르헨티나의 축산업은 결코 따라가지 못할 것이다. 상당한 질량의 양모를 제공하는 양들이 페루와 칠레의 고지대에서 방목되고 있고, 칠레 남부에서는 양 사육이 꽤 발달해 있다. 페루와 볼리비아의 높은 계곡에서는 높은 고도의 짐 운반용 동물인 라마, 그리고 라마와 동류인 알파카와 비쿠냐가 사육되고 있는데, 알파카는 길고 무거운 털로 유명하며, 비쿠냐는 비단 같은 모피로 유명하다. 칠레에는 소 목장이 있지만 아르헨티나 쇠고기 수출의 토대인 거대한 목초 지대와 비교할 만한 것은 없다.

서쪽 해안 표토表土의 많은 부분은 비생산적이지만 심토가 상당히 비옥해서 부분적으로 이를 상쇄한다. 에콰도르만 광물 생산지로서 중요성이 떨어진다. 반면 다른 국가들에게 광물은 가장 중요한 수출품과 가장 큰 외환의 원천을 의미한다. 금과 은이 부산물에 포함되는 구리, 바나듐, 주석, 텅스텐, 납, 붕사, 비스무트, 질산염 등이 이곳에서 세계의 산업 중심지로 흘러간다. 광산업이 운영되는 데 있어 크게 불리한 점은 높은 운송료와 연료 부족이다. 페루는 에콰도르 국경 근처의 북쪽에서 석유와 코크스 질이 떨어지는 석탄을 생산하고 있다. 페루와 칠레는 정부 지원과 관세 보호를 통해 소비재 경공업을 구축했지만, 강한 군사력에 필요한 산업은 무한정 연기되고 있다.

원거리와 고립, 지형과 기후 등 모든 것이 유럽인의 이주를 단념시켰고, 그 결과 인구 증가는 동쪽 해안보다 훨씬 적었다. 에콰도르는 250만 명의 인구를 보유하고 있고, 50만 제곱마일 영토의 볼리비아는 300만 명의 인구를 보유하고 있다. 볼리비아가 태평양전쟁(1879~1884)*에서 해안에 대한 접근권을 상실하면서 대부분의 생산품은 여전히 안데스산맥을 넘어 태평양으로 이동하고 있긴 하지만, 점점 더 대서양 쪽을 지향하고 있다. 페루와 칠레는 각각 600만 명과 400만 명의 인구를 보유하고 있다. 이들 국가에서는 광업이 국가적으로 중요하고, 소규모 산업이 성장하고 있지만 여전히 국민 대부분이 농업에 종사하고 있다.

2. 남아메리카의 동쪽 해안

당연하게도 운하의 건설이 남아메리카 대륙의 가장 큰 영역인 대서양 배수 지역의 위치를 바꿀 수는 없었다. 동쪽 해안을 따라 베네수엘라 아래에는 식민지 시대의 자취인 기아나가 있는데, 이곳은 유럽 강대국인 영국, 네덜란드, 프랑스의 점유지다.** 기아나 식민 지역은 점령 국가들에게 실망감을 안겨주었다. 해안 평원은 백인의 정착지로 적합하지 않고, 육체노동은 수입된 아시아인이나 흑인 인구에 의존하는데 이들은 열대 질병으로 피폐해져 있다. 이 식민지

---

* 제2차 세계대전의 태평양전쟁과 구분해서 남아메리카 태평양전쟁이라고 부른다. 남아메리카 서부 연안의 광물 영유권을 놓고 볼리비아-페루 동맹군과 유럽의 지원을 받은 칠레 사이에서 1879년부터 1884년까지 벌어진 전쟁이다.

** 서쪽으로부터 영국령 기아나(1966년 독립해 가이아나가 됨), 네덜란드령 기아나(1975년 독립해 수리남이 됨), 프랑스령 기아나(현재에도 프랑스령 자치주임)로 나뉜다.

들은 주로 설탕, 카카오, 커피 등을 수출하고 내륙에 가치 있는 열대 삼림 자원을 보유하고 있지만, 해안으로의 운송 비용이 상당히 낮아질 때까지 개발을 기다려야 한다. 네덜란드와 영국의 식민지에서 약간의 금과 소량의 다이아몬드, 그리고 대부분 미국으로 가는 중요한 광물인 보크사이트가 채굴된다.

유럽의 식민지들 너머에는 서반구 국가 중 가장 크지만 대부분이 미개척 황무지인 인구 4400만 명의 브라질이 있다. 브라질은 북쪽의 아마존 분지, 남쪽 내륙의 파라나강 배수 지역, 동쪽의 고지대로 이뤄져 있다. 아마존 배수 지역은 세계에서 가장 큰 열대 숲 지대다. 그 지역에는 70 내지 100인치의 강우량과, 끊임없이 농장을 집어삼킬 듯 위협하는 빽빽하고 울창한 초목이 있다. 모든 열대림과 마찬가지로 그 지역은 경제적 가치가 제한되어 있다. 개간 비용은 매우 비싸고, 토양이 과도하게 침출되어 곧 작물이 부족해질 것이며, 대규모 플랜테이션 농업을 수행할 충분한 노동력도 부족하다.

브라질의 미래는 아마존 분지나 고이아스와 마투그로수 내륙 지방이 아니라, 뉴욕으로부터 5500마일 떨어져 있는 페르남부쿠 돌출부 아래 남회귀선 부근의 동쪽 고원에 있다. 브라질의 실제 중심은 커피의 주 상파울루와 광물의 주 미나스제라이스를 포함한 중앙 구역이다. 4000피트까지 오르는 고도는 열기를 떨어뜨리고 백인 노동에 기초한 경제를 가능하게 하며, 계곡과 등고선이 충분히 완만해서 토양을 낭비하는 침식 작용 없이 경작이 가능하다. 이 두 개 주는 작은 해안 주인 리우데자네이루주 및 에스피리투산투주와 더불어 브라질 면적의 12퍼센트를 차지하지만, 인구의 40퍼센트가 거주하는데다 브라질 경제생활의 중심이 되고 있으며, 리우데자네이루와 상파울루라는 두 개의 큰 도시를 포함하고 있다.

여러 위도 영역에 걸친 거대한 크기와 분포는 브라질에 여러 지역 경제와 매우 다양한 산물을 제공한다. 열대기후인 북쪽에서는 설탕, 카카오, 삼림 생산물을 수출한다. 남쪽은 온대 지대에 위치하며 양, 소, 돼지, 밀을 기른다. 한편 고지대의 중앙 구역은 목화와 커피를 생산한다. 잠재 자원은 부분적으로만 개발되었고, 내륙 지방의 지리상의 한계를 고려하더라도 여전히 성장의 여지는 상당하다. 전체 면적의 5퍼센트 미만이 현재 경작 중인데 교통이 개선되면 서쪽으로 확장할 수 있는 거대한 지역이 열릴 것이다.

브라질의 농업 자원은 남아메리카 서부 해안 전체의 농업 자원보다 크지만, 브라질 동부 고원지대에 안데스산맥만큼 광물자원이 풍부하게 매장되어 있을 가능성은 낮다. 그러나 브라질에서 체계적인 지질 조사가 없었으므로, 브라질과 외부 세계 모두가 새로운 자원의 발견이라는 기쁜 소식에 놀랄지도 모른다. 미나스제라이스주에는 120억 톤으로 추정되는, 세계에서 가장 큰 규모의 고품질 철광석 매장지가 있다. 브라질 석탄은 양이 적고 코크스 품질도 좋지 않지만 선철 제조의 새로운 공정이 석탄을 사용하도록 고안되었다. 미국 철강산업의 기술적 지원과 미국 정부의 재정적 원조를 받아서 브라질은 연간 50만 톤의 선철을 생산하도록 설계된 철강 및 제철 산업을 건설하기 시작했다. 이것이 보호관세 뒤에서 번창하고 있는 소비재 제조산업을 보완할 것이고, 추출경제extractive economy*의 해외시장 의존도를 줄이기 위해 고안된 산업화 프로그램의 한 단계로 추가될 것이다.

브라질에는 대도시의 인접지로 이어지는 좋은 도로 시설이 거의 없고, 철도는 동북쪽의 몇 개의 짧은 노선을 제외하고는 모두 상파울루주와 미나스제라이스주에 집중되어 있다. 상파울루와 파라과이강변의 코룸바 및 볼리비아의 동남부 지역을 연결하는 횡단 노선이 하나 있고, 마데이라강의 급류 주변을 따라 짧은 노선이 있는데, 이 짧은 노선은 볼리비아 북동부 구역의 아마존 분지로 나가는 출구를 제공한다. 다른 국제 노선은 상파울루에서 남부 주들을 통해 우루과이 철도망 및 몬테비데오(우루과이 수도)와 연결하는 철로다.

산토스 항과 리우데자네이루 항을 통해 브라질 수출의 50퍼센트 이상을 차지하는 면화와 커피 작물이 이동한다. 반달 모양의 은빛 해변이 바다와 만나고 푸른 언덕을 배후로 하고 있는 하얀 도시 리우는 지역의 경제적, 정치적 중심지이자 사회적, 문화적 중심지다. 브라질 연방정부의 관할은 콜롬비아 국경 근처의 마투그로수와 아마존 상류 지류의 늪과 언덕까지 확장되지만, 그 관할은 실제라기보다는 상징이다. 교통과 통신의 기술 지원을 받더라도 이 "남쪽 거인"의 300만 제곱마일 영토가 효과적인 경제적, 정치적 단위로 완

---

* 이 책에서는 자연에서 추출한 생산물로 이윤을 만드는 경제를 가리켜 "추출경제"라는 용어를 쓰고 있다. 광업뿐만 아니라 자연을 이용하는 농업, 축산업 등도 포함된다.

전히 통합되기까지는 오랜 시간이 걸릴 것이다.

브라질 고지대의 서쪽과 서남쪽으로는 라플라타강 수계의 넓은 배수 유역이 있다. 이 지역은 아마존 분지보다는 작지만 미시시피 분지보다는 크고, 2000만 명의 인구를 포함하고 있다. 미시시피강 하구의 뉴올리언스처럼 라플라타강 하구의 유사한 위치에 부에노스 아이레스가 있다. 라플라타강 배수 유역은 북쪽의 열대 지방부터 강 하구의 온대 지역까지 뻗어 있고 볼리비아의 동쪽 지역, 파라과이의 넓은 지역, 브라질의 마투그로수 지역을 포함한다.

파라과이는 국토 전체가 라플라타강 배수 유역인데, 전체 강 유역 중 최북단에 위치하고 있다. 파라과이는 대부분 과라니 인디언인 100만 명의 인구, 낮은 경제 및 문화 수준, 그리고 독재의 전통을 보유하고 있다. 파라과이강의 서쪽에는 아르헨티나와 볼리비아로 이어지는 그란차코가 있다. 파라과이는 값비싼 무두질 원료인 케브라초의 공급원이고, 개방된 파라과이의 탁 트인 대초원은 소 사육에 매우 적합하다. 그러나 파라과이 영토의 상당 부분이 인간에게는 쓸모없다. 대부분은 여름 홍수 때 적절한 배수가 이뤄지지 못해서 습지로 변하며, 겨울에는 수원지가 없고 물이 부족해서 사람이 거주할 수 없다. 배수와 급수에 가장 막대한 자본 지출을 한 후에야 비로소 이곳을 농경 지역으로 만들 수 있는데, 배수 유역의 다른 곳에 이용할 수 있는 더 나은 땅이 충분하게 존재하는 한 개발이 이뤄질 것 같진 않다. 라플라타 지역에서 가장 작은 정치 단위는 200만 명의 인구와 7만2000제곱마일의 면적을 갖고 있는 우루과이다. 우루과이는 주로 목축에 의해 경제가 운영되고, 소와 양을 수출한다. 농업은 아주 느리게 발전하고 있다. 수도이자 주요 항구인 몬테비데오는 충분한 철도망을 갖췄으며 이곳 사람들은 남아메리카에서 가장 높은 생활 수준을 누리고 있다.

라플라타강 유역의 나머지 부분은 남부 대륙에서 두 번째로 큰 국가인 아르헨티나가 차지하고 있다. 아르헨티나는 지형과 기후의 혜택을 누리고 있고, 잠재적으로 세계에서 가장 훌륭한 식량 생산지 중 하나다. 아르헨티나의 1300만 명의 인구는 영토가 유지할 수 있는 규모에 비해 극히 적은 수준이지만, 인구 증가율이 높은 상태인 데다 만약 이주까지 재개된다면, 아르헨티나는 세계에서 가장 급성장하는 국가 중 하나가 될 것이다.

아르헨티나의 북부 열대 지역은 파라과이와 비슷한 산물을 갖고 있다. 남쪽으로는 면화 재배에 적합한 16만5000제곱마일의 지역이 있는데, 이는 조지아, 앨라배마, 노스캐롤라이나만큼 넓은 면적이다. 토양은 비옥하고, 땅은 싸며, 노동비도 저렴하고, 수확량은 미국 면화 재배지의 두 배다. 좀더 남쪽에는 소와 밀을 위한 대초원 팜파스 지역이 있고, 그 너머에는 양을 위한 파타고니아 지역이 있다. 팜파스는 영양가가 높은 토종 풀과 알팔파 재배에 아주 좋은 땅이 있는 이상적인 목초지다. 목초지의 상당 부분은 작물에도 적합해서 경작하면 에이커당 더 높은 수입을 가져다줄 것이다. 현재 가장 중요한 산물은 밀, 알팔파, 아마다. 경작지의 전체 면적은 대략 3500만 에이커 이하인데 이것은 경작에 적합한 땅의 약 25퍼센트에 불과하다. 사용되지 않은 땅을 개발하고 현재 미국과 서유럽보다 훨씬 낮은 산출량을 개선한다면 생산량은 증가할 가능성이 있다.

아르헨티나는 대륙에서 가장 풍부한 농업 자원을 보유하고 있지만 광물자원은 매우 부족한 편이다. 아르헨티나의 영토에는 철, 석탄이 없지만, 북서쪽과 파타고니아에 상당한 양의 석유가 매장되어 있다. 다른 지역에 비해 이 지역의 수력이 가장 유용하다고 할 수는 없지만 그래도 상당히 공급되고 있다. 아주 적은 양의 금, 은, 구리, 납, 텅스텐, 아연이 채굴되긴 했지만 어떠한 대규모 광물 개발도 계획되어 있지 않다. 안데스산맥의 동쪽 경사지는 아직까지 개발되지 않은 퇴적물이 매장되어 있을 가능성이 있지만, 수송 문제는 서부에서 그랬던 것처럼 이곳의 개발을 지연시킬 수밖에 없다.

모든 남아메리카 공화국과 마찬가지로 아르헨티나는 경제구조에서 일정한 다양성을 갖추고자 하며, 높은 보호관세를 이용해 최소한의 경공업을 육성해서 농업 추출경제를 보완하려고 한다. 그러나 산업화를 위한 역량이 부족한 탓에 세계경제에 있어 아르헨티나의 주된 기능은 아마 계속해서 유럽으로 농산물을 수출하는 것일 테고, 미국의 수많은 생산품과 직접적인 경쟁을 지속할 것이다.

낮은 산업화 수준은 아르헨티나가 제국주의적 야망을 품지 못하게 한다. 아르헨티나 사람들은 대부분 백인이다. 미국보다 백인 인구가 더 많으며, 주로 스페인 출신과 이탈리아 출신 이민자들을 기반으로 한다. 그들은 온화한 기후에 살면서 칠레 사람들처럼 활력과 추진력을 보인다. 많은 사람이 이민자 출신이지만 열렬한 애국심을 갖고 있고. 인구가 브라질의 3분의 1도 안 된다고 해서 북쪽 이웃에 대해 거짓 겸손을 보이지도 않는다. "좋은 공기"라는 뜻의 부에노스아이레스에는 강한 남성들이 살고 있다. 공공 건물 속의 라틴계의 활기와, 창고와 공장의 삭막함이 공존하는 국제 도시에서 그들은 경제 제국이라는 우아한 꿈을 꾸고 있다. 그들 중 어떤 집단은 우루과이, 브라질, 파라과이, 볼리비아를 포함하는 라플라타강 배수 지역 선체를 "명백한 사명manifest destiny"이 적용되어야 할 지역으로 본다. 아르헨티나인들은 자국이 남부 대륙에서 가장 중요한 정치적 단위여야 하고, 서반구에서 미국과 완전히 동등해야 한다고 믿고 있다.

미국의 힘의 지위

역사는 미국을 친절하게 대우했고. 지리는 미국에 상당한 혜택을 주었으며, 기회는 잘 활용되었다. 그 결과 오늘날 미국은 신세계에서 가장 중요한 정치체가 되었다. 지리 및 전략적 요인, 원자재 및 인구밀도, 경제구조 및 기술 진보는 모두 서반구의 많은 부분에서 미국이 패권적 지위를 갖는 데 기여하고 있다.

1. 북아메리카에서

미국은 두 약소국 사이에 있는 강대국이라는 행복한 환경의 축복을 받고 있다. 미국은 육상 경계에서 직접적인 공격을 두려워할 필요가 없고, 그래서 안보 문제는 국경 방어에 관한 것이 아니다. 캐나다의 군사 장비는 규모가 크지 않고 해군력은 미미하다. 군대의 기술적 측면과 전략적 위치에 있어 두 나라는 비교가 되지 않는다. 미국의 우위가 압도적이다. 미국은 자국 소유의 대륙을 모두 이용할 수 있는 지질, 지형, 기후 조건을 갖추고 있지만, 캐나다의 지질, 지형, 기후는 자국 영역 중 극히 일부만 사용할 수 있게 한다. 미국은 인적 자원과 자연 자원에서 뛰어나고, 더 많은 군용기, 더 큰 육군과 해군을 보유하고 있으며, 인접국들의 대내외 교통을 심각하게 훼손할 수도 있다. 전쟁의 다른 모든 요소와 마찬가지로 전략적 위치에서도 미국은 캐나다를 압도하고 있다.

남쪽 국경 방어 문제는 몇 가지 점에서 북쪽 국경 문제와 유사하다. 미국은 캐나다에 대해 우세한 만큼 멕시코에 대해서도 우세하다. 멕시코 전체 인구는 미국의 약 8분의 1 정도에 불과하고 천연자원과 산업 역량은 훨씬 더 떨어진다. 멕시코는 해군이 없고, 5만 명 정도의 육군과 소규모의 공군이 있지만 둘 다 장비를 잘 갖추지 못했으며, 현대전의 경험도 없다.

따라서 육상 인접국들이 미국의 국경을 위협할 수 없다는 점은 매우 명백하다. 지역적 위치는 미국에 경쟁자 없는 영토 안보를 제공한다. 캐나다와 멕시코는 현재 미국을 위협할 수 있는 힘이 없고 지리적 특성이나 자원의 부족으로 향후 군사 강국이 되는 것도 힘들다. 이들 국가는 위험의 근원이 될 수 없고, 대양을 건너온 적들의 전진 기지가 될 때에만 미국의 방어 문제에 영향을 미친다.

2. 아메리카 지중해에서

아메리카 지중해는 오늘날 미국이 의심할 여지 없이 제해권과 제공권을 차지하고 있는 지역이다. 실질적으로 현재 이 수역은 미국이 열쇠를 쥐고 있는 폐쇄된 바다로, 인도양의 영국과 동북아시아 근해의 일본만이 비슷한 전략적 지위를 갖고 있다. 미국의 지위에 대한 어떤 심각한 위협도 그 지역 자체에서는 발생할 수 없다. 섬들은 크기가 작고, 유럽 지중해의 발칸반도와 같은 중앙아메리카의 지형은 작은 정치 단위에 적합하다. 멕시코, 콜롬비아, 베네수엘라처럼 큰 국가들조차 지형, 기후, 전략적 원자재 부족 등으로 인해 해군 강국이 되기 힘들다. 따라서 이 지역에서 미국의 지배권은 남아메리카나 유럽, 혹은 아시아 등 외부 세력에 의해서만 도전받을 수 있다.

이 지역의 국제무역은 미국에 의해 좌우되는데, 연안 국가들의 세계시장으로의 접근은 아주 쉽게 봉쇄되고 차단될 수 있다. 멕시코, 콜롬비아, 베네수엘라에게 이것은 미국에 대한 절대적 의존 상태, 즉 명목상으로만 자유의 상태에 있다는 것을 의미하고, 따라서 이 공화국들의 자부심 강한 국민은 이탈리아인이 폐쇄된 유럽 지중해에서 자신들의 지위에 분개하는 것처럼 깊이 분개하고 있다는 것을 의미한다. 매우 능숙한 외교와 두꺼운 벨벳 장갑 같은 부드러움만이 미국의 좋은 인접국들이 권력관계의 현실을 참아낼 수 있도록 할 것이다.

3. 남아메리카에서

태평양전쟁 시기에 칠레 해군은 미국이 평화 조건 개정을 강요하면서 무력을 사용하려는 것을 단념시킬 만큼 충분히 강했지만, 남아메리카의 서부 해안이 강력한 해군력을 갖춘 중심 지역이 될 가능성은 없다. 국가들은 인구가 적고 산업적으로 낙후되어 있으며 현대식 무장을 할 설비가 부족하다. 파나마 운하가 건설된 이후, 이 지역의 상대적 해군력은 그들의 소규모 지역 해군이 아니라 주요 해군 강국 기지로부터의 거리의 관점에서 더 많이 언급되었다. 이것은 미국이 상대적 이점을 갖고 있다는 것을 의미한다. 운하 지역으로부터 작전을 수행할 때 미국은 페루의 남쪽 국경 너머의 해안까지 내려가서 해군력으로 압박할 수 있고, 칠레의 경제 및 정치 중심지만 미국의 봉쇄 작전 유효 거리 밖에서 소규모 공군력으로 보호받을 수 있다.

아메리카 지중해의 완충 지대 너머 남아메리카의 대서양 배수 지역에는 바다로만 접근할 수 있는 남부 대륙의 가장 강력한 두 개 국가가 있다. 그러나 지리적 분석은 경제전의 잠재성에 대한 환상을 떨쳐버리게 한다. 브라질은 미국보다 크지만 영토의 상당 부분이 열대우림 지대로 구성되어 있고, 브라질의 경제생활이 집중되어 있는 훨씬 더 협소한 지역은 군사력을 유지하는 데 필요한 에너지 자원과 경제 생산성이 부족하다. 아르헨티나는 온대 지역에 위치해 있기 때문에 농업 국가로서의 가능성이 더 크지만 미국보다 영토가 훨씬 더 작고 중공업에 필요한 원자재가 부족해서 전쟁 능력을 현실화하기 어렵다. 이 두 국가는 결합하더라도 심각한 위협이 될 수 없으며, 지리적 위치로 인해 그들 사이에 고유한 갈등이 있는 탓에 동맹은 거의 불가능할 듯하다.

상대적인 힘은 미국에 큰 이점을 주지만, 상대적인 거리는 이들 남쪽 국가를 매우 잘 보호해준다. 아메리카 지중해 기지에서 운용하는 미국 해군이 아마존 분지의 출구와 브라질 북부의 항구를 봉쇄할 수 있는 것은 사실이지만, 실제 브라질의 정치적, 경제적 중심지는 돌출부 너미 딘순 해군 작전 반경 밖에 있다. 아르헨티나의 부에노스아이레스와 라플라타 지역은 워싱턴에서 훨씬 더 멀다. 거리는 7000마일 정도로 유럽보다 두 배 더 멀리 떨어져 있다. 미국이 기꺼이 전력을 다해 전쟁을 하려 하고, 브라질과 아르헨티나가 유럽의 해군 강대국들 가운데 동맹을 찾지 못한다면 비교적 쉽게 두 국가 모두를 이길 수 있을 것이다. 그러나 남부 대륙의 온대 지역은 미국의 힘의 중심에서 너무 멀리 떨어져 있기에 전쟁 이전 단계의 조치들로 위압을 가하기 쉽지 않다는 사실은 여전하다. 그 결과 남부 극단에 위치한 국가들은 아메리카 지중해의 작은 국가들이 결코 가질 수 없는 미국으로부터의 상대적 독립을 누리고 있다. A.B.C. 국가(아르헨티나, 브라질, 칠레)는 미국 패권이 도전받을 경우 전쟁이라는 대가를 치러야만 패권을 강제할 수 있는 대표적인 서반구 지역이다.

서반구의 세력균형

오늘날 미국은 신대륙에서 가장 강력한 강대국이다. 미국의 힘은 어떻게 사용되었을까? 유럽과 아시아에서의 관행과 비교했을 때, 미국은 상당히 절제하고 제한해서 힘을 행사했다. 미국은 거의 반세기 동안 국경을 침해하지 않았다. 미국은 지난 20년 동안 상당히 관대한 채권국이었고 남부의 우호국들에 미국의 자산 취급에 대해 상당한 자유를 허용했다. 선린 정책에서 미국은 외교사에서 거의 찾아보기 힘든 자기부정적self-denying 원칙을 선언했다. 불개입 원칙은 패권국이 갖고 있는 세력의 우위를 국가 정책의 도구로 활용하지 않을 것이라는 선언이다. 이것은 라틴아메리카 국가에게 미국의 힘에 대해 걱정하지 말고 선의를 기쁘게 받아들이라고 초대장을 보낸 것이다.

미국은 자제하며 힘을 사용하는 것에 대해 상당한 자기만족을 갖고 있지만, 라틴아메리카에는 미국 외교정책의 미덕에 대한 어떤 열광도 없다. 1905년부터 1930년까지 25년 동안, 워싱턴은 서반구 국가들과의 관계에 있어 미국이 특별한 자유를 가질 수 있다는 먼로독트린의 해석을 받아들였다. 이 해석은 루스벨트 계론Roosevelt Corollary* 으로 알려져 있다. 1823년 처음 발표된 이후 몇 차례 되풀이된 먼로

---

* 유럽 나라들에 의해 아메리카 대륙의 여러 나라가 점령 또는 간섭의 위협을 받을 때 미국이 라틴아메리카 국가들의 정치에 간섭할 수 있다고 주장하는 먼로독트린의 확대 해석이다.

독트린은 신세계 국가들의 영토를 보전하고 정치적 독립을 보호하겠다는 미국의 결의를 나타냈다. 시어도어 루스벨트에게 이것은 유럽 강대국들이 그들의 권리 보호를 위해 개입과 무력 사용을 할 수 없다는 것을 의미했다. 이러한 상황에서 유럽의 개입을 야기할 수 있는 폐습에 대해 미국이 책임을 져야 하는 것은 매우 명백해 보였다. 이러한 문제들은 특히 아메리카 지중해 지역에서 발생했는데, 이 지역 국가들은 외국 자본을 열망했지만 이자와 상환에 대한 자본주의 방식을 따르려 하지 않았다. 따라서 미국은 경찰의 의무를 지고 각국이 국제 의무를 이행하도록 강요해야 했다. 이러한 독트린하에 미국은 카리브해 국가들에 해병대를 상륙시키고, 선거를 감독하며, 세관 영수증을 통제하고, 중앙은행을 관리하는 데다 가상의 보호국을 세웠다.

이 정책은 현재 폐기되었다. 윌슨이 가장 먼저 변화를 약속했지만, 좋은 의도에도 불구하고 그 자신은 멕시코와 아이티에 개입할 수밖에 없었다. 실질적인 변화는 후버 행정부에서 일어나기 시작했다. 공황으로 가장 건실한 자본주의 국가들조차 대출금을 연체하게 된 현실에 의해 변화는 더 쉬워졌다. 1930년 워싱턴의 국무부는『클라크 비망록』을 발간했는데, 그 비망록은 루스벨트 계론이 먼로독트린의 일부가 아니라고 선언했다. 후버 행정부에 의해 시작된 새로운 정책은 프랭클린 D. 루스벨트로 계승되어 정교해졌고, 이 새로운 정책을 "선린 정책"이라고 불렀다. 미국은 이제 해병대를 철수시켰고, 플랫수정조항^Platt Amendment*에 의거해 쿠바에서 행사했던 권리를 포기했으며, 파나마와 아이티에서의 특권을 버렸고, 불개입 원칙의 확고한 고수를 선언했다.

　미국의 라틴아메리카 인접국들은 미국이 새로운 신념을 선언하는 것을 들었지만, 그들은 또한 미국이 해군 및 공군기지에 새로운 관심을 보이며, 그것이 결국 해병과 군인들을 영구적인 방문자로 그들의 영토에 주둔시킬 것을 알았다. 미국의 달러외교**에 대한 기억은 현재의 자제하는 정책으로도 아직 지워지지 않았고, 고귀한 의도를 가진 미국의 주장은 있는 그대로 받아들여지지 않고 있다. 미국의 확장은 미국의 라틴 부분, 즉 루이지애나, 플로리다, 텍사스, 캘리포니아, 푸에르토리코, 파나마의 희생으로 이루어졌고, 미국의 소위 고통 없는 제국주의는 미국에게만 고통이 없는 것처럼 보였다. 미국의 해병대, 세관 책임자, 은행 감독관들을 접객해야 했던 중앙아메리카 공화국들은 무력으로 뒷받침된 현대 회계의 교훈을 매우 고통스럽게 익히게 되었다. 당시 미국이 국경과 영토 보전을 존중하는 것처럼 보인 것은 단지 그때 미국이 세관이나 중앙은행을 선호해

---

*　1901년 3월 2일, 미 의회에서 채택된 쿠바에 관한 특별 조항. 당시 카리브해 지역에 야심을 품은 독일의 진출에 위협을 느낀 미국은 쿠바의 독립 보전이라는 명목으로 쿠바 내정간섭권 및 해군기지의 차용권 등을 포함한 플랫수정조항을 쿠바 신헌법에 부대 조항으로 삽입시켜 쿠바를 사실상의 보호국으로 삼았다. 이 조항은 1934년 F. 루스벨트 대통령에 의해 폐기되기까지 미국의 쿠바 개입의 근거가 되었다.

**　달러외교는 "탄환 대신 달러를 주라"고 한 태프트 대통령의 말에서 따온 외교정책으로, 미국의 대외 투자를 촉진하고 정치적 영향력을 강화하기 위해 아시아 및 라틴아메리카를 대상으로 실시되었다. 내정간섭 등으로 라틴아메리카에서 미국에 대한 강한 불신과 증오심이 초래되었다.

서 나타난 결과에 불과한 것 같다. 이제 미국은 회개하는 죄인이고 선해지겠다고 약속했다. 미국의 라틴아메리카 우호국들은 미국의 선의에 대한 주장을 들었고 그 개혁이 지속될지 여부에 깊은 관심을 갖고 지켜보고 있다.

리오그란데강 이남 미국의 인접국들에게 미국은 여전히 "북쪽의 거인"으로 남아 있는데, 힘의 정치 세계에서 그것은 오로지 한 가지, 즉 위험을 의미한다. 선의도 좋지만, 균형을 이룬 힘이 더 큰 안보를 보장한다. 이것은 미국의 직접적인 지배권 밖에 있는 남아메리카의 큰 국가들이 공동 행동을 통해서, 그리고 반구 밖의 세력들을 이용해서 미국의 힘에 균형을 맞춰야 한다는 뜻이다. 그 국가들은 미국과 유럽 국가들이 그들의 호의를 놓고 경쟁하는 것을 즐기면서 서로 대결시키려 한다. 유럽은 미국보다 훨씬 더 멀리 있는 것처럼 보인다. 그들에게 유럽은 위험도 혐오도 아닌 "북쪽의 거인"에 균형을 맞추는 무게추다.

제3장

먼로독트린에서 반구 방어로

착실히 미 연방을 유지함으로써, 머지않아 우리는 아메리카에서 유럽의 조정자가 되기를 바라고, 서반구에 앉아서 유럽 국가들의 세력균형이 우리의 이익에 유리하게 기울어지게 할 수 있기를 바란다._알렉산더 해밀턴

이전 장에서 남북 아메리카의 지리와 그들 힘의 관계에 영향을 미치는 요소들을 간단히 언급했다. 미국은 서반구에서 정치적으로 최고의 강대국이다. 미국은 인구, 천연자원, 그리고 산업발전 면에서 대륙에서 가장 중요한 전쟁 수행 잠재력war potential을 갖고 있고, 미국의 해공군은 서반구 대부분에서 효과적으로 작전을 수행할 수 있다. 이것은 아메리카 국가들에게 군사적 압력과 정치적 압력을 행사하는 능력을 의미한다. 비록 남아메리카의 끝은 어렵겠지만, 북아메리카와 아메리카 지중해에서 쉽게 압력을 행사할 수 있다. 그러나 미국과 A.B.C. 국가들 간 힘의 관계에서 볼 때 미국이 군사력을 본격적으로 사용한다면 결정적인 역할을 할 것이다.

이런 지위는 어떻게 얻었을까? 대서양 연안의 식민지 13개 주가

대륙 차원의 강력한 독립국가가 된 이유는 무엇일까? 비효율적이던 해안 함선들이 어떻게 세계적으로 강력한 함대 중 하나로 발전했을까? 이렇다 할 장애물과 저항 없이 미국이 명백한 사명manifest destiny*의 길을 따르게 된 것은 단지 한 저명한 정치인의 뛰어난 기술 때문이었을까? 어느 국가도 미국의 성장에 도전하지 않았을까? 미국을 견제하려고 한 국가들은 없었을까? 그렇지 않다. 실제로 있었다. 미국은 상대적으로 방해받지 않고 성장할 기회를 가졌지만, 그렇다고 나머지 세계로부터 고립된 것은 아니었다. 유럽 국가들은 미국의 성장에 대해 매우 우려했지만, 아메리카 대륙에서의 세력관계보다는 자국의 영토 안보와 유럽의 세력균형을 더 걱정해야 했다.

서반구의 역사는 힘의 외교를 부정하는 것이 아니라 오히려 그것을 확인하는 것이다. 아메리카 대륙은 원래 영국, 스페인, 프랑스 식민지였고, 주민들은 유럽 세력 정치의 우여곡절로부터 고통받았다. 하지만 그들은 남북 아메리카에서 독립을 획득하고 유지했다. 왜냐하면 그들의 독립을 저지할 수 있는 통합된 유럽이 달성된 적이 없었고, 유럽의 어떤 단일 국가도 서반구에서의 투쟁을 위해 강력한 군사력을 투사할 행동의 자유를 갖지 못했기 때문이다. 이 대륙에 정치적 발전의 기회를 준 것은 균형을 이룬 유럽이었다. 유럽이 중화된 상황에서 지리의 내재적 요소들과 경제적 잠재력은 필연적으

---

* 미국이 북아메리카를 정치, 사회, 경제적으로 개발하고 사람들을 도우라는 신의 명령을 받았다는 주장.

로 미국에게 신세계에서 우월한 지위를 부여했다.

신세계의 독립

미국의 독립전쟁은 부분적으로는 프랑스와 스페인의 도움으로 성공했다. 프랑스로부터 직접적이고 구체적인 지원과 스페인으로부터 유용한 도움을 받아 미국은 해양 세력 영국으로부터 분리될 수 있었다. 50년 후 프랑스와 스페인 정부가 남아메리카의 독립한 과거 스페인 식민지들을 재점령하려고 검토했을 때, 영국은 과거에 대한 보복으로 해군력을 사용해 이를 저지했다. 이와 같이 유럽에서의 영국과 프랑스의 반목은 남북 아메리카 대륙의 정치적 독립에 산파 역할을 했다.

프랑스 혁명 전쟁과 나폴레옹의 제국 추구는 영국과 프랑스를 완전히 뒤덮었고, 이후 1815년이 되어서야 양국 간에 협조적 행동을 위한 가능성이 생겼다. 이렇게 유럽 양 강대국은 서반구에 전력을 쏟을 수 없었고, 그들 사이의 경쟁은 간접적으로 미국을 보호했다. 신생 공화국 미국은 유럽으로부터 또 다른 도전이 있기 전에 국가의 경제활동과 새로운 정부 형태를 시도하면서 전쟁에서 회복하고 있었다. 그리고 영국과 프랑스 사이의 갈등은 미국이 루이지애나 영토를 구입할 기회를 주었고, 유럽이 다시 평화를 이룰 때까지 1812년 미영전쟁*에 영국이 전력을 다하는 것을 막아주었다.

이처럼 영국이 유럽 대륙에 관심을 집중한 것은, 전쟁 준비가 불충분하고 위기에 직면해서도 국내적으로 분열되어 있던 당시 미국에게는 축복이었다. 미국은 1807년 이래 해상에서의 중립국 권리를 존중하도록, 전쟁까지는 아니지만 단호한 조치를 취하며 영국과 프랑스에 강력히 요구했지만 실패했다. 하지만 수출 금지 조치가 오히려 국가를 분열시키는 부작용을 초래한다는 것을 증명할 뿐이었다. 그 영향은 대서양 연안 중부와 뉴잉글랜드에 위치한 주들의 경제 상황을 악화시켰고 뉴잉글랜드 내부에서는 연방으로부터의 이탈을 요구하는 목소리가 높아졌다. 전쟁 초기 나폴레옹에 집중하고 있었기 때문에 서반구에 대한 영국의 전쟁 노력은 작은 규모였지만, 1814년 나폴레옹이 패배한 이후 영국은 대규모 해군과 상당한 육군을 서반구 전쟁에 집중할 수 있게 되었다. 유럽 대륙의 위협으로부터의 해방이 영국에 미친 영향은 즉각적이었다. 영국 함대는 미국의 대서양 해안에 있는 대부분의 항구를 봉쇄했고, 영국 육군은 오리건에서 작전을 수행하고 메인주 연안을 점령했다. 체서피크만에 상륙한 5000명의 정규군은 훈련되지 않은 미국 민병대를 영국군 몇 배의 규모로 패배시키고, 미국 의회 의사당을 불태웠다. 유럽에서 새로운 문제가 발생해서 영국이 그들의 군사력을 대서양 동쪽에 집중해야

---

* 1812년 6월부터 1815년 2월까지 미국과 영국, 그리고 양국의 동맹국 사이에서 벌어진 전쟁이다. 당시 영국은 국경지역에서 미국 정착자들을 공격하는 아메리카 원주민들을 지원하고 있었고, 아메리카 대륙으로의 확장을 추진하던 미국 정부는 이에 대해 분노했다. 1812년 6월 18일, 미국 대통령 제임스 매디슨은 매파의 압력으로 영국과의 전쟁을 선포했고 나폴레옹 전쟁으로 인해 대부분의 군대가 유럽에 있었던 영국은 방어 전략을 채택했다.

할 필요가 생기지 않는 한, 영국은 모든 군사력을 미영전쟁에 사용할 수 있었다. 따라서 그 전에 겐트 조약*으로 전쟁을 종식시킨 것은 미국으로서는 다행이었다.

겐트 조약은 미국의 독립에는 영향을 미치지 않았고, 1815년이 되자 미국은 북아메리카 대부분에 대해 안전하게 정치적 운영을 시작했다. 프랑스 혁명과 나폴레옹이 미국 독립에 얼마나 영향을 미쳤는지 평가할 필요도 없었다. 코르시카의 독재자 나폴레옹은 남아메리카에도 똑같이 새로운 자유를 가져오게 한 중요한 요소로 작용했다. 부르봉 왕조의 강제 퇴위 이후 나폴레옹은 형인 조제프 보나파르트를 스페인의 왕위에 앉혔다. 조제프는 서반구에 있는 스페인 식민지들에서 반란을 초래했다.** 1814년 페르디난드 7세의 복위는 스페인 권위를 단기간 부활시켰지만, 자유의 첫 열매를 맛본 식민지들은 옛 절대왕정을 다시 받아들이지 않았다. 그들은 시몬 볼리바르

---

* 1812년 미영전쟁의 휴전 조약으로 1814년 12월 24일 벨기에 겐트에서 체결되었다. 이 전쟁에서 영국은 항상 우세였으나, 나폴레옹 전쟁으로 인해 군사적, 경제적으로 피폐해 있었으며 빈 회의를 통해 새로운 질서를 빨리 확립해야 했던 터라 휴전을 원했다. 이 협약은 양국의 모든 것을 '전쟁 이전의 상태'로 되돌리도록 해서 양측의 영토 손실은 없었다.

** 1808년 나폴레옹은 스페인의 카를로스 4세와 페르디난도 7세를 체포하고 자신의 형 조제프 보나파르트를 스페인 국왕으로 옹립했다. 이런 유럽의 정세 변동 때문에 본국 스페인과 아메리카 식민지의 관계는 거의 단절되었다. 식민지의 자유주의자와 독립 운동 세력에겐 절호의 기회로, 그들은 식민지의 주권이 국민에게 있다면서 본격적인 독립 운동을 펼쳤다. 그러다가 다시 스페인 본국에서 국왕 페르디난드 7세가 복위된다.

와 호세 데 산마르틴의 지휘 아래 독립을 위해 싸웠고, 1824년 페루 산악지대에서 페르디난드의 군대를 패배시키고, 최종적으로 신세계를 스페인 본토의 지배로부터 벗어나게 했다.

미국은 남쪽 이웃들과 그들의 독립 열망에 대해서 크게 공감했다. 그들이 싸울 때 내건 슬로건은 미국인들의 정치적 이념과 유사했고, 공화정에 대한 그들의 호소는 미국에게 동료애를 갖도록 했다. 그래서 그들의 노력이 성공한 사실에 대해 미국이 많은 관심을 가진 것은 놀라운 일이 아니다. 미국 남쪽에 있는 자유로운 아메리카는 미국의 정치 이념이 훌륭하다는 것을 보여줄 뿐 아니라, 스페인의 독점권으로부터 자유로워진 상업적 기회를 제공하고, 서반구에서 미국의 상대적 지위를 향상시켰다. 그래서 프랑스의 리더십 아래 유럽 강대국들이 결합해 스페인 식민지에 부르봉 왕조를 재건하려 한다는 소식을 들었을 때, 먼로 대통령은 그런 계획에 미국은 확고하게 반대한다고 선언했다.

먼로독트린

먼로독트린은 1823년 12월 2일 의회에서 대통령 교서 연설 중에 선언되었다. 그것은 서반구와 유럽 강대국들의 적절한 관계에 대한 미국의 시각과 미국이 추구하고자 하는 정책을 제시했다. 그리고 아메리카 두 대륙이 미래 식민지의 대상으로 간주되어서는 안 된다고 주장했다. 즉 미국은 서반구에서 유럽 대륙의 정치체제를 확대하려하는 어떤 시도도 미국의 평화와 안전에 대한 위협으로 생각해야 하며, 또한 아메리카 국가들의 운명을 통제하려는 어떤 시도도 미국에 대한 비우호적 태도의 표명으로 생각해야 한다고 주장했다. 현대적인 말로, 미국은 신세계 국가들의 영토적 순수성과 정치적 독립에 관심이 있고, 유럽 세력의 개입은 환영받지 못할 것임을 세계에 공표한 것이다.

먼로독트린이 그 유명한 메시지를 발표했을 때 미국의 상황은 현재의 정치 상황과 유사했다. 태평양 너머 아시아로부터 그리고 대서양 건너 유럽으로부터 영토가 정복될 위험이 있었다. 18세기에 스페인 사람들이 정착하기 위해 캘리포니아 개발을 시작했는데, 이것은 시베리아에서 캄차카, 알류산열도, 알래스카를 통해 북아메리카 해안을 목표로 한 러시아의 동진 때문에 방해받았다. 아메리카 해안을 따라 내려오려는 러시아인들의 새로운 시도는 19세기 초에 시작되었다. 알래스카의 싯카는 1802년 러시아령 아메리카의 수도가 되었다. 그리고 러시아령 아메리카의 모피 회사는 열정적인 비전을 가진 지도자에 의해 더 남쪽으로 확대할 가능성을 모색했다. 컬럼비아강 하구에 교역소가 설립되었고, 1812년 러시아인들은 샌프란시스코에서 멀지 않은 보데가만의 북쪽에 로스 요새를 지었다. 해달을 찾으려는 수색대는 그 요새로부터 샌타바버라 해협까지 남하했다. 캘리포니아에서 스페인의 지배력이 약화된다면, 러시아가 스페인을 대체할 것처럼 보였다.

한편 유럽에서는 국제 정부를 만들려는 시도가 실패했다. 프랑스 혁명과 나폴레옹 시기의 비참한 전쟁 이후에 열린 1815년의 빈 회의에서 체계적인 회의를 통해 국제 문제를 해결하려는 새로운 체제를 시작했지만, 1820년 즈음에 이 체제는 붕괴되기 시작했다.

균열을 일으킨 가장 중요한 이유는 영국과 신성동맹* 간의 사회적, 정치적 시각차였다. 오스트리아 메테르니히의 지도하에 러시아, 프로이센, 오스트리아, 프랑스는 민주주의와 공화주의를 요구하는 운동을 억압하고자 군사력을 사용하는 데 동의했다. 이 개입의 원칙은 1820년 트로파 회의에서 영국의 캐슬레이에 의해 거부되었지만, 세 황제는 당시 유럽에서 일어나고 있는 반란과 봉기를 진압하기로 결심했다. 혁명 투쟁, 사회 및 이데올로기 전쟁의 시대였다. 유럽에서 세력균형은 한편으로는 대의정치와 개인의 자유를 옹호하는 영국 해양 세력과, 다른 한편으로는 절대군주제와 억압을 대변하는 대륙 세력으로 구성되었다.

1822년 베로나 회의에서는 프랑스가 스페인에 개입해 공화주의 혁명의 결과로 만들어진 스페인 정부를 파괴하는 것을 승인했다. 프랑스는 스페인 의회에 전쟁을 선포하고, 왕정을 복원했다. 그리고 아메리카에서 혁명을 억압하고 스페인 왕정의 중요한 식민지를 복원하기 위해 유럽의 집단행동이라는 카드를 만지작거렸다. 강대국들은 이런 문제들을 토의하기 위해서 파리 회의에 초청되었다. 만

---

* 1815년 9월 26일 러시아 황제 알렉산드르 1세, 오스트리아 황제 프란츠 요제프 1세, 프로이센 왕 프리드리히 빌헬름 3세가 파리에서 체결한 동맹.

약 각국이 이 제안을 승인하고 공동 행동에 동의했다면, 세계의 정치 구도는 현재의 전쟁에서 추축국들이 러시아와 중국에 대해 승리하는 것과 유사했을 것이다. 균형의 한쪽 편에는 북해에서 태평양까지 구세계 전체를 가로지르는 강대국 동맹이 있고, 반대편에는 영국과 서반구가 있다. 프랑스는 대서양을 가로질러 접근하고, 러시아는 태평양 쪽으로 접근한다. 미국은 민주주의를 파괴하고 절대주의 원칙이 작동하는 세계를 만들고자 하는, 영국을 제외한 유럽과 아시아 동맹에 포위되는 것이다.

이런 상황에 비추어볼 때, 영국의 캐닝 외무장관은 공동 행동 계획을 가지고 미국의 특명전권대사 리처드 러시에게 접근했다. 만약 신세계의 스페인 식민지가 다시 부르봉 왕조의 소유가 된다면, 이 지역에서 영국의 무역은 불가피하게 제한되거나 억제될 수 있었다. 게다가 세계의 세력균형이 유럽 대륙 세력에 유리하도록 변한다면, 그들은 유라시아의 주요 대륙뿐 아니라 남아메리카 대륙도 통제하게 될 것이다. 따라서 "신세계를 구세계의 세력균형을 되찾기 위한 존재"로 기능시키는 것이 현명한 정책이었다.

미국의 이익은 대체로 영국의 이익과 유사했다. 스페인령 아메리카의 재식민지화는 경제적, 정치적 시각에서 양국에 해롭다. 무역의 기회를 빼앗기고 힘의 지위가 약화될 것이기 때문이다. 미국의 남쪽 국경에 강한 프랑스 대신 독립한 아메리카 국가가 있고, 나머지 남쪽 대륙에 단일한 스페인 대신 여러 독립 공화국이 있는 것이 분명히 이로웠다. 그러나 프랑스의 정복 계획에 대한 영국과 미국의 이

익이 유사하다는 것이 서반구 내에서 양국의 이익이 동일하다는 뜻
은 아니었다. 양국은 남아메리카 대륙에서 무역과 친선외교를 둘러
싸고 서로 경쟁관계에 있다. 이런 사실과 함께 국무장관 존 퀸시 애
덤스의 고립주의 시각과 영국에 대한 깊은 불신 때문에 캐닝의 공동
행동에 대한 제안은 받아들여지지 못했다.

먼로 대통령과 그가 조언을 받던 전임 매디슨 및 제퍼슨 대통령은
영국과의 공동 행동에 대해 우호적인 마음을 가졌고, 내사에서도 상
당한 지지를 받았다. 그러나 미국의 애덤스 국무장관은 계속해서 독
립적인 행동을 호소했다. 그는 영국이 유럽 국가이므로 불가피하게
다른 강대국들과 관계를 유지해야 하고, 이런 점에서 미국과의 관계
와는 매우 다르며, 따라서 영국과의 공동 행동에 대한 확고한 토대
가 없다는 것을 지적했다. 최종적으로 애덤스 장관이 승리했고, 먼
로 대통령은 1823년 12월 2일 의회에서 대통령 연설로 일방적으로
선언했다. 그것은 미국이 독자적 정책으로 서반구의 보호자 역할을
하겠다는 것이었다.

먼로독트린은 용감한 선언이었지만, 만약 신성동맹이 미국의 도
전을 받아들였다면 그 정책은 수행되지 않았을 수도 있다. 자국의
군사력을 과대평가하는 경향은 미국의 국가 심리에서 재발하는 특
징이지만, 이 유명한 대통령 선언문에서보다 더 장엄하게 나타난 적
은 없다. 1823년 미국은 당시 유럽 대륙 대부분의 전쟁 수행 잠재력
을 보유한 유럽 강대국 연합에 대항해 홀로 남아메리카 공화국들을
보호할 능력이 없었다. 불과 11년 전 미국은 영국이 자국의 수도를

파괴하는 것을 막을 수 없었지만, 이런 고통스러운 기억도 미국의 군사력으로 전체 서반구를 보호하겠다고 주장하는 것을 자제시키지는 못했다.

먼로독트린이 발표되었을 때 미국은 아마도 멕시코만에서는 제해권을 가질 수 있었겠지만 남아메리카에서 유럽 동맹의 군사력과 비교해서도 우위를 점할 수 있었는지는 의심스럽다. 미국의 해군력은 프랑스, 러시아의 해군력에 비해 열등했고, 더욱이 남아메리카에서 작전을 수행할 경우 미국보다 훨씬 더 유리한 위치에 있는 서인도제도의 프랑스 해군기지에 대륙 연합군이 배치되어 있었다.

19세기 일사분기에 세계의 해군은 범선으로 구성되어 있었다. 스페인으로부터 남아메리카 서해안 식민지로 가는 루트는 카리브해를 통과해서, 카르타헤나(콜롬비아 북부 도시) 또는 파나마 지협에 도달했다가, 거기서부터 육로로 이동하거나 또는 지협 육지를 건너 다시 바다로 항해하는 두 가지 방법이 있었다. 그러나 남동 무역풍이 남쪽으로 가는 항해에 꾸준히 역풍만을 제공했던 터라 후자는 거의 사용되지 않았다. 이 해안에서 미국은 강점이 하나도 없었다. 미국의 서부 팽창 정책은 아직 태평양에 도달하지 않았고, 파나마 운하는 여전히 건설 중이었다. 만약 신성동맹이 누에바 그라나다(콜롬비아 공화국의 전신)의 재정복을 시작하기 위해 오래된 식민지 루트를 선택한다면, 미국이 카리브해에서 제해권을 확립해 이런 행동을 막을 수 있었겠지만, 이것도 영국의 협력 없이는 이루기 어려운 것이었다. 만약 신성동맹이 남아메리카 최남단 혼곶을 통해서 서해안으로 접근한다면, 미국은 태평양에 접근할 수 있는 캘리포니아를 획득할 때까지 무력했을 것이다.

남아메리카 동해안 방어도 마찬가지로 어렵다. 단순히 지리적인 면에서, 페르남부쿠(브라질 동부)에서 카디스(스페인 남서부)까지와 노퍽(버지니아의 도시)까지의 거리는 같지만, 항해 시간으로 볼 때는 유럽이 훨씬 더 가까웠다. 당시에 북아메리카 대서양 항구에서 아르헨티나 라플라타에 이르는 가장 빠른 방법은 편서풍을 수단 삼아 마데이라 제도(아프리카 북서부 대서양)와 카나리아 제도(아프리카 북서부 대서양) 근처까지 항해하고, 거기서부터 무역풍을 타고 서남쪽으로 항해하는 것이다. 그래서 라플라타로 항해하는 미국의 함대는 유럽 해군이 우위인 지역을 통과해야만 했다. 결국 성공적인 브라질과 아르헨티나 방어는 유럽의 바다에서 승리한 해군에 의해서만 가능했다. 서반구를 방어하려는 결정과 유럽과 거리를 두려는 의도를 하나의 선언으로 통합한 그 유명한 정치인은 지리를 이용해서 재미있는 속임수를 쓴 것이다.

미국이 약속한 라틴아메리카 방어는 다행히 수행할 필요가 없었다. 프랑스의 계획에 대한 영국의 강력한 반대로 대륙 블록은 형성되지 못했고 스페인의 식민지 재정복 시도도 막았다. 남아메리카 대륙 국가들은 서반구 방어 전략에 대한 환상을 거의 갖고 있지 않았다. 미국의 남아메리카 이웃 국가들은 미국의 배려와 의도에 감사하고 있지만, 그들은 대서양 동부의 연합 해군을 억제하는 것은 미국 대통령의 용감한 말이 아니라 영국 함대라는 사실을 분명히 알고 있었다.

 먼로독트린은 미국의 실질적인 힘의 크기를 반영한 것이 아니다. 그것은 미국이 목표로 하는 힘의 지위를 표현한 것이다. 그러나 미국이 서반구의 보호자 역할에 근접하는 데까지는 거의 한 세기 가까운 시간과 증기 항해의 발전이 필요했다. 미국이 그런 단계에 이르기 전에 먼로독트린은 모든 서부 유럽의 강대국들에 의해 도전받았다. 그들의 위협이 실패로 끝난 것은 미국의 힘이 성장했을 뿐만 아니라 유럽 강대국들이 구세계의 세력균형에 분망했기 때문이다.

프랑스의 도전

 미국은 루이지애나 구입으로 원래 영토에 광대한 땅을 추가했고, 플로리다를 구입하면서 대서양에 끊어지지 않는 단일 해안선을 만들고 멕시코만의 전략적 지위를 개선했다. 이 두 영토의 획득으로 미국은 북아메리카 대륙에서 견제할 수 없을 정도의 힘을 갖게 되었다. 영국과 프랑스는 텍사스 공화국에 합병보다는 독립이 낫다고 설득하기 위해 온건한 개입 정책을 추진했지만 실패했다. 영국은 또한 캘리포니아를 오리건과 캐나다에 추가할 수 있다면 균형이 약간 회복될 수 있었기 때문에, 캘리포니아에 대해 플라토닉한 것 이상의 관심을 보였다. 영국과 프랑스 간의 실질적인 협력은 미국의 지위에 해로웠겠지만, 단결된 행동은 불가능했다. 1815년 발족했던 사국동맹*은 이미 와해되었다. 이집트와 모로코의 문제들과 스페인 결혼에 대한 분쟁은 동맹 당사국들에 타격을 주었다. 영국은 오리건 경계 문제**에 타협했고, 유럽 각국이 혁명과 근동 문제에 집중하는 동안 미국은 유럽 강대국들의 개입 없이 멕시코와 전쟁을 했다.

멕시코와의 전쟁으로 미국은 대륙 규모의 영토를 소유하고 두 대양에 접근할 수 있게 되었지만, 그 규모와 위치가 가능케 하는 힘을 현실화하기 위해서는 단순한 영토 획득 이상의 것이 필요했다. 미국은 거대한 영토를 통합하기 위해서 1848년에 존재하던 것보다 더 발전된 기술이 필요했다. 조랑말 속달 우편과 포장마차는 그런 목적에 부적합했다. 그런 임무를 수행하는 데에는 전신과 철도 도입이 필요했지만 성공적인 도입에는 최소한의 정치적 통일이 요구되었다. 미국은 멕시코와의 전쟁에서는 벗어났지만, 처참한 남북전쟁으로 최후를 장식하고 있는 노예제도 문제에 빠져 있음을 알게 되었다.*** 1865년 이후가 되어서야 미국은 외교정책에서 행동의 자유를

---

* 오스트리아, 러시아, 프로이센, 영국, 즉 대對 프랑스 전쟁을 이끌었던 네 나라가 1815년 11월 20일 빈 체제의 유지를 위해 체결한 동맹이다. 강대국들 간의 군사적·외교적 협의 기구 역할을 수행했으며 1818년 프랑스가 가입해 오국동맹으로 확대되었다. 1822년 베로나에서 열린 것을 마지막으로 회의를 통한 협조 체제는 깨지고, 동맹은 와해되었다.

** 오리건 분쟁Oregon Question이라고 한다. 1818년부터 미국과 영국이 오리건 지방(북위 42도에서 54도 41분 사이의 태평양 연안 지역)을 공유하고 있었는데 미국이 영토권을 주장하면서 외교 분쟁이 일어났다. 수많은 국내 문제를 안고 있던 영국 정부는 전쟁을 피하기 위해 49도선을 국경으로 하는 타협안을 제시했고 미국이 이를 받아들였다. 이것이 현재 미국과 캐나다의 국경이다.

*** 미국-멕시코 전쟁: 1846~1847년, 남북전쟁: 1861~1865년.

얻었고 국제 문제에서 목소리를 낼 만한 충분한 힘을 획득했으며 요구를 강제할 수단을 갖게 되었다.

미국은 새로운 국력을 남북에서 표출했다. 북쪽에서는 알래스카를 구입했고, 남쪽에서는 프랑스가 멕시코에서 철군하도록 압박했다. 정당한 불만을 시정하기 위해 프랑스, 영국, 스페인은 공동 행동을 통해 멕시코를 군주제로 만들어서 막시밀리안(오스트리아 대공)을 황제로 두는 개입을 했다. 나폴레옹 3세는 중앙아메리카와 남아메리카 북부에 프랑스의 보호하에 두는 큰 국가를 만드는 꿈을 꿨다. 미국이 내전 때문에 대응 조치를 취하지 못할 때 단행한 멕시코에서의 모험적 행동이 이 큰 계획의 출발점이었다. 남북전쟁 직전몇 년 동안 멕시코의 정치적 혼란 때문에 미국은 국경 아래의 혼란스러운 국가에 개입해 감독하고자 하는 열망을 가졌다. 하지만 프랑스의 개입은 이런 계획을 망쳤고, 프랑스의 개입을 환영할 수 없는여러 다른 이유도 있었다. 미국에게 멕시코는 국경을 접하고 있는작은 국가이고 그 자체로 완충국이었다. 카리브해를 통제하고 있는상황에서 미국의 남쪽에 강력한 정치체가 나타나서 세력관계를 뒤엎고 완충국을 파괴하는 것은 명백히 바람직하지 않았고, 게다가 그모든 계획은 먼로독트린에 대한 직접적인 도전이었다.

미국이 내전을 하는 동안 강경한 행동을 취할 가능성은 없었다.미국은 온건하게 항의하면서 외세가 멕시코 영토를 획득하거나, 멕시코 정부의 자유로운 정부 형태를 구성할 권리를 손상하려는 시도를 인정하지 않을 것임을 상기시켰다. 그러나 일단 통일을 회복하고 대외 정책을 위해서 군사력을 사용할 수 있게 되자, 멕시코로부터 프랑스 군대의 철수를 명확하게 요구했다. 프랑스도 그 제안을 받아들이는 것이 현명하다고 생각했다. 오스트리아와의 전쟁 이후 프로이센이 부상하면서 유럽의 세력균형에 영향을 미쳤기 때문이다. 뒤숭숭한 시대가 프랑스를 기다리고 있었다. 수년 동안 지속된 프랑스-프로이센 전쟁에서 계속 패배했고, 아시아와 아프리카에서 영국과 제국주의 분쟁을 지속하고 있었다. 프랑스 기업이 파나마 운하 건설을 시작하고 10년 후에 일시적으로 중앙아메리카에 관심을 가졌으나, 프랑스는 결코 서반구에서 팽창주의자 역할을 재개할 입장이 아니었다.

영국의 도전

북아메리카에서 미국의 군사적 우위는 내전의 결과로 확실시되었다. 아메리카 지중해에서 제해권을 확보하는 데는 40년이 더 걸렸는데, 이는 주로 파나마 운하의 통제를 두고 영국과의 장기간에 걸친 투쟁 때문이었다. 캘리포니아 구매 이후, 미국은 두 해안을 연결하는 해로가 외국 해군의 손에 있는 것을 가만히 두고 볼 수 없었다. 다른 한편, 영국도 중요한 해로에 대한 지배권을 포기할 이유가 없었다. 멕시코 테우안테펙, 온두라스, 니카라과, 파나마, 네 지역이 실제로 고려되었다. 미국은 파나마 루트에 가장 관심을 보였고, 1846년 12월 12일에 누에바 그라나다와 서명한 조약에서 통항권과 평등한 대우를 확보했다. 그리고 그 조약에서 미국은 파나마 지협의 중립 확보와 누에바 그라나다의 영토에 대한 주권을 보호하기로 약속했다. 니카라과에서 비슷한 권리를 위한 협상은 미국이 영국의 침략에 이용될 수 있는 통과 지대를 보장하려 하지 않았기 때문에 실패했다. 영국은 니카라과를 최적의 루트로 간주하고, 영국령 온두라스의 경계를 확장해 통과 루트의 일부분인 강 하구의 산후안을 점령하게 해서 그 영토에 대한 통제력을 확보하려고 했다. 영국의 이런 조치는 그 땅이 영국의 후견하에 있었던 모스키토 인디언(현재 니카라과 지역) 왕의 것이라는 이론에 기반한 것이었다. 물론 미국은 먼로독트린에 대한 도전과 미래 운하 통제에 대한 외세의 위협 때문에 심각하게 불안해했지만, 아직 미국은 영국의 해군력을 패배시킬 정도로 강하지 않았다.

1850년 4월 19일 조인된 클레이턴-불워 조약은 타협의 산물이고, 당시 힘의 관계를 잘 보여주고 있다. 미래 운하 건설을 가정한 이 조약은 운하 통행에 대한 배타적인 통제력을 갖지도, 중앙아메리카 영토 획득을 위한 다툼도 하지 않는다는 것이었다. 영미 이외의 강대국들도 그 조약 가입에 초대되었지만, 어느 강대국도 이를 받아들이지는 않았다.

비준 후에 서명 국가들은 자국의 특별한 이익에 적합하도록 조약을 해석하고자 했다. 영국은 전통적인 영토 획득 정책을 포기할 준비가 되어 있지 않았다. 영국은 운하가 지나갈 수 있는 지역에 발판을 얻고자 제국주의의 레퍼토리인 차관, 유치권, 국경 분쟁 그리고 보호령이라는 최고의 도구들을 계속 사용했다. 하지만 미국 내전 이후 전세가 역전되자 미국도 조약을 제멋대로 고치기 시작했다. 변화된 이익이 처음 드러난 것은 20년 전에 협상을 시작한 니카라과와의 조약에 대해 1867년 최종 비준을 한 때였다. 미국은 통행지대의 보호와 그 중립성 보장의 대가로 통항권을 받았다. 유사한 조항은 1846년 누에바 그라나다와 1864년 온두라스와 체결한 조약에도 있었다. 1870년까지 미국은 대부분의 운하 건설 후보 지역에서 통행권을 확보했고, 미래 운하의 중립성 보호를 위한 법적인 조치를 취할 자격을 얻었으며, 통과 지대를 아메리카 국가들의 주권하에 두는 데 성공했다.

미국이 강해지면서 미국 정치인들은 운하를 자국의 배타적 지배하에 두어야 한다고 결의하게 되었다. 드 레셉스의 수에즈 지협 건설 성공에 자극받은 프랑스의 기업이 1878년 콜롬비아 정부로부터 파나마 지협에서 운하 건설 허가를 받았다. 유럽의 지중해는 대서양에서 인도양으로 가는 통로가 되었고, 아메리카의 지중해는 대서양에서 태평양으로 가는 길이 되었다. 그러나 이 통로를 건설한 것은 먼로 대통령의 미국이 아니라 나폴레옹 3세의 프랑스였고, 결과적으로 프랑스가 대양을 연결하는 통로를 장악하게 되었다. 이에 대해서 미국의 대응은 즉각적이었다. 언론은 논평을 발표하고, 의회는 항의의 폭격을 받았다. 헤이즈 대통령은 1880년 3월 8일 성명에서 지정학적 분석에 기반해 미국이 운하를 통제해야 한다고 주장했다.

헤이즈 대통령은 아메리카 지협을 가로질러 대양을 연결하는 운하는 미국의 대서양 연안과 태평양 연안 사이의 지리적 관계와 미국과 다른 국가들 사이의 지리적 관계를 본질적으로 변화시킨다고 선언했다. 이 운하는 사실상 미국 해안선이 되기 때문에 미국의 상업적 이익은 어느 나라보다 더 커질 것이었다. 그러나 운하는 경제적 중요성뿐만 아니라, 그것의 통제가 미국의 방어 수단과 통일성, 평화, 안전에도 영향을 미칠 것이기 때문에 미국인들의 관심사가 되었다.

미국의 운하 통제에 방해가 된 것은 영국과 미국이 운하에 대한 독점적 지배를 추구하지 않겠다고 약속한 클레이턴-불워 조약이다. 누에바 그라나다와의 초기 조약을 발동해 행동의 자유를 얻으려는 한두 가지 그럴듯한 시도가 있었지만 영국은 미국의 법적 기교를 받아들이지 않았다. 클레이턴-불워 조약을 아무리 관대하게 해석하더라도 미국에 독점적 지배권을 줄 수 없다는 것은 명확했다. 이에 헤이 국무장관은 상황의 변화 때문에 조약이 미국에 불리하다고 솔직하게 말하면서 조약의 폐지를 요구했다. 상황 변화와 관련해 각서를 교환했지만 헤이 장관의 각서에 해군 준비태세에 대한 미국의 태도 변화는 언급되지 않았다. 남북전쟁이 끝날 무렵 미국은 상당한 규모의 함대를 보유하고 있었지만 관심이 부족했기 때문에 유럽의 새로운 해군 개발에 뒤처졌다. 그러나 새로운 열정이 1880년대에 나타났고, 1890년대의 해군 계획은 해군을 해안 방어 수단으로만 간주하는 개념에서 완전히 등을 돌렸다. 그 계획은 잘 보호되고 중무장한 전열함ship of the line*으로 구성되는 대양해군으로 대담하게 나아가는 것이었다.

세력균형을 상징한 클레이턴-불워 조약은 50년 후인 1902년 2월 22일 헤이-폰스포트 조약으로 대체되었다. 새로운 합의는 세력균형이 아니라, 아메리카 해역에서 미국의 우위를 상징했다. 이 조약에 따라서 미국은 지협 운하의 건설권과 독점적 관리권을 가졌다. 또 신조약은 요새 건설 금지를 포함하지 않았고, 운하는 평시와 전시에 모두 개방되어 있지만, 미국은 적의 통과를 거부할 수 있었다.

새로운 조약에 의해 유럽 각국의 간섭이 제거되면서 아메리카 쪽의 어려움은 비교적 쉽게 극복되었다. 프랑스 운하 회사는 능력에 비해 너무 큰 일을 맡아 운하 건설 과정에서 파산했다. 1899년 무렵에는 미국이 4000만 달러에 매입할 준비를 마쳤다.** 콜롬비아는 운하 지역을 미국에 양도하는 조약 체결을 거부했지만, 이 문제는 다행히 "자연발생적으로" 새로운 국가가 생기면서 해결되었다. 파나마의 새로운 공화국은 미국이 원하는 운하지대 양도에 열정적이었고, 미국 정부는 꼴불견일 정도로 이를 빠르게 받아들였다. 운하는 1914년에 완성되었고, 1915년 미국 대통령에 의해서 공식적으로 개통되었다. 그 시점에 제1차 세계대전이 본격화되었다. 유럽에서는 영국이 독일 해군의 도전을 받고, 아시아에서 일본은 중국을 보

---

* 17세기에서 19세기에 걸쳐 유럽 국가에서 사용된 군함의 한 종류. 한 줄로 늘어선 전열line of battle을 만들어 포격전을 할 것을 주된 목적으로 제작되었기 때문에 전열함이라고 불렸다.

** 실제 매각은 1903년에 이루어졌다.

호령으로 만들려는 21개조 요구를 제시하면서 패권의 꿈을 분명히 드러냈다. 이런 갈등이 두 대양 너머에서 일어나고 있는 사이에 미국은 서반구에서의 장엄한 열망 중 하나를 현실화했는데, 대서양과 태평양 사이를 연결하는 모든 연안 항로와 내부 교통선의 중심과 핵심을 장악한 것이다.

파나마 운하를 장악하는 것도 매우 중요하지만, 그것만으로는 아메리카 지중해의 전략적 제해권을 확보하거나 혹은 이 해역에서 영국 해군을 능가하는 것은 무리였다. 지리적 위치 관계로부터 미국은 카리브해의 서쪽 출구인 중앙아메리카 지역뿐 아니라, 동쪽 진입로인 대·소 앤틸리스 제도에도 관심을 가질 수밖에 없었다. 대서양 무역풍이 도달하는 아메리카 지중해의 동쪽 가장자리 해안에서 콜럼버스가 신대륙의 역사를 시작했고, 이 섬들은 유럽인이 아메리카 대륙을 지배하는 출발점이 되었다. 스페인도 여기서부터 서부 해안으로 지배력을 확대하면서 거대한 제국을 만들었다. 그러나 스페인 해군은 모든 섬을 지배할 능력이 부족했고, 카리브해 동쪽의 소앤틸리스제도는 유럽 해양 세력들 간 투쟁의 결과를 반영하며 지배권이 바뀌었다. 미국의 독립전쟁이 끝날 때쯤 그 섬들은 네덜란드, 프랑스에 의해서 통제되었고, 유럽 지중해 몰타와 같은 전략적 요충지 자메이카는 영국의 지배하에 들어갔다.

루이지애나와 플로리다 구입으로 미국은 아메리카 내해에서 가장 중요한 연안 국가가 되었고, 텍사스 병합은 해안선을 따라 존재하는 세력관계에서 미국의 이익을 강화했다. 그래서 스페인 식민지들이 독립할 때, 이 섬들의 운명이 미국에게는 불안의 근원이 된 것이 당연하다. 그들을 상대적으로 약한 스페인의 영토로 두는 것은 불안했고, 멕시코만 출구를 강한 해양 세력들에 의해 통제되게 두는 것도 불안했다. 그중에서도 쿠바는 아메리카 대륙에 인접해 있고, 플로리다 해협을 통제할 잠재력 때문에 주의가 필요했다. 따라서 미국에 의한 쿠바 병합은 여러 번 고려되었지만 실현되지는 않았다. 쿠바뿐 아니라 이웃한 아이티와 산토도밍고도 미국의 병합 고려 대상이었다. 스페인은 미국 내전을 기회 삼아 산토도밍고를 재점령했고, 스페인을 손 떼게 하려던 수어드 국무장관의 노력은 소용없었다. 하지만 도미니카 공화국 국민의 강한 저항으로 1865년 스페인은 철수했다. 만약 그렇지 않았다면 미국이 강한 조치를 취했을 것이다.

내전 종식 후, 미국 해군은 서인도제도의 모나 해협을 장악하는 데 필요한 해군기지를 제공할 수 있는 사마나만(도미니카 공화국)에 관심을 갖고 있었고, 그랜트 대통령은 도미니카의 독재자 바에즈로부터 산토도밍고 구입을 제안받았지만 상원에 의해서 거부되었다. 스페인과의 전쟁(1898)에서 승리한 미국은 카리브해 북쪽 섬들에 대한 확고한 지위를 얻었다. 푸에르토리코가 병합되면서 모나 해협 지배에 대한 대안을 제공했다. 그리고 쿠바는 윈드워드 해협을 순찰하는 데 이상적인 관타나모만을 해군기지로 사용하도록 허가했다. 이렇게 해서 미국은 카리브해 북쪽에 있는 가장 중요한 출입구 두 곳을 확보했다.

헤이-폰스포트 조약과 미국의 아메리카 지중해 지배를 영국이 수용하기 전에, 남아메리카 북쪽 해안을 둘러싸고 상대적 힘을 시험할 일이 하나 일어났다. 베네수엘라와 영국령 기아나의 경계는 확정되지 않았고, 1880년대 금광의 발견으로 양 당사국은 터무니없는 주장을 하고 있었다. 당초 영국은 모든 중재안을 거부하고 있었고, 분할이 거의 끝난 아프리카와 분할을 숙고 중인 중국의 상황에 강한 충격을 받은 미국은 먼로독트린에 의해 보호받는 서반구에 대해서 유럽 국가들이 어떤 꿈도 꾸지 못하도록 강경한 자세를 취해야 한다고 느꼈다.

클리블랜드 대통령은 만약 영국이 중재안을 계속 거부한다면 미국이 국경선을 결정할 것이고, 또 미국이 베네수엘라 영토라고 결정한 장소를 영국이 점령할 경우 미국은 모든 수단을 동원해 저항할 것을 분명히 했다. 올니 국무장관의 각서는 미국의 입장을 열정적으로 나타내고 있었다. "오늘날 미국은 남아메리카 대륙에서 실질적인 주권을 갖고 있으며, 미국이 그에 대한 외부 간섭을 거부하는 것은 주권의 명령에 의한 법과 같은 것이다." 영국은 처음엔 마지못해 아메리카 지중해에서 미국의 우위 주장을 받아들였지만, 결국에는 아낌없이 온 마음을 다해 중재 조약에 서명하고 비준했다.

미국-스페인 전쟁은 미국-영국 관계의 전환점을 상징하고, 그 결과 카리브해에서 영국 해군력과 비교할 때 미국의 지위가 훨씬 더 강화되었다. 아메리카 대륙에서 미국의 패권적 지위가 받아들여졌고, 이런 상황에서 영국은 미국과의 협력 정책을 시작했다. 대륙 국가들이 유럽 개입을 고려하기 시작했을 때, 영국은 마닐라 문제에 대해 미국을 도의적으로 지지했다. 영국은 서인도 함대와 주둔군을 줄이고, 미국에 대한 해군 압박의 작전 거점으로 사용될 수 있는 기지들의 현대화와 요새화를 중지했다. 이렇게 해서 아메리카 지중해에서 패권 경쟁은 끝났다. 지리적 인접성도 있기 때문에, 일단 광대한 영토의 잠재적 경제력을 해군력 건설에 사용하면 신흥국 미국이 승자가 되는 것은 당연했다. 하지만 영국이 유럽 대륙의 세력균형에 전념했던 것 역시 미국에 큰 도움이 되었다.

영국이 새로운 외교 방침을 갖게 된 것은 갑작스럽고 저항할 수 없는 우호적 충동 때문이 아니라 세계 각지에서 일어나고 있는 정치 문제들에 대한 우려 때문이었다. 19세기 동안 대영제국은 적어도 부분적으로는 캐나다의 노출된 위치로 인해 전쟁이라는 방법으로 우리의 남쪽 팽창에 반대하는 것을 단념했다. 또한 더 핵심적인 지역에서의 어려움 탓에 카리브해에서 영국의 지위를 정리할 필요가 있었다. 청일전쟁(1894~1895)에서 일본의 승리는 극동에서의 세력 균형을 흔들었다. 제임슨의 습격*과 크루거의 전신 사건**은 베네수엘라 분쟁(1895)과 동일한 시기에 일어났다. 파쇼다 사건(1898)***

---

* 영국 제국주의 정치인 세실 로즈가 설립한 남아프리카 회사 소속의 제임슨이 1895년 남아프리카 트란스발주를 침입하고 실패한 사건으로 보어전쟁의 원인이 되었다.
** 1896년 독일 황제 빌헬름 2세가 트란스발 공화국 크루거 대통령에게 제임슨이 이끄는 영국군을 격퇴한 것을 축하하며 서신을 보냈는데, 이 때문에 영국과 독일 사이의 긴장관계는 더욱 악화되었다.

은 영국과 프랑스 간의 심각한 식민지 갈등의 상징이었고, 의화단 사건(1900~1901)과 보어전쟁(1899~1902) 그리고 계속된 러시아와의 긴장관계는 영국에 어려움을 더했다. 특히 본국 가까운 곳에 있는 독일이 해군 군비 프로그램을 시작해 세계에서 두 번째로 강한 해군을 목표로 하고 있었는데, 그것은 전시가 되면 영국의 세계적 지위를 훼손하기에 충분한 것이었다. 그 결과 영국 해군은 먼 곳에서 철수하고, 유럽과 북해에 집중하도록 새롭게 배치되었다.

독일의 도전

미국-스페인 전쟁은 아메리카 해역에서 미국-영국 패권 다툼의 종식을 가져왔지만, 독일에 대한 장기간의 의심과 의혹이 시작되게 만들었다. 미국의 아시아 방면 사령관이었던 듀이 제독이 마닐라 항구에서 독일 함대의 수상한 행동에 대해 보고하자, 미국 여론은 독일에 대해 심각한 불신을 갖게 되었다. 이 때문에 서태평양에서 필리핀에 속하지 않는 스페인 영토를 독일이 식민지화하는 것에 대해서 미국이 동의했음에도 불구하고, 두 국가의 관계는 개선되지 않았다. 미국 내 일부에서는 독일이 남아메리카로 대규모 이주를 할지도 모른다는 불안이 커졌고, 특히 브라질 남부의 거대한 독일 정착촌에

*** 유럽 열강의 아프리카 분할과정에서 영국의 종단 정책과 프랑스의 횡단 정책이 교차하는 파쇼다에서 양국 군이 충돌한 사건이다.

대한 우려가 생겼다. 마찬가지로 독일의 카리브해에 대한 이익과 장래 파나마 운하에 대한 접근도 똑같이 염려되었다.

이런 의혹 중 일부는 상당히 타당했다. 독일은 영국 해군의 지위에 도전하는 해군 정책을 수립하고 대규모 건함 계획을 시작했다. 하지만 독일에게는 순양함 작전을 위한 해군기지가 없었다. 그래서 독일 해군본부는 적당한 기지 획득에 관심을 갖기 시작했다. 칭타오, 사모아, 뉴기니, 비스마르크 제도(태평양 파푸아뉴기니 북동부)에 더해서 서태평양의 이전 스페인 소유 섬들이 극동의 해군 시설로 개선되었다. 수에즈 운하까지의 항로는 영국이 장악하고 있어서 도전할 수 없었지만, 새로운 파나마 운하를 통한 루트는 적극적인 외교로 무언가를 만들어낼 수 있을 거라 생각했다. 아이티, 독일의 작은 이웃 나라들의 소유인 덴마크령 버진아일랜드와 네덜란드령 퀴라소, 그리고 베네수엘라 해안 너머 산타마르가리타 섬들과 파나마 서쪽 갈라파고스 섬들도 해군 장교의 눈에는 가치 있는 것으로 보였다. 그러나 독일 외무성은 먼로독트린에 노골적으로 도전하면 미국이 어떻게 대응할지 충분히 알고 있었기 때문에 해군본부를 겨우 억눌렀다. 1902년 독일이 주도한 베네수엘라에 대한 3개국 공동군사 행동*을 제외하고 미국과 독일 사이의 공개적인 갈등은 회피했지만,

---

* 1902년 시프리아노 카스트로의 베네수엘라 정부가 유럽은행의 채무를 이행하지 않자, 영국, 이탈리아, 독일의 해군은 베네수엘라 해안을 봉쇄하고 해안 요새를 포격했다. 미국의 시어도어 루스벨트 대통령은 독일 제국이 이 지역에 침투할 것을 염려해 베네수엘라 편을 들었다.

미국 정부는 이 섬들에 관심을 드러내면서 아메리카 영토가 외부 강대국의 소유가 되는 것에 대해서 변함없이 명확하게 반대한다는 것을 밝혔다.

공개적 충돌을 피했다는 사실이 양국의 대립이 긴박하지 않았다는 뜻은 아니다. 영국이 서반구에서 철수한 이후, 독일은 미국의 감시를 받는 국가가 되었다. 독일은 먼로독트린에 도전할 수 있고 서반구 안전을 위협할 수 있는 유일한 강대국이었다. 따라서 독일 해군력이 미국이 필요로 하는 해군력의 기준이 되었다. 영국 다음으로 두 번째로 강한 해군이 되는 것이 미국 해군 정책의 목표가 되었는데, 다른 말로 하면 독일의 해군보다 강한 해군을 의미했다. 미국과 독일의 대립은 결국 전쟁으로 이어졌지만, 이때 문제가 된 것은 먼로독트린이 아니라 유럽의 세력균형과 무제한 잠수함 작전이 미국의 중립권을 침해한 것이었다. 미국은 제1차 세계대전에 참여했고, 그 전쟁의 결과 독일 해군력은 철저히 파괴되었으며 이후 사반세기 동안 독일이 위협이 될 모든 가능성은 제거되었다. 프랑스, 영국, 독일은 각기 아메리카 해역에서 제해권을 둘러싸고 한때 미국과 대치했지만, 구세계에서의 갈등과 세력 투쟁에 휘말려서 아메리카 해역에서 철수할 수밖에 없었다.

미국의 패권

대규모 건함 계획의 결과 제1차 세계대전에서 미국의 해군력은 더욱 강화되었다. 제2차 세계대전에서는 대서양 쪽 근해 도서뿐 아니라 아메리카 지중해의 지배를 위한 계획을 최종적으로 완성했다. 영국은 제2차 세계대전 발발 시 소형 함선이 절실히 필요했다. 1940년 9월 미국은 영국령 대서양 도서를 해공군 기지로 99년간 임대하는 조건으로 영국에 50척의 재정비된 구형 구축함을 제공했다. 협정을 마무리하는 데 수개월이 걸려 합의는 최종적으로 1941년 3월 27일 런던에서 서명되었다. 뉴펀들랜드와 비뮤다의 기지 사용은 미국에게는 분명한 선물이었다. 자메이카, 안티과, 세인트 루시아, 트리니다드를 포함하는 서인도제도의 영토 임대와 영국령 기아나의 기지는 구축함 공여에 대한 대가였다.

이렇게 새롭게 추가된 해공군 기지들로 카리브해 동쪽 끝까지 미국의 제해권이 완성되었고, 뉴올리언스와 트리니다드 사이의 공해를 폐쇄된 바다로 만들었다. 루이지애나 구입으로 시작한 미국의 주변 팽창은 이제 트리니다드의 동남쪽 출구에 이르렀고, 근대 시기에 시작한 아메리카 지중해의 지배권을 둘러싼 투쟁은 클레이턴–불워 조약 직후 최종 단계에 들어갔다.

그 섬들에 대한 현재의 합의는 임시방편이고 많은 비용이 들어간다. 현존하는 영국의 시설과 미국이 건설하고 있는 새로운 시설은 제해권 확립을 위해 중복 투자되었다. 따라서 결국 영국의 서인도제도들은 서반구의 다른 모든 유럽 소유 섬들과 함께 미국이 인수할 필요가 있다.

하나의 작은 섬에 두 개의 권력과 두 가지 사무 방식이 병존해 있으면 불가피하게 마찰과 불쾌감이 생긴다. 역사적으로 공동 통치를 한 사례는 없고, 중국 내 해군기지 임대의 경험에서 볼 때도 낙관적이지 않았다. 피할 수 없는 불쾌감을 장기화하는 대신, 무기대여법 Lend-Lease Act*에 따라 받을 대가의 일부로 유럽 소유 도서들을 미국이 양도받는 게 좋을 것이다. 만약 신세계의 분위기가 여전히 국제주의를 지향한다면, 1940년 아바나에서 서명한 협약**에 규정된 바에 따라 섬들은 아메리카 국가들의 신탁통치하에 놓일 수 있다. 그러나 실제 지배권은 불가피하게 해군과 육군을 운영하는 강대국 미국이 갖게 될 수밖에 없다. 전쟁의 결과가 무엇이든, 서반구에서 식민지 시기의 마지막 흔적은 사라질 것이다.

먼로독트린의 진화

먼로 대통령은 아마 그가 의회에 제출한 유명한 메시지가 미국의 영구적인 정책 기반이 되리라고 생각하진 못했을 것이다. 그의 선언은 구체적인 상황***에 대한 대응이었다. 그러나 이 독트린은 미국

---

* 미국이 아직 제2차 세계대전에 직접 참가하지 않은 때였던 1941년 3월 연합군 측에 군사 원조를 하기 위해 제정한 법률. 이 법으로 제1차 세계대전 이후 지속되어온 고립주의 정책을 포기하고 국제 정세에 개입하는 쪽으로 돌아서게 되었다.
** 1940년 7월 21~30일 아바나에서 미주연합 외교장관들이 "아메리카 국가의 방위를 위한 상호 지원 및 협력에 관한 선언"에 서명했다.
*** 빈 체제하에서 협조하던 유럽 열강들이 아메리카에 다시 진출하려는 상황.

국가 이념의 일부가 되었고, 일반 국민에게도 미국 대외 정책의 변하지 않는 원칙 중 하나로 받아들여졌다. 서반구에 속한 국가들의 독립에 위협이 생기면 미국 정부는 이 독트린의 준수를 재확인할 것이고 국민을 실망시키지 않을 것이다.

1823년에서 1843년 사이에 먼로독트린에 대한 재언급은 없었는데, 한편으로는 미국이 노예제도 문제와 영토 확장 정책에 전념하고 있었고, 다른 한편으로는 당시의 위협이 영국으로부터 왔고 거기에 저항하기 힘든 상황이었기 때문이다. 그러나 그 이후 많은 대통령이 이 독트린을 반복하거나 재확인했다. 그러다 유럽 강대국들에 의한 텍사스 병합 방해에 자극받고, 캘리포니아에 대한 영국의 흑심을 우려한 포크 대통령이 1845년에 중요한 선언을 했다. 남북전쟁 이후에는 먼로독트린의 재확인이 더 빈번해졌다. 거의 모든 정부의 대통령 혹은 국무장관이 전통 정책의 고수를 선언할 기회를 찾고자 했다.

먼로 대통령의 메시지에 들어 있던 원래의 원칙들인 영토 획득 금지, 외부 체제 도입의 반대, 개입 반대는 수년에 걸쳐서 적용 범위가 확대되고 명확해졌다. 영토 획득 금지는 점령뿐 아니라 자발적인 영토의 포기와 비서반구 국가 간 영토 이전에도 반대한다는 의미가 되었다. 현재 서인도제도와 남아메리카에 식민지를 보유하고 있는 네덜란드와 프랑스가 독일에 점령된 것을 생각하면 직접적이고 실질적인 중요성을 지닌 개념의 확장이라 할 수 있다. 외부 체제의 도입에 대한 반대는 여전히 확고하지만, 이 문제의 해결은 매우 복잡하다. 원래 발표 시점에서 외국의 영향력은 군사적 압박에 의해서만 확립할 수 있었고, 군사적 압박을 배제하면 외국의 영향력은 성립될 수 없었다. 그때는 대규모 선전전과 현대의 비군사적 개입 방법이 발달하기 전이었다. 그러므로 미국은 현대적 조건에서 외국의 영향력 침투를 막기 위해 새로운 기술을 개발할 필요가 있다.

개입 불인정은 점차 강해졌다. 유럽의 정치가들이 아메리카 분쟁의 조정과 중재를 맡는 것은 지금까지 반대에 부딪히지 않았고, 국제연맹에 의한 같은 역할도 받아들여졌다. 원래 미국은 유럽 강대국들이 자신들의 권리를 보호하기 위해서 영토 획득이나 공화국의 전복을 초래하지 않는다면 채무 회수에 군사력을 사용하는 것에 반대하지 않았다. 하지만 1902년 유럽 국가의 군사력이 베네수엘라 해상을 봉쇄한 이후, 미국은 그런 형태의 강제 조치에 반대했다. 그러나 역외로부터 개입에 관한 미국의 태도는 어떤 의미에서 일관성이 있었다. 즉 과거부터 미국은 서반구에서 미국의 힘의 지위를 약화시키는 모든 행동에 대해 반대해왔고, 이런 태도는 미래에도 변하지 않을 것이다.

먼로독트린은 무언가를 실질적으로 보장하는 형태를 취하지는 않았다. 그것은 아메리카 각국 영토의 통일성과 정치적 독립 보전에 대한 의무를 부과하는 것이 아니고, 이후 대통령들도 그렇게 해석하지 않았다. 우드로 윌슨이 실질적 "보장"으로 그것을 설명한 첫 번째이자 유일한 대통령이지만, 그래도 먼로독트린을 법률상 의무로 규정하지는 않았다. 미국은 일관되게 완전한 행동의 자유, 그리고 유럽과 아시아의 위협에 대응할 것인지를 결정할 자유, 대응한다면 어떤 조치를 취할 것인지를 결정할 자유를 유지해왔다. 1936년 부에노스아이레스에서 서명한 협정과 1938년 서명한 리마 선언에서도, 미국에게는 대양 너머로부터 공격의 위험이 있는 경우에 상담에 응하는 것 이상의 의무는 없었다.* 범미주의Pan Americanism 신봉자는 이것을 먼로독트린의 대륙화라고 낭만적으로 해석했지만, 미국이 국제연맹 규약의 10조에 규정되어 있는 것과 같이 남아메리카 이웃 국가들을 보호해야 할 법적 의무를 수락했다는 의미는 아니다.

먼로독트린은 대통령 성명서의 형태로 선언되었지만, 이 독트린이 의회의 승인을 받지 않았다고 생각하는 것은 잘못이다. 1941년 4월 10일 상하 양원의 공동 결의를 통해 비서반구 세력 사이에서 서반구의 어떤 지역도 이전될 수 없다는 원칙이 재확인되었다. 또 조약 유보라는 형태로 이 독트린에 대한 의회의 지지 표명도 많이 있다. 예를 들어 헤이그 조약과 루트 중재 조약들**을 유보했고, 1928년의 중재 조약들과 같은 해 8월 캘로그-브리앙 조약***을 유보했

---

* 1933년 우루과이의 수도 몬테비데오에서 개최된 제7회 미주회의에서 아메리카 대륙의 연대성이 촉진되었다. 그 후 나치 독일의 위협으로 유럽의 정세가 악화함에 따라 1936년 아르헨티나의 수도 부에노스아이레스에서 미국의 루스벨트 대통령은 아메리카 국가들의 특별 평화회의 개최를 제의하면서, 서반구는 공동의 안전보장과 복지 증진을 위해 협력해야 한다고 주장했다. 이 제의에 따라 리마회의가 개최되어 리마 선언 및 다수의 공동 문제에 관한 결의안과 권고안이 채택되었다. 미주회의 등 아메리카 연대 관련 사항은 이 책의 2부에서 자세히 다룬다.

** 루트 국무장관이 1908~1909년에 걸쳐서 체결한 25개의 양자 조약.

*** 1928년 8월 27일 프랑스의 파리에서 영국, 미국, 프랑스 등 15개국에 의해 체결

다. 의회는 어떤 협정도 미국이 서반구 방위를 위해 군사력을 사용하는 것을 막을 수 없다며 유보 이유를 명확히 밝혔다. 먼로독트린의 구체적인 예외는 중립법*에 상당히 체계적으로 규정되어 있는데, 전쟁 중인 비서반구 국가와 협력하지 않는다는 전제하에 비서반구 국가들과 전쟁을 하는 서반구 국가는 중립법의 적용 대상이 아니라는 것이다.

　먼로 대통령은 서반구 전체를 그의 독트린에 포함시켰다. 19세기 전반에 취임한 대통령들은 먼로독트린에 대한 충성을 주장하면서도, 북아메리카 대륙 혹은 아메리카 지중해에 제한해 적용하는 것이 상책이라고 생각하기도 했다. 파나마 운하가 건설되기 전부터 이미 남아메리카의 동해안뿐 아니라 서해안도 미국보다는 유럽이 가깝다고 주장했다. 그에 더해서, 19세기 대부분의 기간에 영국, 프랑스, 스페인은 미국보다 남아메리카에 더 가까운 서인도제도에 해군기지를 갖고 있었다는 것을 기억해야 한다. 그래서 이런 유럽 국가들은 남아메리카 국가들에 해군력 압박을 행사하기에 미국보다 더 유리한 위치에 있었다. 미국이 브라질 돌출부 지역 너머에서 먼로독트린의 적용을 주장하지 않는 이유는 여기에 있었다. 1864년 스페인이

된 전쟁 포기에 관한 조약, 즉 부전조약이다. 체약국 간의 분쟁 및 사태 해결은 평화적 수단에 의해서만 이뤄질 것을 규정하고 있다. 체결 당시 프랑스 외무장관 A. 브리앙과 미국 국무장관 F. B. 켈로그가 주도해서 '켈로그-브리앙 조약'이라고 한다.

* 중립법에 의해 교전 국가에 무기를 수출한다든지 교전국 선박으로 여행하는 것은 금지되었다. 제2차 세계대전의 진행에 따라 여러 번 개정되다가 1941년 무기대여법 이후 적용되지 않았다.

페루와의 전쟁으로 친차 제도(남아메리카 서해안 중북부)를 점령했을 때 항의했고, 나중에 칠레와 스페인이 전쟁하는 동안에도 미국은 공화국 체제를 파괴하는 것에 대해서 경고했다. 그러나 영국이 1833년 포클랜드 제도(남아메리카 남단)를 재탈환했을 때는 저항하지 않았고, 1840년대~1850년대 라플라타 지역에서 영국과 프랑스가 개입할 때도 반대하지 않았다.

남북전쟁 이후, 특히 미국-스페인 전쟁 이후, 미국의 국력 증대와 증기선의 발달로 인해 미국-멕시코 국경을 흐르는 리오그란데강 이남에서 유럽과 미국의 상대적 힘의 지위는 미국에 유리하게 변했다. 이에 따라 먼로독트린은 다시 라틴아메리카 전체에 적용될 수 있다고 생각되었다. 시어도어 루스벨트 대통령은 먼로독트린을 유럽 강대국들뿐 아니라 아시아 국가들에도 적용해 두 대양에 대응하는 근대적 형태로 확대했다.

먼로 대통령 시대와 많은 점에서 유사한 세계의 정치 상황에 직면해, 미국 대통령이 두 대양 너머 역외로부터의 개입에 저항한다는 결정을 재확인한 것은 놀라운 일이 아니다. 프랭클린 루스벨트 대통령은 1939년 미주연합 운영위원회 연설에서 "만약 서반구의 제도를 전복시키거나 서반구 국가들의 독립을 훼손하려는 시도가 있다면 그에 상응하는 무력을 사용해" 최대한 아메리카 대륙의 평화를 유지하고 방어할 준비가 되어 있다고 공언했다. 그는 그 전에 캐나다 지역을 방어하기 위해서 군사력을 제공할 수 있음을 시사했고, 1941년 4월 덴마크 공사와 함께 미국의 그린란드 보호령을 확대하는 협정에 서명했다. 먼로의 원래 독트린은 이제 서반구 전체 방어의 교리가 되었다.

미국이 서반구 보호자가 되겠다는 의도를 처음 주장한 5대 먼로 대통령 이래, 세계 정치는 크게 변모했다. 북아메리카 대서양 해안의 비교적 작은 국가에서 시작한 미국은 북아메리카 대륙의 자원을 지배하는 거대한 국가로 성장했다. 미국이 성장하기 전부터 유럽의 강대국들은 점차 이 대륙에서 철수했고, 미국은 신대륙 대부분의 지역에서 최고의 우위를 확보하고 있다. 미국이 독일과 일본의 동맹으로부터 서반구를 방어할 힘을 갖고 있는지 여부는 이 책 후반부에서 분석할 예정이지만, 현재 이 동맹은 먼로 대통령 시대에 미국이 직면했던 위협보다 훨씬 더 강력하다. 그러나 1939년의 미국은 유럽이나 아시아의 어느 한 국가의 위협에 대응해서는 틀림없이 서반구를 방어할 수 있었다.

신세계는 섬대륙의 고립적 성격을 갖고 있지만, 그렇다고 국가들이 외부로부터 개입 없이 자연적인 균형을 찾도록 허용된 고립된 공간인 것은 아니다. 반대로 신세계의 세력 구조는 대륙 내부의 잠재된 힘뿐만 아니라, 이 지역에서 사용할 수 있는 유럽 국가들의 힘까지 포함하고 있다. 유럽 국가들의 관심이 유럽의 세력균형에 있는 사이에 미국은 현재의 힘의 지위까지 성장할 기회를 얻었다. 라틴아메리카 국가들도 힘을 증강해왔지만 대규모 전쟁 수행 잠재력을 만들 만한 요소들이 별로 없었고, 협력해서 미국에 대항하지도 못했다. 남아메리카는 북아메리카의 패권적 지위에 위협이 되지 않았고,

그래서 미국은 신세계 밖에서 행동할 여분의 힘을 가질 수 있었다. 이것이 미국-스페인 전쟁 이후 미국을 세계적 강대국으로 만든 것이다. 20세기 초반 이후, 이번에는 미국이 대양 너머 세력균형에 영향을 미치기 시작했다.

제 4 장

아메리카와 환대서양 지역

> 외부 세계에 대한 독일 국민의 정책은 다음과 같은 기
> 본 원칙을 따라야 한다. 그것은 유럽에서 두 번째로 큰
> 대륙 국가의 등장을 결코 용납하지 말아야 한다는 것이
> 다. 전쟁을 포함한 모든 수단을 사용해서 국경에 군사
> 대국이 등장하는 것을 방지하는 것은 독일 국민의 권리
> 이자 의무다._아돌프 히틀러

미국의 지리적 위치는 유럽과 아시아 사이에 있고, 대서양과 태평양에 직접 접근할 수 있는 독특한 특징을 갖고 있다. 아마 유럽 쪽 해안은 태평양 쪽 해안보다 계속해서 더 중요할 것이다. 그 이유는 미국 문화가 대서양 연안의 서구 문화에서 기원했을 뿐 아니라 경제적, 정치적으로 중요하기 때문이다. 2년 전까지 유럽에는 세계 강대국 중 5개국이 있었고, 비록 오늘날 유럽 대륙이 19세기보다 상대적으로 덜 중요하다 하더라도 여전히 세계에서 가장 큰 잠재력을 지니고 있으며, 아프리카와 근동을 계속 지배할 것이다.

세계 산악지대의 위치와 그로 인한 강의 흐름 때문에 대서양 연안은 태평양 연안보다 더 많은 배수 유역을 갖고 있다. 대서양과 그 내

해 연안에는 세계 인구의 거의 절반이 살고 있고, 세계 해운의 4분의 3이 이곳을 지나간다. 미국의 경제적 이익을 대서양을 통해서 얻고 있다는 사실도 중요성을 한층 높이고 있다. 미국 수출액의 거의 70퍼센트가 대서양 항구로부터 직접 혹은 멕시코만을 경유해서 세계시장에 전해지고 있다.

북아메리카 대륙의 동해안은 하구와 만 때문에 항구에 적합한 곳이 많다. 미국의 경제활동이 처음 시작된 곳도 이 동해안이고, 미국 해운의 역사가 시작된 곳도 뉴잉글랜드다. 이리 운하(뉴욕주 북서부)와 애팔래치아산맥* 북부를 지나는 철도 덕분에 동해안은 북아메리카 대륙의 교통 요충지가 되었다. 이것은 자연 지형을 인공적인 교통수단으로 극복한 결과다. 왜냐하면 중부 대평원의 자연적 특징을 볼 때 무역은 미시시피강과 그 지류의 흐름을 타고 남쪽으로 향하는 것이 자연스러우며, 이에 따라 뉴올리언스가 중앙 평원의 교역 거점이 되는 것이 자연스럽기 때문이다. 그러나 현재 북중부 지역과 해안 지역의 경제활동은 보스턴, 뉴욕, 필라델피아, 볼티모어 항구를 통해 세계 무역로에 연결된다.

아프리카 대륙

대서양 건너편 해안 지역에는 유럽 지중해로 분리되는 유럽과 아

---

* 북아메리카 동부 지역의 북동에서 남서로 뻗어 있는 산맥.

프리카 두 대륙이 있다. 아프리카 대륙은 약 1200만 제곱마일로 세계에서 두 번째로 큰 대륙이며, 거의 유럽 강대국의 식민지로 구성되어 있다. 넓은 면적에도 불구하고 인구는 1억5000만 명 미만에 불과하고 경제 규모는 무역량으로 볼 때 호주보다 조금 높은 정도다. 대륙의 광범위한 부분이 열대 및 적도 지역이며, 적도 북쪽의 대부분은 사막이다. 대륙 북부 해안 지역은 유럽 지중해의 남쪽 해안이고, 그곳의 경제 및 정치활동은 사하라 남쪽인 블랙 아프리카보다는 유럽과 더 밀접하게 연관되어 있다. 서반구와 마찬가지로 유럽과 아프리카 사이의 교통 장애물은 지중해가 아니라 거대한 대륙의 장벽이다. 지중해부터 적도 아프리카까지는 사막을 가로지르는 카라반 루트가 있고, 프랑스는 알제리에서 다카르(세네갈의 수도)를 거쳐 나이저강*에 이르는 철도를 건설 중에 있다. 그러나 유럽에서 사하라 이남 아프리카로 가는 중요한 교통로는 대륙의 동, 서해안을 따라 있는 해로다.

사하라 이남의 아프리카는 남아프리카 공화국과 에티오피아와 라이베리아라는 원주민 독립국을 제외하고는 유럽 강대국들의 식민지와 위임통치 영토로 구성되어 있다. 에티오피아는 이탈리아 제국의 일부가 된 6년(1936~1941) 동안 독립을 잃었고, 라이베리아는 미국의 원조를 받고도 불안정한 상태를 유지하고 있다.

검은 대륙의 지리적 특징은 우호적이지 않다. 그곳은 주로 고원으

---

* 아프리카 대륙 북서부를 흐르는 강.

로 구성되어 있다. 고원 지역에서 평원으로 흘러내리는 강은 연속되는 폭포와 급류를 통해서 좁은 해안평야 지대에 도달하지만, 해안으로부터 가깝든 멀든 내륙으로 항해할 수는 없다. 이러한 특징에 더해 역풍이 불고 항구는 부족하며, 해안은 사람의 거주에 적합하지 않고 열병이 들끓는 탓에, 비록 아프리카 대륙의 주변 해역이 300년 이상 항로로 이용되었지만 대륙 내부는 19세기 후반에 이르러서야 탐험되고 개방되었다. 이집트를 제외한 대부분의 지역에서 인구가 적고 노동력이 충분하지 않은 것이, 유럽에서 가까운 아프리카가 아니라 아시아 적도 지역이 유럽 경제에 중요한 열대 생산품을 공급하고 있는 이유 중 하나다.

아프리카 대륙은 토착 국가가 군사력을 갖추고 발전하는 데 필요한 천연자원, 노동력, 문화, 그리고 기술이 부족하다. 식민지로서 아프리카는 유럽 국가들에 천연자원과 병력을 제공해왔지만, 아프리카에서는 고대 이집트, 카르타고, 아랍 왕국 이후 유럽을 위협할 정도로 강력한 정치 조직을 형성하지 못했다. 부분적으로 아프리카는 금과 중요한 천연자원 때문에 강대국들의 세력 투쟁에서 중요한 존재였지만, 주로 해로와 관련한 전략적 위치 때문에 더 중요했다. 북아프리카 해안은 유럽 지중해를 둘러싼 세력 투쟁에서 중요한 역할을 했다. 남아프리카 공화국과 케이프타운은 인도 항로의 방향 전환 지점 옆에 있어서 수에즈 운하가 개통되기 전까지 매우 중요했고, 제2차 세계대전으로 지중해 항로가 폐쇄되자 다시 유용해졌다. 즉 남아프리카 공화국과 케이프타운은 제국주의 국가가 아시아와 극동으로 가는 해로의 핵심 지점으로 기능했다. 그러나 가장 중요한 것은 지브롤터 해협에서 라이베리아까지의 해안 지역과 마데이라 제도에서 카보베르데 군도까지의 근해 열도다. 이 지역은 유럽에서 케이프타운과 남아메리카로 가는 루트의 측면에 있고, 서반구와 가장 가까운 다카르에서 골드코스트(현재의 가나) 사이를 포함한다.

아프리카는 19세기 초까지 미국 남부 경제를 위한 에너지와 노동력의 공급원이었고, 뉴잉글랜드에 이익을 주는 노예무역의 근원이었지만 미국은 아프리카 대륙에 거의 관심을 보이지 않았다. 그러나 미국은 라이베리아 공화국 설립 초기부터 특별한 관계를 가졌다. 이 공화국은 미국의 해방된 흑인이 아프리카 땅에 정착할 목적으로 수립되었다. 실제 이민자 수는 극히 적었지만, 그 목적은 노예제도 폐지론자들의 공감을 얻었다. 따라서 이 모험적 사업은 사적, 공적 자금의 지원을 받았고, 미국 의회는 흑인 노예들의 더 나은 미래를 위해 1862년 신생 국가로 공식 인정했다.

흑인 공화국인 라이베리아는 건국 이래 계속 불안정한 존재였다. 그 때문에 인접한 영국 및 프랑스 식민지는 국경을 변경하고, 영토를 침해했다. 몬로비아(라이베리아의 수도)의 정부는 재정 관리에서 실수하고 국내 치안 유지를 포기했다. 19세기 마지막 20년 동안, 미국은 몇 번이나 라이베리아를 안정시키는 것에 관심을 갖고 라이베리아와의 "특별한 관계"를 인정하면서 그 국가의 독립을 빼앗으려는 시도에 대해서 무관심하지 않을 것이라고 공언했다.

1912년부터 미국은 관세청장을 통해서 재정을 감독하고 국경 경찰의 훈련을 지원했다. 그 결과 미국과 라이베리아 간의 관계는 미국과 라틴아메리카 국가들 사이의 관계와 유사해졌다. 제1차 세계대전 이후 10년 동안 미국의 라이베리아에 대한 관심은 감성적인 것에 고무 농장이라고 하는 경제적 이익이 더해졌다. 1926년의 합의에서 라이베리아 공화국은 파이어스톤 플랜테이션 회사에 수백만 에이커의 경작권을 양여했다. 파이어스톤의 자회사인 파이넌스 코퍼레이션 오브 아메리카와의 두 번째 합의에서는 500만 달러의 차관이 라이베리아에 제공되었다. 이 차관은 관세 및 국내 세입을 감독하는 것으로 보증되었다. 이런 감독은 미국 대통령이 지명하는 재정고문과 5명의 미국인 재무 관료에게 위탁되었다.

이 새로운 구조는 좋은 것이 아니었고, 이것으로 몬로비아 정치인들이 정직하고 선량해지는 일도 없었다. 해방 노예 공화국 내의 노예노동과 강제노동에 대한 불만이 커지면서 국제적 문제가 되었고, 미국과 국제연맹은 노동 여건의 큰 개선을 요구했다. 1932년 채무를 불이행하고 미국 재정고문을 무시하기 시작했을 때, 라이베리아는 일급 국제 골칫거리이자 미국과 국제연맹 간의 논쟁거리가 되었다.

라이베리아는 채무 이자율 축소와 외부인에 의한 통제 약화를 요구하면서 1926년 협정의 개정을 주장했고, 라이베리아의 주권과 독립을 존중하는 의미에서 국제연맹의 재정 지원을 요청했다. 국제연맹은 채무 합의를 수정하고 고무 농장 임대료를 인상하며, 보건 공무원과 지방 관리, 그리고 미국 재정고문과 라이베리아 정부 사이를 중재하는 수석 고문 등의 공적 직위에 많은 외국인을 임명할 것을 권고했다. 미국은 자국민의 이익을 보호하는 게 첫 번째 의무라는 시각을 견지하고 있었고, 이에 파이어스톤 회사 문제에서 1926년 합의에 근거한 미국 관료들의 영향력이 위험할 정도로 줄어들면 안 된다고 보았다. 결국 세 당사자는 의견차를 줄이지 못했고, 라이베리아를 공식적인 국제 감독하에 두지도 못했다. 이후 라이베리아는 스스로 필요한 개혁을 시도하고 외국 고문을 채용했다. 그러나 미국과 라이베리아의 관계는 모호하고 불분명한 상태였다. 미국은 결코 공식적으로 보호령을 선언한 적이 없고 배타적 지배를 주장한 적도 없지만 1926년 합의에 의해 재정 감독을 행사하는 한, 그리고 라이베리아에서 파이어스톤사가 가장 중요한 경제 행위자인 한, 라이베리아에서 미국의 지위는 아프리카 여타 국가에서의 지위와 다를 것이다.

미국은 아프리카의 다른 지역에는 관심을 보이지 않았다. 미국은 독일 정부의 초청으로 콩고의 지위 문제를 토론한 1884년 베를린 회의에 참석했다. 회의 결과 노예무역의 억제, 콩고강의 자유로운 항해, 무역 개방 정책, 그리고 콩고 중립화가 결정되었지만, 그 조약은 상원에 제출되지 않았다. 베를린 회의 말고도 미국은 두 차례 개최된 모로코 관련 회의에도 참석했다. 1880년 마드리드에서 열린 제1차 회의는 주로 모로코에 거주하는 외국인의 권리를 다루었다. 1906년 알헤시라스(지브롤터 해협 인근 스페인 도시)에서 열린 두 번째 회의에서는 지브롤터 해협의 안전보장 문제와 이 지역에서 일어나고 있는 독일과 영국-프랑스 측의 경쟁을 다루었다. 비록 이 문제에 관련되지는 않았지만 미국은 독일에 반대하고 프랑스와 영국 편에 섰다. 위의 세 회의에 참가했지만 아프리카 대륙은 결코 미국의 관심 대상이 아니었다. 19세기 마지막 사반세기 동안 유럽 강대국들이 식민지를 쟁탈할 때, 미국은 중국 내 영향권 경쟁에는 열심이었던 반면 아프리카에 대해서는 무관심했다. 미국은 여전히 아메리카 대륙 지향적인 단계에 있었고, 아메리카 지중해에서의 지위에 집중하고 있었던 터라 아프리카에 무관심했던 것이다.

유럽 지중해

지중해는 아프리카와 유럽을 분리하고 있다. 이 연안 대부분은 해안 근처까지 내려오는 산맥으로 둘러싸여 있다. 비옥한 평야는 극히 적고, 저지대도 대부분은 사막이다. 프랑스 남부의 오드계곡과 론계곡은 리옹만으로 나아간다. 이탈리아 이존조계곡은 아드리아해로 나아가고, 바르다르계곡은 에게해로 나아간다. 그러나 포강과 나일강만이 집약적인 경작을 하는 넓은 평야에 농수를 제공한다. 지중해 지역의 기후는 면화, 설탕, 시트러스 과일, 그리고 식물성 기름의 주요 원천인 올리브 나무 재배에 적합하지만, 지중해 연안이 식량 생산지가 될 가능성은 극히 제한적이다. 스페인, 이탈리아, 발칸반도, 소아시아* 그리고 북아프리카 서부의 아틀라스산맥에는 광산이 있지만 철과 석탄이 산출되지 않는 탓에, 근동에서 석유가 생산됨에도 불구하고 공업이 발전되기 힘들다.

지중해는 서구 문명의 발상지이고, 고대에는 이 연안에서 해양 세력과 대륙 세력이 등장했다. 그러나 오늘날 전쟁은 강력한 산업 능력을 기반으로 수행해야 하는데, 지중해 지역에는 전쟁을 수행할 잠재력이 없다. 따라서 항해술 발전에 따라 유럽 정치의 중심이 지중해 유역에서 알프스 북쪽 지역으로 이동한 후 지중해로 두번 다시 돌아오지 않은 것은 당연하다. 전쟁 수행 잠재력 측면에서 석유를 제외하고 중요한 것은 없지만, 이 지역은 교통 요충지로서의 전략적 중요성을 갖고 있다. 지중해는 유럽과 아프리카 대륙 사이의 해상 교통로와 대서양에서 인도양으로 가는 항로를 제공한다. 이곳의 교통은 원래는 시리아와 메소포타미아를 통과하는 육로 교통의 도움을 받았고, 후에는 수에즈 운하를 이용했다. 이 길을 지배하기 위해 페니키아와 그리스, 그리스와 페르시아, 카르타고와 로마, 그리고 이탈리아의 르네상스 도시국가 해양 세력과 튀르키예 및 아라비아 해양 세력이 대전을 치렀다. 교통로들과 그것을 통제하는 요충지에 대한 투쟁은 오늘날까지 계속되고 있고, 현재 그 투쟁은 지중해 북부 연안을 따라 있는 민족국가들 사이에서뿐만 아니라 멀리 떨어져 있는 해양 세력 영국까지 포함해서 진행되고 있다.

---

* 아시아 대륙 서쪽 끝, 흑해, 마르마라해, 에게해, 지중해 등에 둘러싸인 반도. 튀르키예 영토의 97퍼센트를 차지하며 아나톨리아라고도 한다.

유럽 대륙

환대서양 지역의 중심이자 현대의 경제력, 군사력, 정치력의 원천이 되는 곳은 알프스 이북의 유럽이다. 유럽 대륙은 유라시아 대륙의 서쪽 반도이고, 우랄산맥과 카스피해, 캅카스산맥 그리고 흑해를 경계로 아시아와 분리된다. 근대 항해술은 포르투갈에서 만들어졌고, 산업혁명은 영국에서 시작됐으며, 근대 생활의 과학적 기반 다수가 서유럽의 실험실과 대학에서 만들어졌다. 19세기 후반까지는 이 가장 작은 대륙에 세계의 모든 강대국이 모여 있었고, 여기서 세계 대부분이 통치되었다.

영국 해협에서 러시아 국경에 이르는 저지대 평야가 유럽 대륙의 농업 생산 기반 대부분을 구성하고 있다. 북쪽에는 스칸디나비아산맥이 있고, 남쪽에는 피레네산맥부터 발칸반도에 이르는 거대한 산맥이 있다. 우랄산맥 서쪽 러시아를 포함하면, 유럽은 거의 400만 제곱마일이고 인구는 5억5000만 명이다. 러시아를 제외하면 이 수치는 200만 제곱마일과 4억 명이 된다. 유럽 대륙은 광물자원이 풍부하고, 그중 철과 석탄은 산업 발전의 기반이 되기 때문에 여러 국가가 전쟁 수행 잠재력을 유지할 수 있게 만들었다. 영국 중부 지대에서 프랑스 북부의 아르투아, 아르덴 지역, 독일 북서부의 루르, 동부의 작센, 그리고 슐레지엔에 이르는 광범위한 지대의 석탄 및 기타 광물의 분포는 유럽 대륙 제조업의 지리적 분포와 영국, 프랑스, 벨기에, 독일의 산업적 중요성을 설명해준다.

공산주의 정권하의 소련에서 대규모 공업화가 추진되기 전에 유럽은 주로 공업화와 도시화가 진행된 서유럽과, 도시화가 안 된 농업지대 동유럽이라는 매우 다른 두 지역으로 나뉘었다. 우크라이나는 확실히 유럽에서 곡물 생산의 순잉여가 가장 큰 지역인 동시에 러시아에서는 거대한 산업화 중심지 중 하나다.

유럽 대륙은 북쪽 발트해와 남쪽의 지중해 및 흑해라는 안쪽으로 깊이 들어온 내해가 있기 때문에 작은 반도들이 있다. 발트해 입구는 덴마크와 스웨덴 사이와 코펜하겐을 지나는 좁은 해협에 있고, 지중해와 흑해 입구는 지브롤터와 탕헤르(모로코 항구도시) 사이의 헤라클레스 기둥* 옆에 있다. 이런 내해와 주변 해가 있고 바다가 깊숙이 들어와 있으며 항해 가능한 하천이 존재하기 때문에 유럽 전쟁에서는 수상 운송과 해군력이 중요하다. 그중 해군력은 유럽 전체가 식량과 원자재를 해외 수입에 의존하고 있기 때문에 중요성이 더 높다.

영국의 위치

유럽 대륙 앞에, 그리고 미국과 유럽을 연결하는 교통로상에 위대한 해양 세력의 심장인 대영제국의 본섬들이 있다. 유럽 해안선

---

* 지브롤터 해협 어귀의 북쪽과 남쪽에 두 개의 기둥이 있다. 그리스 로마 신화에 따르면 헤라클레스가 세상의 끝(지브롤터)에 온 기념으로 해협에 두 기둥을 박고 왔다고 한다.

의 형상과 잉글랜드와 스코틀랜드의 위치는 영국에 매우 중요한 전략적 입지 조건을 제공했다. 스코틀랜드 북부 지역은 노르웨이 남부 지역보다 더 북쪽으로 돌출해 있고, 애버딘(스코틀랜드 북동부)에서 베르겐(노르웨이 남서부)에 이르는 300마일의 지역은 부분적으로 영국령 오크니제도와 셰틀랜드제도 옆에 있다. 폭이 30마일 미만인 도버 해협과 영국 해협은 잉글랜드 남부의 많은 주요 항구를 통제할 수 있다. 영국이 북해에서 제해권을 유지하고 플리머스(영국 잉글랜드 남서단)와 브레스트(프랑스 브르타뉴반도 끝) 사이 해협을 폐쇄할 수 있는 한, 영국은 유럽 북부를 해상 봉쇄할 수 있다. 지브롤터 해협과 수에즈 운하, 그리고 홍해의 통제는 유럽 지중해에서 대서양과 인도양으로 가는 출입구를 장악한다는 의미다. 또 비스케이만*을 지배하고 지중해 군사기지들을 지속적으로 소유하는 것으로 영국은 유럽 남부로 가는 모든 항로를 통제할 수 있다. 이렇게 유럽 남북 모두의 국제상거래는 대양에 도달하고 세계 무역로에 자유롭게 접근하기 전에 영국이 지배하는 관문을 통과해야만 한다.

영국의 해군력은 유럽 대륙과 대서양 사이, 즉 유럽과 미국 사이에 존재하고 있다. 영국은 유럽 대륙에서 서반구로 향하는 위협에 대한 방파제 기능을 하고, 역으로 유럽에게 영국은 미국에서 오는 위협의 완충 지대 기능을 하고 있다. 결과적으로 미국과 유럽 대

---

* 서유럽 해안에 뻗어 있는 북대서양의 넓은 만. 스페인 북서부 오르테갈곶에서 프랑스 브르타뉴 서쪽 끝까지 이어져 있다.

륙 간의 관계는 영국의 지리적 위치에 영향을 받는다. 미국이 유럽 대륙에서 군사행동을 효과적으로 하기 위해서는 영국 해군력과 대립하는 것이 아니라 동맹을 맺어야만 한다. 유럽 대륙도 원거리 해군 작전을 위해서는 영국의 동의가 필요하다. 또한 영국 해군도 다른 유럽 해군을 고려해야만 한다. 그래서 영국 해군이 원거리 작전에 파견할 수 있는 부대 규모는 유럽 대륙의 해군에 대한 전력 비율에서 불리하지 않은 범위 내로 한정된다.

영국은 미국의 교통로상에 있고 가장 중요한 해양 국가이기 때문에, 유럽의 세력균형과 미국의 관계에는 다른 어떤 유럽 국가의 세력 정치보다 영국의 세력 정치가 더 큰 영향을 준다. 유럽 대륙과 영국의 관계는 영국 영토의 안전보장, 지중해 항로의 보호, 그리고 영국제국의 방어와 팽창을 위한 자유라는 세 가지 고려 사항에 따르게 된다.

영국 해군의 관점에서, 유럽 대륙은 지브롤터를 정점으로 하는 삼각형의 반도다. 이 삼각형의 서쪽은 노스곶(노르웨이 북단)에서 모로코에 이르는 해안선의 중심 부근에 있는 영국 섬들을 향하고 있다. 삼각형 서쪽 면의 북쪽에는 톱니 모양의 피오르인 스칸디나비아 고원이, 남부에는 스페인 산맥이 존재하고 있다. 이 두 지점의 사이, 즉 스카게라크 해협(노르웨이와 덴마크 사이)에서 비스케이만 사이에 유럽 대륙의 중심부가 있고, 그곳에 가장 큰 전쟁 수행 잠재력이 있다. 이 삼각형의 서쪽 면에서 오는 압력이 영국 본토와 영국의 대서양 교통로에 대한 위협이 된다.

영국 본섬의 안전은 전통적으로 좁은 바다를 건너오는 공격을 방지하는 힘과, 식량과 원자재를 수입에 의존하기 때문에 해상 봉쇄를 막는 능력에 달려 있다. 이 방어 기능을 할 수 있는 것은 해군이고, 육군의 역할은 불가피하게 부수적이다. 영국이 주변 해역에서 제해권을 유지하는 한 영국을 침략하는 것은 불가능하고, 만약 영국이 제해권을 잃는다면 영국을 침략할 필요가 없어진다. 영국의 적은 해상 봉쇄를 통해 경제적 혼란과 아사를 초래해 항복을 강제할 수 있을 것이다. 게다가 공중전의 발전으로 함대는 공군 지원을 필요로 하게 되었고, 공군은 해군에 의해 통제되는 지역 위를 통과해서 독자적으로 침공과 대응 봉쇄 작전을 할 수 있을 정도로 상황이 바뀌었다.

해군의 힘은 함대의 전력에 전략적 위치가 더해져서 발휘된다. 유럽 대륙 서해안 전선의 측면에 있는 영국 본섬의 전략적 위치가 탁월하다는 것은 앞서 이미 언급했다. 영국은 현명한 대외 정책을 통해 해협과 북해의 좁은 부분 건너편 국가들이 강한 해군을 건설하는 것을 방지해 지리적 위치가 갖는 장점을 향상시키려고 노력했다. 처음에 영국은 본섬 연안을 실질적으로 통제하고 소유하려 했으며, 나중에는 교두보를 구축하려 했고, 마침내 네덜란드와 벨기에 같은 완충국을 유지하려 했다. 강한 대륙 세력이 저지대Lowlands*를 지배하지

---

* 스헬더강, 라인강, 뫼즈강의 낮은 삼각주 지대 주변에 위치한 지역 일대. 여기에는 오늘날의 벨기에, 네덜란드, 룩셈부르크 그리고 프랑스 북부 지역 일부와 독일 서부 지역 일부가 포함된다.

못하도록 영국은 중세 프랑스와 싸웠고, 1588년에는 스페인과, 그 후에는 루이 14세, 프랑스 혁명정부, 나폴레옹, 빌헬름 2세와 싸웠고, 현재는 히틀러와 싸우고 있다.

잠수함과 비행기가 개발되기 전에 제해권, 즉 해양 지배의 문제는 비교적 간단했다. 수상함은 수중이나 하늘로부터 위협받지 않았기 때문에 제해권 확보는 양적 우위를 요구했고, 그저 전열함의 우위와 가장 강력한 전함의 소유를 뜻했다. 그래서 영국은 이 우위를 확보하기 위해 대륙 세력들의 함대보다 많은 수를 준비해야만 했다. 이것은 19세기 후반의 고립 정책 시기에도 대륙 국가 동맹의 연합함대와 싸울 수 있을 만큼 강한 해군력을 갖추는 것을 의미했다. 따라서 영국에게 최대의 안전보장은 유럽 대륙의 세력균형이었다. 그런 경우, 영국은 대륙에서 대립하는 동맹 가운데 우세한 편이 구성하는 연합 해군 부대에만 대항해서 해군력을 구축하면 되었다. 이것은 2국 표준two-power standard* 혹은 그 이상을 의미했는데, 대륙에서 가장 강한 두 국가의 해군력을 상대할 수 있을 만큼 충분히 강한 해군력을 갖추는 것이었다.

대륙 국가로부터 제해권에 대한 위협이 있을 때 영국은 일반적으로 고립 정책을 포기하고, 대륙의 동맹관계에 합류했다. 이런 조치는 영국의 상대적 힘의 지위를 향상시켰고, 반대쪽의 해군력은 상대

---

* 2+3 정책이라고도 하며, 유럽 내 해군력 2위, 3위 국가의 전력 합계보다 더 강력한 해군력을 상시적으로 유지한다는 영국의 전통적인 해군 전략이다. 나폴레옹 전쟁 이후 영국은 2국 표준주의를 고수했다.

적으로 작아지는 반면 영국의 동맹 쪽 해군력은 커졌다. 영국에게 대륙 국가와의 동맹은 세력 경쟁 초기 단계에는 도움이 되는 정도이지만, 전쟁이 일어나면 절대적으로 필요한 것이다. 영국은 육군을 사용하지 않으면 유럽 대륙 국가에 대해서 효과적인 공격을 할 수 없었다. 즉 동맹국의 육군이 있어야 적국의 영토를 공격할 수 있고, 영국의 해상 봉쇄와 함께 육지 작전을 전개해야 승리할 수 있다.

영국과 유럽 대륙 국가들 간의 관계는 삼각형 반도의 서쪽 면에 있는 국가들에 한정되지 않고, 지브롤터에서 다르다넬스에 이르는 해안선에 접하는 국가들도 포함한다. 이 면의 서쪽은 스페인의 산맥이고 동쪽 면은 발칸산맥이며 중앙은 앞으로 돌출된 이탈리아반도다. 이 세 산악지대는 강한 해군 개발에 필요한 전쟁 수행 잠재력을 갖고 있지 않다. 그래서 실제 심각한 위협은 대륙의 경제력이 투사될 수 있는 지중해 유역의 마르세유, 트리에스테(이탈리아 북동부), 살로니카(그리스 북부 현재의 테살로니키) 그리고 콘스탄티노플(현재의 이스탄불)로 한정된다. 이런 남부 해안선으로부터의 공격은 영국 본토에는 위협이 되지 않지만, 지브롤터, 몰타, 알렉산드리아의 영국 해군기지가 확보하고 있는 지중해 교통로에는 위협이 된다.

지중해는 원래 레반트 지역(동부 지중해 지역) 상거래와 근동과 인도에 이르는 육로 때문에 중요했다. 수에즈 운하가 개통한 이후 지중해 항로는 인도와 극동으로 가는 주요 해상 교통로이자 대영제국의 가장 중요한 교통로가 되었다. 이 교통로 방어를 위해서는 지중해 연안 국가들보다 많은 함대를 건설하고, 그들 간의 대립을 촉진하는 것이 필요했다. 따라서 유럽 대륙에서의 균형은 삼각형의 서부 해안의 세력관계뿐만 아니라 지중해 항로 지역의 세력관계에도 영향을 미치기 때문에 영국의 주요 관심 대상이었다. 영국이 스페인 계승 전쟁*에 참여한 중요한 이유는 루이 14세의 계획이 성공하면 스페인, 프랑스, 나폴리와 같은 지중해 서부 연안국 전체가 단일 강대국의 수중에 들어갈 수 있기 때문이었다. 제1차 세계대전 이전에는 정치적 제휴가 영국의 생명선, 즉 보급로의 안전에 중대한 공헌을 했다. 지중해 서부에서 이탈리아는 프랑스를 견제하고, 지중해 동부 끝의 러시아와 오스트리아-헝가리 제국이 서로 적대한 것은 영국에 행동의 자유를 주었다.

유럽 지중해의 남부 연안은 아프리카 북해안, 팔레스타인, 시리아, 그리고 소아시아로 구성되어 있다. 아프리카 연안 지역은 해군력을 개발할 만한 전쟁 수행 잠재력이 없다. 또 이 지역은 반대편 해안에 있는 유럽 강대국들이 보유한 식민지 혹은 반식민지 영토이고, 보급로 확보 다툼을 하는 영국에게 이 지역은 유럽 국가의 군대에 제공하는 전략적 이점 측면에서만 의미를 갖는다. 만약 유럽에서 세력균형이 이루어지면, 지중해 남부 해안은 어떤 특별한 문제를 만들 수 없다. 이 경우 특별한 주의와 관심이 필요한 곳은 지중해의 세 출입구**

---

* 1701~1714년 스페인의 왕위 계승을 둘러싸고 프랑스-스페인과 영국-오스트리아-네덜란드 사이에 벌어진 국제 전쟁.

** 지브롤터 해협, 보스포루스 해협, 수에즈 운하.

근처뿐이다.

이베리아반도 남단의 탈리파와 모로코 해안 사이에 있는 좁은 지브롤터 해협의 폭은 단지 8마일이다. 강한 군사력으로 스페인 건너편 해안을 지배하면 지브롤터의 가치는 무력화되고 지중해 서쪽 출입구는 위협에 노출될 것이다. 따라서 19세기 내내 영국은 모로코의 영토적 순수성과 독립을 유지하고자 했다. 모로코가 더 이상 독립국가로 존속될 수 없었을 때 그리고 술탄의 영토에 대한 독점적 지배를 원하는 프랑스를 지지할 필요가 생겼을 때, 영국은 지브롤터에서 자신의 특권을 유지할 특별한 예방 조치를 취했다. 영국은 스페인 건너편 모로코 북해안의 좁은 지역 세우타를 당시에는 가장 덜 위험해 보이던 스페인에 귀속되도록 하면서, 그 대신에 세우타와 알헤시라스(이베리아반도 남단)를 요새화하지 않겠다는 약속을 받아냈다.

흑해 방향에서 지중해로 가는 동쪽 출입구가 걱정된 영국은 콘스탄티노플과 지브롤터 해협을 지배하고 있는 유럽의 병자 튀르키예에 대한 관심을 강화했다. 러시아의 지중해 방향 팽창에 대항해서 19세기 영국의 대외 정책은 항상 튀르키예의 영토적 순수성 보존에 주력해왔다. 1915년 러시아와의 합의에서 연합국이 제1차 세계대전에서 승리할 경우 영국이 러시아의 콘스탄티노플 점령을 인정하기로 한 것은 독일에 대항한 러시아의 전면적 도움에 대한 대가였다. 하지만 지중해 동쪽 영국 해군에게는 다행스럽게도, 볼셰비키 혁명과 튀르크 국가의 르네상스로 인해서 그 해협을 튀르크의 수중에 계속 둘 수 있었다.

"해협 문제"보다 더 중요한 것은 수에즈 운하 지배 문제다. 이것이 1882년 영국 군대에 의한 일시적인 이집트 점령이 오늘날까지 지속되는 이유이며, 제1차 세계대전에서 수에즈 운하가 동쪽으로부터의 공격에 취약하다는 것이 확인된 후 영국이 전후에 팔레스타인을 위임 통치로 지배하게 된 이유다. 모로코의 경우와 똑같이, 지중해 동부에서도 영국에게는 프랑스가 근본적인 위협이었다. 나폴레옹이 이집트 원정을 통해 대영제국의 이 전략적 중추를 통제하려 했고, 나중에 프랑스 회사가 수에즈 운하를 건설했다는 사실이 이를 분명하게 입증했다. 1904년 우호조약을 통해서 대영제국은 지브롤터와 수에즈 문제를 만족스럽게 해결할 수 있었다. 영국은 스페인령 이외의 모로코에 대한 프랑스의 지배를 인정했고, 그 대가로 프랑스는 이집트에 대한 영국의 지배를 인정했다.

해상 교통로 지배 문제는 국제관계에서 험악한 방식으로 반목과 다툼을 일으킨다. 교통로를 지배하는 힘은 다른 국가들이 그것을 이용하지 못하게 하는 힘이다. 육로의 이용 제한은 영토 주권에 근거하는 것으로 자연적이고 당연한 결과라고 받아들여지고 있다. 그러나 해상 교통로의 이용 제한은 해양 항해의 자유를 거부하는 것으로, 평화로운 무역에 장애까지는 아니라도 부적절하다고 간주되었다. 지중해와 북해와 같은 해상 교통로, 주변 해 또는 내해를 지배하는 힘은 연안 국가들이 대양으로 나가는 것을 막는 힘이 된다. 그런 상황은 강한 해안 국가들에게 용인할 수 없는 자유의 제약이고 어떤 방법을 써서라도 거부해야 한다고 느껴질 것이다. 영국은 대륙 삼각형의 두 변의 연안 지역 지배를 통해서 영토적 안보와 지중해 루트를 보호하려 하고, 대륙 강대국들은 그런 영국 해군의 포위망을 돌파하려 하는 것이 수 세기 동안 지속된 유럽 정치의 기본적인 갈등 패턴 중 하나다.

영국과 세력균형

대륙에서의 세력균형은 과거 300년 동안 영국 대외 정책의 목표였는데, 이것이 자국의 영토 안보, 상대적 해군력, 그리고 대외 정치력에 영향을 미치기 때문이다. 부상하는 대륙 세력을 억제하기 위해 형성된 동맹 대부분에서 영국은 주도적인 역할을 해왔다. 균형을 유지한다는 명분으로 유럽의 모든 국가가 다른 국가들과 싸웠다. 영국은 성공적으로 스페인, 포르투갈, 네덜란드, 프랑스, 독일의 해군을 패배시켰고, 스페인, 포르투갈, 네덜란드, 프랑스, 프로이센을 동맹으로 받아들였다. 이런 세력 정치에 몰두하면서 영국은 완충 지대가 아닌 다른 국가와 의무를 동반하는 관계를 구축하는 것을 꺼렸다. 세력균형을 유지하려는 국가에게 영원한 친구는 없다. 영국은 특정 국가에 관심 있는 것이 아니라 단지 세력균형을 추구하는 것이며, 오늘의 동맹은 내일의 적이 된다. 세력 정치의 매력 중 하나는 우호국에 대해 실망하는 일이 없다는 것이다. 영국은 '불성실한 영국perfide Albion'이라고 야유받았는데, 그것은 영국이 세력균형에만 주력해왔기 때문에 불가피한 결과였다.

유럽 대륙에 대한 영국의 정책은 고립, 동맹, 그리고 전쟁, 파트너 교체, 고립, 동맹, 그리고 다시 전쟁의 단계가 단순하게 무한 반복되는 일련의 긴 주기로 움직이는 듯하다. 만약 영국이 희망하는 것이 있다면 그것은 고립 단계에서 벗어나지 않는 것이다. 그런 행복한 상황이라면 유럽 대륙의 영구적인 다툼에서 벗어나 대영제국 자신의 문제에 몰두할 자유를 얻을 수 있다. 고립의 기쁨은 해협 건너 유럽에서 균형이 유지될 때 가능하지만 불행히도 유럽 대륙이 세력균형 상태를 지속한 적은 없다. 역동적인 힘은 항상 국가들의 상대적인 힘을 변화시키고, 얼마 안 가 영국은 대륙의 세력균형을 걱정하기 시작한다. 대륙 국가들이 영국 없이 스스로 세력균형을 이룰 수 없을 때, 영국은 어쩔 수 없이 대륙의 동맹에 참여했다. 세력 확대 중에 있는 국가는 일반적으로 영국이 부여하려는 힘의 지위를 받아들이기를 거부하고, 그래서 단순한 동맹의 결성만으로는 추가적인 팽창을 억제할 수 없다. 결국 세력균형은 전쟁에 의해서 유지되어야 한다.

영국은 전통적으로 동맹국에 대한 의무를 제한하고, 가능한 한 저렴하게 유럽 대륙에서의 전쟁을 치르려고 노력했다. 가장 이상적인 동맹은 차관, 보조금, 전쟁 물자만을 필요로 하는 동맹이었다. 바람직한 동맹은 영국 함대의 적극적인 참여만을 필요로 하는 동맹이었다. 해양 세력에게 해상 봉쇄는 일반적이면서 비용이 많이 들지 않는 전쟁이었고, 원양함대 작전은 보통 전략적 도서들이나 작지만 가치 있는 땅을 보상으로 얻을 기회를 주었다. 바람직하지 않은 동맹은 영국에 대규모 육군 지원을 요구하는 동맹이다. 어쩔 수 없이 원정군을 보내야 한다면 그 규모는 가능한 한 작아야 한다.

만약 전쟁이 성공적으로 종결되고 적을 완패시킨다면, 영국은 그들의 외교적, 경제적 지원 대상을 변경하는 경향이 있다. 이전의 동맹국이 이제는 강한 쪽이 되었기 때문에 버린다. 역으로 이전의 적은 이제 약한 쪽이 되었기 때문에 지원한다. 이렇게 해서 균형이 만족스럽게 회복되면 영국은 영광스러운 고립으로 되돌아간다. 그러나 균형이 무너지면 앞서 언급한 순환이 다시 시작된다. 이것이 지난 300년 동안 계속되어왔다.

1장에서 언급한 것처럼, 힘이 거의 같은 국가 간의 세력균형은 안정감을 주지 않는다. 안전의 여유가 없기 때문이다. 유일하게 유용한 세력균형은 관련 국가들에게 행동의 자유를 주는 것이며, 특히 영국의 경우가 그렇다. 영국은 불행하게도 거의 해결할 수 없는 딜레마에 직면해 있다. 유럽 대륙 서부 해안 너머에 있는 작은 섬인 영국은 지리적으로 유럽의 일부이고, 현재 끊임없는 공중폭격을 통해 이 사실을 어쩔 수 없이 깨닫고 있다. 그러나 영국은 유럽의 일부일 뿐만 아니라 세계적인 제국의 지위에 있다. 전통적으로 영국의 보수적인 사고와 외교 행동을 이끈 것은 유럽의 일부가 아니라 세계적 제국이라는 사실이다. 진정한 제국주의자들에게 유럽 대륙의 문제는 제국 정치의 방해물일 뿐이다. 비스와강* 문제를 이유로 콩고 문

---

* 폴란드에서 가장 긴 강.

제에 대한 주의가 분산되어서는 안 되고, 오스트리아 독립 문제가 인도 자치령 문제의 해결을 방해해서도 안 된다. 영국이 제국을 유지하려 하는 한, 영국의 세력균형 정책은 행동의 자유를 위한 힘, 즉 세력균형에 사용되지 않는 여분의 힘을 상당히 확보해야 한다. 만약 영국의 군사력이 전부 유럽 방면에 투입되면, 극동의 역사에서 보여주듯이 대영제국의 이익은 손상될 것이다. 유럽 대륙에서는 세력균형을 만들고 영국 자신은 힘을 자유롭게 행사하면서 대영제국이 만들어졌고, 그런 조건에서만 제국은 유지될 수 있다. 대륙 세력의 분열과 균형은 대영제국 존재의 전제 조건이고, 대륙 세력의 분열은 영국의 패권을 의미한다. 지배적인 역할을 원하는 국가들이 이런 세력관계를 반대하는 것은 필연적인데, 역사의 다른 시기에 스페인, 오스트리아, 프랑스, 독일이 그런 국가였다.

미국의 건국 이래, 영국은 앞서 언급한 유럽 대륙과의 세력 다툼 주기를 세 번 반복했다. 첫 번째 주기는 프랑스 세력 확대에 반대했던 시기로, 그 때문에 미국은 자유를 얻고 초기 세력 증대의 기회를 얻었다. 두 번째 주기에서 영국은 빌헬름 2세 치하 독일의 세력 확대에 직면했다. 그 결과 일어난 제1차 세계대전은 미국을 동맹국의 지위로 유럽 문제에 끌어들였다. 1919년 시작된 마지막 주기는 또다시 독일의 유럽 대륙 지배를 방지하는 것으로, 이번 상대는 히틀러 치하의 혁명적인 국가사회주의 독일이다.

19세기 후반에 독일은 일류 강대국으로 성장했다. 덴마크와의 전쟁을 통해 독일은 킬 운하 구축에 필요한 영토를 획득했다. 또 오스트리아와의 전쟁을 통해 독일 국가들 사이에서 지배적인 지위를 얻었다. 그리고 프랑스와의 전쟁을 통해서도 알자스로렌 지방의 철광상을 획득했다. 슐레스비히에 이어 사도바, 스당 전투가 이어졌고, 그 결과 유럽 대륙의 중심에서 강한 군사력을 위한 철과 석탄의 산지를 갖고 있는, 프랑스보다 더 강한 국가가 출현했다. 그러나 독일, 오스트리아, 이탈리아 사이의 삼국동맹은 프랑스와 러시아의 이국동맹에 의해 견제되었고, 영국은 영광스러운 고립을 좀더 오랫동안 꿈꿀 수 있었다.

그런데 이 꿈꾸는 듯한 환상이 19세기 후반에는 무너졌다. 프랑스 및 러시아와 관련된 어려움에 더해 극동과 아프리카 문제는 영국에 심각한 우려를 일으켰다. 프랑스와 러시아는 근대적인 함대를 건조했고, 그들 사이의 동맹은 지중해에서 영국 해군의 지위를 위협했다. 게다가 독일이 도전장을 내밀면서 독일 제국의 미래 계획과 이를 뒷받침하기 위한 해군 건설 계획을 발표했을 때 상황은 정말 심각해졌다. 영국이 이들 연합 중 어느 한쪽에 대항해 해군력을 정비한다면, 남아 있는 연합은 자유로워지고 유럽의 결정권자가 되면서 교통로가 갖고 있는 중립성을 폐기할 수 있었다. 이렇게 영국은 대륙 강대국들이 합한 것보다 더 강한 함대를 만들지, 고립을 포기하고 외교적으로 사태 해결을 추구할지 선택해야만 했다. 외교적으로는 독일 및 삼국동맹과 타협하거나, 프랑스 및 이국동맹과 합의하는 두 가지 가능성이 있었다.

영국의 첫 번째 선택은 독일에 접근하는 것이었다. 영국이 동의할 수 있는 해군력 비율을 독일이 수용하도록 하는 시도가 여러 번 있었다. 유화 정책을 지지한 조지프 체임벌린은 합리적인 군비제한안이라면 독일이 수용할 것이라고 확신했다. 독일의 식민지 요구는 일부 받아들여졌고, 포르투갈 식민지들의 미래에 대한 정교한 논의들도 있었다. 그러나 이런 시도는 모두 실패했다. 독일은 우월한 지위를 장악하려 했고, 영국은 독일의 세력 확대를 견제할 수밖에 없었다. 이에 따라 영국은 전방위적으로 동맹국을 찾아 움직였고, 처음에는 일본과 그리고 1904년에는 프랑스와 합의했다. 뒤이어 1907년에는 러시아와 합의했다. 영국은 삼국동맹에 대항하기 위해서 삼국협상에 참여하게 되었고 고립 정책은 끝이 났다.

동맹 정책의 수용이 영국에 있어서 행동의 자유를 완전히 포기하는 것은 아니다. 동맹국에 대한 무조건적인 지원을 보장하면 동맹국들이 적과 타협을 거부할 수 있기 때문에, 중재와 유화로 가는 길은 열어두어야 했다. 또 가능한 한 균형에만 몰두하는 것은 피해야 하며, 모든 희망이 사라지지 않는 한 결정권자의 역할을 포기해서도 안 된다. 이렇게 구체적인 공약은 되도록 오랫동안 피할 수 있었지만, 그사이 군비 확장은 오히려 가열되었다. 프랑스와의 합의는 동맹이 아니라 "우호조약entente"이라고 했다. 영국이 실무자 협의에 응한 것은 장기간 프랑스의 압력을 받은 이후였다. 1912년에 프랑스 함대가 지중해로 이동하고, 암묵적으로 영국 함대가 프랑스의 대서양 해안 방어 임무를 이어받았다. 이 완벽하게 이상적인 협의는 당사자들 간 행동의 자유를 보장한다는 각서 교환이 수반되어야 했다.

하지만 영국과 러시아 해군 사이에 의견 교환이 가능해지는 데까지
또 2년이 걸렸다.

제1차 세계대전

영국과 독일 간의 세력 다툼은 결국 전쟁으로 나아갔지만, 그 전
쟁은 실제로 식민지 문제나 서유럽 문제로 시작한 것이 아니다. 동
유럽 지배를 두고 벌어졌던 과거 튜턴족과 슬라브족 사이의 다툼이
새로운 단계로 발전한 것이었다. 동맹 체제 때문에 갈등은 이 지역
에만 머물지 못했고, 동유럽 지배 문제가 갖는 영향력 때문에 필연
적으로 이전에 동맹관계가 없었던 국가들까지 휘말리게 만들었다.
발칸반도의 투쟁은 유럽의 투쟁이 되었고, 결국에는 세계전쟁으로
비화돼 지구상 모든 세력관계에 영향을 미쳤다.

제1차 세계대전에서 독일과 오스트리아로부터 승리를 얻기까지
4년이 걸렸다. 영국, 프랑스, 이탈리아, 러시아 연합군이 세계 대부
분의 산업생산력을 동원해 동맹국Central Powers에 대항한 지상 작전을
4개 전선에서 전개했다. 단일 대규모 해전을 제외한 해상에서의 전
쟁은 해상 봉쇄와 대응 봉쇄로 전개되었는데, 독일은 잠수함 함대를
사용했고 연합국은 현존하는 해군력 대부분을 사용하는 동시에 독
일에 인접한 중립 국가들에게 연합국에 협력하도록 강요했다. 이런
상황 속에서 전쟁은 교착상태에 빠져 개전 3년 차에 미국이 참전할
때까지 균형이 깨지지 않았다. 결과는 연합국의 완전한 승리였지만,

전쟁 국면을 변화시킨 것은 미국의 참전이었다.

전쟁의 결과 러시아 제국은 붕괴해 공산주의 국가로 전환되었고, 오스트리아-헝가리 제국 역시 붕괴해 여러 민족국가로 해체되었으며, 오스만튀르크 제국은 아나톨리아를 기반으로 하는 민족국가로 축소되었다. 독일은 국토 면적과 인구가 줄었고, 슐레지엔와 자르 유역의 석탄지역을 포기하고, 풍부한 철광석 산지인 알자스로렌 지방을 프랑스에 되돌려주었다. 독일에 막대한 배상금을 부과하고, 해군함정과 상선을 포기하게 하며, 라인란트 지역의 비무장을 수용하게 하고, 병력을 수십만으로 줄이게 할뿐더러 연합국에 의한 일시적인 점령을 수용하도록 했다.

윌슨 대통령은 전쟁 방지를 위한 믿을 수 없는 도구인 세력균형 체제를 대신할 만한 국제기구의 창설을 평화협정 계획의 일부로 제안했다. 국제연맹은 국제사회의 구성원들을 모든 가맹국이 공격받은 국가를 집단적으로 도와주는 연합체로 통합해, 개별 국가가 자신의 군사력이나 동맹국의 군사력에 덜 의존하게 만들고자 했다. 세력균형이 아니라 압도적인 군사력으로 침략자를 대함으로써 부정한 군사력을 사용하지 못하게 하는 것이다. 그러나 미국이 국제연맹 참여를 거부했고, 참여한 다른 강대국들은 국제연맹의 정신에 맞게 자신들의 정책을 조정하지 못했다. 미국이 가입하고, 각 국가가 국제연대에 대해 더 공헌하며 국익에 관해 더 넓은 시야를 갖고 있었다면, 국제연맹은 평화를 위한 조직으로 더 큰 성공을 거두었을 것이다. 그러나 국제연맹의 절차가 세력정치적 정책으로부터 근본적으로 벗어난 것이라고 보는 이상주의자들의 생각은 잘못된 것이었다. 국제연맹은 국가들의 법적 의무를 변화시켰지만, 국제사회의 무력 구조를 근본적으로 바꾸지는 않았다. 독립된 주권국가의 손에 군대에 대한 통제권이 유지되고, 개별 국가가 집단 결정에 대한 거부권을 갖는 한, 그것을 집단 안보 체제라 부른다고 해도 여전히 세력균형 체제다.

제1차 세계대전 이후 맺어진 베르사유 조약은 독일 패배의 상징이 되었고, 따라서 그 조약으로부터의 해방이 제1차 세계대전 이후 독일 외교정책의 자연스러운 목적이 되었다. 일부는 좋은 행동으로 관용을 얻길 바라면서 조약 준수를 선호했고, 다른 이들은 전쟁에 대한 증오가 가라앉으면 조약 개정 협상을 시작하길 기대했다. 일부는 국제연맹을 변화의 도구로 활용하길 기대했고, 다른 일부는 더 현실적으로 조약을 강제로 개정하기 위해서 새로운 군사력을 구축할 방법과 수단을 연구하기 시작했다.

제1차 세계대전에서 졌기 때문에 독일의 군사 전문가들은 패배의 원인에 대해서 진지하게 연구했다. 해결해야 할 것은 전선의 교착이었다. 따라서 기관총을 무력화하는 문제, 유리한 상황을 공세로 전환하는 문제, 참호를 돌파하고 기동력을 재구축하는 신전술 고안 등의 과제에 군사과학적 사고가 동원되었다. 장기전, 소모전은 독일에게 치명적이었으니 단기전, 기동전만이 승리를 가져올 수 있을 것이었다. 전략적으로 이것은 어떤 대가를 치르더라도 양면전을 피해야 함을 의미했다. 또 경제적으로 이것은 중동부 유럽의 상당 부분을 독일 경제에 통합해 자급자족을 최대화하는 프로그램을 통해서, 그리고 전쟁 발발 이전에 경제적 대비와 동원을 철저히 해두는 것을 통해서 영국의 해상 봉쇄에 대한 취약성을 줄이는 것을 의미했다. 그 밖에 독일 선전전의 부적절성에 대해 심각한 불만을 제기하며 독일 제국이 현대 외교정책의 중요한 보조 기술인 선전전을 배워야 한다는 주장도 있었다. 정세 분석가는 영국과의 전쟁은 가능한 한 지연시키고, 영국과 프랑스의 협력을 막고, 프랑스와 러시아 사이의 오래된 이국동맹과 그 결과로 독일이 포위되는 것은 어떤 대가를 치르더라도 방지해야 한다는 계획을 제시했다.

평화는 독일의 경제성장으로 뒤집혔던 세력균형을 재구축하지 못했다. 그것은 유럽에서 프랑스가 불안정한 패권을 가진 세력 구도를 만들었다. 제1차 세계대전이 프랑스의 영토 안에서 벌어졌기 때문에, 전승국임에도 불구하고 프랑스의 파괴된 국토는 전쟁 피해의 상징으로 남았다. 따라서 평화회의에서 프랑스 대표가 보상과 영토 안전을 가장 우선시한 것은 당연한 일이었다. 그들은 라인강을 국경으로 하고, 그 서안을 프랑스 영토로 하는 방식으로 안전보장을 요구했다. 영국과 미국은 이런 요구에 반대했고, 프랑스의 요구는 미국과 영국이 프랑스와 군사동맹을 체결하는 약속으로 대체되었다. 그러나 미국의 상원은 윌슨 대통령의 공약 이행을 거부했다. 미국 상원이 베르사유 조약도, 동맹 조약도 비준해주지 않았기 때문에 영국도 협정의 세 번째 당사자의 의무에서 해방되었다. 프랑스에게 전후 시기는 세계적 두 강대국이 자국의 동맹국이 되기를 거부하고 미국이 국제연맹에 가입을 거부하는 것으로 시작되었다.

그때부터 프랑스인들은 영토 안보에 몰두했고, 영토 안보는 그들의 대외 정책의 지침이 되었다. 이런 것이 마지노선Maginot Line 건설, 국제연맹에 자동 제재 체제를 도입하려는 시도, 독일 동부 국경의 약소국들과의 조약 체결, 영국을 동유럽에 개입시키려는 부질없는 시도, 그리고 다뉴브강 유역 국가들에 대한 재정 보조금 제공을 부추겼다. 프랑스가 안전보장을 대신할 수 있는 것이 아니면 군축 토의를 거부하고, 프랑스에 유리하게 작성된 평화조약을 개정해달라는 요구를 거부하면서 그런 요구는 오직 세력균형에 미칠 수 있는 영향에 근거해서만 판단해야 한다고 주장한 것 역시 영토 안보에 대한 우려 때문이었다.

그래서 제1차 세계대전 후 유럽 대륙 세력 구조의 기본 요소는 독일의 군축, 라인란트의 비무장화, 오스트리아-헝가리 제국의 계승 국가들과 프랑스의 동맹이었다. 상대적으로 작은 국가들이 독일과의 세력균형에 무게추 역할을 할 수 있는 것은 독일이 무장해제된 경우이고, 또 프랑스가 이들 국가를 지원할 수 있는 것은 독일의 서부 국경이 요새화되지 않아 프랑스의 통행을 방해하지 않는 상황에서 가능한 것이다. 이렇게 프랑스의 패권 기반은 불안정하지만, 그 기반이 계속되는 한 프랑스의 군사적 우위는 확실했다.

영국은 프랑스보다 베르사유 조약의 진정한 수혜자가 되었다. 이른바 충족된 제국이었던 영국은 독일 식민지와 오스만 제국의 대부분을 위임통치 형태로 받아들였다. 독일 함대의 패배로 유럽 대륙에서 심각한 위협을 제거했고, 노스곶(노르웨이 북단)에서 지브롤터 해협까지, 지브롤터에서 다르다넬스 해협까지 영국 해군에 도전하는 해군은 존재하지 않게 되었다. 그러나 여론은 유럽 문제에 완전히 지쳤고, 그 전쟁이 초래한 피와 돈의 손실에 경악했다. 제1차 세계대전은 영국인에게 1세기 정도 지속된 직업군 관행에서 벗어나 징병제를 채택해서 대규모 국민군을 만들도록 했다. 평화는 영광스러운 고립으로의 복귀라는 환상, 즉 대륙의 정세에 개입하지 않고 만약 필요하다면 영국의 해군력과 소규모 원정군으로 제한된 목적의 구식 전쟁을 치를 것이라는 환상을 가져왔다.

영국은 전쟁에서 승리했고, 그래서 독일에 비해 전쟁의 교훈을 철저히 검토할 이유가 적었으며, 따라서 전통적 사고로 되돌아갈 유인이 컸다. 그 결과 지상전의 역할이 과소평가되고 해전은 과대평가되는 경향이 있었다. 신기술과 신무기가 해군의 전략과 전술에 미친 영향에 대한 논의가 있었지만, 일반적인 결론은 "제해권" 신봉에 대한 단순한 재확인이었고, 그것으로 모든 문제를 해결하고자 했다. 물론 주력함대의 우세가 가져다주는 전통적인 제해권이 승리에 큰 기여를 한 것은 사실이다. 영국의 제해권은 열세였던 독일 해군의 작전을 제한하고, 7개 바다에서 대규모 군대의 안전한 수송을 보장하며, 세계 곳곳에서 원정대를 지원했다. 또한 영국의 제해권은 독일의 수상함정 수를 줄여 대잠수함 작전의 부수적 역할만 하도록 만들었다. 그러나 영국은 완전하고 압도적인 해군 우위와 확고한 해상 지배에도 불구하고 독일이 해상 봉쇄에 대한 대항 수단으로 잠수함 작전을 발전시키는 것을 막지 못했고, 결과적으로 그 취약한 섬나라는 비참한 상황에 빠지고 말았다.

체펠린 비행선 공격과 공중 공습을 당했지만 영국은 비행기를 육군 및 해군 작전에 대한 새로운 보조 무기로 보면서 전술에서의 변화는 미미할 것이라고 생각했다. 이차원 전쟁의 시대는 끝났고, 영국의 지리적 위치가 갖는 전략적 의미가 크게 약화되고 있다는 것을 영국은 인지하지 못했다. 영국의 대외 정책은 완충국에의 관여, 세력균형, 그리고 고립주의라는 이전 시대 유형으로 되돌아갔다.

영국 해협은 방어적인 가치를 대부분 잃었고, 작은 완충국들은 야간 폭격을 막는 데 어떠한 역할도 하지 못했다는 것을 거의 깨닫지 못했다. 그래서 저지대 국가들*이 전략적으로 중요한 해안을 보유한 약하고 해롭지 않은 국가로서 다시 완충 기능을 재개할 것이라고 기대할 뿐이었다. 영국은 프랑스에 대해서도 비슷한 기능을 요구하고 싶었던 듯하지만, 전후 초기 프랑스는 영국의 완충국이라는 우아하고 겸손한 역할에 만족하기에는 너무 강했다. 그러나 20년 후 제2차 세계대전이 발발했을 때 "위대한 국가" 프랑스가 유일하게 할 수 있는 역할은 영국의 완충국이었음에도 불구하고, 영토 방위에 지나치게 집착했던 프랑스는 결국 그 기능조차 하지 못했다.

전간기 초기 프랑스의 지위가 강했기 때문에 영국 입장에서는 파트너를 변경하고 패전국들과 화해 정책을 추구하는 것이 불가피했

---

* 벨기에, 네덜란드, 룩셈부르크를 말한다.

다. 유럽 대륙은 영국 수출의 가장 중요한 시장이었고, 이에 따라 자연적으로 배상 문제의 조기 해결과 미래 고객들의 빠른 경제적 회복에 관심을 가졌다. 영국은 미국 상원이 윌슨 대통령의 보장 조약 비준을 거부하자 영국도 미국과 유사한 의무에서 벗어날 수 있어 기뻐했을 뿐만 아니라, 독일과 이탈리아의 수정주의적 요구에 외교 지원을 증대시켰다. 영국은 완전히 우세한 해군력에 영토 안보를 맡기고 있었던 터라 독일이 요구하는 지상 병력의 균형을 수용하도록 프랑스를 설득했다. 그러나 영국은 프랑스 동부 국경의 안전보장에 도움을 줄 생각이 없었다. 로카르노 조약*에 독일이 프랑스를 침략할 경우 지원한다는 내용을 포함시켜, 프랑스에 대한 영국의 공약에 한계를 설정했다. 물론 독일이 네덜란드와 벨기에를 침략한다면 조약의 의무가 없더라도 영국은 분명히 그들을 도울 것이다. 그러나 유럽 대륙 삼각형의 서부 해안 중심에 있는 연안 국가들에 대한 이런 단순한 완충국 정책을 제외하면, 영국은 기본적으로는 고립 정책과 대륙 문제에 대해 비관여 정책을 유지했다. 영국에게 국제연맹은 단순히 개선된 형태의 자문 협정에 불과했다. 그래서 어떤 사건이 무력 침략인지 아닌지를 판단하고, 그것에 대해서 어떤 조치를 취할지를 결정하는 국가의 자유를 국제연맹이 결코 제약하지 않는다고 보았다.

---

* 중부 유럽의 안전보장을 위해 유럽 국가들이 1925년 10월 16일 스위스 로카르노에서 발의해 12월 1일 런던에서 체결한 국지적 안전보장 조약.

이전의 동맹과 이전의 적 사이에서 이전의 적에게 약간 편파적인 중립 정책을 유지하는 것에 영국은 감정적으로 만족했다. 이것은 정의감, 패배한 적에 대한 관대함, 과거는 잊어야 한다는 원칙 등 영국인의 기질 중 가장 좋은 것에 부합했다. 게다가 이전의 적에게 약간 편파적인 이런 중립 정책은 베르사유 조약에 대한 영국민의 죄의식을 누그러뜨려주었다.

제2차 세계대전

독일이 베르사유 조약을 파기하고, 새로운 신념과 지도자들을 따르기 시작하면서, 영국인은 삶의 지침이 되는 정치사상을 원하는 독일인을 재미있어하면서 관용을 보였다. 히틀러가 처음에 국민에게 외친 것은 볼셰비키와 유대인에게서 벗어난 세계를 만들자는 호소였다. 따라서 영국에게 독일의 국력 회복과 부상은 우려할 사항이 아니었다. 그러나 국가사회주의자들이 1933년 정권을 잡았을 때 그들은 평화조약의 전면 개정과 제3제국의 새로운 영토 획득을 약속했다. 특히 무력에 호소하는 정치사상이 유럽 대륙을 지배할 계획을 세우고 힘을 지향하는 가치관이 재군비를 향한 열정이 되었을 때, 독일의 야망은 명확해졌다. 당연히 영국도 이런 계획이 초래한 영향에서 벗어날 수 없었다. 이에 따라 영국인은 다시 고립의 꿈에서 깨어나야 했다.

이 문제에 대한 첫 번째 대책은 여태껏처럼 협상과 유화 정책이었다. 이런 정책을 택한 것은 베르사유 평화조약에 대해 영국이 안고 있던 오랜 죄책감, 양 당사국 모두에 유리한 거래가 가능하다는 믿음, 독일과 러시아의 충돌에 대한 기대, 그리고 두려움과 부족한 군비 태세가 관계되어 있었을 것이다. 이번 결정에도 합리적인 타협의 여지가 있다고 확신한 체임벌린이 있었다. 아버지 조지프 체임벌린은 제1차 세계대전 이전에 식민지 보유에 대한 독일의 정당한 권리라는 생각을 받아들이고자 했고, 아들인 네빌 체임벌린은 중앙 유럽을 지배할 독일의 합당한 권리를 받아들이고자 했지만, 이런 유화적인 대응이 영구적인 합의를 이끌어내지는 못했다. 이번에도 해군 전력 비율을 제한하려는 시도가 있었다. 영국은 독일이 동의했을 때 좋아했지만, 괴링은 이미 영국을 폭격할 항공대를 만들기 시작했다.

1936년 3월 독일은 전간기 유럽의 법적, 정치적 구조 틀을 파괴했다. 전년도에 자르 분지를 반환받아서 라인강 서부 영토의 위험한 돌출부 문제를 해결한 독일은, 이후 재무장을 급속히 추진했다. 그 후의 라인란트 점령과 해당 지역의 재무장은 전환점이 되었다. 프랑스는 공군력을 만들지 않았고, 따라서 독일-프랑스 국경을 따라 건설된 지크프리트 선*은 프랑스 군사력을 서유럽에 가두어서 동쪽으로의 진출을 막았고, 다뉴브강 유역 동맹국들에 프랑스가 효과적으로 지원할 수 있는 모든 기회를 박탈했다. 독일은 중부 유럽에서 이데올로기, 사회, 경제, 정치 모든 분야에서 싸우면서 세력 확대를 시

---

* 제2차 세계대전 직전에 히틀러가 프랑스와의 국경에 구축한 요새선.

작하고, 모든 승리를 군사 점령으로 마무리했다. 각 조치는 병력 이동을 동반하는 심리전 공격과 명확한 전략 패턴에 따른 군사작전으로 시작되었다. 그 결과는 적 중앙에 대한 압박, 이중 포위망 구축, 그리고 대규모 공격부대에 의한 측면 공격 위협으로 이어졌다. 오스트리아를 병합하면서(1938) 빈에서 슐레지엔까지 체코슬로바키아 주위에 포위망을 구축했고, 체코슬로바키아를 점령하면서(1939) 헝가리 대부분과 동프로이센에서 카르파티아산맥(동유럽의 산맥) 고개까지의 폴란드를 포위했다. 독일 육군은 소마자르국(헝가리)을 강제로 협력하게 만들어 폴란드를 포위할 뿐 아니라 루마니아 국경의 측면에 접하게 되었다.

독일이 유럽 정치구조의 기반을 파괴했을 때 방해는 없었다. 독일의 재무장, 라인란트 점령, 서부 국경의 요새화, 그리고 중부 유럽의 대독일 편입은 말로만 항의를 받다가 결국 허용되었다. 분명히 새롭게 나타난 적의 성격을 오해했고, 새로운 혁신적 기술로 해묵은 세력 투쟁을 수행하면서도 새로운 기술의 함의를 이해하지 못했다. 파시스트 세력은 민주주의 국가 내부에서 중요한 정치 집단과 협력 체제를 만들었고, 그들의 사회적, 이데올로기적 공격은 무차별적이었다. 군사행동은 전쟁의 시작이 아니라 전쟁의 끝이고, 각국이 무방비였던 군사 이외의 분야에서 파시스트가 이미 절반은 승리했다는 것을 뒤늦게 깨달았다. 대응 조치가 있었으나 너무 늦었다. 독일 제국이 오스트리아, 체코-슬로바키아 그리고 메멜(현재 리투아니아의 도시 크라이페다)의 병합에 성공하고 발칸지역으로 경제적 침투를 확대하자, 결국 영국은 동유럽 정책을 뒤집었다. 전간기 20년 동안 영국은 힘을 행사할 수 있었지만 라인강 동쪽의 사건에 국제연맹이 개입하는 것을 단호하게 거부해왔다. 그런데 중유럽의 소국에 대한 접근과 지원이 불가능해지자 이제 와서 영국은 갑자기 폴란드와 루마니아에 전시 군사적 지원을 약속했다.

영국의 동유럽 정책의 전환은 외교사에서 가장 이상한 결정이었고, 감정이 폭발한 여론에 대한 대응이라고밖에는 설명할 수 없었다. 독일의 폴란드 회랑에 대한 할양 요구는 지금까지 독일이 병합한 다른 영토 요구에 비하면 나은 것이었다. 폴란드와 루마니아 정부는 흥미로운 형태를 하고 있었지만, 민주주의라고 하기엔 그 의미를 아무리 유연하게 적용하더라도 지나친 감이 있었다. 오히려 서유럽의 주요 세력들은 독일의 영토 확장이 동쪽이라는 것에 안도하고 있었다. 그렇다면 왜 영국은 이런 바람직한 방향의 움직임을 중지시키려고 했을까? 만약 이 결정이 합리적이라면 세력균형이 깨질 우려가 근저에 있거나, 그 이상의 영토 정복은 독일을 너무 강하게 만들 것이라는 두려움에 기반했을 것이다. 그러나 세력 정치의 시각에서, 영국의 폴란드와 루마니아에 대한 군사 지원 보장은 치명적으로 잘못된 결정이었다. 독일이 동쪽으로 확장해서 이 두 국가를 병합하면 곡창지대와 유전이 있는 갈리시아(우크라이나 남서부에서 폴란드 남부 지역)와 카르파티아산맥 기슭을 손에 넣고 강해졌을 것이다. 하지만 주로 러시아와 비교해서 강화된다는 것이지 서유럽과 비교한다면 그리 대단한 것은 아니었다.

그러나 독일의 세력이 상당히 증대되어 경제 봉쇄에 대한 독일의 대항력이 크게 향상된다고 해도, 영국의 폴란드와 루마니아에 대한 지원 보장은 현명한 정책이 아니었다. 독일이 재무장할 때까지 폴란드와 루마니아는 프랑스의 동부 동맹국이 될 수 있었다. 그들이 체코-슬로바키아와 힘을 합쳤다면 상당한 군사력을 발휘했을 것이다. 그러나 독일이 경제적 잠재력을 바탕으로 최신화된 군사력을 갖추었을 때, 폴란드와 루마니아의 지위는 자동적으로 바뀌었다. 이 두 국가는 동유럽에 갇힌 완충국이 되었다. 그리고 이 완충국의 운명은 자국에 도달할 수 없는 먼 국가가 아니라, 바로 이웃한 국가들에 달려 있었다. 영국이 그들의 존재를 보장한 것은 고결한 결정이지 현명한 결정은 아니었다. 서유럽의 시각에서, 독일과 러시아가 국경을 맞대는 것이 양국 사이에 완충국을 두는 것보다 유리했다. 이후 사건들이 입증해주듯이, 독일이 우크라이나를 직접 위협하는 위치에 있는 경우에만 러시아를 서유럽의 동맹으로 얻을 가능성이 있었다.

동유럽의 완충 국가들을 운명에 맡기는 게 현명했을 것이다. 그러나 일단 독일의 추가 확장에 대항해 싸우기로 결정했기 때문에 사전에 러시아의 협력을 얻어야 했다. 오직 러시아만이 동유럽을 효과적으로 지킬 수 있는 전략적 위치에 있었고, 독일의 공격에 대항할 수 있는 공군력과 기계화 부대를 갖고 있었다. 프랑스와 영국의 자유주의 정치인들은 러시아와의 동맹 필요성을 강조했지만 양국의 보수주의자들은 반대했고, 폴란드 정부도 반대 의견에 공감했다. 협박받는 완충 국가의 요청에 의해 러시아군이 배치되면 폴란드와 루마니아의 지휘하에 두고 싸우게 하려는 시도가 있었지만, 이에 대해서는 러시아가 거부했다.

대신에 러시아는 강대국들이 네덜란드, 벨기에, 스위스, 발트 삼국, 폴란드, 루마니아와 같은 동서부 완충국에 대한 지원을 보장하는 조약을 요구했다. 이 제안은 프랑스와 영국에 의해 거부되었고, 폴란드 및 루마니아와 완전한 동맹을 체결하라는 러시아의 요구도 마찬가지로 거부되었다. 1939년 6월에 서구 강대국들은 상황의 심각성을 충분히 깨닫고 동일한 조건으로 동맹 협상을 하는 것에는 동의했지만, 추가적인 군사 조약에는 소극적이었다. 늦여름 무렵 베르사유 조약에 대한 마지막 양심의 가책이 해소되었지만, 때는 너무 늦었다. 8월 24일에 독일과 러시아의 불가침조약 체결이 발표되었다. 히틀러는 참모본부의 요구를 받아들여 서부전선으로 향했고, 이에 동부전선은 사라졌다. 러시아와 협력관계를 구축하지 못한 대가가 독소불가침조약으로 나타났고, 독일은 행동의 자유를 얻고 포위될 우려 없이 유럽 전쟁을 할 수 있게 되었다.

러시아와 서구 강대국들이 동맹을 맺지 못한 이유는 부분적으로 상호 불신 때문이고, 지정학적 상황도 관계가 있다. 독일이 혁명을 시작하기 오래전부터 러시아는 민주주의 국가들의 사회, 정치제도 파괴를 조직적으로 시도했다. 특히 이 시기에는 러시아의 동기에 대한 뿌리 깊은 의심이 존재하고 있었다. 서구 강대국들보다 더 오랫동안 러시아와 밀접하게 접촉해온 폴란드는 러시아를 더욱 불신하고 있었고, 자국의 자유에 더 위험한 쪽이 적인 독일인지 우방인 러시아인지 확신하지 못했다. 히틀러가 독일의 군사력으로 볼셰비키 정부를 파괴할 것이라고 했을 때, 영국의 보수층은 공공연히 이에 만족하는 모습이었다. 그래서 영국 정부가 러시아와 동맹에 대한 논의를 시작하려고 할 때, 모스크바도 영국의 동기를 매우 미심쩍어했다. 이런 상호 불신과 아직 완충국이 남아 있었다는 사실, 그리고 독일은 민주주의 국가들이 할 수 없는 제안을 러시아에 할 수 있다는 사실이 결합되어 서구 강대국들과 러시아의 협상은 실패했다.

서구 강대국들은 준비 없이 동부전선에 대한 전쟁 결정을 했을 뿐 아니라, 유럽 대륙 삼각형의 두 해안 지역의 정치적, 전략적 위치에 대한 고려도 하지 않았다. 영국과 프랑스의 조치는 이탈리아가 에티오피아를 정복하는 것을 막기에는 너무 약했지만, 이탈리아가 반발해 독일과 동맹을 맺게 하기에는 충분히 강했다. 스페인 공화국을 구하지 못한 것도 마찬가지로 심각했다. 독일과 이탈리아의 지원을 받아 승리를 거둔 파시스트 스페인은 유럽 대륙 삼각형의 해안선에서 가장 중요한 전략 지점을 장악했다. 스페인 본토는 지중해 입구에 있는 영국 해군기지를 둘러싸고, 스페인령 모로코는 지브롤터 해협 건너 이베리아반도를 마주보고 있었으며, 서아프리카 스페인령은 남대서양 항로의 측면에 있었다.

전쟁을 위한 군사적 준비는 외교만큼이나 부적절했다. 독일 재무장은 비밀도 아니었는데, 그에 대한 대책을 취하지 않았다. 연합국들이 마침내 전쟁 준비를 본격화했을 때도 전통적인 방식을 따랐을 뿐 경제활동에 대한 제재는 없었다. 영국은 전함을 건조하고 프랑스는 요새를 건설했다. 처칠은 영국민에게 공중전의 위험을 경고해왔지만, 해군이 오랫동안 갖고 있던 2국 표준 원칙과 같은 기준을 공군에도 적용해야 한다는 적극적인 요구는 어디에서도 제기되지 않았다. 국제연맹의 집단 안보 체제는 전혀 발전하지 않고 있었지만, 군비 확충을 통한 각국의 개별 안보 체제는 등한시되었다.

영국은 전통적인 세력균형 정책을 추구했지만, 상인 국가로서 가져왔던 섬세한 상황 판단 능력은 마비되었다. 최종적으로 전쟁이 시작되었을 때 영국은 러시아의 지지를 얻지 못했고, 유럽 대륙의 동맹국들은 세력균형에 도움을 주지 못했다. 폴란드, 루마니아, 심지어 프랑스도 독일군의 공격에 대항할 수 없었다. 사반세기 전 독일 제2제국의 군사력을 견제할 수 없었던 것과 마찬가지로 유럽은 독일 제3제국과의 세력균형에 실패했다.

1939년 9월에 제2차 세계대전이 시작되었다. 프랑스 군대의 패배가 의심의 여지 없이 분명해진 1940년 6월 10일, 무솔리니는 추축국 동맹에 가담했다. 폴란드와 서부 유럽 전쟁에서 독일은 비무장이 강제된 시기에 군사 기술을 전혀 잃지 않았다는 것을 보여주었다. 오직 독일 홀로 제1차 세계대전의 교훈에 근거해 새로운 군대를 구축했다. 오직 독일만이 전차와 항공기 기술 혁신을 전략 및 전술로 발전시켰다. 독일만이 기계화 부대와 삼차원 전쟁 수행의 가능성을 이해했다. 유럽에는 독일군에 대항할 수 있는 군대가 존재하지 않았다. 폴란드는 유린되었고, 스칸디나비아는 점령되었고, 저지대 국가들은 탈취되었고, 프랑스는 타도되었고, 발칸 국가들은 병합되었다. 완충국들은 흡수되었고, 영국은 노르웨이, 벨기에, 프랑스, 그리고 그리스에서 철수할 수밖에 없었다. 러시아 서쪽의 유럽 대륙 대부분이 독일의 지배하에 들어갔다. 유럽에서 영국의 동맹국 전체가 패배했고, 대륙에서 전쟁을 시작할 만한 교두보도 사라졌으며, 독일과 싸울 지상군도 소멸했다.

추축국이 유럽 대륙의 삼각형을 지배한다는 것은 노스곶에서부터 지브롤터, 그리고 지브롤터에서 다르다넬스에 해당되는 두 면을 군사행동에 사용할 수 있다는 의미다. 노르웨이에서 스페인에 이르는 서해안은 영국에 대한 잠수함과 항공 공격 작전의 기지가 되었고, 영국 본토 침략의 출발점이 될 가능성이 있다. 남쪽 해안은 지중해 항로, 이집트와 근동에 대한 공격 거점이 되었다. 전쟁은 해외로부터 물자 공급을 받는 작은 근해 섬인 영국과 유럽 대륙 대부분을 장악한 독일 사이의 투쟁이 되었다. 영국의 공격 수단은 해상 봉쇄와 독일의 산업지대에 대한 공중 폭격이었다. 수상함의 우위는 영국의 경제 전쟁 수행에 도움을 주었고, 먼 전선에 대한 원정을 용이하게 했으며, 이탈리아 해군을 무력화했다. 해군 항공대는 독일 공습기와 이탈리아의 함대에 큰 승리를 거뒀지만, 소형 초계함의 부족으로 영국은 물자 공급로를 제대로 방어하지 못했다. 독일은 영국의 해상 봉쇄에 대항해서, 수적 우위에 있는 잠수함과 비행기로 구사하는 삼차원적 현대전으로 싸웠다. 그러나 영국과 독일 모두 직접 침공을 감행하지 않은 것은 상륙 지점에서 제해권과 제공권을 확보하지 못했기 때문이다.

독일은 유럽 대륙에서 승리했지만 현명하게도 프랑스 전역을 점령하지 않고 비시에 괴뢰정권을 세웠다. 이로써 프랑스 식민지들이 영국 쪽으로 넘어가는 것을 막아 많은 식민지를 독일의 지배하에 둘 수 있었다. 프랑스뿐 아니라 스페인과 포르투갈도 점령하지 않고 준독립국으로 두는 방법으로, 독일은 아프리카에 있는 이 국가들의 영토가 영국으로 넘어가는 것을 막고 군사작전을 위한 기지로 사용될 때까지 유지할 수 있었다. 이런 방식에는 전 세계에서 종속국의 외교 영사 업무를 제5열 활동의 보조 채널로 이용할 수 있다는 추가적인 이점이 있었다.

전쟁이 발발하고 거의 2년이 지난 1941년 6월, 독일은 동부 침략을 재개하고 러시아를 공격했다. 이것은 해양 세력과의 정면충돌을 회피하면서 육군과 공군력으로 전쟁을 치르려는 원래의 전쟁 계획으로 회귀한 것이다. 그러나 이번에 독일은 유럽에서 유일하게 현대전에 필요한 공군력과 기계화 부대를 갖추고, 전격전이 가능하도록 훈련된 군대로 전투에 돌입했다. 만약 이 작전이 성공한다면 결국 해상 봉쇄에 대한 독일의 취약성은 줄어들 것이었다. 만약 독일이 러시아 서부를 정복하고 러시아 정부를 우랄산맥 너머로 밀어낸다면, 대부분 자급자족이 가능한 광역경제권Grossraumwirtschaft을 만들기 위한 지리적 기반을 획득했을 것이다. 우크라이나는 유럽에서 유일하게 수출 가능한 잉여 곡물을 생산하는 광대한 토지를 보유하고 있는데, 기술과 농업을 개선한다면 19세기처럼 우크라이나는 다시 서유럽에 중요한 밀 공급원이 될 수 있었다. 서러시아와 우랄산맥이 독일의 손에 들어가면, 석탄·철·망간·니켈 그리고 구리 광산이 독일의 경제권에 들어가고, 특히 독일은 캅카스 지역의 거대한 석유 유정에도 접근할 수 있게 되는 것이다. 다만 유럽 러시아의 정복에서 얻는 경제적 잠재력이 실질적 생산력으로 전환되고, 유럽 대륙의 경제활동에 완전히 통합되는 데는 몇 년이 걸릴 것이다. 또 관련된 수송 문제를 해결하기 위해서는 발트해 해로 통제뿐 아니라, 흑해에서 다르다넬스 해협을 통해 에게해에 이르는 해로의 통제권이 필요하다. 따라서 이를 위해 독일은 볼가강에서의 승리의 열매를 누리기 전에 지중해에서 영국 해군을 격퇴할 필요가 있었다.

만약 러시아와의 전쟁에서 승리했다면, 독일은 전쟁 수행 잠재력뿐만 아니라 세력 구도에서 독일의 지위도 향상시켰을 것이다. 러시아군은 유럽에서 유일하게 패배하지 않은 군대였고, 러시아군만이 독일의 대륙 지배에 도전할 수 있는 유일한 군대였다. 이런 군대가 동부전선에 존재한다는 것은 독일에게는 처리해야 할 위협이었고, 러시아를 타도하지 않는 한 히틀러는 유럽 전체의 지배자가 될 수 없었다. 히틀러의 말에 의하면, 대규모 러시아 공군의 존재로 독일 공군의 상당 부분을 동부에 유지해야 하기 때문에 영국에 대해 전력을 다할 수 없었다.

만약 전쟁의 결과 러시아군이 붕괴한다면, 독일이 영국에 대해서 승리할 가능성도 틀림없이 커진다. 그러나 러시아와의 전쟁은 독일이 항상 두려워한 정치적 포위망을 만들었고, 독일의 참모본부가 절대 피해야 한다고 주장한 양면 전쟁에 빠지게 만들었다. 그 결과로 우선 1939년 8월에는 불가능했던 영국-러시아 동맹이 체결되었다. 그리고 적어도 상당한 시간 동안 서유럽에서 독일의 지상 전력이 약화되었다. 벨기에와 프랑스에서 더 이상 지상전은 없었지만 독일은 양쪽 전선에서 공중전을 수행해야 했고, 그 결과 영국의 봉쇄에 대한 대응 봉쇄 전력이 상당히 약해지고 독일의 공업 중심 지대에 대한 영국의 폭격은 눈에 띄게 증가했다.

독일 반구를 위한 구상

제3제국의 영역이 어디까지 확대되고 그 힘이 어떻게 사용될 것인지는 비밀도 신비도 아니었다. 모두가 읽을 수 있는 독일 지정학에 관한 문헌이 널리 출판되어 있다. 여기에 나타난 계획은 미국이 신세계에서 차지하는 지위를 독일이 구세계의 서쪽 절반에서 획득하는 것이다. 그것은 유럽 대륙의 획득과, 유럽과 아프리카 사이에 있는 지중해의 지배, 그리고 남쪽 대륙, 즉 아프리카에서의 패권 확보였다. 아프리카 대륙은 식민지 세계이고 이 지역에서의 패권은 식민지 획득을 의미하므로 많은 독일인에게는 패권과 식민지 획득 사이에 큰 차이가 없었다. 북해에서 우랄산맥에 이르는 유럽 대륙은 거대한 "생활권"의 경제적 심장부이자 대륙 간 세력 투쟁을 위한 전쟁 수행 잠재력의 토대로 조직화될 것이다. 인도양으로 가는 해로를 통제하고, 유럽의 산업생활에 꼭 필요한 원유를 가진 근동은 베를린의 통제를 받는 반독립 국가의 형태로 경제적, 정치적으로 통합될 것이다.

아프리카는 독일의 관리 및 대규모 계획을 통해 유럽을 위한 열대 플랜테이션과 전략 자원의 공급원이 될 것이다. 아프리카 원주민은 비효율적인 토착 경제에서 벗어나, 나치 국가사회주의 착취 체제를 위한 값싸고 예속적인 노동력으로 공급될 것이다. 지금까지 미국의 보호를 받고 있는 라이베리아가 그 계획에서 벗어나 있다는 징후는 없다. 아프리카 내륙의 조직화와 관리 강화가 이뤄지면, 대서양을 사이에 두고 브라질의 돌출부와 마주보고 있는 아프리카 지역은 항공 교통의 중요한 교차점이자 남아메리카 해로의 종점이 될 것이다. 늘어난 고속 항공 수송은 유라프리카 지역이 자급자족할 때까지 베를린과 남아메리카 온대 지역 사이를 오갈 것이고, 남아메리카의 온대 지역은 유럽인들의 식량과 천연자원의 공급원이자 유럽 상품의 시장 역할을 할 것이다. 독일의 프로그램은 확고하고 명료하다. 그것은 유럽 대륙과 아프리카 대륙, 그리고 그 사이에 있는 지중해를 포함하는 거대한 "생활권", 즉 노스곶에서 희망봉에 이르는 제국을 구상하고 있다.

1941년 가을, 유럽에서 독일 제국 건설의 꿈에 장애가 되는 것은 러시아와 영국이었다. 2000마일 국경에 걸쳐 있는 스탈린의 군대는 히틀러의 강력한 기계화 부대의 공격에도 반복적으로 저항했다. 독일군은 아직 해협을 건너지 못했다. 영국 공군은 계속 본섬을 방어했다. 끊임없는 폭격에도 영국인들의 사기는 떨어지지 않았다. 영국의 저항은 계속되었고 그래서 영국은 반드시 파괴되어야 했다. 지리적 위치와 해군력 그리고 유럽 대륙의 세력균형 덕분에, 이 작은 섬이 유럽 각 국가의 해양 진출을 지배하고 유럽 대륙에서 일어난 문제의 중재자가 되었다. 독일은 이런 상황을 뒤엎으려고 하는 가장 최근의 대륙 국가다. 유럽에서 가장 크고 가장 인구가 많으며 산업이 가장 발전한 그 국가는 이류 국가의 역할을 거부하고 있다. 영국 해군이 구축한 포위망을 돌파하려는 독일의 첫 시도는 25년 전에 큰 희생만 치르고 실패했다. 이번에 독일은 삼차원 무기인 공군력으로 승리할 수 있을 것이라 생각하고 있다. 독일 입장에서 영국 해군이 보유하고 있는 유럽 연해의 제해권은 타파되어야 하며, 유럽 대륙의 세력균형은 영원히 파괴되어야 한다. 만약 독일이 영국에 대해 승리하면 독일에 의한 유럽의 지배는 확실시되고, 해양 진출과 세계 패권도 시야에 들어오게 된다. 미국 입장에서 보면 지구의 절반을 행정 단위로 하는 적이 동쪽에 나타나는 것이다.

유럽의 세력균형과 미국

유럽에서의 세력균형이 서반구에 있는 미국에 주는 영향은 앞 장에서 살펴보았다. 또 이 장에서는 유럽 대륙에서 세력 정치의 실상을 보여주었다. 영국은 세력균형에 관심을 갖고 이 목적을 적극적으로 추구했다. 미국이 유럽의 정치 문제에 무관심할 수 있었던 것은 바로 그런 시기였다. 유럽 대륙의 세력이 균형을 유지할 때 영국이 고립주의를 누릴 수 있었던 것처럼, 영국을 포함한 유럽 전체의 세력균형이 유지될 때 미국의 고립주의가 가능하다. 영국 외교정책의 완전한 성공 또는 완전한 실패는 단일 대국에 의한 지배로 세력균형이 소멸하는 사태를 의미하고, 이것은 미국의 개입이 정당화될 정도로 위험한 상황이라는 뜻이다.

영국의 정책이 성공해서 섬 국가의 안전이 확보될 때, 영국 해군은 언제든 유럽 대륙 밖에서 작전할 수 있었다. 대영제국이 확장한 것은 이런 시기이고, 이 시기 라틴아메리카에서 영국의 활동은 미국의 정책과 갈등을 일으켰다. 유럽 대륙 국가들의 라틴아메리카 진출을 견제한 것은 영국의 해군력이고, 이로써 남아메리카에서 스페인 식민지 제국의 재건설이 저지되면서 먼로독트린이 처음으로 현실화되었다. 그러나 아메리카 지중해와 태평양으로의 통로에 대한 미국의 배타적 지배 열망에 대해서 50년 동안 이의를 제기해온 것 역시 유럽 대륙 국가의 해군이 대항할 수 없었던 영국 해군이었다. 미국-스페인 전쟁에서 미국이 승리하고 유럽 해역에서 독일 해군이 부상하자 점차 영국은 아메리카 지역에서 미국의 우위를 인정하게 되었다.

영국 외교정책의 완전한 성공이 미국에게 불편하다면, 완전한 실패도 매우 위험한 것이다. 미국과 유럽 대륙 사이의 완충국으로서 영국이 기능하지 않는다면 미국에게는 불행한 결과가 나타날 것이다. 영국을 포함한 유럽 전체가 단일한 정치 단위로 통합되면 전체 경제력을 해군력 구축에 투입할 수 있어서 미국의 상대적 힘은 심각하게 침해될 것이다.

따라서 전체 유럽과의 관계에서 미국의 입장은 유럽 대륙과의 관계에서 영국의 입장과 동일하다. 미국과 유럽 전체, 영국과 유럽 대륙과의 관계를 비교할 때 균형과 대립의 규모 및 거리는 다르지만 구도는 같다. 영국은 유럽 대륙의 세력균형에 관심이 있고, 똑같이 미국도 유럽 전체의 세력균형에 관심이 있다. 따라서 미국과 영국이 비슷한 정책을 추구하고 고립주의와 동맹, 그리고 전쟁이라는 동일한 악순환에 빠지는 것은 놀라운 일이 아니다. 미국은 영국과 마찬가지로 가능한 한 최소한의 희생으로 목적을 성취하기를 선호한다. 차관이나 보조금, 물질적 지원으로 충분하다면 가장 좋을 것이다. 이에 비해 해군력의 제공은 훨씬 덜 바람직하지만 해양 세력에게는 적합한 역할이라 할 수 있다. 그러나 북아메리카 대륙은 멀리 떨어져 있기 때문에 원정군을 보내는 것은 가능한 한 피해야 한다고 생각해왔다.

1914년 제1차 세계대전이 발발했을 때, 미국은 유럽 정세로부터 거리를 두고 영광스러운 고립 정책을 유지했다. 그 전쟁은 단순히 유럽의 문제인 것이 분명했고, 서반구의 평화적인 성격을 구세계의 호전적인 정신과 비교하면서 미국은 자기 정당화에 빠져 있었다. 미국은 전쟁 발발 후 즉각적이고 분명하게 중립을 표명했다. 그러나 전쟁이 진행되면서 연합국의 승리가 점차 불확실해지고 유럽에서의 세력균형이 파괴되려고 할 때, 어떤 상황에서도 미국이 중립을 유지할 수 있을지에 대한 심각한 우려가 일어났다. 정부 관료들은 독일의 승리가 미국에 해롭고 세력 다툼에서 미국의 입장이 눈에 띄게 악화될 것이라고 우려하기 시작했다.

고립주의 대 개입주의라고 하는 오래된 문제가 눈앞에 있었고, 전쟁 관련 정책의 공과에 대한 논쟁이 전쟁 동안 계속되었다. 미국 정부는 영국과 프랑스에 대한 원조를 점차 늘리는 방향으로 국가 여론을 적극적으로 이끌어갔다. 중립에서 동정적 중립 그리고 경제적 지원으로 바뀌다가 결국에는 전쟁에 참여하게 되었다. 미국이 공식적으로 연합국에 참여한 1917년 이후, 첫 단계의 기여는 전쟁 물자 구매를 위한 엄청난 차관 공여였다. 그런 다음 적국 및 중립 상선을 인수하고 적극적인 해군 협력을 시작했다. 미국 내에서 군사적 지원이 소규모 원정군 파견으로 제한될 것이라는 기대도 있었지만 현실은 달랐다. 전쟁이 종식되었을 때 200만 명의 미군이 프랑스에 있었다.

다른 모든 평화조약과 같이 베르사유 평화조약에는 종전 시의 세력관계가 반영되었다. 이 조약에도 독일과 세계 연합 간의 세력관계를 반영했지만, 연합국에 승리를 가져다준 미국은 평화를 유지하기 위해 주둔하는 것을 거부했다. 미국은 국제연맹 참여를 거부하고 영광스러운 고립으로 철수했다. 유럽의 세력균형은 다시 유럽의 군사력만으로 구현되었고, 이것은 평화조약을 받쳐주는 세력 기반의 약화를 의미했다.

제1차 세계대전 이후 몇 년 동안 유럽의 구연합국들은 딜레마에 직면했다. 독일이 요구하는 평화조약 수정을 받아들여야만 하는가, 그렇지 않으면 조약 이행을 요구해야 하는가였다. 후자라면 미국의 철수를 대신해서 조약 이행에 필요한 권위체를 설립해야만 했다. 그러나 영국과 프랑스가 좀처럼 공동의 행동 방침에 동의하지 않았기 때문에 어떤 실질적인 정책도 채택되지 않았다. 영국은 평화조약의 개정을 선호했지만, 프랑스는 평화조약 이행을 선호했다. 그 결과 일부 개정 요구는 받아들여졌고, 일부는 단지 기정사실이라는 이유로 받아들여졌다. 다른 수정 요구는 거부되었지만 그 거부를 유지할 수 있는 권위체를 만들진 못했다. 이전 연합국들의 행동은 유화정책과 집단안전보장이 혼재돼 있어 작동할 수 없는 것이었다. 유화정책과 집단 안보 모두 힘의 정치라는 현실을 인지하는 데 실패한 것이다.

히틀러의 독일이 집요하게 평화조약에 도전하고 영역을 동쪽으로 확대하기 시작하면서 새로운 전쟁이 유럽에서 일어날 가능성이 높아졌을 때, 미국의 첫 반응은 단순 명확한 중립이었다. 유럽은 미국의 관심사가 아니었고, 현명한 정책을 채택하면 미국은 전쟁에 휘말리지 않을 것 같았다. 지난 세계대전 종식부터 새로운 전쟁이 시작될 때까지, 즉 평화회의에서 프랑스 함락까지 20년 동안 고립주의는 미국 외교정책의 좌우명이었다. 상원의 고립주의자 집단은 자신들의 시각을 일련의 행정부에 강요했고, 미국은 이런 리더십을 받아들였다. 제1차 세계대전에서 15만 명의 미국인 사상자가 발생하고 550억 달러 이상을 지출한 것에 대해 부정적인 견해를 보이는 이들은, 유럽은 미국의 관심 대상이 아니고 유럽에서의 전쟁은 미국에 영향을 미치지 않으며, 미국민은 집에 머물면서 고립주의의 축복을 누릴 수 있다고 주장했다. 국제연맹에 참가하면 유럽의 전쟁에 휘말려 생명과 재정을 소모할 수 있으므로 참여는 피해야 한다고 주장했다. 미국 여론은 즉각적으로 이에 호응했다. 유럽에 대해서 감정적 피로감이 생긴 것에 더해 평화조약과 유럽 민주주의의 실패, 게다가 전쟁 부채 회수가 이뤄지지 않은 것에 불만이 있었다. 그리고 미국은 매우 강해서 다른 국가의 도움은 필요 없다고 확신했다. 미국민 대다수는 자국에 필요한 것은 중립 기술을 약간 수정하는 것과 제1차 세계대전에 참전하게 된 원인을 제거하는 것, 단지 이 두 가지라고 생각하고 있었다.

중립 법제화를 위한 의회 활동은 고립주의 대 개입주의 논쟁의 재개를 알리는 것이었다. 당초의 논쟁에서는 고립주의자가 승리했다. 1935년과 1936년 잠정적인 중립 결의안이 제정된 이후, 1937년 5월 1일에 최종 법안이 의회에서 승인되었다. 이 법안은 많은 자기부정적 규제를 강화하는 것이었는데, 이로써 미국의 권리에 관한 논쟁이 줄어들고 경제적 동기로 참전하는 것을 막을 수 있도록 전쟁에 대한 열기를 완화시킬 것으로 기대되었다. 이것은 모든 교전국에 무기, 군수품 및 전쟁 장비의 판매를 금지하고, 미국 선박의 전쟁지역 항행을 금지하며, 교전국에 대한 차관 제공을 금지하고, 교전국으로 가는 모든 수출품은 미국의 항구를 떠나기 전에 외국인에게 소유권을 이전해야 한다는, 이른바 "캐시앤드캐리제cash and carry" 조항*이 포함되어 있었다. 중립법은 모든 위험으로부터 미국을 지키도록 고

---

* 고객이 상품을 구입하고 현금으로 대금을 지급한 후 직접 상품을 가지고 가는 방식.

안되었지만, 유일하고도 중요한 위험을 인지하지 못했다. 그것은 도덕적 판단과 중립할 권리의 침해, 은행과 군수품 생산자들의 이익과는 전혀 관계없이 세력균형을 고려한다면 미국은 다시 참전할 수밖에 없다는 사실이었다.

　루스벨트 대통령은 처음부터 유럽의 세력균형 변화와 독일의 승리가 의미하는 위험을 이해시키는 데 앞장섰지만, 미국민의 대다수는 중립을 유지하는 것이 올바른 길이라고 확신했다. 그러나 상황이 점점 더 심각해지면서 루스벨트에 대한 지지가 높아졌다. 수출 금지 규정이 1939년 봄에 만료되었을 때 의회가 갱신하지 않았기 때문에, 영국은 현금으로 구매하고 자국 선박으로 운송하는 한 미국으로부터 전쟁 물자를 구할 수 있게 되었다. 완전한 중립으로부터 이렇게 방침이 변경된 후 사태는 급속하게 변화했다. 당초 모든 교전국을 공평하게 취급할 예정이었지만, 방침 변경 후 1년이 지나지 않은 시점에 미국은 민주주의 국가에만 무기고가 될 것이라고 선언했다.

　1940년 8월, 미국은 해군기지용 토지 임대에 대한 대가로 영국에 재정비된 구축함 50척을 제공했다. 프랑스의 패배 이래 영국에 대한 지원의 목소리는 높아졌다. 지원이 실현되는 데 가장 큰 기여를 한 것은 1941년 3월 11일 의회가 "무기대여법"을 승인한 것이다. 이 법안은 어떤 국가의 방위가 미국의 방위에 불가결한 경우, 그 국가에 군수품을 "판매, 이전, 교환, 임대, 대여, 양도"할 권한을 대통령에게 부여하는 것이었다. 그 법안은 대통령이 특별 예산 조치를 하지 않고도 즉각 양도할 수 있는 전쟁 물자의 양을 13억 달러로 제한했지만, 추축국과 싸우고 있는 국가의 필요에 대응해 70억 달러를 사용할 수 있도록 한 다른 법안으로 보완되었다. 1941년 10월, 수십억 달러가 추가된 무기대여 보완법이 의회를 통과했다. 독일이 러시아를 공격하고 그 때문에 러시아가 영국과 동맹을 체결했을 때, 루스벨트 대통령은 러시아에 원조를 확대하기 시작했다. 고립주의자들 사이에서 사악한 독재자 스탈린을 도와 민주주의를 수호한다는 외교정책은 논리가 부족하다는 불평이 일었지만, 미국은 독일에 대항하고 있는 군대를 가능한 한 활용하기로 결정했다.

이러한 법률에 근거하고, 행정부 수반이자 군통수권자로서의 권한에 근거해 루스벨트 대통령은 군수산업 생산품, 특히 항공기 생산량의 대부분을 영국에 보내기 시작했다. 미국 상선의 전쟁지역 항해를 금지한 "중립법" 조항이 1941년 11월 폐지되자 미국 상선으로 연합국에 물품을 보낼 수 있게 되었다. 이미 미국 해군은 영국 함대를 위해서 초계활동을 실시하고 있었고, 해상 교통로로부터 추축국의 잠수함과 공격부대를 배제해왔다. 미국은 영국의 아이슬란드 점령에 동참해서 해군기지를 건설했다. 그리고 아이슬란드에 공급하는 미국의 물자를 호위하는 척 위장해 미국에서 영국으로 가는 항로의 4분의 3을 보호하는 호송 체계를 만들었다. 1941년 12월, 미국은 독일 및 이탈리아와 서로 선전포고를 했다.

이런 식으로 미국은 앵글로색슨식의 세력 정치 게임에서 전쟁, 고립, 동맹, 그리고 전쟁이라는 또 하나의 사이클을 완성했다. 미국은 영국처럼 자국과 이웃 사이에 바다를 두고 있기 때문에 평화로운 시기에는 한가하게 고립을 꿈꾼다. 그러나 다시 미국은 경제력, 군수 산업 생산품, 그리고 인적 자원을 유럽의 세력 투쟁에 투입하게 되었다. 또다시 미국의 외교정책은 유럽의 세력균형 유지를 지향하고 있다.

제 5 장

아메리카와 환태평양 지역

일본의 대동아공영권은 신의 섭리로 선언되었기에 그
어떤 것의 간섭도 허용할 수 없다._도조 히데키 원수

미국의 태평양 쪽 이웃 국가들은 유럽 국가들보
다 훨씬 더 멀리 떨어져 있다. 아시아 본토의 가장자리는 5000마일
의 바다를 가로지른 후 캄차카에서 싱가포르까지 이어지는 섬들의
사슬 너머에 자리 잡고 있다. 이 넓은 바다의 서쪽 해안에는 러시아,
중국, 일본이라는 강대국들이 있고 미국과 유럽 열강의 식민지 영토
가 있으며 뉴질랜드와 호주의 가장 중요한 부분이 있다. 태평양 지
역의 정치적 중요성은 페리가 일본인들에게 고립을 포기하라고 설
득한 이후 계속 높아지고 있지만, 그렇다고 해도 대서양 연안 지역
의 중요성에 견줄 수는 없다. 거리가 멀수록 정치적 지위를 두고 벌
이는 투쟁에 미치는 영향은 적어지는 법이다.

태평양은 세계에서 가장 큰 수역이지만 태평양으로 흘러 들어가

는 육지 지류의 면적은 상대적으로 작다. 서반구에서 들어가는 지류는 거의 없고, 아시아의 많은 지류는 인도양과 북극해 쪽으로 향한다. 태평양 서쪽에는 약 7억 명의 사람이 살고 있는데, 그들 대부분은 생활 수준이 매우 낮다. 극동 지역은 원자재 공급원으로서 중요하지만 1인당 구매력이 낮기 때문에 시장으로서의 발전이 지연되고 경제적 중요성도 제한되어 있다. 무역 측면에서 볼 때 서태평양 국가들과의 무역은 미국 전체 무역의 25퍼센트에 조금 못 미치고, 해외 투자 측면에서 볼 때 이 지역으로의 투자는 전체 투자의 10퍼센트 미만이다.

미국은 시에라산맥 서쪽의 좁고 긴 영토에서 태평양을 마주하고 있다. 이 영토는 서쪽의 코스트산맥과 동쪽의 캐스케이드산맥 및 시에라네바다산맥 사이의 긴 저지대로 이루어져 있다. 통행로가 빈약하고 고도 때문에 내륙과의 소통이 어렵다. 해안산맥 너머는 로키산맥이라는 거대한 산악 지역인데, 미국에서 가장 생산성이 낮은 지역이다. 이런 산악 장벽들은 거대한 중앙 분지와의 효과적인 경제 통합을 방해하기 때문에 서해안을 다소 고립된 상태로 만들었다. 해양에서 볼 때 미국의 태평양 연안은 접근 가능한 배후지의 크기가 제한되는 탓에 세 개의 해안 경계선 중 가장 덜 중요하다. 시애틀, 포틀랜드, 샌프란시스코, 로스앤젤레스의 4개 주요 항구를 통한 수출은 미국 전체 수출의 12퍼센트에 불과하다. 그러나 태평양은 서부 생산물의 무역뿐만 아니라 파나마 운하의 개통 이후에는 동부와 미시시피 계곡의 생산물의 접근도 가능해졌다.

호주 대륙

환대서양 지역과 서반구처럼, 환태평양 지역은 지중해를 사이에 둔 남북 대륙으로 구성된다. 남부 대륙은 호주 연방의 영토다. 이 큰 섬의 동쪽 해안은 태평양, 서쪽 해안은 인도양, 북쪽 해안은 아시아 지중해에 면해 있다. 호주는 300만 제곱마일의 크기로 미국이나 캐나다와 거의 비슷하다. 육지는 남회귀선으로 나뉘는데, 열대 지역은 작고 반 이상이 남부의 온대 지역이다. 대륙의 대부분, 특히 서부는 사막 고원으로 이루어져 있고, 경제생활은 동쪽과 남쪽 가장자리를 따라 집중되어 있다. 불규칙적이긴 하지만 적당한 강수량 덕분에 농사를 지을 수 있고, 온화한 기후는 이곳을 백인의 정착에 적합한 땅으로 만든다. 서로 다른 해안 지역 간의 교류는 육로 운송 대신 대륙 주변의 항해를 통해 유지되고 있는데, 비용이 적게 들기 때문이기도 하지만 주된 이유는 대륙의 중심부를 차지하고 있는 거대한 사막 지대가 장벽으로 작용하기 때문이다.

다른 신생 국가들과 마찬가지로 호주 사람들도 기후, 경작지, 천연자원의 지리적 한계를 훨씬 뛰어넘는 성장과 팽창을 꿈꿔왔다. 천연자원이 풍부했던 터라 미래에는 많은 인구가 높은 생활 수준을 유지하는 대륙이 되리라고 꿈꿨다. 그러나 태평양 건너편의 이 남쪽 대륙에서 자연은 사실 그리 관대하지 않았다. 대륙의 가장자리 지역에서만 생산이 가능하고 중앙은 쓸모없는 불모지다. 육지는 넓고 깊은 가운데가 아니라 좁은 테두리에 수프가 담겨 있는 수프 접시에 비유되곤 했는데, 부당한 비유는 아니었다. 해안을 따라 인구가 늘어날 여지가 있고, 호주 북부의 열대 지방은 인구 밀집 지역에 살고 있는 아시아인들에게는 매력적인 이민 지역이지만, 정부는 백호주의White Australia Policy 이민 정책을 확고히 하고 있다.

호주는 상당한 광물자원을 보유하고 있다. 금, 구리, 은, 납, 양질의 석탄, 그리고 약간의 철이 있다. 호주는 보호관세로 방어하면서 소규모 철강 및 기계산업과 약간의 경공업을 발전시켰지만, 주로 농업에 중점을 두고 양고기, 밀, 그리고 여러 다른 곡물을 수출하는 추출경제를 가진 나라로 남아 있다. 호주에서 동쪽으로 약 1200마일 떨어진 곳에 두 개의 큰 섬과 여러 개의 작은 섬으로 이루어진 두 번째 영국령인 뉴질랜드가 있다. 이 나라의 총면적은 대략 10만 제곱마일인데 영국 제도보다 약간 더 크다. 인구는 150만 명이 채 되지 않지만, 농업에 적합한 자연환경 덕분에 주로 추출경제로부터 높은 생활 수준을 영위할 수 있었다. 원자재는 보잘것없고 산업도 별로 중요하지 않다. 수출 제품은 호주와 유사하지만 유제품이 상대적으로 더 중요하다.

이 두 영연방 자치령은 군사력을 만들 만한 요소가 부족하다. 만약 호주와 뉴질랜드가 현재처럼 독립된 자국의 국력이 아니라 영연방의 일부로 존재하면서 지리적 위치로부터 상당한 보호를 받지 못한다면, 이 지역은 대표적인 힘의 공백 지대가 될 것이다. 이 취약한 세계와 아시아 극동 북부 대륙의 압력 지역 사이에는 지중해 형태의 완충 지대가 놓여 있는데, 이 지역의 대부분은 현재 서구 해양 강국과 싱가포르의 영국 해군기지가 관할하는 식민지 섬들이다.

아시아 지중해

아시아 지중해는 아시아와 호주, 태평양과 인도양 사이에 놓여 있다. 이 가운데 바다는 대략 삼각형 모양을 하고 있는데, 포모사(대만), 싱가포르, 그리고 토러스 해협 근처에 있는 호주의 북단 케이프 요크를 세 모서리로 하고 있다. 필리핀, 인도네시아 할마헤라섬, 뉴기니, 호주 북부 해안, 네덜란드령 동인도제도, 영국령 말레이반도, 시암(태국), 프랑스령 인도차이나, 아모이(샤먼)까지의 중국 남부 해안, 그리고 홍콩을 포함한다.

대륙의 연안해는 중국 남부 아모이에서 싱가포르까지 뻗어 있는데, 싱가포르에는 믈라카 해협과 인도양의 출구를 관할하는 기지가 있다. 인도네시아 수마트라섬 끝에서부터 호주 다윈항까지 3000마일의 서남쪽 연안은 대순다열도와 소순다열도로 구성되어 있고, 이곳은 포르투갈령인 티모르섬 동부를 제외하고는 네덜란드에 속해 있다. 이 섬들의 사슬 사이에는 소수의 통로가 있지만, 기뢰와 잠수함에 의해 쉽게 폐쇄될 수 있다. 호주 다윈항은 반다해에서 인도양과 토러스 해협으로 가는 출구를 통제한다. 따라서 영국, 네덜란드, 호주 해군이 협력하면 태평양에서 인도양으로 가는 모든 통로를 폐쇄하고 호주 대륙을 우회하게 할 수 있다. 이 때문에 싱가포르는 특별한 중요성을 가지면서 파나마와 유사한 지리적 특성을 띠게 된다.

아모이에서 뉴기니까지 이어지는 동쪽 가장자리에는 일본, 미국, 네덜란드가 각각 보유하고 있는 대만, 필리핀, 할마헤라가 있다. 이 큰 바다의 중심에는 셀레베스섬과 보르네오섬, 그리고 셀 수 없이 많은 작은 섬들이 있다. 아시아 지중해 지역은 세계 최고의 섬 지대라 할 수 있다.

이 지역은 광물이 풍부하고 특정 열대 지역의 토양은 매우 비옥하다. 군도는 중요한 유전, 석탄, 철, 거대한 잠재 수력, 귀중한 광물, 그리고 세계에서 가장 큰 주석 광상을 갖고 있다. 플랜테이션 농장에 적합한 비옥한 토양, 풍부한 강우량, 충분한 노동력은 이 지역을 아프리카나 아메리카 열대 지방을 훨씬 능가하는 열대 농산물의 가장 중요한 수출국으로 만들었다. 커피, 차, 코프라, 팜유, 퀴닌,* 고무와 기타 다양한 생산품을 공급하고 있다.

아시아 지중해 유역의 연안과 주변 섬에 사는 전체 인구는 중국 남부 주민을 제외하고 약 1억2500만 명이다. 중국 남부 해안으로부터 노동력, 무역업자, 자본이 이민의 형태로 해안 바깥을 향해 경제적으로 확장하고 있다. 많은 지역에서 중국의 중산층은 고유의 물물교환 경제와 서구 자본주의 체제 사이에서 대규모 생산과 장기적인 신용을 통해 스스로 자리를 잡았다. 이러한 중국의 경제적 침투는 부분적으로는 오늘날 중국 사회의 특성 때문에, 부분적으로는 중국 해군력의 부재 때문에 지금까지 어떠한 정치적 통제도 없이 이루어

---

* 코프라는 말린 코코넛 과육이고, 퀴닌은 키나나무 껍질에서 얻는 약물이다.

졌다. 그래서 이 지역은 가장 많은 인구와 가장 큰 경제 잠재력을 가진 연안 국가 중국이 아니라, 멀리 떨어진 유럽 해양 강국들에 의해 지배되고 있다. 이 식민지 세계는 아시아 최강의 해군력을 가진 일본과, 힘의 근거지로부터 멀리 떨어진 곳에서 활동하는 구미 국가들이 세력과 지배권을 위해 투쟁을 벌이는 거대한 무대다.

아시아 대륙

태평양 건너편의 북쪽 대륙은 아시아 본토와 연안의 섬들로 이루어져 있다. 아시아 대륙의 태평양 쪽 배수 지역은 티베트고원과 몽골고원의 동쪽에 있다. 그곳은 중국, 몽골, 만주, 한반도, 그리고 시베리아 북동부 지역으로 구성되어 있다. 중국의 경제활동은 주로 세 개의 큰 하천인 황허강, 양쯔강, 시장강 유역에서 이루어진다. 시장강은 광둥과 홍콩 근처의 바다에 도달하는 아시아 지중해 배수 지역의 일부다. 북쪽에 있는 두 강의 하류 분지가 합류해 산둥반도의 해안까지 도달하면서 북중국의 대평원을 형성한다. 험준한 산악지대를 사이에 둔 세 개의 평행한 하천 구역에 인구와 경제생활이 집중될 수밖에 없었는데, 이것이 중국 역사에서 반복적으로 발생해온 지역주의의 원인이며 효과적인 정치 통합의 장애물이 되었다.

중국은 산업화에 필요한 동력 자원을 적잖이 갖고 있지만 결코 풍부하다고 할 수는 없다. 아직 풍부한 유전이 발견되지 않았고 매우 많은 인구에 비춰볼 때 수력발전 잠재력도 대단하지 않다. 그러나 여러 지역에 상당한 석탄이 매장되어 있다. 철은 이용할 수 있지만 매장량이 많지 않으며, 다른 부존 광물들도 대규모 개발이 시작되기 전에 수송 설비부터 갖춰야 한다. 따라서 지하자원 기반 시설은 유럽과 미국에 미치지 못하지만, 이용 가능한 지하자원에 서구의 기술을 적용하고 4억의 인구와 거대한 국토까지 고려한다면 상당한 전쟁 잠재력을 창출할 수 있다.

싱안링산맥의 동쪽 지역은 중국과는 다른 특성을 가진 몽골과 한국 사이에 있는데, 이곳에 만주와 아무르강(흑룡강) 유역이 있다. 남만주의 물길은 랴오둥반도 서쪽의 즈리만(현재 허베이성 보하이만)으로 흘러 들어가고 아무르강은 오호츠크해의 니콜라옙스크 해안으로 나간다. 만주와 동시베리아는 목재와 광물자원이 풍부한데, 중국과 비교할 때 거의 개발되지 않은 원시의 땅이라 할 수 있다. 그곳은 약 50년 전부터 개발되기 시작했고 매우 혹독한 겨울 기후의 한계에도 불구하고 여전히 엄청난 성장 가능성을 갖고 있다. 러시아가 동쪽으로 팽창해 태평양에 도달한 것은 아무르강과 우수리 계곡을 통해서였고, 바이칼 호수 서쪽의 거대한 시베리아 벌판이 바다로 향하는 동쪽 출구를 찾은 것도 같은 통로를 통해서였다. 척박한 아시아 연안인 블라디보스토크 북쪽은 세계에서 가장 큰 정치 단위인 옛 러시아 제국, 현재의 소비에트 사회주의 공화국 연방의 영토다.

아시아 본토는 반도와 열도로 둘러싸인 여러 연안해에 의해 태평양과 분리되어 있다. 대만에서부터 류큐제도, 일본과 한반도의 남쪽 섬들로 경계 지어지는 동중국해와 황해, 가라후토(사할린섬)와 세 개의 일본 본섬으로 경계되는 동해, 쿠릴열도와 캄차카로 경계되는 오호츠크해가 있다. 규슈, 시코쿠, 혼슈, 홋카이도, 가라후토(사할린)에는 일본의 군사력과 해양력 기반이 있다. 이 섬들은 인구밀도가 높고 고도로 산업화된 국가이지만 식량과 원자재를 충분히 제공하지 못한다. 산악지대인 데다 화산지대이기 때문에 일본의 경작지 비율은 매우 낮다. 농업 기술의 향상으로 쌀 생산량은 증가했지만, 일본은 식량 수입국이다. 부족분은 아시아 본토의 한반도와 만주 그리고 아시아 지중해 쪽에 있는 프랑스령 인도차이나 반도와 시암으로부터 수입한다.

일본의 산업 동력원 기반 역시 불리하다. 수력은 풍부하지만 석탄은 부족하고 석유는 소비량의 30퍼센트만 생산된다. 금속산업은 철광석, 선철, 고철, 합금 금속, 망간, 텅스텐, 보크사이트, 구리, 납, 니켈, 주석, 아연 등의 수입에 의존하고 있다. 심지어 섬유산업도 양모와 면화를 수입해야 하고 레이온에 필요한 목재 펄프도 수입해서 사용해야 한다. 중국에 비해 일본의 잠재 동력 자원은 적지만 훨씬 더 많이 개발되었기 때문에 실제 전쟁 산업은 대륙 본토보다 섬나라가 훨씬 더 생산적이다. 다른 지역과 마찬가지로 태평양 건너편에서 강대국 형성의 잠재력이 있는 곳은 대륙 북쪽이며, 전 반구의 정치 지형을 궁극적으로 규정하는 것도 북쪽의 세력균형이다.

일본의 위치

아시아 대륙에 대한 미국의 위치는 유럽 대륙에 대한 미국의 위치와 매우 유사하다. 미국의 서쪽 교통로에는 근해 섬들에 기반을 둔 해양 강국 일본이 있다. 동해는 유럽의 북해와 같이 섬과 아시아 본토를 분리하고 있다. 그러나 이전부터 강대국들이 할거하고 따라서 세력이 분산되어 있던 유럽 대륙과는 달리, 극동 본토에는 원래 두 개의 대륙 강대국만 존재했다. 일본의 서구화 초기에 극동의 지정학은 14세기와 15세기의 유럽과 다르지 않았다. 당시 유럽 대륙 연안은 완충국 없이 프랑스와 신성로마제국이 지배하고 있었다. 19세기 말 동해 연안에는 장벽이 되는 국가가 없었고, 좁은 바다를 사이에 두고 러시아와 중국이라는 거대한 두 제국만 이 섬나라를 마주하고 있었다.

이 제국들은 잠재적인 경제대국 및 군사대국의 전형이었고, 따라서 일본의 국가 안보에 위협이 되었다. 비록 러시아의 경제와 군사의 중심은 항상 유럽 대륙의 끝에 머물겠지만, 러시아의 동쪽 팽창과 중국 침투는 일본을 심각한 위험에 빠뜨렸다. 19세기 말에 시작된 이 방향으로의 첫 번째 침투는 저지되었지만, 러시아는 블라디보스토크를 여전히 통제하고 있다. 이것은 도쿄에서 600마일 떨어진 곳에 대륙 공군의 위협이 존재한다는 뜻이다. 즉 천황의 도시를 폭격할 수 있는 비행대의 기지가 근접해 있다는 것이다.

힘의 중심지가 멀리 있는 러시아와는 대조적으로, 중국의 잠재적 군사력은 필연적으로 일본에 바로 인접해 있다. 극동의 근대사가 시작될 무렵, 중국은 아무르강에서 시암만까지 확장해 아시아 대륙의 대부분을 차지했다. 거의 400만 제곱마일의 영토에 인구는 약 3억 정도였기 때문에 중국은 근처의 작은 섬나라인 일본에게 심각한 위협이었다. 영국은 일본과 비슷한 상황에 놓이는 것을 피하기 위해 유럽 대륙에서 세력균형이 유지되도록 300년 동안 싸워왔다.

해양 국가 일본은 아시아 대륙과 태평양 사이, 즉 아시아와 미국 사이에 위치한다. 아시아 해역에서 해군력이 우세하기 때문에 일본은 시베리아에서 아모이에 이르는 대륙 주변 해역의 교통로를 통제할 수 있다. 일본은 미국에 대한 아시아 대륙의 위협과 아시아 본토에 대한 미국의 위협에 맞서 완충 지대와 균형자 역할을 할 수 있다. 미국은 일본이라는 해양 세력에 맞서는 것이 아니라 동맹을 맺어야만 아시아 본토에서 군사적 효과를 발휘할 수 있다. 영국의 경우처럼 대륙 세력들이 균형을 이루고 일본의 안보가 보장되어야 일본의 해상 전력을 원거리 작전의 도구로 활용할 수 있다.

일본은 미국의 해로를 가로지르고 있고 아시아에서 가장 중요한 해양 강국이기 때문에, 아시아의 세력균형과 관련된 미국의 외교정책을 설정하는 데 가장 큰 영향을 미치는 것은 다른 어느 나라보다 일본의 외교정책이다. 유럽과 아시아에 대한 미국의 지리적 입장은 매우 유사하지만 정치적 관계는 그 정도로 유사하지 않다. 오히려 꽤 다르다. 미국은 보통 영국의 대륙 정책을 수용하고 지지해왔으나 아시아 해양 강국 일본의 대륙 정책에 대해서는 조직적으로 반대해왔다.

아시아의 세력균형과 일본

동양의 세력균형은 첫째, 이 지역 국가들의 상대적 힘에 달려 있고, 둘째, 서방 국가들이 그 지역에 가할 수 있는 압력에 달려 있다. 세기가 바뀐 이후 이 두 요소의 중요도는 점점 더 지역 세력에 유리하게 바뀌어왔다.

영국이 중국을 서양과 무역하도록 개항시키고 페리가 일본의 은 둔을 끝냈을 당시, 극동 세계는 자급자족하는 삶을 살고 있었다. 중국 왕국은 경제적으로나 정치적으로 통합되지 않은 거대하고 무질서한 제국이었다. 일본은 여전히 농업과 수공업 경제에 기반을 둔 봉건 체제를 보존하고 있었고, 유럽이 주 무대인 러시아는 동시베리아의 얼어붙은 창을 통해 태평양을 바라보았다. 이 지역에는 유럽 함대에 저항할 수 있는 해군력이 없었고, 이에 따라 초기의 세력관계는 거의 전적으로 서방 국가들의 해군에 의해 규정되었다.

역내와 역외 세력의 상대적 중요도에 있어서 첫 번째 의미 있는 변화는 일본이 지역의 해양 강국으로 떠오른 것이다. 제국주의 일본은 페리가 방문한 의미를 완전하게 이해했고, 자국의 경제와 기술을 서구화하고 무기를 현대화하기로 결심했다. 그 새로운 도구는 1895년 청일전쟁에서 중국을 대상으로 시험을 거쳐 놀라운 결과를 가져왔다. 천자의 제국은 작은 섬나라에 의해 철저히 패배했고, 일본은 처음으로 군사적 성공을 맛보았다. 그러나 강화조약에서 지역의 세력 관계는 반영될 수 없었다. 조약은 유럽의 개입으로 수정되었다. 러시아는 부동항에 대한 열망에 이끌려 만주를 통해 황해로 확장하는 것을 고려하고 있었다. 일본은 중국과 자국 사이에 위치한 완충국 조선의 자주권을 인정받았지만, 러시아, 프랑스, 독일의 삼국간섭에 의해 랴오둥반도와 뤼순항에 대한 요구는 포기해야 했다.

중국이 약하다는 사실이 알려지면서 조계지와 세력권, 그리고 해군력을 운용할 항구를 놓고 치열한 쟁탈전이 벌어졌다. 독일, 러시아, 프랑스, 영국은 해군력을 증강하고 기지를 확보함으로써 입지를 강화했다. 미국은 필리핀에 머물며 아시아에서 강국이 되기로 결심했다. 이탈리아를 제외한 세계의 모든 강대국은 극동 해역에서 해군의 압력을 행사할 수 있는 위치에 있었고, 역내와 역외 세력의 상대적 중요도는 역외 쪽으로 옮겨갔다.

1898년 11월, 독일은 칭다오를 점령하고 동양 함대를 창설했다. 러시아군은 아시아 함대의 규모를 늘렸고, 다음 달에도 계속 주둔하겠다는 확고한 의도를 가지고 뤼순항에 입항했다. 프랑스 또한 이 해역에서 해군력을 증강하고 광저우를 얻었다. 홍콩에 있던 영국군은 남쪽의 프랑스군과 북쪽의 러시아군 사이에서 불편함을 느끼기 시작했다. 영국은 해군부대를 상당히 증강했고 또한 베이징에 대한 러시아의 압력을 무력화하기에 훌륭한 위치에 있는, 뤼순항 맞은편의 웨이하이웨이를 획득하는 것으로 대응했다. 그 결과 영국의 해군 전력은 프랑스와 러시아의 전력을 합친 것과 비슷해졌다. 이 때문에 영국은 소규모인 독일 및 미국 함대와 일본 함대를 견제하지 못하는 상황에 처했지만, 이러한 상황에 내재된 잠재적 위협은 일본 및 미국과의 정치적 화해를 통해 대부분 무력화되었다. 극동에서의 이 같은 전반적인 군사력 상황은 러일전쟁이 일어나기 전까지 대체로 변화가 없었다.

태평양 지역의 미국 소유지

스페인과의 전쟁 이후 미국은 아시아 지중해의 동쪽 끝이자 일본 해양 세력의 본거지 근처에 위치한 필리핀을 획득하면서 동양의 지주가 되었다. 이 영토는 네덜란드령 동인도와 대만 사이에 있는 수천 개의 섬으로 이루어져 있다. 그중 30개는 100제곱마일 이상의 면적이고, 가장 중요한 두 곳은 인구의 대다수가 살고 있는 루손섬과 민다나오섬이다.

필리핀을 유지하는 것에 대해 미국 내에서 심각한 반대가 있었다. 특히 필리핀인들이 스페인의 지배로부터 해방시키기 위해 왔던 미군에 대항해 싸우면서 미국의 지배를 환영하지 않는 것이 분명해지자, 미국 내 여론은 더 나빠졌다. 먼 태평양에서 영토를 얻는 것은 미국의 전통적인 대륙 정책에 어긋난다는 주장이 나왔다. 즉 신대륙에서의 영토 팽창은 "명백한 사명"이지만, 바다 건너 팽창하는 것은 "악의 제국주의"에 불과할 뿐 아니라 미국의 이익에 반한다는 주장이었다. 반대론자들은 극동 지역에 대한 미국의 이해는 순전히 경제적인 것이라서 영토 소유나 해군 주둔지가 필요하지 않다고 말했다. 그들은 지리와 전통을 근거로 논쟁했지만 소용없었다. 팽창에 대한 충동, 중국 시장에 대한 커다란 희망, 박애주의적이고 선교적인 관심 모두가 미국을 마닐라만에 있는 해군기지뿐만 아니라 섬 전체를 보유하도록 부추겼다.

필리핀은 미국의 식민지가 되었다. 미국의 통치하에서 그들은 상당한 정치적, 경제적 진보를 이뤘으며, 오늘날 미국 제품의 시장으로도 미약하지 않다. 그럼에도 불구하고 그들은 1946년까지 독립하기로 약속받았다. 그들이 원하는 자유를 돌려주고 싶었던 사람들과 필리핀 제품을 미국 시장에서 배제하고 싶었던 사람들이 합세해 1934년 3월에 법안을 통과시켰다. 해군기지 및 연료 보급소는 공화국 수립 후 2년 내에 시작될 철수 관련 협상이 끝날 때까지 미국이 유지할 것이다. 현재 필리핀은 자치령보다는 훨씬 덜하지만, 상당한 자치권을 누리고 있다. 그러나 여전히 미국 영토의 일부이며, 필리핀의 독립이 완료될 때까지 미국은 먼바다에서 영토 안보를 지켜야 하는 아시아의 강대국으로 존재할 것이다.

필리핀의 획득은 유럽에서는 결코 발생하지 않았던 영토 안보 문제를 안겨주었지만, 이것이 "아시아에서 미국을 위한 올바른 정책이 무엇인가"에 대한 개입주의자와 고립주의자 사이의 논쟁을 끝내지는 못했다. 일본의 팽창에 직면해 미국이 행동 방침을 정해야 하는 상황이 생길 때마다 토론은 재개됐다. 미국은 일본의 증가하는 힘을 견제해야 하는가, 아니면 극동 지역은 멀고 그 지역의 세력균형은 미국과 무관하다는 관점을 취해야 하는가? 극동 문제 참여에 대한 반대는 꾸준히 있었지만 유럽 참여에 대한 반대만큼 강하진 않았다. 그럴 만한 전통적, 감정적 기반이 부족했던 것이다. 조지 워싱턴은 미국에 만주나 몽골과의 동맹에 얽히지 말라고 경고하지 않았고, 먼로는 아시아의 전쟁에 간섭하지 않겠다고 약속하지 않았다. 그리고 미국 국민은 아시아에서 등을 돌린 사람들의 후손으로 구성되어 있지 않다. 반대로, 기독교의 확산에 관심 있는 다수의 국민은 아시아를 미국의 도움이 필요한 곳, 즉 미국이 사명을 가지고 있는 지역이라고 느꼈다.

중국과의 무역은 극동으로 가는 교역로를 따라 디딤돌을 놓는 것에 대한 관심을 자극했고, 미국은 많은 작은 섬들에 대해 주권을 선언했다. 미국-스페인 전쟁 발발 3개월 후인 1898년 합병된 하와이제도를 제외하면 이 섬들의 상업적 가치는 미미하지만 본토 방어와 교역로 보호에서 확실한 역할을 하고 있다. 하와이의 오아후섬에는 거대한 미 해군기지인 진주만이 있다. 사모아(남태평양)제도에 대한 미국의 관심은 1880년대에 영국 및 독일과의 분쟁으로 이어졌고, 처음에는 3자 공동주권tripartite condominium에 합의했다가 1899년에 섬을 분할하는 것으로 해결되었다. 미국은 투투일라섬을 받았는데, 이곳의 수도는 훌륭한 항구를 가진 파고파고이고, 이 항구에 위치한 함대는 남태평양의 넓은 부분을 지배할 수 있다. 1898년 파리조약에 의해 스페인에게 양도받은 마리아나제도의 괌은 서태평양에서 매우 중요한 전략적 위치를 차지하고 있다. 미드웨이, 웨이크, 알류샨열도의 더치하버와 같은 미국의 다른 태평양 섬들은 함대 기지로 사용할 수 있었고, 큰 산호섬 중 일부는 해군 항공기지로 사용할 수 있었다.

대서양과 대조적으로 태평양은 미국에게 단순히 수익성 있는 시장으로 향하는 교통로가 아니라, 자국의 식민지 영토와 소유 섬이 있는 지역이었다. 그곳은 대서양에는 없는 영토적, 전략적 중요성이 있었고, 이런 차이가 적어도 부분적으로는 유럽과 아시아의 세력 투쟁에 대한 미국의 태도 차이를 설명해주었다.

러일전쟁

미국이 영토를 획득하기 전인 19세기에 극동에 대한 미국의 관심은 주로 상업적인 것이었다. 중국과의 무역은 뉴잉글랜드의 상당한 부의 토대가 되었고, 무역권의 보호가 정부의 주요 임무였다. 미국 정부가 걱정하는 것은 그동안 문호가 개방되어 있던 유럽 국가들의 아시아 세력권에 미국이 수출할 수 없게 되는 상황이었다. 1899년 9월 6일, 미국 국무장관은 유럽 열강에 기회균등 원칙을 고수하기를 요청하는 교신을 발표했다.

의화단운동 진압에 참여하려는 일부 강대국의 의도가 자국의 이익권을 확장하고 더 많은 배타적 권리를 얻기 위한 구실임이 분명해진 후에야 워싱턴에서는 중국이 완전한 주권을 유지해야만 "문호개방" 정책을 지속할 수 있다는 확신이 생겨났다. 1900년 7월 3일

헤이 국무장관의 두 번째 발표에서 기회 평등의 원칙뿐만 아니라 중국의 영토 보전에 대한 관심을 드러냈다. 처음에 이 영토 보전은 단지 상업적 목적을 위한 수단으로 생각되었지만, 서태평양의 세력균형을 우려하고 그에 대한 정치적 고려를 하게 되면서 곧 그 자체가 목적이 되었다.

청일전쟁 10년 후에 나타난 역내와 역외 세력 관계의 두 번째 중요한 변화는 다시 일본의 세력 증강으로부터 발생했다. 벚꽃의 나라는 청일전쟁의 경험을 교훈 삼아 조심스럽게 계획을 세웠다. 랴오둥반도를 포기하면서 중국 정부로부터 받은 전쟁 배상금은 아시아 지역의 프랑스-러시아 연합 해군력과 비슷한 수준을 목표로 하는 해군 계획에 사용되었다. 이 계획은 러일전쟁이 발발할 때까지 완성되지 못했지만, 1902년 맺은 영국과의 동맹으로 인해 프랑스나 다른 어떤 국가도 차르의 편에 서지 못하게 되었고, 따라서 전쟁은 러시아만을 상대하는 것이 되었다.

유라시아 대륙 양 끝의 근해 섬에 위치한 두 해양 강대국 간의 동맹은 자연스러운 결합이었다. 그들의 본토는 같은 안보 문제를 안고 있었고, 북중국에 대한 동일한 이해관계를 가지고 있었다. 세기 전환기에 영국은 이국동맹(독일과 오스트리아-헝가리 제국 동맹)의 증대되는 해군력과 독일 군비 증강 계획이라는 추가적인 위협에 직면해 불편한 고립에서 벗어나려 하고 있었다. 페르시아와 아프가니스탄에 대한 러시아와의 갈등은 영국령 인도에게 위협이 되었고, 러시아의 중국 북부 침입은 영국의 상업적 이익에 위협이 되었다. 일본에게 러시아의 동쪽 팽창은 무역 이익에 대한 위협 이상의 것을 의미했다. 그것은 동해의 반대쪽 해안 전체, 즉 아무르강 하구에서 한반도 끝까지가 하나의 거대한 대륙 강대국의 지배에 놓일 위험을 의미했다.

러일전쟁은 뤼순항 및 블라디보스토크 앞바다의 소규모 해전과 함께 대한제국과 만주 지역에서 전개되었고, 쓰시마 해협에서 대전투가 벌어졌다. 양측 모두 전투에 지치고 경제력도 한계에 다다르면서 전쟁은 막을 내렸다. 러시아군은 단선 철도 끝에 위치한, 본국의 경제 중심지에서 7000마일이나 떨어진 곳에서 싸워야 했고, 그리 대단하지 않았던 일본의 산업은 큰 압력을 받았다. 루스벨트의 중재안이 받아들여져 마침내 양국은 1905년 포츠머스 조약에 동의했다. 표면적으로 전쟁의 결과는 일본의 완전한 승리처럼 보였다. 일본군은 육지와 해상 모두에서 성공을 거두었고, 서구 강대국을 패배시키면서 일본의 위상은 크게 강화되었다. 그러나 사실 일본의 경제와 재정은 고갈되었고, 러시아의 핵심 지역을 공격할 수 있는 위치에 있지도 않았다.

이러한 상황에 비추어볼 때, 강화조약은 일본에 이상할 정도로 유리했다. 차르 정부는 사할린섬의 절반을 양도하고 한반도로의 팽창을 포기해야 했다. 남만주에서의 지위를 포기할 수밖에 없었고, 태평양으로 나가는 출구로는 블라디보스토크만 남겨졌다. 일본의 안보 위협 중 하나가 크게 감소되었다. 동맹국 영국은 승리를 도왔고, 프랑스는 러시아를 압박해 평화를 촉진시켰다. 일본이 유럽의 정치적 경쟁자 및 세력 투쟁으로부터 이익을 얻은 것은 이때가 마지막이 아니었다. 유럽은 오랫동안 집단적으로 일본을 견제할 수 없었기 때문에, 서반구에 있는 미국처럼 일본은 자신의 대륙에서 점점 더 강해질 수 있었다.

제1차 세계대전

일본이 지역의 이웃 국가 및 서구 열강에 대해 상대적 국력을 가장 빠르게 증가시킨 시기는 제1차 세계대전 동안이었다. 1911년에 일어난 신해혁명은 중국 제국을 봉건 군벌들에 의해 통치되는 자치 지방들로 분열시키고 있었다. 독일의 군사력에 대항하는 유럽에서의 투쟁은 러시아, 프랑스, 영국, 그리고 나중에는 미국까지 완전히 붙잡아두었다. 이것은 일본에게 놓칠 수 없는 좋은 기회였고, 기술과 투지를 쏟아부었다. 유럽의 해군은 서태평양에서 철수했다. 일본은 산둥성에서 독일을 대체하고 일본의 대륙 야망의 청사진으로 유명한 21개조 요구*를 중국에 강요했다. 이 중 일부는 만주에서 일본의 입지를 강화하는 것이었고, 일부는 산둥성, 다른 일부는 경제적 양보에 관한 것이었다. 아직 전쟁에 개입하지 않고 있던 미국의 도

---

* 1914년 독일에 선전포고한 일본은 9월에 독일의 조차지인 자오저우만을 점령하고, 10월에는 산둥의 독일 이권을 접수했다. 그 후 일본은 1915년 중국의 위안스카이 정부에 일본의 권익 확대 내용이 담긴 21개조 요구서를 보냈다. 위안스카이 정부는 일본의 강압에 의해 1915년 5월 이를 승인했다.

의적 지지로 중국은 마지막 다섯 개 조항을 거부할 수 있었고, 이로써 일본의 보호국이 될 뻔한 위기를 모면했다. 제국주의 계획 중 중국에 대한 통제력 확보는 연기해야 했지만, 일본 정치가들의 연설과 장군들의 행동으로 볼 때 포기한 것은 아니었다.

제1차 세계대전은 중국 내에서 일본의 입지를 강화했을 뿐만 아니라, 동해에 남아 있던 러시아의 위협을 제거할 기회를 만들었다. 공산주의 혁명으로 연합군이 개입한 사건*은 일본에게 시베리아, 연해주, 블라디보스토크를 점령할 기회를 주었다. 북쪽에서의 일본의 행동에 대해 미국이 크게 분개했지만, 전쟁 시기 일본의 획득물 중 미국에게 가장 해로운 것은 적도 북쪽의 독일 소유 섬들이었다. 한때 스페인 식민지였던 이 섬들은 미국–스페인 전쟁 이후 미국이 확보하지 않고 독일이 소유하도록 했다. 그 섬들은 하와이에서 필리핀까지 미국의 교통로를 가로지르는 전략적 위치에 있고, 따라서 노출된 전초기지를 성공적으로 방어할 수 있는 이미 작은 기회를 더 작게 만들었다. 일본은 그 섬들을 점령했을 뿐만 아니라 그것을 영구히 보유할 자격이 있다는 자신들의 주장에 대한 외교적 지지도 확보했다. 적도 남쪽의 독일 섬들은 호주와 뉴질랜드로 넘어갔는데, 1917년 2월 런던에서 체결된 비밀 조약에서 영국과 일본은 자신들

---

* 러시아 혁명으로 소비에트 정권이 성립되고 그에 대항하는 반정부 세력이 생겨나면서 러시아 주변과 시베리아 일대에서 내전이 전개되었다. 제1차 세계대전 연합국은 사회주의 확산을 방지하고 반볼셰비키 세력을 지원하기 위해 군대를 보냈다 (1918~1920). 일본은 1922년이 되어서야 시베리아에서 철수했다.

이 점령한 섬들에 대한 서로의 주장을 지지하기로 합의했다. 프랑스도 일본의 점령에 동의했다. 이 섬들은 독일 잠수함 작전에 대항해 일본 해군이 지원하는 것, 즉 유럽 해역에서 일본 구축함이 임무를 수행하는 것에 대해 영국이 지불한 대가였다. 제2차 세계대전 때 미국의 구축함과 영국의 카리브해 기지를 교환하는 것에 대한 훌륭한 선례가 만들어진 것이다.

그러나 평화가 찾아왔고 서방 국가들에게는 행동의 자유가 주어졌다. 독일 해군은 파괴되었고, 전쟁 중에 해군력을 크게 증강한 영국과 미국 해군은 대서양 이외의 다른 곳에서 자유롭게 함선을 사용할 수 있게 되었다. 거의 한 세기 반 동안 미국 함대는 동쪽 대양에 집중해 있었다. 1919년 직후 미국 해군은 상당 부분 태평양으로 이동했지만, 대서양에는 여전히 많은 병력이 주둔해 있었다. 모든 고전적인 전략과는 다르게, 1914년에 개통된 파나마 운하 덕분에 두 대양의 어느 쪽에서든 빠르게 집중할 수 있게 되면서 전력 분할이 가능해졌다. 1921년 초 대서양 함대는 합동 기동 훈련을 위해 태평양 함대에 합류했고, 그해 얼마 후에는 그 함대 병력 대부분이 태평양에 영구적으로 주둔할 것이라는 발표가 있었다. 한편 영국도 극동 해역에 다시 관심을 보였다. 싱가포르 해군기지에 대한 계획은 아시아 지중해에 주둔할 전투 함대의 규모와 마찬가지로 상당히 자유롭게 논의되었다.

극동의 세력균형은 더 이상 현지 세력에 의해 독점적으로 결정되지 않았다. 처음에는 파리강화회의, 나중에는 워싱턴 군축회의*에서 일본에 압력이 가해지기 시작했고, 일본은 많은 이익을 포기해야만 했다. 적도 이북의 옛 독일 섬들은 비록 위임통치령이더라도 일본이 유지할 수 있었지만, 아시아 본토에서는 그다지 성공적이지 못했다. 산둥에서 중국은 주권을 회복했고, 일본은 결국 시베리아에서 철수 했다. 미국은 4개국 조약을 통해 일본이 필리핀 제도에 관심을 갖지 않겠다는 약속을 다시 한번 받아냈고, 조약 서명국들은 섬의 소유권 과 지배권에 대한 각자의 권리를 존중하기로 약속했다. 또한 일본 은 9개국 조약에서 중국의 영토 보전과 정치적 독립을 존중하고 "문 호 개방" 원칙에 위배되는 어떠한 조치도 취하지 않을 것임을 엄숙 히 약속했다. 그러므로 워싱턴 회의는 완전무결한 미국의 성공이었 다. 일본은 미국의 극동 정책의 기본 원칙에 대해 엄숙한 맹세와 정 식 조약으로 동의했다.

그러나 워싱턴 회의가 극동 문제만을 논의한 것은 아니다. 그것은 또한 군축 문제를 다루었고, 그 결과가 태평양의 세력균형에 더 중 요한 영향을 미쳤다. 휴스 미 국무장관은 미국과 일본 함대의 해군 비율을 각각 10대 6으로 유지할 것을 제안했다. 이 비율은 기존 함 대 전력의 근사치 비율이었지만, 대양을 가로지르는 대규모 작전을

---

* 군비 제한과 태평양 및 중국 문제에 대한 국제 회의. 1921년 11월~1922년 2월 워 싱턴에서 미국, 영국, 프랑스, 이탈리아, 중국, 일본, 네덜란드, 벨기에, 포르투갈이 논 의했다. 회의에서 7개의 조약과 2개의 보조 협정이 체결되었다. 그중 중국의 문호 개방 을 규정한 '9개국 조약', 일본, 미국, 영국, 프랑스가 태평양에서의 영토적 권리의 상호 존중을 다룬 '4개국 조약', 미국, 영국, 일본, 프랑스 이탈리아가 주력함 및 항공모함의 보유 톤수 비율을 5:5:3:1.7:1.7로 규정한 '5개국 해군군축조약' 등이 중요하다.

불가능하게 만드는 추가적인 이점이 있었다. 일본 제국은 태평양의 비교적 좁은 지역에 위치해 있지만, 미국은 두 대양을 마주하고 있고 불가피하게 대서양과 아메리카 지중해에도 함대의 일부를 유지해야 했다. 이 때문에 규모가 작은 일본의 함대가 캘리포니아를 위험에 빠트릴 수 없는 것처럼 태평양에 주둔하는 나머지 미국 함대만으로는 일본 본국을 위협할 수 없었다.

그러나 두 강대국의 해군 활동 거점에는 한 가지 중요한 차이가 있었다. 일본은 미국 해안 근처의 동태평양에 섬을 소유하지 않았지만, 미국은 서태평양에 여러 섬을 소유했다. 전략적으로 일본에게 가장 불안하게 작용한 것은 그들 제국으로부터 1500마일도 채 떨어지지 않은 괌과, 아시아 지중해의 가장자리에 있으며 대만과 인접한 필리핀이었다. 워싱턴 회의가 열리기 직전, 미국은 자국 해군의 목표가 세계에서 가장 강력한 함대를 확보하는 것이라고 선언했을 뿐만 아니라, 해군부는 괌에 주요 함대 기지를 건설하고 필리핀의 시설을 집중적으로 개발할 계획도 준비했다. 만약 이 계획이 완성된다면 괌에서 작전하는 미국 함대는 서태평양의 대부분을 장악할 수 있었고, 일본과 아시아 지중해의 교통로를 위협할 수 있었다. 따라서 워싱턴 회의에 참석한 일본 대표단이 서태평양 섬들의 비무장 협정이 수반되지 않는 한 휴스가 제안한 비율을 받아들일 수 없다고 한 것은 놀라운 일이 아니었다.

오랜 논쟁과 협상 끝에 마침내 합의가 이루어졌는데, 이는 일본의 완전한 성공이었다. 영국에게 이 조약은 홍콩의 현상 유지를 뜻하고, 싱가포르 인근이 일급 해군기지의 동쪽 한계선이 된다는 의미였다. 미국에게는 필리핀을 위한 적절한 방어 조치를 포기하고, 괌에 주요 함대 기지를 건설하는 계획이 수포로 돌아가며, 알류산열도와 하와이 서쪽 섬의 기지를 개선할 수 없다는 것을 의미했다.

태평양의 거리, 해군기지 비요새화 협정, 그리고 10대 6의 해군 비율은 일본에게 아시아 대륙과 태평양 사이에 있는 연안해 및 태평양 서쪽에서의 제해권을 주었다. 미래의 일본 함대는 먼 거리에서 작전을 수행해야 하는 영국이나 미국 해군에 맞서 대륙 작전을 보호할 수 있을 정도로 강력해질 것이다. 영국 함대는 싱가포르를 넘어서는 기지가 없을 것이고, 미국 함대는 진주만을 넘어서는 기지가 없을 것인데, 두 항구 모두 일본 본토에서 3000마일 이상 떨어진 전투 범위를 훨씬 넘어서는 거리에 있다. 선의에서 합의된 선언은 북아시아에서 일본이 자유롭게 행동할 수 있게 만들었다. 미국의 극동 정책에 구두로 동의를 표명한 대가로 일본은 새로운 힘의 지위를 얻었고, 일본의 행동을 통제할 수 있는 것은 오직 일본인의 양심뿐이었다.

워싱턴 회담에서 일본이 서태평양에서 우월한 해군의 지위를 인정받았음에도 불구하고 회의 자체는 일본에게 쓰라린 경험이었다. 일본 애국주의자들에게 그것은 충분하지 않았다. 민족적 자부심을 갖고 있는 이들은 인종 평등이 인정되길 요구하는 것처럼 완전한 해군의 평등도 인정되길 요구했다. 일본 정치인들이 워싱턴과 후에 런던에서 해군의 열세를 받아들인 것은 과격한 무력 극단주의자들의 반란과 그에 뒤따른 일련의 국수주의적 암살의 주요 이유 중 하나가 되었다. 그러나 해군 평등 문제보다 더 심각한 것은 극동의 전리품들을 강제로 포기하게 된 것이었다. 일본에게는 자연스러운 세력균형처럼 보이는 것을 서구 열강들이 다시 한번 뒤집었다. 일본은 또다시 온전히 그들 자신이 전쟁활동을 통해 얻은 결실을 빼앗겼다. 아시아의 먼로독트린을 꿈꾸게 한 것은 이러한 간섭에 대한 격렬한 분노였다. 미국처럼, 일본은 역외 세력들이 배제될 수 있을 때에만 자신의 영역에서 우위를 점할 수 있을 것이었다. 일본의 목표는 극동 세계에서 서구 열강의 개입 없이 행동할 패권과 자유를 가진 국가가 되는 것이었다. "아시아인들의 아시아Asia for the Asiatics"는 이 새로운 질서를 위한 슬로건이 되었다.

만약 워싱턴의 정치인들이 미래의 동양에서 서구 세력의 개입 없이도 진정한 세력균형이 이루어질 것이라고 기대했다면, 두 가지 심각한 판단 오류를 범한 것이다. 그들은 일본의 상대적 힘을 감소시킬 수밖에 없는 새로운 힘이 아시아에서 움직이기 시작했다고 정확하게 추측했지만, 새로운 힘이 일본 제국의 야망을 견제하기에 충분한 군사력으로 바뀌는 데 걸리는 시간을 너무 짧게 잡았다. 전략적 사고와 정치적 현실주의의 훈련을 받은 일본 군사 지도자들이 자국의 상대적 힘의 하락과 새로운 영토 안보 위협에 대해 어떠한 조치도 취하지 않고 그저 받아들이리라고 추측한 것도 실수였다.

러시아는 결국 혁명의 혼란에서 벗어나 우랄산맥 동쪽에 중요한 경제 및 산업 중심지를 건설하고 동시베리아에 독립적이고 거의 자급자족적인 전쟁 경제를 형성하는 프로그램에 착수했다. 일본에게 더 심각한 것은 중국의 새로운 민족주의의 위협으로, 이것이 지방 군벌을 중앙 정부로 규합하고 영토 통합 및 군사력 증대를 꾀하고 있었다. 중국 민족주의 지도자들은 심지어 지역 군벌들과의 군사 합의와 철도 건설 계획을 통해 잃어버린 만주 지방을 탈환하려고 시도하기도 했다. 이 철도가 건설되면 중국 항구로 수송되는 경제활동의 일부가 일본이 통제하고 있는 남만주 철도에서 벗어날 수 있을 것이다. 힘의 균형은 일본에게 좋지 않게 변하고 있었고, 그러므로 공격할 때가 도래했다.

제2차 세계대전

1931년 9월 18일의 만주사변은 대륙 팽창의 새로운 장을 열었고, 동해 연안에 존재하는 거대한 군사 세력들 때문에 생기는 전략적 문제를 근본적으로 해결하기 위한 조치들이 시작되었음을 의미했다. 일본의 안보 문제는 여전히 동일했고, 일본 정부는 영국이 유럽 본토에 대해 한때 누렸던 것과 같은 전략적, 정치적 이점을 아시아 본토에서 갖기를 여전히 희망했다. 한반도-만주는 네덜란드와 비슷한 지역이고, 러시아의 연해주도 결국은 거기에 추가될 지역이었다. 황해를 감싸고 있는 중국 북부는 벨기에와 비슷한 지역이라고 할 수 있다. 만약 이곳을 제외하고 다른 데서 중국과 러시아가 서로를 견제해 균형을 이룬다면 일본 본국의 안전은 보장될 것이었다. 그렇게 되면 일본 해군력은 먼 지역에서의 활동과 해외 제국 건설에 이용될 수 있었다.

이 프로그램의 첫 단계는 성공적이었다. 짧은 작전 뒤에 만주 지역은 일본에 점령되었고, 1932년 이른바 독립 만주국으로 개칭되었다. 현재는 중국과의 모든 관계로부터 자유롭고, 러시아로부터도 독립된 자유국이지만, 당연히 일본의 직접적이고도 완전한 지배하에 있다. 그러나 1937년 중국 북부 지방의 군사적 점령으로 시작된 계획의 2단계는 실패했다. 독립국가 북중국을 세우는 일은 불가능하다는 것이 입증되었다. 중국 국민당 정부는 도전을 받아들였고, 일본은 물질적으로는 약하지만 규모와 인력 면에서는 강한 상대와 제한전이 아니라 전면전을 벌이게 되었다.

중국은 1895년 만주족 왕조가 일본에게 근대 전쟁에서 처음으로 쉬운 승리를 안겨준 이후 변화해왔고, 겁에 질린 베이징 정부가 일본의 21개조 요구를 대부분 받아들인 1915년 이후 많은 일을 겪었다. 중국은 여전히 원시적이고 산업적으로 낙후된 데다 기동군도 없었지만, 중앙 정부와 저항할 의지를 얻었고 영웅적인 인내력이 있었다. 전쟁 초기에 눈부신 승리를 여러 차례 거두었지만 이후 일본군은 중국 서부의 2000마일 길이의 전선에서 진격을 멈췄다.

일본이 중국 해안지방을 정복하고 내륙으로 진출할 수 있었던 것은 경제를 현대화하고 전쟁 잠재력을 실제 군사력으로 전환했기 때문이다. 중국이 일본의 정복에도 불구하고 저항을 계속할 수 있었던 것은 무궁무진한 인력과 경제적 낙후 때문이었다. 자본주의 이전 상태인 중국 경제는 비정형적이고 분산적이며 통합되지 않았기에, 정복은 곧 패배를 의미하는 핵심 거점이나 취약한 중심지가 없었다. 일본인이 철도와 강을 통제하고 있지만, 주요 교통로 뒤에서 중국인들의 삶은 계속되고 있다.

이런 원시적인 경제 시스템과 거대한 국가 규모에 힘입어 중국 정부는 내륙으로 철수할 수 있었고, 이에 일본인들은 효과적인 보급의 한계 이상으로 전선을 확장해야 했다. 그 결과 전쟁은 교착상태에 이르렀고, 명백한 승리자가 가장 큰 피해를 보는 소모전이 되었다. 게릴라들과 싸우고 영토를 점유하고 있는 100만 명의 군대가 대륙에서 움직이지 못하게 되었지만, 독일군이 유럽의 정복지를 착취하는 방식처럼 일본은 점령한 영토를 생산적으로 이용할 수 없었다. 점령한 영토는 일본의 전쟁 잠재력을 증가시키지 못했고, 반면 전쟁의 부담으로 인해 섬 제국에는 고난과 심각한 경제적 혼란이 야기되었다. 일본은 한때 나폴레옹이 러시아에서 겪었던 것과 비슷한 난관을 중국에서 만났다.

1939년 유럽에서 발발한 전쟁은 서방 국가들이 극동 해역에서 사용할 수 있는 군사력의 양에 심각한 영향을 미쳤다. 영국과 프랑스 모두 자국 방어에 집중해야 했고, 따라서 힘의 균형은 일본에게 유리해졌다. 유럽의 분쟁은 일본의 팽창에 다시 한번 절호의 기회를 주었다. 제1차 세계대전 동안 일본은 중국에 유명한 21개조 요구를 제시했고, 지고 있던 유럽 강대국의 아시아 지역 소유물, 즉 적도 북쪽의 독일 소유의 섬들과 칭다오에서의 권리를 빼앗았다. 이번에는 중국과 이미 전쟁 중이었고, 유럽 전선에서 지고 있는 강대국은 프랑스 공화국이었다.

프랑스가 패배하자 프랑스령 인도차이나에 대한 지원이 불가능해졌고, 그곳은 일본의 손에 맡겨졌다. 기회를 잡은 일본은 그동안 육군이 단독으로 대륙 쪽에서 중국을 압박하던 것에, 해군이 선호하는 팽창 형태인 남쪽에서의 공세를 추가했다. 태국과 프랑스령 인도차이나 사이의 국경 전쟁에서 일본은 이익이 큰 중재 역할을 수행할 수 있었다. 이 일은 커다란 성공을 거두었고, 전략적, 경제적 측면 모두에서 일본에게 이익을 주었다. 1940년 9월 프랑스 비시 정부는 일본에게 인도차이나에 군대를 주둔시키고 해군과 공군기지를 점령할 권리를 부여했으며 무역과 투자에 관한 특권을 확대해주었다. 일본군이 통킹을 점령하고 인도차이나를 엔화 블록에 편입시킴으로써 일본 전시 경제는 강화되었다. 이로써 부족했던 외환 자원의 유출 없이 쌀 수입을 재개할 기회를 갖게 되었다. 일본은 조심스럽게 움직였고, 한 번에 작은 양보만을 요구하는 독일의 초기 전술을 따랐다. 싱가포르로 향하는 다음 단계를 밟기 전에 일본은 1년 내내 기다리면서 이전 프랑스 식민지의 남부 지역을 통합했다.

유럽의 패전국이 지배하던 아시아 지중해의 또 다른 식민지는 다루기 쉽지 않았다. 1937년 11월, 일본은 경제적 특권을 요구하며 네덜란드령 동인도제도와 협상을 시작했다. 빠르고 쉬운 결과를 내는 대신, 그 협상은 거의 2년 동안 지속되었지만 실패로 끝났다. 1940년 봄, 독일의 대승리 이후에도 유럽 정세는 일본에게 실망감을 안겨주었다. 프랑스의 패배 덕분에 프랑스령 인도차이나의 북부를 장악하게 된 것은 사실이지만, 투쟁을 계속하겠다는 영국의 결의는 일본에게 타격이 되었다. 네덜란드 정부가 런던으로 망명해 영국과 동맹을 맺고 전쟁을 계속하기로 결정했다는 사실도 똑같이 타격이었다. 이것은 일본의 군수산업에 매우 중요한 아시아 지중해의 생산물이 영국의 전쟁 자원으로 사용된다는 것을 의미했다.

일본 정부는 네덜란드령 동인도에 대량의 석유와 다른 전략 원자재를 인도할 것과 특권을 줄 것을 요구하기 시작했다. 요청 사항 중 일부는 제1차 세계대전 당시 중국에 제시되었던 21개조 요구를 어렴풋이 연상시켰다. 네덜란드령 동인도 정부는 확고했다. 그들은 석유와 다른 원자재를 일본에 판매할 의향이 있지만, 이것은 영국으로 갈 자원이 감소되지 않는 한도 내에서만 가능하고, 정부가 자발적으로 허가한 것보다 더 많은 석유를 무력으로 얻으려는 어떠한 시도가 있다면 유전을 파괴할 것이며 결국 석유를 전혀 얻지 못할 것임을 은연중에 암시했다.

1941년 6월 독일이 러시아를 공격했지만, 그것이 나중에 일본에 어떤 궁극적인 이익을 가져다주든, 처음에는 상황을 개선시키지 못했다. 제2차 세계대전은 처음엔 극동에서 서방 강대국들의 입지를 약화시켰지만, 그들은 협력을 늘려 개별적 힘의 손실을 상쇄했다. 러시아도 마찬가지였다. 러시아는 서방에서의 전투 때문에 아시아에서 약해졌지만, 독일과 싸우고 있던 터라 영국은 그들의 동맹이 되었고 미국은 그들의 친구가 되었다. 결과는 일본의 포위였다. 러시아, 중국, 영국, 네덜란드, 그리고 미국 모두 일본의 정복을 막기로 결심했다. 일본은 심각한 싸움 없이 얻을 수 있는 것만 취했다. 북쪽이든 남쪽이든 더 이상의 팽창은 중국 전선을 따라 진행하고 있는 것 외의 또 다른 대규모 군사작전에 휘말리게 할 수 있었다. 당분간 극동의 세력은 균형을 이루고 있는 것처럼 보였지만 그 균형은 위태롭고 매우 불안정했으며, 비아시아 세력들이 그 지역에서 이용할 수 있는 힘에 상당 부분 의존하고 있는 균형이었다.

독일-러시아 전쟁은 시베리아와 연해주를 정복하기 위해 북상할 가능성을 열어놓았는데, 특히 일본이 공습에 취약한 것을 우려하던 군부의 관심을 끌었다. 동해 연안에서 러시아를 영원히 제거하는 것은 일본의 오래된 야망이다. 이것은 제1차 세계대전 동안 일시적으로 실현되었지만, 워싱턴 회의에서 다시 좌절되었다. 독일이 네덜란드와 벨기에를 점령해 런던을 공습하는 작전 기지로 삼으면서 이점을 얻자 일본 장군들은 원래 분석이 정확했다고 확신하게 되었다. 전반적인 전략 상황은 일본에 유리했다. 만주를 점령하면 블라디보스토크와 하바롭스크를 일련의 공군기지로 포위하는 것이 가능했고, 만주의 북서쪽 끝은 시베리아 횡단 철도와 바이칼호를 향해 돌진할 수 있는 훌륭한 기회를 제공할 것이었다.

그러나 연해주 정복은 매우 심각한 전투 없이는 실현될 수 없었다. 일본군 병력의 대부분은 중국에 묶여 있었고, 항공기의 지원을 받고 기계화된 약 30만 명의 러시아군은 아무르강을 따라 진격하는 일본군을 맞이할 준비가 되어 있었다. 일본의 해상 교통로를 공격할 수 있는 작전 준비 태세를 갖춘 상당수의 잠수함이 대기 중이었고, 블라디보스토크 인근 활주로에는 일본 도시 상공에 폭탄을 투하할 준비가 된 폭격기 부대가 있었다. 일본은 러시아가 우랄산맥 서쪽에서 완전히 패배할 때까지 동시베리아 정복을 기다리는 것이 현명하다고 생각했다. 그래서 만주국에서는 수비대를 강화하고, 팽창은 싱가포르 쪽으로 이뤄졌다.

1941년 7월 23일, 비시 정부는 일본의 요구에 동의해서 일본군이 극동의 나머지 자국의 식민지들을 점령했다고 발표했다. 일본 제국은 아시아 지중해 쪽 대륙 연안 중 3분의 2를 지배하게 되었다. 일본은 캄란만의 함대 기지와 사이공의 상업 항구를 얻었고, 이것은 싱가포르에서 750마일 떨어진 곳까지 해상 작전을 가능하게 하는 기지와 군항을 획득했음을 의미했다. 이러한 조치와 함께 태국과 협상을 재개해 메콩강 건너의 공군기지를 요구했다. 태국을 자신의 통제하에 둔다면, 일본은 버마의 쿤밍에서 랑군까지 도로와 평행하게 비행장들을 구축해서 중국에 대한 유일한 보급로를 심각하게 위협할 수 있었다. 또한 "흰 코끼리의 땅" 태국을 지배한다면 싱가포르의 서쪽 접근로인 믈라카 해협 북쪽 입구에 공군과 잠수함 기지를 운용할 기회도 얻을 수 있었다. 싱가포르는 아시아 지중해의 핵심으로 이곳을 점령하면 네덜란드령 동인도와 영국령 인도뿐만 아니라 호주와 뉴질랜드의 안전을 위협할 수 있었다. 또한 결과적으로 필리핀을 완전히 포위하게 되었을 것이다.

나머지 연안 국가들은 태국과 싱가포르에 대한 위협의 전략적 의미를 알고 있는 듯했다. 영국과 미국은 각자의 상대적 입지를 개선하고 육·해·공군을 증강할 의사를 밝혔다. 1941년 내내 영국, 인도, 호주, 뉴질랜드로부터 증원군이 이동해왔다. 필리핀에는 추가 파견대와 소수의 폭격기 비행대가 배치되었고, 네덜란드령 동인도제도는 미국으로부터 많은 항공기와 기계화 장비를 구입했다. 1941년 여름이 되자 이 지역은 일본에 저항하기에 충분한 군사력을 갖춘 것으로 보였다. 그러므로 일본의 사이공 점령과 태국 위협에 대응해서 미국, 영국, 네덜란드령 동인도제도가 함께 엄중한 경제 조치를 취한 것이나, 루스벨트 대통령과 처칠 수상이 태국을 점령하려는 그 어떤 시도도 두 국가 소유의 영토 안전에 대한 위협으로 간주한다고 강력히 경고한 것은 놀라운 일이 아니었다. 그러나 이 경고가 일본을 막지는 못했다. 1941년 12월 7일, 일본은 서태평양에서 영국과 미국의 영토에 대한 적대 행위에 돌입했다. 아시아 지중해를 장악하기 위한 마지막 작전이 시작된 것이다.

일본 반구를 위한 구상

프랑스령 인도차이나 점령으로 일본의 야망이 끝난 것은 결코 아니었다. 몽상가들과 거대한 정치적 구상을 세우는 이들에게는 더 이상 좋을 수 없는 기회가 찾아왔다. 유럽이 다시 혼란에 빠지자, 일본의 '명백한 사명'에 대한 비전은 해군과 육군 극단주의자들의 비전과 혼합되었다. 해군 극단주의자들은 일본을 영국식 해양 강국으로 보았고, 육군 극단주의자들은 일본을 몽골과 만주족의 후계자로 보면서 중국 인력에 기반을 둔 거대한 아시아 대륙 제국의 창설자로 여겼다. 미래의 청사진은 시베리아에서 호주 태즈메이니아에 이르는 서태평양 연안에서 일본이 패권을 가지고 있고, 6억 명의 사람을 도쿄의 군사적, 정치적 지배하에 두는 경제 제국으로 그리고 있었다.

일본이 추축국의 파트너가 된 이후 나치의 개념과 용어가 일본의 정치적 계획 형성에 영향을 미치기 시작했지만, 이것은 표현의 형태에 영향을 미쳤을 뿐 열망의 본질에 영향을 미친 것은 아니었다. 일본은 자신의 프로그램을 확장하기 위해 국가사회주의자 친구에게 자극받을 필요가 없었다. 일본 정치인들은 자국의 미래에 대한 야망을 부끄러워한 적이 없다. 스스로 신들의 후예라고 믿는 이들이 자신의 선조들에게 걸맞은 미래를 설계하는 것은 당연했다.

환태평양과 환대서양의 지리적 유사성 때문에, "대아시아의 새로운 질서New Order in Greater Asia" 계획은 유럽의 새로운 질서에 대한 독일의 청사진과 다르지 않다. 그 핵심과 힘의 중심은 물론 북쪽 대륙에 있을 것이다. 경제 중심지는 일본, 연해주, 만주국, 북중국으로 구성될 것이다. 이 지역은 거대한 산업 중심지가 되어서 식료품과 원자재를 수입하고 공산품을 수출할 것이다. 두 번째 구역은 아시아 지중해로 구성될 것이다. 남중국 및 인도차이나 점령과 태국 침투로 시작되어 아시아 지중해를 아우르는 팽창은 싱가포르와 마닐라 함락 이후 마무리될 것이다. 이 지역은 주요 산유 지역이자 전략 원자재 공급원이 될 뿐만 아니라 거대한 열대 플랜테이션 농장 지역이 될 것이다.

아시아 지중해 해상의 완전한 통제는 남반구 대륙의 서쪽과 동쪽 인접 지역에 대한 통제로 이어질 것이다. 독일–유럽권과 일본–아시아권 사이의 경계선은 인도양에서, 아마 인도 서쪽에서 형성될 것이다. 대아시아 생활권으로 편입될 남쪽 대양의 거대한 섬 훨씬 뒤쪽에서 미국권과의 경계선이 그어질 것이다. 호주와 뉴질랜드는 더 이상 백인의 나라가 되지 않을 것이다. 그곳은 아시아인의 정착을 위해 개방되고, 인종적으로 새로운 동양 세계에 동화될 것이다.

만약 일본이 제국의 꿈을 이룬다면, 세계에서 미국의 지위는 심각한 타격을 받을 것이다. 필리핀, 괌, 그리고 아마 사모아를 잃을 것이다. 중국의 문호 개방은 끝나고, 주석, 고무, 케이폭, 마닐라 삼 등 대체하기 매우 어려운 아시아 지중해의 전략 원자재를 구하기 위해서 일본의 선의에 의존하게 될 것이다. "대동아공영권"은 태평양 건너편 세력균형의 최종적 파괴를 의미하고, 이것은 서반구 내 미국의 지위에도 궁극적으로 영향을 미칠 것이다.

아시아의 세력균형과 미국

미국은 태평양 너머의 거대한 해양 제국의 출현에 따른 위협보다 아시아의 세력균형을 더 우려하고 있다. 그것은 서반구에서 미국의 원래 지위에 대한 어떤 걱정에서가 아니라 아시아 강대국으로서 미국의 지위에 대한 불안에서 기인하는 것이다. 이 문제는 이제 새로운 중요성을 띠게 되었지만, 그 기본적 특성은 여전히 동일한 지리적, 전략적 요인에 의해 규정되며, 가능한 접근법들도 동일하다. 비아시아 강대국들의 개별적 또는 집단적 행동을 통해 일본을 억제하는 방법이나, 지역 국가들을 육성해 일본 제국의 역동적인 팽창에 대해 균형을 맞추는 방법이다.

일본을 견제하기 위해 미국은 30년 동안 국제관계에서 가능한 모든 방법을 사용해왔다. 미국은 설득, 교환, 무력 위협을 각각 그리고 동시에 시도했지만 전쟁을 감수할 의지는 결코 없었다. 이것이 적어도 부분적으로는 미국 외교가 왜 별 성과를 거두지 못했는지를 설명해준다. 설득에는 한계가 있다. 미국의 문서와 항의서는 훌륭하게 작성되었고 설득력 있게 주장되었으며 불변의 국제법 원칙들로 뒷받침되었지만, 일본인들은 감응하지 않았다. 교환의 방법도 제한된 가능성만 보여주었다. 극동에서 교환할 수 있는 유일한 것은 미국이 가장 원하던 중국의 영토 보전이다. 1908년의 루트-다카히라 협정에서 필리핀의 영토 보전을 존중하겠다는 일본의 약속과 만주에서 일본의 특별한 이익을 인정한다는 미국의 약속을 교환했지만, 그것이 미국의 양심이 허락하는 한계였다.

미국은 일본과의 직접 협상을 영국과 공동 행동으로 보완하려 했으나, 극동에서 영국과 미국의 협력은 이해관계가 유사함에도 불구하고 어려웠다. 그것은 양국이 바라보는 이 지역의 의미가 달랐기 때문이다. 아시아에 대한 영국 제국의 관심은 본국 안보와 유럽의 세력균형 문제에 종속되어 있었다. 극동에서 압력을 행사하기에 전략적으로 더 나은 위치에 있었지만, 영국은 정치적으로 완전히 자유롭지 못했다. 반면 미국은 본토 안보나 서반구에서의 세력균형 문제는 없었지만, 초기에 무력을 사용하기에 훨씬 덜 유리한 위치에 있었다.

영국과 미국의 협력이 기본적으로 어려웠기 때문에 국제연맹에 의한 행동도 성공할 전망이 없었다. 만주 침략이 일어나자 중국 정부는 국제연맹과 미국에 호소했지만 헛수고였다. 영국 정부는 관심이 없었고, 공동의 서부전선을 구축하려는 미 국무장관 스팀슨의 시도는 실패했다. 국제연맹은 일본을 비난하는 결의안을 통과시켰고 미국민은 규탄 집회를 열었지만, 그 어떤 행동도 일본군의 상륙이나 도시 폭격을 막지 못했다.

미국은 단독으로 행동을 취할 생각이 없었고, 따라서 단지 불찬성을 표현하는 것에 그쳤다. 그것은 미국 외교정책의 새로운 원칙인 '불승인'이라는 기묘한 형태를 취했다. 이 독트린은 적어도 외국에서 영감을 받은 것은 아니었다. 그것의 선례는 1915년 중국에 대한 일본의 요구에 항의하는 브라이언의 서한에서 찾을 수 있다. 여기서 미국은 자국이 수단의 합법성을 승인하지 않는 한 영토의 현상 변화를 인정하지 않을 것이라고 선언했다. 미국이 불법적 행동에 저항하기 위해 어떤 조치를 취할 것이라고 발표한 것은 아니었다. 단지 미국이 그것의 결과를 인정하지 않음을 세계에 알리는 것이었다. 하지만 괴뢰국가인 만주국은 미국의 승인 없이도 지금까지 살아남아 있다.

1937년 9월 북중국 침공이 시작되었을 때, 중국인들은 유럽과 미국에 다시 호소했다. 그 무렵 프랑스와 영국은 독일의 증대되는 위협에 완전히 붙잡혀 있었고, 움직일 수 없었던 서방 국가들은 다시 고귀한 정서만을 표현했다. 국제연맹은 중국에 도덕적 지지를 하기로 투표했고 헐 국무장관은 "미국은 질서 있는 절차와 상호 도움이 필요하다고 믿는다"라는 내용의 서한을 열강들에게 보냈다. 9개국 조약 체결국 및 극동에 특히 관심 있는 다른 나라들이 브뤼셀에서 회의를 열었고 영국과 미국도 참석했지만, 그들은 도움이 될 만한 어떤 행동도 취하지 않을 것임을 분명히 했다. 19개국이 모여 엄숙한 결의안을 통과시켰다. 법정에 서지 않았던 유일한 자는 중국을 정복하느라 너무 바빠서 항의 시위에 참석할 시간이 없었던 바로 그 피고인뿐이었다.

설득과 교환을 시도하는 것 외에도, 미국은 무력 위협으로 일본인들에게 깊은 인상을 주려는 어리석고 부질없는 노력을 때때로 해왔다. 1931년 일본군의 만주 정복 당시 미국 정찰 함대는 대서양에서 태평양으로 이동해 전체 함대가 다시 한번 집결했다. 이 통합된 미국 해군은 1932년 하와이 제도 북서쪽에서 매우 과시적인 작전을 수행했고, 훈련이 끝난 후에도 많은 함대가 본토 기지로 돌아가지 않고 진주만에 여전히 모여 있었다. 이 행동은 진주만에 주둔하고 있는 함대가 전투 범위 너머 안전한 곳에 있는 다른 국가의 함대에 억지력을 발휘할 것이라는 다소 순진한 가정에 의해 이루어졌다. 이 시위는 몇 년 후 이탈리아에 대항해 지중해에서 영국 해군이 보여준 것만큼이나 화려하고 허무했다.

1939년 7월, 미국은 일본에 1911년의 상업조약을 파기할 의도가 있다고 통고했다. 이것은 1940년 1월 26일 조약 만료일 이후 경제적 차별과 보복을 위한 길을 열어주었다. 그해 7월, 의회는 대통령에게 국방에 필요한 물자의 수출을 금지하거나 제한할 권한을 부여한 셰퍼드-메이 법안을 통과시켰다. 이 권한 아래 다수의 상품에 대한 수출 허가 제도가 확립되었다. 이런 어중간한 단독 압력 시도들은 일본을 거슬리게 할 정도로 강하긴 했으나 억제할 만큼 강하지는 않았다. 일본에 대한 이런 시도들의 효과는 이탈리아에 대한 경제 제재의 효과와 같았다. 그것은 미일 관계를 악화시켰지만 세력균형에는 영향을 미치지 않았다.

일본이 프랑스령 인도차이나를 점령한 후 1941년 7월 25일이 되어서야 미국 정부는 미국 내 모든 일본 자산을 동결하면서 거대한 경제적 힘을 사용하기 시작했다. 대영제국과 네덜란드령 동인도제도도 같은 조치를 취했기 때문에 일본은 거의 전 세계적으로 금수 조치에 처할 상황에 놓였다. 이 조치는 봉쇄 없이 전략 원자재를 빼앗았고, 살아남기 힘든 경제적 교살로 일본을 위협한 것이다.

일본의 자산이 동결되기 전까지 미국의 경제력은 일본의 군사력을 줄이는 것이 아니라 확장시키는 데 쓰였다. 일본 해군이 사용한 연료의 대부분은 미국 석유였고 비행기에도 미국 휘발유가 쓰였다. 일본군을 이동시키는 것은 미국 트럭, 일본 철강산업을 지탱해준 것은 미국 고철, 그리고 일본 군수품 제조에는 미국 기계가 사용되었다. 루스벨트 대통령은 일본이 네덜란드령 동인도를 정복하려는 유혹을 받지 않도록 석유 금수 조치를 자제했다고 발표했다. 그러나 다른 측면에서, 지금까지 왜 중국을 정복하고 극동에서의 미국의 지위를 파괴하고 있는 일본이 그들의 군수품 건설과 운용을 위해 미국의 경제력을 사용하게 두었는지는 설명하지 않았다.

미국이 일본에 대항해 자국의 모든 경제력을 사용하기를 꺼리는 이유 중 하나는 서태평양에서의 전략적 약점과 일본이 보복으로 필리핀을 공격할 것을 두려워했기 때문이다. 함선과 해군 병력 면에서 미국이 일본보다 월등하다는 해군부의 확신에도 불구하고 필리핀은 방어하기 매우 어려웠고, 미국이 단독으로 행동했을 때 일본을 완전히 패배시키기는 극히 힘든 일이었다. 미국 정부는 지리적 현실에 대해 잘 인식하고 있었다. 따라서 영국의 적절한 지원이 보장되지 않는 한 아시아의 균형을 유지하기 위한 전쟁 수행은 꺼렸다. 독일에 맞서 유럽 내 세력균형을 유지하기 위한 전쟁에 참여한다는 것은 유럽의 지배적인 해군 세력과 협력해 전쟁하는 것을 의미한다. 현재 상황에서 아시아의 세력균형을 유지하기 위한 전쟁에 참여한다는 것은 아시아의 지배적인 해군 세력에 대항해서 전쟁하는 것이고, 이것은 완전히 다른 성격의 전략 문제임을 뜻한다. 대양 건너편에 위치해 있는 세력이 아시아 본토에 있는 군사력으로 일본을 저지하는 것은 유럽 본토에서 대영제국을 저지하는 것만큼이나 어려운 일이고, 아시아 지중해 북쪽에서 일본과 겨루는 일은 영국이 카리브해에서 미국과 겨루는 것만큼 어려울 것이다.

20세기 일사분기 극동의 역사는 19세기 마지막 분기 아메리카 지중해의 역사와 흥미로운 유사점을 보여준다. 각 시기 초반에는 그 지역 내에 해군기지를 보유한 역외 해양 세력이 역내 어떤 국가보다 더 많은 압력을 행사했다. 아메리카의 경우 미국, 아시아의 경우 일본이라는 역내 해양 세력이 커지면서 역외 국가들은 불가피하게 퇴각해야 했다. 일본의 전쟁 수행 잠재력이 미국보다 훨씬 적었던 것은 사실이지만 서태평양에서 도전하기 어려운 해군을 만들기에는 충분했다. 미국과 유럽 세력의 극동 해군기지는 중국에 대응하고 서방 열강들 사이의 함대 전력 균형을 유지하기 위한 것이었다. 그러나 이 지역 내부에 강력한 해양 세력이 생기자 기지들은 장차 문제의 빌미가 되었는데, 시어도어 루스벨트는 이것을 아킬레스건이라고 불렀다.

러일전쟁 이후 일본 제국의 세력에 맞서서 프랑스령 인도차이나, 홍콩, 필리핀을 방어하는 것은 사실상 불가능해졌다. 1900년 이후 카리브해의 유럽 영토와 마찬가지로 그들의 영토 안보도 주로 지배적인 역내 해양 강국의 호의에 의존하게 되었고, 이러한 상황은 지난 10년 동안 공군이 발전할 때까지 계속되었다. 지난 세계대전 말기에도 거리와 해전의 본성 때문에 미국은 넓은 태평양을 건너 일본을 저지할 수 없었다. 만약 일본 해군이 지배권을 가진 지역 내에 미국의 영토가 없었더라면 미국은 훨씬 더 강력한 지위에 있었을 것이다. 그런 조건하에서 일본이 미국의 경제적 압박에 대항해 전쟁을 한다면 미국이 제해권을 갖고 있는 동태평양에서 싸워야 할 것이고, 그렇다면 미국은 경제력을 최대한 활용할 수 있을 것이다. 일본 강세 지역인 서태평양에서는 상황이 역전된다.

워싱턴 조약은 중국이 일급 해군력을 개발할 수 있을 때까지 일본이 환태평양 북부 대륙의 지배적인 해상 강국이 될 수밖에 없다는 피할 수 없는 사실을 현실적으로 받아들이고 있었다. 그리고 20년 전 영국이 아메리카 지중해에서 미 해군의 지배권을 인정했던 헤이-폰스포트 조약에 명시된 것과 같은 지전략적 사실을 인정했다.

미국이 서태평양 소유지의 전략적 가능성을 개발한 적이 없고 워싱턴 조약에서 그것들을 요새화하지 않기로 동의한 것은 사실이지만, 이것이 반드시 오류라고 할 수는 없다. 태평양 너머에 있는 강대국은 전투 범위 훨씬 밖에 있다. 서태평양의 해군기지가 거리라는 근본적인 장애물을 완화할 수는 있지만 극복하지는 못할 것이며, 군축회의에서 기지 건설의 자유를 주장했다면 해결 불가능한 정치적 문제를 만들었을지도 모른다. 괌과 마닐라만에 대규모 해군기지를 건설하고 서태평양에 미 해군의 제해권을 확립해야만 효과적인 필리핀의 영토 안보를 확보할 수 있다. 이것은 일본의 해외 영토뿐만 아니라 본토의 영토 안보에도 위협이 되었을 것이다. 미국은 유럽 강대국이 서인도제도에 있는 섬들을 해군 및 공군기지로 개발해 미국의 안보를 위협하는 것을 결코 허용하지 않을 텐데, 일본이 유사한 위협의 건설을 참아줄 것이라고 가정할 이유는 없다. 기지가 준비되기 훨씬 전인 어느 날 유리한 순간에, 일본이 압도적인 병력으로 갑자기 나타나 섬을 점령할 가능성이 훨씬 더 높다. 상대에게 압도당할 때까지 싸움을 미루는 것은 민주주의 국가에서나 일어나는 일이다.

재래식 해군력과 해양 통제 능력 면에서 볼 때 극동 지역에서 일본의 입지는 매우 강했다. 그러나 1921년 이래 공군의 발전으로 서태평양의 전략적 지형은 근본적으로 바뀌었다. 우리는 이미 현대전 상황에서 해군의 승리는 항공력 우위를 요구한다고 지적했고, 좁은 주변 해역에서는 상대가 육상 기지를 갖고 있다면 항공모함으로 우위를 차지하는 것이 매우 어려울 수 있다고 밝혔다. 제해권으로 단순히 바다를 통제하는 것만으로는 더 이상 한 지역을 지배하기에 충분하지 않고, 침략은 이전보다 훨씬 더 어려워졌다.

일련의 연안해로 이루어진 극동 해역도 물론 이러한 변화에 영향을 받았다. 일본 본토의 영해는 그들의 육상 기지에서 뜨는 항공기의 사정거리 내에 있기 때문에 그곳에서 일본 함대를 패배시키는 것은 어느 때보다 어려워졌지만, 아시아에서 구미 열강의 영토를 방어하는 것 역시 훨씬 더 쉬워졌다. 연해에서 운용하는 공군으로 일본이 아시아 지중해에서 누렸던 제해권을 무력화할 기회가 만들어졌다. 일본의 장점은 우월한 해군력이었다. 일본의 우월한 인력은 중국에 묶여 있었기 때문에 부분적으로만 이용할 수 있었다. 그러나 극동 지역에서 구미 강대국들의 입지를 개선할 이 기회는 무시되었다. 독일이 유럽에서 공군을 창설하도록 허용된 것처럼, 일본도 영국 및 미국의 아시아 공군과 비교할 수 없을 정도의 공군을 창설하도록 허용됐던 것이다. 앵글로색슨 열강들은 새로운 공중전의 의미를 이해하지 못하고 적절한 방어 수단을 소홀히 한 것에 대해 미래에 반드시 비용을 치르게 될 것이다.

항공력의 발달은 극동에서 서방 열강의 영향력을 연장시켰을지 모르지만, 제국주의 일본에 대항한 세력균형을 회복시킬 수는 없었다. 역외 강대국들이 신대륙에서 미국에 균형을 맞출 수 없는 것처럼 일본의 팽창을 더는 막을 수 없다. 다행히 서구 열강에게는 일본에 대항해 균형을 유지할 역내 세력을 찾을 가능성이 있다. 헤이-폰스포트 조약이 있기까지 아메리카 대륙에서의 힘의 양상과 워싱턴 조약까지 아시아에서의 힘의 양상은 유사성을 지니는데, 이것은 상이한 지정학적 기반에서 나타났다. 신대륙의 성장하는 해양 세력은 거대한 대륙의 전쟁 수행 잠재력을 가진 미국이었고, 따라서 이 지역에서 잠재적으로 가장 강력했다. 극동에서는 입장이 뒤바뀌었다. 성장하는 해양 세력은 대륙이 아니라 근해의 작은 섬들에 기반하고 있었다. 이러한 지리적 토대 위에서 영국은 유럽에서 제해권을 확립했지만, 이것은 대륙을 분열 상태로 유지하는 데 성공했기 때문이다. 일본은 아시아에서 동일한 시도를 했지만 실패했다. 중국을 파괴하려던 시도는 중국인을 하나로 뭉치게 했고, 중국은 일본을 견제하기에 충분한 잠재력으로 남아 있다.

중국이 발전하는 데에는 오랜 시간이 걸렸고 이 점은 최근까지 우방국들에게 실망감을 안겨주었다. 중국 왕조의 서구화와 새로운 기술 및 산업의 도입은 일본보다 훨씬 더 느리게 진행되었다. 일본 메이지유신의 결과는 중앙집권화가 강화되는 것이었지만, 중국 혁명의 여파는 국가의 해체와 약화였다. 이에 따라 중국은 오랫동안 혜안을 가진 정치인들이 아니라 자신의 권력을 위해 싸우는 봉건 군벌들의 손에 있었고, 국익이 아닌 지방의 번영과 사적인 부를 목표로 하는 지도자들의 지휘를 받아왔다. 그런 집단 내에는 부패와 일본인의 뇌물이 만연했다.

중국에서 새로운 민족주의 정부가 처음 등장했을 때, 그들은 반외세 선동과 극동 지역에서 백인을 추방하자는 운동을 통해 국민 통합을 이루려 했다. 이 때문에 구미 열강들은 상반된 열망을 갖게 되었다. 세력균형을 고려해 중국 정부를 지원하려는 열망은 제국주의 이익의 보호자인 일본을 지원하려는 열망에 의해 중화되었다. 그러나 이 구미 열강의 갈등을 해결한 것은 일본이었다. 일본은 중국의 민족주의 운동의 에너지를 침략 방어에 집중하도록 만들었고 적어도 당분간은 서구에 대한 투쟁을 연기하도록 만들었다. 그리고 일본이 서양의 이익을 계속 침해했기 때문에 서양의 도움을 받을 자격이 있는 것은 일본이 아니라 중국이라고 쉽게 판단하도록 만들었다. 비록 그 민족주의 투쟁의 결과가 어떻든 간에, 아시아는 아시아인의 것이 되고 백인을 위한 치외법권 특권의 시대는 영원히 사라질 것이라고 예측되었지만 말이다.

1931년 일본의 만주 침략 이후 국제연맹 가입국들이 일본을 저지하는 어떠한 행동도 취하지 않았을 때, 그들은 중국의 거대한 재건 작업에 대한 기술 지원을 결의하면서 양심의 가책을 덜었다. 이 지원이 일본의 군사활동을 방해하지는 못했지만, 중국 사회 및 정치생활의 현대화에 큰 도움이 되었다. 교통과 통신, 공중보건과 재정 분야의 전문가들은 그들의 경험과 기술을 제공해 현대적 정부를 만드는 데 도움을 주었다. 일본과의 싸움에 더 직접적인 도움이 된 것은 1937년 이래 중국이 러시아로부터 받은 것이다. 만주국 국경에 대규모 러시아군이 주둔하면서 일본 최정예군의 상당 부분이 움직이지 못하게 되었다. 지리적 요인에서 비롯된 이런 간접적인 지원과 별개로 중앙아시아 사막을 넘어 러시아의 비행기와 원자재를 공급하는 상당한 규모의 직접 지원도 있었다.

미국 또한 마침내 실질적인 원조와 지원을 할 방법을 찾았다. 일본이 모든 해로를 통제해서 중국은 러시아 물자보다 미국 물자를 받기가 더 어려웠지만, 미국 정부는 적어도 필수 전쟁 물자를 구입할 수 있는 재정적 지원과 신용거래를 제공하는 정도까지는 지원하고 있었다. 1938년 12월 수출입은행에 의해 처음으로 총 2500만 달러의 차관이 이루어졌다. 수출입은행과 안정기금의 자금으로 이루어진 다른 차관이 뒤따랐고, 무기대여법이 통과되면서 중국은 의회의 승인 없이 추가적인 신용거래를 제공받을 수 있었다.

1941년, 중국에 대한 원조는 단순한 신용거래를 넘어서기 시작했다. 1938년 히틀러가 독일 사절단의 귀환을 강요한 이후 제공되지 않았던 서양의 기술을 지원하기 위해 미국은 장제스에게 군사 사절단을 파견했다. 무기대여 프로그램의 일환으로 버마 도로의 교통 문제를 해결하기 위해 많은 전문가를 보냈고, 그 도로를 따라 중국으로 가는 화물이 인도차이나의 기지에서 활동하는 일본 폭격기들의 위협을 이겨내고 목적지에 도착하도록 보호하는 100대의 커티스 추격기를 자원 조종사들과 함께 충칭으로 보냈다.

1941년 가을 무렵 미국의 제2차 세계대전 참여는 대서양과 태평양에서 흥미로운 유사점을 보이기 시작했다. 미국 비행기와 어뢰정은 미국의 구호물자가 대서양 건너의 동맹국에 도달할 수 있도록 런던으로 가는 해로를 보호하고 있었다. 미국 비행기들은 전쟁 물자가 충칭에 도달할 수 있도록 태평양 너머의 육로를 지키고 있었다. 해전과 원정군은 없었지만, 미국은 연합국으로서 아시아의 균형을 유지하기 위해 투쟁하고 있었다. 그해 12월 7일 일본군이 미국을 공격하면서 갈등은 공식적인 전쟁으로 바뀌었다.

제 6 장

세계 속의 미국

위대한 정치가들은 지리에 대한 감각이 결코 부족하지
않았다. 사람들이 건강한 정치적 본능에 대해 말할 때,
그것은 보통 정치적 힘의 지리적 기반에 대한 올바른
평가를 의미한다._프리드리히 라첼

이전 장에서는 세계 속에서 미국의 지리적 위치
와 다른 대륙의 세력균형에 대한 상호작용의 영향을 설명했다. 세계
의 거대한 해안 지역은 경제적으로뿐만 아니라 정치적으로도 상호
의존적이다. 바다는 장벽이 아니다. 그것은 무역을 위한 고속도로일
뿐만 아니라 해양력 투사를 위한 통로다.

군사력의 효과는 그 근원으로부터의 거리에 반비례하기 때문에
멀리 떨어진 지역은 어느 정도 자율성을 유지할 순 있지만, 고립되
어 살 수는 없다. 한 지역에서 강대국들의 세력관계에 영향을 미치
는 전쟁은 필연적으로 다른 모든 지역의 세력관계에도 영향을 미친
다. 전면전이 된다면 세계 전체가 전장이 된다. 어떤 강대국도 마치
물이 새지 않도록 구획된 것 같은 고립된 대륙에서 지역 외교정책에

만 전념할 수가 없다. 둥근 지구와 입체전three-dimensional warfare*의 관점에서 정치적, 전략적 사고를 할 수 있는 정치인만이 먼 곳의 압도적 공격으로부터 나라를 구할 수 있다. 전쟁의 핵심인 해양력과 기동력을 공군력이 보완하게 되면서, 세계의 어느 지역도 전략적 의미가 없을 정도로 너무 멀거나 세력 정치의 계산에서 무시해도 될 만큼 외진 곳은 없다.

대륙의 상호 의존성

대양을 사이에 두고 있다면 어느 정도 보호받고 또 자율성을 가질 수 있겠지만, 그래도 고립은 허용되지 않는다. 비록 세력들 사이의 거리가 분산되어 있지만 세계는 여전히 단일한 전장이다. 유럽은 한때 세계를 통치하는 중심이었고, 스페인의 모험적인 선원들이 처음으로 세계를 일주한 이래 유럽의 세력균형은 다른 모든 지역에 영향을 미쳤다. 17세기와 18세기 유럽 해양 열강들 사이의 모든 전쟁은 필연적으로 세계전쟁이 되었다. 왜냐하면 그들의 식민지는 전 세계에 분포해 있었고 식민지 획득이 전쟁의 목적이었기 때문이다. 19세기 서반구에서 독립적인 세력이 나타났고 20세기에는 마침내 극동에도 새로운 세력이 나타났다. 오랫동안 유럽은 가장 중요한 지역

---

* 지상, 해양, 공중의 입체적인 영역에서 육·해·공군의 가용한 수단과 방법을 사용해 실시하는 전쟁 수행 방식.

이었고 유럽 세력 투쟁의 결과는 다른 모든 지역의 균형에 영향을 미쳤지만, 마침내 지역 간의 상대적 중요성이 변하고 다른 지역들이 유럽의 세력균형에 영향을 미치기 시작했다.

따라서 20세기는 세력이 지역적으로 분산되고 각기 다른 지리적 중심이 상대적으로 자율적인 영역을 지배하는 특징을 보여준다. 그러나 세력의 지역 분산은, 1914년 6월 합스부르크 대공에 대한 공격이 세계전쟁으로 비화될 수 있다는 사실에서 증명되었듯이, 단지 자치권을 의미할 뿐 독립을 의미하지는 않는다. 유럽의 발칸반도에서 벌어진 러시아와 오스트리아 사이의 세력 다툼으로 시작된 분쟁은, 전 세계 각국이 참여해 중국해에서 프랑스 플랑드르 해안까지 전장으로 만들어버린 전쟁이 되었다. 이에 따라 평화조약도 같은 규모가 되었고, 유럽뿐만 아니라 아프리카, 아시아, 호주의 영토 개정 관련 조항이 포함되었다. 미국의 윌슨 대통령이 파리에 모인 정치인들에게 새로운 세계질서를 위한 계획을 제안했을 때, 그는 국제정치가 수행되는 규모에 상응하는 정치적 도구를 구상했다. 국제연맹은 그 이름 자체로 1815년에 세계 정치를 관장하는 적절한 도구가 될 것을 기대하고 만든 강대국들의 유럽 협조 체제 이후 발생한 역사적 변화를 상징했다.

여론과 도덕적 제재에 의해 세계가 통치될 수 있다고 생각한 이상주의자들은 국제연맹 규약이 저절로 실행될 것이라고 믿었다. 그러나 물리적 강제력이 여전히 필요하다고 확신하는 냉철한 현실주의자들은 연맹의 이름 아래 있는 본질을 우려하고, 견제와 균형의 필요성에 관심을 가졌다. 공군의 역할에 대해서 당시에는 예측할 수 없었고, 독일의 패배를 봉쇄 덕분이라고 보는 앵글로색슨인의 전쟁 해석은 자연스럽게 경제 압력이 미래 국제적 강압의 훌륭한 도구가 될 것이라고 가정했다. 경제적 압박은 봉쇄를 의미했고, 봉쇄는 영국 함대를 의미했다. 그렇다면 누가 수호자 영국을 감시하고, 대영제국이 국제연맹을 그들의 정책 도구로 만드는 것을 막을까? 오직 영국군에 균형을 맞출 수 있는 강력한 함대만이 그 기능을 수행할 수 있었고, 미국만이 그런 함대를 건조하고 유지할 수 있었다. 미국은 연맹에 가입하지 않았고 영국은 대체로 거절하고 싶어했다는 사실에 비추어볼 때, 권위의 행사에 대한 초기의 우려는 우습기까지 하다. 그러나 이것은 연맹이 세계 정치의 도구로 진지하게 고려되었을 때 오히려 세력균형에 대한 고려가 제일 먼저 나타났다는 것을 보여준다.

밝혀진 것처럼 새로운 도구의 개발로 가장 많은 이익을 얻었을 두 국가가 그것을 반대했는데, 이것은 그 국가의 지도자들이 시대와 맞지 않았고 국제 환경이 19세기와 크게 다르다는 사실을 몰랐다는 첫 번째 징조다. 영국은 세계 각지에 영토를 보유한 세계적 강대국이었고, 미국은 유혈 투쟁에 가담할 만큼 충분히 유럽 문제에 관여하고 있으면서 동시에 일본과 또 다른 전쟁의 가능성을 공개적으로 논의할 만큼 충분히 아시아 문제에 관여하고 있었다. 그러나 이상한 법치주의가 그들의 사고를 방해하고 회원국이 될 경우 지켜야 할 책무를 두려워하게 만들었다. 그리하여 지리적인 사실과 힘의 정치의 본질로 인해 그들이 필연적으로 먼 지역의 싸움에 휘말릴 것이라는 점, 그래서 결국 법적 자유에 반대되는 결과가 초래될 것이라는 사실을 완전히 외면하도록 했다.

만약 미국이 국제연맹에 가입했다면 제네바의 연맹 이사회는 연맹의 후원 아래 세계 정치와 군축회의의 중심 체스판이 되었을 것이다. 미국은 가입하지 않았지만 군비 축소를 위한 전후 첫 회의를 주도적으로 소집했고, 후에 제네바에서 열린 예비 연맹 회의에도 참가했다.

힘의 정치를 공부하는 학생들에게 군축회의는 다른 모든 회의와 구별되는 특별한 매력을 갖고 있다. 그것은 총리들의 의례적 방문, 장황한 외교적 언어, 만장일치의 공허한 결의문 뒤에 숨겨져 있는 세력 경쟁과 투쟁을 환한 빛 속으로 끌어낸다. 지역 세력균형의 효과와 상호작용이 가장 명확하게 드러나는 것은 각국이 가져야 할 최대 군비에 대한 합의에 도달하려고 할 때다. 해상 전력은 본질적으로 육상 전력보다 작전 수행이 덜 제한되기 때문에 해군 군축의 경우 특히나 그렇다.

군축회의에서 각국은 국내와 해외의 영토 안보에 대한 요구 사항을 공식화하고, 요구 사항은 필연적으로 다른 국가의 군사력에 비례하게 된다. 그러나 군사적 필요성에 대한 주장은 영토 안전보장에 필요한 수단의 추정치일 뿐만 아니라, 역내 또는 역외에서의 세력 확대 열망에 대한 고백이기도 하다. 국가들은 잠재적 적들이 더 많이 군비를 축소하고 자신의 상대적인 힘이 개선된다면, 언제든 완전히 군비를 축소할 용의가 있다. 그래서 해군 군축회의는 각 대표단이 자신의 함대는 보존하고 다른 함대는 가능한 한 많이 폐기시키려고 노력하는 필전筆戰이 된다. 군축회의는 각국이 가장 큰 안전을 확보하기 위해 노력하는 순수한 세력 투쟁을 상징한다.

워싱턴 회의

제1차 세계대전 이후 첫 군축회의는 1921년 워싱턴에서 열렸는데, 해양 대국들의 권력욕을 전파하고 각 지역의 세력 투쟁이 서로 의존하는 관계임을 입증했다. 이전 동맹국들의 관계는 더 이상 우호적이지 않았다. 아시아에서 일본의 움직임으로 인한 긴장은 심각한 해군 경쟁으로 치달을 수 있는 상황을 유발했다. 미국과 영국의 관계도 좋다고 볼 수는 없었다. 1917년 이후 남아 있는 소수의 중립국에 대해 미국과 영국이 공동 행동을 취하긴 했지만, 미국이 전쟁에 참가하지 않았던 시절 중립을 주장하자 영국이 미국에 보였던 행동에 대한 쓰라린 감정을 아직 없애지 못한 상태였다. 어떤 사람들은 미국이 다시는 국제법상의 자국의 권리에 대해서 교전국의 해석을 받아들여야 하는 상황에 직면해서는 안 된다는 확고한 입장을 드러냈다. 적절한 규모의 해군력이 그 문제에 대한 해답으로 보였다. 하나의 거대한 해군력인 독일을 제거하는 전쟁이 종식되자 남아 있는 강대국들 사이에서 치열한 해군 경쟁이 시작되었다.

영국은 해군의 지위가 크게 개선된 상태에서 전쟁에서 벗어났다.

독일 함대는 파괴되었고, 영국은 전쟁 기간 내내 엄청난 건조 계획을 지속했다. 프랑스와 이탈리아는 전함 건조에서 크게 뒤처졌지만, 양국의 함대는 지중해에서 잠재적인 적으로 서로를 무력화시켰다. 트라팔가르 해전 이후 유럽 대륙에서 영국의 힘에 도전하는 해군력이 이렇게까지 줄어든 적은 없었다. 영국 함대는 제국 건설과 세계 정치의 임무에 대해서는 행동의 자유를 누렸지만, 넓게 볼 때 아메리카 해역과 극동 해역에서 새로운 해양 세력이 나타났다.

일본과 미국은 사실상 전쟁에서 해군이 손실은 없고 크게 증가하기만 해서 전쟁을 시작할 때보다 훨씬 더 강해졌다. 영국의 요청에 따라 미국은 구축함에 다소 집중한 경향이 있지만, 휴전 협정이 이루어지면서 장기적인 작업에 전념할 자유가 생겼다. 1918년 건조 계획에 따르면 1925년까지 12척의 전함과 16척의 순양함이 추가될 예정이었고, 정전 조약과 워싱턴 조약 사이의 3년 동안 미국은 세계의 다른 나라들을 합친 것보다 더 많은 배를 건조했다. 만약 계획이 실제로 완수됐다면, 미국 해군은 세계에서 가장 강력해졌을 것이다.

영국군은 미 해군의 야망을 저지하기 위해 여러 시도를 했고, 영국이 전통적으로 갖고 있던 해양 패권을 포기하는 것은 고려할 수 없다고 밝혔다. 그러나 미국의 해군력 증강은 계속되었고, 영국은 자신의 영역에서도 균형을 이룰 수 없다는 사실과, 2등의 지위를 거절할 뿐만 아니라 원한다면 영국을 능가하는 해군을 건설할 재력을 가진 강대국이 세상에 등장했다는 사실에도 적응해야 했다. 영국은 계속해서 항변했고, 미국은 마침내 관대하게 보이는 타협안인 동등의 원칙을 제시했다. 파리평화회의에서 비공식 휴전에 대한 합의가 이루어질 때 윌슨 대통령은 영국이 국제연맹을 지지하는 대가로 경쟁적 해군력 건설을 유예하기로 약속했다. 그러나 워싱턴 회의 때까지 공식적인 조치가 취해지지는 않았다.

휴스 국무장관의 개막 연설에 담긴 해군력 제한 방안에는 세계적인 해양 세력의 전력 비율 제안이 포함되어 있었는데, 지역에서의 호혜적 효과를 충분히 고려한 것이었다. 제안된 비율은 미국, 영국, 일본, 프랑스, 이탈리아가 각각 5 : 5 : 3 : 1.75 : 1.75였다. 프랑스와 이탈리아는 상호 평등한 전력을 허가받았고, 영국은 프랑스-이탈리아 연합 함대와 비교할 때 5대 3.5 비율을 제안받았는데, 이것은 영국의 전통적인 유럽 정책인 2국 표준 이상의 비율이었다.

길고도 때로는 신랄한 논쟁 끝에 회의는 마침내 합의에 도달했지만, 당초 기대했던 바에 훨씬 못 미치는 것이었다. 군비 제한 조항이 있었지만, 이것은 전함과 항공모함에만 적용되었다. 순양함의 최대 크기는 1만 톤이고 8인치 포까지만 무장할 수 있었으나, 각국이 보유할 수 있는 수치에 동의하는 것은 불가능했고 다른 보조함(구축함, 잠수함)에도 제한을 두지 못했다. 프랑스는 이탈리아와 같아야 한다는 미국의 제안에 크게 분개했다. 프랑스 대표단은 자국이 세계적인 강대국이므로 해군력 중 큰 부분을 어쩔 수 없이 외부 영토에 분리해야 하지만, 이탈리아는 지중해 국가일 뿐이므로 전력을 모두 프랑스 근해에 집중시킬 수 있다고 강력하게 주장했다. 일본 또한 자신에게 제안된 것보다 더 높은 비율을 원했고, 영국과 프랑스는 잠수함을 폐지하려는 영국의 시도에 대해 격렬한 논쟁을 벌였다. 그러나 마침내 제한된 합의가 이루어졌다. 세계의 주요 해양 세력은 해군 휴무일과 조정된 프로그램을 받아들였고, 그것은 10년 후 전함과 항공모함에서 그들의 상대적 해군력을 5:5:3:1.67:1.67의 비율이 되게 하는 것이었다.

워싱턴 해군 군축 협정은 전투 함대의 규모를 안정시켰고, 따라서 해군 경쟁은 순양함 분야로 옮겨갔다. 1921년과 1930년 사이에 프랑스와 이탈리아는 순양함 건조를 통해 상대적 전력을 개선하려고 시도했다. 이러한 형태의 투쟁은 1930년 런던 회의에서 영국, 미국, 일본 사이의 순양함 수에 대한 합의가 이루어지면서 끝났다. 그 순간부터 투쟁의 성격이 더 많은 배를 위한 경쟁에서 더 나은 배를 위한 경쟁으로 옮겨갔다. 그러나 양적 제한조차 유지되지 않았다. 이 조약은 1936년 12월에 끝났는데, 이것은 2년 전인 1934년 12월에 일본 정부가 조약 파기를 공식적으로 통보한 결과였다.

미국과 동등한 비율을 받아들이고 해군 패권에 대한 전통적인 주장을 포기하라는 미국의 제안은 대영제국에게는 수용하기 어려운 요구였다. 영국은 프랑스가 이탈리아에 동등한 비율을 부여하는 것에 반대할 때 주장한 것과 같은 이유로 반대했다. 영국 대변인에 따르면, 영국은 세계 모든 지역에서 책임을 지고 있는 반면 미국은 서반구와 극동에서만 책임을 지므로, 분명 영국에 훨씬 더 큰 함대가 필요하다고 주장했다. 워싱턴에서 영국은 마지못해 원칙적으로 동등한 비율을 받아들였지만, 그들이 정말로 양보할 준비가 되기까지는 10년이 더 걸렸다. 초기의 협정은 주력함과 항공모함에서의 평등만 합의를 봤고, 영국은 조약의 내용을 엄격히 준수함으로써 조약이 다른 함종으로 확대되는 것을 막으려 했다. 그러나 미국은 모든 면에서 동등하기로 결심했다. 1927년 제네바에서 열린 회의가 무산된 후, 1930년 런던에서 열린 회의에서 마침내 그 뜻이 이뤄졌다.

미국, 영국, 일본에 제안된 비율은 건조되었거나 건조 중인 기존 함대 전력에 대한 대략적인 근사치일 뿐만 아니라, 당사국들의 잠재적인 해상 전력에 대한 꽤 정확한 추정치이기도 했다. 넬슨의 시대는 지나갔다. 권좌는 더 이상 유럽에만 있지 않고, 유럽의 세력균형을 통해 세계 패권을 유지할 가능성이 더는 없다. 세기가 바뀔 무렵, 서반구는 영국의 해군 통제에서 제외되었다. 아르헨티나와 칠레는 포클랜드제도에서 활동하는 영국 소함대들을 능가하는 해군을 구축하기 시작했고, 미국은 아메리카 지중해의 제해권을 획득했다. 일본과 동맹관계에 있다는 점에서 영국은 구세계 주변 해로를 계속 통제했지만 극동 동맹국의 해군력은 점차 증가했고, 제1차 세계대전 이후 일본은 주변 해역에서 제해권을 얻었다. 힘의 지역 분산은 사실이 되었다.

영국–일본 동맹

힘의 지역 분산은 상대적 자율성을 의미할 뿐 독립을 뜻하지는 않았다. 한 지역에서의 세력균형과 다른 지역의 세력균형은 서로 영향을 끼쳤고, 아시아와 유럽의 관계는 미국 해군 비율의 의미와 중요성에 직접적인 영향을 미쳤다. 이 제안은 5:5:3의 일반적인 비율로 강대국들이 각자의 지역에서 최고의 위치를 유지할 수 있도록 하는 것이었다. 일본은 지리적인 거리, 함정 보유 비율, 비무장 조항의 보호를 받았다. 미국이 태평양에 상당한 해군력을 보유해야 했기 때문에, 대서양 너머에 있는 영국은 미국 해군력을 두려워할 필요 없이 함대의 상당 부분을 유럽 해역 밖으로 보낼 수 있었다. 미국에게도 같은 상황이 적용됐다. 한 대양에서만 전쟁이 일어난다는 조건하에서 미국의 지위는 보장되었다.

그러나 유럽과 아시아 해양 세력 사이의 동맹은, 그게 어떠한 것이라도 미국이 두 개의 해양 전선에서 8대 5의 전력 비율로 전쟁에 노출되었다는 것을 의미한다. 1902년에 시작된 영일동맹은 그 후에 간격을 두고 갱신되었다. 한동안 이 협정은 원래 미국이 아니라 러시아를 상대로 한 것이었고 미국-일본 전쟁이라면 적용되지 않을 것이라고 예상되었지만, 실제 문구를 보면 긍정적으로만 해석할 수 없었다. 기존 협정은 1921년 7월 13일에 종료될 예정이었고, 미국 정부는 이 조약이 갱신된다면 조약이 미국에 대항하는 것은 아니라고 구체적으로 명시할 것을 런던에 요청했다.

워싱턴 회의에서 미국 대표단은 캐나다 대표단과 함께 영일동맹의 갱신을 강력히 반대했고, 영국 정부는 마침내 동의했다. 삼국동맹으로의 전환에 대한 제안은 받아들여지지 않았지만, 결국엔 구속력이 훨씬 덜한 4강 조약*의 형태로 타협이 이루어졌다. 여기에는 프랑스가 포함되었는데, 부분적으로는 프랑스의 위신을 세워주기 위해서였지만 주된 이유는 불리한 상황에 있는 미국을 보호하기 위해서였다. 4강 조약은 상호 지원을 위한 합의가 아니라 소유하고 있는 섬들의 소유권을 존중하고 유사시 협의하겠다는 약속에 불과했다. 영일동맹은 더 이상 존재하지 않았고, 유럽과 아시아가 미국을 포위할 위험도 사라졌다.

독일-일본 동맹

워싱턴 회의에서 미국 정치인들은 유라시아 대륙에서 유럽 연안 지역과 아시아 연안 지역을 통제하는 두 해양 강대국 사이에서 낀 미국을 발견하게 될까봐 걱정했는데, 이것은 20년 후에 위협적인 현실이 되었다. 1936년 11월 27일, 일본은 소위 방공협정Anti-Comintern Pact의 파트너가 되었다. 독일과의 협정에서 나타난 공통의 관심은 둘 다 러시아의 이웃이라는 단순한 지리적 사실에서 비롯되었다. 러시아의 서쪽과 동쪽을 둘러싸고 있는 두 국가는 단순한 동맹만으로 러시아가 한쪽의 국경 지역에 모든 군사력을 집중하는 것을 막을 수 있었다. 일본과 러시아는 몇 년 동안 몽골과 만주국 국경에서 접전을 벌였고, 일본에게는 블라디보스토크로부터의 공습 위협이 항상

---

* 삼국동맹은 영국·일본·미국으로 논의되었고, 4강 조약은 영국·일본·미국·프랑스로 구성되었다.

존재했다. 따라서 유럽 국경에서 러시아를 붙잡아두는 협정은 일본에 매우 유리했다. 그리고 그것은 일본의 대對 중국 활동에 상당한 자유를 주었다.

이 동맹은 일본에 명백한 이점을 주었기 때문에 1939년 8월 23일 독일과 러시아가 제4차 폴란드 분할에 합의했다는 소식은 일본에게 상당한 충격이었다. 그것은 내각의 붕괴를 초래했고 유럽 파트너인 독일의 신뢰성에 대한 의구심을 키웠다. 그러나 걱정할 이유가 전혀 없었다. 폴란드에 관한 협정은 일시적인 방편일 뿐이었고, 완충 국가의 소멸은 베를린과 모스크바 사이의 내재된 대립을 완화시키는 것이 아니라 심화시킬 뿐이었다. 게다가 독소불가침조약이 유발한 전쟁은 일본에 다른 이점을 가져다주었다. 그것은 영국 해군을 서쪽에 집중하게 만들어서 극동과 아시아 지중해의 영국군 전력이 감소되는 것을 의미했다. 새로운 국제정치의 조건에서 독일과 일본의 동맹은 합리적인 것이고, 따라서 1940년 9월 27일 독일, 이탈리아, 일본 간 동맹의 형태로 조약이 재확인되었다는 것은 놀라운 일이 아니다.

삼국동맹 조약은 "유럽과 대동아에서 새로운 질서를 확립하는 데 있어 조약국들의 리더십에 대한 상호 인정과 존중"을 규정했다. 또한 이 조약은 유럽 전쟁이나 중일 분쟁에 관여하지 않은 다른 강대국의 공격을 받을 경우 동맹국들이 정치, 경제, 군사적 수단으로 서로를 지원할 것을 명시했다. 비록 조약은 체결국들과 소비에트 러시아 사이에 존재하는 정치적 상황에는 효력이 미치지 않는다고 규정했지만, 이 협정은 독일과 일본의 국경 지역에 위치하면서 영구적인 위협이 되는 러시아뿐만 아니라 미국을 향한 것이 분명했다.

그러나 1940년의 독일은 아직 동쪽으로 팽창해 자연적이고 전통적인 적 슬라브족을 유럽 밖으로 몰아내는 역사적인 임무를 추진할 준비가 되어 있지 않았다. 독일은 여전히 "한 번에 하나의 전쟁"이라는 격언에 맞는 정책을 따르면서 두 전선에서 동시에 군사적 충돌이 일어나는 것을 피하려고 애썼다. 이것은 우선 영국에 집중하고 러시아 원정은 나중으로 미루는 것을 의미했다. 독일은 유럽의 독일-러시아 국경뿐 아니라 아시아의 일본-러시아 국경까지 동결하려 했다. 만약 그 목표가 달성될 수 있다면, 두 동맹국 모두 앵글로색슨 해양 세력에 대항하는 데 집중할 수 있을 것이었다. 그래서 베를린은 1939년 8월의 베를린-모스크바 협정(독소불가침조약)과 비슷한 협정으로 도쿄와 모스크바를 결합시키려 했으나, 일본과 러시아는 1941년 4월 13일에야 마침내 불가침과 중립 조약에 서명했다. 이 조약에서 그들은 평화롭고 우호적인 관계를 유지하며 서로의 영토 보존을 존중하기로 약속했다.

이 조약이 협상, 서명, 비준되는 동안 독일은 전쟁 정책의 근본적인 변화를 결정했다. 영국에 대한 전면 공격을 연기하고 동쪽으로의 팽창을 재개한 것이다. 1941년 6월 22일, 독일은 러시아를 침공해 레닌그라드, 모스크바, 오데사 방향으로 군대를 진격시켰다. 일본은 독일로부터 4월에 러시아와 체결한 중립 협정은 잊고 그 전해에 체결된 독일과의 동맹 조약을 상기하도록 요청받았다. 히틀러의 군대는 서쪽에 있는 러시아의 모든 전력을 붙잡아둘 것이다. 좋은 기회임을 인식하고 동시베리아를 점령하는 것은 일본의 결정에 달려 있었다. 1941년 12월까지, 일본은 마지막 장에 명시된 이유로 아직 그 기회를 이용하지 않았다. 스탈린은 아시아 국경에서 군대를 철수하겠다는 일본의 불가침 약속을 충분히 믿지 못했고, 일본이 영국과 미국의 반대에 맞서 동시베리아를 점령할 만큼 유럽에서 러시아의 패배는 아직 충분히 결정적이지 못했다.

지리는 러시아에 대항하는 독일-일본 동맹을 불가피하게 만들었지만, 1940년 두 파트너의 합의가 발표되었을 때 그 주된 목적은, 만약 미국이 대서양 건너에서 영국과 함께 군사작전을 펴기로 결정한다면 두 대양에서의 전쟁에 직면할 것이라고 미국을 위협하기 위함이었다. 이 조약이 발표되고 독일과 일본 대변인이 그 의미를 설명한 것은 미국이 대서양에서 효과적인 행동을 할 수 없다고 느끼고 극동에만 관심을 집중하기를 바라는 경고임이 분명했다. 그것은 독일-일본의 팽창으로 인한 주요 피해자들이 연합하지 못하도록 그들을 각개 격파하려는 명백한 시도였다. 만약 미국을 그 분쟁에서 떼어낼 수 있다면, 영국과 러시아를 패배시키고 구세계의 모든 저항 세력을 파괴한 후 미국을 상대하는 일은 쉬울 것이다.

미국의 꽤 많은 사람, 특히 고립주의자들은 이 작전에 영향을 받아 두 대양에서 분쟁에 휘말릴 위험에 대해 이야기하기 시작했지만, 대다수의 미국인은 영향받지 않았다. 미국민을 겁주어서 불개입하게 만들려는 시도는 전략과 정치의 관점에서 신중하게 착안되었다

하더라도 심리학의 관점에서는 잘못된 것이었다. 만약 독일-일본 동맹으로 미국인의 가슴에 공포를 심으려 했다면 일본을 위협의 수단으로 택하지 말았어야 했다. 일본 제국은 중국을 물리치는 데 어려움을 겪고 있고, 참이든 거짓이든 일본의 군사력은 보통의 미국 시민들을 겁먹게 할 만한 게 아니라는 사실이 막 드러났다. 결국 미국은 위협에 굴복하지 않았다. 미국은 영국과 중국에 대한 원조를 늘렸고, 대서양 항로와 버마 육로를 따라 무기대여법에 의거한 물자를 수송하기 시작했다. 일본의 프랑스령 인도차이나 침공에 미국은 경제 보복으로 대응했고, 독일의 소련 침공에 대해서는 소련에 완전한 무상 원조를 할 것이라는 처칠 총리와 루스벨트 대통령의 공동선언으로 대응했다.

세계 정치의 패턴

1940년의 독일-일본 동맹과 그에 대항해 만들어진 영국, 러시아, 중국, 미국의 대응 동맹은 현재 세계 정치의 기본 윤곽을 규정한다. 그것은 이 강대국들의 정책에서 비롯되며 다음과 같은 갈등 패턴을 포함한다.

독일은 유럽 대륙의 패권과, 북아프리카에 대한 지배권 및 인도양의 서쪽 접근로를 제공할 유럽 지중해의 지배권을 위해 영국과 투쟁하고 있다. 독일은 우랄산맥을 포함한 유럽 쪽 러시아를 독일 영역에 편입시키고, 러시아 군대를 파괴하고, 아시아의 하트랜드

heartland(심장지대)에서 나올 수 있는 독일의 지위에 대한 어떠한 위험도 영원히 제거하기를 원한다. 독일은 일본을 대륙 세력 러시아와 해양 세력 영국 및 미국에 대항하는 위협으로 이용하고 있으며, 서반구에서는 라틴아메리카를 미국에 대항하는 균형추로 이용하려 하고 있다.

일본은 극동 대륙의 패권을 놓고 중국과, 호주에 대한 지배권 및 인도양의 동쪽 접근로를 제공할 아시아 지중해의 지배권을 놓고 영국 및 미국과 싸우고 있다. 일본은 바이칼호에 이르는 아시아 쪽 러시아를 일본 영역에 편입시키고, 블라디보스토크를 통해 아시아 하트랜드에서 나올 수 있는 일본에 대한 위험을 영원히 제거하고 싶어 한다. 서쪽의 동맹국 독일은 유럽에서 대륙 세력 러시아와 대서양에서 해양 세력 영국 및 미국과 교전한다. 일본은 서반구에서 라틴아메리카를 미국에 대항하는 균형추로 사용하기를 원하지만, 일본이 그 정책의 성공적인 실행을 위한 좋은 위치에 있지 않기 때문에 이 일은 주로 독일의 임무가 된다.

러시아는 서쪽으로 독일에, 동쪽으로 일본에 포위되어 있다. 그들은 수년 동안 일본 육군과 교전하는 중화민국의 군대를 지원해왔다. 러시아는 유럽에서 대륙 세력 독일과 싸우고 있으며, 일본 및 독일의 해공군과 교전하고 있는 영국, 미국과 협력하고 있다.

라틴아메리카 국가들은 자유와 독립을 지키고자 하며, 아시아와 유럽이 미국에 균형을 맞출 수 있을 만큼 충분히 강해서 자신들의 안보가 위협받지 않는 세계가 되기를 기도하고 있다.

미국은 동태평양과 서대서양에 대한 제해권, 아메리카 지중해에 대한 절대적 통제권과 남아메리카 대부분에 대한 패권을 보존하기를 원한다. 미국은 유럽과 아시아의 세력균형을 유지하기 위해 동쪽 대양 건너의 영국, 서쪽 대양 건너의 중국, 그리고 유라시아 대륙 중심부의 러시아를 돕고 있다. 1941년 12월 이래로 미국은 완전한 교전국으로 제2차 세계대전에 참전하고 있다.

제2차 세계대전의 지리학

이러한 힘의 배열의 의미를 완전하게 이해하려면, 세계 정치의 패턴이 지구 표면의 지형도에 투영되어야 한다. 서반구에서 미국의 지역적 입지와 현재 환대서양 및 환태평양 지역에서 벌어지고 있는 분쟁에 대한 미국의 연관성에 대해서는 이미 밑그림을 그렸다. 이 장에서는 이러한 지역 스케치들을 하나의 전 지구적 그림으로 합쳐야 한다.

세계는 평면이 아닌 구체이기 때문에 신대륙과 구대륙의 관계는 평면도가 제시하는 것과는 상당히 다르다. 서로 다른 지도투영법*을 여러 개 동시에 살펴봐야 지표면의 대륙 분포에 대한 지정학적 의미를 그릴 수 있다.

극지방 투영법에서는 두 가지 중요한 특징이 뚜렷하게 나타난다.

---

* 부록 I 참조.—지은이

북반구에 대륙이 집중되어 있고, 대륙은 북극을 중심으로 해서 아프리카와 희망봉, 남아메리카와 혼곳(칠레 남단), 그리고 호주와 루윈곳(호주 남단)을 향해 불가사리같이 분산되어 있다. 대륙과 해양 사이의 거리로 볼 때 이런 유형의 지도는 북쪽 대륙들이 남쪽 대륙들보다 훨씬 더 가깝게 붙어 있다는 것을 분명히 보여준다. 그것은 남쪽 대륙들의 실제 지리적 분리를 과장하고 있긴 하지만 그들의 정치적 고립을 상징적으로 표현하고 있다. 북아메리카와 유라시아 대륙의 관계는 세계 정치의 기본 축인 반면, 남아메리카, 호주, 아프리카 사이의 관계는 중요하지 않다.

이러한 투영법은 또한 서반구와 유라시아 대륙이 북극해, 대서양, 태평양의 세 개 수역을 가로질러 실제로 마주보고 있다는 것을 분명하게 보여준다. 그것은 세 쌍의 마주보는 해안 모두를 보여주지만, 특히 잊힌 극지방 전선을 강조하고 있다. 이곳은 비록 경제적, 정치적으로 의미가 적고, 해군에게도 별로 중요하지 않지만 공군 측면에서 중요해지기 시작했다. 얼음으로 뒤덮인 해안들은 거래할 것이 거의 없고 다툴 만한 전략적 요충지도 없지만, 극지대는 미래에 항공 교통을 위한 통과 지역이 될 수 있다. 북극 전선에서 구세계와 신세계 해안 사이의 최단 거리는 태평양과 대서양을 연결하는 지점에서 발견된다. 시베리아 동부와 알래스카는 베링 해협을 사이에 두고 60마일도 채 떨어져 있지 않으며, 노르웨이와 그린란드는 폭이 1000마일도 안 되는 북대서양으로 분리되어 있다.

기후 조건 때문에 북쪽 전선은 사실 덜 중요하고, 구대륙과 신대류 사이의 주요 접촉 지대는 대서양과 태평양의 넓은 대양에 걸쳐 있다. 극지방 투영법이 보여주지 못하는 이 사실은 메르카토르나 골의 평사도법stereographic projection 같은 투영법에서 분명하게 볼 수 있다. 이런 종류의 지도는 구대륙과 신대륙이 모두 두 대양의 해안선을 갖고 있다는 것을 보여주며, 따라서 지리적 관점에서 볼 때 그들은 서로를 포위하고 있다고 말할 수 있다. 영국령 인도 끝부분 동경 80도에 중심을 둔 지도에서 구세계 대륙의 동쪽은 신세계의 서해안으로, 구세계의 서쪽은 신세계의 동해안으로 둘러싸여 있다. 비슷하게 신세계의 서경 90도에 중심을 가진 지도에서는 아메리카 대륙이 동쪽으로 구세계의 서해안, 서쪽으로는 구세계의 동해안에 둘러싸여 있다. 해양에서의 거리가 위험한 압력을 막아준다고 주장하지 않는 한 이 포위가 누구의 목을 조르고, 누구에 대한 죽음의 애무가 될지 결정하는 것은 두 파트너의 상대적 힘에 달려 있다.

만약 신대륙이 통합되거나 조직화되어 대양을 가로질러 거대한 힘을 이용할 수 있게 된다면 유럽과 아시아의 정치에 영향을 미칠 수 있다. 그리고 만약 구세계가 분열되고 서로 균형을 유지한다면, 외부 세력이 그 지역의 정치적 삶에 결정적인 역할을 할 수 있다. 반면에 구세계가 통합되거나 조직화되어 거대하고 불균형한 힘을 대양을 가로질러 사용할 수 있다면 신세계는 포위될 것이고, 그 저항력에 따라 구세계의 명령에 복종해야 할지도 모른다. 따라서 포위 가능성은 구세계와 신세계 힘의 잠재력과 그들이 단일 정치 단위나 연합으로 통합될 가능성에 달려 있다.

지금 세계 세력 쟁탈전의 전장은 구세계인데, 그곳은 북쪽의 거대한 유라시아 대륙과 서남쪽의 아프리카, 동남쪽의 호주로 구성되어 있다. 아프리카와 호주는 인도양으로 서로 분리되어 있다. 유라시아 대륙과 아프리카 북쪽 해안, 호주 북쪽 해안은 각각 세 개의 동심반원 지역을 형성한다. 동심반원으로 분리된 각각의 지역은 북부 대륙의 하트랜드, 이것을 둘러싼 완충 지대, 연안해, 외딴 대륙 아프리카와 호주라는 지정학적 현실에 따라 세계 정치에서 기능한다.

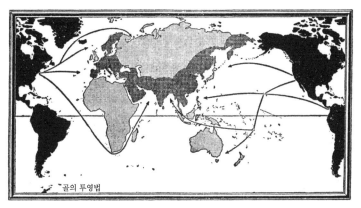

포위된 구세계

내부 지대는 유라시아 하트랜드의 중심부이고, 나머지 부분은 그 근처에 모여 있다. 이 지역의 해안선은 노르웨이 북부 산맥과 시베리아 추코츠키반도(혹은 추크치반도)의 아나디르산맥 사이에 위치하는 북극해를 따라 놓여 있다. 이 거대한 영토는 북극해에서 시작해 아래로 내려가 유럽의 카르파티아산맥(동유럽 지역)과 발칸반도, 아나톨리아고원(터키 소아시아반도), 이란 및 아프가니스탄 고원으로 이어지는 산맥으로 둘러싸여 있다. 그곳에서부터 파미르고원(중앙아시아 동남쪽), 톈산산맥, 알타이산맥, 그리고 바이칼호 동쪽의 몽골과 시베리아고원이 장벽으로 기능하고 있다. 영국에서 일본까지, 즉 북쪽 대륙(유라시아)과 남쪽의 두 대륙(아프리카, 호주) 사이에 있는 대륙 주변부에는 거대한 원둘레 형태의 해상 고속도로 great circumferential maritime highway가 있다. 이것은 서유럽의 내해와 연안해, 즉 발트해와 북해에서 시작해, 유럽 지중해와 홍해를 거쳐, 아덴에서 페낭까지 인도양을 가로지르고, 아시아 지중해를 지나 극동의 동중국해와 동해까지 이어지다가, 마침내 오호츠크해에서 끝난다.

유라시아 대륙의 중심과 주변 해상고속도로 사이에는 거대한 호선弧線 형태의 완충 지대가 있다. 이곳은 서유럽과 중앙 유럽, 근동의 고원 국가 튀르키예, 이란, 아프가니스탄을 포함한다. 또한 티베트, 중국, 동시베리아, 아라비아반도, 인도반도, 버마-시암반도(인도차이나반도)를 포함한다. 유럽 지중해 남쪽 연안의 이집트와 카르타고 문명 및 아시아 지중해 남쪽 연안의 수마트라와 자바 초기 문명을 제외한 모든 위대한 문명이 이 경계 지대에서 발달했다.

북극해는 바다로 나가는 출구로서 부적합하기 때문에, 거대한 하트랜드는 그것을 둘러싸고 있는 산악 장벽과 그 너머의 경계 지대를 가로지르는 경로를 통해서만 바다에 접근할 수 있다. 쉬운 출구는 발트해와 흑해를 통과하는 경로와, 스칸디나비아의 산지와 카르파티아산맥 사이의 북독일 평원을 통과하는 육로뿐이다. 다른 통로들은 좁고 험난한 산길을 넘어야 한다. 러시아령 투르키스탄에서는 이란고원을 가로질러 페르시아만으로, 혹은 아프가니스탄과 카이베르 고개(파키스탄과 아프가니스탄 국경의 고개)를 지나 인더스강으로 가는 출구를 찾을 수 있다. 먼 바다로 나가는 또 다른 출구는 톈산을 넘어가는 오래된 실크로드인데, 톈산에서 티베트의 북쪽인 신장을 지나 화중 지역과 태평양으로 나갈 수 있다. 중부 시베리아에서는 톈산산맥과 알타이산맥 사이의 낮은 지대를 지나 몽골고원을 넘어서 베이징과 즈리만(현재 허베이성 보하이만) 통로로 바다에 도착하거나 또는 알타이산맥의 북쪽에서 바이칼호 주변으로 가서 아무르강 계곡을 따라 동해까지 도달할 수 있다.

아프리카와 호주의 북쪽 해안은 전략적으로 유럽과 아시아 지중해의 일부이며 연안 지대와 해상고속도로의 일부다. 두 남쪽 대륙의 나머지 부분은 넓은 사막 지대에 의해 북쪽 해안과 분리되어 있다. 교통의 관점에서 볼 때, 그들은 같은 대륙에 연결된 부분이 아닌 별개의 섬으로 기능한다. 이곳은 전쟁 수행 잠재력 개발에 필요한 인력과 자원이 부족한 탓에 해안 지대에서 제해권을 가질 수 있는 세력이라면 누구나 이 지역을 지배했다.

유라시아 대륙의 하트랜드는 세계에서 가장 큰 국가인 소련의 영토다. 영토의 대부분은 북극의 불모지, 사막 지대, 사람이 살 수 없는 산맥이지만, 농업에 적합한 광대한 지역과 풍부한 지하자원이 존재한다. 현재의 인구 2억 명보다 훨씬 더 많은 인구가 살 수 있는 공간이 있으며, 광대한 영토의 부존자원에 서구 기술을 충분히 적용하면 강력한 경제를 개발해 20세기의 엄청난 전쟁 기계가 될 수 있을 것이다.

　중앙아시아로부터 경계 지대로 초기 침입들이 일어났는데, 유목민 이방인들이 유럽, 페르시아, 인도, 중국으로 침입한 것이다. 가장 끈질긴 것은 유럽과 중국에 대한 압박이었는데, 지리의 특성상 힘이 동과 서로 이동할 수밖에 없기 때문이다. 북쪽으로는 툰드라 불모지와 북극해가 있고, 남쪽에는 척박한 사막 지대와 세계에서 가장 높은 산악 장벽이 펼쳐져 있어서 두 지역 사이의 목초지가 이동을 위한 경로가 되었다. 이 넓은 길을 따라 평원의 고대 기마병들은 빈과 베이징에 압력을 가했고, 같은 경로를 따라 근대 러시아의 힘도 투사되었다. 표트르 대제 시대부터 200년 동안 러시아는 국경지대 국가들의 포위망을 뚫고 대양에 도달하려고 시도했다. 그러나 지리적 특성과 해양 세력이 이를 끈질기게 좌절시켰다.

　스웨덴과의 오랜 전쟁 끝에 러시아는 발트해로 접근할 수 있게 되었다. 튀르키예와의 오랜 싸움은 흑해로의 접근을 가능하게 했다. 동쪽으로 팽창하면서 중국령 투르키스탄, 몽골, 그리고 한때는 뤼순과 블라디보스토크의 항구를 가진 만주까지 점차 흡수했다. 하지만 이 모든 해안은 내해와 연안해에 있고, 대양으로 나가는 출구는 여전히 다른 강대국들에 의해 통제되고 있다. 지난 세기 구세계의 정치적 기본 패턴 중 하나는 주변 해로를 따라 활동하는 해양 세력 영국과 그 포위망을 뚫으려는 대륙 세력 러시아 사이의 대립이었다. 1902년까지 이 봉쇄를 실행하기 위한 해군력은 영국이 단독으로 제공했고, 영일동맹이 체결된 1902년 이후에는 유라시아 대륙의 반대 편에서 활동하는 두 섬 제국이 역할을 분담했다. 일본은 태평양의 출구를, 영국은 대서양과 인도양의 출구를 지키기로 약속했다.

세계사의 현 단계에서 그 추세는 반대 방향으로 일어나고 있다. 하트랜드를 잠식하고 있는 것은 경계지역이다. 유럽에서는 독일이 동쪽으로 이동하고 있고, 아시아에서는 일본이 서쪽으로 이동하고 있다. 극동의 제국 일본은 해양력을 바탕으로 연안해를 건너 블라 디보스토크에서 사이공(호찌민)까지의 대륙 연안을 점령하고, 신징 (만주국 수도인 창춘), 베이징, 난징과 하노이에 괴뢰정부를 세우며 동시베리아로 이동할 준비를 하고 있다. 만약 독일, 일본 두 파트너 가 성공하면 러시아는 우랄산맥과 바이칼호 뒤로 밀릴 것이다. 그래 도 러시아는 여전히 중앙 시베리아에 넓은 영토를 보유하겠지만, 그 곳은 대부분 얼음으로 뒤덮인 극지방, 툰드라, 사막이며 거대한 전 쟁 잠재력을 형성하기엔 자원이 불충분할 것이다. 정복자들의 규모 와 비교한다면 러시아는 1939년 독일과 러시아 사이에 있던 폴란드 처럼 상대적으로 작은 완충국이 될 것이다. 그 결과는 유럽과 극동 지역에 대한 유라시아 하트랜드 대륙 세력의 모든 위협이 최종적으 로 제거되는 것이다. 그러면 독일과 일본은 자유롭게 남은 적들에게 집중할 것이고, 유럽과 아시아 지중해를 뚫고 인도양으로 진입할 것 이며, 서반구에 대한 협공 작전을 시작할 것이다.

인도양으로 향하는 배수 지역에는 아프리카 동부 해안, 아라비아 남부, 이라크, 시리아, 이란과 아프가니스탄의 남쪽 경사면, 인도,

버마, 태국 서부의 좁은 지대와 대순다 열도 및 호주 서부의 해안 지대가 포함된다. 인도양으로 가는 북서쪽의 접근로는 유럽 지중해를 통과해 수에즈와 홍해를 지나거나, 시리아와 이라크의 육로를 거쳐 메소포타미아에서 페르시아만으로 내려간다. 동북쪽의 접근로는 아시아 지중해를 통과해 싱가포르와 믈라카 해협을 지나거나, 좁은 끄라지협을 가로지르는 태국 육로를 통한다. 인도양은 남극해를 향해 남쪽으로 열려 있지만, 이 방향으로 항해하는 사람은 남아프리카 공화국의 케이프타운 또는 호주 남서부 올버니의 해군기지 옆을 지나가야 한다.

1941년 인도양은 영국의 해양 세력에 의해 완전히 지배되는 세계 유일의 해상 수역이었고, 그 해역의 경계 지대는 다시 영국군의 완전한 통제를 받게 되었다. 큰 대가를 치렀던 1936년의 실수*는 복구되었고 홍해의 좁은 출구에 있는 에티오피아를 점령했던 무솔리니 제국은 파괴되었다. 프랑스령 소말릴란드는 중립화되었고, 이라크의 반란은 진압되었고, 페르시아는 점령되었으며, 아프가니스탄은 통제하에 있었다. 이 지역은 세계 지배권 다툼에서 두 번째로 중요한 전략 지역이 되었는데, 이유는 그 연안 지대의 전쟁 수행 잠재력이라기보다는 유럽과 아시아 지중해에 인접한 림랜드** 지역이 거

---

* 1935~1936년 무솔리니의 이탈리아가 에티오피아 제국을 침략해서 전쟁을 벌였고, 국제연맹은 이탈리아의 침략을 비난하며 이탈리아에 경제 제재를 가하기로 결의했으나 강대국 대부분이 관심이 없었기 때문에 효과를 거두지 못했다.

** 세계의 하트랜드를 둘러싸고 있는 주변 지대. 스파이크먼이 제시한 개념으로, 유

대한 산유지를 갖고 있고 하트랜드로 가는 육로를 보유하고 있기 때문이다.

비교적 작은 배수지를 가진 이 지역에는 세계 인구의 약 5분의 1에 해당되는 5억 명의 사람이 대부분 매우 낮은 수준의 생활을 영위하며 살고 있다. 호주 서부를 제외하면 여전히 독자적인 외교정책이 없는 식민지 지역이다. 아프리카도 호주도 전쟁 잠재력으로서 중요하지 않고 연안의 많은 부분은 경제적으로 의미가 없다. 오직 영국령 인도만이 4억 명의 거대한 인력과 함께, 전쟁 능력으로 전환될 수 있는 경제적, 산업적 가능성을 갖고 있다. 이 중 실제로 얼마나 이용 가능해질지는 자치령에 대한 인도 민족주의자들의 요구를 영국이 충족시킬 수 있을지에 크게 달려 있다.

현재진행형인 제2차 세계대전에서 영국령 인도의 전쟁 수행 잠재력보다 더 중요한 것은 독일과 일본이 통제하지 않는 유라시아의 하트랜드로 들어가는 유일한 두 개의 루트가 인도양에서 시작된다는 사실이다. 유럽 대륙의 대부분을 정복하면서 히틀러는 러시아가 대서양으로 갈 수 있는 모든 접근로를 막을 수 있게 되었다. 그러나 남쪽에서는 페르시아만과, 페르시아를 통과하는 육로를 통해 인도양으로부터 러시아에 도달할 수 있다. 가장 오래된 도로는 바그다드에서 케르만샤와 하마단을 거쳐 테헤란으로 가는 원시적인 자동차 도로다. 현대식 경로는 페르시아만 앞쪽에 있는 반다르샤푸르에서 시

───────────

라시아 연안 지대를 가리킨다.

작해 페르시아 고원을 넘어 수도 테헤란으로 가는 철길이다. 엘부르즈산맥을 넘어 동쪽으로 카스피해의 반다르샤항까지 이어진다. 이 항구에서 남캅카스 방면으로는 바쿠행, 북캅카스 방면으로는 마하치칼라행, 볼가 지역과 모스크바 방면으로는 아스트라한행, 우랄 방면으로는 구리예프행, 그리고 러시아령 투르키스탄과 쿠즈네츠크 쪽으로는 크라스노보츠크행의 배편을 이용해서 물자를 수송해야 한다. 테헤란에서 러시아로 가는 육로도 두 가지가 있다. 첫 번째는 카즈빈으로 가는 철도의 지선과 거기서부터 타브리즈로 가는 육로로 구성되어 있는데, 타브리즈는 티플리스에서 오는 러시아 철도와 연결된다. 두 번째는 옛 페르시아 도로를 따라 메셰드(이란 북동부)로 가는 자동차 도로로, 페르시아 고원의 북쪽 산자락을 지나 러시아령 투르키스탄으로 내려와 루트파바드 근처의 철도와 합류한다. 그러나 이 전체 페르시아 도로 체계는 페르시아만의 매우 제한된 항만시설 때문에 한계가 있다.

중국은 버마 도로를 통해 인도양의 동북쪽 해안에 도달할 수 있는데, 버마 도로는 랑군에서 철도로 시작해 라시오 근처에서 중국 국경과 만난다. 거기서부터 세계에서 가장 깊은 협곡들을 포함한 윈난산맥을 가로지르는 길고 꼬불꼬불한 산길로 난 공공 도로를 이용해 수송이 이루어진다. 랑군에서 라시오까지의 거리는 약 500마일이고, 그곳에서 쿤밍(옛 윈난푸)까지 726마일, 그리고 다시 충칭까지 300마일이다. 현재와 같은 상태에서 최대 용량으로 이용될 경우 이 도로 시스템은 한 달에 최대 약 3만 톤을 운반할 수 있는데, 100만 명의 군대에게는 정말 적은 양이다.

　미국이 완전한 교전국으로서 전쟁에 참가했을 때, 구세계 전장의 병력 배치는 다음과 같았다. 유럽에서 러시아인들은 독일군의 진격으로 국경에서 후퇴해야 했고, 독일이 서부 러시아의 많은 부분을 정복한 결과 러시아는 사람과 물자뿐만 아니라 전쟁 수행 잠재력과 무기산업에서도 큰 손실을 입었다. 반면에 독일군은 유럽 대륙 전체의 생산능력을 장악하게 되었다. 독일과 러시아는 북극에서 흑해까지 2000마일 전선을 따라 대치하고 있었다.

　유라시아 대륙의 아시아 쪽에는 전선이 더 길었다. 전선은 크게 두 부분으로 나뉘었다. 동북쪽에서는 총동원된 러시아군과 일본군이 대치했으나 불안정한 평화를 유지하고 있었다. 이 구간은 블라디보스토크에서 아무르강을 따라가 만주의 북쪽 경계를 돌아 치타(러시아의 동시베리아 도시)까지 뻗어 있었다. 치타와 중국 북부군 사이 지역에는 외몽골의 러시아 정찰대와 내몽골의 일본군에 의해 얇은 전선이 유지되었다. 산시山西에서 프랑스령 인도차이나 국경까지의 서부 지역에는 중일전쟁 때부터 계속 전선이 형성되어 있었다. 전쟁 수행 잠재력과 전쟁 산업 측면에서 동쪽 전선의 상황은 유럽 전선의 상황보다 더 불리했다. 동시베리아와 연해주에 러시아 군대를 지원할 수 있는 소규모 금속산업이 있었지만, 중국 군대에 공급할 수 있는 전쟁 산업은 거의 없었다. 대부분의 전투를 수행하던 연합군의 두 멤버인 러시아와 중국은 미국의 전쟁 산업에서만 지원되고 있는 보급품이 절실히 필요했다.

보급품이 러시아와 중국에 닿으려면 먼저 유라시아 대륙 주변의 거대한 원둘레 형태의 해상고속도로로 온 뒤 경계 지대를 통과해야 한다. 따라서 연안해와 해안 지대를 독일-일본 추축국이 장악하는 정도에 따라 포위된 두 대륙 강대국의 상황의 심각성이 결정된다. 1941년 가을, 유럽 쪽 통로는 독일의 손에 들어갔고, 주변 해역은 잠수함에 의해 통제되며 육상 기지 비행기의 지속적인 공습 아래 있었다. 비시 괴뢰정부와 포르투갈과 스페인의 명목상 독립을 보존함으로써, 독일은 영국이 독일의 아프리카 영토를 존중하도록 유도했다. 그 결과 벵가지(리비아 수도)에서 카사블랑카(모로코 수도)까지의 남부 연안 전역은 히틀러가 사용하도록 준비되어 있었고, 세네갈과 다카르항까지의 아프리카 서부 해안도 마찬가지 상황이었다.

극동에서 일본군은 사이공에서 블라디보스토크까지의 해안을 점령하고 아시아 지중해 북쪽의 주변 해역을 장악하고 있었지만, 아직 러시아 항구로 가는 해로를 폐쇄하기 위해서는 힘을 쓰지 않았다. 섬 제국이 아시아 지중해를 건너 네덜란드령 동인도제도와 호주로 진격하는 것은 그다지 성공적이지 못했다. 일본은 서쪽 해안을 따라 사이공까지 남하했지만, 남쪽 해안으로 건너가려는 시도는 당분간 막혀 있다. 독일에 패배한 네덜란드의 식민지를 프랑스의 식민지와 같은 방식으로 이용할 수는 없었다. 태평양에서 아시아 지중해를 거쳐 인도양으로 가는 해로는 연합군의 수중에 있었고 인도양은 여전히 영국 해군이 지배하고 있었다. 독일과 일본의 제국군은 유럽 지중해와 아시아 지중해에서 인도양으로 들어가는 경로와, 연안 지대에서 러시아와 중국으로 가는 도로들을 통제했다. 이상과 같은 유라시아 대륙의 군사력과 전쟁 수행 잠재력 분포에 대한 전략적 상황 때문에 미국은 군사작전과 지속적인 무기 대여라는 형태로 전쟁에 참여해야만 했다.

대양 횡단 루트

신세계의 북쪽 대륙에 위치하고 있기 때문에 미국은 주전장의 바깥에 있고, 서태평양의 소유지와 연관된 아시아 지중해 전선의 작은 부분만을 차지하고 있다. 미국은 원래 연합군의 무기고 역할로 전쟁에 참여하기 시작했는데, 경제적 자원과 위치가 미국에 특별한 이점을 주었다. 미국의 전쟁 수행 잠재력은 세계 어느 나라보다 컸고, 산업 중심지는 여전히 추축국 군사력의 사정거리에서 벗어나 있다. 1941년 후반에 새로운 전쟁 산업이 총력 생산되기 시작했을 때, 미국은 연합군 전투부대에 그들의 생산물을 전달하는 추가적인 책임을 받아들였다. 따라서 구대륙과 신대륙 사이의 항로 통제 문제가 새로운 중요성을 띠게 되었다.

1. 북극해

로스앤젤레스에서 동시베리아의 야쿠츠크로, 그리고 볼티모어에서 모스크바로 가는 가장 짧은 항공로가 북극해를 가로질러 있다. 이 두 항공산업의 중심지는 모두 장거리 폭격기를 제조하고 있으며,

거리 면에서 러시아에 가장 쉽게 비행기를 인도할 수 있는 루트는 극지방 전선을 가로지르는 것이다. 서쪽 루트는 완전히 적의 작전 범위 밖에 있다. 캘리포니아에서 알래스카로 가서 베링 해협을 건너 시베리아로 가는 루트는 일본의 간섭을 받지 않고 아시아 쪽 러시아로 가는 유일한 길이다. 래브라도(캐나다 동부), 그린란드 서쪽, 스피츠베르겐(노르웨이 북극해 섬)의 기지는 이용할 수 없기 때문에 동쪽으로는 대권항로에서 벗어나 더 남쪽으로 내려가야 한다. 구체적으로는 뉴욕에서 뉴펀들랜드를 거쳐, 아이슬란드에서 러시아 북부로 가야 한다. 그러나 북극 전선의 서쪽이나 동쪽을 건너가는 것은 잘 갖춰진 기지가 부족할 뿐만 아니라 근본적으로 일 년 내내 비행하는 데 날씨가 좋지 않기 때문에 매우 제한적이다.

동쪽 루트는 선박 항로로서 새로운 의미를 갖게 되었다. 독일이 덴마크를 점령하면서 발트해가 막혔고, 그리스를 정복하면서 다르다넬스 해협이 봉쇄되었다. 그 결과 러시아는 뉴펀들랜드와 아이슬란드를 거쳐 러시아 서북부의 무르만스크와 아르한겔스크 항구를 이용하는 북극 전선 루트를 통해서만 북대서양을 건널 수 있었다. 이들 항구에서 대양으로 가는 길은 독일의 북부 노르웨이 점령지 옆을 지나게 된다. 아르한겔스크는 연중 일부만 이용할 수 있으나, 무르만스크는 걸프 해류 때문에 대부분은 얼지 않는다. 영국의 제해권 덕분에 수송선을 이 항구들로 호송하는 것은 가능하지만, 위험하고 어려운 항로인 데다 핀란드에서 활동하는 독일군이 항구에서 레닌그라드로 가는 육로를 위협할 수도 있다.

2. 대서양

연합군 원조의 관점에서 가장 중요한 바다는 대서양이다. 약 1000마일의 물로 분리되어 있는 그린란드와 노르웨이 사이의 북쪽이 가장 좁고, 남쪽으로 가면서 넓어지다가, 버지니아주 노퍽과 지브롤터 사이에서 가장 큰 폭에 도달한다. 남위 30도선 이남에서 다시 좁아지기 시작하면서 아프리카와 남아메리카의 해안들은 서로 접근하는데, 브라질의 나타우와 시에라리온의 프리타운 사이는 1800마일 이내다. 이 지점을 넘어서면 바다는 다시 남쪽으로 넓어지고 부에노스아이레스와 희망봉 사이에서 두 번째 최대 폭에 도달한다.

대서양을 가로지르는 세 개의 중요한 항로가 있는데, 북쪽은 영국으로 가는 항로이고, 중간은 유럽 지중해로 가는 항로, 남쪽은 남아프리카로 가는 항로다. 미국 상선이 전투 지대를 항해하는 것을 금지한 중립법 조항이 1939년에 만들어져 1941년 11월에 철폐될 때까지 미국 상선은 북쪽의 두 항로를 사용할 수 없었다. 조항이 폐지된 후, 성조기는 뉴욕에서부터 북쪽 해로를 따라 이동하는 다른 국기들과 합류했다. 이 경로를 통해 무기대여법에 따른 원조 물자 대부분이 이동했고, 이후 대서양 전투는 보호 호송선 대 장거리 폭격기의 지원을 받는 잠수함의 전투라는 후기 단계로 들어섰다.

북스코틀랜드와 북잉글랜드로 가는 대권항로는 북아메리카 대륙 해안을 따라가다 뉴펀들랜드와 아일랜드 사이의 바다를 가로지른다. 미국 해군이 뉴브런즈윅(뉴저지주 동부 도시), 뉴펀들랜드, 그린란드의 기지로부터 전반부를 지킬 수 있기 때문에 이 경로는 세 개의 경로 중 상대적으로 가장 잘 보호된다. 미국은 이 지점에 영토가 없지만 필요한 기지들을 확보하는 데 성공했다. 1940년 8월 캐나다와 미국 사이의 공동 방어 협정으로 미국 해군이 캐나다 항구를 이용할 수 있게 되었다. 1940년 9월 영국과 구축함 계약을 맺은 결과, 미국은 뉴펀들랜드에도 기지를 확보했다. 1941년 4월 워싱턴에서 덴마크 장관과 합의한 결과 미국은 덴마크 영토를 보호해주는 대가로 그린란드에 해군과 공군기지를 건설할 권리를 갖게 되었다.

북부 항로의 1단계 보호를 위한 마지막 조치는 1941년 7월 7일 루스벨트 대통령이 아이슬란드 정부의 초청 방문 때 한 발표에서 나타났는데, 미군이 아이슬란드에 주둔하면서 영국과 협력해 이 중요한 전초기지를 지키겠다는 내용이었다. 이러한 시설들 덕분에 미국은 항로의 3분의 2 이상에서 영국으로 이동하는 상선을 보호할 수 있었다. 1941년에 북아일랜드의 기지들이 건설 중이라는 사실이 알려졌고, 이것은 결국 미국 해군이 사용하게 될 것이다. 이 기지들이 완공되면, 미국은 가장 중요한 대서양 횡단로들에 대한 모든 책임을 지는 처지가 될 것이다.

중간 항로는 미국의 대서양 쪽 항구에서 유럽 지중해까지 이어진다. 지브롤터를 넘어서는 항로는 중립법의 제한이 없었더라도 미국 선박이 이용하기는 사실상 불가능했는데, 독일 잠수함과 육상 기지의 항공기가 지중해를 통과하는 것을 극도로 위험하게 만들었기 때문이다. 그래서 이 대서양 횡단 항로는 주로 이베리아반도와 모로코로 가는 선박들이 이용했다. 그 땅은 비시 괴뢰정부나 피레네산맥 아래쪽 속국들, 즉 스페인과 포르투갈에 속해서 영국군 봉쇄의 구멍으로 기능했기 때문에, 북아프리카의 서부 해안을 따라가는 선박들은 독일 해군의 작전에 의해 방해받지 않았다.

지중해 항로를 근동에 대한 보급로로 이용할 수 없게 되자 영국군은 아프리카의 희망봉을 돌아가는 항로에 점점 더 의존할 수밖에 없었다. 이것은 또한 미국의 대서양 해안과 남아프리카 공화국의 케이프타운 사이의 교통로에 새로운 중요성을 부여했다. 이 항로는 서인도제도를 따라 내려가서, 브라질 본토와 카보베르데제도 사이의 브라질 북동부 해안과 평행하게 달리다가 브라질 나타우에서 남대서양을 횡단하기 시작한다. 아프리카의 어깨와 브라질의 돌출부 사이지역은 일반적으로 카보베르데제도 근처로 볼 수 있는데, 그곳은 대서양을 가로지르는 거대한 해상고속도로들의 교차로라 할 수 있다. 아르헨티나 라플라타에서 영국 본섬으로 가는 항로, 케이프타운에서 영국 본섬으로 가는 항로, 그리고 미국의 북대서양 항구에서 남아프리카로 가는 항로가 이 지역을 통과한다. 대영제국의 생명줄이라는 관점에서 볼 때 이곳은 아이슬란드와 스코틀랜드 사이에 이어두 번째로 중요한 지역이고, 따라서 대서양을 장악하기 위한 투쟁에서 두 번째로 중요한 해상 전장이 되었다.

대서양은 다섯 개의 횡단 항공로를 제공한다. 북쪽 항공로는 일련의 짧은 비행을 통해 영국에 닿는다. 뉴펀들랜드의 세인트존스에서 시작해 450마일 떨어진 캐나다 래브라도주의 카트라이트에 닿는다. 거기서 650마일의 비행으로 그린란드에 갔다가 750마일 떨어진 아이슬란드로, 거기서 약 500마일 거리의 페로제도로 갔다가 450마일의 비행으로 스코틀랜드에 도착한다. 이 경로는 가장 긴 비행 거리인 그린란드 남부에서 아이슬란드까지조차 1000마일 미만이라는 장점이 있는데, 그린란드 동부에 두 번째 기지를 사용할 수 있다면 한 번에 비행해야 하는 거리는 훨씬 더 줄어들 수 있다. 그러나 이러한 이점은 이미 언급했듯이 대부분의 계절 동안 비행을 극도로 위험하게 만드는 기후 조건을 상쇄하지 못한다. 따라서 뉴펀들랜드에서 영국으로 가는 대권항로상의 직항로가 더 중요하다. 팬아메리칸 항공사의 여객기가 뉴펀들랜드에서 아일랜드로 비행하는 코스를 따라 미국 폭격기들이 정기적으로 영국까지 오가며 공식 임무를 수행하고 있다.

다음 횡단 항공로는 버뮤다와 아조레스제도를 거쳐 리스본으로 가는 팬아메리칸 항공의 상업 노선이다. 이 항공로는 포르투갈의 동의하에 운영되고 있는데, 만약 베를린이 필요한 시설을 억류하라고 리스본에 명령한다면 사용이 중단될 것이다. 버뮤다와 아조레스제도 사이의 편서풍이 강해지는 시기에는, 비행기의 운행 안전과 탑재 화물에 악영향을 미치기 때문에, 그 시기에 팬아메리칸은 포르투갈에서 서아프리카의 포르투갈령 기니와 브라질의 파라를 경유해 뉴욕으로 돌아온다. 또한 항공기는 푸에르토리코, 트리니다드, 가이아나의 조지타운, 파라를 경유해 리우데자네이루나 나타우까지 가는 정기 노선을 따라 뉴욕에서 케이프타운까지 운행된다. 비행기는 브라질의 돌출부에서 남대서양을 건너 아프리카의 어깨까지 가서 감비아의 바서스트(반줄)에 착륙한다. 이 코스를 따라 팬아메리칸 항공사는 정부를 위해 영국 근동 사령부로 향하는 폭격기들의 수송 서비스를 수행했다. 이들은 바서스트에서 동쪽으로 비행해 적도 아프리카의 자유 프랑스 식민지를 거쳐 수단에 도달한 후 이집트를 경유해 지중해 동부와 인도양 사이의 경계 지대로 이동한다. 뉴욕과 카리브해 트리니다드 사이의 첫 번째 구간은 미국이 보유한 비행장 사이를 비행한다. 가이아나의 조지타운 기지는 영국에 노후 구축함을 제공하는 대신 영국군의 시설을 사용하기로 한 일반 협정으로 확보되었다. 조지타운과 브라질 나타우 사이의 구간은 브라질 정부의 동의에, 아프리카의 공군기지 사용은 대영제국의 협력에 달려 있다. 남대서양 횡단로의 아프리카 쪽 끝 지점은 매우 위험한 곳이다. 바서스트는 다카르항에서 작전 중인 전투기들의 사정권 안에 있으며 독일은 조만간 이 항구의 공군기지를 여객선 운항을 저지하는 작전에 사용하겠다고 요구할 것이다. 이럴 경우 프리타운이나 더 선호되는 미국의 준보호 구역 라이베리아의 몬로비아까지 남쪽으로 이동하면 기지를 방어할 가능성이 높아지겠지만, 아프리카 어깨 지역의 모든 거점은 다카르의 사정거리 내에 있으므로 이 지역에는 대서양 횡단 항공로의 발착지가 없어진다.

3. 태평양

태평양은 구세계와 신세계를 가르는 세 개의 대양 중 가장 크다.

북쪽의 베링 해협에서 적도를 향해 점차 넓어지다가, 동쪽으로 나와 있는 호주 대륙 때문에 남반구에서 다시 좁아진다. 미국이 동태평양을 장악하고 있는 것은 태평양 한가운데 진주만이라는 거대한 해군기지를 보유하고 있고, 알류샨열도, 미드웨이, 웨이크, 존슨, 팔미라, 사모아 등에서 공중 관측과 폭격 작전을 수행할 수 있기 때문이다. 그러나 태평양에서 미국의 상황은 대서양의 상황과는 반대인데, 이 해안의 지배적인 해군 세력은 미국의 적이지 동맹국이 아니기 때문이다. 미국이 서태평양에 일련의 섬을 소유하고 있다고 해서 이 상황이 결코 중화되진 않는다. 하와이는 여전히 요코하마에서 약 4000마일, 필리핀에서 약 5500마일 이상 떨어져 있고, 날짜변경선 서쪽에서는 일본 해군이 제해권을 갖고 있다. 일본이 아시아 지중해 북쪽의 연안해를 통제하기 때문에 일본의 동의 없이는 중국이나 러시아 항구에 다다르는 것이 불가능하며, 그 중간 바다를 건너가기 위해서는 일본이 통치하는 섬들을 통과해야 한다. 이 지역은 잠수함과 비행기 작전에 매우 적합하고, 그래서 이 섬들은 진주만과 마닐라 사이에 방어막을 형성한다. 그런 상황은 서태평양에서 미국의 보급로에 심각한 위협이 된다.

일본이 적의를 드러냈을 때 미국의 물자를 러시아와 중국의 전투부대에 보급하는 데 세 개의 해로가 존재했다. 북쪽 해로는 미국 서부 해안에서 큰 원을 따라 알류샨열도를 돌아서 동해로 내려가 블라디보스토크에 도착한다. 두 번째 해로에서 선박은 아메리카 지중해에서 파나마 운하를 통과해 하와이와 마닐라를 경유해 싱가포르가 있는 아시아 지중해로 이동한다. 일본과의 전쟁이 발발할 경우 싱가포르와 마닐라로 가는 남쪽 통로를 이용해야 할 것으로 예상되었다. 이 경로는 사모아와 포트다윈을 지나는데, 훨씬 더 길지만 일본이 점령한 섬들의 위험성을 피할 수 있다. 미국의 태평양 연안 항구에서 뉴질랜드와 호주로 향하는 선박들은 하와이에서 남쪽의 사모아로 향하는 이 항로를 이용하고 있다.

태평양을 가로지르는 항공로는 극동과 호주로 가는 두 가지 경로로 대표된다. 팬아메리칸 항공은 미국 소유인 하와이, 미드웨이, 웨이크, 괌, 필리핀을 극동으로 가는 중간 기지로 이용하고 있었다. 마닐라에서 한 노선은 홍콩으로, 한 노선은 싱가포르로 갔다. 홍콩에서 중국 항공사와 연결되는데, 중국 항공은 이 영국 섬에서 일본 점령지를 넘어 충칭까지 비행했다. 싱가포르에서 팬아메리칸 항공은 네덜란드 항공과 연결되어 자바와 호주에 도달했다. 미국 해군이 아시아 지중해에 폭격기를 띄울 때도 이 경로를 사용하고 있었다.

호놀룰루에서 뉴질랜드로 가는 가장 편리한 항공 운송을 위해서 미국의 공인된 영토만으로는 불충분하다는 것이 밝혀졌다. 호놀룰루에서 서남쪽으로 약 1000마일 떨어진 킹먼 리프는 시험 비행에 이용되었지만 만족스럽지 못했다. 따라서 미국은 노선상에 있는 다른 섬들에 대한 영유권을 주장하기 시작했다. 보이스카우트가 1935년에 하울랜드섬, 베이커섬, 자비스섬에서 캠핑을 했는데, 그들의 훌륭한 행동으로 발견된 섬들을 미국이 점유했다. 1938년 미국은 피닉스제도의 엔더베리섬과 캔턴섬의 영유권을 주장했다. 이 섬들은 호놀룰루와 뉴질랜드의 중간쯤에 있으며 하와이에서 약 2000마일, 사모아에서 약 1000마일 떨어져 있다. 그리고 캔턴섬은 비행기를 보호하기에 적당한 9마일의 석호를 보유하고 있다. 그러나 영국은 미국의 주장을 인정하지 않았고 미국은 타협안인 공동 통제를 받아들였다. 이 노선은 항공기 부족과 대서양에서 사용할 장비의 수요가 증가하면서 몇 번의 비행 후에 일시적으로 중단되었다. 1941년 11월에 운항이 재개되어 호주로 가는 두 가지 루트가 가능해졌는데, 싱가포르를 경유하는 북쪽 루트와 호놀룰루를 떠난 후 캔턴섬, 피지제도, 프랑스령 칼레도니아의 누메아(뉴칼레도니아의 전신), 뉴질랜드의 오클랜드를 경유하는 남쪽 루트가 그것이다. 12월에 교전이 발발하면서 북부 노선의 운행은 중단되었다.

포위된 서반구

신대륙과 구대륙을 분리하는 두 대양의 해로와 항공로를 따라 전쟁 물자가 연합국들에 흘러가야 하며, 이 경로를 따라 미국의 힘이 전쟁에서 발휘되어야 한다. 스탈린의 군대가 러시아에서 싸우고, 장제스의 군대가 중국에서 저항하고, 영국 해군이 인도양을 지배하는 한 유라시아 대륙은 균형을 유지할 것이며, 미국은 구세계의 세력 투쟁에서 결정적인 역할을 할 것이다. 추축국 동맹이 탈진하기 전에 러시아와 중국이 저항을 멈추면 추축국이 유럽 및 아시아의 지중해와, 인도양의 서쪽과 동쪽 입구를 장악하는 데 성공할 것이다. 이는 북해 너머의 영국을 제외한 구세계 전체를 독일-일본 동맹이 지배한다는 뜻이며, 그렇게 되면 영국도 조만간 항복하게 될 것이다. 그러므로 적들의 첫 번째 전략 목표는 미국의 동맹국들에 대한 보급로를 끊는 것, 즉 미국의 대양 항로를 차단하는 것임에 틀림없다.

독일에게 구세계에서의 승리는 베를린에 의해 지배되는 거대한 유럽-아프리카 지역이라는 꿈의 실현을 의미할 것이다. 그것은 노스곶에서 케이프타운까지 이르고 우랄산맥, 지중해와 근동까지의 유럽을 포함할 것이다. 그곳은 5억5000만 명의 인구를 포함하는 거대한 힘의 집약체가 될 것이다. 일본에게 구세계에서의 승리는 섬제국이 대륙 차원의 제국으로 변모함을 의미할 것이다. 일본의 세계는 베링 해협에서 호주 태즈메이니아까지 뻗어 있고 지구 인구의 절반 이상을 포함할 것이다. 이렇게 되면 신대륙은 엄청난 전쟁 잠재력을 통제하는 두 개의 거대한 제국에 의해 포위될 것이다. 현재 힘의 흐름은 역전될 것이고, 대양을 사이에 둔 세력균형이 파괴될 것이며, 두 거대한 대륙 세력의 상대적 힘은 구세계에 의한 서반구의 지리적 포위를 정치적 교살로 바꿀 것이다.

유럽과 아시아 연합에 의해 미국이 포위될 위협은 먼로 대통령 때 처음 등장해서 제1차 세계대전 당시 다시 나타났다가 영일동맹에 잠복해 있었는데, 과거에는 상상도 못 할 규모로 지금 다시 나타났다. 세계에서 미국의 힘의 지위는 유럽과 아시아 내부의 세력균형 여부에 항상 의존해왔는데, 이제 바다 건너편 두 개의 통합된 지역의 연합에 의해 위협받고 있다. 제2차 세계대전의 결과는 미국이 구세계 문제에 있어서 발언권을 가진 강대국으로 남을 것인지, 아니면 독일과 일본이라는 거대 제국 사이의 완충국이 될 것인지를 결정할 것이다.

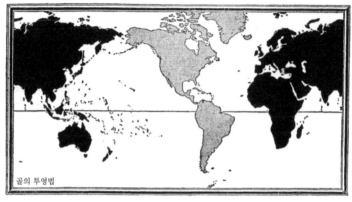

포위된 신세계

일본군이 미국 소유의 섬을 공격하기 전에는 구세계에서 독일-일본이 승리한다는 것이 미국의 고립주의자들에게 재앙을 의미하지 않았다. 그들은 계획적이고 통합된 지역경제를 운영하는 몇 개의 대규모 패권 체제로 세계가 조직되어야 한다는 파시스트의 개념을 받아들였다. 고립주의자들은 이 "새로운 질서"에서 미국이 서반구의 지도자 위치를 얻을 것이라고 예상했다. 신대륙은 그들에게 합리적인 지리적 통일체이고 그 영토는 경제적, 정치적 통합을 위한 훌륭한 기반처럼 보였다. 대륙을 둘러싼 바다는 고립을 통해 서반구를 방어할 기회를 제공하는 것처럼 보였고, 그 바다의 넓이 때문에 통합된 국가는 간단한 방어 정책만으로도 다가오는 세력 투쟁에서 살아남을 수 있을 것처럼 보였다.

전통적인 고립주의 주장에서 힌트를 얻어 독일은 미국에게 지역적 고립주의에 기반한 세계질서에서는 세력 투쟁이 중단될 것이라면서 상호불개입 정책의 장점을 다음과 같이 선전했다. 미국이 유럽과 아시아에 대한 간섭을 자제한다면 독일과 일본은 서반구에서의 행동을 기꺼이 자제할 것이다. 이러한 합의하에 세 강대국이 각자의 지역에서 완전한 기회의 평등을 누릴 수 있을 것이다. 각각은 그들의 영역 내에 홀로 남아 그 지역 자원이 허용하는 세력 구조를 만들 것이다.

선전가들이 그토록 유려하게 옹호하는 계획과 베를린과 도쿄의 실제 정책이 완전히 모순되지 않았다면, 이 주장은 더 설득력 있었을 것이다. 그러나 추축국의 수도에 이따금 나타난 새로운 세계질서의 청사진도, 라틴아메리카 국가에서의 독일 외교관들의 활동도, 신대륙의 국가들을 통합하려는 미국의 시도가 방해받지 않을 것이라고 시사하지 않았다. 오히려 독일의 행동은 어떤 대가를 치르더라도 서반구의 결합을 막겠다는 확고한 의지를 보여주었다.

독일과 일본 정부가 구상하는 신대륙에서 미국의 지위는 1941년 5월 일본의 마쓰오카 외무장관이 베를린에서 귀국한 직후 밝혀졌다. 당시 외무성의 대변인 역할을 하던 일본의『타임스 앤드 애드버타이저』는 베를린-도쿄 동맹이 받아들일 수 있도록 평화 구상에 포함해야 할 몇 가지 원칙을 개략적으로 발표했다. 여기서는 미국이 아시아에서 완전히 철수할 뿐만 아니라 서반구에서도 매우 제한된 지위에 있는 세계를 그리고 있었다. 미국은 서태평양에 있는 섬들의 영유권을 포기하고, 하와이제도에 있는 거대한 해군기지의 부분적인 군비 축소를 받아들이며, 태평양 함대를 아메리카 대륙 수역으로 옮기는 것에 동의하라는 요청을 받았다. 신세계에서 미국의 영향력은 북아메리카 대륙에 국한되고, 남아메리카에서 패권을 잡고자 힘을 행사할 수 없었다. 미국은 남아메리카 대륙에 대한 불개입 정책을 스스로 수용하되, 독일과 그 동맹국들에게는 그들의 이익을 보호할 수 있도록 "완전한 기회의 평등"과 "행동의 자유"를 부여해야 했다.

독일의 실제 행동과 다뉴브강 유역 국가들에게 독일이 적용한 "기회의 평등" 및 "행동의 자유"에 비추어볼 때, 이 용어의 의미는 의심의 여지가 거의 없다. 독일이 요구한 자유는 어떠한 기존 정부라도 혁명적 행위로 전복시키고 베를린에 유리한 정권으로 대체할 수 있는 자유였다. "새로운 세계질서"에서 미국은 먼로독트린에 내포된 보호 정책을 철회하고, 아메리카 지중해 아래의 파시스트 자매 국가들이 베를린에 의해 통제되는 것을 수용하도록 강요받을 것이다. 그 결과 미국은 완전하게 포위될 것이다. 미국을 둘러싼 고리에는 대서양과 태평양 너머의 거대 제국들과 러시아로부터 빼앗은 북극 전선의 중요 부분, 그리고 남아메리카 대륙도 포함될 것이다. 베를린과 도쿄의 통치자들이 미국에 부여한 진정한 역할은 통합된 서반구의 지도자가 아니라 북아메리카 대륙에 고립되고, 포위되고, 간힌 국가다.

따라서 비개입주의자들이 추천하는 고립을 통해 서반구를 방어한다는 정책은 신대륙이 구세계로부터 스스로를 방어할 수 있을 만큼 강할 것이라는 가정뿐만 아니라, 신대륙이 독일과 일본의 반대에도 불구하고 실제로 경제, 정치, 군사적으로 통합될 수 있다는 가정에 달려 있다. 많은 고립주의자는 독일과의 충돌을 피하는 방법으로 여겨 이런 서반구 방어 정책을 받아들였지만, 그들은 유럽을 둘러싼 독일과의 전쟁을 피할 수 있더라도 남아메리카 패권에 대한 독일과의 싸움은 피할 수 없다는 사실을 간과했다. 서반구 방어는 서반구 통합을 의미한다. 독일의 목표는 어떠한 대가를 치르더라도 서반구의 통합을 막고, 북아메리카에 대항하는 독립적인 남아메리카 대륙을 유지하는 것이었다.

독일-일본 동맹은 미국을 완전한 교전 상태로 끌어들였고, 따라서 어느 진영이 남아메리카의 충성을 얻을지가 더 중요해졌다. 그것은 필연적으로 현대전의 모든 특성을 사용하는 총력전이 되어야 하며, 현대의 분쟁은 다양한 형태의 공격을 실시한다. 그것은 상대의 이데올로기에 대한 선전 공세, 사회구조를 해체하려는 시도, 적 내부의 신념과 저항력을 파괴하려는 노력에서 시작된다. 오늘날 국제 전쟁은 내전으로 시작된다. 교전국들은 제5열을 통해 내부로부터 적국을 정복하려 하고, 자신들의 지배를 기꺼이 받아들이려는 집단이나 당이 집권할 수 있도록 도모한다. 경제적 무기는 군사적 적대 행위가 실제로 일어나기 훨씬 전에, 경제적 이익을 위한 협상의 도구로서뿐만 아니라 정치적 침투와 지배의 도구로 사용된다. 이것은 한 나라의 수입과 수출 의존도를 이용하는데, 전자는 수출 금지를 통해 군사력 건설에 필수적인 핵심 전략 원자재를 구할 수 없게 하는 것이고, 후자는 정치적 호의라는 대가가 없다면 통제하고 있는 시장에 접근할 수 없게 하는 것이다. 심리적, 경제적 압박은 정치적 접근법의 수단으로 이용된다. 이것은 적을 고립시키고, 적이 힘을 얻을 수 있는 동맹이나 연합을 해체하고, 어떤 대가를 치르더라도 집단 안보의 효과적인 시스템 구축을 막는 것을 목표로 한다. 군사 공격은 세력 투쟁의 마지막 무기일 뿐이며 다른 형태의 강압이 항복을 가져오지 못할 때만 사용된다.

남아메리카에 대한 패권을 놓고 미국과 독일이 벌이고 있는 갈등은 총력전의 모든 작전이 가동되고 있는 국면은 아니다. 심리전은 오늘날 주요 전선이라 할 수 있다. 1933년과 1939년 사이에 경제 전쟁이 활발하게 일어났지만, 그해 9월 전쟁이 발발하고 영국의 경제 봉쇄가 효과를 내면서 독일은 일시적으로 경제 무기를 상실했다. 그러나 독일은 남아메리카 수출 상품의 시장인 유럽 대륙을 정복했기 때문에 미래의 경제 투쟁에서 입지를 강화했다. 정치적 투쟁은 독일 측의 선전활동 및 미래의 경제적 처벌에 대한 위협과, 미국 측의 선전활동 및 현재의 경제적 이익 제시라는 수단으로 진행된다. 군사 투쟁의 강도는 독일-일본 동맹이 해외 작전에 대한 행동의 자유를 얼마나 확보할 수 있을지에 달려 있지만, 완전한 군사 투쟁은 미국의 구세계 동맹국들이 패배할 때까지 필연적으로 연기될 것이다.

일본의 공격에 대해 미국의 여론이 감정적으로 처음 폭발했을 때 미국 내부에서 고립 정책은 많은 지지자를 잃었다. 그러나 그 교리의 바탕이 된 서반구에 관한 가정들이 거짓으로 판명되지 않는 한, 고립주의는 전쟁 전략에 대한 대중의 생각에 계속해서 영향을 미칠 것이다. 유럽과 아시아에서의 전투 비용이 윤곽을 드러내면, 미국이 구대륙에 저항하기에 충분한 구조로 신대륙을 바꿀 수 있다는 환상 때문에 이쪽 수역에서 방어 정책을 펼치자는 요구가 나올 것이다. 아메리카 대륙의 국가들이 공동 전선을 실제로 발전시킬 가능성은 있을까? 그리고 그러한 연합이 달성될 수 있다면 그것의 강점은 무엇일까? 이 질문에 대한 답이 유럽과 아시아의 세력균형에 대한 미국 안보의 종속성을 대체로 결정할 것이다.

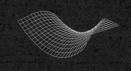

제 2 부

남아메리카에 대한 투쟁

제 7 장

두 개의 아메리카

> 역사가 그들에게 다른 운명을 부과했기 때문에 두 아메리카의 유사성은 거기서 끝난다. 북부의 개신교 앵글로색슨족, 남부의 가톨릭 라틴족은 각기 다른 문명의 틀 안에서 진화했고, 양쪽 다 그 기원에 따라 행동한다._ 앙드레 지그프리드

이데올로기전 Ideological Warfare은 언제나 무력 전쟁의 보조 수단으로서 중요했지만, 오늘날에는 특히 더 중요하다. 공교육과 신기술의 발전은 대중의 사고에 영향을 주는 것을 더 쉽게 만들었다. 현재의 세계 분쟁은 세력을 위한 투쟁일 뿐 아니라 혁명 전쟁이고, 바로 그 때문에 반대되는 이데올로기 간의 전투다. 독일은 영토와 광물, 세력뿐만 아니라 사회적, 정치적 체제의 확장을 위해 싸우고 있다. 독일은 육체뿐만 아니라 영혼까지 정복하려 노력하고 있으며, 이것은 전쟁이 이슬람의 초기 정복, 17세기의 종교적 투쟁, 그리고 프랑스 혁명 전쟁 중 일부를 공유하고 있다는 것을 의미한다.

인간은 수많은 기본적인 욕구, 열망, 동기를 갖고 있다. 기존 제도와 관행을 통해 이러한 요구 사항의 표출을 충분히 허용하고 적당한

만족을 제공하는 사회체제는 안정된 사회다. 내재된 욕구와 열망이 좌절되고 억제될 때 사회체제는 불안정해지고 혁명의 분위기가 생겨난다. 그러한 격변은 특별한 법적 수단을 통해 한 지배 집단이 다른 지배 집단으로 대체되는 것을 포함한다. 국민의 참여로 변화가 일어나고 개인적 변화뿐만 아니라 사회체제 변화까지 수반된다면 궁정 혁명과 뚜렷이 구별되는 사회 혁명이 된다. 그러한 상황에서 새로운 통치자들은 새로운 이데올로기를 가진 대중 정당의 지도자로 정권을 잡게 되고, 그 결과 재판부의 변화뿐만 아니라 사회 전체의 법적 기반의 변화가 일어난다. 그러한 혁명적 변화가 언제나 더 많은 자유, 더 나은 민주주의, 그리고 정부 권력에 대한 더 많은 제약으로 이어진다는 생각은 대중적이기는 하지만 잘못된 것이다. 혁명과 반혁명이 있지만, 그것들 대부분은 이름이 무엇이든 간에 그들이 대체한 이전 정부보다 시민들에 대한 통제권을 훨씬 더 많이 행사하는 정부를 만들었다. 혁명은 정부가 너무 많은 권한을 행사해서 일어나는 것이 아니라 그 정부가 권한을 잘못 행사하거나 전혀 행사하지 않기 때문에 발생하는 것이다.

불안정한 사회에서 실제로 혁명이 일어나느냐 마느냐는 수많은 요인에 의해 좌우된다. 혁명에 대한 요구는 긴급한 사회 문제를 해결하기 위해 국가 권력을 이용하는 데 실패하는 것으로부터 비롯된다. 그러나 국가 구성원 공동의 지적 유대감을 제공하는 사회철학이 그 통합 기능을 계속 수행하는 한, 국가에 대한 충성심이 계급 차이의 인식보다 더 강하게 남아 있는 한 혁명은 일어나기 어렵다. 지배

계급이 통치 권리와 의무에 대한 확신을 잃지 않고, 강압과 선전의 도구를 기꺼이 사용하려 한다면 혁명은 성공할 수 없다. 그러나 통치자들이 비효율적이거나, 폭동에 대처할 수 없는 것처럼 보이거나 혹은 민간 소요를 진압하지 못한다면, 통치자들은 상당한 지지를 잃을 것이다. 더 이상 지배계급의 이데올로기를 받아들이길 거부하는 사람들과, 그 이데올로기를 계속 고수하지만 정부의 통치와 질서 유지 능력에 대한 신뢰를 잃은 사람들 속에서 충성심의 이전이 일어날 것이다. 충성의 이전이 경찰과 군대를 포함한다면 통치자는 정부의 필수 불가결한 두 가지 요소인 동의와 무력을 모두 잃을 것이고, 성공적인 혁명에 유리한 조건이 만들어진다.

따라서 혁명의 분명한 선결 조건으로 권력과 통제력에 대한 열망을 가지고 기존 지배 집단에 대해 대안을 제시하는 정당이 있어야 한다. 이 새로운 지도자들에게로 오래된 충성이 이전될 것이고, 이후 혁명 정당의 첫 번째 임무는 이전 정부가 유지하지 못했던 질서를 재수립할 무력과 강압의 도구를 만드는 것이 된다. 성공적인 혁명은 사회의 해체로 시작해서 새로운 이데올로기의 노선에 따라 사회를 재통합하는 것으로 끝난다.

사회는 부분적으로 강요를 통해, 부분적으로 지도자에 대한 개인적 충성을 통해, 부분적으로 습관을 통해, 부분적으로 공동의 사회철학의 수용을 통해 통합과 구조를 유지한다. 이러한 철학 또는 "사회적 신화"는 기존 사회질서에 대한 설명을 포함하고, 수용된 가치의 관점에서 그 구성 관계를 정당화하며, 사회가 나아가고 있는 미래, 즉 사회적 이상을 보여준다. 신화는 사실이라기보다 상징이고, 역사적 정확성 또는 과학적 정확성에 대한 주장을 하지는 않는다. 그러나 인간 본성이나 사회적 현실과 조화를 이루지 못하는 요소나 모순이 너무 많이 포함되면 그 신화는 충성을 잃을 것이다. 따라서 신화가 끊임없이 재해석되지 않는다면, 생활 패턴에 변화가 일어났을 때 사회적 유대감으로서 힘을 잃을 수밖에 없다.

신화가 활력을 잃는 경우, 지배계급은 더 이상 유용한 사회적 기능을 수행하는 집단이나, 수용되었던 생활 방식을 실현하는 필수적인 수단으로 받아들여지지 않는다. 그러면 일부 사람의 눈에 통치자들은 압제자이며 계급 이익의 심복으로 보인다. 그러한 조건이 형성되면 사회는 혁명적 선전propaganda에 극도로 취약해진다. 이전의 신화는 더 이상 새로운 상황과 관련이 없고, 인간의 욕구는 기존 사회 틀 내에서 만족을 찾을 수 없으며, 새로운 질서와 새로운 이데올로기에 대한 요구가 있을 것이다. 따라서 혁명적 선전은 부분적으로 사람들이 새로운 철학을 따르게 하는 노력이고, 부분적으로는 약해졌지만 여전히 만연한 기존 신화에 대한 공격이다. 새로운 신화는 기존 신화 위에 부드럽게 덧씌울 수 있는 것이 아니고, 스스로를 위한 자리를 마련해야 한다. 모든 혁명은 처음에는 파괴적이다. 쌓아 올리기 전에 허물어야 하고, 새로운 신화를 전파하기 전에 기존 신화를 공격하며, 새로운 형태로 재통합할 수 있기 전에 기존 패턴을 파괴해야 한다.

이전의 독일 공화국을 혁명으로 대체하고 만들어진 제3제국은 현재 남아메리카에 대한 패권을 두고 미국과 투쟁을 벌이고 있으며, 무기의 하나로서 이데올로기전을 사용하고 있다. 이러한 공격 형태는 직접적인 심리 공격과 혁명적 선전의 혼합이다. 그 공격은 이성적 접근과 감성적 접근 모두를 사용하고 다양한 전술로 투쟁을 벌인다. 목적 중 하나는 도덕적 저항의 힘을 파괴하고 전투 의지를 압도하는 것이다. 이것은 사회적 결속을 파괴하려는 시도로 이뤄진다. 사회 붕괴는 국가들이 행동할 힘이 없게 만들고, 강력한 대외 정책을 취할 수 없게 하며, 외부 공격에 대해 스스로 방어할 수 없게 만든다. 이러한 접근은 정부에 대한 국민의 신뢰를 무너뜨리고 국가 내 모든 실제적, 잠재적 불화를 고무시키려고 한다. 목표는 통합된 국가 사회를 갈등하고 투쟁하며 다투는 집단들로 만드는 것이다. 여론은 정부에 반대하는 소문, 환상, 제안, 거짓, 선동 등으로 교란되고 동요된다. 그리고 사회적 해체는 사상적이든 물질적이든 모든 잠재적 갈등을 부추김으로써 촉진된다. 유럽에서 독일인들은 인종적 적대감을 이용했고, 반유대주의를 부추겼으며, 소수민족들 간의 불신과 증오를 조장했고, 자본, 노동, 중산층 사이의 계급 감정을 자극했으며, 종교적 불관용을 일으켰다.

또 다른 접근 방식인 적극적인 혁명 기법은 각 국가 내에 국가사회주의 정당의 지부를 만드는 것을 목표로 한다. 지부의 임무는 선전과 선동의 첨병이 되어서 그 정부가 독일에 우호적인 정책을 따르도록 유도하고, 궁극적으로 국가를 장악하는 것이다. 이런 활동은 친구를 얻고 사람들에게 영향을 주어야 한다. 해외 선전을 위해 독일은 그들 혁명 이데올로기를 그대로 사용할 수 없다. 그중 일부는 명백하게 독일에만 적용될 수 있고, 해외로 선전된 일부는 친구 대신 적을 만들 것이다. 새로운 신념의 사제단이 가진 혁명적 열망이 무엇이든, 그리고 그 신념의 교리가 절대적이고 영원히 타당하며 언제 어디서나 흔들리지 않는다고 확신하더라도, 검열되지 않은 비전이 전도되는 것은 허용되지 않는다. 혁명 이데올로기는 독일 국가의 종복으로 남아야 하고 힘의 정치의 요구에 종속되어야 한다. 따라서 해외로 수출되는 나치 이데올로기는 상당 부분 수정된 정제판이며, 보통 개별 국가마다 다르게 포장되어 도착한다.

아리아 "인종"의 우월성 교리는 아리아인이 살지 않는 국가들에서는 거의 유용하지 않지만, 인종 불평등 개념과 생물학적 자질의 차이는 어디에나 전파될 수 있다. 특정 인종이 다른 인종을 지배하도록 운명 지어졌고 그러한 지배가 자연의 질서를 반영한다는 이론은 서로 다른 인종들이 함께 살고 있는 어디에서나 많은 사람을 끌어들일 수 있는 교리다. 오직 특정 국가들만이 이성보다 본능을, 성찰보다 행동을, 정신보다 육체를, 도덕적 자제보다 활력을, 타협보다 투쟁을 우선시하는 가치관으로 전환하고 이교도의 새로운 윤리를 받아들일 것이다. 그 외의 많은 국가에서는 새로운 신념의 호소, 낙관주의 철학, 집단적 노력을 통해 인간의 운명을 형성할 가능성에 대한 재확인, 역동적 의지로 행동하며 경제적 불황에서 기인한 정신적 무기력을 몰아내는 시도가 있을 것이다.

그러나 해외로 가장 일관되게 전파되는 것은 인종적 교리도 개인적 윤리도 아니다. 실제 전파되는 항목은 새로운 신념에 대한 경제적, 사회적, 정치적 교리다. 다른 국가들은 독일을 모방하고, 자유민주주의 체제의 해악과 결점에 대한 해결책을 채택하며, 공산주의와 유대인 국제 금융의 위험으로부터 보호를 누릴 수 있도록 초대받는다. 공산주의를 반대함에도 불구하고 국가사회주의가 자유시장과 사업가의 개인 결정을 경제생활의 완전한 통제와 국가계획 체제로 대체한다는 것은 특정 집단을 제외하고는 해외에서 강조되지 않는다. 제시되는 것은 경제생활에 대한 정치적 우월성을 주장하는 신중상주의적인 것이다. 거대한 사적 권력의 집합체가 산업 체제를 대규모 독점과 거대한 노동조합의 형태로 변질시키고 있으므로, 이에 대항해 권리를 주장할 수 있는 강력한 정치 기관인 전체주의 국가가 필요하다고 강조한다. 이러한 설명은 모든 계층에 호소할 수 있는 장점을 갖고 있다. 그것은 노동자에게 산업 독점을 통제할 국가를 제공하고, 자본가에게 노동자를 적소에 고용할 정치 조직을 제공하며, 중산층 일부에게 국가 계획을 통해 안보를 확보하는 길을 제공한다.

이러한 선전에서 강조되는 사회 이론은 유기체 이론이다. 유기체 이론은 사회계약 교리의 타당성을 부인하고, 개인의 자유로운 행동으로 만들어진 기계적 결과가 사회라는 가정을 거부한다. 이 이론은 사회라는 공동체가 살아 있는 역동적인 유기체라고 주장한다. 이는 평등이 아니라 구성 요소의 불평등을 의미하며, 각자가 할당된 자리를 차지하고 있는 사회적 위계 질서는 자기 욕구의 충족을 위해서가 아니라 집단 전체의 요구에 부응하기 위해 작동해야 한다는 것을 의미한다. 그러한 사회에서 정부는 엘리트에 의한 정부가 될 수밖에 없다. 이 엘리트는 세습 카스트가 아니라, 태어나면서 지도자로서의 기능을 특별하게 부여받고 어린 시절부터 훈련받은 지도자다. 무지한 대중에 의해 선출되는 개인들이 정부를 구성하는 것이 아니라 통치자의 자격이 있는 계급이 정부를 구성해야 한다.

사회의 본질에 대한 이러한 개념에는 개인이 국가로부터 떨어져서 존재할 수 있는 공간이 없기에, 개인이 양도할 수 없고 정부가 간섭할 수 없는 절대적 자유의 영역이 존재하지 않는다. 영국, 미국, 프랑스 혁명이 현대 민주주의에 남긴 개인의 자유라는 개념은 전체주의 국가의 주권을 부당하게 제한하는 것이라고 암시한다. 더욱이 자유민주주의의 견제와 균형은 불필요한데, 일당제 국가는 퇴폐적인 자유민주주의의 양도할 수 없는 권리의 개념보다 개별 시민의 자유에 대한 더 나은 보호를 제공하기 때문이다. 국가의 지도자인 총통Führer 개인은 시민들이 아마도 필요로 할 모든 보호를 제공한다. 총통은 그의 국민이 실제로 원하고 필요로 하는 것을 꿰뚫어볼 수 있는 마법의 자질을 발휘한다. 미국 대통령은 선거 결과의 의미를 영감을 발휘해 해석함으로써 지도자로서의 소임을 꿰뚫어보아야 한다. 진정한 지도자로서 총통은 종이 문서가 없어도 되며, 투표 용지에 의존하지 않고도 국민의 요구를 직관적으로 느낄 수 있다. 사실상 이는 위기의 시대에 매력적인 이론이고, 개인의 지도력을 통해 국민에게 봉사하고 싶은 충동을 느끼는 모든 사람에게 마음이 동하는 이데올로기다.

　외국에서 국가사회주의 정당이 형성될 정도로 선전이 성공할 경우, 독일과의 협력을 지지하는 것이 이 정당의 과제가 된다. 바꾸어 얘기하면 이것은 제3제국이 해당 국가에 대해 어떤 적극적인 계획도 갖고 있지 않고, 따라서 독일의 당장의 침략에 대해 두려움이나 우려를 가질 이유가 없다는 생각을 전파하려는 것을 의미한다. 한편 그 정당은 독일의 승리가 불가피하고, 미래의 흐름을 타고 있으며, 독일에 대한 저항은 헛된 것이라는 생각도 전달해야 한다. 적시에 참여하는 자들에 대한 보상의 약속, 저항하는 자들에 대한 비참한 결과의 예언도 설득 방법 중에 있지만, 이런 선전에서 가장 효과적인 수단은 실제로 힘과 성공을 보여주는 것이다. 각각의 승리는 새로운 지지자들을 등장하게 하고, 각각의 정복은 새로운 전향자들을 데려오며, 저항할 수 없는 힘이라는 사실을 각인시키도록 신중하게 편집된 성공한 작전의 영상은 그 효과를 크게 증대시킨다.

　서반구에서 국가사회주의 선전의 일반적인 목적은 유럽에서 그들이 실행하고 있는 것과 정확히 같다. 그것은 고립주의를 장려하고, 민족적 배타주의를 고양하며, 국가 간 갈등을 부추기고, 범아메리카 통일체의 발전과 효과적인 집단행동을 방지하는 것이다. 선전을 통해 독일이 서반구의 어느 지역에 대해서도 어떠한 경제적, 영토적, 정치적 계획을 갖고 있지 않다는 믿음을 만들어내려 하고, 각 국가에서 저항할 힘과 의지를 파괴하려 한다. 이러한 목적을 위해 독일은 베를린으로부터 멀리 떨어져 있는 곳에서의 선전활동뿐만 아니라, 이름이 무엇이든 간에, 각 국가에 독일 외무부의 대리인으로서 남아 있는 기관을 외교정책의 수단으로 사용한다. 대륙 간 세력 투쟁의 일환으로 독일은 서반구의 각 국가에서 내전을 치르고 있는 것이고, 이것이 성공한다면 군사적 조치는 필요하지 않을 것이다. 신대륙은 내부로부터 정복될 것이다.

앵글로색슨 아메리카

기존 소수민족들과 유대인에 대한 모호한 인종 구별을 바탕으로 유럽의 각 국가에서 사회적 분열을 만들어온 선전 기관은 서반구보다 자신의 능력을 잘 활용할 수 있는 이상적인 땅을 찾을 수 없을 것이다. 신대륙의 민족 구성은 서로 다른 인종과 민족이 이주한 결과이고, 300년은 동질성과 유사성을 만들기에 충분하지 않은 시간이었다. 아메리카 원주민, 백인, 흑인, 황색인 중 일부는 다른 집단들과 인척관계를 형성했고, 또 다른 곳에서는 동족의 순수성을 유지했다. 서구 세계에서 온 서로 다른 유럽 민족들은 자연적 또는 인위적 동화 과정의 대상이 되었지만, 분리된 민족 집단이 여전히 존재한다는 것은 동화 과정이 제1차 세계대전 이전 시기에 신세계로 이주해 온 수많은 사람을 완전히 흡수하지 못했음을 보여준다.

1. 인종과 민족의 구성

미국은 아마도 서반구의 다른 국가들만큼 인종적, 민족적으로 혼합되어 있을 것이다. 1930년 인구조사*에 따르면, 인구는 1억2200 만 명이었는데, 그중 1억800만 명이 백인종에 속했고, 대략 1200만 명은 흑인종에 속했으며, 200만 명이 황인종에 속했다. 흑인 소수민 족은 거의 예외 없이 미국 태생 흑인들로 구성되어 있지만, 황인종 소수민족은 미국 인디언과 대부분이 인디언인 멕시코 사람들뿐만 아니라 20만 명의 동양인들로 구성되어 있다.

태평양 연안을 따라 백인과 동양인 사이의 인종 갈등과, 남서부의 백인과 멕시코인 사이의 사회적 분리 및 경제 경쟁으로 인한 사소한 마찰들이 있었지만, 가장 중요하고 잠재적으로 가장 위험한 인종 문 제는 남부의 백인과 흑인 관계에서 나타난다. 목화 생산지대에서 흑 인에 대한 대우가 독일에서 유대인에 대한 대우와는 상당히 다르긴 하지만, 그럼에도 인종 문제에 대해 국가사회주의와 크게 다르지 않 은 이데올로기적 특징이 존재한다. 국가사회주의에는 아리아인 우 위가 명확하게 드러나 있다. 미국의 흑인은 현대 사회에서 노예 출 신이라는 역사적 낙인을 지니고 있다. 미국 수정헌법은 인간의 권리 에 대한 숭고한 표현으로 가득 차 있지만, 이 헌법은 흑인의 사회적 불평등을 제거하지 않았고 흑인의 사회적, 정치적 권리에 대한 실질 적 평등을 보장하지도 않았다. 흑인들은 비숙련 노동 이상의 일에서 채용 대상이 되지 않으며, 사회구조에서 여전히 열등하고 피지배 구 성원이라는 지위에 있다. 이런 인종적 마찰이 필연적으로 가져오는

---

* 1941년 가을 현재, 1940년 인구조사 결과가 아직 나오지 않았다. —지은이

사회적, 심리적 긴장 속에서 공산주의자와 파시스트들은 선동하기에 좋은 토양을 발견했다.

그렇다고 다수인 백인 사이에 인종적 동질성이나 문화적 동질성이 있는 것도 아니다. 백인에는 유럽의 모든 세부 인종과 유럽 대륙과 근동의 모든 민족이 포함된다. 1930년 미국에서는 1300만 명이 외국 태생이고 2500만 명이 외국인 혹은 혼혈 혈통이었는데, 이들 두 집단은 각각 인구의 11퍼센트와 21퍼센트를 차지했다. 문화적 지향의 관점에서 가장 진정한 미국인이라고 불릴 수 있는 집단은 본토 가문 출신의 본토에서 태어난 백인으로, 인구의 절반 조금 넘는 정도인 57퍼센트에 불과했다. 앵글로색슨족의 후손을 제외한 가장 중요한 외국계 민족 집단은 독일인, 이탈리아인, 폴란드인, 아일랜드인, 러시아인이었다. 이들 중 다수는 실제로 미국에 헌신하는 충성스러운 시민이지만, 그럼에도 인구의 상당수를 차지하는 그들은 완전히 동화되지 않은 상태라서 해외의 선전이 통하기 좋은 토양이 될 수 있다.

1930년에 독일인은 거의 700만 명의 집단을 구성했고, 그중 150만 명은 외국 태생이며 그 나머지는 독일 태생 독일인이거나 독일계 혼혈이었다. 뉴욕시에만 독일 혈통이 50만 명 이상 거주했고, 그 외에 시카고, 필라델피아, 세인트루이스, 디트로이트, 클리블랜드, 밀워키 등에 집중되어 있었다. 사실 인구 10만 명 이상의 거의 모든 도시에 거대한 독일인 집단 거주지가 있다. 이탈리아계는 450만 명이었고, 그중 거의 200만 명이 외국 태생이었다. 폴란드 출신 외국인은 300만 명 이상이고, 그중 100만 명 이상이 해외에서 태어났다. 수적으로 그다음 중요한 민족은 아일랜드계와 러시아계였다. 이와 함께 약 450만 명으로 추산되는 유대인 인구도 포함하고 있었다. 비록 인종 집단도 민족 집단도 아니지만, 유대인 인구는 어떤 면에서 소수민족으로 기능한다. 많은 수의 유대인은 결코 동질적이지 않지만, 그들을 다수의 인구와 구분할 수 있을 만큼 충분히 전통적인 문화적, 종교적 특징을 보전하고 있다.

미국의 인구 구성은 풍부하고 다양한 조직으로 이뤄져 있으며, 비록 미국이 여전히 앵글로색슨 국가로 불리기는 하지만, 지난 50년 동안 중부 유럽인과 동유럽인의 이민 인구가 늘어나면서 앵글로색슨계의 상대적 중요성은 상당히 감소했다. 외국계 미국인의 존재가 제시하듯이 동화는 불완전했고 그 결과 미국은 압박과 긴장 상황이 되면 바로 균열의 틈이 될 것 같은 수많은 민족적 단층선을 갖게 되었다. 항상 새로운 이주자들에 대한 기존 사람들의 분노가 있었고, 구세계에서 있었던 역사적 적대감은 대서양을 건너왔다고 해서 씻겨나가지 않았다.

불완전한 동화는 인구의 상당 부분이 지적, 정서적, 정치적으로 미국의 관점이 아니라 이전 거주지의 관점과 그에 대한 충성심을 갖고 계속 살아가고 있다는 것을 의미한다. 이 집단은 미국의 정치 시스템이 제공하는 기회를 활용해서 미국 정부가 유럽에 있는 자민족 집단을 지원하는 정책 방향으로 움직이게 하려고 노력한다. 그 결과 모든 유럽인의 다툼이 대서양 너머 미국에서 민족 간의 불화를 만들어내고, 모든 유럽인의 전쟁이 잠재적으로 국내 갈등이 되며, 구세계에 대한 미국의 강력한 대외 정책이 보편적인 지지를 얻는 것은 거의 불가능해진다.

미국처럼 다양하지는 않지만, 캐나다의 인종 및 민족 구성도 최근 몇 년 동안 상당히 복잡한 패턴을 보이기 시작했다. 기후가 플랜테이션 작물의 경작에 도움이 되지 않아서 흑인 노예를 수입할 이유가 없었고, 따라서 미국이 직면하고 있는 심각한 인종 문제에 대한 염려 없이 자치령을 보호해왔다는 것은 사실이다. 소규모 동양인의 이주로 인해 태평양 연안을 따라 약간의 인종 갈등이 있지만, 그 갈등은 성격상 비교적 온화하다. 1931년 인구의 민족적 기원은 영국인 52퍼센트, 프랑스인 28퍼센트, 독일인 6퍼센트, 슬라브인 6퍼센트, 스칸디나비아인 3퍼센트 등으로 집계되었다. 이들 집단 중 하나인 프랑스계, 특히 퀘벡주에 모여 있는 프랑스계 캐나다인들에게는 실제로 어떠한 종류의 동화도 진전되지 않았다. 캐나다는 미국처럼 다소 발전된 동화 단계에 있는 하나의 민족 집단이 아니라, 벨기에나 스위스처럼 복수의 민족을 가진 국가다. 초기 정착민이었고 영국의 정복보다 앞서 왔던 프랑스계 캐나다인들은 수세대 동안 그들의 민족적, 문화적 정체성을 유지해왔다. 가톨릭교회에 의해 고무된 그들은 프랑스어와 프랑스 법을 사용하는 별개의 공동체로 계속 살고 있다. 그들은 캐나다에 프랑스가 겪고 있는 모든 어려움과 약점을 공유하도록 제2의 국적을 부여하고 있다.

2. 경제 및 사회구조

캐나다와 미국 모두 광대한 영토적 기반 위에 농업과 광업을 중심으로 하는 거대한 추출경제와 이를 보완하는 고도로 발달한 산업체제를 구축함으로써 현대적, 자본주의적 신용경제를 건설했다. 이러한 양국의 경제는 기계적 에너지를 풍부하게 사용하는 것이 특징인데, 이 덕분에 노동자 1인당 생산량이 많고 풍요로운 생활 수준이 가능하다. 제조업은 농부와는 다른 뚜렷한 이해관계를 가진 새로운 경제 계급을 사회구조에 추가했고, 국민소득의 분배에 대한 산업과 농업 간의 투쟁을 불러왔다. 국가의 거대한 규모와 특정 지리적 영역의 전문화 때문에 이러한 대립은 지역 분쟁의 형태를 취했다. 대립은 원래 미국에서 남부와 북부 간의 갈등이었는데, 현재는 미국과 캐나다 모두에서 동부와 서부 간의 갈등이 되었다.

거의 무제한의 자원과 큰 시장이 결합된 "자유방임" 체제에서 경제적, 정치적 자유는 경제력의 독점과 집중으로 이어지는 추세를 촉진했다. 자본 조직인 거대 기업은 현재 노동 조직인 거대 노조로 대응되고, 이익과 임금의 상대적 분배에 대한 그들 간의 투쟁은 대규모로 여러 방면에서 발생하고 있다. 노동쟁의에서 폭력의 전통이 있고, 파업을 중단시키기 위해 중산층 자경단을 활용하는 경향이 있어서, 사회 문제에 대한 이런 접근 방식은 나치 이데올로기를 쉽게 수용하도록 만든다.

공황기에 중산층의 희망과 열망이 좌절되면서 유럽에서 나치 철학을 위한 비옥한 토양이 마련되었던 것처럼 미국에도 그런 징후가 있다. 카를 마르크스의 말과 달리 선진 자본주의가 자본과 노동의 압력 사이에서 중산층을 압박하는 경향이 있긴 하지만 실제로 중산층의 상대적 규모를 감소시키진 않는다. 특히 북아메리카는 중산층이 극도로 많은 지역이다. 농부는 소작인이 아니라 소규모의 독립 사업자이고, 숙련된 노동자의 상당수가 프롤레타리아의 철학이 아니라 중산층 이데올로기의 관점에서 살아간다. 미국의 중산층은 유럽의 중산층에 비해 양호한 생활 수준을 누리고 있고, 전통적으로 사회적 지위가 미숙련 노동계급보다 우위에 있다는 사실을 매우 잘 의식해왔다. 이 미숙련 노동계급은 구체제로부터 최근에 이주한 사람들로 구성되었다.

오늘날 미국은 어떤 고정된 사회적 위계도 인지되지 않는 매우 유동적인 사회구조를 갖고 있다. 물론 사회적 계층화는 있지만, 이는 인종적 차이와 병행되는 경우가 아니라면 계급 장벽이나 카스트의 기능을 하지 않는다. 한때 남부에는 노예제도 및 대지주의 세습적 카스트에 기반을 둔 귀족사회가 존재했다. 뉴잉글랜드에는 산업, 해운, 해외 무역에 기반한 기업 과두제가 있었다. 이러한 두 가지 패턴은 대서양 연안의 두 지역에서 잔상으로 남아 있지만, 국가 전체, 특히 앨러게이니산맥*의 서부 지역은 거의 전적으로 중산층 민주주의 관점에서 사회를 운영하고 있다. 미국의 많은 사람이 자신이 태어난 주로부터 멀리 떨어진 지역에서 살고 있고, 부모와 다른 사회적 지

---

* 펜실베이니아, 메릴랜드, 웨스트버지니아주에 걸친 산맥.

위를 주는 직업에 종사하고 있으며, 그들이 선조들과 달랐던 것만큼 자녀들도 부모와 다를 것이라 기대하고 있다.

이렇게 지리적, 사회적 이동이 활발한 상황에서 유럽식 의미의 계급의식, 즉 바꿀 수 없는 계급 차이와 그로 인해 불가피하게 발생한 계급 갈등이라는 의식을 발전시키는 것은 매우 어렵다. 국경선이 폐쇄되고 개척 시대가 끝났다는 사실에도 불구하고 현재 임금노동자로 종사하는 인구의 상당 비율은 누구의 지배도 받지 않기를 기대하고 있다. 상당수의 임금노동자는 현재의 지위가 아니라 미래의 중산층 지위의 관점에서 생각한다. 그 결과 미국의 노동운동은 전반적으로 마르크스주의를 덜 받아들였다. 그러나 이 때문에 광범위한 중산층 지향을 가진 국가가 나치 혁명의 이데올로기에도 반응하지 않을 것이라고 보장할 수는 없다. 민주적 절차의 오랜 전통에도 불구하고, 특정 남부 지역에서 초기에 독재자적 주지사를 쉽게 수용했다는 점에 비춰볼 때, 미국인들이 필요를 충족시키지 못하는 정부의 형태를 바꾸지 않으리라고 가정하는 것은 현명하지 않다.

3. 정부와 정치

캐나다와 미국 정치체제의 유래는 초기 영국의 정치체제에서 찾을 수 있으며, 사법 체제는 권리장전에서 선언된 개인의 자유 원칙을 담고 있는 영국 관습법에서 유래를 찾을 수 있다. 국가는 연방 연합으로 조직되고, 비밀투표로 표현되는 자유선거에 토대를 둔 대의 민주주의로 운영된다.

미국에서는 대부분이 중산층을 지향하고 분명한 계급 분열이 없기에 계급 노선을 따라 정치생활과 정당 조직을 운영하는 것이 어렵다. 민주당이 도시 프롤레타리아의 상당한 비중을 흡수하고, 공화당이 많은 은행가와 사업가의 지지를 받는 것은 사실이지만, 민주당이 남부의 보수층을, 공화당이 서부의 진보적 농부들을 대표하기도 한다. 양당 모두에서 광범위한 중산층이 중앙 블록을 형성하고 있기 때문에 자유 정부의 보전과 정치적 극단주의 방지에 상당한 도움이 된다.

4. 문화와 사회적 신화

예상할 수 있듯이, 북아메리카 이데올로기는 본질적으로 중산층 비즈니스 이데올로기다. 원래 주민들이 구대륙의 민족 집단들과 점차 섞이게 되었더라도, 지배적인 전망은 여전히 앵글로색슨 성향이 우세하다는 것이다. 그 뿌리는 청교도주의와 영국의 종교개혁, 18세기 프랑스의 합리주의, 영국의 공리주의로 거슬러 올라간다. 개신교 성향에서부터 생활 속의 민주적 시각, 강한 사회적 책임의식, 선교 정신, 그리고 사회를 변혁하고 인간의 고통을 근절하려는 강력한 추진력이 나온다. 자제, 도덕적 규율, 선의와 근면이 번영으로 보상받을 것이라는 믿음은 개척자들의 실제 생활에 의해 확인되었고, 그 개척자들의 경험이 미국의 중산층 이데올로기에 청교도 도덕의 많은 것을 깊숙이 정착시켰다. 근면, 인내, 성실의 가치는 경험으로 입증되었다. 그러나 검소와 절약을 고무하기에 국가는 매우 부유했고,

자원도 아주 풍부해서 쉽게 얻을 수 있었다.

　17세기 청교도주의의 유산은 국제관계에 대한 미국의 접근법에 독특한 특징 하나를 만들었다. 윤리적 가치에 대한 고려가 미국을 주로 도덕적 지향성을 따르도록 한 것이다. 미국 국민은 다른 국가들의 외교정책에 대한 도덕적 판단을 표명해야 한다고 느끼고 있고, 미국 대통령들은 백악관을 국제적 설교단으로 만들어 인류가 저지른 악행을 비난한다. 18세기 합리주의의 유산은 다른 독특한 특징인 법률주의적 접근과 법적 강제력에 대한 믿음을 남겼다. 국제 문제에 대한 도덕적, 법적 기대를 거의 본능적으로 선호하기 때문에 미국 국민은 힘의 정치의 근본적인 현실을 제대로 파악하지 못하는 경향이 있다.

　미국의 사회적 신화에 포함된 정치 이론은 독립선언서에 구체화되어 있다. 그것은 모든 사람이 평등하게 창조되었고, 창조자로부터 양도할 수 없는 특정한 권리를 부여받았으며, 그 권리 가운데 생명, 자유, 행복에의 추구가 있고, 이러한 권리들을 보호하기 위해 정부는 피통치자의 동의에 의해 정당하게 권력을 얻은 사람들로 구성된다고 선언했다. 이러한 정치 신조는 인간의 존엄성을 존중하는 것이 인간의 신성한 본성이라는 종교적 신념을 보여준다. 그것은 정부가 그 자체로 중요한 것이 아니고, 개인도 단순한 국가의 도구가 아니라고 선언한다. 그것은 정부와 국가가 개인에게 봉사하고, 신이 주신 개인의 재능을 완전히 구현할 수 있도록 개인을 돕기 위해 만들어졌다고 선언한다.

미국의 경제철학은 계약의 자유, 개인 주도권의 가치, "자유방임"의 필요성에 대한 확고한 신념을 계속 주장하고 있다. 그것은 애덤 스미스 사상의 많은 부분을 유지하고 있다. 미국 기업들은 여전히 보이지 않는 손이 경제적 과정을 지배한다고 믿고 있고 이성적인 이기심과 자유롭고 방해받지 않는 가격 체계의 작동이 가장 많은 사람에게 가장 큰 선을 만들어낼 것이라고 확신한다. 그러나 경제 분야에서 실제 상황과 사회적 신화는 이미 의견을 달리한다. 우리는 입으로는 계속 "자유방임"을 외치면서 정부의 개입을 늘리기를 주장한다. 즉 우리는 자유무역의 원칙을 지지하면서 관세, 보조금, 독점 제도를 시행한다. 우리는 국가로부터의 철저한 독립을 신봉하지만, 산업, 농업, 노동은 모두 국가로부터 특별한 혜택을 받고 있고, 경제 시스템을 관리하는 데 있어 정부의 기능은 점점 더 늘어나며 기업의 기능은 점점 더 줄어들고 있다.

　　신화와 그 신화가 만들어내고 미국 문명의 사회적 결속을 제공해 온 신념은 효력을 많이 상실했다. 사회철학으로서 신화는 사회적 경험과 완전히 모순되고 더 이상 실제 상황과 조화를 이루지 못한다. 자유주의가 발족시킨 사회 시스템은 약속된 이익을 가져오지 못했고, 경제적 진보는 영구적인 기술적 실업technological unemployment*으로 끝난 것 같다. 이 두 가지 상황으로 국민에 대한 민주적 자유주의의

---

* 기술 진보에 따른 노동 절약형 기술이 발전함에 따라 발생하는 실업. 기술 진보의 영향을 집중적으로 받는 산업에서 발생하는 고용의 감퇴로 인한 것이다.

지배력을 크게 약화시켰다. 인구의 대부분은 무관심해지고 신념을 잃었으며, 소수는 그들의 충성심을 공산주의와 파시즘으로 확실히 옮겼다. 기존 신화는 재해석과 재구성을 절실히 필요로 한다.

기회의 자유는 영구적 실업 기간에는 별 의미가 없다. 그리고 자유무역은 국가 보조금이 보편적인 세계에서는 무의미하다. "자유방임"은 정부 통제의 시대에 비현실적으로 들리며, 개인주의는 국가사회주 시대에 부적절해 보인다. 그리고 모두가 강한 정부와 숙련된 리더십을 외칠 때 민주주의의 아름다움은 멀리 있다. 새로운 사회철학, 즉 새로운 공식이 필요하다. 이것이 개인의 자유와 사회보장의 가치를 조정하고, 인간 정신의 가치, 개인의 존엄성, 개인의 자유를 사회 규율과 중앙 통제를 요구하는 사회 및 경제 계획과 조화시킬 것이다. 지난 세기 중반까지 자유민주주의는 바리케이드에 깃발을 내걸고 혁명을 고취하던 전투 교리였다. 현재의 자유민주주의는 개인의 자유에 대한 미약한 긍정만을 되풀이할 뿐이다. 자유민주주의는 전투적 신념의 특징을 잃었고, 혁명적 힘을 가진 국가사회주의 이데올로기와 싸우는 선전전에서 반격할 수 없을 것처럼 보인다.

라틴아메리카

아메리카 지중해 주변과 남아메리카에 라틴아메리카의 세계가 있다. "아메리카"라는 단어가 유사점을 제시한다면, "라틴"이라는 단어는 차이점을 보여준다. 또 하나의 아메리카는 서반구의 한 부분이기 때문에 어느 정도 미국과 비슷할 것으로 기대되지만, 신세계의 앵글로색슨 혈통과 라틴 혈통 사이의 실제 차이점은 아메리카라는 공통의 용어가 암시하는 유사점보다 훨씬 더 크다.

미국의 남쪽 세계는 다양한 크기와 형태를 가진 20개의 독립된 공화국을 포함하고 있는데, 그들은 서로 다른 경제발전 단계에 있으며 다양한 인구 구성을 보이고 있다. 서반구 지리에 관한 장에서 거대한 대륙의 주요 특징 몇 가지를 개략적으로 설명하고 남쪽 국가들의 생활 조건을 결정짓는 기후와 환경의 다양성을 보여주었다. 미국의 남쪽 지역은 아시아와 달리 풍요로운 세계로, 카리브해 연안에 인접한 뜨거운 열대 습지 땅으로부터 티에라델푸에고섬(남아메리카 남단)의 바람이 휘몰아치는 황량한 해안까지 뻗어 있다. 이 지역은 아마존 상류의 비탈을 따라 있는 초가집 마을들을 비롯해, 시카고의 에너지를 갖고 있는 파리를 만들려고 애쓰는 번화한 대도시 부에노스아이레스, 그리고 눈 덮인 화산 배경의 오래된 스페인 마을처럼 보이는 안데스산맥 계곡에 숨어 있는 조용한 지방 도시들을 포함하고 있다.

라틴아메리카는 많은 국가로 구성된 세계다. 대다수 국가가 서로 다른 억양의 스페인어를 사용하고 있는 것은 사실이지만, 스페인어가 남쪽 세계의 유일한 언어인 것은 아니다. 포르투갈어는 가장 많은 인구를 보유한 가장 큰 국가 브라질의 언어이고, 작은 아이티 공화국 사람들은 프랑스어를 사용한다. 아메리카 원주민 인구 사이에는 몇 가지 다른 언어 집단이 존재하고 다양한 방언이 사용된다. 리오.그란데 너머는 무한한 다양성의 세계이고, 각국의 국민은 자신들의 차이를 자랑스럽게 여기며 열렬한 민족주의를 갖고 있다. 그럼에도 불구하고 그들 모두는 미국과 다른 문화적 세계 및 지적 전통으로부터 비롯되었고 앵글로색슨 양식과 구별되는 많은 공통된 특징을 갖고 있어서 라틴아메리카라는 포괄적인 용어를 사용하는 것이 정당화된다.

1. 인종과 민족의 구성

멕시코만 바로 너머의 대륙 지역에는 주로 아메리카 원주민 혈통의 인구가 있고 근처의 섬은 흑인 혈통이 주를 이룬다. 섬의 토박이 원주민들은 플랜테이션 노동에 적합하지 않아 대부분 사라졌으며, 오늘날 인구는 백인과 수입 노예의 후손들이 섞여 있다. 쿠바, 산토도밍고, 푸에르토리코는 혼혈뿐만 아니라 일정 정도의 백인을 포함하고 있지만 유럽 열강의 서인도 식민지는 거의 전적으로 흑인 주민이다.

멕시코에서 베네수엘라에 이르는 대륙 연안 지역은 스페인 정복자들의 후손들로 구성된 인구를 포함하는데, 그들 중 소수는 인종적 순수성을 보전하면서 지주귀족계급을 유지하고 있다. 아메리카 원주민 인구는 북아메리카에서처럼 몰살된 것이 아니라 노동력으로 활용되었고, 그 결과 현재 인구의 상당한 비율이 아메리카 원주민 혈통이다. 외딴 산악 지역에 살고 있는 순수 원주민 부족이 여전히 존재하지만, 원주민 혈통의 상당수는 원주민과 백인 사이의 후손인 메스티소mestizo로 구성되어 있다. 여기에 서인도제도에서 이주해 온 흑인이 더해졌다. 흑인 이주자들은 뜨거운 해안 지역에 정착했고 메스티소와 섞였다.

아메리카 지중해는 대체로 유럽인 이주에 있어 매력적인 지역은 아니지만, 고원지대는 이탈리아와 독일로부터 사람들을 끌어들였다. 이탈리아인은 베네수엘라에 작지 않은 식민지를 갖고 있고, 독일인은 베네수엘라와 네 개의 중앙아메리카 공화국에 작지만 중요한 식민지를 갖고 있다. 멕시코에는 이탈리아인과 독일인보다 영국인과 미국인이 더 많다.

에콰도르, 페루, 볼리비아의 인구 패턴은 멕시코 및 중앙아메리카와 매우 유사하다. 19세기에 이 서부 해안 지역은 거리, 기후, 지형 때문에 서반구의 다른 지역보다 인종 구성이 덜 교란되었고, 식민지 시대의 원래 패턴이 더 잘 보존되어 있다는 점에서 유럽인들의 이주에 매력적이지 않았다. 볼리비아 인구의 50퍼센트는 순수 아메리카 원주민이며, 세 공화국 모두에서 원주민과 메스티소를 합한 수치는 대략 90퍼센트이고, 백인 인구는 10퍼센트 이하다. 라플라타강의 뜨거운 상류 지역에 있는 파라과이는 동일한 인종으로 구성되어 있다. 인구는 거의 전적으로 아메리카 원주민이고, 주요 언어는 스페인어가 아니라 과라니어다.

남아메리카 동쪽 해안은 인종과 민족 구성의 측면에서 북아메리카 동쪽 해안의 역순과 같다. 기아나와 북부 브라질의 인구는 흑인으로, 설탕 농장을 위해 데려온 초기 노예 노동자의 후손이다. 남쪽으로 갈수록 백인의 비율이 증가하고 브라질의 핵심부이자 경제 중심지를 형성하는 주들은 최근에 이주한 주민을 많이 포함하고 있다. 브라질 북부의 포르투갈인들은 고지대의 스페인 식민지의 백인들보다 인종적 순수성을 덜 고집해 그 결과 북부 해안 지방에 이베리아–아프리카인 인구가 증가했다. 거의 백인으로 구성되고 백인이 계속 정치적으로 통치하고 있는 남부의 큰 국가들과는 상당히 다른 특징이다.

브라질 북부, 우루과이, 아르헨티나, 칠레를 포함하는 남아메리카의 온대 지역은 두 가지 중요한 차이를 제외하고는 미국과 비슷한 인구 구성을 갖고 있다. 그 지역은 흑인을 거의 포함하고 있지 않으며 백인 인구는 주로 유럽 지중해 주변의 라틴계로부터 유입된다. 아르헨티나와 칠레는 원래 소규모 원주민 집단을 포함하고 있었지만, 그 부족들은 노예 노동에 적합하지 않았고 국가사회주의적 성격의 고대 잉카 정권이 채택한 농노제에 대한 준비도 되어 있지 않았다. 몰살되거나 멸종되지 않고 살아남은 원주민들은 현재 특별보호구역에 살고 있거나 일반 주민들과 함께 살고 있지만, 원주민 혈통은 전체 인구 중 극히 적다. 식민지 시대의 인구 패턴은 19세기의 이주 집단에 의해 상당히 변화되었는데, 이주 집단은 주로 스페인인과 이탈리아인이었지만 독일인과 약간의 영국인 및 중부 유럽인도 있었다. 칠레는 스페인 이주민 집단 중 바스크 지방과 이베리아반도 북부 지역 사람들이 더 끌려했던 곳이다. 그래서 칠레는 라틴아메리카의 다른 지역을 선호했던 안달루시아인들보다 더 부지런하고 활기찬 유형의 사람들을 얻었다. 이러한 사실은 대체로 역동적인 칠레인들과 서부 해안의 다른 거주민들 사이의 차이를 부분적으로 설명해준다.

최근에는 이탈리아인 이주가 거의 스페인인 이주만큼 많다. 지난 50년 동안 200만 명 이상의 이탈리아인들이 아르헨티나로 이주했고, 또한 브라질로 유입되는 유럽인들 중 큰 비율을 차지하고 있다. 이탈리아 이주민은 상파울루주 인구의 3분의 1에 해당되며, 리우데자네이루시의 절반을 구성하고 있다. 또한 칠레로도 상당히 이주했고, 페루에는 큰 이탈리아인 거주지가 형성되었다.

남아메리카는 19세기 후반부터 독일 이주민 집단의 중요한 목적지였다. 브라질에 거주하는 독일인은 대략 100만 명으로 추산되고, 그중 5만 명 정도는 독일에서 태어난 이민 1세대다. 독일인들은 커피 생산 주에도 많이 정착했지만 대부분은 남부의 두 개 주, 산타카타리나주와 히우그란지두술주에 밀집해 있다. 아르헨티나의 독일계 인구는 5만 명 정도의 독일 태생 인구를 포함해서 약 25만 명으로 추산된다. 그들은 브라질의 독일 지역과 접하고 있는 미시오네스주의 영토와 부에노스아이레스주에 상당히 집중되어 있기는 하지만, 브라질에서보다는 더 흩어져 있다. 전문가들은 칠레에 거주하는 독일인의 수에 대해 다른 의견을 갖고 있다. 전문가들이 제시한 독일계 사람의 수치는 6만 명에서 20만 명까지 다양하지만 민족에 대한 조사가 없었기 때문에 모두 어림짐작이다. 독일인은 칠레 센트럴밸리의 남부 지역에 꽤 많이 집중해 살고 있지만, 도시 지역에서도 중요한 구성 요소다. 페루, 볼리비아, 파라과이, 우루과이에도 모두 소규모의 독일계 이주민 거주지가 있지만, 독일 이주자들에게 이 국가들은 더 남쪽에 있는 국가들만큼 매력적이진 않았다.

라틴아메리카는 미국이나 남아프리카 공화국에 존재하는 정도의 인종 문제를 경험하고 있지 않지만, 인종과 피부색이 사회구조의 분절과 계층화에 어떤 역할도 하지 않고 잠재적 균열의 방향도 제공하지 않는다고 가정하는 것은 착오일 것이다. 사회적 차별은 미국에서보다 훨씬 덜 분명하고, 인종 차별에 대한 라틴계 사람들의 인식은 분명히 앵글로색슨 사람들만큼 강하지 않다. 그러나 백인이라는 사회적 가치가 매우 크고, 사회계급이 대체로 밝은색에서 붉든 검든 어두운색으로 피부색을 따라 정해진다는 것은 사실이다. 인종 집단과 경제 집단 사이의 유사성이 지리를 따라 구분되기 때문에 이러한 계급은 유지되는 경향이 있다. 습도가 높은 열대 지역에서는 흑인들만이 지속적인 육체노동을 할 수 있고, 안데스산맥의 높은 고원에서 육체노동은 높은 고도에 적합한 통 모양의 가슴과 큰 폐활량을 가진 토착 원주민들만 가능하다. 남쪽 끝의 새로운 백인 이주민 집단들은 스스로 사회적 계급이 되었다. 브라질에서는 피부색 차별이 덜 나타나지만, 대륙의 나머지에서 인구 구성은 아주 오래된 특징을 보전하고 있다. 백인과 스페인 및 포르투갈 정복자의 후손들은 소규모의 귀족과 중상층을 구성하고 있고, 메스티소나 물라토*가 중하층을, 그리고 원주민이나 흑인이 노동자 계층을 구성하고 있다. 라틴아메리카 사회의 지배적인 양상은 인종 엘리트에 의해 통치되는 국가라는 것이다.

2. 경제 및 사회구조

라틴아메리카는 식민지 시대의 농경 봉건 체제에서 벗어나 현대의 개인주의적, 상업적인 산업사회로 변화하는 과정에 있다. 유럽인의 이주와 유럽 및 미국의 자본은 이전 시대의 단순한 추출경제 위에 현대 자본주의 사회의 특징을 덧씌우고 있다. 그 과정은 확립된 전통을 뒤엎고, 새로운 계급을 만들며, 오래된 계급 간의 세력균형을 어지럽히고, 사회구조 전반에 긴장과 마찰을 일으키고 있다. 그 변화는 온대 지역에서 더 많이 진행되고 가장 깊이 스며들었지만, 아메리카 지중해와 남부 대륙 전반에 걸쳐 영향을 미치고 있다.

식민지 시대로부터 내려오는 사회구조에서 상류층은 큰 땅이나 수도의 멋진 대저택에 살고 있는 소수의 대지주로 구성되었다. 상류층은 엄청나게 부유하고, 매우 교양 있으며, 문화적 견해에 있어서 코즈모폴리턴이었다. 그들은 일부 시간을 유럽, 그중에서도 주로 파리와 지중해의 리비에라 해안에서 보냈다. 그다음의 사회계급은 원래 주로 지식인 계층인 중상층으로, 전문직, 군인, 학자, 고위 공무원, 정치인 등으로 구성되었다. 오직 소수의 중하층만이 장인, 상점주인, 사무원이 될 수 있었고, 나머지 대부분의 사람은 거의 예외 없이 노동계급이었다. 노예제도가 공식적으로 폐지된 지 한참 후에도

---

* 메스티소는 백인과 원주민의 혼혈, 물라토는 백인과 흑인의 혼혈을 일컫는다.

노예 신분이라고밖에 표현할 수 없는 조건으로 많은 지역에서 일하고 있는 노동자 및 소작농의 비참함과 가난은 상류층의 안락하고 사치스러운 생활과 극명한 대조를 이루었다.

대규모 토지 소유에 기반한 봉건 귀족 사회에서는 경제를 통해서 사회적으로 출세할 길이 없었고, 교육이 상류층에 국한되어 있기 때문에 배우는 것 또한 탈출구를 제공하지 않았다. 따라서 사회구조는 매우 경직된 데다 자연스러운 질서라고 받아들여졌다. 이 질서는 독실함, 순종, 권위에 대한 존중을 강조하는 가톨릭교회가 교권으로 승인한 개념과 다르지 않았다. 빈번한 정치 혁명이 없었다면, 사회는 여전히 경직되고 반박할 여지가 없는 카스트 체제로 남았을 것이다. 군대와 정치는 아주 뛰어난 개인들에게 유일한 출세의 기회를 제공했고 혁명은 사회의 높은 지위로 가는 유일한 관문이었다. 그러나 혁명은 일시적 중단일 뿐이었다. 라틴아메리카 사회는 귀족 전통을 삶의 방식이라 믿었고, 질서 있는 위계의 가치를 표현하며 평등주의의 혼란을 피할 수 있는 사회구조라고 믿었다.

부의 대부분이 대지주의 손에 집중된 봉건 사회에서 근대 자본주의 경제의 침투는 큰 변화를 가져왔다. 자본주의의 침투는 유럽 시장을 위한 식량과 원자재 생산의 확대, 스페인 사람들이 대부분 그대로 남겨둔 금과 은 외의 광물자원의 개발로 시작되었다. 이것은 특히 제1차 세계대전 이후 온대 지역의 아르헨티나, 브라질, 칠레 등에서 산업화의 증진으로 이어졌다. 그 결과는 새로운 상류층의 등장, 중산층의 대확장, 도시 프롤레타리아의 발생이었다. 이제 상인,

기업 경영인, 금융인 등이 토지 소유자의 독점적 지위에 도전하고 있다. 관리자, 공학자, 기술자 등의 새로운 집단이 이전의 전문가와 지식인에 추가되었고, 소매상 계층이 점증하는 도시화와 함께 확장되었으며, 상업과 공업이 사무원과 육체노동자에 대한 수요를 증대시켰다.

이러한 경제적 변화는 권력투쟁에 있어 계급적 마찰과 변화를 가져왔다. 거의 모든 국가에서 나타난 결과는 오래된 토지 소유 계층과 새로운 상공업 기업가들 사이의 긴장이다. 그 사이에 이익의 차이가 있고 그 차이는 정치적 반목으로 나타나지만, 다툼은 어느 쪽도 믿지 않는 민주주의에 관해서가 아니라 사회적, 경제적 계획의 방향과 각자 부담해야 할 상대적 비용에 관한 것이다. 새로운 자본가가 아니라 새로운 중산층이 기회의 평등, 정치의 민주화, 공정한 선거, 그리고 사람에 의한 정부로부터 법에 의한 정부로의 변화를 요구하고 있다. 새로운 중산층의 자유주의 정권에 대한 요구는 지금까지 제한적인 지지만을 얻었다. 대부분의 국가에서 보수주의자들은 여전히 확고하게 자기 입장을 견지하고 있고 사회적, 경제적으로 우월한 그들의 지위를 박탈하기는 힘들다.

산업화와 도시화는 또한 도시 프롤레타리아를 만들었고 노동운동의 출현을 도왔다. 노동조합에 속한 노동자의 비율은 여전히 낮고, 노동조합들은 북미의 사례보다는 유럽의 사례를 따라 만들어졌다. 스페인과 이탈리아로부터의 이주는 점증하는 계급의식뿐만 아니라 노동 문제에 대한 급진적인 교리와 혁명적인 접근법을 가져왔고, 무정부주의자와 급진적 노동조합주의자(생디칼리스트), 그리고 공산주의자들 간의 파벌 분쟁을 가져왔다. 산업과 광업 기업들이 많은 경우에 수입 자본으로 운영되기 때문에 다른 국가들의 관심사가 될 수밖에 없다. 이에 따라 노동 갈등은 국가적 대립으로 확대되는 경향이 있다. 거대 제조업과 관련된 수많은 이익에 외국이 개입하면서, 여전히 산업이 매우 뒤떨어져 있는 많은 국가가 적어도 문서상으로 매우 진보적인 사회법을 갖게 되었다. 토착 농업의 이익에 의해 통제되는 입법부는 외국 기업의 인건비에 대해 거의 신경을 쓰지 않았다. 그러나 농업 노동자의 운명을 개선하려는 사회적 입법에 대해서는 토지 소유 계급이 관심을 갖고 반대하고 있다.

늘어나고 있는 노동 투쟁보다 사회적 결속에 더 위험한 것은 다수의 땅 없는 소작농으로부터 생길 수 있는 잠재적 갈등이다. 농업 혁명의 망령이 라틴아메리카 대부분에 드리워져 있고, 구매해서든 아니면 국유화해서든 큰 토지를 분할해서 나누어주는 정책은 리오그란데강에서 마젤란 해협에 이르는 지역의 현안이다. 멕시코는 가장 먼저 조치를 취했고, 그 문제에 대한 멕시코의 혁명적 접근은 도처에 있는 토지 소유 귀족들의 엄청난 불만을 일으킬 것으로 보인다. 그러나 큰 토지를 나누는 것이 남부 대륙 농업 문제의 가장 적절한 해결책일지는 결코 확실하지 않다. 독립 부농들이 국가에서 사회적 안정 요소로 기여한다는 것은 아리스토텔레스 이후 인식되어왔고, 한때 미국에서도 이들이 성공적인 민주주의를 위한 전제 조건이라고 믿었다. 그러나 아직까지 어느 누구도 노예 노동을 사용하지 않고 소규모 자작 농지에서 커피, 면화, 설탕, 그리고 다른 열대 산물을 효율적이며 수익성 있게 경작하지 못하고 있다. 봉건제에서 현대 자본주의로 이행 중인 라틴아메리카 사회는 압박과 긴장으로 가득 차 있고, 사회구조의 보전 및 국가 집단의 일체성을 해치려는 선전과 심리전을 수행할 때 이상적인 공격 지점이 되는 마찰과 잠재적 갈등으로 가득 차 있다.

3. 정부와 정치

라틴아메리카 사회에서는 지금까지 앵글로색슨식의 자유주의 요소가 거의 없고, 기존의 반목과 계급 갈등이 민주 정부의 질서 있는 과정을 통해 스스로 해결될지는 매우 의심스럽다. 사회구조가 민주주의에 도움이 되지 않을 뿐만 아니라, 정치적 관습도 민주주의에 반대하며, 인구 대다수가 수용하는 가치를 만드는 것에도 실패했다. 실제 힘을 테스트하기보다 필기시험으로 결론 내는 것을 선호하는 사람은 이상적인 남아메리카 남성이 아니다. 라틴아메리카의 정치 전통은 투표함이 아니라 혁명으로 강화된 독재의 전통이다.

미국의 13개 주가 경제적, 정치적 삶에 대한 부당한 간섭을 받았다고 판단해서 조지 3세에 대항해 반란을 일으킨 것은 사실이지만, 라틴아메리카의 식민 통치 체제와 비교했을 때 북부 대륙의 사람들은 사실상 자치령의 지위를 갖고 있었다. 다행히 스페인 사람들은 정치적 자유나 종교적 자유를 찾기 위해 아메리카에 오지 않았는데, 그 이유는 그들이 둘 중 어떤 것도 아메리카에서 추구하지 않았기 때문이다. 스페인은 조직적으로 식민지에 자치 기회를 주지 않았다. 스페인은 시의회 참여라는 매우 제한된 수준의 지방 자치 정부를 허용했지만, 중요한 일들은 모두 절대군주제인 본국이 관리했다. 관직은 유럽에서 파견된 관리들을 위한 것이었고, 아메리카에서 태어난 누구도 행정적 재능을 발휘할 기회를 갖지 못했다. 스페인의 통치 방식은 어려운 자치 방법을 배울 어떤 기회도 제공하지 않았다.

스페인으로부터의 독립은 독재와 절대주의를 끝내지 못했다. 독립한 초기 몇 년 동안 이상주의의 물결 속에서 새로운 공화국들은 미국과 유사한 헌법을 채택했는데, 문맹 인구가 많은 식민지 이후의 사회구조에 이보다 더 적합하지 않은 정부 형태를 고안할 수는 없었을 것이다. 이내 지리적, 사회적 실체들이 실행되지 않는 문서상의 헌법을 뚫고 스스로를 다시 드러냈고, 무정부 상태의 기간을 지낸 후, 라틴아메리카에서 줄곧 나타나는 정치 양상의 특징, 즉 군사 지도자인 카우디요에 의한 통치가 등장했다. 토지 소유자에 대한 반대 단체를 구축하는 중산층이 없었고 자유선거 제도를 시행하기에는 충분한 지식이 없었다. 국가는 너무 추상적인 개념이어서 정치적 행동을 고쳐시키지 못했고, 국가적 문제는 원주민과 흑인의 실제 생활과 너무나 동떨어져 있었다. 대다수의 주민은 원칙에 대한 충성이 아니라 오직 사람에게만 충성할 수 있었고, 따라서 개인의 지도력이 가장 중요한 통치 제도가 되어야 했다.

독재자들은 민주적 제도를 파괴하지 않았다. 그들은 민주주의 제도를 이용하고 해석했다. 물론 그 독재자들은 권력을 유지하면서 자신들이 가진 지혜와 경험을 계속해서 국가에 제공하려 했지만, 기본적으로 자신들의 대리인이 개표할 수 있는 한 선거에 반대하지 않았다. 그 독재자들은 히틀러 정권 초기에 자주 수행되던 국민투표에서의 대단한 기록을 결코 달성하지는 못했지만, 대체로 과반수를 확보하는 데 성공했다. 선거 절차에 따라 만들어진 다수의 선택이 불리하다고 판단했을 때에만 독재자들은 헌법을 제쳐놓고 국가 비상사태나 국가 이익을 이유로 선거를 연기했다. 이러한 영구 재임 경향의 결과, 정권 교체를 달성하기 위해 남아 있는 유일한 절차는 혁명이 될 수밖에 없었다. 반란의 상당수는 사회 혁명으로 가장하려고 시도했지만, 대부분의 경우 그 반란들은 그저 지배자의 교체에 그친 궁정 혁명으로 귀결되었다. 어떠한 근본적 사회 변화도 뒤따르지 않았고, 이른바 혁명적인 프로그램은 일단 권력을 획득하면 대개 잊혔다.

19세기 후반 무렵, 반란의 관습은 A.B.C. 국가에서 약화된 듯 보였다. 실제로 상당 기간 동안 민주적 정부 형태에 근접한 상태였고, 자유선거를 근간으로 한 통치의 변화도 있었다. 그러나 독재는 여전히 뿌리 깊게 남아 있으며 위기의 시기에 필연적으로 나타난다. 1930년의 대공황 이후, 대부분의 라틴아메리카 국가에서는 군사 지도자에 의한 혁명이 다시 일어났다. 라틴아메리카는 이론적으로든 실제로든 모두 "총통 지배"를 옳다고 생각하고, 그래서 전통적인 정부 형태는 개인에 의한 독재다.

4. 문화와 사회적 신화

라틴아메리카 세계는 앵글로색슨 아메리카의 전통과는 본질적으로 다른 문화적 전통을 나타낸다. 라틴아메리카 세계는 민주적 사회가 아니라 귀족 사회에 의해 형성되었고, 상업적 중산층이 아닌 지주에 의해 육성되었으며, 종교적 색조는 개신교가 아닌 가톨릭이다. 사회철학의 상당 부분은 영국, 미국, 프랑스의 민주 혁명으로부터 영향받지 않은 채 남아 있다. 이 지역의 작가와 시인들은 "인간의 권리"의 교리에 대해 열렬한 찬사를 보내왔지만, 아주 최근까지 남부 대륙은 유럽과 북아메리카에서 자유주의 정치체제의 주요 지지자가 되었던 상업 중산층이 부족했다.

19세기를 지배했던 스페인식 봉건 사회는 뉴잉글랜드 청교도인과는 매우 다른 일련의 가치관을 믿었다. 부의 창출이 아니라 부의 소유와 교양 있는 여가의 사용이 사회적으로 인정받았다. 신사들은 절약이 아니라 품위 있는 지출, 노동이 아니라 휴식, 사업의 성실성이 아니라 계급의 명예에 헌신해야 했다. 스페인 사회는 바른 예절, 의례적 관습, 우아하고 가치 있는 대화를 강조하는 형식적인 사회였다. 모든 귀족 사회와 마찬가지로 스페인 사회는 육체노동을 경멸하고 사업과 상업적 직업을 경시했다. 아들들은 군에 입대하거나 정부에 복무했다. 또는 전문직이 되기 위해, 그중에서도 되도록이면 법조인이 되기 위해 공부했다. 19세기의 경제발전으로 대부분의 국가에서 새로운 상업 계층이 생겨났지만, 그 계층은 여전히 사회적 위신에 있어 대지주보다 아래로 분류되었다. 그리고 아직 국가 문화에 상업적 가치가 영향을 미치지 못했다.

라틴아메리카의 문화를 형성하는 데 비즈니스 공동체보다 더 중요한 것은 교회와 군대인데, 그곳에서는 종교, 명예, 용기 등 스페인 사람들에게 가장 소중한 가치가 구현된다. 남부 대륙의 귀족 사회는 순수한 지적 추구에 큰 존경을 표하지만 삶의 문학적, 예술적 측면을 선호하면서 과학적, 기술적 측면을 무시하는 경향이 있다. 시와 음악, 문체에 대한 섬세한 비평 등에 큰 관심을 갖고 있다. 스페인의 신사는 극단적인 개인주의자이고, 이러한 개인주의적인 귀족 유형은 라틴아메리카 사회에 계속해서 영향을 미치고 있다. 그것은 모든 사람이 부여받는 개인적 권리 개념에서 파생되지 않았고, 개신교의 사회적 책임에 대한 함의를 포함하지도 않았다는 점에서 앵글로색슨 개인주의와 매우 다르다. 스페인의 개인주의는 무정부를 지향하는 경향이 있다. 그것은 개성을 지닌 존재인 개인은 사회에 순응할 필요 없이 자신이 가장 좋아하고 최상이라고 생각하는 대로 자유롭게 행할 수 있어야 한다고 주장한다. 라틴아메리카를 이해하기 어렵게 만드는 것은 그 자체로는 칭찬할 만한 이러한 자질들이 아니라 개인주의를 이기주의로, 여가에 대한 사랑을 게으름으로, 문학적 세련됨의 재능을 단순한 수다로 바꾸는 그들의 지나침이다. 실용적이고 사실적인 양키가 리오그란데강 이남에 있는 동료 아메리카인들을 이해하는 데 반복해서 절망하는 것은 이러한 지나침에 직면해서다.

독립을 달성한 이후의 100년 동안 문화적 영감의 원천이었던 곳은 스페인보다는 프랑스였다. 상류층은 교육을 위해 프랑스로 유학 갔고, 프랑스 대학에서 학위를 취득했으며, 파리에서 겨울을 보냈다. 에콜 데 보자르로부터 르코르뷔지에에 이르기까지 프랑스의 건축 양식은 최근의 라틴아메리카 건축과 도시 계획에 영향을 미쳤으며, 프랑스의 낭만파는 문학에, 그리고 프랑스의 후기 인상파는 그림에 영향을 미쳤다. 이러한 유럽의 특징들은 상류층 문화를 대표하지만, 하류층의 삶의 방식은 여전히 인디언적이고 스페인적인 것을 유지하고 있다.

이렇게 만들어진 양분은 원주민 인구가 많은 모든 국가에서 더욱 증대된다. 그러한 양분화는 인종적으로 메스티소와 백인들 간의 투쟁으로 나타나고, 문화적으로 미래의 국민 생활이 전적으로 유럽적 요소들로 구축되어야 한다고 믿는 사람들과, 토착 원주민 문화의 요소들로 풍부해지고 활성화되어야 한다고 느끼는 사람들 간의 분쟁으로 나타난다. 이 문제는 멕시코 혁명과 페루의 아프리스타* 운동에서 중요한 역할을 했고 리오그란데로부터 칠레 국경에 이르기까지 태평양 연안 전역에서의 잠재적 분쟁을 나타낸다.

포르투갈령 브라질, 프랑스어를 사용하는 아이티, 스페인어를 쓰는 히스패닉 공화국 간에 상당한 차이가 있지만, 스페인령 아메리카

---

* 아프리스타 당은 페루의 정당이자 사회주의 인터내셔널의 일원이다. 이 당은 원래 페루의 학생운동 지도자 아야 데 라토레가 1923년 멕시코로 망명해 이듬해 결성한, 중간계급을 주체로 한 반제국주의 조직인 남미혁명인민동맹American Popular Revolutionary Alliance, APRA에서 시작되었다.

의 여러 국가에서도 중요한 문화적 차이가 있다. 그러나 그들이 북아메리카를 닮은 것보다 서로를 훨씬 더 닮았다는 사실은 여전하다. 삶에 대한 본능적인 지향은 상업적 이익이나 도덕적 판단의 측면이 아닌 명예와 위신의 측면에 있다.

지금까지 앵글로색슨과 라틴이라는 두 개의 아메리카를 간략하게 설명했다. 두 개의 아메리카는 같은 반구에 존재하지만, 인종과 민족의 구성이 다르고, 경제적·사회적 구조도 다르며, 정치적 경험과 도덕적 가치, 문화적 지향에도 차이가 있는 두 개의 다른 세계다. 독일의 심리전과 혁명적 선전의 위협에 직면해 라틴아메리카 사람들이 앵글로색슨 아메리카와 협력하고 단결된 행동을 할 수 있을까? 신대륙 국가들의 사회 내부에 존재하는 다양한 긴장과 대립에 비추어볼 때, 사회 붕괴를 겨냥한 맹공격에 대항해 적절히 방어할 수 있을까? 앵글로색슨 민주주의나 전체주의 독재에 대한 신대륙 국가들의 상대적 경향은 무엇인가? 미국의 리더십 아래 공동의 이데올로기 전선을 구축할 가능성은 있는가?

제8장

선전과 대응 선전

보병 공격의 준비 단계에서 연속 포격에 맡겨진 역할이 미래에는 혁명적인 선전활동에 맡겨질 것이다. 선전의 임무는 군대가 조금이라도 기능을 발휘하기 전에 심리적으로 적을 굴복시키는 것이다._아돌프 히틀러

현재의 세계대전 동안 강대국들은 라틴아메리카 국가들의 환심을 사고 호의를 구하려 하고 있는데, 이것이 역사상 처음 있는 일은 아니다. 이데올로기적, 문화적 선전도 그들에게는 새로운 경험이 아니다. 그러나 전통적으로 그 동기는 정치적이기보다는 경제적이었고, 목적은 동맹이 아닌 시장으로 라틴아메리카를 끌어들이는 것이었다. 리오그란데강 이남의 국가들은 유럽이나 아시아의 세력 투쟁에 효과적인 기여를 할 수 없었고 따라서 군사적 지원을 받기 위해 이들 국가에 구애할 이유가 거의 없었지만, 19세기 후반의 새로운 제국주의를 발생시킨 시장에 대한 욕구는 이 국가들의 경제적 가능성에 큰 관심을 불러일으켰다.

라틴아메리카에 대한 초기 구애자들

중남부 아메리카와 무역을 하기 위한 경쟁에서 유럽의 라틴 국가들은 문화적 유사성을 주장함으로써 그들의 입지를 강화하려고 했다. 이념과 문화적 관점에 있어서 유사성은 선의와 협력을 얻기 위한 방법으로 사용되어왔다. 라틴아메리카와 이탈리아의 접촉은 최근의 이주로 시작되었지만, 브라질과 아르헨티나로 이주한 이탈리아인들은 곧 그들의 국가 정체성을 상실했다. 따라서 이탈리아는 라틴아메리카와 역사적 전통을 공유하고 최근에 이주도 많이 하고 있는 스페인과 비교해서, 그리고 교육받은 모든 라틴아메리카인의 문화적, 정신적 모국인 프랑스와 비교해서 그러한 선전활동을 하기에 열악한 위치에 있다.

1. 스페인

히스패닉계 아메리카인 운동은 1890년대 초에 시작되었지만, 미국-스페인 전쟁 후에야 비로소 중요해졌다. 신세계와의 마지막 정치적 유대가 단절된 직후에 시작된 정신적 르네상스는 기독교와 모교회를 위한 초기 아메리카 정복과 적어도 부분적으로 비슷한 문화적 제국주의의 부활로 보인다. 그러나 새로운 제국주의는 종교적 제국주의가 아니라 문화적 제국주의였고 교회가 아니라 대학에 의해 고무되었다. 운동의 지도자들은 스페인과 신대륙 간의 문화적 정체성이 보전되기를 바랐을 뿐만 아니라, 노력을 통해 보전될 히스패닉

아메리카인들의 정신적 유사성이 시장 경쟁에서 스페인에 우선권을 줄 것이라고 기대했다. 어떤 그룹은 블레인의 범미주의를 모방한 관세동맹에 대해 논의했고, 심지어 일부는 "관세동맹Zollverein"이 정치적 패권의 길이 될 수도 있고, 아메리카에서 이런 새로운 형태의 지도력을 통해 스페인이 세계 강국으로서의 옛 지위를 되찾을 수 있을 거라고 희망하기도 했다.

히스패닉계 아메리카인들의 단합을 위한 운동은 지식인층에서 전적인 지원을 받았고, 30년 동안 스페인은 문화적, 이념적으로 잃어버린 후손들의 지지를 얻으려고 노력해왔다. 대학과 학계는 "아메리카 연구센터" "아메리카 역사연구소", 그리고 아메리카 법과 경제학 강좌를 열었다. 여기서 아메리카라는 단어는 물론 미국이 아니라 리오그란데강 이남의 아메리카를 의미했다. 라틴아메리카의 학생들은 스페인 대학에 진학할 마음을 품었고, 스페인의 교수들은 정치인, 은행가, 사업가, 예술가들의 친선사절단에 앞서거나 뒤따라서 강연 여행을 떠났다. 대서양 양쪽에서는 저명한 방문객들을 위한 연회와 리셉션이 열렸고, 연설과 담화가 이뤄졌으며, 리듬감 있고 듣기 좋은 말로 연대, 상호 존중, 친선을 확인하는 장문의 결의문이 채택되었다.

하지만 이렇게 오래 지속된 효심의 전체 효과는 실제로 매우 적었고 경제적, 정치적 결과는 거의 감지할 수 없었다. 그 이유는 곧 알 수 있었다. 그것은 스스로를 포르투갈인이라고 생각하는 브라질의 마음에 들지 않았고, 실제 정신과 감정이 스페인적이기보다 프랑스

적인 남쪽 국가들의 지식 계급을 끌어들이지 못했던 것이다. 기대했
던 무역을 위한 경제적 토대도 구축하지 못했고 정치적 상호 지원의
가능성도 없었다. 스페인의 신대륙에 대한 경제적, 정치적 관계는
과거의 것이지 미래의 것이 아니었다. 모국은 대서양 너머의 대륙으
로부터 주요 수출품을 받을 수 없었고, 상대적으로 소규모인 이베리
아반도의 산업은 신세계 남쪽 대륙의 개발에 필요한 자본재나 신용
거래를 제공할 수 없었다. 스페인은 이류 강대국이었고, 미국의 힘
에 균형을 맞춰야 하는 미결의 정치적 문제를 해결하는 데 있어 리
오그란데강 이남의 공화국들에게 확실히 어떤 도움도 될 수 없었다.
히스패닉계 아메리카인의 연대는 경제적, 정치적 성과 없이 대체로
고귀한 정서의 레토릭으로 남을 수밖에 없는 운명이었다.

2. 프랑스

라틴아메리카에 대한 두 번째 문화적 접근은 프랑스에 의해 진행
되었는데, 사실상 프랑스가 추구한 것보다 라틴아메리카인에 의해
추구된 것이었다. 프랑스는 스페인어권 및 포르투갈어권 아메리카
지식인층에게 모두 지적이고도 예술적인 영감을 주었고, 이처럼 유
리한 지위를 유지하기 위해서는 사소한 노력만 하면 되었다. 파리의
패션과 프랑스의 명품은 라틴아메리카 구매자들의 선호를 차지하기
위한 경쟁 상대를 거의 만나지 않았다. 대부분의 수도에서 운영되는
"알리앙스 프랑세즈Alliance Française"*와 라틴아메리카 청중 앞에서 강
연하는 약간의 방문교수들로 이런 문화적 상황은 계속 진행되어왔

지만, 사치품 거래 외의 성과는 경제적으로 중요하지 않았고 정치적
으로도 성과가 없었다.

3. 영국

라틴계가 아닌 국가들은 모호하기 그지없는 이데올로기적, 문화
적 유사성을 내세워 상업적 친선을 구축할 기회가 없었기 때문에 다
른 접근 방식을 모색해야 했다. 어떤 의미에서 영국은 문화제국주의
자였고, 경제 및 재정적 관행과 사회 및 정치 제도의 일부를 세계의
많은 지역에 전파한 것이 사실이지만, 영국은 자국의 예술 창작물을
수출하기 위한 어떤 특별한 노력도 기울이지 않았다. 이것은 라틴아
메리카인의 기질이 영국의 건축, 회화, 조각, 음악에 대해 열정을 갖
고 반응하지 않았고 오로지 영국 문학에만 약간 반응했기 때문에 어
쩌면 당연한 일이다. 하지만 영국은 제품의 품질, 대규모 투자에 필
연적으로 뒤따라오는 영향력, 그리고 영국인 거주 지역의 사회적,
경제적 중요성을 통해 중요한 위치를 구축했다. 영국은 칠레와 브라
질에서 영향력이 있고 아르헨티나에서 가장 중요하고 영향력 있는
외국이다.

---

* 프랑스 정부의 후원을 받는 비영리 협회로, 프랑스어와 프랑스 문화를 전 세계에
알리고자 탄생한 교육 기관이다.

4. 히틀러 이전의 독일

독일인들은 라틴아메리카의 상류층이든 하류층이든, 어떤 문화적 친화력을 갖고 있지 않다. 따라서 이데올로기 선전에 정치적, 사회적 교리를 추가한 국가사회주의 이전에는 문화적 접근의 기회가 거의 없었다. 영국의 경우와 마찬가지로 독일의 침투는 수출 상품의 품질, 장기 신용을 공여할 의지, 그리고 고객을 만족시키기 위한 끊임없는 노력으로 이루어졌다. 그들은 많은 나라에서 자신들의 문화적 정체성을 보전해온 독일 공동체를 경제적 침투의 선봉으로 사용했고, 라틴아메리카 세계에 대해 이데올로기적으로 접근할 때는 현명하게도 자신들이 중요한 공헌을 할 수 있는 과학과 기술 분야로 한계를 두었다.

5. 미국

19세기 마지막 사분기에 라틴아메리카의 호의를 구했던 가장 초기의 국가는 스페인도 프랑스도 아닌 미국이었다. 남북전쟁 이후의 대대적인 산업 팽창은 제조품의 수출 시장에 대한 관심을 불러일으켰고, 당시까지 주로 유럽과 대외무역을 하던 리오그란데강 이남의 자매 공화국들에 대한 대외무역을 확장하는 것은 타당하게 여겨졌다. 라틴아메리카 시장에 대한 관심과 유럽과의 경쟁에서 특권적 지위를 획득하고 특별 대우를 받고자 하는 열망이, 미국이 육성하고 주도하던 새로운 범미주의의 주요한 이면 동기였다. 새로운 범미주의는 점차 아메리카 국가들의 협력을 위한 일반적인 운동으로 발전했지만, 원래는 고상하게 포장한 초거대 무역 촉진 계획이었다. 이것이 기본 정신과 목적에 있어서 19세기 일사분기에 두 아메리카의 일부 주도적 인물들에게 영감을 주었던 초기의 범미주의 운동과 차이를 만들어냈다. 초기 범미주의 운동은 상업적 영감 대신에 이상주의적 영감을 갖고 있었고, 경제적 목표라기보다는 정치적 목표였다. 비전을 가진 사람들은 최근에야 비로소 구세계로부터 독립한 서반구 국가들이 구세계에 대항하는 정치적 협력과 공동 방어 체제를 만들기를 꿈꾸었다.

그러나 초기 범미주의와 새로운 범미주의 사이에 하나의 개념이 변했고, 미국은 라틴아메리카 세계에 대한 이데올로기적 접근을 위해 이것을 문화적 주제로 이용했다. 그 개념은 신세계가 기본적으로 구세계와 구별된다는 것이고, 대서양 이편의 국가들은 정신과 이데올로기 면에서 유사하며, 유럽 국가들보다는 신세계 국가들이 서로 더 많이 닮았다는 것이다. 이러한 범미주의 정체성, 문화적 친화성, 정치적 견해의 유사성이라는 논리는 고귀한 생각이었지만, 두 유형의 문명에 대한 분석 부분에서 이미 제시했듯이 완전히 타당하지는 않은 것이었다.

범히스패니즘은 문화적 실체를 갖고 있지만 어떤 경제적 토대도 갖지 못했고, 범미주의는 경제적 토대는 있지만 문화적 실체가 없었으며, 처음부터 성공을 가로막고 있는 완고한 정치적 사실에 직면했다. 미국의 경제적, 정치적 힘이 성장하면서, 미국은 사랑받지 못한 데다 두려움과 불신의 대상이 되었다. 스페인과의 전쟁, 아메리카 지중해의 개입, 달러외교, 시어도어 루스벨트의 먼로독트린 해석은 미국을 친구보다는 적으로 보이게 만들었다. 불신은 오해로부터 비롯된 것이 아니었다. 오히려 미국의 이웃 국가들은 미국을 너무 잘 알고 있었다. 이데올로기적, 문화적 선전이 그들의 마음을 바꿀 수 없었다. 리오그란데강 이남 지역의 국립고등학교에서 에머슨, 롱펠로, 트웨인의 작품을 의무적으로 읽게 했지만 라틴아메리카가 양키 제국주의를 용서하고 잊게 할 순 없었다.

현대인은 문화 교육의 치유력에 대해 확고한 믿음을 갖고 있다. 따라서 범미주의 운동은 두 아메리카의 예술적, 지적 산물의 교환에 큰 관심을 보여야 했고, 미주연합은 상호 이해의 필요와 장점에 대한 결의를 통과시켰어야 했다. 이러한 문화적 접근은 제1차 세계대전 이후 수년 동안 특별한 중요성을 갖게 되었다. 이때 미주연합은 국제연맹을 모방해서 두 대륙의 지식 및 예술 기관들 사이에 더 긴밀한 접촉을 촉진하고 예술 전시회와 저명한 문학작품의 번역을 독려하는 지식협력부서를 두기도 했다. 여기에 저명한 언론인, 유명한 교육자, 그리고 여론에 영향을 미치기 위해 전략적으로 배치된 다른 인물들이 모여들었다. 그 거대한 문화 캠페인의 정치적 성과는 아무것도 없었고, 그 노력이 한 대의 자동차나 한 대의 냉장고라도 판매했는지는 매우 의심스럽다. 미국에 대한 두려움과 불신은 최근 몇 년 동안 상당히 줄어들었지만, 그 변화는 미국 문화에 대한 이해가 더 나아졌기 때문이 아니라 선린 외교정책*으로 상징되는 라틴아메리카에 대한 미국의 태도가 근본적으로 바뀌었기 때문이다.

파시스트의 공격

이전에 강대국들은 라틴아메리카에 대해서 주로 경제적 관심만 가졌다가, 제1차 세계대전 기간 동안 여기에 정치적 성향에 대한 관심을 추가했다. 신세계의 국가들이 영국의 경제 전쟁 방식을 묵인하고 따를지, 아니면 대응 수단을 갖고 싸울지는 영국의 봉쇄 작전의 성공에 어느 정도 큰 영향을 주었다. 따라서 독일과 연합국 모두 서반구 국가들의 호의를 얻기 위해 노력했다. 교전국이 아니었던 전쟁 초기에 미국은 라틴아메리카 국가들과 공동의 중립 정책을 달성하는 데 관심이 없었지만, 연합국으로 참전한 이후에 미국은 경제 전쟁에서 자매 공화국들의 적극적인 협력이 필요하다고 호소했다.

제2차 세계대전은 다시 한번 라틴아메리카의 호의를 얻기 위한 경쟁을 초래했다. 그들은 다시 사방에서 아첨과 구애를 받고 있다. 7장에서 제시했듯이 독일의 목표는 나치의 팽창 프로그램에 대항하는 개별 국가들의 저항력을 약화시키고, 각 국가에서 나치 프로그램에 긍정적인 정당을 확보하며, 서반구 연대의 달성을 막는 것이다.

새로운 심리전은 대*몰트케** 이후 독일 군사작전의 특징처럼 세부 사항에 대해 꼼꼼하게 주의와 관심을 기울여 준비되었다. 그것은

---

* 19세기 말부터 20세기 초에 걸쳐 시어도어 루스벨트 대통령에 의해 추진된 내정간섭 정책 때문에 악화된 외교관계를 개선하고, 라틴아메리카와의 협력 체제를 강화하기 위해 실시한 우호 정책이다.

** 프로이센의 군인이며, 근대적 참모 제도의 창시자다.

한편으로는 심리학과 사회과학 분야에서 최신의 과학적, 기술적 기법을 적용하는 것에, 다른 한편으로는 전투가 벌어질 지적, 도덕적 지형의 특수성에 대한 신중하고 상세한 분석에 달려 있다. 전술은 각 국가의 특수한 성격에 맞게 조정된다. 조직은 빈틈이 없어서 베를린으로부터 상파울루의 독일인 커피 상인이나 칠레 남부의 양모 재배업자의 집으로 바로 연결된다.

선전은 라디오 방송과 뉴스 보도의 형태로 독일로부터 제공되지만, 실제 중요한 수단은 각 국가에 있는 현지 조직으로 보인다. 그 조직은 외교 및 영사 업무를 하는 직원이자 지휘관 역할을 한다. 프로그램은 명백히 분리된 두 개의 조직을 만들 것을 요구하는데, 하나는 현지의 독일계 소수민족으로부터 모집하고, 다른 하나는 토착 인구로부터 모집한다. 제3제국은 한때 쿨리지 대통령이 전파했던, 국가 주권은 그들이 어디에 있든 그 국민과 국민의 재산에까지 확장된다는 교리를 실제로 실행하려고 한다. 독일은 자국민뿐만 아니라 독일 혈통인 다른 나라의 국민까지 포함하도록 이 생각을 확장했다. 튜턴족 소수민족은 오로지 제3제국의 이익을 위해서 기능하고 제3제국 외교정책의 적극적이고도 잘 훈련된 도구가 될 것으로 기대된다. 결과적으로 독일계 소수민족이 많은 모든 국가는 언젠가 그들의 국경 안에 작은 국가사회주의적 독일계 국가가 생길 위험에 노출되어 있는 것이다.

이러한 기능에 맞게 독일의 소수민족을 준비시키려면 그들은 확실하게 원래 그대로의 민족적, 문화적 특성을 지닌 분리된 개별 독립체로서 보전되어야 한다. 따라서 선전활동은 튜턴족 이주자를 동화시키려는 라틴아메리카 국가들의 모든 시도를 좌절시키는 것을 목표로 한다. 국가사회주의 정권 이전에도 독일은 독일어를 보전하는 데 관심이 있었고, 독립된 학교와 교회를 통해 독일 공동체 생활의 지속을 장려했다. 제3제국이 수립된 이후 이러한 목표는 해외의 독일 공동체를 본국의 나치 독일의 복제판으로 바꾸려는 열망으로 발전했다. 독일계 소수민족이 별개의 공동체 생활을 할 수 있을 만큼 충분히 집결되어 있는 국가에서는 지방 장관, 나치 돌격대, 히틀러 유겐트,* 게슈타포 등으로 구성된 국가사회주의 정당을 만들려는 시도들이 이뤄지고 있다. 모든 독일인은 훌륭한 나치 당원이 되어야 하고, 토착민과의 접촉에서는 정권에 대한 선전가가 되어야 하며, 공동체 전체는 독일의 유럽 정복에서 엄청난 장점을 입증했던 준군사 조직이 되어야 한다.

구세계에서 독일 거주자들은 스파이 활동과 방해 공작을 수행했고, 그들이 활동하고 있던 국가의 제복을 입음으로써 혼란을 일으켰으며, 군대의 침략에 앞서 수많은 "관광객"과 함께 교량, 전략도로 중심부, 공항을 점령했다. 신대륙에서 독일 거주자들은 의심할 바 없이 침략이 발생했을 때 같은 역할을 할 것이고, 한편으로 그들은 쿠데타를 시도할 수 있는 토착 파시스트 운동에 이용할 병사를 제공할 것으로 예상된다.

---

* 나치 독일의 청소년 조직.

독일 공동체 구역들의 많은 구성원이 새로운 독일 정권에 찬성하고 그 목적과 열망에 공감하기 때문에 이러한 목적에 사용될 수 있다. 그들은 독일의 새로운 군사력에 자부심을 갖고 있고, 독일의 궁극적인 승리를 확신하며, 그런 다음에 독일의 소수민족이 라틴아메리카에서 차지할 중요하고도 권위적인 지위를 기꺼이 기대하고 있다. 그러나 새로운 정권에 대한 지지는 결코 만장일치가 아니기 때문에 선전을 통해 끌어들일 수 없는 사람들은 강요를 통해 끌어들여야 한다. 독일 관리들은 많은 압박 레퍼토리를 선택할 수 있고, 그 레퍼토리들은 효과적으로 잘 사용되었다. 그것은 현지 게슈타포를 통한 단순한 물리적 강요와 테러, 경제적 보이콧, 일자리 통제 및 독일과의 무역을 이용한 개인들의 생계 수단 파괴, 독일에 있는 친척에 대한 위협 행동을 통한 협박을 포함한다.

물론 라틴아메리카에서 이탈리아 및 스페인 소수민족들도 그 캠페인에 참여를 요구받았다. 독일은 두 라틴 동맹국 지원을 요청했다. 무솔리니의 이탈리아 소수민족은 전체주의 강국들의 선전활동에 동원되었지만, 그들은 스페인 소수민족보다 훨씬 덜 유용한 것으로 드러났다. 이탈리아 이주자들은 그들의 원래 민족 정체성을 많이 상실했고 대부분 토착 인구에 동화되었다. 심지어 더 최근에 도착한 이주자들은 지나치게 개인주의적이고 규율이 없어서 이탈리아 정책의 효과적인 대리인이 될 수 없음이 드러났다. 파시스트 사상의 침투 수단으로 더 가치 있는 이들은 스페인 식민지들과, 프랑코의 지원을 받는 팔랑헤* 조직이었다. 이전의 범히스패닉 선전의 전체주의적 버전을 수행하고 양키 제국주의에 대한 공포가 사라지지 않게 유지해온 것이 바로 이 집단들이었다. 그러나 이러한 접근법은 내재적 어려움을 갖고 있다. 문화적 친화성 면에서 가장 스페인적인 사람들은 프랑코를 가장 덜 선호하는 경향을 가진 더 최근에 이주한 이들이다. 주의 깊게 다룬다면, 상대적으로 작은 팔랑헤 조직들은 이데올로기라는 주된 공격의 측면 우회로로 유용하게 활용될 수 있을 것이다.

추축국 캠페인의 궁극적인 목표는 전체주의적 대의에 찬성하는 정부이고, 따라서 해외의 추축국 소수민족의 활동은 그 국가 내의 파시스트 정당에 의해 보완되어야 한다. 라틴아메리카 공동체에 대한 이러한 접근법을 위해 독일계 소수민족은 훌륭하게 준비되었다. 독일계 소수민족은 많은 부분에서 그 정체성을 보전하고 있는 한편, 현지 국가의 언어에 완전히 정통하고, 현지의 수많은 관습을 체득하고, 라틴아메리카인 아내를 맞이하며, 토착 공동체의 영향력 있는 사람들과 친밀하게 접촉하고 있는 독일 혈통의 수많은 유능한 개인의 활동을 지휘할 수도 있다. 그들은 국가사회주의 이데올로기 확산에서 중심 역할을 한다.

파시스트 원칙에 의해 조직된 강한 민족국가를 지지하는 선전활동이 라틴아메리카의 많은 집단에서 청중의 공감을 불러일으킨다는 것은 놀라운 일이 아니다. 리오그란데강 이남에 있는 공화국들에는

---

* 스페인 프랑코 정권의 극우정당.

"새로운 질서"로부터 이익을 얻는 많은 개인이 있고, 사회구조의 바로 그 속성이 국가를 파시스트 이데올로기에 취약하게 만든다. 신세계에 제공되는 나치 독트린의 수정판을 호소력 있는 소리라고 생각하는 사람들이 많은 분야에 있다.

몇몇 라틴아메리카 국가에는 궁정 혁명으로 쫓겨난 전직 독재자들이 있는데, 반대파의 핵심을 형성하고 있는 그들은 권력을 되찾기 위해 외부 도움을 기꺼이 받아들일 가능성이 있다. 대지주들은 민주주의가 위험한 교리이고 강한 국가만이 과도기에 국가 질서를 유지할 수 있다고 굳게 믿고 있다. 보수적인 기업 경영인들은 다른 곳의 경영인들과 마찬가지로 부상하는 노동운동에 불안해하고 있고, 노동운동의 급진적인 경향이 띠는 위험스러운 사회적 함의에 흥분하고 있다. 독일에서의 교회의 대우에 대해 분개하기는 하지만, 가톨릭 조직의 특정 요소들은 분명히 친파시즘적 경향이 있다. 그들은 돌푸스가 오스트리아에, 살라자르가 포르투갈에, 그리고 프랑코가 스페인에 만든 것 같은 파시즘을 선호한다. 새로운 독트린은 또한 민주 정부의 재미없는 절차에 기질적으로 반대하고, 새로운 질서에 대한 이론적 주창자 역할을 맡은 소렐과 파레토를 읽음으로써 지적으로 준비된 지식인 중산층의 관심도 끌고 있다.

그러나 지금까지 언급된 어떤 집단보다 더 중요한 것은 군대다. 군대의 도움을 받지 않고는 어떤 성공적인 쿠데타도 있을 수 없고, 군대의 지원 없이는 국가사회주의 정당이 권력을 유지하기를 바랄수 없다. 언젠가 독일이 라틴아메리카에서 군사행동을 취해야 할 시기가 왔을 때, 지역 군대 내 우호적인 파벌들에 의해 항구와 전략 공군기지가 확보되어 있다면 큰 도움이 될 것이다. 따라서 독일인들은 군부 내에서 영향력 있는 친구를 얻기 위해 매우 특별한 시도를 했는데, 자연스럽게 파시스트 정권을 지지하는 성향을 갖게 된 특정 유형의 군인들이 이 캠페인에 크게 도움이 되었다.

나치 독일에서 시민사회는 프로이센 군대의 특징을 갖고 있다. 프로이센 군대의 이데올로기에서 국가는 전문가들로 이루어진 유능한 참모 조직의 뒷받침을 받아 지휘할 수 있는 사람들에 의해 운영되어야 한다. 나치 통치자가 볼 때 사회가 시민들의 투표와 자유 토론에 의해 운영되어야 한다는 생각은 사병들의 투표와 자유 토론에 기초해 군사작전을 계획하고 실행하려는 것만큼 제정신이 아닌 것으로 보인다. 독일 국민은 널리 퍼져 있는 군사 지휘 체계에 상응하는 계급을 부여받았고, 같은 계급 내부의 친밀한 동지애는 규율과 복종에 대한 심리적 보상이 된다. 이처럼 시민사회에 군사 조직의 이점을 부여한다는 생각은 다른 국가들뿐만 아니라 라틴아메리카 국가들의 수많은 군인의 흥미를 끄는 개념이다.

이러한 접근을 위한 가장 성공적인 수단은 연수 형태로 독일을 무료로 여행할 수 있고 독일이 아낌없이 관대하게 수여하는 명예와 훈장을 받을 수 있는 군사사절단이었다. 그러나 이러한 것들은 독일군의 실제적인 성공과 독일의 전략 및 전술의 명백한 우위가 없었다면 만족스러운 결과를 내지 못했을 것이다. 군인은 기술자이자 실용주의자라서 필연적으로 실제 업적에 의해 감명을 받는다. 독일 장교들은 1870년 독일이 프랑스에 승리한 이후 줄곧 라틴아메리카에서 교관 역할을 해왔다. 그들은 새로운 군대를 훈련시켜 칠레가 1880년대에 남아메리카 태평양전쟁에서 승리할 수 있게 했고, 그 후로 줄곧 큰 영향력을 갖고 있다. 독일이 제1차 세계대전에서 패배한 것과, 독일인이 훈련시킨 볼리비아 군대가 차코 전투에서 승리하지 못한 것이 독일의 군사적 명성을 일시적으로 약화시키긴 했지만, 최근 재무장 이후 독일은 다시 훌륭한 본보기가 되었다. 유럽 대륙 정복을 이끈 독일의 새로운 기계화전 및 공중전 전술의 성공은 그들을 다시 한번 현대 군사과학의 의심할 바 없는 선도 국가로 만들었다. 독일군의 승리는 파시즘 사회 체제의 타당성의 증거로 해석되었고, 아르헨티나, 칠레, 브라질 군대 내 중요한 집단들이 정신적으로 파시스트이고, 지향에 있어서 친독일일 뿐만 아니라 궁극적인 독일의 승리를 확신한다는 것은 이상한 일이 아니다.

이데올로기 전쟁과 파시스트 선전활동에 있어서 독일은 모든 국가에서 동맹을 찾아왔지만, 전반적으로 성공을 거두지 못했다. 히틀러가 그의 노력 대부분을 쏟아부은 라틴아메리카 국가들은 정치적으로 가장 중요한 멕시코 공화국, 파나마, 그리고 남아메리카의 A.B.C. 국가 등이다. 멕시코는 지난 제1차 세계대전에서 많은 독일 선전의 표적이었고, 제3제국은 제2제국만큼만 그들의 관심을 끄는 것처럼 보인다. 그 캠페인은 지난번보다 훨씬 더 영리하게 수행되고 있지만, 지금까지의 성과는 매우 소소하다.

에콰도르와 페루에서는 이탈리아인과 독일인이 모두 파시스트 선전활동을 수행하고 있고, 남아메리카의 다른 국가들에서는 독일인만 지배적인 영향력을 갖고 있다. 볼리비아와 파라과이에서 최근 몇 년 동안 라틴아메리카 혁명 독재의 고전적 패턴에 따라 정부 형태를 만들었지만, 이 정부들은 독일의 특징도 많이 채택했다. 1938년 5월, 볼리비아의 통제권을 잡은 헤르만 부시 대령의 정부는 헌법을 폐기했고, 의회를 해산했으며, 엄격한 언론 검열을 시행했을 뿐만 아니라, 소년 소녀에 대한 병역 의무를 도입했고, 반유대주의 법안을 통과시켰으며, 새로운 형태의 국가 경제 계획을 시도했다. 독일과의 긴밀한 경제 협력과, 주석 광상 및 스탠더드 오일 컴퍼니*에서 몰수한 석유 자원을 독일이 개발하도록 하는 협상을 진행하던 중이었다. 유럽의 전쟁 발발은 이러한 계획의 실현을 막았다. 부시 대령 이후에는 더 자유주의적인 정부가 권력을 계승했다. 1941년 7월, 새로운 정부는 베를린에 있는 볼리비아 무관과 전 재무장관에 의해 고무된 쿠데타 음모가 적발되었다고 발표했는데, 사실이라면 그것은 파시스트 단체들이 그들의 정치적 활동을 중단할 생각이 없다는 것을 시사한다.

볼리비아와 파라과이에는 광범위한 상업 중산층이 부재하는 탓에 파시스트 정권에 대한 대중적 지지를 만들어내기 어렵다. 하지만 주로 원주민으로 구성된 프롤레타리아가 정치적으로 활발하지 않다

---

* 석유 왕 록펠러가 이끌었으며 19세기 후반부터 20세기 초반까지 미국 석유 산업을 독점한 미국 기업.

는 사실은 대중적 지지를 불필요하게 만든다. 소규모의 전체주의적 중산층 집단은 수적 비율과 상관없이 정치적 영향력을 행사할 수 있다. 인구 구성에서 백인이 주를 이루고, 더 발전된 경제구조를 갖추고 있으며, 계급의식을 갖고 정치적으로 각성한 프롤레타리아가 있는 아르헨티나, 칠레, 남부 브라질에서는 정치적 통제를 위해서 더 광범위한 인구층의 지지가 필요하다. 그러나 경제적, 사회적 변화로 만들어진 A.B.C. 국가들의 중산층은 결코 전체주의적 명분에 진심이지는 않다. 그런데 바로 그들이 남아메리카 대륙에서 정치적 민주주의와 개인의 자유에 가장 헌신하는 사람들이고, 미국과 독일이 충성을 얻기 위해 애쓰는 사람들이다.

아르헨티나에서 전체주의 철학은 육군, 해군, 특히 공군에서 많은 지지자를 갖고 있고, 지식인들 사이에서도 지지자가 있다. 토착 파시스트 집단들은 정치적 통제를 확보하려고 적극적으로 노력해왔으며, 대지주와 기업 경영가들에게 재정적 지원을 호소해왔다. 그들은 지역 정치에서 어느 정도 중요한 성취를 이뤘고, 아르헨티나의 4분의 1이 넘는 인구를 통치하는 부에노스아이레스 지방 정부는 파시스트 원칙에 따라 수년 동안 운영되었다.

최근 몇 년 동안 "인민 전선"* 정부가 통치하는 칠레에서 정치적

---

* 파시즘의 공세와 전쟁 위험에 맞서 노동자, 농민, 중산계급, 그리고 자유주의자와 사회주의자, 공산주의자가 광범한 제휴 관계를 맺어 형성한 통일 전선. 파시즘의 대두에 즈음하여 코민테른이 기존의 혁명 전략을 변경해 각국 공산당에 국내의 모든 민주주의 세력과 함께 반파시즘 통일 전선을 형성하라는 지침을 내리면서 결성되기 시작했다.

긴장이 매우 고조되고 있다. 파시스트 정당들은 교회 조직의 도덕적 지지와 보수주의자들의 재정적 지원을 받고 있다. 1938년 9월 쿠데 타는 실패했고, 이후 치러진 선거에서 "인민 전선"은 승리했다. 그러나 칠레에서 민주주의의 미래가 영구적으로 보장되리라고 기대하는 것은 지나치게 낙관적이다.

브라질에서는 독일 소수민족이 많았을 뿐만 아니라 독일 무역의 중요성 때문에 오랫동안 독일의 영향력이 상당했다. 파시스트 정당 중 가장 강력한 정당인 인테그랄리스타(통합주의자)는 독일과 이탈 리아 모두로부터 지지를 받았고 스스로 바르가스 대통령 정부에 저 항하는 쿠데타를 고려할 만큼 충분히 강하다고 생각했다. 그러나 바 르가스 대통령은 그 당을 자신의 지지 세력으로 흡수하여 스스로 독 재자가 되었고, 이후 인테그랄리스타를 해산시킴으로써 이러한 위 협을 사전에 막았다. 1938년 5월 대통령을 암살하고 정부를 전복시 키려는 정당 내 극단주의 파벌의 시도는 성공하지 못했고, 그때 이 후로 대통령의 입지는 더 강해졌다. 조합국가, 의회 해산, 행정명령 으로 법률 대체, 언론에 대한 검열, 표현의 자유 제한 등의 내용을 담은 새로운 헌법이 공포되었다.

신국가Novo Estado 체제는 그 지지자들에 따르면 새로운 종류의 민 주주의이지만, 실상은 파시스트 기법과 놀랄 만한 유사성을 보여준 다. 바르가스 정부의 일부는 미국과 민주주의에 우호적인 사람들이 고, 일부는 친독일 정서와 친파시스트적 성향을 가진 사람들로 구성 되어 있다. 1941년 말 미국과 긴밀히 협력하기 시작할 때까지 그는 두 파벌 사이의 균형을 유지했다.

　독일은 튜턴계 소수민족이 많은 A.B.C. 국가에서 모국의 나치 돌격대를 모방한 준군사 조직을 만들기에 충분한 지지자를 발견했다. 앞서 언급한 바와 같이, 그들의 주요 임무는 토착 파시스트 운동을 지원하기 위한 추가 기습부대가 되고, 혁명적 쿠데타를 지원하며, 독일이 언젠가 남아메리카에서 군사행동을 고려할 경우 전략 지점을 확보하는 것이다. 그러나 그 임무가 너무 일찍 드러나면서 더 모험적인 이들에게는 지나치게 보잘것없어 보였다. 그들에게는 칠레 남부의 파타고니아, 그리고 브라질, 우루과이, 아르헨티나 사이의 외딴 지역에서 독일 국가를 설립한다는 프로그램이 그들의 혁명적이고 역동적인 성격과 더 잘 맞는 것처럼 보였다. 그러나 독일은 실제로 가능성이 무르익을 때까지 그러한 시도를 허용하지 않을 것 같다.

민주주의의 반격

　독일 이데올로기 캠페인은 라틴아메리카에 국한되지 않았다. 유럽과 아시아에서의 전쟁의 결과에 신대륙이 미치는 영향을 결정짓는 것은 분명히 남쪽 대륙 국가들의 외교정책이 아니라 미국의 외교정책이다. 따라서 미국이 전면적인 전쟁 참여를 주저하게 만드는 것이 서반구에서 지향하는 독일의 선전 중 가장 중요한 목표다.

　미국의 국가 단합에 대한 공격과 내부의 반대 및 집단 갈등을 조장하려는 시도를 하면서 히틀러는 다른 곳과 거의 동일한 절차를 따랐다. 이 전쟁에서 제3제국은 민족 집단을 통한 사회적 분열을 일으키기 위해 미국에 있는 독일인들에게만 의존할 수 있었다. 다른 유럽계 민족 집단들은 독일의 대륙 정복 후에 독일에 예속된 국가의 사람들이었고, 그래서 반독일적이었으며 미국의 불개입 정책을 위한 압력집단으로 이용할 수 없었다. 오직 영국에 대한 충분한 증오가 있는 아일랜드계 극단주의자들 사이에서만 독일의 명분을 위해 투사가 되고자 하는 열망을 고무시킬 수 있었다.

독일의 선전 조직은 다양한 토착 파시스트 단체 및 기존 파시스트 단체들과 긴밀한 연락을 유지했고, 그들에게 고립주의를 지지하는 문헌 및 반유대주의 문헌을 제공했다. 그러나 그들의 추종자는 적었고 그들을 계속 유지시키기 위해 별도의 노력을 할 가치가 거의 없었다. 독일의 관점에서 볼 때 더 중요한 것은 미국의 충성스럽고 애국적인 토착 집단들이었다. 그들은 독일-일본의 승리가 미국을 해칠 수 없다는 이론을 받아들이고 있었고, 그렇기에 영국과 그 동맹국들을 지원하는 것을 거부하고 전쟁을 피하기를 바라고 있었다.

미국에서 사용된 일반적인 이데올로기적 접근법은 독일이 이 전쟁에서 승리할 것이고 이에 대해 미국이 어떤 것도 할 수 없다는 사실을 암시하는 것이었다. 전쟁은 미국의 재무장이 성과를 내기 시작하기 훨씬 전에 그리고 영국과 그 동맹국들에게 효과적인 지원이 이뤄지기 훨씬 전에 끝날 것이다. 그러나 제3제국은 서반구에 대한 열망이 없기 때문에 독일의 승리를 두려워할 이유가 없다. 제3제국은 유럽과 아시아에 대해 미국이 불간섭을 약속한다면 그 대가로 신세계에서의 불간섭 정책에 동의할 준비가 되어 있다. 그러한 근거로, 독일의 승리는 미국에 위험이 아니라 축복이 될 것이다. 그것은 이후 1000년 동안 전쟁이 없고 미국의 사업가들에게 무제한의 상업적 기회를 제공할 통일되고 질서 있는 유럽을 만들 것이다. 그러나 미국이 그런 진정한 이익을 인지할 수 없거나 인정하지 않으려 하고, 영국과 그 동맹국들을 지원하는 정책을 지속한다면, 미국은 새로운 전쟁 지역을 만들 뿐이고 조만간 승리할 수 없는 두 대양에서의 전쟁에 연루될 것이다.

하지만 미국에서 독일의 캠페인은 전반적으로 실패했다. 소수파의 떠들썩한 항의가 있기는 했지만, 여론은 영국과 그 동맹국들에 대한 지원을 늘리는 루스벨트 대통령의 정책을 계속해서 지지했다. 미국 정부는 라틴아메리카에는 관심 없다는 독일의 어떠한 선언에도 속지 않았고 약속이 아니라 사실에 따라 움직이는 것을 선호했다. 미국 정부는 라틴아메리카의 충성을 놓고 벌이는 투쟁을 받아들였으며, 리오그란데강 이남의 국가들에서 반격할 것을 결정했다. 미국 정부는 이것을 위해 새로운 형태의 외교가 필요하다는 사실을 인식했다. 즉 기존에 적절하게 작성된 "구두 메모"와 "외교 각서"를 더 역동적인 성격의 것으로 보완하고, 미국의 전통적인 이데올로기적 접근법을 현대화했다. 미국 행정부는 상호 이해를 증진하고 민주주의의 가치에 대한 지지를 얻기 위한 캠페인으로 새롭게 활력을 불어넣은 범미주의를 택했다.

1. 문화를 전선으로

미국의 이데올로기적 접근이 범미주의 운동에서 이룬 매우 제한적인 성공에도 불구하고 미국은 계속해서 같은 노선을 따랐다. 문화적 화해의 가치에 대한 미국의 믿음은 흔들리지 않았고, 미국은 여전히 호혜적 이해가 상호 간의 공감으로 이어질 것이며 이것이 효과적인 협력을 가져올 것임을 확신했다. 새로운 캠페인이 큰 활력을 갖고 추진될 수 있도록 1938년 7월 국무부에 문화관계부서가 설치되었다. 명칭을 보면 이 부서의 활동이 세계의 모든 국가를 포함할 것 같지만, 사실상 문화관계부서의 핵심 업무는 라틴아메리카를 대상으로 하는 것이 분명했다. 문화관계부서의 기능 중 하나는 1936년 부에노스아이레스에서 열린 미주회의에서 서명된 아메리카 대륙 문화관계 증진을 위한 협약을 관리하는 것이었다. 이 협약은 신세계 대학 간 학생 및 교수들의 정기적인 교류를 확립하기 위한 구체적인 규정을 담고 있었다. 문화관계부서는 또한 예술작품의 전시를 촉진하고, 뛰어난 민족 문학 대표작의 번역을 장려하며, 지적 협력에 대한 신념을 갖고 다른 모든 상징적 활동을 수행했다.

문화관계부서는 민간 조직을 독려해서 라틴아메리카 문제에 대해 연구하게 했고, 가능하고 상상할 수 있는 모든 형태의 협력을 논의하기 위해 워싱턴에서 장기간 일련의 회의를 소집했으며, 외교적 자제력과 예의범절을 갖추고 전력을 다해 그 임무에 매진했다. 그러나 결과는 분명히 불충분했다. 그래서 국무부가 추구하는 문화적 접근이 아직 이데올로기 전쟁의 최종판은 아니며, 국무부의 활동과 경제 문제 전담 부처의 활동을 통합하는 것이 더 나은 방법이라는 생각이 고위층에 존재했다. 이러한 목적을 달성하기 위해 루스벨트 대통령은 아메리카 공화국 간 상업 및 문화 관계 조정부서를 만들었다. 새로운 부서의 장은 활기찬 젊은 기업 경영인과 열정적인 "홍보" 전문가를 참모로 불러 모았고, 광고의 매력과 현금의 설득력으로 말하는 새로운 형태의 접근법을 연구하기 시작했다. 강조점은 교통과 통신 수단의 개선, 여행 장려, 상업 정보 서비스의 발전에 맞춰졌다.

정부와 민간 기업들은 종교적 십자군과 같은 열기와 열정을 가지고 새로운 캠페인에 몰두했다. 라틴아메리카는 최신 유행이며, 유행 이상의 사명이다. 방송사들은 독일의 도전을 받아들였고 남쪽의 공화국들에 오락과 뉴스를 끊임없이 제공하고 있다. 대형 통신사들은 라틴아메리카 언론에 북아메리카에 대한 더 적합한 정보를 제공하기 위해 특별한 노력을 기울이고 있다. 『타임』은 리오그란데강 이남 지역 배포용 항공우편 특별판을 발행하고 있고, 『리더스다이제스트』는 스페인어 번역판이 발행된다. 영화계는 라틴아메리카 출신 악역 배우들에게 연금을 지급하고 루시타니아와 루리타니아인 제비족 배역으로 선택하기로 합의했다. 이 두 나라는 할리우드의 민족성 침해에 대해 외교적으로 이의를 제기하지 않은 유일한 국가들이다.*

---

* 루시타니아는 이베리아반도에 있던 고대 로마령 국가이고, 루리타니아는 「젠다성의 포로」라는 소설 및 영화의 배경이 되는 남부 유럽의 가상의 왕국이다. 즉, 할리우드가 현실의 모든 라틴 국가에서 민족성 침해로 항의를 받았다는 뜻이다.

문화적 화해는 적어도 북아메리카에서 한창 진행 중이다. 범히스패닉 운동의 지도자들에 의해 처음 고안된 패턴을 이제 미국이 이어받았고 경탄할 만큼 확대되었다. 로터리클럽, 키와니스클럽, 라이온스클럽 회원들은 브라질 경제에 대한 연설을 들으며 점심을 먹고 있다. 국내 여성 클럽들은 영국 군인들을 위해 뜨개질을 하려고 만나서 페루 원주민들의 문화적 갈망에 대해 탄식하게 하는 강연을 듣는다. 전국의 야간 강좌에는 스페인어를 배우려는 사람들로 가득 차 있다. 모든 유망한 대학은 라틴아메리카에 대한 강좌를 늘리고 있고 일 년에 적어도 하나의 연구소가 남아메리카 문제를 다루고 있다. 라틴계 이웃 국가들의 협력이 룸바*에 대한 미국 대중의 평가에 달려 있는 것이라면, 미래는 정말 밝을 것이다.

2. 결의안에 의한 공격

직접적인 선전활동을 강조한다고 해서 미국이 전통적인 범미주의 접근을 버렸다는 것을 뜻하지는 않았다. 반대로 루스벨트 행정부는 공동의 적에 대한 일치된 행동을 호소하기 위해 열린 최근의 회의들에서 모든 기회를 활용했다. 코델 헐은 외국의 선전활동이 신세계 국가들의 안보에 주는 위협을 반복해서 경고했다. 그는 동료 정치인들에게 언론의 자유라는 성역을 악용해서 자유의 제도를 파괴하며 불화, 편견, 증오, 공포를 조장하는 삐뚤어지고 후안무치하며

---

* 쿠바에서 알려진 민속무용과 그 음악.

사악한 수법에 맞서 조치를 취할 것을 요청했다.

비록 과거에 대한 불편한 질문 없이 미국의 입장 전환을 관대하게 받아들이기는 했지만, 미국이 갑자기 불개입의 투사 역할을 선택한 것을 보고 많은 남아메리카인은 신중한 미소를 지었다. 그러나 과거를 잊은 것은 아니었다. 프랭클린 D. 루스벨트가 선린 외교정책을 시작하기 이전 역사에서 미국 대표들은 신대륙 공법公法에 불개입 원칙을 포함시키고자 하는 미주회의의 모든 결의안에 맞서 격렬하게 싸웠고, 심지어 루스벨트 행정부조차 매우 점진적으로 입장을 바꾸었다는 것을 기억하고 있었다.

중앙아메리카에서 미국 경제 이익의 엄청난 확장, 미국의 투자 규모, 생명과 재산에 대한 위험을 감수하는 자매 공화국들의 습관적인 혁명, 빅토리아 시대 청교도주의자들이 신봉했던 채무자의 의무에 대한 급진적인 시각들이 거대 금융계에 여전히 존재한다는 것, 이 모든 것으로 인해 미국은 남쪽의 작은 이웃 국가들의 내부 정치에 핵심 이익을 갖고 있었다. 시어도어 루스벨트는 유럽에 대한 남쪽 이웃 국가들의 행동을 미국이 책임져야 한다는 것이 먼로독트린에 분명히 내포되어 있고, 따라서 미국은 그들의 질서를 바로잡을 권리가 있다고 생각했다. 윌슨 대통령은 남쪽 이웃 국가들이 민주적 선거의 우월한 가치를 배워야 한다고 생각했고, 그래서 무력으로 권력을 획득한 정부들을 인정하지 않았다. 교리가 무엇이었든 간에 미국은 좋아하는 정부들이 권력을 유지하게 하고, 승인하지 않는 정부들이 물러나게 만드는 수단으로 군사 점령, 경제적 압박, 불인정 등을 사용해왔다.

1928년 아바나에서 열린 미주회의 당시에, 자매 공화국들은 미국의 관행에 대해 적극적인 거부를 표명했고 향후 미국을 불개입 정책에 묶어두려고 했다. 국무장관 휴스는 군사적 개입에 관한 약속은 흔쾌히 했지만, 중재의 권리를 포기하는 것은 내키지 않아했다. 이것은 미국의 이웃 국가들을 만족시키지 못했고 길고 신랄한 논쟁후 그 문제를 연기하기로 결정했다. 그렇다고 연기가 포기로 이어지지는 않았다. 1933년 우루과이 몬테비데오에서 다음 회의가 열렸을때, 라틴아메리카 국가들은 조치를 보장받기로 결심했다. 회의의 분위기는 부분적으로 루스벨트 행정부가 정책의 변화를 예고하는 듯한 몇 가지를 발표를 했기 때문에 덜 격렬했다. 하지만 미국은 그라우 산마르틴의 쿠바 정부를 인정하지 않았고 쿠바 해역에 군함을 집결시켰다. 물론 이러한 무력의 과시는 예방적 조치로 미국인의 생명과 재산을 보호하기 위한 의도였을 뿐이지만, 라틴아메리카 국가들에게 함포는 쿠바 내부 정치에 영향력을 행사하려는 미국의 의도를 강조하는 것으로 받아들여졌다.

개입 문제는 국가의 권리와 의무에 관한 협약과 관련해 몬테비데오 회의 전에 제기되었다. 협약의 8조는 다음과 같이 명시하고 있다. "어떤 국가도 다른 국가의 내부 또는 외부 문제에 개입할 권리가없다." 미국 대표단은 법률 전문가 위원회를 구성해서 협약의 조항을 규정하고, 국제법 위반 상황에서 가능한 외교적 보호는 무엇이며 금지되는 개입 유형은 무엇인지를 명확하게 구분하는 임무를 맡기

자고 제안했다. 그러나 반대가 너무 강력해서 실현되지 못했다. 내정에 대해 미국이 호의적인 관심을 갖고 있던 모든 작은 국가는 개입의 관행을 비난하는 목소리를 높였고, 멕시코와 아르헨티나가 이를 지지했다. 아르헨티나의 외무장관은 모든 개입에 대한 전통적인 반대 입장을 재확인했고 개입을 승인한 조약과 협약이 폐지되어야 한다고 제안했다. 이러한 합동 공격에 직면해서 결국 미국이 양보했다.

미국의 정책에 관한 라틴아메리카의 비판자들에게 답하면서 헐은 불간섭의 일반 원칙을 받아들였고, 루스벨트 대통령이 플랫수정조항을 개정할 의지를 밝혔음을 상기시켰으며, 루스벨트 행정부하에서는 어떤 국가도 미국의 개입을 두려워할 필요가 없다고 말했다. 그는 연설에서 많은 용어의 의미가 불확실하다고 언급했는데, 따라서 그의 발언은 명확한 포기를 의미하는 것이 아니었다. 그러나 라틴아메리카의 정치인들이 기대했던 것보다 훨씬 더, 그리고 아마도 미국 대표단이 원래 의도했던 것보다 더 많은 것을 허용했다.

회의가 휴회한 직후인 1933년 12월 28일, 루스벨트 대통령은 우드로 윌슨 재단 앞에서 무력 개입을 포기한다는 연설을 했지만, 일방적 개입을 대체하는 다자간 개입 구상이 필요할지도 모른다고 암시했다. 미국의 남쪽 이웃 국가들은 그 포기가 단지 무력 개입에만 적용된다고 지적했고, 이것은 결코 그들의 요구를 충족시키지 못했다. 그들은 어떤 종류의 개입 형태도 허용될 수 없다는 것을 국제법의 원칙으로 확립하기를 원했다. 그러나 그러한 주장이 정말 받아들여겼다면 모든 제재의 가능성은 제거되었을 것이고, 국가들에게 국제법의 의무와 국제 조약의 책임을 지게 하는 것은 불가능해졌을 것이다. 강제 중재 제도가 있다고 해도 어려움을 해결하지는 못할 것이다. 그 새로운 교리는 강대국에 대한 구속이 없기 때문에 발생하는 원래의 국제적 무정부 상태에 더해, 약소국들에 부여되었을 추가적인 자유 때문에 더 큰 무정부 상태를 유발했을 것이다.

몬테비데오 회의 이후 몇 년 동안 선린 외교정책은 개입의 죄악에 대한 미국의 속죄를 증명했다. 미국은 1934년 플랫 수정안을 폐기하고 아이티에서 해병대를 철수했으며, 1936년 파나마와의 새로운 조약을 위한 협상을 개시했다. 그 결과로 1936년 부에노스아이레스에서 특별 미주회의가 열렸을 때 북부 공화국에 대해 훨씬 더 우호적인 분위기가 조성되었다. 루스벨트 대통령은 직접 부에노스아이레스에 친선사절단으로 갔고, 미국 대표단은 직접적이든 간접적이든 또는 어떤 이유를 위해서든, 다른 국가의 대내외 문제에 개입하는 것은 허용되지 않는다고 선언한 불개입에 관한 추가 의정서에 서명함으로써 미국의 행동의 자유에 관한 추가적인 제약을 받아들였다. 두 번째 항에서 위반 시 상호 협의가 이뤄져야 한다고 명시했고, 추가 조항에서 해석의 문제는 조정, 중재, 사법적 해결에 따라야 한다고 밝혔다. 2년 후 리마회의에서 아메리카 원칙 선언을 채택하면서 "다른 국가의 대내, 대외 문제에 어떤 국가의 개입도 허용할 수 없다"는 것을 다시 한번 결의했다. 유럽에서의 안보 원칙만큼이나 서반구에서 불개입의 원칙은 반복되었다.

불개입 정책으로 전환하면서 아직 견해를 바꾸지 않은 사람들에게 새로운 신념을 전파해야 했다. 1937년 2월 25일 미국외교협회에서 연설한 국무장관 헐보다 그것을 더 설득력 있게 말한 사람은 없었다. 그는 아메리카의 공화국들이 그들의 문제를 스스로 관리할 수 있는 완전한 자유와 평등을 보장받기 위해 불개입 원칙에 대한 지속적인 재확인과 그 원칙의 준수에 대한 지속적인 서약을 원한다는 사실을 언급하면서 다음과 같이 말했다.

세계 문제에 있어 작금의 결정적인 단계에서는 다른 국가 집단들이 유사한 약속에 대해 맹세한다면, 즉 다른 국가 집단들이 평화, 통합, 도덕적 헌신의 정신으로 국가의 법, 국제적 도덕, 조약 의무를 다시 주장하고 되살리며, 평등, 주권, 영토 보전 및 모든 국가의 자유에 대한 교리의 준수를 진지하게 맹세한다면, 그것은 인류에게 얼마나 유익할 것인가.

1938년 리마회의가 열렸던 당시에 미국은 더 이상 서반구 국가들의 정치적 독립에 유일한 위협이 아니었고, 더 이상 주요한 개입의 위협도 아니었다. 새로운 위험이 대양 너머에 나타났다. 혁명 정신에 고취되어 세계 지도자의 자리를 차지하려고 분투하고 있는 제3제국은 대양을 건너 서반구로 심리전을 확장했다. 게르만계 소수민족들은 개입의 도구로 모습을 바꾸고 있었고, 파시스트 선전활동이 한창이었다. 방식에 오류가 있었음을 정중하게 인정한 미국은 이제 유럽의 위협에 대한 공동 행동 프로그램의 주도권을 잡고자 시도할 수 있다.

게르만계 정착민 공동체가 있는 서반구의 수많은 국가는 다뉴브 강 국가들의 파괴를 정당화하기 위해 사용되던 자결의 원칙과 소수 민족의 권리에 대한 나치의 새로운 해석을 두려워하게 되었다. 리마 회의는 몇몇 제안서를 수령했는데, 이들 제안서는 독일 영사관과 외교관들이 게르만계 거주자들에게 자유롭게 취하고 있는 행동들에 대해 구체적으로 비난하는 의제들을 다루고 있었다. 그러나 리마회의는 결의안 중 가장 온건한 것, 즉 "국내법에 따라 외국인으로 간주되는 거주자들은 소수민족의 지위를 집단적으로 주장할 수 없다"는 원칙을 선언하는 데 그친 브라질이 제안한 결의안만을 수용했다.

1939년 파나마와 1940년 아바나에서 두 차례 연이어 열린 아메리카 공화국 외무장관 회담에서도 독일의 선전에 대한 반대를 표명했다. 파나마 회담은 아메리카 대륙에서 공동의 민주주의적 이상을 위험에 빠트리는 교리의 확산을 근절하기 위해 정부들이 필요한 조치를 취하도록 권고하는 결의안을 통과시켰다. 아바나 회담은 더 구체적인 말로 동일한 권고를 반복했고, 아메리카 공화국들에게 "외국 외교관 및 영사관 직원들이 신임장을 받은 국가의 영토 안에서 아메리카의 민주적 전통과 평화를 위험에 빠트릴 수도 있는 정치적인 행동을 벌이는 것을 국제법의 조항에 따라" 막아야 한다고 촉구했다.

두 가지 결의안이 추가로 통과되었는데, 이는 대륙의 국가들이 독일의 개입으로 야기된 문제들에 대해 매우 우려하고 있음을 보여준다. 이 결의안들은 아메리카 정부들에게 외국인의 모든 정치적 활동 금지, 이주자들의 입국에 대한 엄격한 규제, 외국인 집단들에 대한 효과적인 경찰 감시, 그리고 그러한 위반에 대한 긴급 형벌 제도의 창설을 규정하는 입법을 권고했다. 게다가 두 번째 결의안은 그러한 외국의 활동이 아메리카 공화국들의 안보를 위협할 경우 즉시 함께 협의할 것을 규정했다. 아메리카인들은 문서를 통해 외국의 간섭에 대항하는 확고한 협력을 달성했다. 이로써 신세계 국가들이 내부 안전에 대해 공동의 이해를 가지고 연대했음을 보여주었다.

공동 이데올로기 전선의 가능성

결의안들, 특히 범미 결의안들은 통상 듣기 좋은 어조와 세련된 문체로 작성된다. 한데 모아보면 결의안들은 매력적인 전시품이 되고, 법적인 사고와 시적인 사고가 협력하면 어떤 예술적 결과가 나올 수 있는지를 보여준다. 최근 몇 년 동안 통과된 불개입 결의안을 읽어보면 허드슨만으로부터 마젤란 해협에 이르는 서반구의 모든 국가가 독일의 외교관과 영사 요원들의 활동을 효과적으로 중단시켰고, 게르만계 소수민족들 속의 국가사회주의 조직을 해산시켰으며, 토착 파시스트 정당들의 활동을 막았고, 민주적 자유와 개인의 자유가 있는 체제를 조직했다고 믿게 될 것이다. 하지만 그러한 느낌은 사실과 거의 일치하지 않는다.

연대를 확인하고 또 확인했건만 대체로 관념적인 채로 남아 있었고, 리오그란데강 이남에서 민주주의에 대한 관심은 매우 제한되어 있었으며, 공동의 이데올로기 전선은 결코 실현되었다고 볼 수 없었다. 미국의 대반격은 예상했던 결과를 낳지 못했다. 1941년 가을에 이르러 독일 이데올로기 전쟁에 대한 공동 행동이 시작되었지만 이는 산발적이고 간헐적이었다. 부분적으로는 앵글로색슨 아메리카와 라틴아메리카 사이의 문화 및 사회구조의 기본적인 차이 때문에, 부분적으로는 캠페인 초기 단계에서 잘못된 것을 강조하면서, 그리고 또 독일의 위험에 대한 미국의 유보적 정책 때문이라고 이유를 설명할 수 있다.

서반구의 두 대륙은 독재적 형태의 정부에 대한 선호와 전체주의 철학에 대한 수용 측면에서 상당히 다르다. 북쪽에서는 자유민주주의 신화가 사회 통합을 유지하는 힘과 능력을 많이 상실했다. 따라서 국가는 혁명 선전에 취약했다. 반면에 전쟁 노력은 국가 생산성을 크게 증대시켰고 실업을 감소시켰다. 실업이 다시 나타나자 그것은 사회체제가 아니라 정부 정책에 대한 비판으로 이어졌지만 혁명적인 힘이 되기엔 훨씬 모자랐다. 이 때문에 독일의 혁명 선전활동은 아메리카의 무장 계획이 진행되자마자 크게 줄어들었다.

앞 장에서 언급했듯이, 남쪽의 이웃 국가들은 강력한 지도자의 통치에 익숙하고, 엘리트에 의한 정부의 전통에 완전히 익숙하며, 개인에 대한 충성과 총통 전권주의라는 정치에 접근하는 것에 상당히 익숙하다. 이러한 점에서 독일의 파시스트 교리, 특히 라틴아메리카 시장을 겨냥한 수정판 교리는 민주적 관행을 전파하는 선전보다 덜 혁명적으로 여겨진다. 이 점이 어떤 관점에서는 북아메리카의 반격을 분명히 불리하게 만든다.

캠페인 전개에 있어 미국은 처음부터 주로 라틴아메리카의 지식층을 대상으로 하면서 심각한 의심의 여지가 있는 접근 방식을 이용했다. 캠페인은 표면적으로는 독일의 선전 기법과 동일한 복제품이었지만 실제로는 완전히 달랐고, 미국의 오래된 문화적 화해 캠페인과 훨씬 더 유사했다. 라틴아메리카의 지역적 조건과 선입견에 맞춰 조정되고 수정된 북아메리카 정치철학의 전파가 아니라 문화적 차이에 대한 상호 이해를 증진하기 위해 마련된 교육 캠페인에 초점이 맞춰져 있었다. 미국은 대부분 잘못된 지점을 강조하고 있었고, 이미 지적했듯이 뉴욕 어린이들을 위한 팜파스 지역 시인들의 문집이 아르헨티나에서 호의를 만들어낼 것 같지는 않다. 미국의 자매 공화국의 공립학교에서 월트 휘트먼에 대한 강좌를 여는 것이 더 합리적인 공략이 될 테지만, 이것의 정치적 효과는 여전히 미미할 것이다. 난관은 훨씬 더 깊은 곳에 있다. 성인 교육 프로그램으로서의 가치가 무엇이든 간에 문화적 화해 프로그램은 정치적 관점에서 가장 쓸모없는 이데올로기 전쟁 형태다.

정치적 협력으로 가는 이러한 접근법은 두 가지 기본적인 오류, 즉 심리적 오류와 정치적 오류에 근거하고 있다. 근본적으로 다른 사람들이 더 친숙해지면 필연적으로 서로 좋아하기 시작할 것이라는 가정은 잘못되었고, 일상생활에서 반증되었다. 그럼에도 불구하고 그 가정은 라틴아메리카에 대한 미국의 정책에 영향을 미치고 있는 평화주의자적 사고의 기본 신조의 하나로 남아 있다. 이러한 오류는 종교적 확신에서 비롯되고, 반대의 경험이 아무리 많아도 명백하게 그것을 바로잡을 수 없다. 모든 사람이 신의 형상대로 창조되었다는 명제는 받아들일 수 있겠지만, 그들이 만났을 때 서로에 대한 인식은 그 형상의 측면이 아니라 피부색, 안광, 후두음 발음, 식사 예절의 특이성, 그리고 아이들과 개를 대하는 태도 등의 측면에서 이뤄질 것이다.

지난 20년 동안 미국과 유럽의 관계에 대한 경험은 역사적 지식이 일천한 사람들조차 진지하게 생각하도록 만들었다. 그러나 이것이 미국의 신념에 조금도 영향을 주지는 못했다. 미국 관광객들은 떼를 지어 유럽 대륙을 찾아다녔다. 또한 미국의 학생과 은퇴한 배관공들은 노스곶에서 다르다넬스 해협에 이르기까지 대륙의 기이한 풍습을 탐험했고, 모든 수도의 커피에 대해 불평을 늘어놨다. 그러나 그 결과는 유럽인들이 낯선 풍습을 갖고 있고 신뢰할 수 없다는 깊은 확신이다. 1920년대의 대규모 관광 사업은 표면적으로는 당시 대다수 인구 사이에 팽배해 있던 고립주의 정서에 어떤 큰 영향도 미치지 못했다. 국가 전체적으로 훨씬 더 호의적인 경향을 보였던 대상은 미국의 문화적 유산이 유래한 유럽이라기보다, 실제로 방문한 사람이 거의 없고 실질적으로 그 문명을 이해하는 사람도 없던 중국이었다.

문화적 화해의 접근에 있어 두 번째 큰 오류는 힘의 정치 세계에서 그들의 국민이 서로 존경하기 때문에 국가들이 협력한다는 순진한 생각이다. 5000년의 외교사에서 이러한 주장을 뒷받침하는 것은 하나도 없다. 동맹은 정서가 아니라 지리와 세력균형의 측면에서 이뤄지고, 동맹에 대한 어떤 우호적 감정이 있다면 그것은 보통 정치적 협력의 명분이 아니라 결과다.

19세기 초부터 외교정책, 특히 민주 국가에서의 외교정책은 여론과 어느 정도 대중의 호불호의 영향을 받았지만, 이러한 상황과 절대군주 시기에 지배적이었던 상황은 정도의 차이만 있을 뿐 비슷하다. 자기 보호를 위해 국가들이 협력할 때 대체로 감정이 따라올 것이다. 1904년 영프협상에 서명하기 전에 프랑스와 영국은 양국의 언론과 정기간행물 기사들의 신랄한 어조에 분명히 드러나 있는 지독한 상호 증오와 경멸에 빠져 있었다. 협상에 서명한 이후 양국은 서로에 대한 장점을 발견하기 시작했다. 국민이 변했거나, 영국인들이 갑자기 덜 앵글로색슨족이 되고 프랑스인들이 덜 라틴족이 되었거나, 혹은 양국 국민이 갑자기 서로 더 잘 이해하기 시작했던 것은 아니다. 그것은 공동의 적에 대항해 협력해야 하면서 발생한 필연적인 결과였다. 공감이 정책을 결정하는 것이 아니라 정책이 공감을 결정하는 경향이 있다.

그렇다고 상호 존중이 정치적 협력의 전제 조건이라는 주장의 오류를 입증하기 위해 역사적 교훈으로 눈을 돌릴 필요는 없다. 1939년 8월과 1941년 8월 사이에 영국인, 독일인, 러시아인들은 서로의 관계에 있어 그러한 사이클을 보여주었다. 심지어 미국만의 경험에

서조차 올바른 역사적 순서는 정치적 결정에서 문화적 화해로 가는 것이고, 순서가 뒤바뀌지 않는다는 것을 증명한다. 미국은 남아메리카의 정치적 협력을 원했고 남아메리카의 관습과 문화를 연구하는 것을 결정했다. 아르헨티나 사람들은 아직 미국과 협력할 것을 결정하지 않았고, 여전히 미국의 회화, 음악, 시의 아름다운 점에 대해 완전히 무관심했다. 국가들은 잘 훈련된 공산주의 집단들이 당의 노선의 변화에 대응하는 만큼 매우 빠르게 이데올로기적 지지를 바꿀 수는 없지만, 통상 국제정치적 긴급 상황에 보조를 맞춰왔다. 동맹이 필요할 때 반감은 거의 방해하지 않았다. 앵글로색슨인들이 대부분의 다른 사람보다 때때로 조금 더 오래 그의 불호를 고수하는 경향이 있는 것은 사실이지만, 그럼에도 대영제국은 회교도 튀르키예인, 이교도 중국인, 소위 태양 여신의 아이들 일본인, 그리고 스탈린의 추종자들과 그럭저럭 협력할 수 있었다.

심리적, 정치적 오류가 라틴아메리카의 지식과 이해에 대한 큰 열망을 고무한 것에 기뻐해야 할 이유가 있긴 하다. 그 때문에 남쪽 이웃 국가들의 예술적 산물이 미국 고유의 문화를 더 가치 있고 풍요롭게 만들 수 있다. 미국이 그 대가로 줄 수 있는 가장 가치 있는 것에 대해서는 견해차가 있다. 오늘날 라틴아메리카의 상류층이 삶의 실제적인 측면보다 문학에, 그리고 과학보다 인문학에 더 관심이 많다는 것은 사실이다. 미국의 목적이 이 집단을 감화하는 것이라면, 미국이 강조하고 전념해야 할 것은 학습이고, 미국 예술가들의 작품을 전시해야 하며, 미국의 인문학 연구의 산물을 스페인어와 포르투갈어로 이용할 수 있게 해야 한다. 그러나 인간 생활의 모든 과정에 과학의 적용을 늘리고 있는 남부 대륙의 경제적, 사회적 변화는 필연적으로 기술자와 과학자를 돋보이게 할 것이다. 그들을 위해, 미국은 가장 뛰어난 업적이 있는 분야들, 즉 자연과학과 사회과학의 연구 결과, 공학 및 행정 기술 등을 제공할 수 있다.

이 마지막 접근 방식은 각국의 고유한 언어가 아닌 보편적인 언어를 사용한다는 추가적인 이점이 있다. 그것은 또한 업무에서의 협력의 기초가 되는데, 이는 문화적 차이의 인식보다 상호 이해에 훨씬 더 좋은 토대가 된다. 그러나 정치적 협력을 위한 이데올로기적 접근법으로 문화에 대한 상호 이해 캠페인을 벌인다는 것은 대체로 소모적인 운동이라는 점을 기억해야 한다. 지적 협력은 그 자체가 목적일 때는 가치가 있지만, 정치의 도구로서는 가치가 매우 불확실하다.

특정 그룹에서는 문화적 접근 방식이 부적절하다는 인식을 갖고 미국이 독일의 기법을 모방하기를 제안한다. 그러나 그 방법이 성공하기에는 몇 가지 장애물이 있다. 현대 세계에서 혁명적 캠페인을 위한 이데올로기가 되기에 자유민주주의는 피할 수 없는 분명한 결점을 갖고 있다. 자유민주주의에서는 필연적으로 책임이 개인에게 있기 때문에, 그것은 인간 본성의 특정한 내재적 경향에 역행한다. 현대인은 너무 복잡하고, 이해하기 어렵고, 해결하기 어려운 문제에 직면한 사회에 살고 있어서, 보통 사람은 그런 문제에 직면했을 때 희망이 없다고 느낀다. 정책 문제에 대해 현명하게 투표할 수 있도록 선택의 어려움을 극복하라고 요구하는 일은 불가능한 것을 요구하는 것이고, 혼란을 느낀 군중이 리더십과 독재를 몹시 필요로 하는 것은 놀라운 일이 아니다. 독재와 리더십에 대한 정치적 열망 속에는 어린 시절로 돌아가려는 무의식적인 욕망이 숨어 있는데, 자애로운 아버지가 결정을 내리고 모든 책임을 지므로 아이들은 아버지의 명령을 따르기만 하면 근심으로부터 자유롭고 행복하게 지낼 수 있기 때문이다. 개인주의를 강조하고 개인의 책임을 엄격하게 주장하는 앵글로색슨의 자유주의에서는 안보에 대한 이러한 현대적 욕구에 대한 답을 찾을 수 없다.

자유민주주의의 전체 사회에 대한 신화는 19세기 중반 이후 혁명의 힘을 대부분 상실했고, 현재 형태로는 다른 민족과 다른 땅에서 새로운 충성심을 불어넣기는커녕 자유민주주의가 시작된 국가들에서 민주적 관행을 지속하는 것에도 결코 적당하다고 할 수 없다. 자유민주주의 신화가 현대 생활의 현실과 조화를 이루려면 상당한 개선이 필요하다. 개인적 불안정의 세계에서 개인의 자유라는 가치를 되풀이하는 것만으로, 그리고 경제생활에 대한 정부의 개입만이 기아를 막을 수 있는 이 시대에 자유방임의 장점을 재확인하는 것으로 투쟁 교리를 만드는 것은 어렵다.

그러나 미국의 민주주의 이데올로기가 더 역동적인 성격이 된다고 할지라도, 라틴아메리카에서 미국의 캠페인은 여전히 크게 불리한 입장에 서게 될 것이다. 혁명 전쟁의 방법과 기법은 처음에는 공산주의자들에 의해서 개발되었고, 그다음에는 파시스트들에 의해서, 그리고 마지막에는 독일인들에 의해서 개선되고 수정되었다. 이러한 기법들은 미국의 전통과 거리가 멀고, 리오그란데강 이남에서 미국이 그 기법들을 적용할 도구는 없다. 라틴아메리카에 살고 있는 미국 시민들은 외교정책의 수단으로 조직될 수 없다. 그들이 토착 공동체와 분리되어 살고 있고 그들의 문화적 정체성을 보전하고 있는 것은 사실이지만 그들은 극히 개인주의적이다. 그들은 조직화된 소수 집단을 형성하지 않고, 지금까지 조국의 정치적 목표를 위해 상업적 활동을 수행하는 것을 거부해왔다. 설득은 실패했고 강제할 가능성은 제한적이다. 인도주의 철학의 원칙에 따라 운영되는 민주주의 국가는 제3제국이 마음대로 사용하고 있는 많은 무기를 결여하고 있다.

토착 민주주의 정당의 창설 또한 토착 파시스트 정당의 창설보다 훨씬 더 어려울 것이다. 산업화가 온대 지역의 라틴아메리카 국가들에서 경제적, 사회적 변화를 가져왔고, 이것이 한때 자유민주주의를 새로운 신념으로 받아들였던 중산층을 양산하고 있는 것은 사실이다. 그러나 현대의 경제 조건에서 이 동일한 계층이 파시스트 교리를 위한 비옥한 토양이라는 것 또한 사실이다. 자유주의 사회 신화는 이전만큼 설득력이 없고, 민주주의 정당이 리오그란데강 이남의 지배적인 유형으로 권력을 획득하고 유지할 수 있을지는 의문이다. 우리의 분석은 인종, 기후, 경제 패턴, 사회구조, 지적 선호도, 역사적 전통 등 어떤 이유에서라도 라틴아메리카의 미래가 앵글로색슨과 유사한 패턴으로 발전하지는 않을 것이라는 전망을 제시했다. 이것은 미국의 이웃 국가들이 필연적으로 새로운 독일 질서나 이탈리아 조합주의 국가의 복제품이 된다는 것을 의미하지는 않지만, 그들의 사회적 신화는 맨체스터 자유주의나 제퍼슨식 민주주의의 모사품이 아닐 가능성이 크다는 것을 시사한다.

라틴아메리카에서의 사회적 조건은 민주 정부의 수립을 위한 혁명 캠페인의 성공을 방해하고 있고, 민주주의는 외부로부터 성공적으로 이식될 수 없는 정부 형태다. 그러나 특정 상황에서는 미국에 적대적인 독재자를 더 우호적인 독재자로 대체하는 것은 가능하고 그 기법은 과거에 어느 정도 성공적으로 사용되었다. 그러나 미국에 의해 고무되었고 재정적으로 지원받았던 혁명 캠페인은 파시스트 정권을 수립하려는 제3제국의 현재 시도만큼이나 남부의 이웃 국가들에게 불쾌한 형태의 개입이었다는 것을 기억하는 게 좋다. 미국은 선린 외교정책 덕분에 약간의 호의를 얻기 시작하고 있다. 가장 불쾌한 형태의 개입을 포기하려는 미국의 의지가 독일의 침투에 대한 공동 행동 프로그램에서 미국이 지도자 역할을 맡는 것을 가능하게 했다. 만약 미국이 전체주의 국가들이 사용하는 것과 유사한 방법에 의존한다면 그 지위는 힘을 많이 잃을 것이다. 전쟁 기간 동안 국가 안보를 위해 미국이 특정 전략 지역에 대한 불개입 약속을 불가피하게 철회해야 하는 상황을 충분히 상정할 수 있다. 그러나 바다 건너의 미국 동맹국들이 패배하지 않는 한, 미국은 사용하는 강제의 형태를 제한하고 군사적 압박을 쓰지 않고도 잘 대처할 수 있다.

라틴아메리카의 많은 국가에는 독일 영사 요원 및 외교관의 활동에 대해, 그리고 외국 정부의 부당한 내정간섭에 대해 깊은 반감이 생겨났다. 심지어 토착 파시스트 운동에 강하게 찬성하는 국민조차 주권 정부에 명령하는 것 같은 독일 사절들의 고압적인 태도에 분개했다. 그러나 독일의 활동에 반대하는 조치는 매우 조심스럽게 취해져왔다. 그들은 부분적으로는 전파된 교리가 영향력 있는 인구 집단에서 지지를 얻었기 때문이기도 하지만, 또한 강압의 결과에 대한 두려움 때문에 관용해왔다. 대부분의 라틴아메리카 국가는 군사력 측면에서 약하다고 평가되며, 그들 중 많은 국가는 경제적 생존을 위해 유럽과의 무역에 의존하고 있다. 구세계의 많은 작은 국가처럼, 라틴아메리카 국가들도 경제적, 군사적 보복에 대한 두려움 때문에 독일인들이 심리전을 수행하고 사회적 단합과 결속을 해치는 것을 허용했다.

전쟁이 발발하기 전까지 독일은 라틴아메리카 수출품의 중요한 구매자였고 독일 정부가 무역에 대한 통제권을 갖고 있었기 때문에 라틴아메리카 국가들은 중요한 고객을 불쾌하게 하는 것을 매우 꺼렸다. 아르헨티나 정부는 아르헨티나 밀과 독일 철도 장비의 교환을 위한 바터무역* 협정을 논의할 때 파타고니아에 대한 음모의 세부 사항을 빤히 알고 있었다. 칠레 정부는 독일 영사관의 조치에 불만을 표하면서도 청산협정 clearing agreement**들을 통과시키는 것을 논의

---

*　물물교환으로 두 나라 사이의 대차의 차액을 내지 않고 행하는 무역.
**　상대국의 중앙은행에 자국 중앙은행의 특별 계정(청산계정)을 설정하고, 수출입

했고, 브라질 정부는 독일 소수민족의 활동에 대한 압박을 너무 심하게 하면 독일이 상업적 보복을 할까 언제나 우려해왔다. 그러므로 실제로 독일의 선전에 대응한 효과적인 행동은 러시아 군대가 명백하게 성공적으로 저항해 독일의 승리 가능성이 크게 줄어든 것으로 보였던 1941년 여름까지 수행되지 않았다.

따라서 선전 공격의 성공은 총력전의 다른 단계들과 연계해서 보지 않는다면 이해될 수 없다. 자유롭게 이데올로기 캠페인을 펼치기 위해 경제적, 군사적 압력을 강압의 수단으로 사용할 수 있다. 이것은 독일과 마찬가지로 라틴아메리카에 대한 미국의 접근법에도 적용된다. 미국 또한 경제적 무기와 강압의 도구를 소유하고 있다는 것, 그리고 미국 또한 경제적, 정치적, 군사적 정책을 조정해 이데올로기 전쟁을 할 수 있다는 것을 깨달았을 때 미국의 작업은 훨씬 더 성공적이었다. 미국이 문화적 접근으로 스스로를 제한했을 때 독일의 작전에 대한 반격에 실패했지만, 독일 선전활동의 재정적 기반을 파괴했을 때 두드러진 성공을 이뤄냈다. 이 캠페인의 계획은 상업 및 문화 관계 조정관실에 의해 수립되었고, 결정적인 조치는 1941년 6월 미국이 독일과 이탈리아의 이익을 위해 활동했던 라틴아메리카 기업들에게 미국 상품의 수출을 금지한 것이었다. 1800개의 잠정적 기업 목록이 발표되었고, 이러한 소위 블랙리스트는 지금까

및 기타 국제수지를 이 계정을 통해 결제하는 협정을 말한다. 청산계정은 국가 간 또는 기업 간의 무역 결제를 건별로 하지 않고 일정 기간 동안 수출, 수입을 장부에 기장했다가 수출, 수입 대금의 차액만 지급하는 데 사용되는 계정이다.

지 미국의 가장 효과적인 방어 무기다. 영국의 봉쇄로 독일의 수출품이 라틴아메리카 국가들에 도착하는 것을 중단시켰을 때, 친독일 수입업자들은 미국으로부터 상품을 구매함으로써 그럭저럭 사업을 계속했다. 그래서 미국의 수출품은 친독일 기업인들이 지역의 나치 조직에 계속 기여하도록 해주었고, 그렇게 함으로써 독일은 미국에 저항하는 활동과 선전 캠페인을 지속적으로 수행할 수 있었던 것이다. 하지만 라틴아메리카와 미국의 수출 무역에 대한 새로운 규제는 이것을 불가능하게 만들었다.

미국은 또한 라틴아메리카에서 국가 정책을 수립할 때 군부 집단이 중요하다는 사실과, 독일에 대한 두려움이 협력을 달성하는 데 도움이 될 수 있다는 사실을 인식했다. 미국은 리오그란데강 이남의 해군과 육군의 임무를 증가시켰을 뿐만 아니라 미국의 군사력 증가에 대한 정보를 이웃 국가들에게 계속해서 알려주었다. 재무장 프로그램이 구체화되기 시작한 이후, 그리고 몇몇 기계화 사단과 새로운 공군의 형성 이후 미국은 여러 라틴아메리카 국가의 고위 장교들을 초대해 미국의 전쟁 준비를 참관할 수 있도록 각별히 신경 썼다. 이 프로그램은 미국 무기의 기술 부족과 미국 전술의 후진성이라는 독일 출처의 정보가 과연 사실인지를 확인할 기회를 제공했다. 이러한 접근법은 이웃 국가들의 젊은 장교들을 미국의 참모 학교로 끌어들여 심화학습을 시키도록 마련된 특별 군사 장학금에 의해 보완되었다. 1941년 가을 시점에서 이 캠페인으로 미국이 반구를 방어할 수 있을 것이라고 남부 이웃 국가들의 군사 지도자들을 확신시키는 데 성공했는지를 말하기에는 너무 이르다.

미국 정부는 자국을 방어하기 위한 효과적 조치를 마련하기 오래 전에 독일의 라틴아메리카 활동에 대한 반격을 시작했다. 마침내 심리전 캠페인을 담당했던 독일 및 이탈리아의 영사 요원들을 그들의 문화 및 언론 담당관들과 함께 추방했던 것은 사회 통합에 대한 공격을 수년 동안 참아온 후인 1941년 봄이었다. 그러나 이 조치는 전쟁 선포의 전조가 아니었다. 여전히 캐나다만이 서반구에서 유일한 완전 교전국이었다. 1941년 가을에도 미국의 정책은 모호함과 모순으로 가득 차 있었다. 미국은 교전국도 중립국도 아니었고, 미국의 대통령이 히틀러주의의 파괴가 미국 외교정책의 주요 목표라고 선언하기는 했지만, 그는 여전히 싸우지 않고 이 결과를 성취하기를 기대한다고 말했다. 미국의 관점에서 보면 이 정책은 통찰력과 지혜의 최신 산물이었을지 모르나, 독일에 대항하는 행동에서 미국의 지도력을 쉽게 받아들이도록 고무하는 정책은 아니었다. 북아메리카 거인국 미국이 자신의 정책에 대해 주저함으로 가득 차 있다면, 남부의 약한 자매국들은 히틀러에 맞서기 위해 무엇을 할 수 있겠는가?

이러한 상황을 고려할 때, 미국이 자국에서 추축국 선전원을 추방한 지 몇 달 만에 라틴아메리카 국가 상당수가 독일 정부 요원들에 맞서 상당히 과감한 조치를 취했던 것은 매우 놀라운 일이다. 아메리카 지중해에서는 쿠바, 온두라스, 멕시코가 독일 영사관의 폐쇄를 명령했다. 브라질은 일찍이 독일 학교와 외국어 언론사를 규제하기 시작했고, 칠레와 아르헨티나는 동일한 목적을 위해 더 엄격한 규제를 공표했다. 1941년 12월 완전한 교전국이 되었을 때 미국은 독일 이데올로기 전쟁에 저항하는 공동의 전선을 구축하고, 추축국의 전쟁 수행 수단인 외교 및 영사 사무소를 파괴하기 위한 노력을 증진했다. 1942년 1월 리우데자네이루에서 열린 외무장관 회의에서 미국 대표단은 모든 아메리카 공화국이 독일, 이탈리아, 일본과의 외교적 관계를 단절하고 추축국 관리들을 추방할 것을 제안했다. 그 제안은 폭넓은 지지를 받았지만, 만장일치도 공동 전선도 만들어내지 못했다. 남쪽 대륙 최남단의 두 공화국은 그들의 유럽적 소속감을 기억하고 있었고, 추축국이 분명히 패배할 것이라고 전적으로 확신하지 못했다. 아르헨티나와 칠레는 자신들의 행동의 자유를 보전해야 한다고 주장했다.

독일-일본 동맹과의 투쟁이 군사행동의 형태를 취했을 때 미국은 아직까지 라틴아메리카의 완전한 충성을 얻지 못했다. 심지어 실제로 달성한 협력조차 공동의 이데올로기와 독일에 대한 미국의 상대적 힘에 좌우되는 불안정한 토대 위에 계속 놓여 있었다. 서반구에 대한 공동의 이데올로기란 불가능한 꿈이다. 앵글로색슨 아메리카와 라틴아메리카는 그들의 기질에 내재된 차이점 때문에 두 개의 서로 다른 세계로 남을 것이다. 구세계에서 만들었던 제네바의 국제연맹보다 신세계에서 만든 워싱턴의 지식협력기관이 연대와 협력을 성취하는 데 더 성공적일 가능성은 거의 없다. 따라서 라틴아메리카를 끌어들여 함께 추축국의 포위에 저항하는 공동 전선을 구축하려는 미국의 노력이 성공할지는 궁극적으로 그런 협력에 대한 공동의 정치적 이익을 확신시킬 능력과 경제적, 군사적 무기의 힘에 좌우될 수밖에 없다.

1941년 12월 7일, 서반구에서 미국의 상대적 힘은 여전히 매우 강했다. 바다 건너 미국의 동맹국들은 여전히 싸우고 있었다. 러시아 군대는 비록 위태로운 상황이지만 전장에 있었고, 중국은 일본을 붙잡고 있었으며, 영국 해군은 실존하고 있었다. 독일-일본 동맹국들은 여전히 구세계 내에 갇혀 있었다. 그러나 파시스트 국가들이 전쟁에서 승리한다면, 독일은 전대미문의 가장 강력한 군사 강국이 될 것이고 라틴아메리카 생산품을 위한 가장 중요한 시장을 통제할 것이다. 미국의 남쪽 공화국들은 경제적, 군사적 공격에 맞서 누군가 그들을 방어해줄 수 있다고 확신할 때까지 구세계의 힘의 집결을 불쾌하게 여길 여력이 없었다. 미국은 먼로독트린에 대해 수없이 재확인했고 반구를 방어하며 자매 공화국들을 지원하겠다는 결의를 수없이 선언했다. 미국은 1대양 해군one-ocean navy과 불충분한 공중전 물자를 갖고 2대양 전쟁two-ocean war에 개입하게 된 후에도 비슷한 보장을 발표했다. 또 다른 앵글로색슨 세력인 영국이 한때 폴란드와 루마니아를 방어하겠다고 약속했던 것을 리오그란데강 이남의 사람들은 기억하고 있었고, 남아메리카 특정 지역의 군부 집단은 미국의 보장이 영국의 보장과 다를 바 없다고 생각했다. 이 집단들은 독일이 패배하는 것이 확실하고 미국이 적절한 보호를 제공하는 것이 매우 분명해질 때까지 저항보다는 유화를 권고했고, 자국 내 독일의 활동을 억압하는 데 있어 신중함을 촉구했으며, 미국과는 최소한의 협력을 조언했다. 인도주의적 민주주의를 불쾌하게 한 것에 대한 처벌은 파시스트 독재 정권을 불쾌하게 한 것에 대한 처벌보다 틀림없이 훨씬 덜 가혹할 것이었다.

제 9 장

신세계의 경제 패턴

무역은 본질적으로 상품과 상품의 교환인 물물교환이다. 이런 사실을 빨리 알수록, 미국의 국제상거래를 보호하고 농업과 산업을 지키기 위한 좋은 위치를 확보할 수 있다. 왜냐하면 미국의 농업과 산업의 번영은 세계 시장의 확보와 세계의 원자재에 대한 접근에 의존하고 있기 때문이다._헨리 그랜디

앞 장에서 서반구 각국의 사회적, 이데올로기적 구성의 장단점을 분석하고 서로 다른 국가적 요소들로부터 공동 전선을 구축할 가능성을 검토했다. 그러나 현대의 세력 투쟁에서 이데올로기 전쟁은 공격의 한 형태에 지나지 않는다. 적어도 선전전으로 상대를 패배시키고 적의 사회 분열을 초래하려는 시도만큼 중요한 것은 현대의 경제전이다. 국가의 수입을 방해하기 위해서는 전통적으로 군사전, 특히 해상전이 수반된다. 그러나 추축국이 승리할 경우 서반구에서는 군사행동 없이도 경제전이 효과를 나타낼 것이다.

적의 수입을 방해하는 경제전은 국민에게 식량 공급을 차단하고 군수산업에 원자재 공급을 차단하는 것으로 상대를 굴복시키려는 것이다. 기본적으로 적국 경제의 숨통을 막는 형태이고, 수출 금지,

해상 봉쇄, 그리고 적에게 제품을 수출하지 못하도록 중립국을 협박하는 등의 방법을 사용한다. 이런 경제적 압박에 대한 저항력은 경제의 자급자족 능력과 핵심 수송로의 통제 능력, 그리고 중립국에 영향을 미치는 역량에 달려 있다. 금수 조치를 실행하는 국가가 전략물자 생산지 전체를 통제한다면 중립국도 대안적인 공급원이 될 수 없기 때문에 금수 조치에 더해서 해상 봉쇄나 군사작전을 할 필요가 없다. 즉 이런 경우에 금수 조치만으로도 상대를 질식시킬 수 있다.

적의 필수 물자 수입을 막아서 상대의 전의를 약화시킬 뿐 아니라, 수출 기회를 박탈해서도 적을 굴복시킬 수 있다. 이런 조치를 통해서 적국의 실업과 사회 불안, 정부 재정의 혼란을 초래하고 국가통화의 대외 구매력을 파괴해, 결국 경제적 삶에 심대한 혼란을 야기할 것이다. 대외무역이 경제활동에서 중요하고, 국내 생산의 많은 부분을 수출해야 한다면 수출 중단은 수입 정지와 거의 같은 정도로 효과적인 강압 수단이 된다. 따라서 한 국가의 수입 금지뿐 아니라 수출 기회의 박탈을 통해서도 경제적 압력을 행사하고 경제전을 수행할 수 있다.

나치 독일은 전쟁 몇 해 전부터 이런 새로운 상업 정책과 새로운 국제무역 장치로 무엇을 할 수 있는지를 세계에 보여주었다. 새로운 수법과 유럽 대륙 일부에 대한 완벽한 경제 통제를 이용해서 독일은 경제적 지배와 착취라고 하는 공격 수법을 벼렸다. 이 수법을 이용해 독일은 남아메리카의 중요한 관계국이 되었고, 동유럽 농업국가들의 경제생활에서는 독재자가 되었다. 새로운 공격 수단이라는 것은 청산협정을 정교화한 것으로, 대공황 초기에 금 공급과 자국 통화의 환율을 유지하고자 하는 국가들에서 널리 사용된 무역 결제 방법이었다.

양국 간 청산협정은 각자의 국내에 기장용 계정을 개설하고, 그 계정에서 수출과 수입 금액을 상쇄한다. 이것은 보통 수입허가제와 동시에 실시된다. 수입업자는 대금을 해외의 무역 상대가 아니라 청산 기관에 지불하고, 수출업자는 받아야 할 금액을 같은 청산 기관에서 자국의 통화로 받는다. 서명국의 두 수도에 개설되어 있는 계정은 서로 균형을 맞추어야 하고, 이를 위해 필요하다면 신용 잔고에서 사용 가능한 금액 내로 수입 허가를 제한한다.

이 새로운 결제 방법은 히틀러가 아니라 미국의 우방이자 "자유무역업자"인 영국이 미국을 방해하고자 서반구에 도입했다. 대영제국의 이익을 우선시하는 오타와 협정*이 체결된 직후 1932년에 영국은 아르헨티나와 소위 "로카 협정"에 서명했다. 이것으로 아르헨티나는 경제 관계에서 영연방 자치령과 같은 지위를 얻었다. 영국은 장래 아르헨티나 쇠고기 수입량에 대해서 전년도 대비 90퍼센트 이상으로 유지하는 데 동의했다. 그 대가로, 아르헨티나는 영국의 부

---

* 1932년 7월 21일부터 한 달간 캐나다의 수도 오타와에서 열린 영국 제국 경제 회의. 영국 본국과 자치령 7개국 및 인도의 대표가 경제 불황의 만회와 제국의 경제적 유대 강화에 관해 협의했다. 이 회의는 제1차 세계대전 후 대공황의 타격으로 심각한 경제 위기에 빠져 있던 영국이 보호관세 정책을 채택해 자유무역의 전통과 결별하고, 1930년대의 세계 경제를 배타적인 블록 경제로 이끌어가는 단초를 만들었다.

채 상환에 필요한 금액을 뺀 후 남은 파운드화를 영국 제품 구매에 사용하기로 약속했다. 이 협정에는 새로운 국제무역 질서의 모든 원칙이 포함되어 있었다. 즉 정부 간 합의에 의해 결정되는 국제무역, 강제된 양자주의, 수출입할당제도, 그리고 봉쇄화폐*가 포함되어 있었다.

이 무역 방법이 공정하게 실시되면, 공황 시 혹은 외환 부족 시에는 어느 정도 효과를 발휘한다. 무엇보다 이것을 모든 국가가 수용하면 삼각무역은 파괴되고, 국가 규제와 관료 간섭으로 인해 물류 이동이 크게 방해받겠지만, 그 제도를 도입한 국가에 반드시 해롭거나 탈취의 도구가 되지는 않을 것이다. 그런데 독일에게 청산협정은 경제적 탈취와 정치적 압박을 위한 수단이었다.

국가사회주의 정권하에서 국제무역은 완전히 국가 통제하에 놓였다. 개별 거래에서 고려되어야 하는 것은 무역업자들의 이익이 아니라, 국가의 부와 필요성이었다. 그 결과 독일 경제 전체의 구매력을 지배하고 있는 독일 정부가 다른 국가들의 개별 무역업자들과 거래하는 독점적인 구매자가 되었다. 이런 절차가 초래한 폐단에 대항하기 위해서 다른 국가들도 점차 대외무역에 대한 국가 통제를 제도화할 수밖에 없었다. 국제무역은 경쟁하는 판매자들과 경쟁하는 구매자들 간의 거래가 아니라 정부 간 직접거래가 되었다. 국가사회주

---

* 봉쇄화폐Blocked money란 공황이나 국제수지가 위기에 처했을 때 다른 나라에 대한 채무를 외화로 지급하지 못하게 하는 화폐 정책을 말한다.

의 정부의 통상 정책은 국가들 간의 평등한 대우를 유지할 생각이 없었고, 양자 합의는 본질적으로나 정치 및 경제적 목적에서나 노골적으로 차별적이었다.

청산협정에서 양국 간 통화 환율을 고정하고, 잔고가 있을 경우 청산계정에 예금으로 기재된다. 즉 독일과의 무역에서 수출 초과는 베를린에서 "아스키Aski"* 마르크라 불리는 봉쇄마르크로 잔고 증가를 초래했다. 예외적으로 잔고의 일부를 자유 통화로 변환할 수 있다는 합의가 있더라도 대개 독단적이고 터무니없이 비싼 환율이 적용되었다. 실제로 무역수지는 금이나 자유 통화가 아닌 상품으로만 결제되었기 때문에 봉쇄마르크는 독일 물품을 구매하는 데만 사용할 수 있었다. 독일이 수출을 억제하고 대량의 수입을 실시했기 때문에 독일에 원자재를 수출한 나라는 강제로 거액의 잔고를 봉쇄마르크로 베를린에 체류시켜야 했다. 봉쇄마르크를 사용해 독일에 주문한 물자가 도착하지 않는다고 불평해도 아무 소용이 없었다. 만일 그 물자가 독일의 재군비 계획에 사용된다면 그것은 독일이 갖고, 봉쇄마르크 보유국은 나치 독일이 제공하는 물품을 받든지 아니면 아무것도 받지 못하게 되었다. 그 결과 기관차나 준설용 기계를 필요로 하는 국가에 하모니카나 카메라가 전해졌을 뿐 아니라, 동유럽의 원자재 수출국들은 독일의 무기 제조에 최소 일부나마 자금을 제

---

* 국내 지불을 위한 외국인 특별 계정Ausländersonderkonten für Inlandszahlungen.— 지은이

공한 결과가 되었는데 나중에 독일은 이 무기를 사용해서 동유럽을 제압했다.

일단 독일과 양자 청산협정을 체결하면 독일의 영향력이 강해지는 것은 불가피하다. 특히 국가 경제가 다각화되지 않고 한두 종류의 수출 작물에 의존하는 나라는 더 그렇다. 독일 제3제국은 봉쇄마르크를 사용해 이른바 "수입"을 늘리고 상대국의 주요 수출품에서 차지하는 독일의 전용 비율을 서서히 끌어올렸는데, 독일의 수입량은 자국의 소비량을 웃도는 것이었다. 그래서 독일은 소비할 수 없는 잉여분을 국외 시장에 재수출했고, 공짜 외화를 획득할 수 있는 것이라면 무엇이든 판매했다. 게다가 독일은 최저가로 판매할 여유가 있었다. 국가사회주의 경제학의 이념 틀 안에서는 개별 판매로 수익을 창출해야 할 이유가 없었고, 더욱이 상품들은 현금이 아닌 청산협정 신용거래를 위해 구매되는 것이었다. 그 결과 독일은 할인된 가격으로 상품을 팔아 세계시장에서 경쟁하는 원래 생산자에게 치명적인 영향을 주었다.

이런 방법은 브라질의 커피, 남아프리카 공화국의 양털, 불가리아의 담배, 그리스의 건포도 무역에서 도입되었다. 독일과의 교역이 결국은 필연적으로 국가 경제에 대한 독일의 착취가 될 것이라는 인식이 각국에서 대두되었다. 그러나 그 폐해가 명확해져도 많은 경우 이익을 얻는 수출업자들이 자국 정부에 강하게 압력을 가하기 때문에, 그것의 해로운 영향이 모두에게 명백해진 지 한참 후까지도 무역협정은 계속되었다. 독일 이외의 시장에 수출할 수 없기 때문에,

각국은 독점권을 손에 쥐고 대량의 매입을 실시하는 독일에 복종할 수밖에 없었다.

이 무역제도에서 원자재 수출국에게 독일은 위험한 구매자였고, 공산품 수출국은 판매량 면에서 독일의 경쟁자가 될 수 없었다. 중립국 시장에서 타국 기업과 경쟁하는 독일 기업들은 경비의 50퍼센트까지 국가에서 보조금을 받고 있다. 그러므로 경쟁이라는 단어는 잘못된 것이다. 양자 간 무역제도하에서는 물물교환이든 청산협정이든 고전적인 의미의 경쟁은 성립되지 않는다. 독일 제품은 가격이나 품질로 미국 제품과 경쟁하지 않았다. 독일 상품 구매자는 자국 상품 판매에 필수 불가결한 전제 조건이기 때문에 독일 상품을 구매했다.

독일이 자국 제품의 구매를 강요할 수 있는 것은 각국이 수출시장을 독일에 의존하고 있기 때문이다. 지금까지 일어난 일들을 고려할 때, 이런 상황에서 독일은 손에 쥔 힘을 경제뿐 아니라 정치적 목적에도 이용할 것이다. 전체주의 국가에서 순수한 경제 거래가 이루어질 여지는 없다. 개별 상거래는 정치적 압박 수단으로 기능해야 하고, 개별 계약은 권력으로 향하는 길의 한 단계로 기능해야만 한다. 과거에 독일은 어느 나라의 주요 곡물에 대한 유일하거나 핵심적인 수입국이 되었을 때 조건이 충족되지 않으면 구매하지 않겠다고 위협하기도 했는데, 그런 조건들은 대체로 인종적 혹은 정치적인 것이었다. 외국 회사들은 아리아인 직원과 승인된 출판물 광고에 관해 국가사회주의 정부가 제시한 조건에 따를 것을 강요받았을 뿐 아니라, 베를린이 요구하는 국가 정책을 위해서 일해야 했다.

새로운 전체주의적인 무역제도를 전제로 하면, 타국에 개입할 때 상대국 항만으로 군함을 파견하거나 인접한 공군기지에 폭격기를 대기시키는 것은 최선의 수단이 아니다. 상대국 생산품의 수출시장 지배라는 더 유효한 수단이 이용 가능해지고 있다. 이것은 물리적인 힘의 과시나 위협조차 필요로 하지 않는다. 밀, 커피, 혹은 설탕의 구매 여부가 제공권이 갖는 힘보다 더 완전하고 파괴적인 결과를 낼 수도 있다.

대서양 건너편의 경제적 압박과 그 압박으로부터 나오는 불가피한 정치적 결과에 서반구 국가들은 저항할 수 있을까? 서반구의 22개 독립국가는 전쟁 산업을 견실하게 건설하기 위해 대양 너머의 전략 원자재로부터 충분히 독립적이고 항구적인 경제 전쟁의 세계에서 상업 독점자의 거대한 힘에 저항할 수 있을 만큼 수출로부터 충분히 독립적인 하나의 경제 공동체를 수립할 수 있을까? 만약 신대륙을 수출로부터 독립시키는 것이 불가능하다면, 대서양 건너편의 압도적인 협상력에 필적하고 그들의 파괴력을 무력화할 수 있는 중앙집중화된 국제무역 체제를 만드는 것은 가능한가? 이들 질문에 대해 긍정적인 대답을 준비할 수 없다면, 지리적으로 포위된 상황에서 서반구는 유럽의 영향으로부터 해방될 수 없다.

그러므로 전체주의 국가와의 투쟁에서 서반구 각국은 봉쇄와 수입 금지에 더해 수출 방해가 초래하는 경제 악화에도 대비할 필요가 있다. 유럽에서 추축국이 승리할 경우, 경제전이라는 새로운 수단에 대한 아메리카 각국의 전략적 입장은 무엇인가? 이 질문에 대답하기 위해서는 제2차 세계대전 발발 몇 년 전으로 거슬러 올라가 신대륙 각국의 국제경제적 입장을 분석해야 한다.

미국

제2장에서는 서반구 지리에 대해 대략적으로 설명하고, 경제활동의 지리적 기반을 구성하며 세계경제에서 서반구 경제활동의 지위를 결정하는 데 도움이 되는 위치, 지형, 기후, 토양 그리고 천연자원의 개요를 제시했다. 거기서는 아메리카 대륙 전체의 윤곽뿐 아니라 각 지역의 다양한 지리에 대해서도 언급했다. 지리의 다양성은 각국 국경 내에서 다양한 형태의 경제를 발생시켰다. 서반구는 서유럽의 경제 식민지로 시작했고, 거주민들은 긴 시간 동안 초원과 자갈밭을 개척하며 구세계가 필요로 하는 생산물을 공급해왔다. 19세기 동안 아메리카는 국제무역에서 인구가 많은 유럽을 위한 식량과 원자재의 공급지 역할을 했다. 그러나 19세기 말이 되자 북아메리카는 신세계의 지배적 특징인 추출경제에서 벗어났다.

북아메리카는 서반구의 산업 중심지이기 때문에 미국은 군사력으로 서반구 방어의 핵심적인 책임을 질 수밖에 없고, 따라서 군수산업 구축에 필요한 전략 자원을 확보해야 한다. 미국의 경제력은 압도적으로 크기 때문에, 미국이 현대의 경제전에서 서반구 방어를 주도하고 대양 건너편 지역들에 대항하는 공동 행동을 이끌어야 한다. 따라서 경제 전선에서 아메리카 대륙의 잠재력 추정은 국제경제에서 미국의 지위를 분석하는 것으로 시작해야 한다.

300만 제곱마일의 미국 영토에서 유럽 이민자들과 그들의 후손이 세계 최강의 경제를 만들어왔다. 비옥하고 광대한 토지, 풍부한 광물자원, 그리고 윤택한 에너지 자원은 높은 생산성을 가진 경제체제의 기반이 되었다. 최근 미국은 대량생산 기술의 개발로 세계를 견인하고, 다른 어떤 나라보다 높은 생산력을 가진 산업 체제를 발전시켜왔다. 미국의 인구는 1940년 시점에서 1억3200만이다. 출생률이 감소하고 있기 때문에 1950년경 총인구는 약 1억5000만 명 수준에서 정체될 것으로 보인다. 이용 가능한 자원과 현존하는 생산 기술을 고려하면 미국은 더 많은 인구를 더 높은 생활 수준으로 유지하는 것도 가능할 것이다. 그러나 미국은 간헐적으로 발생하는 불황의 문제를 해결하지 못했다. 또한 1929년보다 생산력이 더 높아진 1939년에도 1000만 명에 달하는 실업자가 존재한 것으로 알 수 있듯이 기술 혁신에 기인하는 실업이라는 더 심각한 문제를 해결하지 못하고 있다.

그래도 타국가들과 비교할 때 미국의 생활 수준과 국민총소득은 매우 높다. 미국에서는 세계 인구의 10퍼센트 이하인 사람들이 지구 표면의 10퍼센트 이하의 토지로 세계 옥수수의 50퍼센트, 감귤류의 50퍼센트, 면화의 40퍼센트, 밀의 15퍼센트를 생산하고 있다. 또한 미국은 광물자원의 최대 생산국으로, 철광석은 세계 생산량의 대략 40퍼센트, 구리와 주석은 30퍼센트, 납은 25퍼센트를 차지하고 있다. 세계 석유 생산의 60퍼센트, 석탄과 수력의 35퍼센트라는 엄청난 에너지 자원을 바탕으로, 미국은 세계 에너지 생산의 거의 절반을 사용하는 경제체제를 구축해서 거리상 가장 가까운 공업 경쟁국인 영국에 비해 노동자 1인당 두 배의 설비 투자가 된 산업 생산 체제를 만들어왔다.

총생산량과 총소비량에 비해 수출입의 비율은 상대적으로 작아 10퍼센트를 넘지 않았다. 비교를 위해 예를 들면, 캐나다, 아르헨티나, 브라질에서는 총생산량의 3분의 1이 수출되고 있다. 미국은 생활 수준을 유지하기 위해 특별한 식량을 수입하고, 공업생산용 원자재를 상당량 수입하며, 농업경제의 혼란을 막기 위해 농산물을 대량으로 수출할 필요가 있다. 다만 필요한 전략 물자를 제외하고, 미국 전체에 있어서 해외무역은 삶의 만족도 향상을 위한 것이지, 인구 과다 상태인 서유럽과 동아시아, 그리고 순수한 추출경제 상태에 있는 라틴아메리카처럼 생존을 위한 필수 조건은 아니었다.

미국과 같이 생산력이 높은 경제의 경우 국민소득 10퍼센트라도 상당한 금액이기 때문에, 독일의 부상 이전에는 미국이 국제무역에서 가장 큰 단일 행위자였다는 것은 놀라운 일이 아니다. 제1차 세계대전 이후 연간 평균치로 수출은 약 40억 달러, 수입은 30억 달러였다. 실제 무역량은 경기 순환에 따라 변동해왔다. 수입액과 수출액을 합친 무역 총액은 대공황이 시작된 1929년 거의 100억에서 1932년 약 30억 달러로 70퍼센트 하락했다. 그 후에는 다시 상승해 1937년에 65억 달러로 회복했다.

경제적인 관점에서 유럽은 미국에게 가장 중요한 지역이다. 식민지 시대에도, 독립한 이후에도 중요했다. 다른 지역에 비해 상대적인 비중이 하락하고는 있지만, 오늘날에도 미국 수입품의 대부분은 유럽에서 오고, 동시에 유럽은 미국의 주요 수출처이기도 하다. 제1차 세계대전 이전에 유럽과의 무역은 미국 무역 총액의 거의 60퍼센트를 차지했다. 제2차 세계대전에 앞서 몇 년간 무역의 유럽 의존율은 약 40퍼센트로 떨어졌고, 환태평양 국가는 25퍼센트, 서반구와의 무역은 35퍼센트로 증가했다. 주로 유럽 대륙과의 사이에서 기록하고 있는 상당한 수출 초과 덕분에 미국의 무역수지는 바람직한 상태를 유지하고 있었다. 다른 지역과의 무역은 수입 초과 상태이지만, 대對 유럽 무역 흑자를 잠식할 정도의 액수는 아니었다. 식량과 원자재에 관해서 미국은 아시아와 서반구에는 수입국이고 유럽에게는 수출국이다. 그리고 전 세계에 대한 공업 제품 수출국으로서 미국은 삼각무역에 특히 의존하고 있다.

국내 경제가 농업 중심에서 공업 중심으로 바뀜에 따라 수출입에도 변화가 일어났다. 과거에는 농산물이 주요 수출품이고 공업 제품은 그리 중요하지 않았지만 오늘날 이 관계는 반대가 되고 있다. 수입에도 비슷한 변화가 일어났다. 이전에는 공업 제품이 수입품 중 많은 비율을 차지했고 식량은 중요하지 않았다. 그러나 산업화 진전의 결과 현재는 식량, 원자재, 그리고 중간재가 매우 중요한 수입 품목이 되고 있다. 수입하는 식량은 주로 커피, 코코아, 차, 바나나, 설탕과 같은 특산품이고, 원자재에는 광물, 목재, 원목, 식물성 기름, 섬유, 고무가 포함된다. 수입 총량의 대부분을 차지하는 이런 품목

외에 국가가 필요로 하는 소위 전략 물자도 수입하고 있다. 수입하는 전략 물자의 일부 품목은 매우 적은 양이지만, 군수산업 제조 공정의 열쇠가 되는 필수 물자이기 때문에 매우 중요하다.

한 국가 경제의 산업적 특징은 그 나라의 수입 품목 속에 명확하게 나타난다. 그런데 수출 품목에는 산업적 특징이 그만큼 잘 나타나지 않는다. 식량과 원자재를 수출하는 추출경제국의 특징은 계속 갖고 있고, 공업 제품의 수출은 농작물의 수출을 대체한 것이 아니라 단순히 추가되었을 뿐이다. 인구의 자연 증가나 대량 이민이 있어도, 농업 기술의 향상이 가져오는 농산물 생산의 증가를 흡수하지 못한다. 미국 농민들은 정부에 농산물 시장 개척을 계속 요구해왔다. 확실히 수출은 국민소득의 불과 10퍼센트에 불과하지만, 무역 의존도는 상품마다 다르다. 예를 들어 면화 생산의 절반, 밀의 5분의 1, 잎담배의 5분의 2, 라드(돼지기름)의 3분의 1, 쌀의 3분의 1, 그리고 말린 과일의 절반이 보통 수출되고 있다.

무역 통계에서 농산물은 중요하지만, 미국은 여전히 주로 공산품 수출국이다. 제1차 세계대전 이후 최종재는 미국 전체 수출의 약 50퍼센트를 차지하고, 중간재는 원자재와 비슷한 20퍼센트를 차지하며, 가공식품과 비가공 식품이 각각 5퍼센트를 차지한다. 해외로 가는 화물선에는 단순히 면화나 밀이 아니라, 철강 제품, 자동차 그리고 기계류가 주로 실린다.

미국은 농업과 공업 모두 과잉생산되기 때문에 경제외교에서 타국에서는 볼 수 없는 문제들이 나타나고 있다. 미국은 세계시장에서 농업생산 국가와 공업생산 국가 모두와 경쟁한다. 미국은 남아메리카 시장에서 영국 및 독일과 경쟁하고, 유럽 시장에서는 남아메리카 및 영국 자치령과 경쟁한다. 미국은 아르헨티나에서 영국과, 브라질에서는 독일과 경쟁해왔고, 대륙 유럽에서는 브라질 면화 및 아르헨티나 밀과 경쟁해왔다. 이런 상황 때문에 미국이 서반구 경제 블록의 지도자가 되기는 어렵다. 그러나 베를린과 다른 어떤 강대국이 유럽 시장 통제를 통해서 서반구에 경제적 압박을 행사한다면 이런 압박을 가장 잘 견뎌낼 수 있는 미국이 서반구 경제권의 주도자가 될 수밖에 없다. 생산품 전체에서 볼 때 미국은 아메리카의 다른 어떤 국가들보다 수출 의존도가 낮고, 수출품 대부분은 수급 조정이 쉬운 공산품이다.

남북전쟁 이후 시작한 산업화는 미국의 국제 경제 지위를 채무국에서 채권국으로 서서히 변화시켜왔다. 이런 추세는 제1차 세계대전 때 크게 가속화되었다. 미국이 경제 면에서 연합국에 크게 공헌했기 때문에 전쟁이 종식되었을 때 미국은 이전의 동맹국들에게 약 100억 달러의 채권을 갖고 있었다. 그러나 시간이 지남에 따라 많은 사람이 원했던 것처럼 채권은 사실상 증여가 되었다. 1930년대 대공황 이후 모든 이자 지급과 부채 상환이 중지되었고, 1937년까지 불이행된 원금과 연체 이자 총액은 125억 달러에 달했다. 그리고 제2차 세계대전의 발발로 미래에 상환이 재개될 아주 작은 가능성까지 사라졌다.

제1차 세계대전 이후 국내 생산은 국내 소비를 계속 능가했고, 민간 부문의 해외투자는 저축의 중요한 출구였다. 미국은 자국 제품의 해외 판매 촉진이나 외국에서의 천연자원 개발에 더해, 유럽의 경제 재건 및 라틴아메리카 각국 정부를 향한 자금 원조를 실시하고 있어, 1929년까지 민간 부문의 해외투자는 약 170억 달러에 달했다. 대공황 이후 자본수출은 직접투자의 형태로 약간 회복되었지만, 외국을 대상으로 하는 신규 대출은 사실상 중단되었다. 반면 최근 미국으로 상당한 자본이 유입되고 있다. 일반적인 정치적 불확실성과 유럽에서의 전쟁 발발 우려로 해외투자의 위험 회피 경향은 강해지고, 결과적으로 미국의 순채권액은 감소하는 경향에 있었다.

1937년 미국의 해외 투자액은 130억 달러였고, 해외에서 미국에 대한 투자액은 80억 달러였다. 같은 해 미국의 투자처 내역은 다음과 같다.

100만 달러

서반구		8500
캐나다와 뉴펀들랜드	4000	
아메리카 지중해	2500	
남아메리카 (나머지)	2000	
대서양 지역		3500
유럽	3350	
아프리카	150	
태평양 지역		1200
아시아	800	
오세아니아	400	
		1만3200

총합 130억 달러 중에서 70억 달러가 직접투자이고 약 60억 달러가 간접투자인데, 간접투자의 절반이 채무불이행 상태에 있다. 외국 채권 보유자 보호위원회의 1939년 연례 보고에 따르면 지역별 채무불이행률은 다음과 같다.

극동	1.8퍼센트
캐나다	4.9퍼센트
유럽	58.2퍼센트
남아메리카	77.2퍼센트

그러나 이런 불행한 경험에도 불구하고 미국 정부는 자국의 재정 능력을 정치, 군사전 수행의 도구로 다시 사용하고 있다. 미국 의회조차 힘의 정치에는 비용이 든다는 사실을 받아들이고 영국과 동맹국들에게 무기 대여 계획을 수행하기 위해서 150억 달러 이상의 예산을 승인할 준비가 되어 있다. 외환안정화기금, 재건금융공사, 수출입은행은 모두 라틴아메리카 국가에 대한 금융 지원에 참여하고 있다.

이런 모든 것이 미국이 서반구에서 가장 중요한 경제 주체라는 것을 보여준다. 미국의 무역액은 거액이지만, 국내 생산과의 비율로 보면 서반구 다른 어느 나라보다 낮다. 미국은 신세계에서 가장 자급자족적인 나라이며 가장 균형 잡힌 경제를 가진 국가다. 이 점이 미국의 경제력에 관한 기만적 환상을 불러온다. 사실 미국 경제는 특정한 필수 전략 원자재에 의존하고 있다. 이 전략 원자재에 대해 구세계가 수출을 차단하면 미국은 캐나다나 라틴아메리카에서 수입해야 한다. 제2차 세계대전의 마지막 단계에서, 즉 해외에 있는 미국의 동맹국이 패배해 대륙 간 전쟁이 된다면, 독일-일본 동맹은 미국에게서 전략 자원의 대체 수입원을 빼앗고 주변국에 그들의 생산품을 미국에 수출하지 못하도록 압력을 가할 것이다. 즉 미국이 서반구 경제를 지배하고 유럽 대륙으로부터 독립적인 경제를 유지할 수 있다면, 독일-일본 양국이 구세계에서 우세해지는 상황에서도 미국은 생존할 수 있음을 의미한다. 이것이 가능한지 대답하기 위해서는 앞서 언급한 분석에 더해 신대륙 각국의 입장에서 본 유럽과 미국의 상대적 중요도를 살펴볼 필요가 있다.

2장에서는 아메리카 대륙들의 지리적 개요뿐 아니라, 그들의 경제적, 정치적 관계에 영향을 미치는 요인들을 개관했다. 이런 요인으로 신대륙은 다음의 지역들로 나뉜다. 캐나다, 아메리카 지중해, 남아메리카 서부 해안의 두 지역, 그리고 동부 해안의 두 지역이다. 각 지역은 미국에게 경제적, 정치적, 전략적으로 특별한 의미를 갖는다.

미국의 북쪽 이웃인 캐나다는 서반구에서 미국 이외에 유일한 앵글로색슨 국가이며, 미국이 경제적, 문화적으로 가장 친밀한 관계를 유지하고 있다. 영국 자치령인 캐나다는 유럽과 아시아에서 북아메리카 대륙으로 향하는 대권항로를 따라 전략 지역을 통제하는 데 중요한 완충 지역이다. 그리고 위치와 국력 차이 때문에 미국은 이 영국 자치령을 쉽게 지배할 수 있다. 미국의 남쪽에 있는 아메리카 지중해 지역은 소국의 집합체다. 이곳은 지리적 특성상 쉽게 통제되는 해상 교통로에 깊이 의존하고 있기 때문에 해상 봉쇄에 매우 취약하다. 미국은 여기에 전략상 중요한 해군기지를 두고 있으며, 아메리카 지중해 지역의 경제생활은 완전히 "북방의 거인" 미국에 의해서 좌우된다.

남아메리카 대륙의 온대 지역은 미국이 쉽게 위협할 수 있는 범위 너머에 위치하고 있다. 그러나 동부 해안의 기아나와 서부 해안의 에콰도르와 페루를 포함하는 중간 지역에 대해서는 미국의 기지가 있는 아메리카 지중해에서 압력을 가할 수 있다. 해군이 브라질 북해안을 따라 작전을 펼친다면 아마존강 유역을 쉽게 차단할 수 있다. 그러나 브라질의 실제 정치적, 경제적 중심은 돌출부 지역보다 더 남쪽에 있어, 미국의 제한된 군사작전 범위 밖에 위치하고 있다. 따라서 모든 의도와 목적을 고려할 때 동부 해안 중간 지역의 경계선에 해당되는 것은 프랑스령 기아나와 브라질 사이의 국경이다. 이 중간 지역보다 남쪽은 경제적, 정치적으로 남아메리카에서 가장 중요한 지역이며, A.B.C. 3개국이 완충국인 우루과이, 파라과이, 볼리비아를 둘러싸고 있다.

캐나다

북아메리카 대륙에서 공업 생산으로 추출경제를 보완하고 있는 또 다른 나라가 캐나다다. 이 북아메리카 국가는 지리상 서쪽의 농업지역과 동쪽의 공업지역으로 구분된다. 그리고 미국의 경제체제와 또 다른 유사점은 광물자원이 풍부하고, 생활 수준이 높다는 것이다. 하지만 캐나다는 공업에서 미국에 뒤처지고, 수출에 더 의존적이며, 아직 국제 거래에서 순채무국이다.

프레리 지역*은 캐나다 농업 생산, 특히 밀 생산의 중심지이지만, 국민소득에서 광물자원의 채굴이 그 이상의 비율을 차지하고 있다. 1937년에 캐나다는 세 가지 광물자원 생산량에서 1위였다. 세계 니켈의 89퍼센트, 석면의 58퍼센트, 백금의 50퍼센트를 차지했다. 그해 캐나다의 주석과 은 산출량은 세계 3위, 금, 구리, 납은 4위였다. 그레이트베어호(캐나다 북쪽) 주변 라듐 매장지의 급속한 개발로 캐나다는 이 귀중한 광물의 주요 공급원이 되었다. 로렌시아 대지**와 서쪽 대산맥 지역에서 많이 생산되는 위 광물자원들뿐만 아니라 망간, 몰리브덴, 텅스텐 등 다른 금속들도 캐나다에서 생산된다.

캐나다의 산업은 주로 식품 가공이나 원자재 가공, 그중에서도 밀, 펄프 목재, 광물의 가공 분야에 집중하고 있다. 이러한 종류의 제조업을 보완하고 있는 것은 섬유 제품이나 고무 등의 수입 원자재를 사용한 소비재 산업과 국산 및 외국산 철강을 이용한 중공업이다. 캐나다 공업의 대부분은 미국 기업의 자회사가 운영하는 지점

---

* 대초원 지역인 앨버타주, 사스카추완주, 매니토바주.
** 캐나다 동부에서 미국의 북동부에 걸쳐 펼쳐진 대지.

공장들로 구성되어 있다. 이런 공장들은 국경 근처에 건설되어 캐나다 관세를 회피하고, 동시에 대영제국 무역협정에 의한 특혜관세의 혜택도 누리고 있다.

경제의 많은 점에서 미국과 비슷한 캐나다가 무역에서도 미국과 같은 발달 과정을 거친 것은 당연하다. 지난 반세기 동안 캐나다의 수입은 원자재에서 반제품으로 변화해왔다. 주요 수입품은 석유, 석탄, 압연 제품, 기계 및 자동차 부품으로, 대부분은 미국에서 수입되었다. 수출의 30퍼센트가 식량과 원자재이며, 반제품이 30퍼센트, 완제품이 40퍼센트를 차지하고 있다. 가장 중요한 수출품은 밀, 신문 용지, 펄프, 그리고 목재, 니켈, 구리다. 밀, 밀가루, 목재의 주요 시장은 영국이고, 신문 용지와 펄프는 미국, 니켈을 제외한 광물은 영국이 주요 시장이다.

산업화의 발전으로 국내 생산은 소비를 웃돌아, 1937년 이전 몇 년 동안 경제가 순자본 수출 단계에 도달했음을 보여주었다. 순채무 잔고는 줄어들고 있지만, 여전히 상당한 금액이다. 1935년 외국에서 캐나다로 간 투자액은 약 70억 달러이고, 캐나다인의 해외투자는 약 20억 달러였다. 즉 전체 50억 달러, 국민 1인당으로는 500달러의 순채무를 남겼는데, 이는 아마 세계에서 가장 높은 수준일 것이다. 전체 외국인 투자 내역은 영국에서 약 30억 달러, 미국에서 약 40억 달러이고, 그래서 캐나다 경제는 모국과 이웃 국가에 긴밀하게 통합되어 있다. 국경을 넘는 교역이 증가할 여지가 있고, 관세의 수정은 의심할 여지 없이 이웃 국가와 추가적인 무역을 촉진할 것이다. 그러나 캐나다의 통상 정책에 어떠한 변화가 없다면 미국이 영국을 대체할 농산물 시장이 되지는 않을 것이다.

아메리카 지중해

리오그란데강 이남에 있는 라틴아메리카는 단순한 농업경제와 추출경제에서 벗어나 공업경제에 이르는 발달 과정의 초기 단계에 있다. 그중 미국에서 가장 가까운 곳은 아메리카 지중해 지역으로, 멕시코, 중앙아메리카, 콜롬비아, 베네수엘라 그리고 카리브해 동부 가장자리를 따라 있는 도서들을 포함한다. 이 열대 지역은 미국이 필요로 하는 소비재와 공업용 원자재를 많이 산출한다. 고온다습한 해안 지역은 열대우림 지역으로 귀중한 견목, 고무, 수지, 그리고 의료품 원료가 생산된다. 나무가 벌목된 지역에서는 사이잘,* 바나나, 설탕, 쌀, 코프라, 고무가 재배된다. 산의 경사면에서는 담배, 커피, 카카오, 그리고 온대기후인 고지대에서는 목축업과 온대 지역 작물의 재배가 가능하다.

이 지역은 열대 작물의 수출 외에 광물자원이 풍부한 점에서도 중요하다. 금과 은은 오래전부터 종주국 스페인을 위한 주요 수출품이었다. 오늘날 콜롬비아는 백금의 주요 수출국이고, 금은 콜롬비아, 베네수엘라, 멕시코에서 소량 생산되며, 멕시코에서는 은도 계속 생

---

* 용설란과 식물. 잎에서 섬유를 뽑아 로프 등의 직물을 짜는 데 사용한다.

산되고 있다. 멕시코에서는 납, 주석, 안티몬, 흑연, 구리도 생산된다. 멕시코와 콜롬비아에서는 철이 생산되고, 쿠바, 파나마, 코스타리카에서는 망간이 발견되고 있다. 남아메리카 대륙 대부분의 국가는 수력발전이 가능하고, 멕시코, 콜롬비아, 베네수엘라에서는 석탄이 생산되며, 이들 3개국과 트리니다드섬에서는 석유가 산출되는 등 이 지역에는 에너지 자원이 널리 분포해 있다. 오늘날 베네수엘라의 석유 산출량은 아시아 전체보다 많고 콜롬비아에서도 산출량이 증가하고 있어 아메리카 지중해 전체는 세계 최대의 산유 지역*이라 할 수 있다.

미국 영토 바깥에 위치한 아메리카 지중해 유역에는 약 5000만 명의 인구가 있고, 그들 대부분은 연 수입 100달러 미만의 극도로 낮은 생활 수준으로 살고 있다. 따라서 이 지역이 경제적으로 중요한 것은 아니다. 국내 생산의 상당 부분이 수출되기 때문에 이 지역의 무역액 비중은 비교적 크다. 1937년 이 지역의 수입액은 약 6억 달러이고, 그중 약 3억5000만 달러는 미국으로부터 수입되었다. 전체 수출액은 약 9억 달러로, 그중 4억2500만 달러는 미국으로 수출했다.

지리적 근접성은 수출업체에게 운임 면에서 큰 이점을 준다. 그래서 미국이 아메리카 지중해 국가들의 가장 중요한 원산지 국가인 것은 이상하지 않다. 1937년 시점에 각국의 수입에서 차지하는 미국

---

* 중동의 유전은 제2차 세계대전 이후에 집중적으로 발견, 개발되었다.

의 비율은 쿠바, 멕시코, 온두라스, 니카라과, 베네수엘라, 도미니카 공화국, 파나마, 아이티에서 절반 이상이었고, 콜롬비아, 과테말라, 코스타리카, 엘살바도르에서는 40~50퍼센트였다. 이 지역의 주요 수출품은 설탕, 바나나, 커피, 카카오와 같은 농산품과 원유, 구리 등 광물자원이 있다. 미국에서 생산되는 원유와 설탕을 제외하고, 이런 아열대, 열대 지역 상품들의 대부분은 미국 제품들과 경쟁하는 것이 아니라 보완관계에 있기 때문에 미국은 이 지역의 가장 중요한 시장이기도 하다. 유럽에 설탕을 대량 수출하는 아이티(미국 수출: 28퍼센트)와 도미니카 공화국(미국 수출: 35퍼센트), 석유 생산량의 상당 부분을 대서양 건너로 보내는 베네수엘라(미국 수출: 14퍼센트)를 제외한 이 지역 국가들의 수출 중 50~90퍼센트는 미국으로 향한다.

아메리카 지중해는 캐나다 이상으로 외국의 투자에 더 의존하고 있다. 쿠바 설탕 생산단지, 중앙아메리카 바나나 농장, 멕시코, 콜롬비아, 그리고 베네수엘라 석유회사 대부분은 미국 자본으로 개발되었다. 미국의 저축은 각국에 대한 대출은 물론 광산, 해운 및 기타 운송 시설, 공익사업에 자금을 제공해왔고, 그 결과 이 지역 경제생활의 상당 부분은 미국의 통제하에 있다. 카리브해 해안은 아메리카 열대 지역에서 가장 생산성이 높은 곳이기 때문에 주요 시장이며, 자본의 원천인 미국이 통제하는 것은 불가피했다.

중간 지대

아메리카 지중해와 브라질 그리고 칠레 사이에 소위 중간 지대가 있다. 이 지역의 대서양 방향에는 기아나, 태평양 방향에는 에콰도르와 페루가 있다. 기아나는 남아메리카에 남아 있는 유일한 유럽 식민지이고, 설탕, 코코아, 커피를 수출하고 있다. 프랑스가 독일에 정복되기 전 프랑스령 기아나의 주요 무역 상대는 본국 프랑스였고, 대량의 보크사이트를 생산하는 영국령 기아나 및 네덜란드령 기아나는 미국과 캐나다가 주요 수출 대상국이다. 이 지역 전체의 수입에서 미국이 차지하는 비율은 18퍼센트이고, 수출에서는 8퍼센트를 차지하고 있다.

중간 지대의 태평양 방향에는 에콰도르와 페루라는 두 산악 국가가 있다. 에콰도르는 퀴닌 원료를 제외하고는 경제적으로 중요하지 않다. 그러나 페루는 설탕, 면화, 원유의 수출국이고, 세계에서 가장 큰 광물자원 보유국 중 하나다. 페루의 구리 생산량은 미국, 칠레, 캐나다, 멕시코에 이은 세계 5위로, 이들은 모두 서반구 국가다. 또한 페루는 텅스텐, 납, 비스무트, 볼락스뿐 아니라, 바나듐도 세계 생산량의 30퍼센트를 차지하고 있다. 미국은 에콰도르 수입의 40퍼센트, 페루 수입의 35퍼센트를 차지하고, 에콰도르 수출의 3분의 1과 페루 수출의 5분의 1을 차지하고 있다.

남아메리카 온대 지역

남아메리카의 거대한 온대 지역은 동쪽으로는 브라질 돌출부의 남쪽 지역에, 서쪽으로는 페루 남부 국경의 남쪽 지역에 위치한다. 태평양 쪽으로는 볼리비아와 칠레의 고산지역 생활권이, 대서양 쪽으로는 브라질 남부의 고지와 라플라타강 유역이 해당된다. 태평양 지역은 세계에서 가장 큰 광물 생산지 중 하나이고, 대서양 지역은 가장 큰 농업 생산지 중 하나다. 이 두 지역은 추출경제를 제조업으로 보완하려고 끝없이 시도했지만 이 과정에서 심각한 한계가 있었는데, 그중 가장 큰 문제는 연료 부족이었다.

양질의 석탄 부족은 서쪽 고산지대가 공업화를 추진하기에 매우 불리한 조건으로 작용했다. 볼리비아 고지는 모든 연료가 부족하며, 가능한 미래 에너지원은 동쪽 경사면에 있는 잠재 수력이다. 칠레는 석탄을 산출하지만 질이 좋지 않고, 수력은 남쪽에서 이용할 수 있지만 광산지대인 북부에서는 이용할 수 없다. 전해공정법의 발달로 구리 생산은 연료 부족에 크게 영향을 받지 않게 되었지만 다른 광석의 환원 과정에서는 연료 부족이 심각한 장애가 된다. 칠레는 전기로를 이용하는 소규모 제철소를 건설해 연간 15만 톤의 철강 생산을 계획하고 있다. 그렇게 되면 철강의 수입의존도는 낮아지겠지만 다른 산업의 연료 문제를 해결할 수는 없다. 그 때문에 칠레산 철광석은 미국으로 수출되고, 볼리비아산 주석 광석은 영국과 미국으로 수출되어 그곳에서 제련된다. 이 지역 어느 국가에서나 추출경제에서 공업경제로의 이행은 느리고, 중공업으로의 발전은 불가능하거나 장애물이 있다.

남아메리카 동쪽은 자원이 풍부하지만, 브라질이나 아르헨티나도 공업 발전에 필요한 광물자원과 에너지 자원은 부족하다. 아르헨티나에는 서부 안데스산맥 기슭에 중요한 수력발전소가 있지만, 노동력 공급 거점과 공산품 시장이 집중되어 있는 대서양 해안에서 멀리 떨어져 있다. 수력 이외의 에너지원으로 파라과이와의 국경에 유전이 있지만, 석탄의 대량 수입이라는 아르헨티나 무역의 중요한 특징은 앞으로도 변하지 않을 것이다. 브라질도 막대한 수력발전 가능성을 지니고 있으며, 어떤 전문가들은 그 잠재력을 미국보다 큰 4000만 마력으로 추정한다. 그러나 그 대부분은 인구 집중 지역에서 너무 멀어 산업화에 크게 기여할 수 없다. 정도는 조금 덜하지만 석탄 역시 남쪽 지역인 산타카타리나주와 히우그란지두술에서 북쪽으로 수송해야 하는 실정이다. 지금까지 중요하게 여길 만한 석유 자원은 발견되지 않았고, 대규모 셰일 유전 개발은 저비용 생산 공정이 발명되기를 기다려야 할 것이다.

양국 모두 최근에 소비재 생산을 확대하고 있으며, A.B.C. 3개국은 모두 자국의 유치산업을 보호하기 위해 관세를 이용해왔다. 아르헨티나는 가공식품, 비누, 신발, 유리 제품, 가구 등 많은 상품에서 자급자족에 근접하기 시작했고, 섬유 제품은 국내 수요의 상당 부분을 충족시킬 수 있었다. 브라질에서는 새롭게 철강산업이 개발되어 국내 수요의 일부를 충족하고 있지만, 산업 발전의 대부분은 불가피하게 소비재 분야에 한정될 것이다.

남아메리카 온대 지역의 국가들은 19세기 미국과 같이 천연자원 개발을 서두르기 위해서 외국 자본이 필요했다. 남아메리카 대륙 서쪽에서는 광산 개발에 집중하면서 주로 미국에서 직접투자를 받아들였고, 동쪽에서는 유럽으로부터 자금을 제공받았다. 유럽 최대 투자국인 영국은 철도, 해운, 그리고 영리 기업에 투자했다. 칠레와 아르헨티나는 순수 채무액이 아마 10억 달러가 넘을 테지만, 최근에 북쪽 인접국을 향해 자본 수출을 시작했다. 칠레 기업은 페루와 볼리비아에 침투하고, 아르헨티나는 우루과이의 육가공업과 파라과이의 케브라초 사업에 투자하며, 남부 볼리비아와 남부 브라질 개발 사업에도 참여했다. 산업화가 아직 낮은 수준인 것을 제외하면, 최남단에 있는 두 국가의 경제발전은 제1차 세계대전 이전 미국에 필적하는 단계에 도달한 듯 보인다. 채권국이자 채무국이기도 한 칠레와 아르헨티나는 자신들이 빌리는 돈은 착취와 제국주의에 오염된 것이지만, 그들이 빌려주는 돈은 생산성을 높이고 문명화를 확산시키는 도구라고 확신한다.

산업화를 시작했지만, 남아메리카 온대 지역에서는 농업과 추출경제가 계속해서 부의 원천이 될 것이며, 국민소득을 유지하기 위해서는 광산과 농지로부터 나오는 잉여생산물을 해외시장에 판매해야 할 것이다. 서부 해안의 잉여생산물은 광물자원이며, 동부 해안의 잉여생산물은 농산물이다.

볼리비아 전체 수출의 90퍼센트는 광물자원이며, 국내 생산의 거의 전량을 수출하고 있다. 그중에서도 가장 중요한 것은 주석으로, 영국과 미국에 수출하고 있다. 다른 광물자원 수출은 은, 납, 텅스텐, 아연, 안티몬, 구리다. 칠레도 볼리비아와 같이 광물자원 수출에 의존하고 있다. 실제로 칠레 수출액의 5분의 4는 광물자원이고, 그중 가장 중요한 품목이 주석(25퍼센트), 구리(55퍼센트)다. 다른 광물자원으로는 금, 납, 은, 망간, 아연 및 미국에 수출되는 철광이 있다. 두 국가 모두 수입의 30퍼센트는 미국에서 오고, 수출에서는 볼리비아의 7퍼센트와 칠레의 32퍼센트를 미국이 차지하고 있다.

남아메리카 온대 지역의 대서양 해안에는 브라질에서 가장 중요한 경제 지역의 출구인 리우데자네이루항과 산토스항이 있다. 또한 남아메리카 온대 지역에는 브라질의 남쪽 국가들, 즉 파라과이, 우루과이, 아르헨티나가 포함된다. 남아메리카 전체에서 볼 때 이 지역은 가장 비옥한 곡창지대와 인구의 4분의 3을 포함하고 있고, 생산성과 생활 수준도 가장 높다. 열대 지역 경계에 가까운 부분을 제외하고, 이 지역의 경제는 많은 면에서 미국의 농업경제와 유사하다. 따라서 남아메리카 온대 지역의 농산물은 미국 시장에 진입하지 못하고, 유럽 시장에서는 미국산 농산물과 경쟁하고 있다.

브라질에서는 망간, 수정 등과 같은 중요한 광물자원도 생산되지만, 수출품은 주로 농산물과 임산물이 중심이다. 중요도에 따라 수출품의 순서를 꼽으면, 커피, 면화, 카카오, 육류 제품, 오렌지, 카루나우바 왁스, 담배, 피마자, 목재 그리고 식물성 기름이 된다. 아르헨티나의 경제는 압도적으로 농업적 특성이 강한데 이것이 수출의 특징에도 반영된다. 가축의 4분의 3과 농작물의 3분의 2는 해외에서 시장을 찾아야 한다. 아르헨티나의 주요 수출품들은 육류, 밀, 아마 씨, 옥수수, 양모, 가죽, 그리고 케브라초 추출물이다. 그래서 미국과 이 지역 국가들과의 무역은 다른 라틴아메리카 지역에 비해 상대적으로 적다. 브라질의 수입에서 차지하는 미국의 비율은 23퍼센트이고, 수출은 36퍼센트이지만, 그 대부분은 커피다. 반면 아르헨티나의 대미 무역 비율은 수출입 모두 16퍼센트다.

미국과 라플라타강 지역 간의 무역량이 비교적 적은 것은, 양 지역이 동일한 농산물을 생산할 뿐 아니라 북아메리카 공업 제품이 유럽과 비교할 때 운임의 이점이 없다는 사실 때문이다. 리우데자네이루와 부에노스아이레스는 유럽과 미국으로부터 거의 같은 거리에 있으며, 구대륙에서 오는 운송 서비스가 뉴욕에서 오는 것보다 훨씬 낫다.

남아메리카의 A.B.C. 3개국에게 경제적으로 가장 중요한 지역은 미국이 아니라 유럽이다. 3개국의 수입 대부분은 엘베강(중부 유럽의 강)과 피레네산맥(유럽 남서부의 산맥) 사이의 공업지역에서 오고, 대부분의 수출도 인구가 밀집해 있는 이 지역으로 향하고 있다. 런던과 파리에서 3개국을 향해 자본이 투입되어 초기 경제 개발이 가능했다. 런던과 파리의 금융센터를 통해 유럽의 저축은 남아메리카의 경제 개발을 계속 지원해왔고, 따라서 남아메리카 온대 지역의 경제적 운명은 필연적으로 구세계의 운명과 깊이 연결되어 있다.

서반구

　앞서 일반적인 국제무역의 관점에서 간단히 설명한 이 국가들은 현재 2억7500만 명이 거주하고 있는 1400만 제곱마일의 영토로 서반구를 형성하고 있다. 비록 경제적으로 밀접한 생활을 하기에 부적합한 땅이 많지만, 그럼에도 불구하고 1제곱마일당 인구밀도를 볼 때 유럽이 135명이고 아시아는 65명인 데 비해 서반구는 약 15명이라는 것은 여전히 거대한 지역들이 거의 완전히 개발되지 않았다는 것을 의미한다. 이는 사회적, 정치적, 경제적 이유에서 그런 것이지, 토양과 천연자원의 조건이 나빠서 많은 인구를 유지할 수 없었기 때문은 아니다.

　국제경제 관계의 관점에서 아메리카는 여러 경제 지역으로 나눌 수 있고 각각은 독특한 방식으로 세계경제에 통합되어 있다. 광물추출경제는 태평양 해안의 산악지대와 대서양 쪽 두 지역, 즉 캐나다의 한 지역과 브라질의 한 지역에서 실행되고 있다. 북아메리카 온대 지역의 서부와 남부, 남아메리카 온대 지역의 동부는 농업이 활발해 곡물, 섬유류, 육류 제품을 수출하고 있다. 두 온대 지역 사이 아메리카 지중해와 아마존강 유역에 걸쳐 있는 열대 지역은 남북 양쪽의 온대 지역을 경제적으로 보완하는 생산물을 공급하고 있다. 남아메리카의 A.B.C. 3국에서는 소비재 제조업이 조금씩 시작되고 있지만, 서반구에서 중공업 제품을 수출하는 대규모 공업 지역은 미국, 캐나다에 걸친 북아메리카 동해안에 있다.

리오그란데강 이북의 북아메리카와 서반구 다른 지역과의 차이는 산업화의 상대적인 발전 정도뿐만 아니라 농업 생산의 다양성에도 있다. 라틴아메리카 국가의 대부분은 단일 작물 재배 유혹에 굴복했기 때문에 국민소득에서 차지하는 단일 작물과 소품종 작물 생산의 비중이 불균형적으로 높다. 심지어 주로 광물자원 생산국들도 그들의 부를 대부분 하나 또는 두 개의 생산물에서 얻고 있다. 예를 들어 쿠바에서는 설탕, 중앙아메리카에서는 바나나, 브라질에서는 커피, 우루과이에서는 가축, 아르헨티나에서는 밀과 쇠고기를 주로 생산한다. 또 베네수엘라는 원유, 칠레에서는 구리와 질산염, 볼리비아에서는 주석과 아연을 주로 생산한다. 단일 수출 품목에 대한 의존은 해외시장에 의존하는 것을 의미하는데, 먼 지역의 온갖 변동에 영향을 받으면서 독점적 구매자에게 복종하게 된다는 것이다. 수출 거부라는 수단을 통해 실시되는 경제전 상황에서는 단일 수출 품목에 의존하는 경제가 세계에서 가장 저항력이 낮다. 따라서 라틴아메리카 국가들은 산업화뿐만 아니라 농산물의 다양화도 이뤄져야 한다.

서반구 전체로 볼 때 주요 식료품과 사료 작물은 자급자족하는 것 이상으로 생산하고 있지만, 차와 식물성 기름은 극동에서 수입하고 있다. 신대륙에서 면화는 수출할 수 있을 만큼의 생산량이 있지만, 양모를 제외한 실크, 황마, 마닐라 삼, 고무 등 대부분의 섬유는 태평양 건너편의 아시아 지역에 의존하고 있다. 아메리카는 주석을 제외한 주요 비철금속을 자급자족하지만, 제철에 필요한 합금류의 대부분은 수입에 의존하고 있다. 서반구에 있어서 태평양 건너편 지역은 주로 천연자원의 공급원이다. 대서양 건너편의 아프리카는 천연자원의 공급원이고 유럽은 공업 제품의 공급원이다. 제1차 세계 대전 발발 몇 년 전, 서반구 전체 수입은 약 30억 달러, 수출은 40억 달러에 이르렀다. 수출 중 약 5억 달러는 농산물인데, 그중 4분의 3을 남북 아메리카 온대 지역의 생산품 중 다섯 가지인 밀, 옥수수, 쇠고기, 면화, 담배가 차지하고 있다.

이런 사실들은 서반구의 국제경제적 입장을 이야기할 때 더 중요한 일면을 보여준다. 서반구의 국제경제적 입장을 평가할 때, 구세계에서 독일−일본이 승리할 경우 두 대양을 사이에 두고 미국이 포위되는 서반구의 위치 관계를 고려하지 않을 수 없다. 독일이 승리한다면 유럽과 근동 그리고 아프리카 전체를 지배하에 둘 것이다. 1937년 시점에 이 지역은 에너지원 중 수력, 석탄은 충분했지만 석유가 불충분해 아메리카 지중해에서 많이 수입하고 있었다. 일본이 지배할 것으로 예상되는 극동, 아시아 지중해, 호주, 인도양 동부에서는 주석, 차, 고무, 섬유, 대마, 황마, 실크, 양모와 같은 제품들을 독일이 지배할 것으로 예상되는 지역에 수출하고 있었다. 한편 서반구에서는 구리, 납, 아연, 그리고 합금 금속인 니켈 및 몰리브덴과 비료용 인산염을 그 지역으로 수출했다. 또한 서반구는 유럽의 식량과 면화 부족분을 보충하는 대량의 곡물, 사료 작물, 축산물, 커피, 담배, 설탕을 수출했다.

일본이 최종적으로 지배하기를 바라는 지역은 1937년 시점의 산업화의 정도와 식습관의 관계로, 독일의 지배 영역보다 무역 의존도는 상당히 낮은 곳이었다. 그곳에서는 곡물, 사료 작물, 식물성 기름, 육류 제품, 면화를 제외한 섬유류, 그리고 고무와 기타 열대 제품들을 자급자족할 수 있었다. 에너지원 중에서 수력, 석탄, 원유가 풍부하고, 철강산업의 기반이 충분히 갖추어져 있었다. 납, 주석, 아연도 이 지역 내에서 자급자족할 수 있고, 구리와 함께 서반구에서 수입되는 바나듐과 몰리브덴을 제외하고는 제철용 합금 금속도 충분했다.

식량과 원자재가 대륙 사이에서 대량으로 거래되고 있음에도 불구하고 구세계의 두 지역은 상당한 자급자족을 이루고 있었다. 미국의 동맹국들이 패배한 이후, 만약 독일과 일본이 경제 면에서 협력을 계속한다면, 또한 거기에 드는 경제적 비용을 기꺼이 지불할 의사가 있다면, 신세계에 대한 구세계의 의존도는 크게 낮아질 것이다. 양국은 아시아 열대 지역의 경작 강화와 아프리카의 전면 개발로 비교적 쉽게 아메리카 열대 농작물을 대체할 수 있다. 오히려 양국에게 해결이 불가능할 정도는 아니겠지만 곤란한 것은 유럽 온대 지역에서의 식량 증산 문제일 것이다. 그리고 가장 어려운 문제는 서반구에서 생산되는 광물자원의 대체품을 찾는 것이다.

반구 포위

지금까지 1937년 시점에서 서반구 국가의 경제구조와 남북 아메리카 대륙의 세계경제와의 관계를 간단히 설명했다. 이때는 전쟁을 향해 경제 동원이 실시되기 이전이며 평시 무역 체제도 아직 전쟁으로 인해 파괴되지 않았다. 제1차 세계대전과 마찬가지로 제2차 세계대전은 국제무역에서 큰 혼란을 일으켰고, 따라서 국내에서도 심각한 동요가 야기되었으며, 지금까지 그 피해는 북아메리카보다 남아메리카 국가들에서 더 크게 나타났다. 세계경제 상황은 독일의 유럽 대륙 정복, 영국의 해상 봉쇄 확대, 그리고 세계 모든 곳에서 공업 생산의 증가, 특히 군수품 생산의 증가로 요약할 수 있다. 서반구 경제는 영국의 해상 봉쇄에 의해 유럽 시장을 잃었고, 일본에 의한 봉쇄로 중국 시장을 잃었다. 미국의 군수산업 확대에도 불구하고 이런 손실은 일부밖에 보상받지 못했다.

북아메리카에서 가장 중요한 경제발전은 미국의 군비 확장 프로그램과 그 정도는 덜하지만 캐나다의 군비 확장 프로그램 덕이었다. 미국의 군비 지출은 천천히 상승하다가 1941년 여름에 월 10억 달러에 도달했고, 1942년까지 월 20억 달러를 초과할 것으로 예상되었다. 그 결과 산업 생산이 엄청나게 증가했고, 실업자와 잉여 장비를 보유하고 있던 상황이 비교적 짧은 기간 안에 완전히 뒤집히면서 물자와 숙련 기술자의 부족에 직면하게 되었다. 그것은 북아메리카에서의 광물 생산이 늘어나고 남아메리카로부터 원자재 수입이 증가되는 결과로 이어졌다.

유럽 대륙의 전쟁과 영국의 해상 봉쇄는 남아메리카 농업국 외에 캐나다와 미국의 농업경제에도 심각한 영향을 미쳤다. 라틴아메리카는 매년 5억 달러의 식료품 수출시장을 잃었고, 이는 그 지역 전체 수출의 3분의 1에 해당됐다. 타격은 남아메리카 온대 지역에서 특히 컸다. 이렇게 사라진 수출은 칠레 농업 수출의 절반, 브라질 커피와 면화 수출의 3분의 1, 아르헨티나 육류 수출의 3분의 1에 달했다. 선박 부족으로 인해 유럽에서 유일하게 남아 있던 수출시장인 영국으로의 수출 역시 원활하지 못했다. 그 결과 광범위한 혼란이 발생했다. 상품은 창고와 부두에 쌓였고, 구매력은 심각하게 저하되며, 통화 안정성은 위태로워지는 상황이었다. 이전에 유럽 대륙에서 구입하던 물자를 구할 수 없기 때문에 라틴아메리카 국가들은 대체 공급원으로 미국에 눈을 돌렸고, 이로써 미국에서 리오그란데강 이남으로의 수출은 증가했다.

미국이 본격적으로 참전하자 서반구 경제에는 혼란이 더 확산되었고, 남아메리카는 그 어느 때보다 심각한 어려움에 직면했다. 유럽과 아시아에서 전쟁이 계속되는 동안 독일-일본 동맹은 신대륙에 경제적 압박을 가할 수 없다. 그러나 양국이 구세계 전체를 정복하면 미국의 군수산업에 불가결한 원자재를 통제하고, 서반구라는 거대한 수출시장에서도 독점적 지위를 획득할 것이다.

지금까지 세계 속에서 서반구의 경제적 위치, 특히 최강국인 미국의 위치에 대해 설명했다. 북아메리카는 전쟁 수행 잠재력을 이용해서 침략으로부터 반구를 보호하기 위한 방어 수단을 만들어야 한다. 경제적 힘을 바탕으로 봉쇄와 경제적 교살에 맞서 싸우고, 수출 통제를 수단으로 경제적 착취와 정치적 혼란을 일으키려는 새로운 기술에 대항하도록 지도력을 발휘해야 한다. 이후의 장들에서는 신대륙이 경제전이라는 새로운 무기로부터 스스로를 방어할 수 있는지, 그리고 구세계의 포위에서 살아남을 수 있는 지역적 광역 경제를 만들 수 있는지를 살펴볼 것이다.

제10장

천연자원의 동원

우리는 현재 중요한 수입품 중 일부를 확보하는 데 어려움을 겪고 있습니다. 이런 상황은 우리 미국이 세계로부터 고립되어도 번영할 수 있다고 무모하게 주장하는 사람들에게는 답변할 수 없는 반박이 됩니다._코델 헐

미국은 천연자원이 풍부하고, 아마 세계 다른 어떤 나라보다 더 자급자족이 가능한 나라다. 그러나 첨단산업화 문명은 다방면에서 복잡한 것을 필요로 하기에, 북아메리카 대륙의 풍부한 자원조차 미국 경제의 다양한 수요를 충족시키기에는 불충분하다. 평시에는 생산활동이 중단되지 않도록 전 세계 항구에서 방대한 수의 상선을 사용해 미국의 창고나 공장에 화물을 운반할 필요가 있다. 전시에는 소위 전쟁 산업에서 생산량 확대가 필요하다. 이 때문에 소총, 포, 탄약, 장갑판 및 전차와 기동전을 가능하게 하는 차량이나 동력장치, 공중전을 위한 전투기 등의 생산에 필요한 원자재 수요가 엄청나게 증가할 것이다. 따라서 전쟁 준비는 산업 생산 증가의 문제이고, 원자재 조달의 문제다. 이번 장에서 생산량 증가의

문제는 다루지 않는다. 여기서는 현대전에서 필요한 원자재 조달 가능성의 관점에서 미국의 상황을 다루고자 한다.

원자재

새로운 전쟁의 성격과 미국의 국제정치적 상황을 감안하면, 원자재 조달 문제에 관한 선행 연구 대부분은 시대에 뒤처져 있다. 그 연구의 일부는 타당하지 않은 전제에 기반하고 있어서, 오늘날 큰 도움이 되지 않는다. 이 연구자들은 미국이 각 대륙의 자원을 자유롭게 사용할 수 있는 2개 이상의 강대국들을 상대로 전쟁을 하는 것이 아니라, 한 국가만을 상대로 전쟁 노력을 기울여야 하는 경우를 가정했다. 대서양이나 태평양 중 어느 한쪽에서의 전쟁을 생각할 뿐, 서반구가 포위될 가능성은 꿈에도 생각하지 못했다. 또 장기전은 되지 않고, 평화가 회복되면 자유무역이 즉시 부활해 원자재를 쉽게 입수할 수 있을 거라 가정했다. 평시와 전시의 경제 정책의 차이가 사실상 사라지고 군사적 적대 행위가 발생하기 전에 장기간의 경제전이 선행될 것이라고 아무도 예상하지 못했다. 이처럼 우리를 안내해줄 과거의 경험이 거의 없기 때문에 문제에 대한 고찰은 잠정적이고 불확실할 수밖에 없다.

1939년 1월 7일 각서에서 육해군 군수위원회는 미국의 원자재 상황을 전략 물자, 핵심 물자, 필수 물자로 구분해 다음과 같이 보고했다.

전략 물자Strategic materials : 국가 방위에 있어서 중요하지만, 전시에는 전체 또는 일부를 국외로부터의 공급에 의존해야 하는 물자로, 엄격한 보존과 공급 관리가 필요하다.

핵심 물자Critical materials : 국가 방위에 필수적이고, 전시 조달에 문제가 있을 수 있지만 전략 물자만큼 심각하지는 않은 물자다. 적당량 이상이 국내 생산 또는 외부로부터 확보 가능하거나, 전략 물자보다 덜 불가결한 물자이며, 어느 정도의 보존과 공급 관리가 필요하다.

전략 물자나 핵심 물자가 아닌 필수 물자Essential materials : 국가 방위에 필수적이지만 전시 조달에 어려움은 없을 것으로 예상되며 장래 상황에 따라 전략 물자나 핵심 물자로 재분류될 수 있는 것으로, 수급 동향을 지속적으로 감시해야 한다.

이 마지막 문장에서는 공식적인 주의를 나타냈을 뿐 아니라 원자재 조달 문제는 항상 유동적이고, 본질적으로 동적인 성질을 띠고 있다는 인식이 드러나 있다. 외교정책의 변화, 전쟁 기술의 진화, 군사 전략 개념의 변화, 그리고 원자재 필요량 예측의 변화에 따라 조달 문제의 내용도 변화한다. 해군력을 강조하면 철강의, 공군력을 강조하면 알루미늄의, 기계화부대를 강조하면 고무의 필요량이 늘어난다. 미국의 군비 계획은 끊임없이 변경되고 있고, 그때마다 폭격기 대대가 신설되고, 기계화부대가 계획되고, 순양함 건조가 기존 군비 프로그램에 추가된다. 그 결과 즉각적으로 철, 구리, 알루미늄, 납, 바나듐과 기타 수천 가지의 원자재 수요가 증가한다. 새로운 견적이 나오면 불과 몇 개월 전에는 공급에 충분히 여유가 있던 물품도 부족해질 수 있다.

1939년의 문서에 육해군 군수위원회 물품과가 작성한 범주별 물품 목록은 다음과 같다.*

전략 물자(17종)

알루미늄	운모	고무
안티몬	니켈	실크
크롬	*광학유리	주석
코코넛 껍질 숯	수정 결정	텅스텐
망간, 철강 첨가제	수은	양모
마닐라 섬유	퀴닌	

핵심 물자(20종)

석면	흑연	백금
카드뮴	가죽	*실험용 유리
커피	요오드	무두질 재료
코르크	케이폭	티타늄
빙정석	마전자	*톨루올
아마 씨	아편	바나듐
형석	*페놀과 피크르산	

---

* 별표(*) 물질은 원자재가 아니라 공산품인 물품.—지은이

표: 전략 물자나 핵심 물자가 아닌 필수 물자(35종)

비소	*아세트산	*알코올(에틸)
연마재	*아세톤	장뇌
피마자유	*메탄올	셸락
*염소	몰리브덴	사이잘
구리	*질소화합물 (암모니아와 질산)	설탕
코프라	팜유	*황산 (황 및 황철석 포함)
낙면	종이 및 펄프	우라늄
*헬륨	석유	*돛에 쓰이는 두꺼운 천
대마	인산염	밀
황마	탄산칼륨	아연
*철 및 강철	내화물	지르코늄
납	마그네슘	

이 목록은 상황의 변화에 따라서 지속적으로 수정되고 있다.* 미국의 군비 증강 프로그램이 점점 야심차게 되어 대규모 공군과 다수의 기계화 사단 그리고 두 대양의 함대를 계획하기 시작하면서, 조달은 점점 더 심각한 문제가 되었다. 1941년 여름에는 알루미늄과 마그네슘의 생산량이 요구량을 크게 밑돌았고, 1942년의 계획은 구

---

* 1940년 3월에 수정된 목록이 발표되었지만, 일부 수정은 다소 비합리적인 낙관주의에 영감을 받았다. 이 때문에 우리는 원래의 분류를 고수하기로 했다.―지은이

리, 아연, 그리고 다른 많은 금속 원료의 심각한 부족으로 위협받았다. 알루미늄 생산 부족은 원자재 부족 때문이 아니라, 생산 설비와 전력 공급 부족 때문이었다. 같은 문제가 마그네슘에도 나타났다. 전략 물자나 핵심 물자가 아닌 필수 물자로 분류되는 마그네슘은 알루미늄보다 가볍지만, 알루미늄이나 아연과의 합금이 항공기 제조에 사용되면서 새롭게 중요성을 갖게 되었다.

미국 정부는 군비 증강 계획의 원자재 수요를 충족시키기 위해 원자재의 생산을 증가시키고, 공급에 우선순위를 두며, 비축분을 늘리려 한다. 생산물의 가격이 상승하면, 이윤을 못 내던 생산자들도 시장에 복귀하면서 전반적으로 생산이 촉진된다. 그러나 국내 광산의 생산을 증가시키고 수입을 확대해도 팽창하는 원자재의 수요를 따라잡지는 못할 것 같다. 그 결과 배급제도와 우선순위 제도가 확대되고, 최종적으로 전략 물자들을 군수산업용으로만 사용하도록 제한할 것이다.

1939년부터 재무부는 비상용으로 전략 물자 비축분을 구매하기 시작했고, 1940년 6월에 재건금융공사가 대규모 비축분 확보를 위한 자금 조달 권한을 부여받으면서 더 확대된 프로그램이 시작되었다. 이후 정부는 각 기관을 통해 대량의 안티몬, 크롬, 구리, 흑연, 납, 망간, 질산염, 텅스텐, 아연 및 양모와 고무를 구입했다. 그러나 비축량은 매우 느리게 증가했다. 선박 부족으로 수입이 방해받기 시작했고, 많은 경우에 소비가 증가하는 속도는 재고가 보충되는 속도보다 빨랐다.

1. 대양 건너편의 공급원들

원자재 비축은 제한된 기간의 전쟁을 위해서는 훌륭한 대응책이며, 이것으로 생산 설비의 전환이나 대용품의 개발을 위한 시간을 벌 수 있다. 그러나 세력 다툼이 끊이지 않고 경제전이 상시화되고 있는 세계에서 비축은 적절한 해결책이 아니다. 게다가 이런 비축은 영국이 계속 생존해서 해상 교통로를 통제하고 있는 경우에만 가능하다. 1941년 가을에 이르자 미국에서는 유라시아 대륙 대부분에 더 이상 접근할 수 없게 되었지만, 그래도 미국은 여전히 대양 건너에서 원자재를 공급받을 수 있었다. 물자들은 필리핀에서, 네덜란드령 동인도제도에서, 호주에서, 심지어는 구불구불한 버마 로드를 따라 중국에서도 태평양을 건너 미국으로 왔다. 대서양 쪽에서 보면 케이프타운을 거쳐 근동과 영국령 인도에서, 아프리카에서, 심지어 영국에서도 물자들이 대서양을 건너 미국의 군수공장에 공급되었다. 그러나 독일-일본 동맹이 구세계에서 승리하면, 미국은 이런 공급지에 접근할 수 없게 될 것이다. 그러므로 서반구가 포위될 경우, 미국의 원자재 공급 상황에 무슨 일이 일어날지 분석할 필요가 있다.

다음의 표는 1937년 시점에서 미국의 전략 물자와 핵심 물자 원산지의 지리적 분포를 보여준다.

1937년 미국 내에서 소비된 전략 물자의 원산지[*]

| | 미국 생산 | 구대륙 수입품 | | | | | |
| | | 대서양 지역 | | 태평양 지역 | | 구대륙 전체 | |
	전체 소비 중 비율(%)	전체 소비 중 비율(%)	전체 소비 중 비율(%)	전체 소비 중 비율(%)	전체 소비 중 비율(%)	전체 소비 중 비율(%)	전체 소비 중 비율(%)
광물							
알루미늄 (보크사이트)	47.0	27.0	51.0	0.0	0.0	27.0	51.0
안티몬	7.0	2.5	2.5	9.5	9.5	12.0	12.0
크롬	0.5	65.0	66.0	17.0	17.0	82.0	83.0
망간	4.0	74.0	77.0	0.5	0.5	75.0	78.0
운모	70.0	14.0	45.0	0.0	0.0	14.0	45.0
니켈	0.5	2.0	2.0	0.0	0.0	2.0	2.0
수정결정판	0.0	0.0	0.0	0.0	0.0	0.0	0.0
수은	47.0	49.0	92.0	0.0	0.0	49.0	92.0
주석	0.0	11.0	11.0	88.0	88.0	99.0	99.0
텅스텐	56.0	1.0	2.0	41.0	92.0	42.0	94.0
농산물							
코코넛 껍질 숯	0.0	0.0	0.0	0.0	0.0	0.0	0.0
마닐라 섬유	0.0	0.0	0.0	100.0	100.0	100.0	100.0
퀴닌	0.0	0.0	0.0	100.0	100.0	100.0	100.0
고무	0.0	4.0	4.0	95.0	95.0	99.0	99.0
실크	0.0	2.0	2.0	98.0	98.0	100.0	100.0
양모	57.0	12.0	29.0	19.0	44.0	31.0	73.0

출처: U. S. Department of Commerce, *Foreign Commerce and Navigation of the United States, 1937*; U. S. Bureau of Mines, *Minerals Yearbook, 1939*; League of Nations, *Raw Materials and Foodstuffs, 1939*; League of Nations, *Statistical Yearbook, 1938-1939*.

---

[*] 라틴아메리카와 캐나다는 이 표에서 제외되었다.—지은이

1937년 미국 내에서 소비된 핵심 물자의 원산지[a]

| | 미국 생산 | 구대륙 수입품 | | | | | |
| | | 대서양 지역 | | 태평양 지역 | | 구대륙 전체 | |
	전체 소비 중 비율(%)	전체 소비 중 비율(%)	전체 소비 중 비율(%)	전체 소비 중 비율(%)	전체 소비 중 비율(%)	전체 소비 중 비율(%)	전체 소비 중 비율(%)
광물							
석면	4.0	10.0	10.0	0.0	0.0	10.0	10.0
카드뮴	85.0	9.0	65.0	0.5	3.0	10.0	68.0
빙정석	0.0	0.0	0.0	0.0	0.0	0.0	0.0
형석	83.0	7.0	44.0	0.0	0.0	7.0	44.0
흑연	[b]		9.0		36.0	0.0	45.0
요오드	0.1	0.0	0.0	0.0	0.0	0.0	0.0
백금	11.0[c]	73.0	82.0	0.1	0.3	73.0	82.0
티타늄	[b]		99.0		0.0	0.0	99.0
바나듐	47.0	0.0	0.0	0.0	0.0	0.0	0.0
농산물							
커피	0.0	2.0	2.0	2.0	2.0	4.0	4.0
코르크	0.0	100.0	100.0	0.0	0.0	100.0	100.0
아마 씨	21.0	2.0	2.0	0.5	0.5	3.0	3.0
가죽	64.0	13.0	35.0	9.0	23.0	22.0	58.0
케이폭	0.0	0.0	0.0	97.0	97.0	97.0	97.0
마전자	0.0	27.0	27.0	73.0	73.0	100.0	100.0
아편	0.0	100.0	100.0	0.0	0.0	100.0	100.0
무두질 재료	61.0	8.0	22.0	5.0	12.0	13.0	34.0

a. 라틴아메리카와 캐나다는 이 표에서 제외되었음
b. 흑연과 티타늄의 수치는 발표되지 않았음
c. 이 수치는 1938년에 32퍼센트로 증가했음

출처: U. S. Department of Commerce, *Foreign Commerce and Navigation of the United States, 1937*; U. S. Department of Commerce, *Foreign Commerce Yearbook, 1938*; U. S. Department of Commerce, *Statistical Abstract of the United States, 1939*; U. S. Bureau of Mines, *Minerals Yearbook, 1939*; League of Nations, *Raw Materials and Foodstuffs, 1939*; League of Nations, *Statistical Yearbook, 1938-1939*.

위 표들은 독일-일본이 승리할 경우 미국의 원자재 확보에 생길 문제를 보여준다. 구세계에서 미국 동맹국의 패배는 서반구 포위 및 대서양과 태평양을 횡단하는 해상 교통로의 상실을 의미한다. 그렇게 되면 미국 상선대는 규모가 축소되어 서반구의 해안을 항해할 뿐, 신세계는 구세계에 둘러싸여 봉쇄된 섬이 된다. 이러한 상황에서 구세계 항만 당국이 출항 금지를 명하는 것만으로도 미국은 대양 너머의 원자재에 접근할 수 없게 된다. 즉 대서양과 태평양의 해안이 적의 수중에 떨어질 경우, 적이 금수 조치를 실시하면 미국에 대해서 해상 봉쇄를 실시할 필요도 없을 것이다. 러시아의 수출은 독일이 지배하는 유럽 연해에서, 일본이 지배하는 아시아 연해에서 저지될 것이다. 독일과 일본이 각자의 영역을 완전히 정복하고 통합하기 전에는 미국의 전략 물자를 빼앗기 위해서 여전히 장거리 봉쇄 작전을 해야 할 것이다. 이 경우, 대서양의 해상 봉쇄는 다카르 정도의 남쪽에서, 태평양의 봉쇄는 싱가포르 정도의 남쪽에서 작전을 할 것이다. 이런 상황에서도 일부 화물은 서쪽의 호주와 뉴질랜드로부터, 동쪽의 남아프리카로부터 운송될 수 있다. 그러나 그 정도로는 유럽과 아시아 생산물의 수입 정지로 초래되는 원자재 부족을 완화할 수 없다.

독일은 전략 물자 중 유럽 지배를 통해서 알루미늄, 망간, 수은, 주석을, 아프리카 지배를 통해서 크롬과 망간을, 인도양 서쪽 출구 통제를 통해서 크롬, 망간, 운모, 텅스텐을 차단할 수 있다. 또한 핵심 물자 중 유럽에서는 코르크, 형석, 아편, 백금을, 아프리카에서는 석면, 형석을, 인도양에서는 흑연, 마전자, 아편을 차단할 수 있다. 일본도 전략 물자 중 극동 지배를 통해서 크롬, 마닐라 섬유, 퀴닌, 고무, 실크, 주석, 텅스텐을, 호주와 오세아니아 지배를 통해서 니켈과 양모를 차단할 수 있다. 핵심 물자 중에서는 극동으로부터 흑연, 케이폭, 마전자, 아편을 차단할 수 있다. 요컨대 서반구가 포위되고 봉쇄되면, 미국은 국방에 필요한 군수산업을 유지하기가 극도로 힘들어질 것이다.

신세계는 독일-일본의 수출 금지 조치에 대항해서 대서양과 태평양 건너의 국가들에게 수출을 강요할 만한 힘이 없다. 일본과 독일이 미국의 동맹국들을 패배시킨 이후에도 함께한다면, 그들은 유라시아 하트랜드의 생산품들을 지배할 것이고, 구세계에서 생산하는 모든 자원을 마음대로 사용할 것이다. 민족국가의 세계에서 미국이 압도적인 힘을 가지고 있지만, 유라시아 대륙 차원의 초국가적 행위자에 대항해 미국 혼자서 효과적인 압력을 행사하기는 힘들다. 아메리카 국가들의 분리된 경제를, 공동 전선을 갖추고 서반구의 수출입을 중앙집중식으로 통제하는 단일한 경제 단위로 통합할 수 있어야만 구대륙에 대해 어떤 압력을 행사할 수 있을 것이다. 그런 목적을 위해서는 광물자원의 수출 금지 조치가 아마 식료품의 수출 금지보다 더 효과적일 것이다. 서반구에서 유럽으로 보내는 밀, 옥수수, 다른 사료 작물 그리고 쇠고기의 양이 엄청나긴 하지만 구세계를 식량 부족 상태로 만드는 일은 매우 어려울 것이다. 서반구로부터 석유, 구리, 인산염, 니켈, 질산염, 아연의 수출을 금지하면 대서양과 태평양 지역은 필연적으로 어려움에 직면할 것이다. 하지만 이것만으로 유라시아 대륙의 군사력을 충분히 약화시킬 수는 없을 것이다.

2. 서반구의 공급원들

최악의 상황에 대비할 필요가 있기 때문에 북아메리카는 신대륙 원자재로 군수산업을 유지하고 서반구 방어를 위한 무기를 제조할 가능성을 고려해야 한다. 아메리카 대륙의 원자재로 어느 정도 전시 경제를 확보할 수 있는지를 추정하기 위해서, 1937년 미국 소비량에서 아메리카 원자재가 차지하는 비율을 다음의 표에 정리했다. 물론 이것은 미국의 상황을 분석하는 첫 단계일 뿐이다. 그 완전한 대답을 얻기 위해서는 서반구의 잠재적인 원자재 생산량과 미국의 미래 원자재 수요량 추정이 필요하다. 그러나 이런 추정치는 항상 수정될 것이고, 원자재 생산량은 신규 투자액과 남아메리카에서의 노동력 확보, 그리고 새로운 생산지에 철도와 고속도로 건설 가능성 및 그 외 여러 요인에 달려 있다. 하지만 어떤 경우라도 그런 미래 생산량 추정은 특정 연도의 생산 실적이 기준이 되어야 한다.

1937년 미국의 국민소득 710억 달러 중 제조업이 160억 달러를 차지하고 있었다. 이때의 공업 생산량은 1929년 이후 가장 많았지만 전쟁 준비를 위한 비율은 매우 적었다. 비록 당시 유럽의 장래에 대한 우려는 있었지만, 미국의 군비 확장으로 연결되지는 않았다. 그런데 1939년 전쟁 준비의 필요성을 인식하고 나서 미국 의회는 결국 군함과 총으로 전환될 엄청난 예산에 찬성하기 시작했다. 1941 년에는 미국 공업 생산품의 15퍼센트가 무기류였지만 모든 생산을 군수산업에만 집중하던 독일과 영국에 비하면 그 수치는 여전히 적었다. 미국의 군비 확장 프로그램이 본격적으로 시작되자 중공업 생산 비율도 크게 증가하기 시작했다.

원자재 수요량은 1942년 전비와 1937년에 생산된 공산품 양을 비교하면 알 수 있다. 군비 확장 프로그램의 비용은 매달 25억 달러, 즉 연간 약 300억 달러에 달한다. 여기에는 공업 제품의 수요와는 무관한 병사들의 급여가 포함되어 있지만 그래도 탄약 및 기타 군수품에 대한 지출은 1937년 공업생산액인 160억 달러보다 훨씬 더 많을 것으로 보는 게 좋다. 민간 소비가 강제로 억제되기 때문에, 공업 생산량이 두 배까지는 되지 않을 수도 있지만 거의 모든 원자재의 전시 수요는 평시였던 1937년의 두 배에 이를 가능성이 매우 높다.

1937년 전략 물자 중 서반구 생산량

	미국 생산	라틴아메리카 생산		미국과 라틴아메리카 전체 생산	캐나다 생산		서반구 생산
	전체 소비 중 비율(%)	전체 소비 중 비율(%)	전체 소비 중 비율(%)	전체 소비 중 비율(%)	전체 소비 중 비율(%)	전체 소비 중 비율(%)	전체 소비 중 비율(%)
광물 제품							
알루미늄 (보크사이트)	47.0	74.0	138.0	121.0	0.0	0.0	121.0
안티몬	7.0	119.0	129.0	126.0	0.0	0.0	126.0
크롬	0.5	17.0	17.0	18.0	0.5	0.5	19.0
망간	4.0	42.0	44.0	46.0	0.0	0.0	46.0
운모	70.0	2.0	5.0	72.0	3.0	8.0	75.0
니켈	0.5	0.5	0.5	1.0	208.0	208.0	209.0
수정결정판	0.0	100.0	100.0	100.0	0.0	0.0	100.0
수은	47.0	14.0	26.0	61.0	0.0	0.0	61.0
주석	0.0	31.0	31.0	31.0	0.0	0.0	31.0
텅스텐	56.0	52.0	117.0	108.0	0.0	0.0	108.0
농산물							
코코넛 껍질 숯	0.0	100.0	100.0	100.0	0.0	0.0	100.0
마닐라 섬유	0.0	0.0	0.0	0.0	0.0	0.0	0.0
퀴닌	0.0	0.0	0.0	0.0	0.0	0.0	0.0
고무	0.0	4.0	4.0	4.0	0.0	0.0	4.0
실크	0.0	0.0	0.0	0.0	0.0	0.0	0.0
양모	57.0	88.0	194.0	145.0	3.0	6.0	148.0

출처: U. S. Department of Commerce, *Foreign Commerce and Navigation of the United States*, *1937*; U. S. Department of Commerce, *Foreign Commerce Yearbook, 1938*; U. S. Department of Commerce, *Statistical Abstract of the United States, 1939*; U. S. Bureau of Mines, *Minerals Yearbook*, *1939*; League of Nations, *Raw Materials and Foodstuffs, 1939*; League of Nations, *Statistical Yearbook, 1938-1939*.

1937년 핵심 물자 중 서반구 생산량

	미국 생산	라틴아메리카 생산		미국과 라틴 아메리카 전체 생산	캐나다 생산		서반구 생산
	전체 소비 중 비율(%)	전체 소비 중 비율(%)	전체 소비 중 비율(%)	전체 소비 중 비율(%)	전체 소비 중 비율(%)	전체 소비 중 비율(%)	전체 소비 중 비율(%)
광물 제품							
석면	4.0	0.1	0.1	4.0	129.0	135.0	133.0
카드뮴	85.0	0.0	0.0	85.0	13.0	90.0	98.0
빙정석	0.0	0.0	0.0	0.0	0.0	0.0	100.0[a]
형석	83.0	0.5	4.0	84.0	4.0	26.0	88.0
흑연	[b]		42.0			6.0	
요오드	0.1	100.0	100.0	100.0	0.0	0.0	100.0
백금	11.0[c]	21.0	23.0	32.0	97.0	109.0	129.0
티타늄	[b]		0.3			2.0	
바나듐	47.0	60.0	112.0	107.0	0.0	0.0	107.0
농산물							
커피	0.0	176.0[d]	176.0	176.0	0.0	0.0	176.0
	0.0	0.0	0.0	0.0	0.0	0.0	0.0
	21.0	194.0	247.0	215.0	2.0	3.0	217.0
	64.0	48.0[d]	130.0	112.0	5.0	14.0	117.0
	0.0	3.0	3.0	3.0	0.0	0.0	3.0
	0.0	0.0	0.0	0.0	0.0	0.0	0.0
	0.0	0.0	0.0	0.0	0.0	0.0	0.0
	61.0	433.0[e]	433.0	494.0	0.0	0.0	494.0

a: 세계의 모든 빙정석은 그린란드에서 생산됨
b: 미국의 생산량 수치는 발표되지 않았음
c: 1938년에는 32퍼센트로 증가함
d: 라틴아메리카의 수출량을 근거로 함
e: 라틴아메리카의 케브라초 수출량을 근거로 하며 총생산량은 알 수 없음
출처: 앞의 표와 같음

만약 미국이 아메리카 각국에 그동안 유럽이나 아시아에 수출하던 원자재를 미국에 한정해 수출하도록 설득할 수 있다면, 대서양과 태평양 바다 건너의 경제 블록에 대한 미국의 의존도는 크게 줄어들 것이다. 라틴아메리카가 생산하는 원자재 중 극히 일부만 현지 산업이 소비하고 나머지는 거의 다 수출되고 있다. 1941년 여름까지 많은 남아메리카 국가는 어느 정도 엄격한 수출 통제 제도를 채택했고, 서반구 방어를 위해 적어도 전략 물자를 추축국에 수출하지 않는 정도까지는 협력했다. 독일과 일본이 승리한다면 구세계 파시스트 국가들이 훨씬 더 강력한 경제적 압력을 행사할 것이 뻔한 데다, 미국이 실질적으로 그들의 원자재 생산량 모두를 구매하고 있고 영국 함대가 유럽 대륙으로 향하는 화물을 압류하고 있다는 사실은 라틴아메리카 국가들의 협력을 쉽게 만들었다. 그런데 라틴아메리카가 생산하는 원자재 모두를 미국이 이용할 수 있게 된다고 해도, 미국은 여전히 심각한 조달 문제를 겪을 것이다.

만약 라틴아메리카가 생산하는 원자재 모두를 미국이 자유롭게 사용할 수 있다면, 미국의 상황은 크게 향상될 것이다. 하지만 표에서 나타나는 바와 같이 여전히 원자재 확보에 있어 큰 문제가 예상된다. 일부 광물자원은 미국과 라틴아메리카의 생산량을 합쳐도 충분한 공급이 되지 않는다. 1937년의 수치로 소비량에 대한 부족분의 비율을 계산하면, 전략 물자에서는 크롬이 82퍼센트, 망간이 54퍼센트, 운모가 28퍼센트, 니켈이 99퍼센트, 수은이 39퍼센트, 주석이 68퍼센트 부족했다. 그리고 핵심 물자에서는 석면이 96퍼센트,

카드뮴이 15퍼센트, 빙정석이 100퍼센트, 형석이 16퍼센트, 백금이 68퍼센트 부족하고, 흑연과 티타늄은 상당히 부족했다.

서반구가 포위되면, 미국의 가장 긴밀한 협력 상대는 남아메리카가 아니라 국경을 맞대고 있는 캐나다가 될 것이다. 캐나다는 중요한 공업국이며 대규모 군비 증강과 군수산업 확대에 들어갔다. 캐나다가 생산하는 광물자원 전체를 미국에 수출할 수는 없지만, 수출할 만한 여유가 있는 광물은 많으며, 여기에 해당되는 것은 알루미늄,[*] 석면, 카드뮴, 구리, 납, 니켈, 백금, 아연이다. 그린란드가 세계의 빙정석 생산을 독점하고 있기 때문에 필요한 빙정석도 북쪽으로부터 충분히 공급받을 수 있다. 서반구 자원의 관점에서, 미국의 군수산업에 필요한 광물자원을 확보하는 문제는 결국 10개 품목의 부족을 충족시키는 것이다. 1937년 서반구의 원자재 생산은 다음 품목에 대한 평시 수요량을 충족시킬 수 없었다. 전략 물자 중에는 크롬(81퍼센트), 망간(54퍼센트), 운모(25퍼센트), 수은(39퍼센트), 주석(69퍼센트)이 부족했고, 핵심 물자 중에는 카드뮴(2퍼센트), 형석(12퍼센트), 흑연, 티타늄이 부족했다. 1942년 수요량을 기준으로 부족량이 얼마나 될지는 정확하게 예측할 수 없지만, 광물자원의 공급 증가는 수요의 증가를 따라가지 못하고 있기에 부족량은 평시에 비해 훨씬 더 커질 것으로 보인다.

---

[*] 일부는 수입된 보크사이트로 제조된다.—지은이

3. 광물자원

크롬의 확보가 가장 심각한 문제일 것이다. 1937년 약 55만 톤을 수입했지만, 1942년 미국의 수요량은 100만 톤에 가깝다. 크롬은 특정 합금강 제조에 가장 중요한 성분 중 하나이고, 이 합금은 탄환, 소총 라이닝, 장갑판 및 고속 절단기에 사용된다. 평상시 대서양 쪽 주요 크롬 산지는 튀르키예와 아프리카이고, 태평양 쪽에서는 필리핀과 뉴칼레도니아다. 평상시에 미국 내에서는 1년에 몇천 톤만 채굴했으나 비용을 무시할 경우 국내 생산량을 증가시켜 전시 수요량의 약 20퍼센트까지 충당할 수 있다. 서반구에서 최대 생산지는 쿠바이고, 브라질은 중요한 공급원이 되기 시작했으며, 캐나다 생산은 상당히 증가할 수 있다. 합금강 제조에 크롬을 대체할 수 있는 것이 없기 때문에 모든 생산량은 군수 생산용으로 확보해둘 필요가 있다. 그러나 크롬의 민간 소비를 억제한다 해도, 여전히 미국 전시 수요를 충당할 수는 없다.

다음으로 중요한 광물인 망간도 철강의 순도를 정제해 강도를 높이기 위해 사용된다. 망간에 관한 한 다행히 상황은 심각하지 않다. 미국 내에서도 생산되고 라틴아메리카에도 매장량이 많기 때문이다. 1942년 수요 예측량은 150만 톤으로, 1937년 미국의 망간 원석 수입량 45만 톤의 세 배 이상에 해당된다. 이 중 거의 60만 톤은 군수산업용으로 필요하다. 최근에 미국의 주요 망간 공급원은 골드코스트,* 소련, 쿠바, 영국령 인도, 그리고 브라질이다. 그런데 제2차 세계대전 발발 이래로 소련으로부터의 수입은 끊기고, 골드코스트는 생산량은 영국에만 수출했다. 이런 감소분은 영국령 및 네덜란드령 인도, 필리핀, 브라질에서 수입을 증가시켜 대체했다. 망간의 서반구 생산지는 크롬 생산지보다 훨씬 더 상황이 좋다. 브라질과 쿠바에는 철도를 건설하면서 이용할 수 있게 된 이미 알려진 미개발 매장지가 많다. 아르헨티나, 브라질, 칠레에 있는 광산들 역시 생산량을 증가시킬 수 있다. 최근 부상공정$^{flotation\ process}$과 전기분해를 이용한 환원 공정을 새롭게 개발해서 이전에는 사용할 수 없었던 대규모 저질 광석을 사용할 수 있게 되었다. 군수산업 우선 정책 아래, 남북 아메리카 대륙에서 집중적으로 광산 개발을 진행하면 군비 증강에 필요한 양을 확보할 수 있을 것이다.

운모는 전기 설비나 자동차 산업, 라디오 산업에 필수 광물이며, 내열성이 있는 투명한 매질로 공업용, 상업용으로 폭넓게 쓰이고 있다. 특정 유형의 운모에 대해서 1937년 국내 수요량의 50퍼센트 이상을 국내 생산량으로 충당했고, 이 비율은 더 늘어날 수 있다. 서반구 중 캐나다, 브라질, 아르헨티나에서 운모가 생산되고, 볼리비아, 칠레, 페루, 콜롬비아에서도 광산이 발견되고 있다. 그러나 현재 영국령 인도와 마다가스카르에서 수입되고 있는 운모판과 운모편이 서반구 국가들의 생산물로 대체될 전망은 없다. 다행히 앞서 언급한 광물과 달리 운모를 대체할 수 있는 것은 많이 있다. 유리나 합성 플라스틱으로 대체할 수도 있고, 벤토나이트로 만들어진 알시필름도

---

* 기니만의 영국령 식민지. 1957년 가나로 독립했다.

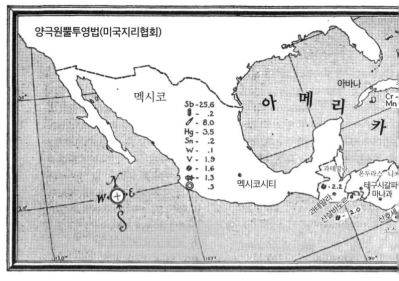

라틴아메리카의 전략 물자

만족스러운 대체품으로 보고되고 있다.

수은의 조달은 비교적 쉽게 해결될 수 있다. 소비량의 40퍼센트 이상이 제약업이나 화학공업용인 수은은 특히 측정계기, 기폭장치, 격발 뇌관, 점화재 등의 군사용으로도 사용된다. 최근 미국의 수은 소비량은 연간 3만5000플라스크쯤 되고 그중 약 50퍼센트는 미국 내에서 생산되고 있다. 전시 수은의 수요는 연간 5만 플라스크까지 증가할 것이다. 미국 내 산출량은 대폭 증대시킬 수 있을 것이고, 스페인, 이탈리아로부터의 수입 중지 때문에 라틴아메리카, 특히 멕시코로부터의 수입은 이미 크게 늘었다. 그 밖의 라틴아메리카 국가 중 잠재적인 생산지로 페루, 볼리비아, 에콰도르를 들 수 있다. 지질학자들에 따르면 최근 베네수엘라에서 발견된 수은 매장지는 지금까지 발견된 것 중에서 최대 규모다. 수은의 주요 용도에 대한 대체

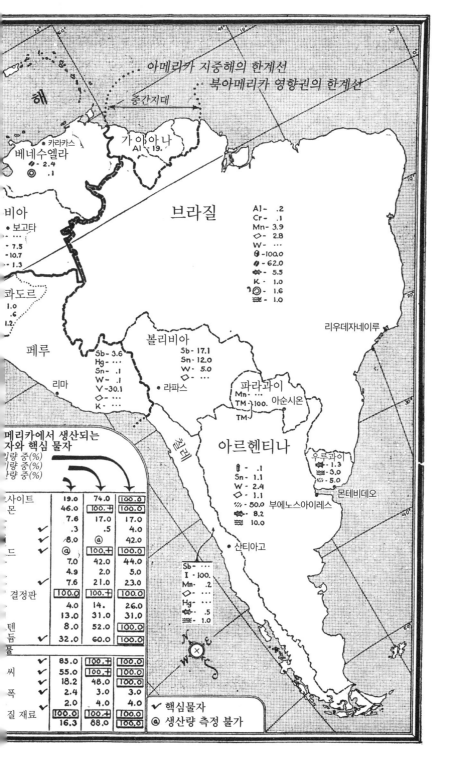

아메리카 지중해의 한계선

북아메리카 영향권의 한계선

중간지대

해

베네수엘라
● 카라카스
✈ - 2.4
◎ .1

가이아나
Al - 19.

브라질

Al -	.2
Cr -	.1
Mn -	3.9
◇ -	2.8
W -	⋯
θ -	100.0
✈ -	62.0
✦ -	5.5
K -	1.0
◎ -	1.6
☷ -	1.0

비아
● 보고타
- 7.5
- 10.7
- 1.3

콰도르
1.0
.6
1.2.

페루

리마

Sb -	3.6
Hg -	⋯
Sn -	.1
W -	⋯
V -	30.1
◇ -	⋯
K -	⋯

볼리비아

Sb -	17.1
Sn -	12.0
W -	5.0
◇ -	⋯

● 라파스

리우데자네이루

파라과이

Mn -	⋯
TM -	100.
TM -	

아순시온

아르헨티나

θ -	.1
Sn -	1.1
W -	2.4
◇ -	1.1
⁒ -	50.0 부에노스아이레스
✦ -	8.2
☷ -	10.0

우루과이
✦ - 1.3
☷ - 3.0
⁒ - 5.0

몬테비데오

칠레

● 산티아고

Sb -	⋯
I -	100.
Mn -	.2
◇ -	⋯
Hg -	⋯
✦ -	.5
☷ -	1.0

메리카에서 생산되는
자와 핵심 물자

량 중(%)
량 중(%)
량 중(%)

사이트		19.0	74.0	100.0
몬		46.0	100.+	100.0
		7.6	17.0	17.0
	✔	.3	.5	4.0
	✔	8.0	ⓐ	42.0
드	✔	ⓐ	100.+	100.0
		7.0	42.0	44.0
		4.9	2.0	5.0
		7.6	21.0	23.0
결정판		100.0	100.+	100.0
		4.0	14.	26.0
		13.0	31.0	31.0
텐		8.0	52.0	100.0
듐	✔	32.0	60.0	100.0
물				
씨	✔	85.0	100.+	100.0
	✔	55.0	100.+	100.0
폭	✔	18.2	48.0	100.0
	✔	2.4	3.0	3.0
	✔	2.0	4.0	4.0
질 재료		100.0	100.+	100.0
		16.3	88.0	100.0

✔ 핵심물자
ⓐ 생산량 측정 불가

품도 많고, 그래서 서반구는 수은을 자급자족할 수 있을 것으로 예상된다.

서반구가 포위되면, 주석의 획득은 매우 심각한 문제가 된다. 미국은 주석의 최대 소비국이고, 평시에도 세계 생산량의 약 절반에 해당되는 7만5000에서 8만5000톤을 소비한다. 또한 미국 내 폐기품에서 재생된 2만에서 3만 톤 사이의 주석도 추가로 사용한다. 주석은 통조림, 자동차 부품, 지붕 외장재, 금속 가구, 결합용 납땜, 용접용 금속이 될 뿐 아니라, 군수산업에서도 셀 수 없이 많은 용도로 쓰이고 있다. 미국에서 사용되는 주석의 대부분은 네덜란드령 동인도와 영국령 말라야(말레이반도 근방)가 주생산지이고, 극동과 유럽에서 제련된다. 제1차 세계대전 중이나 그 후 잠시 볼리비아산 주석이 미국에서 제련되었지만, 영국령 말라야와의 관세 차이와 국제 주석 카르텔의 정책 때문에 미국 내 주석 제련 산업은 성장하지 못했다.

미국 정부는 다시 주석 제련업 육성을 시작했다. 항만 설비가 충실하고, 천연가스 형태의 저렴한 연료를 사용할 수 있는 텍사스주 텍사스시에서 정부 자금으로 제련소를 건설 중이다. 이 제련소는 네덜란드 빌리턴의 자회사가 운영하고, 평시 소비량의 약 20퍼센트에 해당되는 1만8000톤의 생산능력이 있다. 미국은 볼리비아와 이에 상당하는 양의 주석 광석을 향후 5년간 수입할 것으로 합의했다. 볼리비아는 나머지 주석 광석을 영국에 수출하지만, 유럽에서 추축국이 승리할 경우, 이것도 미국이 이용할 수 있게 될 것이다. 최근 볼리비아는 2만5000톤의 주석을 생산할 수 있는 광석을 채굴하고 있는데 이 모든 양을 미국이 수입하고, 아르헨티나와 멕시코로부터의 수입량을 더하면 군수용으로 필요한 주석의 상당 부분을 충당할 수 있을 것이다.

주석의 대부분은 통조림용 주석판에 사용되고 있지만, 그 식품 산업의 수요는 주석판 제조 변화와 다른 형태의 용기 변화로 크게 감소시킬 수 있다. 판의 양면을 주석에 담그는 대신에 판의 한 면은 주석을 분무하고, 다른 면은 플라스틱을 사용하거나 다른 종류의 라이닝 물질로 코팅할 수 있다. 그리고 주석의 다른 용도 중에는 은, 카드뮴, 납으로 대체할 수 있는 것도 많다. 미국 정부의 은 구매 계획의 결과로 쓸데없이 쌓여 있는 은을 사용할 절호의 기회가 마침내 나타났다. 어쨌든 국방용 주석에 대해서는 엄격한 우선할당제와 비축 제도를 실시한다면 서반구 생산량으로도 미국의 전시 수요를 충족시킬 수 있을 것이다.

핵심 물자인 형석, 흑연, 티타늄은 수요량 확보가 어려울 것 같지 않다. 형석은 주로 금속 제련에 사용되는 용제이지만, 미국 내 생산량 증가와 멕시코나 뉴펀들랜드섬으로부터의 수입 증가로 수요량을 충당할 수 있다. 전기로의 전극용으로 없어서는 안 되는 흑연은 캐나다와 멕시코에서 수입할 수 있고 인공 합성으로 제조하는 것도 가능하다. 티타늄은 제철과정에서 강도, 경도 및 항장력을 높이는 합금 제조에 사용된다. 주로 영국령 인도에서 수입되지만, 미국 내 생산 증가와 캐나다 및 브라질에서의 대체 수입이 가능하다.

4. 농산물

신대륙에는 광물자원이 풍부하기 때문에 희생을 감수하겠다는 의지만 있다면 구세계로부터 어느 정도 독립을 달성할 수 있다. 그러나 대서양과 태평양 건너 지역의 농산물에 대한 의존은 광물자원에 비하면 대처하기가 훨씬 더 어렵다. 전략 물자 중에서 서반구에서 자급자족할 수 있는 것은 양모가 유일하다. 남북 아메리카에서 특정 품질의 양모를 얻을 수 없기에 약간의 조정은 필요하겠지만 남아메리카 국가의 수출분으로 북아메리카 국가의 수입분을 충당할 수는 있다. 핵심 물자 중에서 서반구가 자급자족할 수 있고 라틴아메리카 수출량이 북미의 수요량을 충족시킬 수 있는 농산물로는 커피, 아마 씨, 가죽, 그리고 무두질 재료가 있다. 그러나 전략 물자 중에서 마닐라 섬유, 퀴닌, 고무, 실크, 핵심 물자 중에서 코르크, 케이폭, 마전자, 아편과 같은 물자들은 아직 공급 문제가 해결되지 않고 있다.

이 농산물의 대부분은 아시아 지중해가 원산지이고 그래서 서반구의 열대 지역에서도 재배할 수 있다고 생각해왔지만, 실제로는 그렇게 단순하지 않다는 것을 알게 되었다. 동남아시아 플랜테이션 농장에서의 재배 성공은 표면적인 기후 조건 이상으로 많은 요인을 충족시킨 결과다. 따라서 서반구에서 재배하는 데에는 노동 및 운송 문제, 신대륙 재배에 적합한 질병에 강한 품종을 찾아내는 문제, 그외 다른 많은 어려움이 있다.

선박용 밧줄로 사용되는 마닐라 삼의 섬유는 다른 어떤 섬유로도 대체할 수 없을 만큼 해수나 기온 변화에 강하기 때문에 전략 물자로 분류된다. 마닐라 삼의 섬유는 전량이 필리핀에서 수입되고 있지만, 태평양의 공급이 끊기면 섬유를 만들 수 있는 아바카를 파나마나 다른 아메리카 열대 지역에서 재배할 수도 있다. 버려진 바나나 농장의 토양은 아바카 재배에 적합하고, 10만 에이커의 토지에서 나오는 연간 생산량은 미국의 수요량 전체를 만족시킬 수 있다. 밧줄 이외의 마닐라 삼 섬유의 용도는 종이, 면, 아마, 헤네켄, 합성섬유 등으로 대체할 수도 있다.

공중보건, 특히 말라리아와 다른 열대 질병과의 싸움에서 필수적인 것이 퀴닌이다. 퀴닌은 아시아 열대, 특히 자바섬의 플랜테이션에서 키운 기나나무 껍질로 만들어진다. 그리고 그곳에서 세계 생산의 95퍼센트, 특히 미국 수입량 전체를 담당하고 있다. 중앙 판매 조직이 생산품을 통제해 제조 비용 이상의 가격을 유지할 수 있었다. 퀴닌은 원래 안데스산맥에서 크는 야생 나무에서 생산되었고, 노동비와 노동력 부족이 해결된다면 에콰도르, 페루, 콜롬비아에도 플랜테이션 시스템을 도입하지 못할 이유가 없다. 그러나 서반구에서 퀴닌을 자급자족하려면 시간이 오래 걸릴뿐더러 효과도 의심스럽다. 미국의 농무부는 퀴닌 생산 문제를 푸에르토리코 시험장에서 연구했고 퀴닌뿐 아니라 알카로이드를 함유하는 다른 식물들의 산출량을 높이기 위해 품종과 생산 방법을 개발해왔다. 그러나 나무를 키워 그 나무껍질을 벗기는 데 7년이 걸리기 때문에 서반구에서 자급자족을 위한 준비를 하는 데에만 아마 10년이 걸릴 것이다. 따라서 더 확실한 방법은 제약회사가 제조하고 있는 아타브린, 플라즈모힌, 차이나크린을 개량해 퀴닌을 대체하는 것이다.

만약 고무를 더 이상 구할 수 없게 된다면, 미국의 생활 방식은 혁명적으로 변화할 것이다. 고무는 자동차 타이어, 경질 고무 제품들, 전선과 케이블의 절연체, 의약품 및 의료 제품 그리고 의류 등 수많은 일상용품에서 쓰이고 있다. 군용으로도 항공기, 풍선, 가스 마스크 등에 사용된다. 그래서 차량을 이용하는 군대는 고무를 이용하는 군대다. 미국은 연간 거의 70만 톤을 사용하는 세계 최대의 고무 소비국이며, 이 중 97퍼센트는 아시아 지중해, 특히 영국령 말레이시아와 네덜란드령 동인도에서 수입되고 있다. 전시 고무 수요량은 150만 톤이 될 것이고, 그중 10만 톤은 엄격하게 군용으로 사용될 것이다. 미국 정부는 라틴아메리카에서 고무 생산 가능성에 대해 검토했다. 원래 아마존 밀림의 야생 나무에서 채취하던 것이기 때문에 남아메리카 각지에 농업 전문가들을 파견했다. 아마존강 유역, 콜롬비아, 베네수엘라, 중앙아메리카에는 토양과 기후가 고무 재배에 적합하고 대규모 생산이 가능할 것 같은 지역이 있다고 보고되었다. 그러나 기후 조건과 순수한 농업적인 것은 문제의 절반에 불과하고, 사회적, 경제적 측면에서 대규모 플랜테이션 시스템의 도입이 현명한지는 명확하지 않다. 그중에는 노동력이 부족한 곳도 있는데, 플랜테이션 시스템에서는 노동력의 양뿐 아니라 저임금도 요구된다. 리오그란데강 이남에서 저임금 노동에 의지하는 경제체제의 도입은 결국 선린 외교정책의 성공에는 도움이 되지 않을 것이다. 아메리카 플랜테이션의 고무는 아시아 플랜테이션의 고무와 품질 면에서 경쟁할 수 있을지는 모르지만, 네덜란드령 동인도 원주민이 재배하는 고무와 가격으로 경쟁할 수는 없을 것이다. 비용 문제는 서반구가 봉쇄된 경우라면 상관없어지겠지만, 미국 자본이 아마존강 유역의 플랜테이션 농장에 투자하려는 의지에는 큰 영향을 미칠 수밖에 없다. 더 심각한 것은 아마존강 유역에서 가장 잘 자라는 파라고무 나무도 고무를 채취할 수 있을 만큼 자라는 데 7년이 걸리기 때문에, 향후 몇 년 동안은 고무 생산에 거의 도움이 되지 않는다는 사실이다.

그러나 고무의 대체품으로 몇 가지 종류가 있다. 합성섬유로는 아메리폴, 부나, 네오프렌, 티오콜 및 부틸이 있다. 1941년에는 합성고무의 생산량이 3만 톤에 달했지만, 그것은 평시 소비량의 5퍼센트 미만일 뿐이다. 그러나 군용 수요의 상당 부분은 듀폰, 굿이어, 굿리치, 파이어스톤이 제조하는 합성고무로 충당될 것이라 기대된다. 다른 한편으로 미국 정부는 아시아 플랜테이션 고무를 대체할 화학 제품 공장을 건설할 동안 필요한 고무를 비축하기 위해 노력해왔다.

실크는 산업용이나 군용 모두에 중요한 원자재로 전선 및 케이블의 절연체, 대구경 대포용 장약 주머니와 낙하산 등에 사용된다. 미국의 연간 소비량은 평시에는 5000만 파운드이지만, 전시에는 6000만 파운드로 증가할 것으로 보인다. 미국에서 소비되는 실크는 전량을 일본이나 일본의 식민지로부터 수입하고 있지만, 현재 미국 내에는 충분한 비축량이 있다. 서태평양에서의 긴장이 높아지면서 일본이 프랑스령 인도차이나를 점령했기 때문에, 1941년 8월 루스벨트 대통령은 일본의 재미 금융자산을 동결했다. 이로 인해 당연히 일본으로부터의 실크 수입이 끊기자 정부는 비축분 전량을 군사용으로 전용하고, 민생 수요는 대용품으로 충당하게 했다. 최근 합성섬유의 발전을 고려하면 장래 군 수요는 전부 화학섬유로 대체될 것이다. 레이온이나 나일론의 개량품은 이미 낙하산에 사용되고 있으며, 실크가 사용되고 있는 대구경 대포용 장약 주머니도 근시일 내에 대체품으로 만들어질 것이다.

핵심 물자인 코르크, 케이폭, 마전자, 아편 등의 농산물은 현재 미국이 조달에 어려움을 겪고 있다. 코르크는 유럽 지중해 지역에서만 자라는 오크나무 껍질로부터 만들어지기 때문에 서반구에는 대체 공급처가 없다. 플라스틱은 병마개로 사용할 수도 있지만, 병마개 이외에도 코르크의 용도는 폭넓기 때문에 그 대체품을 찾아내는 일은 매우 어려울 것이다. 케이폭은 안전벨트로 사용되고 있고 네덜란드령 인도에서 널리 자라는 나무에서 채취할 수 있다. 케이폭은 라틴아메리카 열대 지역에서도 자라며 채취량도 늘릴 수 있긴 하나 그럼에도 대체품이 필요하다. 미국은 거의 전량의 스트리크닌*을 영국령 인도와 프랑스령 인도차이나에서 재배되는 나무의 씨, 마전자로부터 얻는다. 또한 아편은 모두 발칸반도, 근동, 극동에서 수입된다. 연방 마약국은 3년간의 모르핀 수요를 충족시키기에 충분한 마약을

---

* 극소량이 약품으로 이용되는 독성 물질.

압수해두었다. 밀수업자가 평시와 마찬가지로 전시에도 계속해서 성공적으로 활동하기를 기대할 뿐이다.

반구의 자급자족

서반구가 봉쇄될 경우 신대륙의 원자재 부족은 심각해질 것이다. 즉 미국의 군수산업에 필요한 원자재의 공급 문제는 해결되지 않을 것이다. 남북 아메리카에서는 온대 지역의 농산물이 풍부하게 생산되고 있다. 미국이 필요로 하는 아마 씨, 가죽, 무두질 재료, 양모는 라플라타강 유역에서 풍부하게 생산되고 있으므로, 남아메리카 국가들이 팔고자 하고 남북 아메리카 간 운송이 확보되면 미국은 그 농산물을 획득할 수 있다. 다만 열대 농산물은 그렇게 해결될 수 없다. 현재의 상황에서 아메리카 열대 지역은 서반구의 두 온대 지역을 위한 원자재의 공급처로 삼는 것이 불가능하다. 아프리카 적도 지역과 아시아 지중해에서 바다 건너 미국으로 오는 농산물을 대체하기 어려울 것이다. 고무나무, 기나나무, 케이폭 나무들은 적어도 원자재를 생산하기까지 7년을 키워야 하고, 남북 아메리카에서는 필요한 노동력도 부족하기 때문이다.

신대륙은 광물자원이 풍부하므로, 광물자원 문제는 그렇게 심각하지 않다. 하지만 만약 구세계가 농산물의 수출을 금지한다면 서반구는 희생을 치러야 하는 상황에 놓일 것이다. 이때 아메리카 해안 주변의 해로를 계속 통제하고, 상당한 경제적 혼란에 견딜 수 있다는 각오와 대규모 투자 위험을 감내할 의욕을 갖고, 라틴아메리카에서 철도와 고속도로 건설에 대한 동의를 받는다면 서반구는 거의 자급자족을 이룰 수 있다.

그러나 이런 자급자족 달성은 지리적 가능성에 지나지 않는다. 칠레산 구리, 아르헨티나산 텅스텐이 아메리카 바다를 지키기 위한 2대양 해군과 새로운 공군 비행대를 구축하는 역할을 하기 위해서는 경제적, 정치적 조건이 충족되어야 한다. 미국은 서반구를 군사적으로 지배하고 있는 것이 아니기 때문에, 라틴아메리카 국가들이 그들의 생산품을 기꺼이 미국으로 수출할 정도의 협력을 해줘야 한다. 그리고 독일은 라틴아메리카 국가들이 군사력 건설에 필요한 기본 원자재를 미국에 공급하지 못하도록 가능한 모든 일을 할 것이다. 따라서 미국의 군비 강화에 필요한 원자재가 얼마나 미국 공장에 반입되는지를 결정하는 것은, 경제지리적 요소가 아니라 리오그란데 강 이남의 국가들에 대한 독일과 미국의 상대적 경제력 및 군사력이다. 독일이 승리한 상황에서 그들의 라틴아메리카 국가에 대한 영향력을 무력화시키지 않는다면, 남쪽의 핵심 물자가 미국에 도달할지 확신할 수 없기 때문이다. 독일-일본 동맹이 구세계에서 승리한 상황에서, 남아메리카 대륙의 광물자원과 농산물을 획득할 수 없다면 북아메리카는 대규모 군수산업도 유지할 수 없게 된다. 그러므로 라틴아메리카의 패권을 위한 투쟁이 제2차 세계대전에서 가장 중요한 단계 중 하나가 될 것이다.

하지만 서반구는 금수 조치와 경제 봉쇄로 인해 상황이 위험해질 뿐만 아니라 다른 경제전 조치에 대해서도 기존보다 더 취약해질 것이다. 구세계에서 연합국이 패배하면 한쪽에는 거대한 상업적 독점이 존재하고, 다른 한쪽에는 각기 독자적인 통상 정책을 실시하는 22개의 독립국가로 구성된 서반구가 존재하는 세상이 형성될 것이다.

국가사회주의 이데올로기에서는 행정 권력이 미치는 지역 내에서 경제적으로 필요한 물자를 생산할 수 없다면, 그 나라는 진정한 의미에서 자유롭고 독립적이라 할 수 없다고 본다. 그러므로 그 지역 내에서 자급자족을 최대한 달성하는 것, 특히 전략 물자와 주요 식량에서 자급자족하는 것은 국가사회주의 경제 정책의 기본 방침이다. 결국 대륙 간 무역은 독일의 지배 지역에 대외 의존성을 만들지 않는 범위에서만 허용된다. 이 자급자족 달성을 위해서는 전략 물자와 주요 식량은 지역 내에서 생산되거나, 정치적인 관리하에 있는 국가에서 생산되어야 한다. 일본이 국가사회주의적인 사상에 근거한 무역 정책을 채택하는 한, 일본도 마찬가지일 것이다. 즉 아메리카산 자원이 대양을 사이에 둔 독일과 일본에게 중요한 것이라면 양국은 대체품이나 대체 공급원을 찾고자 노력할 것이다. 구세계는 필요하고 이익을 얻을 수 있는 경우에만 서반구와 무역을 할 것이다.

독일이 목표로 하는 "신질서"의 청사진에서 동유럽과 우크라이나는 남북 아메리카 온대 지역에서 생산되는 농산물을 대체하고, 아프리카는 아메리카 열대 지역에서 생산되는 농산물을 대체하는 역할로 개발될 것이다. 자급자족이 확립될 때까지는 독일 세력권이 아메리카로부터 수입을 받아들일 것이다. 그러나 이 무역은 유럽 시장의 조기 폐쇄라는 끊임없는 위협 속에서 이루어질 것이고, 이 때문에 독일 정부는 강한 협상력을 발휘할 것이다. 서반구가 유럽을 대신하는 시장을 개척하거나 공급 독점을 협상 무기로 삼아 적절한 방어 시스템을 구축하지 못하면 서반구 국가들은 경제적 착취에 노출될 것이다. 대서양 건너편의 독점 경제는 유럽 전체와 유럽의 지배 지역인 아프리카와 근동에서 구매력과 연관되어 작동할 것이다. 서반구가 대양 너머로 수출하는 한, 구매자의 시장에서 판매를 하게 된다. 서반구로부터의 수출품은 독점경제권에서 가격이 낮게 억제될 것이기 때문에 정부로부터의 보조금을 받아야 할 것이다. 반면 독점경제권에서 오는 수입품은, 만약에 수입될 수 있다면, 가격이 엄청나게 비쌀 것이다. 무역은 독일의 이익을 위한 착취의 수단으로 운용되며, 수출에 완전히 의존하고 있는 국가에 대한 영향력은 내정 간섭의 수단이 된다.

독일에 의존하는 국가들은 미국에서 멀어지고 미국에 전략 물자 공급을 거부할 것이다. 독일은 정치적으로 아리아인의 원리, 나치당을 위한 행동의 자유, 독일 신문과 방송국, 항공사, 해운회사에 대한 특별한 양보를 고집할 것이다. 또 독일은 파괴적인 국가사회주의의 선전 기법을 자유롭게 사용하도록 허용하지 않는 국가에 대해서 유럽 독점 시장에 수출을 허가하지 않을 것이다. 더욱이 그런 나라에서 군대는 독일의 군사교육단에 의해 훈련되고, 독일 무기를 사용하며, 현지 나치당 지도자들이 정권 참여를 주장할 위험도 있다. 이런 경제전에 대한 방어 시스템의 구축 가능성은 서반구 경제 통합의 달성 여부에 달려 있다.

제11장

경제 통합

> 유럽이냐 미국이냐―그것이 라틴아메리카가 직면하
> 고 있는 숙명적인 문제다. 라틴아메리카가 무역을 해야
> 할 미래의 유럽은 추축국의 보호 아래 전체주의 체제가
> 될 것이다. 따라서 유럽과 제때 협력하는 것이 라틴아
> 메리카에게 시급한 과제다. 『푈키셔베오바흐터 ^{Völkischer}
> ^{Beobachter}』,* 1940년 10월 12일

　　신대륙의 잉여 물자 수출 문제는 두 가지 뚜렷한
측면이 있다. 첫째는 공산품 수출과 관련된 것으로 주로 미국과 캐
나다와 관계있고, 둘째는 광물, 농업 원자재 및 식품의 수출과 관련
된 것으로 서반구 전체와 관계있다. 아메리카 대륙의 주요 산업 국
가는 미국이며, 지난 역사는 미국 수출품의 약 2분의 1이 공산품인
것을 보여준다. 추축국의 신세계질서 계획에 따르면, 환태평양 지역
의 제조는 일본과 북중국, 그리고 환대서양 지역의 제조는 유럽이
담당한다. 따라서 자급자족 원칙에 따라 일본과 독일이 통제하는 범
위 내에서 유사한 제품이 생산될 수 있다면 미국 제품은 구세계에서

---

* 독일 나치당의 중앙 기관지.

배제될 것이다.

옛날 같으면 이것은 미국 제품의 가장 중요한 시장을 잃는 것을 의미했겠지만, 전쟁이 발발한 이후 미국이 수출하는 제조품은 점차 탄약과 전쟁 물자가 되었다. 서반구가 포위되는 상황에서 이 시장이 사라진다고 해서 심각한 어려움을 야기하지는 않을 것이다. 재무장 프로그램이 아직 초기 단계에 있던 1941년, 이전에 수출했던 제품들이 부족해질 것이라는 분명한 징후가 이미 있었다. 철강 생산은 새로운 전쟁 산업의 수요에 불충분했고, 자동차 생산은 이미 미국의 소비보다 훨씬 낮은 수준으로 줄어들고 있었으며, 기계산업은 확대된 요구를 만족시킬 수 없었다. 독일이 미국의 동맹국에게 승리한다고 해서 미국의 방어 준비가 위축될 가능성은 낮으며, 따라서 주요 생산품 시장을 찾는 문제는 저절로 해결될 것이다. 국내 소비의 증가가 산업의 전체 생산량을 감당할 것이다. 그러나 캐나다에서 수출되는 반*제품들은 미국의 것과는 다른 범주에 속하며, 해외시장의 상실, 특히 영국 시장의 상실은 훨씬 더 심각할 테고 따라서 대응하기가 더 어려울 것이다.

더 심각한 문제는 해외에서의 독일-일본의 승리가 서반구에서 미국의 지위에 미치는 영향이다. 만약 신대륙이 22개의 독립된 경제로 분할된 채 유지된다면, 라틴아메리카는 독일, 일본, 미국 상품의 경쟁의 장이 될 것이다. 관세동맹이나 호혜적 특혜 제도에 의해서만 남부 시장에서 미국의 입지를 유지할 수 있을 것이고, 이것은 오직 금수 조치를 통해 양쪽 대양 지역에서 보조금을 받는 상품이 들어오는 것을 막을 수 있을 때에만 가능하다. 그러한 보호가 없다면, 추축국 파트너들은 관세동맹이나 특혜 제도가 깨질 때까지 미국의 비용보다 낮은 가격으로 남쪽 이웃들에게 상품을 보낼 수 있을 것이다.

북아메리카의 광물 수출을 조정하는 문제는 심각하지 않을 것이다. 미국의 주요 수출 품목은 석유와 석탄 두 에너지원인데, 이전에 수출했던 생산량의 상당 부분은 전쟁으로 증가된 수요에 의해 흡수될 가능성이 매우 높다. 캐나다의 광물 수출도 마찬가지다. 광물 수출 품목은 석면, 알루미늄, 구리, 납, 니켈, 백금, 아연이며, 이 모든 것은 새로운 전쟁 산업에 필수적인 원자재이고 미국에서는 부족한 상품들이다.

그러나 북아메리카의 농산물 수출은 상황이 매우 다르다. 앞서 언급했듯이, 미국 수출 무역에서 제조업도 중요하지만, 농산물의 매우 많은 부분도 해외에서 시장을 찾아야 했고 대부분의 목적지는 유럽이었다. 담배 수출의 80퍼센트 이상과 밀, 면화, 돈육 제품의 약 70퍼센트가 대서양을 가로질러 이동했고, 과일 수출의 매우 큰 비율도 마찬가지다. 대서양 동부로 밀, 보리, 육류 수출의 대부분을 보내던 캐나다도 동일한 상황이다.

유럽 시장 전체가 사라지면 북아메리카의 농업경제가 가장 심각한 혼란을 일으킬 것이다. 이 전쟁의 영향은 이미 예상되었고 유럽 대륙 봉쇄의 결과도 언급되었지만, 오늘날 영국은 여전히 북아메리카 농산물의 중요한 구매자다. 영국이 붕괴되어 대서양을 건너가는 모든 수출이 중단된다면 대서양 이쪽은 재앙적인 영향을 받을지도 모른다. 미국에서 현재 시행되고 있는 것보다 훨씬 더 광범위한 농작물 제한 프로그램이 전체 대륙으로 확대될 것이다. 쇠고기와 돼지고기 생산의 제한은 주로 북아메리카 대륙의 중앙부에 영향을 미칠 것이고, 면화와 담배 수출의 추가적인 감소는 대륙의 남쪽에 타격을 줄 것이며, 밀의 생산 제한은 서부 지역 경제에 혼란을 일으킬 것이다. 그중에서도 밀이 아마 가장 심각한 혼란과 가장 어려운 조정 문제를 겪을 것이다. 밀을 전문적으로 재배해서 대부분을 수출하는 지역, 즉 미국의 북서부, 남서부, 캐나다의 프레리 지방은 대체 작물을 찾는 데 큰 어려움을 겪을 것이다.

리오그란데강 이남의 나라들은 균형 잡힌 경제에 필요한 추정치조차 갖고 있지 않다. A.B.C. 국가에서 산업화가 시작되긴 했지만, 그들 대부분은 시장을 찾거나 아니면 소멸로 향하는 광물, 농산물, 그리고 원자재를 생산하는 추출경제의 특성이 강하다. 아메리카 지중해의 시장은 주로 북아메리카다. 그보다 더 남쪽 국가들의 시장은 주로 유럽이며, 그들의 잉여생산물은 북아메리카 국가가 다 흡수할 수 없을 정도다. 그들은 유럽 대륙의 시장이 사라지면서 이미 큰 고난과 재정적 어려움을 겪어왔는데, 만약 영국 경제가 독일 세력권에 최종 통합된다면 "남쪽 이웃들"의 경제적 통제권은 그들 각자의 수도에서 베를린으로 넘어갈 것이다. 추축국의 승리는 아메리카 지중해에 심각하고, 북아메리카에는 매우 심각하며, 남아메리카의 온대지역에는 치명적일 것이다.

범아메리카 경제 협력

현재의 전쟁이 발발한 이후, 특히 프랑스의 패배 이후 서반구 경제를 독일이 지배할지도 모른다는 공포가 전 아메리카를 맴돌았다. 그러므로 경제 방위 문제가 중요한 주제가 된 것은 놀라운 일이 아니다. 최근 경제 협력, 금융 제휴, 정책 조정에 대한 많은 이야기가 있었고 지금껏 존재하지 않았던 대륙적 연대에 대해서도 끊임없이 반복해서 논의하고 있다. 히틀러가 당장은 남북 아메리카를 더 가깝게 만든 것이다. 이것은 이전의 또 다른 위대한 독일 전쟁 지도자인 카이저만이 성취했던 바다.

경제 협력은 서반구에서 새로운 구상이 아니다. 오히려 그것은 대부분의 미주회의의 주요 의제 중 하나였다. 미국의 해리슨 행정부가 1889년 워싱턴에서 첫 회의를 주선하는 데 영감을 준 것은 무역이었다. 그 초기 회의에서 논의된 주요 주제는, 최근 몇 년 동안 다시 주목받고 있는 "관세동맹"이었다. 서반구에 단일 관세장벽을 세우자는 블레인 미 국무장관의 제안은 남아메리카 대표단들에게 어떤 열의도 일으키지 못했다. 관세동맹은 프로이센이 나머지 독일 지역에 대한 패권을 확립할 때 사용된 도구 중 하나였고, 라틴아메리카 국가들은 아메리카 대륙에서도 동일한 효과가 나타날 수 있다며 우려했다. 북아메리카의 산업화된 강대국 미국과의 관세동맹은 영원한 경제적 의존을 초래할 수 있기 때문에 남아메리카 대표들은 블레인의 제안을 정중히 거절했다.

통화동맹, 팬아메리칸 은행, 팬아메리칸 철도, 팬아메리칸 증기선 노선을 위한 초기 구상에 영향을 받은 다른 위대한 계획들이 고려되고 승인되었다. 거의 아름답기까지 한 해결책 모음집에 대해 대단히 바람직하다며 만장일치의 신념을 나타냈지만, 그것은 결코 실현되지 않았다. 위대한 꿈에 대한 초기의 헌신 후에 아메리카 공화국들의 회의는 평범한 방향으로 나아갔다. 덜 광범위한 경제 프로젝트에 전념하기 시작했고, 관세 상품 분류표, 검역 규정, 상표권에 대한 작업에 착수했다.

1. 제1차 세계대전

제1차 세계대전은 다시 더 심각한 문제를 야기했다. 그 전쟁은 서반구의 경제생활에 제2차 세계대전으로 인한 혼란만큼이나 심각한 차질을 초래했다. 유럽의 많은 부분이 봉쇄되었고, 선박 부족이 나타났고, 정상적인 무역 루트에 지장이 생겼고, 자본의 흐름이 중단되었고, 은행 시스템이 혼란스러워졌고, 환율이 크게 변동했으며, 통화는 위험에 처했다. 전쟁의 첫 번째 영향은 북아메리카와 남아메리카의 극심한 불황이었다. 1914년의 아메리카 대륙은 구세계 시장에 매우 가깝게 연결되어 있고, 대부분이 추출경제였기 때문에 유럽의 전쟁 참사로 인해 깊은 고통을 겪는 것은 불가피했다. 남아메리카는 이전에 유럽에서 사들이던 상품들을 북쪽에서 구했고, 북아메리카는 대체 시장을 위해 남쪽으로 눈을 돌리기 시작했다. 또다시 경제 협력, 아메리카 대륙의 통일, 그리고 그들의 공동 운명에 대한 이야기가 있었다.

　미국의 초청으로 1915년 워싱턴에서 열린 제1회 미주금융회의는 유럽의 전쟁 때문에 신대륙의 경제생활에 나타난 혼란에 대처하고자 한 자리였다. 5월 마지막 주, 남아메리카의 장관들과 북아메리카의 은행가 및 사업가들은 아메리카 대륙 앞에 놓인 경제 문제를 논의하고 토론했다. 그 회의는 문제의 본질과 가장 적절한 해결책에 대해 거의 만장일치의 합의가 있었다는 것을 분명하게 보여주는 많은 보고서를 생산해냈다. 라틴아메리카는 거의 전적으로 유럽과 무역을 했고, 교역품을 유럽 선박으로 옮겼으며, 상업 신용과 장기 차관 등 재정적 필요를 거의 전적으로 유럽에 의존했다. 라틴아메리카 국가들이 그들의 어려움에 대해 미국의 도움을 받아들이고자 한다면, 그리고 미국이 리오그란데강 이남에서 유럽 수출품을 대체할 훌륭한 기회를 이용하고자 한다면, 충분한 증기선 시설을 만들고 북아메리카 자금이 자매 국가로 흘러갈 수 있는 기구를 설립할 필요가 있다.

　필요한 상법의 입법과 통일성을 촉진하기 위해 각국의 소위원회로 구성된 상설 법률 통일 국제고등위원회를 설립하기로 합의했다. 이듬해 4월 부에노스아이레스에서 열린 첫 총회에서 그들은 관세 문제의 단순한 기술적 단계를 즉시 넘어섰고, 다음번 미주금융회의에서는 아메리카 대륙의 관세협정을 논의해야 한다는 내용의 결의안을 통과시켰다. 여기서 우리의 오랜 친구인 관세동맹이 다시 한번 등장했다. 1920년 워싱턴에서 열린 두 번째 미주금융회의에서 관세

협정에 대한 언급은 거의 없었지만, 미국이 아메리카 대륙 국가들의 장기 증권을 위해 지속적으로 시장을 확장하고 개방할 것이라는 희망이 떠올랐다. 이에 열정적인 지지가 뒤따랐다. 북부의 공화국이 국제 은행가로서의 새로운 역할에 온 정성을 쏟자, 미국의 채권 판매원과 리오그란데강 이남의 텅 빈 국고를 위한 황금시대가 열렸다.

워싱턴에서 열린 제1회 미주금융회의는 미국의 수출 무역 증가 가능성을 조사하고 유럽에서의 전쟁으로 야기된 문제들을 다루기 위해 소집되었다. 따라서 주요 주제는 경제와 금융이 되었지만, 화물 운임과 차관을 논의하기 전에 더 고귀한 의제에 대한 웅변적 찬사가 없었다면 '범아메리카' 회의라 할 수 없었을 것이다. 미국 재무장관 매커두는 상황에 적합한 언어를 알고 있었고, 두 번째 세션의 개회사에서 다음과 같이 아름다운 감상을 발표했다.

"이 회의가 영감을 얻은 것은 이기적인 동기나 물질적 이익에 대한 비열한 욕망이 아닙니다. 그것은 더 깊고 훌륭한 의미를 갖고 있습니다. 우리는 자유, 정의, 그리고 자치라는 공통의 이상을 대표하고 인류의 최고이자 최선의 이익에 헌신하는 서반구의 위대한 공화국들이, 공동의 행동과 이익을 통해 어떻게 그리고 어떤 방식으로 물질적 복지를 유지할 수 있는지뿐만 아니라, 평화와 인류의 선을 지키기 위한 더 동질적이고 강력한 도덕적 힘을 가질 수 있는지를 고려하기 위해 만났습니다."

재무장관은 유럽 전쟁으로 인해 아메리카 대륙의 국가들이 겪은 고통과 불편함이 전쟁 시기를 "적어도 대륙적 연대의 정신을 발전시키는 적절한 시기"로 만들었다고 말했다. 매커두는 전쟁과 서반구 협력 사이의 인과관계를 분명히 인식했다. 그의 말은 예언이었다. 정말로 연대의 정신은 평화 시에는 살아남지 못했다.

첫 번째 균열은 전쟁 중에 발생했다. 미국의 도덕적 힘은 분명히 유럽의 평화를 회복시킬 만큼 충분히 강하지 않았고, 회의 2년 후인 1917년 미국은 완전한 교전국이 되어야 한다고 느꼈다. 일단 결정이 내려지자, 미국은 라틴아메리카 공화국들을 중립에서 벗어나게 하려고 시도했지만, 그 시도는 부분적으로만 성공했다. 그러나 아메리카 경제 전선의 진정한 붕괴는 전쟁이 끝나면서 찾아왔다. 경제지리학이 다시 등장했고, 상호 보완적 경제체들은 거래를 재개했다. 미국의 제조업체는 국내 시장이 확장되기 시작하자 남아메리카에 대한 관심을 잃었다. 남아메리카의 수입업자는 더 이상 필요 물품을 미국에 전적으로 의존하지 않았고, 현금 거래를 조건으로 내걸고 배송이 불확실한 미국 상인과의 거래를 중단하게 되어 기뻤다. 유럽은 수출 재개를 열망했고, 미국은 독점권을 잃었다. 남쪽 이웃들은 그들의 언어로 이야기하고, 그들의 관습을 이해하며 장기 신용거래 준비가 되어 있는 사람들과 다시 사업을 하게 되어 기뻤다. 따라서 경제 분야에서의 범아메리카 협력은 주로 차관의 공여와 수용의 문제로 국한되었다. 이러한 차관은 회의가 간절히 바랐던 것처럼 연대와 이해를 위한 토대가 아니라, 이후로 오랫동안 남북관계를 악화시킬 채무불이행, 강제 수용, 개입의 토대가 되었다.

2. 제2차 세계대전

제2차 세계대전이 시작되어서야 미국 정치인 모임에서 경제 협력과 대륙 연대에 대한 결의가 다시 한번 메아리쳤다. 유럽에 전운이 점점 감돌자 서반구 경제의 미래에 대한 불안감이 조성되었다. 전쟁이 실제로 발발하기도 전에, 미국은 독일 무역의 라틴아메리카 침투와 국가사회주의 무역 방식이 이웃 나라들의 경제에 미치는 영향에 대해 경악했다. 미국은 공동 경제 전선을 구축하기 위한 세 번째 시도를 시작했다.

미국의 제안으로 1938년 리마에서 열린 미주회의 참가국들은 자유롭고 방해받지 않는 국제무역의 아름다움에 대한 사랑과 찬사를 드러내며 만장일치로 결의안을 통과시켰다. 미국이 제안하기에 이상한 결의였고 라틴아메리카가 받아들이기에도 이상한 결의였다. 리오그란데강 이남의 국가 대부분이 실제로는 보조금, 바터무역 제도, 청산협정을 운영하고 있다는 사실에 아무도 신경 쓰지 않았다. 의례상 나온 결의는 이러한 모순을 간과했을 뿐만 아니라 헐 국무장관이 그렇게 웅변적으로 주장했던 대의명분이 미국 정부 구성원들에게 아직 받아들여지지 않았다는 사실도 간과했다. 미국 농무부가 선호하는 상업 정책은 국무부가 원하는 상업 정책과 정반대되는 것이었다.

유럽은 1939년에 전화에 휩싸였고, 아메리카 국가들은 대양 건너편의 골치 아픈 대륙이 만든 특별한 경제적 문제들에 대해 다시 논의하는 것이 현명하다는 사실을 깨달았다. 리마회의에서 통과된 결의안에 따라, 미국은 1939년 파나마와 1940년 아바나에서 두 차례 아메리카 국가 외무장관 회의를 소집했다. 그들은 확실한 위협에 직면해 협력 계획을 수립하고자 소집되었고, 그 본질적 목적은 분명히 실현되었다. 그것은 아바나 회의에 대한 헐의 설명에 잘 나타나 있는데, 그는 일반적인 행동의 필요성을 설명하고 신중하게 문제를 제시했다.

"아메리카 국가들의 경제에 필수적인 수출품, 즉 잉여 상품은 축적되어왔고, 전쟁 중인 유럽이 그것을 흡수할 수 없기 때문에 계속 축적되고 있습니다. 그것이 대륙 전체에 걸친 심각한 우려 사항입니다. 게다가 우리는 적대 행위가 종료된 후에, 이러한 상품을 흡수해 줄 주요 유럽 시장이 국제상거래를 평등을 기반으로 잉여생산물의 상호 이익적 교환을 위해 모든 국가가 공유하는 수단으로 보는 것이 아니라 지배의 도구로 간주하는 정부에 의해 지시되고 통제될 가능성을 예상해야 합니다."*

이런 상황에도 불구하고, 첫 번째 회의는 자유방임주의의 영원한 원칙에 대한 찬사를 쏟아냈고 경제적 자유무역에 대한 희망과 믿음을 표현했다. 경제 협력에 찬성하는 결의안에서, 21개 아메리카 국가들은 국제무역의 자유주의 원칙인 평등한 대우, 공정한 관행, 평

---

* Statement by Secretary of State Hull, July 30, 1940, reprinted in *International Conciliation*, No. 362, p. 316, September, 1940.—지은이

화적 동기를 고수한다는 것을 재확인했다. 그들은 현재 상황이 허락하는 대로 서로의 관계에서 이 원칙들을 완전히 적용할 것이고, 준비된 비아메리카 국가들과도 이러한 원칙에 따라 무역을 할 것이라고 선언했다.

헐이 공식화한 문제에 대한 답인 이 결의안은 과거에 대한 부적절한 동경의 표현이거나 자살 조약에 영감을 주는 상투적 문구들에 불과했다. 추축국이 승리할 수도 있는 세상에서 자기방어를 위한 경제 동원은 자유방임주의 원칙과 19세기의 관행으로는 이루어질 수 없다. 양 대양 건너에 있는 두 국가사회주의 정권의 계획경제에 직면한 상황에서 국내에서는 개인의 자유를 양보하고 국가들 사이에서는 자국의 자유를 양보해야만 서반구에서 경제적 생존의 기회가 주어질 수 있다.

다행히 파나마 회의에서 대륙의 연대 정신에 관한 여러 추가 결의안에 합의했다. 이 회의에서 워싱턴에 본부를 둔 미주 금융 및 경제 자문위원회를 설립해 전쟁으로 생긴 무역의 혼란에 대한 해결책을 제안하고, 특히 관세의 일시 중단과 서반구 국제은행의 가능성을 조사했다. 1940년에 열린 아바나 회의는 관련 사항을 더 많이 이행했다. 위원회는 구호 및 다른 수단으로 잉여 물품의 처리를 도울 방법을 강구하라는 요청을 받았다. 이를 위해서 잉여 작물에 대한 생산 및 마케팅 협약을 연구하고 세부 계획을 준비해야 했다. 회의는 또한 위원회가 무역, 신용거래, 통화 및 외환 분야에서도 더 광범위한 아메리카 국가들의 협력 시스템을 고려할 것을 제안했다.

새로운 투자의 가능성 검토는 미주개발위원회와 미주은행의 과제가 되었다. 1940년 5월 아메리카 9개국 대표들이 은행을 설립하는 협약을 체결했으며, 추가적인 개발 프로그램이 비준과 조직 설립을 기다리고 있다. 이 은행이 일단 가동되면 의심할 여지 없이 국제 환 문제와, 아마도 켄터키 언덕*에 있는 쓸데없는 금 보유고를 기반으로 한 미주 통화의 가능성을 검토하는 임무를 맡을 것이다.

파나마와 아바나에서 열린 외무장관 회의는 1915년 워싱턴에서 열린 제1차 미주금융회의의 내용을 그대로 옮긴 것처럼 들렸다. 문제의 본질은 여전했고, 제안된 치료법은 25년 동안 거의 변하지 않았다. 심지어 1889년 미주회의에서 처음 언급된 오랜 주제들도 여전히 미완성 사업 목록에 있었다. 팬아메리칸 철도는 팬아메리칸 고속도로가 되었고, 교통수단은 배뿐만 아니라 비행기까지 포함되었으며, 케이블 통신뿐만 아니라 라디오 통신도 필요해졌지만, 우리의 오랜 친구인 관세동맹, 통화동맹, 그리고 미주은행의 문제는 여전히 연구, 결의, 권고가 필요한 과제로 남아 있다.

미국과 아르헨티나의 대립

높은 이상을 표현하며 아메리카 외무장관들이 만든 두 회의의 결

---

* 미국이 보유하고 있는 금은 켄터키주 포트 녹스의 지하 창고와 그 외의 도시에 비축되어 있었다.

의안은 인상적이긴 했지만 실질적인 성과는 거의 없었다. 대륙 연대는 고귀한 문구지만 오래된 난관들이 존재한다. 그중에는 서반구의 경제적 지리, 평화 시 유럽과의 관계의 타성, 미국과 아르헨티나 사이에 내재된 불신, 경쟁, 대립 등이 있다. 헐은 몇 년 동안 서반구가 통합된 유럽의 힘에 직면해야 할 시기에 맞서 공동 전선을 구축할 필요성을 인식시키기 위해 노력해왔다. 그러나 아르헨티나는 끊임없이 그리고 체계적으로 이데올로기적 공동 방어는 물론 경제적 협력도 거부해왔다. 독일이 승리할 가능성을 고려해서 아르헨티나는 경제생활의 잠재적 통제자를 화나게 만들지 않기로 결심했다.

미국과 아르헨티나의 전망 차이는 독일에 대한 공동 대응을 암시하는 모든 결의안을 약화시켰고, 어떤 정책이든 타협이나 임시적인 조항 수준으로 만들었다. 아르헨티나의 이런 태도는 "북쪽의 거인"으로부터 자유와 독립을 주장하고 싶은 욕구에 더해 경제적 이유에서 비롯되었다. 미국이 그들의 잉여 수출품을 가져갈 수 있을까? 헐은 정말로 아르헨티나가 살아남기 위해서 수출해야 하는 여분의 밀, 옥수수, 아마 씨를 살 준비가 되어 있을까? 미국이 유럽의 주요 시장을 대체할 수 있을 때까지, 아르헨티나는 구세계의 실질적이고 잠재적인 통치자들을 화나게 하지 않을 것이다. 만약 미국이 제시한 것을 유화 정책으로 인식한다면, 아르헨티나는 미국이 최대한의 유화 정책을 만들도록 내버려두자고 생각할 것이다.

아르헨티나와 미국 사이의 대립으로 두 번의 외무장관 회의에서 포괄적인 협력 방안을 마련하지 못했지만, 특정 사항에 대한 일련의 권고안 채택까지 막지는 않았다. 이 권고안들은 개략적으로 두 분야, 즉 아메리카 내부의 무역 활성화와 대양 건너 지역들에 대한 공동 행동에 관한 것이다. 첫 번째 주제에는 미국에 의한 라틴아메리카의 물품 구매 증가, 관광 무역 확대, 신용거래 및 차관 확장에 대한 제안이 포함되고, 두 번째 주제에는 잉여 상품에 대한 매매 계약 체결 관련 내용이 포함된다. 이러한 권고들이 어디까지 현실화될 것인지는 미국이 추구하는 정책과 전쟁이 미국의 경제에 미치는 영향에 크게 좌우될 것이다.

아메리카 내부 무역, 특히 미국과 남아메리카 온대 대서양 지역 사이의 무역 증가에 중요한 장애물은 현재의 미국 관세다. 미국의 상업 정책은 처음부터 대체로 보호무역주의였다. 미국이 독립국이 된 후 유치산업들은 관세장벽 뒤에서 영국과 유럽 대륙의 더 발전된 산업과의 경쟁으로부터 보호받으며 성인으로 성장했다. 주로 공업의 이익을 증진시키기 위해 고안된 이 상업 정책에 대한 반대가 처음에는 남부 농업지역에서, 나중에는 서부 농업지역에서 제기되었지만 소용없었다. 공업 집단의 영향력은 여전히 우세했고, 미국은 계속해서 수출은 선이고 수입은 악이라는 교리를 굳게 믿는 독실한 신중상주의자로 행동했다. 결국 농민들은 조직화와 로비의 기술을 배워서 농업 이익단체들이 의회에 강한 압력을 행사할 수 있다는 것을 보여주었다. 의회는 농부가 소비하는 물품에 대한 관세를 낮출 수는 없었지만, 차선책으로 농민이 생산하는 품목에 보조금과 관세를 적용하도록 했다.

공업과 농업이 보호를 받기 위해 로비를 벌이고 1930년 스무트-홀리 관세법이 통과되면서 관세율은 최고점에 도달했다. 미국은 공업자본가 보호에 농민 보호를 더했고, 경제적 고립으로 국제무역의 불황 문제를 해결하려는 일련의 오래된 시도를 시작했다. 새로운 관세율은 매우 높고 외국에 많은 해를 끼쳤기 때문에 해외, 특히 아르헨티나에서 격렬한 반발을 불러일으켰다. 이 거대한 농업국가는 밀, 옥수수, 가죽, 양모, 수지, 아교 등의 관세율 상승으로 심각한 타격을 입었다. 소 구제역 감염 국가로부터 일부 신선육의 수입을 금지한 법안 또한 상당한 악영향을 주었는데, 이것은 아르헨티나 육류산업에서 미국의 거대한 쇠고기 시장을 빼앗는 부정한 수단으로 받아들여졌다.

헐 무역협정 프로그램은 루스벨트 대통령의 재임 기간에 시작되었고, 상호 양보를 통해 국제무역을 자유화하려는 시도였다. 이 프로그램에서 무역은 상호 교환의 과정이며 수입 없이는 수출도 있을 수 없다는 것을 꽤 솔직하게 인정하면서 라틴아메리카 국가들과 상당한 수의 양자 조약을 체결했다. 예상했던 대로, 아르헨티나와의 협상이 가장 어려웠다. 두 당사자의 무역에 대한 접근 방식에는 근본적인 차이가 있었다. 아르헨티나는 양자주의와 청산협정을 강요받았고, 미국은 여전히 상호 관세 양허와 무조건적인 최혜국 조항을 고수하려 했다. 1941년 가을이 되어서야 마침내 조약이 체결되었다. 이로써 많은 품목의 관세를 상호 감축해서 어느 정도 무역을 자유화시켰다. 미국은 스무트-홀리 관세에서 세율이 인상된 많은 제품에 대한 관세를 낮추었고, 아르헨티나는 과일과 기계류 같은 품목에 대한 관세를 최혜국 수준으로 인하했다. 그 협정에 무조건적인 최혜국 대우는 포함되지 않았다. 반대로, 미국은 아르헨티나가 이웃 국가뿐만 아니라 영국에도 특혜를 줄 수 있는 권리를 받아들일 수밖에 없었다. 이 사실과 조약의 많은 조항에 구체적인 전쟁 상황에 대한 단서가 달렸다는 것은, 그 협정이 양국의 미래 상업 정책에서 근본적인 변화를 약속하는 것이 아니라 하나의 제스처로서 더 중요했음을 나타낸다.

협상이 시작되었을 때, 미국 정부가 아르헨티나에 양보하고 농산물의 가격을 낮추는 것을 고려한다는 소문은 미국 중서부의 농업 중심 주들과 로키산맥 주변의 목축업 중심 주들에서 격렬한 반대를 불러왔다. 미국 의회는 만약 농부들에게 남아메리카와의 경쟁 증가를 받아들이도록 강요한다면 전체 무역협정 프로그램이 폐지될 것이라는 위기의식을 갖고 있었다. 이는 비록 아르헨티나와의 조약에서 관세율을 인하했지만, 미국 정부가 아메리카 내부 무역을 증대하고 서반구의 공동 경제 전선을 형성하기 위해 보호주의 정책을 바꾸지는 않을 것임을 시사한다.

증가된 아메리카 내부 무역

전쟁은 다행히 미국 농가의 특별한 희생 없이 미국의 수입을 늘리는 것을 가능하게 했다. 전쟁은 라틴아메리카 제품에 대한 더 큰 수요를 창출했고, 1914년과 1918년 사이에 남부 국가들로부터의 수입이 거의 150퍼센트 증가했던 제1차 세계대전의 경험을 반복하고 있다. 가장 중요한 요인은 군비 프로그램으로, 여기에는 이전에 다른 곳에서 획득하던 물자의 수요가 포함되어 있다. 그것은 우선 아메리카 지중해와 남아메리카 서부 해안의 광물 생산국들에게 혜택을 주었다. 미국은 칠레로부터 25만 톤의 구리와 30만 톤의 질산염을, 볼리비아로부터 9만 톤의 주석 정광精鑛, 그리고 볼리비아와 아르헨티나에서 생산되는 텅스텐 전량을 사들이기로 합의했다. 그 외에 안티몬, 크롬, 납, 망간, 백금, 수은, 아연 등의 구매도 늘어났다. 농산물 중에서는 양모와 가죽 수입이 크게 증가했다.

정부 발표 수치에 따르면 1941년 첫 4개월 동안 미국은 라틴아메리카로부터 약 3억 5000만 달러어치의 상품을 사들였는데, 이는 전년도 같은 기간에 비해 50퍼센트, 1939년에 비해 100퍼센트 증가한 수치다. 근래 미국과 남쪽 이웃들 사이의 무역수지가 역전되면서 라틴아메리카 국가들은 최근 4년 만에 처음으로 무역 흑자를 냈다. 만약 이 속도로 미국의 구매가 계속된다면 그들은 유럽 대륙의 봉쇄 때문에 입은 손실을 달러로 흡수하기 시작할 것이다.

이러한 발전은 미국이 여전히 구세계의 넓은 지역에 접근할 수 있는 동안 일어났다. 대양 너머의 세계와의 접촉이 막힌 서반구 봉쇄 상황에서는, 다른 지역의 원자재를 대체할 라틴아메리카 제품의 필요성이 더 커질 것이다. 미국은 현재 여전히 이용하고 있는 주석과 다른 광물의 극동 지역 공급원을 박탈당할 것이고, 결과적으로 볼리비아 주석 생산량뿐만 아니라 다른 일부 국가의 전략 원자재의 전체 생산량을 가져와야 할 것이다. 미국은 아프리카에서 수입하던 카카오와 많은 양의 양모 및 가죽을 대체하기 위해 라틴아메리카의 공급원을 더 많이 이용해야 할 것이다. 서반구의 고립은 의심할 여지 없이 우리 이웃들이 이전에는 아시아와 아프리카 열대 지방에서 수입했던 상품, 특히 코프라, 삼베, 마닐라 삼, 팜유를 생산하도록 유도할 것이다. 그러므로 라틴아메리카로부터의 총구매는 그들의 전통적인 수출품의 흡수 때문만이 아니라 이전에 두 대양 건너 지역에서 수입하던 제품의 대체 공급원이 될 것이기 때문에 증가할 것이다.

차관과 신용거래

첫 번째 미주회의 이후로, 서반구 경제 건설을 위한 중요한 도구인 차관과 신용거래에 대한 많은 논의가 있었다. 차관에 대한 19세기의 일반적인 생각 중 많은 것이 20세기에는 일반적인 오류로 판명되었다는 점을 상기해야 한다. 차관은 채권국에 대한 감사나 의존을 만들어내지 않으며, 손쉽게 거부될 수 있다. 이미 받은 혜택이 아니라, 계속해서 받을 혜택이 공여자에게 영향력과 권력을 만들어준다. 시장에 대한 접근을 허가하거나 보류할 능력, 광물이나 연간 작물의 수출에 대해 거부권을 행사할 기회는 어떤 채권자도 따라올 수 없는 권력을 만든다. 다뉴브 지역을 둘러싼 정치적 투쟁에서 부유한 프랑스는 차관을 확대했고 가난한 독일은 시장을 제공했다. 농경 다뉴브 국가들과 산업국가 독일 사이의 자연스러운 무역 행위는 끊을 수 없는 유대를 형성했고, 프랑스의 우세한 재정이 이길 수 없는 권력의 도구를 독일에게 주었다.

미국에서 라틴아메리카로의 자본 수출은 새로운 이야기가 아닐 것이다. 제1차 세계대전에 자극받아 1915년 워싱턴에서 열린 제1차 미주금융회의에서 미국은 현재의 채권자 지위의 기반을 다졌다. 이미 언급했듯이 국제 은행가로서 미국의 역할이 재정상의 성공을 가져왔다고 보기는 어려웠고 아메리카 친선에 기여하는 데에도 실패했다. 1940년 8월 1일 현재 리오그란데강 이남의 친구들의 총달러 빚은 직접투자를 제외하고 약 16억 달러에 달한다. 이 금액 중 약 75퍼센트가 전체 또는 부분적으로 채무불이행 상태다. 미국의 차관이 실패한 이유는 여러 가지였다. 많은 경우에서 차입자의 국가 경제 생산력 향상을 위해 차관을 준 것이 아니었다. 그것이 국가 생산성을 증가시켰다고는 해도, 미국 시장을 위한 상품은 거의 없었다. 이것은 상품 이동 문제의 본질을 잘못 이해했다는 의미다. 늘어난 생산성 중 일부는 유럽으로 흘러갔고 결국 삼각무역 형태로 미국에 돌아올 수도 있었지만, 미국의 상업 정책은 유럽에 대한 수출 흑자를 유지하는 것이었기 때문에 이것을 막았다.

따라서 미국의 라틴아메리카 투자 정책은 불행한 역사를 갖고 있다. 열성적인 정부에서 선호했던 차관 형태의 간접투자는 대부분 채무불이행 상태이고, 경제적 관점에서 건전하고 이동의 관점에서 현명한 직접투자는 제국주의적 착취의 형태 때문에 분노를 초래했다.

아메리카 지중해, 에콰도르, 볼리비아의 석유 생산, 칠레와 페루의 구리 광산, 칠레와 쿠바의 철광상, 중앙아메리카와 쿠바의 바나나 및 사탕수수 플랜테이션에 대한 투자가 그 사례다.

1939년 제2차 세계대전이 발발한 이후, 유럽 시장 소멸로 발생한 비상사태에서 남아메리카 정부들을 돕기 위해 미국은 수출입은행과 안정기금을 통해 많은 차관을 제공했다. 신용거래는 무역수지가 무자비하게 교란되던 시기에 통화를 보완했기 때문에 비상 대책으로는 유용했지만 대체로 장기적인 문제 해결에는 기여하지 못했다. 신용거래의 목적은 미국으로부터 필수 경상 수입품, 특히 기계, 운송 또는 건설 장비 구입을 위한 자금을 지원하고, 현재 누적되어 있는 달러 어음을 청산하며, 내부 개발 프로젝트를 수행하기 위한 수단을 제공하고, 지역 통화를 안정시키는 데 있었다. 그들의 주된 효과는 남아메리카에서 미국으로의 수출 대신 미국에서 남아메리카로의 수출을 유지하고 확대하는 것이었다.

이러한 투자의 결과로 남쪽 이웃들의 경제 생산은 증가할 테지만, 미국이 구매하려는 상품의 측면에서는 그렇지 않을 것이고, 따라서 차관은 직접적인 물품 이동의 관점에서 볼 때 건전하지 않다. 미국이 서반구 고립 상태에서 구매해야 할 광물 및 농산물의 생산량을 증가시키는 데 건전한 투자를 할 여지는 있다. 그러나 새롭게 창출된 부의 상당 부분이 채무국에 남아 있어야 한다는 경제 민족주의의 정당한 요구와, 공정한 투자 수익을 주장하는 자본주의 채권자들의 정당한 요구 사이에서 타협이 이루어지지 않는 한, 대규모 자본

투입은 재개되지 않을 것이다. 한편 민간 경제에 적용되는 모든 손익의 고려로부터 자유로운 거액의 정부 자금이 조달될 여지가 있다. 그러한 보조금은 투자로서가 아니라, 국가가 납세자의 돈을 군사 방위에 사용하는 것처럼 경제 방위를 위해서도 자유롭게 써야 한다는 확실한 인식에 의해 이루어져야 한다.

카르텔

라틴아메리카로부터 전쟁 물품 구매 증가는 남쪽 국가들의 경제를 크게 강화시키겠지만, 미국이 결코 흡수할 수 없는 잉여 농작물이라는 서반구 경제의 기본적인 문제는 해결하지 못할 것이다. 신대륙은 유럽에서 시장을 찾아야 하는 밀, 옥수수, 쇠고기, 육가공품, 면, 커피, 양모, 설탕을 풍부하게 생산한다. 무역이 힘의 정치의 도구가 되어서 경제전이 지속되는 시대에, 이러한 잉여 상품들은 서반구 경제의 취약점이다. 만약 독일이 지배하는 유럽이 구매를 거절하고 그 결정으로 인해 유일한 해외시장이 없어진다면 서반구의 경제적 혼란은 거의 회복될 수 없을 것이다. 만약 독일이 지배하는 유럽이 이 상품들을 기꺼이 가져간다면, 오직 경쟁 입찰과 국가별 청산 계약을 조건으로 내건다면, 아메리카 대륙은 어쩔 수 없이 상품을 원가 이하로 팔면서 독일의 재건을 보조하게 될 것이다. 독일은 이러한 잉여 상품의 구매를 서반구 대부분의 지역에 대한 정치 개입의 도구로 삼을 수 있다.

한 명의 구매자에 한 명의 판매자가 배치될 때에만 공정한 거래가 가능하다. 유럽-아프리카권에 균형을 맞추고 독일의 구매 독점에 대처하기 위해 캐나다를 포함한 아메리카권이 판매 독점을 만들어야만 서반구 농업경제의 파괴를 피하고 독일의 정치적 지배를 막을 수 있다. 해답을 찾기 위해서 단일 상품에 대한 협정의 형태나, 주요 수출 상품 그룹 전체에 대한 단일 카르텔 형태의 아메리카 카르텔을 모색해왔다. 그러나 아메리카 문제의 해결책으로서 카르텔에 대한 초기의 열정은 수그러들었고 그 주제는 중단된 것으로 보인다. 미국 내에서는 이런 카르텔이 실행될 가능성에 대해 회의적인 시각이 커지고 있고, 주요 수혜국이 될 라틴아메리카 일부 국가는 가입을 몹시 꺼리고 있다.

미국은 그런 프로그램이 자칫 막대한 지출을 초래하고 자국을 큰 위험에 빠뜨릴 수 있다는 사실을 자각하고 있다. 라틴아메리카 국가들은 의심할 여지 없이 참여의 대가를 요구할 것이고, 이에 미국은 농산물 담보 대출이나 창고 비용에 대한 신용거래를 통해 농작물의 재배와 보관에 필요한 자금 조달을 약속할 것이다. 이것은 투자금을 회수할 수 있는 가격으로 잉여품을 해외에 팔 가능성에 도박을 하는 것이다. 그러한 협정은 이웃 국가 농업인들에게는 좋겠지만, 모든 부담을 떠안는 미국에게는 협력적인 사업이라고 할 수 없다. 국내외의 과거 경험에서 볼 때도 가격 안정 프로그램은 작물의 통제 없이는 성공할 수 없는 것이 분명하다. 따라서 아메리카 국가들 간의 협정은 중앙 마케팅 기구뿐만 아니라 생산량 할당제도 포함해야 한다.

이것은 미국에게 라틴아메리카 이웃의 재배 면적 감소를 감독하도록 하는 골치 아픈 임무를 줄 것이다.

남쪽에서 카르텔 협정에 대한 열의가 부족한 것은 부분적으로는 미국에 너무 많은 힘을 줄 것이라는 인식 때문이다. 이 프로그램이 성공하기 위해서 북쪽 공화국은 적극적인 지도력을 갖고 재정적 책임을 져야 할 것이며, 당연히 적절한 통제를 주장해야 할 것이다. 카르텔이 작동하려면 참가국들이 카르텔을 그들 생산품의 유일한 수취자로 만드는 것에 동의해야 한다. 이것은 사실상 독점 구매자가 된다는 것을 의미한다. 독일이 독점 구매자가 되는 상황에 내재된 위험으로부터 자신을 보호하기 위해 미국의 통제에 동의해야만 하는 것이다. 남아메리카 이웃들은 아마 미국이 그들의 농작물에 자금을 대는 것에는 찬성하겠지만, 그들의 경제적 삶을 좌우할 그런 권한을 미국에 기꺼이 맡기지는 않을 것이다. 참가국들이 상당한 권한을 유지할 합의안을 설계할 수 있어야만, 남쪽 친구들의 완전한 협력을 기대할 수 있고 합의의 실행 가능성이 높아진다.

미국이 라틴아메리카 각국으로부터 구매해야 하는 커피의 할당량을 규정하는 협약이 체결되었다. 캐나다와 미국은 밀 구매 협정을 위한 예비 협상을 시작했지만, 주요 잉여 제품에 대한 진정한 카르텔 협정이 가까운 시일 내에 체결될 것이라는 징후는 보이지 않는다. 하지만 미국이 공동 방어 체제의 중요한 연결 고리를 만들지 못한 것에 대해 너무 깊이 슬퍼하기 전에, 잠시 멈춰서 추축국이 승리한 상황에서 서반구의 문제들을 다루기에 카르텔이 정말로 적절한 해답인가를 먼저 자문해야 한다.

농산물 국제 카르텔은 과거에 단지 상대적인 성공을 거뒀을 뿐이며 구매자 시장이 아니라 판매자 시장에서 주로 성공을 거두었다. 카르텔을 파괴하려는 확고한 결의를 가진 독점 구매자의 결연한 공격에서 살아남을 수 있을지 예측할 방법은 없다. 경제 분야와 정치 분야 모두에서 독일의 성취는 성공적인 양자주의 전략에 크게 의존하고 있다. 독일은 개별 국가들에게 양자 무역협정 및 양자 불가침 협정을 맺도록 유인하거나 강요했으며, 제네바에서든 리마에서든 독일에 대항하는 연합이 설립되려고 할 때마다 항상 싸웠다. 따라서 절대적으로 필수적인 전략 원자재를 통제하는 카르텔이 아닌 한 독일은 참가국들에게 국가 간 직접 판매가 아니면 판매 금지라는 방침을 제시할 것으로 예상된다.

카르텔의 보호가 필요한 농산물 중 유럽에 판매하는 것은 필수 원자재의 범주에 속하지 않는다. 만약 독일-일본 연합이 경제 분야에서 계속 협력한다면, 서반구 카르텔 협정을 이용해 구대륙을 강제할 가능성은 없다. 현재 존재하는 농업 기술을 적용하면 동유럽과 우크라이나의 밀 생산을 늘려서 서유럽의 수요를 충분히 충족시킬 수 있고, 옥수수와 다른 사료 작물도 마찬가지다. 이러한 논리로 서유럽의 육류, 유제품 생산을 늘리지 않고도 남아프리카, 호주, 뉴질랜드로부터 부족분을 보충하면서 유지할 수 있다. 그 지역에서 남아메리카로부터 수입되는 양모를 대체할 만큼 충분히 양모 생산량을 증가시킬 수 있을 것이다. 또 합성섬유로 대체될 수 없는 경우 목화는 중국, 영국령 인도, 그리고 아프리카의 생산량을 증가시켜 충당할 수 있다. 커피는 다시 자바 커피가 될 것이고, 베리류 제품은 아라비아, 에티오피아, 그리고 케냐 및 탕가니카*의 동아프리카 고원에서 올 것이다. 사탕무 설탕의 부족은 영국령 인도와 네덜란드령 동인도에서 사탕수수 생산을 증가시켜 극복할 수 있다. 구대륙은 남아프리카와 호주, 뉴질랜드에 온대 지역을 갖고 있고, 아프리카와 아시아에 열대 지역을 갖고 있다. 서반구의 생산물 없이 사는 것은 불편하겠지만, 대규모 경제 계획의 시대가 되고 유럽과 아시아의 전체주의 정권이 원한다면 신대륙의 농산물로부터 독립하는 것을 막을 수 있는 장애물은 없다.

따라서 카르텔이 강압을 위한 약한 무기일 뿐이라는 것은 분명하며, 그것이 결연한 독일의 공격에서 살아남을 수 있을지도 의심스럽다. 그러나 카르텔이 실제로 만들어지고 몇 년 동안 또는 구세계가 자급자족할 때까지 존재할 수 있다고 하더라도, 그것은 여전히 경제 전쟁의 다른 무기들에 대항하는 불충분한 보호책일 것이다. 신대륙 국가들이 개별 통화 시스템을 계속 유지한다면, 어떤 카르텔도 대응할 수 없는 개별적인 청산협정과 경제적 압박의 기회가 불가피하게 나타날 것이다. 이 경우 독일이 마르크화를 봉쇄통화로 사용하고 주문받은 물품의 수송을 거부하면서 경제적으로 착취한다면 신대륙 각국은 그것을 막을 수 없을 것이다. 중앙집권적으로 통제되는

---

* 아프리카 중동부의 공화국이었으나 1964년 잔지바르와 합병해 탄자니아가 되었다.

유럽 시장의 경제적 힘에 맞서려면 다소 느슨한 카르텔 협정을 여러 개 만드는 것만으로는 충분하지 않다. 생산의 규제, 국제무역의 중앙 통제와 함께 계획경제에 기반해 관리되는 서반구 전체를 포함하는 단일 광역경제 비슷한 것만이 중앙집권화된 유럽의 힘에 대항할 수 있다.

경제 전선의 가능성

자발적인 협력에 의해 그러한 변화가 일어날 가능성은 얼마나 될까? 지금까지의 징후로 볼 때, 그 가능성은 실로 매우 적다고 예상해도 무방하다. "관세동맹"은 1889년 이래로 미주회의의 안건이 되었지만, 블레인 국무장관이 첫 회의를 소집했을 때로부터 더 진전되지 못했다. 서반구는 상대적으로 자유무역 시기에 경제를 발전시켰고, 지리적, 천연자원적 측면에서 유럽 시장을 위한 제품으로 특화되었다. 미국은 이제 산업화되었지만 여전히 주변국의 농업 생산량은 물론이고 자국의 농업 생산량도 다 흡수할 수 없다. 서반구 인구의 절반이 아마 현대의 영양 기준상으로 불충분한 식사를 하고 있겠지만, 생활 수준이 상당히 향상된다 하더라도 보통은 유럽으로 가던 잉여 상품들을 즉시 흡수하지는 못할 것이다.

미국에는 온대 지역에 두 개의 고도로 생산적인 농경지와 대서양 연안에 단일한 산업 지역이 있기 때문에, 서반구의 다른 지역에서 경제생활을 완전히 전환하지 않는 한 폐쇄 경제를 만들 희망은 없다. 미국은 이미 농업 시스템의 기본 특성을 바꾸려고 밀, 면화, 담배의 재배를 줄이고, 육류, 유제품, 과일, 야채의 재배를 늘리는 프로그램을 시작했다. 그러나 서반구의 다른 국가들도 비슷한 변화를 감내할 수 있을지는 의심스럽다. 가장 큰 희생은 캐나다의 프레리 지역과 라플라타강 유역의 비옥한 지역에서 치러야 할 것이다. 캐나다는 밀 생산량을 줄여야 하고 아르헨티나는 밀, 옥수수, 아마 씨, 그리고 육류 생산량을 줄여야 할 것이다.

그러한 폐쇄적인 서반구 경제를 만들기 위해 필요한 변화들은 어느 누구도 자발적으로 감수하려 하지 않는 희생과, 부분적으로는 보편적 경제 이데올로기에서 기인하는 어려움을 수반할 것이다. 유럽 경제가 변화하고 있는 것은 사실이지만, 그것은 정복자에 의해 그리고 대중의 바람에 반하여 변화하고 있다. 100년 동안 민족주의를 주입한 결과 지금은 군사적인 측면에서 국방을 위해 개인의 희생이 필요하다는 것을 받아들이고 있지만, 경제적인 측면에서는 국방에 대한 희생을 받아들이는 것에 견줄 만한 합의가 없다. 오히려 개인주의와 자유방임주의가 결합된 민족주의는 국내 시장에서 특수한 이익은 보호받고 우선권을 받아야 한다는 이데올로기를 만들어냈다. 개인이 싸우고 죽어야 할 수도 있다는 것을 받아들이고 특정 도시가 폭격당하고 파괴될 수도 있다는 것은 당연시하지만, 국가의 특정 영역이 경제적으로 재구성되어야 한다는 것은 불합리해 보인다.

자발적 협력으로는 독일이 통제하는 유럽의 힘에 대항할 경제 방어 시스템을 만들 수 없을 것이다. 이것은 미국이 강압적인 수단으로만 공동의 경제 전선을 형성할 가능성이 있다는 것을 상당히 솔직하게 직시해야 함을 의미한다. 경제적 압력과 관련해 미국의 힘은 지역에 따라서 꽤 다양하다. 캐나다에서는 미국이 가장 중요한 시장이므로 강압 없이 필요한 압력을 행사할 수 있다. 아메리카 지중해와 중미 지역도 마찬가지다. 광물 구매가 증가하면 남아메리카 서쪽 해안을 따라 미국의 입지가 바뀔 것이다. 볼리비아의 주석 수출 전체, 페루 및 칠레산 구리와 기타 전략 원자재의 매우 많은 양이 미국으로 흘러 들어가면, 전체 수출 중 미국에 대한 비중은 50퍼센트를 훨씬 웃돌 것으로 보인다. 그러면 그 산악 국가들의 경제생활을 미국의 영향권 안에 두고, 그들의 정치생활과 상업 정책에서 강력한 목소리를 낼 수 있을 것이다.

　남아메리카 동부 해안의 온대 지역에서 미국의 지위는 훨씬 덜 강력하다. 미국의 재무장에 수반되는 구매 증가를 통해 브라질에서 미국의 입지는 크게 개선되었지만, 미국이 커피콩의 추가적인 용도를 찾아내지 않는 한 그들의 주요 시장이 될 수 있을지는 의문이다. 한편 그 무엇도 미국을 라플라타 배수 유역, 즉 아르헨티나의 주요 구매자로 만들 수는 없다. 비슷한 상황이라면 독일은 절대 삼가지 않았겠지만 미국은 지금까지 사용을 거부해왔던, 강압이라는 방법을 고려할 수 있을 것이다. 미국은 양자주의를 적극적으로 사용해 다른 라틴아메리카 국가들이 아르헨티나 대신 미국의 밀을 사도록 강요할 수 있고, 이로써 서반구에서 아르헨티나의 주요 수출 시장을 차단할 수 있다.

그러나 이러한 강압 정책이 성공할지, 혹은 비용에 상응하는 결과를 얻을지는 결코 확신할 수 없다. 서반구가 봉쇄된 상황에서 미국과 관련된 아르헨티나의 지위는 상당한 힘을 갖게 될 것이다. 유럽과 아시아가 폐쇄된 상태에서, 그들은 미국에 안티몬, 형석, 망간, 운모, 주석, 텅스텐의 2차 공급원이 될 것이고, 양모, 가죽, 아마 씨, 그리고 무두질 재료에 필요한 케브라초의 부족분을 보충해줄 유일한 지역이 될 것이다. 게다가 라플라타강 지역의 주요 수출 작물은 유럽에서도 선호되고 있어 미국이 가져갈 몫이 없을 수도 있다. 따라서 미국이 구매를 거부하는 것은 강압을 위한 수단이 되지 못할 것이다. 오히려 그 몫은 다른 곳으로 갈 가능성이 꽤 높다. 히틀러는 아르헨티나의 모든 제품을 유럽으로 수출하고 어떤 전략 원자재도 미국에 보내지 않는다는 조건에서만 그들과 거래할 것이다. 그러면 미국은 서반구 방위의 기반인 경제 시스템을 아르헨티나 없이 운용해야 할 가능성에 직면해야 한다. 아르헨티나가 없다면 수출 문제는 더 간단해지겠지만, 그들의 부재는 미국의 전쟁 산업을 위한 전략 원자재 조달 문제를 악화시킬 것이다.

서반구의 경제 패턴에 대한 우리의 분석은 강점보다는 약점이 더 많다는 것을 보여준다. 만약 서반구가 통합될 수 있다고 해도, 최소한의 부분적인 방어는 할 수 있겠지만 여전히 구세계에 저항할 수는 없을 것이다. 그리고 불행하게도, 지리학과 경제사 측면 모두에서 아메리카 대륙은 통합하기에 적합하지 않다. 아메리카 국가들은 필수 원자재를 자급자족하는 광역경제 지역으로 변형하거나 대양 너머의 시장들로부터 독립할 수 없을 것이다. 전체주의와 전쟁을 치르는 동안 경제적 의존은 정치적 의존을 의미하며, 따라서 서반구는 필연적으로 지역 바깥의 통제에 굴복해야 할 것이다. 정복하지 않고는 통합이 불가능하기 때문에 신대륙은 22개의 독립 주권국가로 계속 운영될 것이고, 각각은 독자적인 경제 정책을 추구할 것이다. 이것은 일단 전체주의 제국들이 해외에서 승리를 거두고 상업적 독점권을 확립하면 경제적 압력을 통해 남아메리카 국가들을 미국에서 분리함으로써 어떠한 제한적인 협력이 형성되어 있더라도 파괴할 수 있다는 것을 의미한다.

남아메리카에 대한 패권 다툼에서 미국이 보유한 경제적 강제력은 독일이 지배하는 환대서양 지역의 힘을 무력화하기에 불충분하다. 독일-일본 연합군이 두 대양 너머의 지역을 장악하게 되면, 미국은 남아메리카를 얻기 위한 전투에서 패배할 것이다. 그날, 미국은 군비 프로그램에 필요한 서반구의 원자재 공급원을 더 이상 이용할 수 없게 될 것이다. 미국은 아메리카 지중해 국가들을 계속 통제할 수 있을 것이고, 어쩌면 미국이 소비할 수 없는 더 남쪽 국가들의 수출품을 구매하면서 그들의 협력을 얻을 수도 있겠지만 그런 프로그램을 무한정 지속할 수는 없다. 독일-일본 연합이 해외에서 승리하지 못하게 하고 힘의 균형을 유지해야만, 이로써 거대한 독점권의 수립을 막아야만 아마존강 이남 국가들의 독립과 미국의 전쟁 수행 잠재력 유지가 가능할 것이다.

제12장

신세계의 정치 패턴

고려 사항:

아메리카 사람들은 공화제의 유사성, 평화를 위한 흔들림 없는 의지, 인간애와 관용에 대한 깊은 공감, 그리고 평등한 국가 주권과 종교나 인종적 편견 없는 개인의 자유라는 국제법 원칙을 절대적으로 고수하면서 정신적 통합을 이루어냈다._미국 정부

선언:

첫째, 그들은 대륙 연대와, 연대의 기초가 되는 원칙을 유지하기 위해 협력하려는 그들의 목적을 재확인한다._리마 선언

이전 장들에서는 서반구의 이념적, 사회적, 경제적 자원을 열거하고 그것들이 정치적 통합 정책에 사용될 수 있는 정도를 보여주었다. 이 장에서는 그러한 통합 정책에 예상되는 정치적 저항을 추정하기 위해 신대륙의 정치적 구성을 비롯해 대륙의 대국들이 대양 너머 지역과 맺고 있는 관계를 분석할 것이다. 북아메리카와 남아메리카의 정치인들 사이에서 경쟁적으로 나타나는 의례적 친절과 상호 존중에도 불구하고, 서반구는 여전히 독자적인 외교

정책을 추구하는 22개의 독립 주권국가로 구성되어 있다. 이렇게 다양하게 운영되는 행위자들을 독일-일본 연합에 대항해 공동 방어 정책에 헌신할 수 있는 단일하고 응집력 있는 그룹으로 변화시킬 가능성은 얼마나 될까?

제3제국이 구세계에서 확장과 정복 계획을 크게 성공시킬 수 있었던 것은 그들이 힘의 정치의 본질을 철저히 이해하고, 외교의 효율성과 기술로 자신들에게 대항하는 집단행동을 차단한 덕분이었다. 1936년 독일보다 군사력과 경제력이 무한히 강했던 유럽 국가들은 독일의 재무장을 막지 못했을 뿐만 아니라 그들의 첫 번째 정복 행위를 저지하기 위해 힘을 모을 수도 없었다. 독일은 고립주의, 민족주의적 적대감, 역사적 불신을 이용해 통일된 유럽의 형성을 막고, 국제연맹 체제에 남아 있는 집단 안보의 그 어떤 것도 이용하지 못하게 했다. 유럽 국가들은 이미 너무 늦어버릴 때까지 어떤 통일된 입장도 끌어낼 수 없었다. 독일의 적들은 분열되고 서로 의심했으며, 제3제국은 그들을 하나씩 정복하면서 각각의 정복을 다음 희생자의 측면을 포위하는 움직임의 출발점으로 삼았다. 함께 대응할 수 없었기에 유럽의 국가들은 따로따로 교살되었다.

신대륙이 구세계의 경험을 학습해 자기 보존을 위해 하나의 블록으로 결합할 수 있다고 가정할 특별한 이유는 없다. 서반구는 유럽과 같은 불신, 같은 갈등, 같은 국가적 야망, 그리고 "분할해서 지배 divide et impera"하는 정책을 실현할 같은 기회를 품고 있다. 독립전쟁과 구세계로부터의 해방 이후 선견지명이 있는 사람들은 유럽의 위협에 대항하는 아메리카의 공동 정치 전선을 희망했지만, 스페인의 식민지들은 공동 행위를 하거나 볼리바르*가 꿈꾸던 연방을 건설할 수 없었다. 앵글로색슨 아메리카의 정치적 발전은 팽창과 통합으로 이루어졌지만, 라틴아메리카에서는 구분과 분리가 진행되었다. 이러한 파열의 일부는 스페인 제국의 옛 행정구역의 경계선을 따라 일어났고, 다른 일부는 지역 독립주의, 의사소통의 어려움, 강력한 중앙 정부의 부재로 초래되었다. 스페인과 포르투갈이 지배했던 지역은 결국 20개의 독립국으로 대체되었다.

스페인의 통치를 받던 지역은 대체로 지리적 요인에 따라 4개의 부왕령으로 나뉘었다. 누에바에스파냐New Spain의 부왕령은 멕시코와 5개의 중앙아메리카 국가가 되었고, 누에바그라나다New Granada 부왕령은 4개의 독립된 정치 단위로 발전했다. 베네수엘라는 1830년에 분리 독립했고, 남은 영토는 콜롬비아 공화국에 넘겨주었다. 페루 부왕령은 칠레와 페루가 되었고, 라플라타 부왕령은 4개의 국가로 바뀌었다. 라플라타는 원래 안데스산맥과 브라질 사이, 안데스산맥과 남대서양 사이의 모든 영토를 포괄했다. 그중 많은 부분이 아르헨티나 공화국이 되었고 나머지는 브라질과 아르헨티나 사이에 있는 세 개의 완충국, 즉 볼리비아, 파라과이, 우루과이가 되었다.

독립 이후 100년간 각국의 차이점이 부각되었다. 옛 분쟁에 대한

---

* 시몬 볼리바르(1783~1830)는 베네수엘라 출신으로, 남아메리카 국가들에 대한 스페인의 식민 지배를 종식하는 데 앞장섰던 인물이다. 이에 라틴아메리카의 해방자로 일컬어진다.

생생한 기억 위에 격렬한 애국심, 민족적 자부심, 현재의 적에 대한 날카로운 감정이 더해졌다. 아르헨티나인과 칠레인은 같은 대륙이라는 추상적인 개념이 아니라 현재의 국기에 대해 전통적이고 감정적으로 반응하며, 이것은 북쪽에서도 마찬가지로 나타난다. 캐나다인과 미국인들도 앵글로색슨계 아메리카인이라는 유사점보다는 국가적 차이점을 더 잘 인식하고 있다.

갈등 지역

서반구 정치 구도의 기본 양상은 유럽과 다르지 않다. 그것은 국경 분쟁, 경제 경쟁, 세력 투쟁과 같은 국제관계에서 갈등을 일으키는 요소들을 포함하고 있다. 신대륙에도 과거에 전쟁이 있었고, 미래에 피비린내 나는 충돌이 없으리라고 가정할 이유는 없다. 1830년대에 아르헨티나와 칠레는 볼리비아의 독재자 안드레스 산타크루스가 만든 볼리비아-페루 연방에 대항해 세력 투쟁을 벌였다. 1879년 칠레는 북쪽의 이웃들, 즉 페루 및 볼리비아와 다시 한번 싸웠는데, 이때 질산염이 풍부한 페루의 타라파카주를 정복했고, 볼리비아 아타카마주의 해안 지역을 정복해 해안으로 가는 유일한 접근로를 차단했다.* 아르헨티나와 브라질은 우루과이를 두고 두 번의 전쟁을

---

* 이것을 남아메리카 태평양전쟁이라고 부른다. 남아메리카 서부 연안의 광물 영유권을 놓고 볼리비아-페루 동맹군과 유럽의 지원을 받는 칠레 사이에서 1879년부터 1884년까지 벌어진 전쟁이다.

치렀다. 그리고 1865년부터 1870년까지 이 세 나라는 힘을 합쳐 파라과이와 치열하고도 격렬한 투쟁을 벌였으며, 이 싸움으로 인해 작은 내륙 공화국 파라과이는 남성 인구의 절반 이상을 잃었다. 같은 지역에서 60년 후에 또 다른 격렬한 경쟁이 있었는데, 1932년에서 1935년까지 파라과이와 볼리비아가 그란차코를 차지하기 위한 경합을 벌였다.* 이 전쟁들 외에도 소소한 국경 분쟁이 매우 많았다.

미국 내에서 있었던 인디언과의 전쟁은 전쟁으로 보지 않았고 인디언 영토의 점령은 정복으로 평가하지 않았다. 그러나 미국은 1812년 캐나다에서, 1848년 멕시코에서 싸웠다. 그리고 1898년 쿠바에서 싸우며 아메리카 지중해에서 무수한 상륙작전을 펼쳤는데, 미국의 적들은 저항하기엔 너무 약했기 때문에 대부분의 상륙은 누구의 저지도 받지 않았다. 19세기 동안 유럽에 비해 서반구에서 분쟁이 적었던 것은 사실이지만, 중재를 통해 평화적으로 해결했던 인상적인 경험에도 불구하고 신대륙의 역사는 결코 우리가 믿고 싶어하는 만큼 평화롭지 않았다.

역사와 지리는 현재 서반구의 정치적 윤곽을 형성하고 있는 대립과 제휴를 만들어냈다. 남아메리카의 서쪽 해안을 따라 위치하는 칠레와 페루 사이의 전통적인 대립, 해결되지 않은 볼리비아의 해양 접근로 문제, 그리고 에콰도르와 페루 사이의 100년 된 분쟁 등이 여전히 존재하고 있다. 칠레와 페루 사이의 대립은 이웃 국가들 사

---

* 차코전쟁이라 한다.

이에 발생하는 일반적인 마찰 요소들과 더불어 남아메리카 태평양 전쟁이 남긴 쓰라린 유산을 포함하고 있다. 1883년 비준된 안콘 조약으로 페루는 칠레에 타라파카주를 빼앗겼을 뿐만 아니라, 타크나와 아리카 지역에 대해 10년 동안 칠레의 점령을 받아들여야 했다. 10년의 점령 후 이 지역의 운명은 주민투표로 결정될 예정이었으나 투표는 결코 실시되지 않았고, 이 문제는 두 나라 사이에 미해결 과제로 남겨졌다. 미국이 1925년에 이 분쟁의 중재를 시도했지만 성공하지 못했다.

칠레와 페루의 분쟁 지역 중 천연 질산염 광상지역은 한때 엄청난 부의 원천이었지만 질산염을 인공적으로 만들 수 있는 공정이 발명된 이후 중요성은 크게 떨어졌다. 이 지역을 제외한 분쟁 지역은 매우 건조한 사막일 뿐 아무런 가치도 없다. 공식적으로 그 문제는 양국 간의 직접 협상으로 종결되었다. 1929년 이뤄진 협정에서 아리카주는 칠레가 유지하되, 타크나주는 600만 달러의 보상을 받고 페루에 반환하기로 했다. 이러한 해결에도 불구하고 쓰라렸던 반목의 기억은 남아 있고 두 국민 사이에 어떤 우호적인 감정도 없다. 두 나라 중 칠레의 국력이 훨씬 더 강해서 의심할 여지 없이 북쪽의 페루로부터 추가 영토를 정복할 수도 있었지만, 미래 서부 해안의 평화를 위해서는 다행히도, 페루 남부 지역은 비용을 들여 군사작전을 펼칠 만한 가치가 거의 없다.

볼리비아는 남아메리카 태평양전쟁 이후 내륙 국가가 된 것에 대해 지금까지 어떠한 보상도 받지 못했다. 그들은 칠레에 도전할 만큼 강하지 않기 때문에 미국, 아르헨티나, 국제연맹에 호소하는 방법을 취했지만 그 노력은 허사로 돌아갔다. 그들은 아리카에서 라파스까지 철도를 이용할 법적 권리를 가지고 있지만 여전히 내륙 국가로 남아 있다. 현재의 전쟁에서 버마 도로가 중국에 외부 세계와의 유일한 교통로를 제공하는 것처럼, 파라과이와의 차코전쟁 동안 아리카-라파스 노선은 볼리비아에게 바깥세상과 소통할 수 있는 유일한 교통로였다. 그러나 이것의 이용은 여전히 칠레의 호의에 달려 있다. 볼리비아에서 해양에 접근할 수 있는 다른 모든 경로도 외국의 호의에 기대야 한다. 태평양으로 가는 두 번째 출구는 페루에 의존하고 있고, 대서양 쪽 출구는 아르헨티나나 브라질을 통해야만 한다.

또 다른 오랜 분쟁이 서부 해안 국가들 사이, 즉 페루와 에콰도르 사이에 여전히 미해결로 남아 있다. 분쟁 지역은 아마존 분지의 상부로, 두 개의 큰 남아메리카 분쟁 지역 중 하나다. 아마존강 서쪽 지류가 빠져나가는 이 영토는 브라질이 베네수엘라, 콜롬비아, 에콰도르, 페루, 볼리비아와 만나는 인구가 적은 열대림 지역이다. 안데스산맥은 아마존강 원류를 포함하고 있지만, 안데스 국가 모두는 태평양 쪽에서 대서양으로 흐르는 아마존강 유역을 국경으로 삼지 못하고 산맥의 동쪽 경사면을 차지하고 있었다. 제1차 세계대전 이후까지 이 열대 지역의 주요 생산물은 고무였다. 생산된 고무의 최종 목적지는 북대서양 주변의 산업 중심지였는데, 아마존강을 통하면 가장 쉽게 도달할 수 있었다. 그러므로 남아메리카 서쪽 국가들이 동쪽 경계를 거대한 아마존강의 지류를 따라 하류로 확장하려 했다는 것은 놀라운 일이 아니다. 증기선 항해 덕분에 거대한 아마존 분지를 동쪽에서 관통할 수 있게 되었고, 브라질이 아마존강 상류로 확장하면서 하류로 이동하려는 서쪽 국가들과 부딪쳤다.

이처럼 상충되는 확장 때문에 생긴 브라질과 주변국들 사이의 국경 분쟁은 현재 해결되었지만, 서쪽 국가들 사이의 마찰은 계속되고 있다. 최근 몇 년 동안 가장 활발하게 동부 팽창을 추진한 것은 페루인데, 그들은 안데스산맥을 가로질러 열대 저지대로 가는 더 좋은 루트라는 지리적 이점을 가지고 있다. 아마존강의 이키토스는 페루인의 정착지로, 상업활동의 중심지이자 아마존 분지 상류에서 페루의 힘을 확산시키는 지점이다. 이러한 확장은 몇 년 전 콜롬비아와의 국경 분쟁으로 이어졌고, 이른바 레티시아 분쟁은 결국 국제연맹에 의해 해결되었다. 더 심각하고 해결되기 힘든 페루와 에콰도르 사이의 분쟁은 에콰도르의 동부 안데스산맥 쪽 거의 전체에 해당되는 영토에 대한 것이다. 에콰도르는 스페인 지배 시대에 이 지역이 항상 키토(에콰도르의 수도)의 지배를 받았다는 사실을 언급하면서 역사에 근거해 소유권을 주장한다. 페루는 이 지역을 실질적으로 통제하고 있고 지리적으로도 중심지인 이키토스에 예속되어 있다는 자연적인 사실에 근거해서 주장하고 있다.

페루와 에콰도르의 세력관계는 전자에 유리하고, 제삼자가 분쟁에 개입하지 않는 한 에콰도르는 결국 아마존 분지의 동쪽 경사면뿐만 아니라 태평양 해안의 산악지대까지 잃을 것이다. 안데스 산악지대에서는 에콰도르가 페루와 콜롬비아 사이의 완충국이지만, 오리엔테 지방*에서는 페루와 에콰도르가 푸투마요강을 공통의 긴 국경으로 삼고 있다. 최근의 레티시아 분쟁에서 알 수 있듯이 이것은 결코 확정된 경계가 아니다. 에콰도르의 존속을 지지하는 것은 물론 콜롬비아의 이익에 부합하지만, 콜롬비아의 지형과 상대적인 힘, 주로 카리브해 지역을 향해 있는 정치적 정향이 페루와의 전쟁을 감수하면서까지 이 이익을 지키게 만들지는 의문이다. 지역 세력균형은 평화 유지에 도움을 주지 못하기 때문에 만약 에콰도르의 생존이 중요하다면, 페루를 저지하기 위해서 인접하지 않은 국가의 도움이나 국제적 조치가 있어야 한다. 최근의 적대 행위는 중재 제의로 이어졌고, 두 국가는 아르헨티나, 브라질, 미국의 조정을 받아들였다. 물론 페루는 마지못해 받아들였다.

남아메리카의 미래를 위해 더 중요한 것은 이 대륙의 또 다른 큰 분쟁 지역인 라플라타강 유역에서의 세력 투쟁이다. 이곳의 주인공들은 라틴아메리카의 가장 강력한 두 국가이며, 승리의 대가는 남부 대륙에 대한 리더십과 지배권이다. 한쪽은 아르헨티나로, 영토의 대부분이 온대 지역이고 대륙에서 가장 부유한 농경지를 소유하고 있으며, 제국을 꿈꾸는 활기찬 백인 인구로 구성되어 있다. 반대쪽은 브라질인데, 라틴아메리카에서 가장 큰 국가로 인구는 아르헨티나보다 세 배 이상 많고, 광물자원도 더 풍부하다. 남아메리카의 정치

---

* 안데스산맥의 동쪽에 있는 에콰도르의 한 지방.

구조에서 이 갈등은 서유럽의 독일-프랑스 갈등, 동유럽의 옛 오스트리아-러시아 갈등과 같은 중요성을 갖는다.

라플라타 부왕령에는 아르헨티나뿐 아니라 볼리비아, 파라과이, 우루과이가 포함되어 있었고, 부에노스아이레스에는 이 도시가 나머지 지역의 경제적, 정치적 수도가 되는 날을 꿈꾸는 애국지사들이 있다. 이러한 팽창은 완충국을 파괴하고, 브라질과 접촉하는 긴 국경선을 형성하며, 상대적인 힘을 크게 증가시킬 것이다. 지금까지의 팽창은 주로 경제 침투의 형태였다. 아르헨티나의 자본은 우루과이와 파라과이로 유입되고 있고, 부에노스아이레스에 본사를 둔 사업체들은 볼리비아에서 점점 더 중요해지고 있다. 위대한 라플라타 공화국 아르헨티나는 볼리비아 쪽 그란차코 지역의 석유 자원에 아주 특별한 관심을 보여왔다. 이 석유가 개발되어서 좋은 시장에 도달하려면 파이프라인, 철도, 하천 교통의 결합이 필요할 텐데, 이 모든 것은 현재 아르헨티나의 통제하에 있다.

팽창에 대한 아르헨티나의 꿈이 실현되면, 코룸바(브라질 남부)에서 상파울루까지 철도를 이용해 볼리비아 동부의 많은 지역을 개척하려는 브라질의 희망이 깨지고, 힘의 균형도 브라질에 불리하게 바뀔 것이다. 그러므로 브라질은 남쪽 이웃의 열망에 단호히 반대하고 있다. 이러한 갈등과 세력에 대한 고려는 분쟁의 직접적인 요인과 거리가 먼 것까지 포함한 생활의 모든 측면에 스며든다. 따라서 1937년 미국이 브라질에 노후한 구축함을 도입하도록 제안했을 때 아르헨티나가 격렬하고도 명확하게 반대했다는 것은 꽤 이해할 만

하다. 그러나 두 경쟁자 중 어느 한쪽이 더 많은 차관, 더 많은 군사 친선 임무 또는 더 많은 명예 학위를 받는 경우 미국에 대해 드러내는 질투와 짜증까지 이해하기 위해서는 남아메리카인의 기질 및 그들이 명예와 위신에 부여하는 중요성에 대한 어느 정도의 지식이 필요하다.

갈등과 연합

역사적 갈등과 현재의 지리에서 남아메리카 국제관계의 정치적 패턴이 나타난다. 그것은 아직 고정적이고 견고한 동맹 체계로 확립되지 않았지만, 이합집산하는 행위에서 유럽의 패턴과 다르지 않은 모습을 보여준다. 남아메리카의 경우 그 중심핵은 아르헨티나와 브라질 사이의 대립이며, 이 중심을 둘러싸고 다른 연합을 형성하고 있다. 칠레와 페루 사이에 부차적인 대립이 있기 때문에, 이 두 국가는 중심 분쟁국들과 논리적으로 타당한 관계를 맺는다. 페루는 반칠레와 친아르헨티나, 칠레는 반페루와 친브라질이다. 공식적인 조약으로 표현되지는 않았지만, 이 연합은 1914년 유럽에서 벌어진 독일–오스트리아와 프랑스–러시아의 경쟁과 유사한 정치적 잠재력을 가진 4강의 갈등을 담고 있다.

남아메리카에서 국가 간 세력 투쟁은 아직 유럽에서와 같은 강도로 진행되지 않았다는 것을 기억해야 한다. 주된 이유는 거주자들의 평화로운 본성 때문이 아니다. 잘 알려진 바와 같이 부분적으로는 폭력에 대한 미국의 반대 때문에 억제되었지만, 훨씬 더 큰 이유는 아직 어떤 대국도 자국 내의 이용 가능한 경제 자원을 완전히 개발하지 못했기 때문이다. 인구밀도와 경제 생산성이 국가 경계를 넘어 바깥으로 통제할 수 없는 압력을 발생시킨다는 이론에 근거해 보면, 더 많은 레벤스라움lebensraum(생활권)의 필요성을 주장할 만한 국가가 아직 없다. 그러나 더 많은 경제 개발과 인구 증가, 그리고 더 강도 높은 채굴이 진행되면 대륙의 일반적인 양상은 유럽과 더 닮기 시작할 것이고, 그러면 정치 문제와 세력 투쟁은 불가피하게 첨예화되며 격화될 것이다.

서반구의 정치 구도는 남아메리카의 4대 강국 사이의 관계뿐만 아니라, 이 강대국들과 미국의 관계, 그리고 미국과 아메리카 지중해 국가들의 관계까지 포함해서 형성된다. 이 관계들에서 갈등은 적어도 협력만큼이나 두드러진다. 그것은 이 책에서 자주 언급되는 두 가지 요소를 포함하고 있다. 첫 번째는 자본주의적 제국주의 채권자와 자본주의화되기 전의 민족주의 채무자 사이의 이해 충돌에서 비롯되는 경제적 측면의 요소이고, 두 번째는 미국과 서반구 다른 국가들 사이의 엄청난 힘의 불평등에서 파생되는 정치적 측면의 요소다.

채무자와 채권자 사이의 이해 갈등은 응어리와 마찰로 이어졌고, 앵글로색슨 아메리카와 라틴아메리카 지역 사이의 우호관계를 방해했다. 투자를 보호하고자 하는 미국의 열망은 아메리카 지중해 지역의 특별한 전략적 중요성과 결합되어 이 지역 국가들의 내정에 많은 개입을 하도록 자극했고, 이런 개입은 "선린 외교정책"의 채택 후에야 끝났다.

채권자와 채무자의 관계에 내재된 문제와는 별개로, 미국과 라틴아메리카 국가 간의 관계는 거대한 북쪽 국가에 대한 리오그란데강 이남의 국가들이 안고 있는 두려움과 의심으로 인해 교란되고 있다. 대부분의 경우 미국의 힘의 우위는 불안과 걱정의 원인이었지만, 적어도 한동안은 라틴아메리카 국가들이 미국의 약함을 개탄했다. 미국 남북전쟁 동안 유럽 열강은 미국이 먼로독트린의 침해에 저항하지 못하는 틈을 이용해 아메리카 지중해에서 자신들의 입지를 확장하고 더 남쪽에 있는 국가들을 위협했다. 프랑스군은 멕시코로, 스페인군은 도미니카 공화국 산토도밍고로 침입했고, 칠레와 페루에서 보인 그들의 행동은 재정복에 대한 새로운 시도를 예고하는 듯했다.

그 후로 미국의 힘은 엄청나게 성장했고 라틴아메리카 국가들이 가장 두려워하는 위협이 되었다. 중앙아메리카에서의 필리버스터 원정,* 스페인과의 전쟁, 태프트와 녹스의 달러외교, 그리고 시어도어 루스벨트의 먼로독트린 해석**은 모두 미국에 대한 타당한 공포

---

* 스페인어 필리부스테로Filibustero에서 유래한 용어로, 본국의 승인을 받지 않고 외국에 무허가 군사원정을 나간 사람을 일컫는다. 1848년 미국-멕시코 전쟁이 끝난 뒤부터 1860년 즈음까지, '필리버스터'는 미국에서 쿠바, 멕시코, 니카라과 등지를 '해방' 또는 합병하려는 목적으로 사적인 군대를 조직해 정부 승인을 받지 않은 불법 군사 원정을 떠나는 행위 또는 인물을 의미했다.

** 1904년 루스벨트는 먼로독트린의 개념을 더 확장해 라틴아메리카에 대한 비非아

를 조성하는 데 기여했다. 앞으로 과거보다 더 자제하는 모습을 보여주겠다고 아메리카 지중해 연안 국가들에게 탄원하면서 미국의 패권적 지위를 받아들이게 하는 것 외에 다른 정책이 있을 수 없다. 남아메리카의 네 강대국에는 이론적으로 두 가지 정책 대안이 있지만, 과거에 어느 것도 성공하지 못했다. 즉 그들은 미국에 대항하는 대륙 동맹을 만드는 데 실패했고, 유럽을 이용해서 북쪽의 거인과 균형을 맞추려는 꿈도 지금까지 실현되지 못했다.

역외 지향성

다른 지역과 마찬가지로 갈등과 반목, 국경 분쟁과 경제 경쟁, 힘과 명성을 위한 투쟁은 모두 서반구 정치생활의 일부다. 그것들은 신대륙 국가들이 유럽의 국가들보다 평화를 유지하는 데 더 성공적이지 못한 이유를 부분적으로 설명하지만, 그것들의 존재는 평화의 실패에 대한 설명이 아니라 국제기구가 필요한 이유가 된다. 서반구의 정치적 문제를 이해하는 데 훨씬 더 중요한 다른 이유들이 있다. 최근 몇 년간 양쪽 대양 너머에서 오는 직접적이고 명백한 위협을 제외하고, 아메리카 국가들은 항상 서로보다는 유럽과 아시아에 더 많은 관심을 가졌고, 산맥 너머의 이웃 국가들에서 일어나는 사건보

메리카 국가들의 개입을 반대하고 미국이 이 지역 국가들에 대해 경제적, 군사적으로 개입할 권리가 있다고 주장했다.

다 대양 건너의 발전과 더 밀접하게 연관되어 있었다. 캐나다도, 미국도, 아르헨티나도 평화의 시기에는 아메리카 통합에 관심이 없으며, 이 사실이 정치적으로 통합된 서반구 지역이 지리적으로 타당한가에 대한 중대한 의문을 던지고 있다.

캐나다는 어떤 미주회의에도 참가한 적이 없다. 1931년 웨스트민스터 헌법이 통과된 이래 실질적으로는 자유롭고 독립적인 국가지만, 여전히 영연방의 구성원으로 남아 있으면서 전통과 경제적 유대 때문에 다른 어떤 정치체보다 대영제국과 더 긴밀하게 통합되어 있다. 최근의 발전으로 미국과 친밀한 경제적 관계를 유지했지만, 캐나다는 서반구의 나머지 지역들과 거의 접촉하지 않고 있다. 공화국만 가입할 수 있도록 제한하는 현행 미주연합 규약 때문에 부적격해서가 아니라 캐나다인들이 대체로 대양 건너편으로의 지향성을 갖고 있기 때문에 모든 모임에 불참한다고 설명할 수 있다.

서반구의 최남단에 있는 거대한 공화국 아르헨티나는 정치적 통합으로 이어지는 공동 행동에 캐나다와 거의 똑같이 참여하기를 꺼려왔다. 아르헨티나는 서반구가 정치 조직을 위한 타당한 지역이라는 개념을 원칙적으로 거부한다. 문학계에서는 이 개념에 관심이 있었지만, 역사를 통해 볼 때 아르헨티나 역대 정부는 통합 계획에 반대해왔다. 위대한 해방운동가 볼리바르가 신대륙을 위해 그렸던 아메리카 연맹에 대한 열정은 없었고 오늘날까지 전혀 생겨나지 않았다. 아르헨티나는 범미주의를 부활시키려는 미국의 시도에 반대했고, 1898년 블레인이 소집한 미주회의에서 미국의 제안에 대항해 싸웠으며, 그 후로도 비협조적이었다. 이유는 명확하고 구체적이며, 그 입장은 완벽하게 이해된다. 아르헨티나는 우선 자신과 가장 친밀한 관계에 있는 것은 유럽이지 북아메리카나 남아메리카의 다른 국가가 아니라는 사실을 강조한다. 아르헨티나는 두 대륙을 포괄해 범아메리카로 묶는 것을 반대하는데, 부분적으로는 대서양 너머 지역과의 관계와 유럽에 대한 지향성에 역행하기 때문이고, 더 구체적으로는 범아메리카로 묶는 것이 장기적으로 라틴아메리카에 대한 미국의 패권적 지위를 강화시킬 것이기 때문이다. 아르헨티나는 남아메리카 국가들만의 정치적 통합에도 비슷한 강도로 반대하는데, 이유는 유럽과의 긴밀한 경제적 유대감과 그리고 백인 구성원이 더 적은 몇몇 다른 공화국에 대한 어떤 인종적 우월감 때문이다. 그들이 남부 대륙에 초국가적 세계를 구상한다면, 그것은 민주적 원칙에 입각한 평등한 국가들의 조직이 아니라, 자신을 지도자로 하는 패권적 조직일 것이다.

대양 건너편에 대한 비슷한 지향성은 미국 외교정책의 특징이기도 하다. 서반구에 초점을 맞춘 정책인 먼로독트린조차 실제로는 유럽을 향하고 있다. 가장 중요한 관계는 구세계의 환대서양 및 환태평양 지역과의 관계다. 그리고 이 지역에서 일어나는 일이 세계의 정치적 운명을 형성하고 미국의 지위를 결정한다. 라틴아메리카 국가들은 약하기 때문에 미국의 안보를 직접적으로 위협할 수 없고, 그 사실 때문에 그들과 워싱턴과의 관계는 결코 유럽 및 아시아 강대국들과의 관계만큼 중요할 수 없다.

라틴아메리카는 부분적으로 미국의 안전을 보장하기 위해 보호되어야 했던 완충 지대였고, 부분적으로는 시장이자 원자재 공급원이었다. 미국이 현재의 범미주의 운동을 고취시키고 주된 지도력을 발휘하고 있지만, 이 정책이 원래는 정치적 고려에서가 아니라 경제적 고려에서, 남쪽 이웃들의 시장에서 특혜를 갖고자 한 열망에서 영감을 받았다는 사실을 잊어서는 안 된다. 만약 미국이 정치적 통합을 생각했다면 그것은 북아메리카 대륙과 아메리카 지중해 지역에 대한 패권 체제였다. 즉 미국이 자국의 힘과 먼로독트린이 주장하는 보호 기능을 기반으로 개입권을 가진 지도자 역할을 하는 체제였다. 미국이 권력의 불평등 대신 법적 평등권을 기반으로 하고 전체 서반구를 포괄하는 정치체제의 장점으로 눈을 돌린 것은 매우 최근의 일이다. 그것은 후버 행정부 말기에 시작되었고 프랭클린 루스벨트 행정부에서 많은 주목을 받았던 선린 외교정책의 형태로 꽃을 피웠다. 이런 변화는 신대륙에 대한 최근의 위협이 출현하기 전에 시작되었지만, 대양 너머 지역에서 독일과 일본이 승리할 경우에 내포된 위험에 의해 크게 자극받았다.

아메리카 국가 연합

두려움과 불신, 마찰과 반목, 그리고 강대국들의 역외 지향성에도 불구하고 신대륙 국가들은 약간의 정치적 협력을 이룩했다. 그 기구가 1890년 4월 14일 워싱턴에서 소집된 신대륙 국가들의 회의에서 간단한 결의에 의해 만들어진 아메리카 국가 연합이다. 이 느슨한 조직은 정기적인 회의와 워싱턴에 있는 상설 사무국을 통해 운영되는데, 미주연합으로 알려진 사무국은 각국의 대표자로 구성된 운영위원회의 통제를 받는다.

1. 국제 행정

1890년 이래로 수많은 회의가 개최되었으며, 사실상 서반구 국가들 사이의 모든 국제 교류 과정을 다루었다. 앞서 경제 협력 부분에서 이미 언급했던 주제들의 긴 목록에 교통과 통신 문제를 비롯해 우생학, 위생 관리, 교육, 저널리즘, 그리고 국제 문화 접촉의 여러 측면이 추가되어야 했다. 이런 회의 중 일부는 특별 부서와 위원회 설립으로 이어졌고, 그 결과 미주연합 외에도 많은 국제 행정 기관들이 출범했다.

2. 평화적 분쟁 해결

선의의 선언과 이타적인 법령으로 전쟁을 막을 수 있다면 서반구의 미래는 밝을 것이다. 아메리카 각국이 평화에 대한 헌신을 표명하지 않고 평화적 의도를 천명하지 않으며 기존의 화해와 중재 조항을 확대하지 않은 회의는 거의 없었다. 신세계에서 서명과 비준 사이에 많은 실수가 있었던 것은 사실이지만, 그 사소한 실패에도 불구하고 평화를 위한 틀은 여전히 인상적인 성과로 여겨진다. 1920년에 대부분의 라틴아메리카 국가는 국제연맹의 회원국이 되었다.

그 증표로 그들은 특별하고 명확하게 정의된 상황이 아닌 한 무력 충돌을 자제해야 하는 규약의 의무를 받아들였다. 1928년 대부분의 라틴아메리카 국가는 전쟁을 국가 정책의 도구로 사용하는 것을 엄숙하게 포기하고 평화적인 방법으로만 분쟁을 해결한다는 켈로그-브리앙 조약을 지지했다. 1933년 그들은 침략 전쟁을 규탄하고 평화적인 수단으로 얻지 않은 영토 협정을 인정하지 않기로 한 아르헨티나 부전不戰조약에 서명했다.

분쟁의 평화적 해결을 위한 절차의 진전은 오랫동안 아메리카 국가들의 특별 관심사였다. 이 목적을 위해 그들은 수많은 양자 조약에 서명했고, 최근 몇 년 동안 일련의 다자 조약이 추가되었다. 만약 최근에 남쪽의 몇몇 이웃이 중재 절차에 의존하는 것을 약간 주저했다면, 이것은 아마 "선택할 것이 너무 많아 곤란한 상황embarras du choix" 때문이라고 설명할 수 있다. 선택할 수 있는 규칙이 너무 많아서 어떤 것을 적용할지 결정하기 어렵다는 것이다. 이런 특징을 가진 첫 번째 중요한 다자간 조약은 1923년에 체결된 곤드라 조약으로, 외교로 해결되지 않은 분쟁은 조정 절차를 받아들이도록 하고 있었다. 분쟁마다 특별위원회를 만들도록 되어 있었지만, 그러나 이 위원회는 워싱턴과 우루과이의 수도 몬테비데오에 있는 두 상임위원회의 도움을 받아야 했다. 이는 1929년 아메리카 국가 간 조정에 관한 일반 협약으로 보완되면서, 곤드라 조약에서 허용되는 예외의 수를 줄이고 두 상임위원회에 더 중요한 역할을 부여했다.

1933년 몬테비데오에서 열린 제7차 회의를 계기로, 아메리카 각국은 국가의 권리와 의무에 관한 협약 제10조의 분쟁의 평화적 해결에 대한 헌신을 재확인하고, 임시 기구였던 양자 간 조사 및 조정위원회를 상임위원회로 만든다는 1929년의 미주 조정 조약의 추가 의정서를 수용함으로써 평화 기제를 강화했다. 그러나 1936년 부에노스아이레스에서 열린 특별 회의 결과 분쟁방지조약에서 영구적인 양자위원회의 설립을 다시 규정할 필요가 있다고 판단했기 때문에 위 의정서는 명백하게 사문화되었다. 그 회의에서 대표들은 신대륙 국가들이 중재에 대한 열정적인 헌신을 표현할 기회가 여전히 불충분하다고 보았고, 이 결점을 해결하기 위해 또 다른 협약인 아메리카 국가 간 주선 및 조정 조약을 추가했다. 그것은 서명자들에게 다른 모든 형태의 평화 정착 노력이 실패할 경우 "저명인사"들의 주선과 조정에 의지할 기회를 제공했다.

조정conciliation보다 중재arbitration에 대한 관심이 더 컸다.* 국제관계에 대한 법률주의적 접근과 적절한 국제법을 만들 수 있다는 믿음은 신대륙의 특징 중 하나였다. 그 결과 여러 다자간 협약에 의해 보완된 양자 중재 조약들로 이루어진 큰 네트워크가 생겨났다. 1902년 멕시코에서 열린 제2차 미주회의는 멕시코와 아메리카 지중해 여러

---

* 조정: 분쟁 당사국의 합의에 따라 설치된 국제조정위원회가 분쟁의 당사국이 수락할 수 있는 해결 조건을 제시하고 당사국들이 조정안을 승낙함으로써 분쟁의 해결을 도모하는 제도.
중재: 분쟁 당사국의 합의에 따라 분쟁에 관한 판단을 중립적인 제3자(제3의 국가 또는 국제기구)에게 맡겨 판정을 받는 절차. 법원 판결과 달리 강제성은 없지만 일종의 계약이기 때문에 구속력이 있다.

국가에서 비준된 다자간 강제 중재 조약을 채택했다. 시대를 한참 앞서 있던 중앙아메리카 국가들은 1907년 중앙아메리카 사법재판소를 설립했다. 그것은 10년 동안 유지되었지만, 임기 만료 후 재개되지 않았다. 이 법원은 힘의 정치에 대항해 국제법으로 이의를 제기하는 도구가 되는 불행한 경험을 한 후 사라져야 했다.

니카라과가 1914년 브라이언-차모로 조약에서 미국에 니카라과 운하 건설권을 주고, 폰세카만의 해군기지를 임대하고, 그레이트콘 및 리틀콘섬의 석탄 기지의 조차권을 주었다는 사실 때문에 문제가 발생했다. 엘살바도르와 온두라스는 폰세카만을 처분할 권리가 있다는 니카라과의 주장을 부정하면서, 옛 중앙아메리카 연방을 계승한 국가로서 폰세카만을 공동 소유한다고 주장했다. 코스타리카의 경우는 1858년 니카라과와 맺은 조약에서 니카라과가 운하 건설을 양허하기 전에 자국과 먼저 상의하기로 합의했다면서 반대했다. 미국 상원은, 협정에서 위 세 국가의 권리에 영향을 미치는 어떠한 것도 의도되지 않았다는 유보적인 의견을 내면서 비준에 동의했다. 그러나 이러한 유보 의견은 코스타리카와 엘살바도르를 만족시키지 못했고, 그들은 중앙아메리카 법원에 니카라과-미국 조약의 이행을 금지해달라고 요청했다. 법원은 니카라과가 코스타리카와 엘살바도르의 권리를 침해한다는 결정을 내렸지만, 니카라과와 미국 모두 판결에 전혀 관심을 기울이지 않았다. 미국의 전략적 요구가 국제법보다 우세했던 것이다.

제1차 세계대전 이후 서반구에서 중재에 대한 관심이 다시 나타낳다. 1929년 워싱턴에서 협상된 아메리카 국가 간 중재에 관한 일반 조약은 분쟁의 경우에 특별재판소를 설립하도록 규정했는데, 비록 많은 분쟁 사건이 유보 처리되었지만 이 조약은 다수의 국가에 의해 받아들여졌다. 대부분이 국제연맹 회원국인 라틴아메리카 국가들은 헤이그의 상설 국제사법재판소 설립에 서명했지만, 서반구를 위한 재판소 설립을 요구하는 목소리는 반복되었다. 그러나 다수의 국가는 국제사법재판소는 하나가 적절하며, 서반구를 위한 특별재판소는 단지 아메리카 대륙의 특별법으로 전개될 경향이 있다는 의견이었다. 따라서 미주법원에 대한 제안들은 연구와 고려가 필요하다며 미주연합(아메리카 국가 연합 사무국)으로 이관되었고, 매우 신중한 연구와 아주 지루한 고려가 계속되었다.

국제연맹의 규약에서 보이는 단순함에 비해, 서반구의 평화 체제 조약의 구조는 혼란스러운 규약의 미로처럼 보인다. 모든 조약을 비준한 국가가 극소수였기 때문에 실제로 수락된 법적 의무의 측면에서 볼 때 앞으로의 평화 구조가 어떻게 될지 알기 힘들었다. 이에 따라 조정과 단순화를 시도해야 했다. 멕시코는 1933년 몬테비데오 미주회의에서 이를 위한 제안서를 발표했고, 미국 대표단은 리마에서 열린 회의에서 아메리카 평화협정을 공고히 하기 위한 초안을 제안했다. 이 회의에서는 아무런 조치가 취해지지 않았지만, 1943년 보고타에서 열릴 다음 회의*에서 이 프로젝트가 착수되기를 희망했

_____

* 1938년 페루의 수도 리마에서 제8회 미주회의가 열리고, 원래는 5년 후엔 1943년

다. 그 사이에 멕시코와 미국의 제안 및 관련된 특정 프로젝트들은 회람될 것이다. 그 문서들은 분류와 개별 정부로의 전송을 위해 미주연합으로 갈 것이다. 그 후 각국 외무부에 잠시 머문 후 의견과 논평을 동반한 채 워싱턴에 있는 미주연합으로 돌아올 것이다. 돌아온 문서들은 보고타에서 발표될 "아메리카 평화법" 초안을 작성할 아메리카 법학자 국제회의로 갈 것이다. 그때까지 아메리카 국가들은 서반구의 평화 체제를 위한 조정되지 않은 협약들의 집합을 바탕으로 최선을 다해 신대륙 내부의 전쟁을 막아야 한다.

3. 군비 축소

결의안이라는 마법 주문, 평화적 의도에 대한 엄숙한 약속, 그리고 평화적 해결을 위한 정교한 조항들은 아메리카 국가들의 선의를 증명하는 인상적인 증거지만, 국제기구의 진정한 시험은 선의의 선언이 아니라 집단 안에서 힘을 조직하는 방법이다. 개별 국가의 군비 축소, 국제 행정 조치에 대한 조항, 그리고 집단적 제재의 적용이 없는 한 개별 안보에서 집단 안보로의 진전은 없다. 그런 점에서 서반구는 어떤 성취도 이루지 못했고, 법적 의무의 측면에서 볼 때 아메리카 국가 연합은 국제연맹보다 훨씬 더 약한 정치적 통합체라고

콜롬비아 보고타에서 9차 회의가 열릴 예정이었다. 그러나 제2차 세계대전 등의 영향으로 1943년에는 회의가 열리지 못했다. 전쟁이 끝나고 전후 세계질서가 확립된 후 1948년 8월 30일 보고타에서 제9차 미주회의가 열렸다. 미주기구헌장(보고타헌장)과 미주조약을 채택했고 미주연합을 발전적으로 계승한 미주기구가 출범했다.

할 수 있다.

실제로 서반구 내의 제한된 지역에서 성공적인 군비제한 사례가 두 번 있었지만, 군비제한 문제는 해결하기 힘들다는 것만 보여주었다. 제1차 헤이그 회의*에서 영감을 받은 아르헨티나와 칠레는 5년간 각자의 해군력을 제한하기로 1902년에 합의했지만, 조약이 만료된 후에 그 협정은 갱신되지 않았다. 제1차 세계대전 이후 몇 년 동안 비슷한 협정을 시도했지만 실패로 돌아갔다. 질산염 수출 감소 때문에 재정난에 처해 있던 칠레는 군비 지출을 줄이는 데 열심이었고, 1923년 산티아고에서 열린 제5차 미주회의에서 해군 제한을 제안했다. 아르헨티나는 이 제안을 기꺼이 고려하려 했지만 브라질은 거부했고, 결국 세 국가는 모두 해군 경쟁에 돌입하게 되었다.

해군 제한의 성과는 미미했고 육군의 축소 또한 대단하지 않았다는 것을 인정해야 한다. 유럽이 달성한 것보다 신대륙이 육군 감축을 위한 다자 합의를 더 많이 이룬 것은 사실이지만, 그것은 중앙아메리카 5개 공화국에 국한되었다. 이들은 1922년에 향후 5년 동안 육군을 제한하는 조약을 체결했지만, 이 조약 역시 갱신되지 않았다.

제한된 지역에 적용되는 이런 임시 협정 외에, 하나의 대륙 또는 서반구 전체의 관점에서 더 큰 규모의 군축 시도는 없었다. 아르헨

---

* 러시아 황제 니콜라이 2세의 제안에 따라 1899년과 1907년의 2회에 걸쳐 네덜란드의 헤이그에서 열린 국제평화회의.

티나와 브라질의 세력 다툼은 전자의 장애물이다. 북아메리카와 남아메리카의 세력관계와 신대륙이 고립된 대륙이 아니라는 사실은 후자의 장애물이다. 6장에서도 언급했듯이, 제안된 군축회의의 목적은 참가국들의 안보를 강화하는 것이다. 그들이 진정으로 원하는 것은 자국의 상대적 우월 상태이지만, 이에 대해 동의를 얻을 수 없다면 무장의 평등을 받아들일 것이다. 미국과 남아메리카 국가들 사이의 힘의 차이는 너무 커서 안보의 평등을 이룰 수 없고, 따라서 지배적인 세력이 존재하는 관계에서는 군축 협정을 할 이유가 없다. 만약 남부 대륙의 국가들이 연합해 힘을 합치는 데 성공하더라도, 여전히 힘의 잠재력이 불충분하기 때문에 북쪽 이웃의 힘에 대적할 수 없었다. 이론적으로는 미국의 군비를 A.B.C. 강국의 수준으로 축소하는 조약이 구상될 수 있지만, 그러한 조약이 힘의 잠재력 차이에서 기인하는 불평등에 영향을 줄 수는 없다. 비록 그것은 북쪽에 대한 남쪽 국가들의 위상을 일시적으로 강화시키겠지만, 유럽과 아시아에 대응해야 하는 전체로서의 서반구를 약화시킬 것이다.

미국은 서반구 내부가 아니라 두 대양 너머 지역에 대응해서 무장하고 있다. 1921년 워싱턴 군축회의에서 나타났듯이, 미국에게 군비제한은 영국과 일본의 해군력에 대한 대응의 문제였다. 영국의 위협은 독일의 위협으로 대체되었고, 일본의 위험은 미래의 언젠가 중국의 위험으로 바뀔지도 모르지만, 미국 해군의 규모는 언제나 바다 건너에 있는 잠재적 위협의 관점에서 평가될 것이다. 기본 패턴은 계속해서 대양 건너에 대한 대응이라는 것이다.

유럽과 아시아 사이의 세력균형이 사라지면 필연적으로 미국의 군비 건설은 엄청나게 증가할 것이다. 미국과 남아메리카 국가 간의 힘의 관계가 남아메리카의 안보의식에 영향을 미치는 만큼, 그런 전개는 그들의 불안을 가중시킬 수밖에 없다. 남아메리카 국가들은 북쪽의 군비에 견줄 수 없다. 그들이 바다 건너 미국의 적들을 미국에 대한 균형자로 이용해야만 북쪽의 위협을 막을 수 있다. 거기에 매우 큰 위험이 있더라도 그렇게 하고 싶은 유혹을 거의 거부할 수 없을 것이다. 구세계에 의해 고립될 경우 서반구의 정치적 통합은 필연적으로 미국의 패권과 다른 나라들의 안보 불안을 의미한다. 미국이 패권을 가지는 서반구로 통합되는 것을 막고, 두 대양 너머 지역들과 북아메리카의 삼각 정치 패턴을 보존해야만 남아메리카는 힘의 균형을 맞출 수 있고, 미국과의 관계에서 안보 평등을 얻을 수 있다.

4. 집단행동

지금까지 신대륙 국가들은, 개별 국가들이 약속을 저버리고 전쟁에 의존할 경우에 대비한 집단행동의 법적 틀을 만들지 못했다. 범아메리카 시스템은 영토 안보와 정치적 독립에 대한 보장을 포함하지 않고, 범아메리카 공동체에 의한 강압 조항도 없다. 국제연맹의 실제 성과와 비교한다면 스스로를 대견해할 수 있겠지만, 계속적인 단결과 연대의 반복에도 불구하고 신대륙은 이 문제에 관한 한 얄잡아보던 유럽만큼이나 국제적 무정부 상태를 지속하고 있고 정치적 통합에 진척이 없다.

개별 국가에서 국제기구로 권한을 이양해야 할 때 나타나는 일반적인 장애물에 더해, 서반구는 앞서 언급한 추가적인 어려움을 갖고 있다. 즉 세력균형이 완전히 결여되어 있고, 미국에 대한 두려움과 불신이 존재한다. 국제적인 조치를 승인하는 것은 사실 그것의 이름이나 공식이 무엇이든 간에 미국의 조치를 승인하는 것이다. 이것은 이전 장에서 언급했듯이 라틴아메리카 이웃 국가들이 불개입 원칙을 주장하면서 막으려 했던 바로 그 상황으로 이어질 것이다. 이 문제는 많은 범아메리카 조약의 특징인 특이한 표현법과 왜곡된 논리에 책임이 있다. 그것은 서반구의 평화 운동이 스스로 빠져나오기 힘든 교착상태를 만들었다. 1933년 아르헨티나 부전조약에서 참가국들은 평화를 유지하기 위해 "국제법에 허가된 정치적, 법적, 경제적 수단을 행사할 것"을 약속했지만, 어떠한 경우에도 외교적 또는 군사적 개입을 하지 않았다. 국제 정부가 개별 국가의 완전한 독립을 침해하지 않는다는 것은 신대륙의 저명한 법학자들도 해결하기 어려운 문제다.

서반구의 일부 국가는 국제 강압 제도를 기꺼이 받아들이며 국제연맹에 버금가는 조직을 제안했다. 이것은 1920년대 초에 우루과이가 주장했고, 1936년 부에노스아이레스에서 열린 회의에서 콜롬비아와 도미니카 공화국이 비슷한 조직을 제안했다. 몬테비데오 회의에서 제안된 멕시코 평화 법안은 침략자의 정의 및 제재 적용 절차를 포함하고 있었고, 유사한 노선을 따라 범아메리카 평화 체제의 발전을 제안했다. 그러나 미국과 아르헨티나 모두 그런 발전을 막기로 굳게 결심했기 때문에, 모든 제안은 회의장에서 제외되었고 미주연합 사무실에 정중하게 매장되어 있다.

미국과 아르헨티나 사이에 서반구의 국제연맹이 없어야 한다는 데 완전한 동의가 있었지만, 바람직한 신세계 정치구조에 대해 그들이 합의할 수 있는 것은 거기까지였다. 미국은 제재와 영토 보장을 계속 꺼렸지만, 최근 몇 년 동안 협의회 문제에서 이례적인 태도 전환을 보였다. 미국은 비상사태 발생 시 이에 대처하기 위해 즉시 소집할 수 있는 상설 자문위원회의 필요성을 주장해왔다. 아르헨티나는 이 최소한의 정치적 통합에도 계속 반대했고, 그 결과 1936년 서반구의 상설 자문협의회 설립 문제로 두 나라 사이에 갈등이 시작되었다. 이 갈등은 장기간에 걸친 싸움으로 비화됐고, 전격전이 아닌 소모전으로 미국이 결국 승리했다.

1938년에 채택된 리마 선언에서 서명국들은 그들 중 어느 한 국가라도 외교장관 회의를 소집해 협의의 기구로 활용할 수 있다는 데 동의했다. 이후 1939년 파나마와 1940년 아바나에서 관련 회의가 열렸으며, 아바나 회의에서는 다자간 협의를 위한 추가 기구를 설립하기로 했다. 파나마, 아바나 이후 세 번째 회의는 1942년 1월 리우데자네이루에서 열기로 했다. 아바나 회의는 각 국가가 협의 회의를 원할 경우 이것을 담당할 조직으로 미주연합 운영위원회를 지정했다. 이 회의는 또한 운영위원회에 5개국 대표들로 구성된 상설위원회를 설립하라고 권고했다. 이 상설위원회는 기존의 분쟁 또는 위협이 될 분쟁을 감시하고 평화적 해결을 위해 행동할 의무를 갖게 될 것이다. 위원회는 각 외무장관 회의와 미주회의에 분쟁의 상황과 해결책을 도출하기 위해 취한 조치에 관한 보고서를 제출해야 한다.

1940년까지 서반구의 국가들은 국제연맹 이사회에 해당되는 상설자문위원회를 받아들일 정도로 정치적 협력을 이루었다. 그러나 이 두 국제 기관 사이에는 중요한 차이점이 있었다. 국제연맹 이사회의 권위와 권력은 규약에 직접 명시되어 있다. 반면 서반구의 외교장관 회의와 상설 감시위원회는 아메리카 평화 체제를 구성하는 다양한 협약에서 구체적으로 부여받은 것을 제외하고는 권한이 없다. 이 중 어느 협약에서도 영토 안보와 독립을 보장하지 않고, 국제 제재를 적용하는 조항도 없다. 아메리카 각국은 기꺼이 협력의 가능성에 호응하겠지만, 자국의 자주성을 제한할 수 있는 어떠한 형태의 정치적 통합에도 확실하게 반대할 것이다. 서반구의 정치 패턴은 여전히 국제적 무정부 상태로 남아 있다. 신대륙은 여전히 반목과 갈등의 패턴으로 가득 차 있으며, 이것은 불신과 의심의 씨앗을 뿌리는 독일의 정책과 잠재적 갈등을 격앙시키는 독일의 술수에 절호의 기회를 제공한다. 범미주의 운동은 서반구의 국제 행정을 개선하고 국제법 발전에 기여했으며 화해와 중재를 장려했지만, 전쟁 문제는 해결하지 못했다. 22개의 독립된 주권국가들이 모여 효과적인 집단 안보체제를 만들려는 시도는 유럽에서와 마찬가지로 성공적이지 못했다.

제13장

신세계 대 구세계

미국의 권리와 국익이 관련된 원칙으로서, 아메리카 대
륙은 현재까지 누리며 유지하고 있는 자유롭고도 독립
적인 조건에 따라 향후 어떠한 유럽 열강들의 식민주의
대상이 되어서는 안 된다. 이렇게 주장하는 데에는 그
만큼 합리적 판단의 근거가 있다._먼로독트린

자문위원회의 장점에 대한 아르헨티나와 미국 사
이의 견해차는 서반구를 어떻게 조직하는 것이 이상적인가에 대한
매우 사소한 의견 충돌에 불과했다. 그보다는 신대륙과 구대륙 사이
의 기본적인 정치 관계를 어떻게 설정해야 하는지에 대한 논쟁이 더
중요했다. 미국은 유럽에 대항해 공동 전선을 조직하기를 원했고,
아르헨티나는 개별 국가의 완전한 행동의 자유를 보존하기를 원했
다. 이러한 사실 때문에 미국이 주도하는 정치적 통합 운동은 필연
적으로 구대륙의 포위에 대항하는 싸움에서 남아메리카의 적극적인
동참을 얻으려는 분투가 될 수밖에 없었다.

1936년 부에노스아이레스 회의에서 이 갈등이 표면화되었다. 이
회의는 유럽에서 전개되고 있는 위협적 상황에 대해 공동 정책의 가

능성을 모색하고자 소집된 것이었지만, 이러한 목적을 위해 소집된 최초의 회의는 아니었다. 신대륙 국가들 간의 협력에 대한 염원은 신대륙 국가 수립 시기까지 거슬러 올라간다. 바다 건너에 위험이 항상 도사리고 있고 자기방어를 위한 공동의 노력이 특히 중요했던 시기에, 신대륙 국가들 사이의 협력은 비단 시인과 작가들뿐만 아니라 군인과 정치가들에게도 중요한 관심 사항이었다.

프랑스와 신성동맹

1822년 아메리카 대륙의 안전과 독립에 대한 최초의 중대한 위협이 제기되었다. 프랑스가 옛 스페인 식민지의 재탈환을 위해 신성동맹의 원조를 호소한 것이다. 이 위협에 대해 신대륙은 이후의 유사한 사례에서 보여주었던 것과 다르지 않은 방식으로 대응했다. 즉 연대에 대한 결의와 행동의 다양성을 결합했던 것이다.

그 당시 통일된 단일한 정치체에 대한 논의가 진행 중이었다. 북아메리카와 남아메리카 두 대륙 모두 단일한 정치체제 수립을 당연하고도 불가피한 것으로 논의하며 지지하고 있었다. 식민지 시대에 만들어진 지역적 차이가 있었고 이것이 나중에는 스페인계 아메리카인들의 민족적 특성을 형성하는 바탕이 되기도 했지만, 그 차이가 신대륙의 미래에 대해 공통적으로 가지고 있는 전망을 불식시키지는 못했다. 13개의 식민지는 여전히 독립과 바다에서의 자유를 쟁취하기 위해 영국과 싸웠던 일을 생생하게 기억하고 있었다. 그들은 확신을 갖고 있었다. 신대륙은 구대륙의 폭정으로부터 해방되어야 하며, 어떠한 정치적 억압도 허용되어서는 안 되고, 따라서 모든 인간이 타고난 성스러운 본성을 최대한 실현할 수 있는 세상을 신대륙에 구현해야 한다는 신념이었다. 이에 북아메리카도 남아메리카의 독립을 위한 투쟁을 열렬히 환영했고, 자신의 공화정 형태가 남부 대륙의 새로운 공화국들을 위한 훌륭한 모델이 된 것을 기뻐했다. 이렇게 해서 아메리카 대륙의 공동 이익과 공동 운명의 개념이 자연스럽게 나타났다.

두 대륙은 유럽인들의 식민지로 시작되었고, 자유와 독립을 위해 싸우며 인간의 권리를 확인했으며, 공화주의 정부 형태를 만들어냈다. 그리고 군주의 영광이 아니라 국민의 행복과 번영을 위해 헌신할 것을 선언했다. 제퍼슨은 1823년 10월 24일 먼로 대통령에게 쓴 편지에서 서반구를 하나의 대륙으로 봐야 한다고 말했다. 그는 "북아메리카와 남아메리카는 유럽 대륙과는 구별되는 고유한 이해관계를 가지고 있다"라고 썼다. 알렉산더 해밀턴은 서반구 사람들의 노력을 결집하는 아메리카 대륙 정책을 주장했으며, 강건하고 견고한 아메리카 연합을 제안했다.

통일된 아메리카에 대한 신념이 광범위하게 수용되고 있었지만, 연대의 정신은 끝내 성공하지 못했다. 즉 정치적 협력을 위한 실제 프로그램에서 단일하고 통일된 아메리카 정신이 구현되지 못한 것이다. 바다를 건너오는 활동이 야기할 위험에 대해 미국은 먼로독트린을 선언함으로써 대응했다. 이것은 미국 단독의 일방적인 정책 선언이었다. 남아메리카 국가들은 1826년 파나마에서 회의를 개최하기로 하고 연합 가능성을 모색했지만, 남북 아메리카 간의 공동 조치는 이루어지지 못했다.

파나마 회의는 위대한 해방주의자 시몬 볼리바르의 꿈이 과연 실현될 수 있을 것인가를 모색하기 위해 계획되었다. 그러나 현대의 어떤 왜곡에도 불구하고 볼리바르의 꿈은 서반구의 정치 통합에 대한 것이 아니었다. 대신 과거의 스페인 식민지들이 모여 아메리카 국가들의 연맹을 형성하려는 것이었다. 하지만 이 연맹은 아낌없이 원조를 제공하겠다는 먼로독트린을 발표한 나라가 아니라 영국의 보호를 받는 것으로 구상되었다. 볼리바르 장군은 유럽 본토 국가들의 위협에 대응하기 위해서 북아메리카 대서양 연안의 신생 독립 공화국의 군사력보다는 영국의 해군력이 더 강력한 방어력을 제공할 수 있다는 의견을 확실하게 피력했던 것이다.

미국도 이 회의에 참석했다. 다른 스페인계 아메리카 국가들의 강력한 반대에도 불구하고 멕시코가 미국을 초청했기에 가능했다. 존 퀸시 애덤스*는 기꺼이 초청을 수락하는 열의를 보였지만, 이내 의회에서 난관에 봉착했다. 대표단의 임명에 대해 상원의 인준을 받아

---

* 존 퀸시 애덤스는 먼로 행정부 시절인 1817년에 국무장관에 임명되어 먼로 대통령과 공동으로 먼로독트린을 기초했다. 이후 제6대 대통령(재임 1825~1829)이 되었다. 1826년 파나마 회의 당시 애덤스는 대통령 재임 중이었으나, 이 주석의 다음 몇 단락에서 국무장관으로 표현되었다. 저자의 단순한 오류인지, 애덤스가 국무장관 시절 먼로독트린을 기초한 것을 강조하기 위해 의도적으로 그렇게 표현한 것인지는 판단하기힘들다.

야 했고, 예산 지출을 위해서는 하원의 승인이 필요했다. 그리고 양원 모두 회의 참석에 대해 격렬히 반대했다. 의회는 파나마 회의에 대해 의심을 품고 있었다. 상원은 파나마 회의가 종국에는 동맹국과 적대국으로 이분화될 수 있다고 염려했다. 더구나 먼로독트린은 단순히 미국의 의지를 표명한 것이었지만, 이것 때문에 파나마 회의에서 미국을 구속하는 조약과 같은 의무가 부과될 수도 있다는 점을 경계했다. 애덤스는 명석함과 끈기로 싸웠고 마침내 양원의 동의를 이끌어냈다. 미국 대표단은 파나마로 출발했다. 그런데 파나마에 도착한 것은 모든 회의가 종결되고 각국 대표단이 귀국 길에 오른 직후였다.

  존 퀸시 애덤스가 미국 대표단에게 지시한 바는, 각 서명국이 자국의 국경 내에 향후 유럽의 식민지가 건설되는 것을 각자의 수단으로 막아야 한다는 점을 협정에 명기하는 것이었다. 국무장관의 관점에서 이러한 협정의 장점은 당사국들이 자신들의 최선의 이익을 위해서만 행동하면 된다는 점이었다. 그렇게 되면 보증도 동맹도 아닌 다자간 협정으로 이어질 수 있으며, 한편 미국은 어떠한 책임에도 구속되지 않으면서 먼로독트린을 일반화하고 미국의 위신을 확장할 수 있었다. 애덤스 장관은 그러한 합의가 강력한 도구가 될 것이며 공동 선언의 도덕적 효과가 유럽이 서반구에서 위협적인 행동을 하지 못하도록 억제할 것이라고 확신했다. 이는 매우 훌륭한 선례가 될 것이며, 향후에도 범아메리카 공동 선언의 도덕적 힘을 통해 유럽 열강들에 강력한 경고의 메시지를 보낼 수 있을 것이라 생각했다.

서반구 공화국들의 영토 안보와 정치적 독립에 대한 최초의 위협에 대해 공동 대응이 이루어지지는 못했다. 위협이 사라지자 서반구 연대에 대한 관심도 함께 사라졌다. 미국은 서부 확장을 시작했고, 그 과정에서 스페인이 지배하던 아메리카 영토의 상당 부분을 흡수했다. 이것은 라틴아메리카 국가들 간 공동 대응에 대한 관심을 새롭게 불러일으켰고, 북부의 거인을 막기 위한 방어 동맹의 필요성에 대한 논의가 본격적으로 이어졌다. 이를 위해 몇 차례의 회의가 소집되었지만, 뚜렷한 성과는 없었다. 각국 외무부의 문서고는 동맹, 연방, 연합, 그리고 영구 평화를 위한 수많은 조약으로 채워졌지만, 그 조약들은 비준되지 못했다. 남아메리카 대륙의 국가들은 분리주의와 민족주의적 대립과 같은 경로를 밟게 되었다.

제1차 세계대전

구대륙으로부터의 위험에 대처하기 위해 공동 전선을 모색했던 본격적인 두 번째 노력은 제1차 세계대전 시기에 이뤄졌다. 1914년 가을, 워싱턴은 유럽에서의 전쟁 결과에 대해 심각하게 우려했다. 독일군은 벨기에와 프랑스를 휩쓸면서 승리했고, 비록 마른 전투로 파리를 수호할 수 있었지만, 당시 연합군이 전쟁에서 승리할 조짐은 보이지 않았다. 라틴아메리카에 대한 독일의 관심은 미국에게 항상 중대한 문제였다. 베네수엘라 사건에 대한 불쾌한 기억들이 여전히 남아 있었다. 아메리카 지중해 섬들에 대한 독일 해군의 관심은 잘 알려져 있었고, 남아메리카에서 독일이 보유한 다수의 식민지는 독일의 승리를 손쉽게 구현할 수 있는 아주 좋은 개입의 구실로 보였다.

정치인들은 공동 방위의 문제와 협력의 가능성에 대해 다시 생각하기 시작했다. 하우스 대령은 1914년 12월 일찍이 윌슨 대통령에게 먼로독트린을 일반화함으로써 얻을 수 있는 이점들을 제안했다. 이에 대통령은 A.B.C. 국가들의 외교사절과 비공식 협상을 개시하도록 지시했다. 당시 A.B.C. 3국은 회의 참석차 워싱턴에 외교사절을 파견하고 있었다. 이 회의에서는 영토 보전과 공화주의 정부 형태 보장에 대한 의제와 함께, 서반구 국가의 공동 이익에 대한 유럽 국가들의 공격 가능성과 방어책에 대한 논의가 이루어졌다. 아르헨티나와 브라질의 첫 반응은 호의적이었지만 칠레는 대답을 회피했다. 타크나-아리카 분쟁으로 칠레는 여전히 북쪽 이웃 국가 페루와 씁쓸한 관계에 있었고, 칠레는 페루의 영토를 보장하는 것에 대해 특별히 관심이 없었다. 결국 미국이 어떻게 칠레를 설득했는지, 어떤 대가를 지불하기로 했는지 우리는 결코 알 수 없다. 세계 분쟁에 더 큰 관심을 쏟으면서 전체 프로젝트가 중단되었기 때문이다.

협상 개시 직후 일련의 불행한 사건이 발생했다. 아메리카 지중해에 위치한 아이티, 산토도밍고, 니카라과, 멕시코, 쿠바, 파나마 등 연안 국가들에 대해 미국의 무장 병력이 개입하는 일이 발생한 것이다. 미국의 젊은이들이 바깥세상을 경험할 기회가 되기는 했지만,

결과적으로 범아메리카 연대와 협력에 도움이 되는 분위기는 조성되지 못했다. 그러나 서반구 내부의 이견과 갈등이 범아메리카 프로젝트를 좌절시킨 것은 아니었다. 오히려 대양 너머의 구대륙에서 벌어지는 양상에 대한 미국의 우려가 커진 것이 주된 이유였다. 전쟁으로 유럽 열강들은 아시아에서 발을 빼고 있었고, 일본은 이를 기회 삼아 중국에 "21개조 요구"를 제시했다. 만약 중국이 일본의 요구를 수용한다면 아시아의 세력균형은 무너질 수밖에 없었다. 그러나 전쟁이 유럽에서 벌어지고 있었기 때문에 관심의 초점은 당연히 아시아가 아니라 유럽 대륙에 집중되어 있었다. 처음에는 고립을 고집했지만 여론도 점차 개입주의를 지지하는 방향으로 변화했다. 이와 보조를 맞춰 정부도 중립에서 친연합국, 그리고 마침내 완전한 교전국으로 정책 방향을 바꾸었다. 아메리카 대륙의 대서양 쪽에서 공동 방어를 통해 서반구를 보호한다는 개념은 폐기되었고, 유럽과 아시아에서 세력균형을 보존함으로써 신대륙을 방어한다는 정책으로 대체되었다.

정식 교전국이 된 다음 미국은 아메리카 대륙의 공화주의 정부들이 독일에 대해 선전포고할 것을 요청하면서 다시 한번 아메리카 공동 정책을 위해 노력했다. 워싱턴과 남쪽 이웃 국가들 사이에 여러 문제점이 있었다는 사실을 고려할 때, 아메리카 대륙 국가들의 호응은 매우 놀라울 정도였다. 그럼에도 불구하고 그것은 사실상 서반구의 연대가 존재하지 않는다는 사실을 명백히 보여주는 것이었다. 오히려 미국과 남아메리카의 여러 국가 사이에 실재하는 균열이 드러낭다. 미국이 완전히 통제하고 있었던 아메리카 지중해 지역의 소국들이 전적으로 공동 선전포고에 참여했다. 쿠바, 코스타리카, 과테말라, 아이티, 온두라스, 니카라과, 파나마는 전쟁을 선포했고, 도미니카 공화국은 외교 관계를 단절했으며, 엘살바도르를 비롯해 콜롬비아, 멕시코, 베네수엘라 등 더 큰 국가들은 중립을 지켰다. 서부 해안 중간 지대의 에콰도르와 페루는 외교 관계를 단절했지만 선전포고는 하지 않았고, 볼리비아와 우루과이도 같은 노선을 따랐다. 파라과이는 중립을 유지했다. A.B.C. 국가 중에서는 아르헨티나와 칠레가 중립을 유지했으며 브라질은 참전했다.

연합군의 승리는 결과적으로 유럽과 아시아에서 세력균형을 지키는 평화조약의 체결을 의미했다. 그것은 대양을 가로질러 신대륙의 영토 보전과 정치적 독립을 위협했던 20년 동안의 위험을 제거하는 것이기도 했다. 역사는 반복되었고 이 두 번째 위험이 사라지자 서반구 연대에 대한 관심도 다시 사라져버렸다. 북아메리카의 힘이 남아메리카에게는 다시 한번 보호가 아닌 주요 위협으로 인식되었고, 서반구 내에서의 대립이 모습을 드러내기 시작했다. 그러나 어떤 측면에서 보면 이번 상황은 차별점이 있었다. 반구 통합이라는 개념은 단순히 해체되어버린 것이 아니라, 국제기구라는 새로운 개념으로 대체된 것이었다.

윌슨 대통령은 전쟁을 치르면서 더 큰 문제들을 처리해야 했고, 이 경험으로 당초에 가지고 있던 영토 안보에 대한 지역적 접근법을 포기하게 되었다. 1914년 그는 먼로독트린을 신대륙의 공법으로 확대하고 일반화할 것을 생각했다. 그리고 1917년에는 세계정부의 근본적인 원칙으로서 먼로독트린을 고려하게 되었다. 집단 안보란 서반구 국가들뿐만 아니라 동반구도 모두 포용하는 것이어야 했다. 평화회담에서 높아진 미국의 위상은 영향력을 발휘했고, 이에 윌슨의 구상이 최종 합의 사항에 반영되었다. 그리하여 국제연맹 규약이 전후 평화 구조의 필수적인 부분이 되었다.

라틴아메리카는 이 새로운 접근법을 열렬하게 수용했으며, 대부분의 국가가 회원국이 되었다. 짧은 기간 동안이지만 행복한 연대와 결속이 있었고, 이상하게도 평화와 집단 안보를 위한 올바른 접근법은 서반구라는 지역적 접근법이 아니라 세계적 접근법이어야 한다는 지점에서 아메리카 국가들이 의견 일치를 이뤄냈다. 그러나 이 행복한 상태는 오래 지속될 수 없었다. 미 상원은 평화조약을 비준하지 않았고 미국은 국제연맹 가입을 거부했다. 북아메리카와 남아메리카는 다시 서로 다른 행로를 걷게 되었다.

국제연맹의 회원국으로 가입하는 것에 대해 라틴아메리카 국가들은 각기 여러 다른 동기를 갖고 있었다. 몇몇 국가는 특별한 가입이유가 있었다. 페루와 볼리비아는 남쪽 이웃 국가와의 타크나-아리카 분쟁이 제네바에서 의제로 채택되길 기대했다. 이는 칠레가 가입한 이유이기도 했다. 칠레 입장에서는 이를 막아야 할 필요가 있었던 것이다. 연맹 구상은 라틴아메리카 국가들의 이상주의를 자극했다. 그리고 국제법의 발전에 대한 전통적인 관심은 연맹에 대한 기대를 높였다. 조정과 중재에 대한 애착도 연맹을 필요로 했다. 그러나 연맹이 호소력을 가졌던 특별한 이유는 미국에 대해 균형을 맞출 기회가 마련될 것이라는 기대 때문이었다. 국제연맹 규약에는 영토 보전과 정치적 독립에 대한 보장이 담겨 있었다. 이는 "북부 거인"의 개입주의적 경향에 대항해 자국을 지킬 수 있는 유용한 보호막으로 간주되었다.

명예와 위신의 관점에서 볼 때, 국제연맹 회원국 지위는 라틴아메리카 국가들에게 커다란 성공이었다. 몇몇 유럽 강대국은 남아메리카 국가들로부터 찬성을 얻기 위해 눈에 띄게 노력했다. 라틴아메리카 국가들은 하나의 블록을 형성해 행동하고, 섬세한 로그롤링* 방법을 활용함으로써 기회를 최대한 활용했다. 제네바의 총회장에서 라틴아메리카 국가 대표들은 진정한 평등과 정중한 호의를 발견했다. 그리고 연맹 내 수많은 위원회에는 고귀하고도 명예로운 지위가 끊이지 않고 무궁무진하게 마련되어 있었다. 프랑스어를 주로 사용하는 이 거대한 국제 조직을 주무대로 삼으면서 라틴아메리카 정치인들은 이곳이 외교와 국제법에서 그들이 가진 재능을 발휘할 현장이자, 그들의 희망과 절망을 표출할 수 있는 전 세계적 포럼이라고 생각했다.

실질적인 관점에서 볼 때, 국제연맹 회원국 자격은 그다지 실익이 없었다. 일부 국가가 원했던 구체적인 요구 사항도, 그리고 국가들 모두가 추구했던 보편적인 보호도 실현되지 않았다. 윌슨은 파리

---

* 정치 세력들이 투표 거래나 투표 담합을 통해 상호 지원하는 행위.

에서 평화회담을 협상하는 과정에서, 먼로독트린과 관련된 특정 유보 조항이 포함되지 않는다면 미국 상원이 연맹 규약을 비준하지 않을 것이라는 소식을 들었다. 상당수의 라틴아메리카 국가들의 대표가 파리에서 반대를 피력했지만, 미국이 원하는 바가 우세했다. 유보 조항 작성은 매우 까다로운 일이었다. 그 이유는 실제로 먼로독트린이 정의된 적이 없었기 때문이다. 모든 국가가 수용할 수 있는 공식적인 조항을 작성하려는 시도는 가망이 없었고 끝내 포기해야만 했다. 그리하여 먼로독트린은 명확하게 정의되지 못한 채 규약의 한 부분이 되었다. 국제연맹 규약 제21조는 그저 이렇게 적고 있을 뿐이다. "이 규약의 어떠한 내용도 평화 유지를 위한 중재 조약 또는 먼로독트린과 같은 지역 합의 등의 국제 계약의 유효성에 영향을 미치는 것으로 간주될 수 없다."

미국은 이 유보 조항이 국제연맹 규약에 포함되었음에도 불구하고 가입을 거부했다. 이러한 역설적인 결과로, 미국은 스스로 정의한 먼로독트린을 따라 라틴아메리카에 대해 전통적인 정책을 자유롭게 추구할 수 있었고, 국제연맹이 미국의 정책에 도전하는 것은 법률상 허용되지 않았다. 남아메리카 국가들은 국제연맹이 북부 거인을 막아줄 보호자가 될 것이라고 기대했지만, 결과적으로는 양키의 개입을 공식적으로 승인한 기구에 불과했음이 드러났다.

제2차 세계대전

아메리카 국가들의 역사에서 유럽의 상황이 신대륙에 세 번째로 잠재적 위협이 되었을 때, 공동 정책에 대한 모색이 다시 시작되었다. 서반구의 연대가 다시금 조명되었으며, 미국에서는 아메리카 대륙 공화국들의 공통된 관심과 태도를 증명하는 광범위한 문건들이 분출하듯 양산되었다. 제1차 세계대전에서처럼 미국은 주도권을 잡았고, 공동 행동을 달성하려는 시도는 필연적으로 라틴아메리카 국가들의 외교정책을 북쪽 이웃 국가의 외교정책에 맞추도록 유도하는 것이었다. 일부 국가는 단호히 거절했다. 또 다른 국가들은 미국의 리더십을 열정적으로 수용하면서도 미국의 정책 변화를 따르는 것이 쉽지 않았다.

미국은 제1차 세계대전 시기에 보여주었던 태도와 동일한 특성의 사이클을 반복했다. 즉 유럽의 갈등은 미국과 아무 상관이 없다는 확신 및 무관심에 근거해 중립을 지키다가, 갈등의 결과에 대한 두려움이 증가하면서 안보 태세를 정비하고, 결국에는 본격적으로 참전하는 경로를 되풀이했다. 일부 라틴아메리카 국가는 이 사이클에서 뒤처져 있었고, 시간상으로 따져보면 미국이 6개월 전에 가졌던 입장에 있기도 했다. 만약 이들 국가가 앞서 미국이 활용했던 것과 같은 주장으로 그들의 태도를 변호했다면, 전쟁의 의미와 전쟁이 국가 안보에 미칠 잠재적 영향을 전혀 이해하지 못한다는 말을 들었을 것이다.

1935년 미국이 새로운 유럽 분쟁의 가능성에 대해 처음 우려하게 되었을 때, 여론은 여전히 제1차 세계대전에 참전한 이유가 대규모 전쟁 물자 무역과 교전국의 승리에 대한 재정적 이익 때문이었다고 생각하고 있었다. 그래서 국제법상 원자재를 교전국으로 수송할 권리를 포기하고 금융 지원과 차관을 금지해야 한다는 요구가 있었다. 집단 안보 옹호자들은 미국이 침략국과 피침략국을 구별하고 국제연맹에 협력하는 법안을 마련하기 위해 노력했지만, 모두 실패로 돌아갔다. 1935년 8월 31일 중립 결의안은 모든 교전국에 동일하게 적용되는 무기와 군수품 및 병기의 강제적 금수 조치를 규정했고, 미국 선박이 교전국 항구로 이러한 물자를 수송해서는 안 된다고 금지했다. 1936년 2월 29일 이 조치는 1937년 5월까지 연장되었고, 교전국 정부에 대한 차관과 신용 공여를 금지하는 조항을 추가했다. 원자재 금수 조치와 관련해 대통령에게 재량권을 부여하는 법안은 재차 통과되지 못했다.

1. 아메리카 중립국 연맹

1936년은 암운이 짙어진 해였다. 독일이 라인란트를 점령했고, 이탈리아는 에티오피아 점령을 완료했으며, 스페인 내전은 유럽 전역을 민주주의 대 전체주의의 이데올로기 전쟁 속으로 끌어들이고 있었다. 루스벨트 대통령의 초청으로 12월 부에노스아이레스에서 아메리카 대륙 국가들의 특별회의가 소집되었다. 구대륙의 혼란스러운 상황과 새로운 세계적 분쟁의 위협에 직면해, 이 회의는 서반구 국가들이 함께 중립 노선에 동참할 가능성을 모색하기 위한 좋은 기회가 될 수 있었다. 제1차 세계대전 중에 남아메리카가 중립적 권리를 수호하는 공동 행동을 제안했을 때, 미국은 거부했다. 베네수엘라의 아메리카 중립국 연맹 제안을 단호히 거절했던 것이다. 그런데 이번에는 미국이 주도적으로 나섰다.

회의에 참석한 미국 대표단은 1933년 몬테비데오에서 체결된 아르헨티나 부전조약을 출발점으로 삼았다. 이 협약에는 서명국들이 전쟁이 발발했을 때 공동의 결속된 입장으로 중립을 채택한다고 명시되어 있었다. 미국은 서반구 국가들이 중립 조약에 서명함으로써 의사를 선언하자고 제안했다. 이 협정은 모든 교전국에 동일하게 적용되는 것으로 상설자문위원회도 만들게 되어 있었다. 상설자문위원회는 정기적인 회합을 통해 정보를 교환하고 의회와 행정부의 관계를 촉진해 조약의 중립 조항을 준수하는 조치를 취하도록 하는 것이 목적이었다.

미국의 제안은 부분적으로 당시 미국에서 발효된 중립법에서 영감을 받았고, 무기와 병기에 대한 금수 조치를 위한 것이었다. 그러나 남아메리카 국가들은 미국 행정부가 미국 의회에서 승인하려는 것과 다른 종류의 중립법을 더 선호한다는 사실을 잘 알고 있었다. 행정부가 선호하는 것은 대통령에게 원자재에 금수 조치를 내릴 재량권을 부여하는 것이었다. 중립 문제에 대한 미국 행정부와 입법부 간의 이견으로 인해, 아메리카의 다른 이웃 국가들은 부에노스아이레스에서 미국의 제안 사항의 의미를 이해하는 데 다소 혼란을 느졌다. 미국은 전쟁 물자의 최대 생산국이었다. 반면 다른 아메리카 국가들은 가장 단순한 전쟁 물자조차 생산하기 어려운 형편이었다. 이런 상황에서 최대 전쟁 물자 생산국이 20개 이웃 국가를 대상으로 전쟁 물자 금수 조치를 위한 다자 조약을 제안한 것은 상식적으로 이해되지 않았다. 그 제안은 결국 미국이 식품과 원자재에 대한 금수 조치를 다자간 합의로 이루기를 바란다는 표현이었을까? 워싱턴의 누군가가 북미의 산업 역량뿐만 아니라 서반구 전체의 원자재 생산량도 통제할 수 있는 아메리카 중립 연맹을 만들어 유럽에서 전개되는 상황에 대해 압력을 행사할 지위에 오르고자 큰 꿈을 품었던 것은 아닐까?

만약 이것이 궁극적인 목표였다면, 미국의 선량한 이웃 국가들은 선처를 호소했을지도 모른다. 이들 국가의 경제는 원자재와 식품 수출에 크게 의존하고 있었고 생존을 위해서는 수출이 필수였다. 이에 수출에 대한 금수 조치는 있어서는 안 된다는 확고한 입장을 고수했고, 미국 서부의 상원의원들도 같은 입장이었다. 제1차 세계대전 시 봉쇄와 잠수함으로 이들은 이미 충분한 경제적 타격을 경험한 바 있었다. 당연히 그들은 자발적으로 제한을 부과하면서까지 제2차 세계대전을 시작하려 하지 않았다. 그 점에서는 망설임이 없었다. 남아메리카 국가들은 제안된 협정안을 무효화시켰을 뿐만 아니라, 아르헨티나와 파라과이는 민간인을 위한 식량과 원자재를 어떤 경우에도 전시 금지품으로 간주할 수 없다는 것을 매우 분명하게 적시한 유보 조항을 추가했다. 이들에게는 매우 적절한 조치였다.

제안된 협정안은 또 다른 난관에 부딪혔다. 아르헨티나의 반대로 상설자문위원회 조항이 무효화되었고, 양쪽 교전국 모두 똑같이 처우한다는 평등 원칙에 대해서는 광범위한 반대가 일어났다. 서반구에는 여전히 몇몇 국제연맹 회원국이 있었고, 그들은 국제연맹 협약의 서명국으로서 침략국과 침략 희생국을 구별해야 할 의무가 있었다. 몇몇 국가는 구대륙에서의 갈등과 서반구에서의 갈등을 명확히 구분하면서 각각을 달리 취급하려는 노력에 대해서도 반대했다.

마침내 회의의 결과로 만들어진 것은 아메리카 국가들 간의 기존 조약의 이행을 조정하고 연장하며 보장하는 협정이었다. 이 협정에서 서명국들은 제6조 적대 행위가 발생할 경우 협의해야 하며 "중립국 입장에서 공동의 결속된 태도를 즉각 채택하기 위해 노력해야 한다"라고 약속했다. 본문에는 또한 다음과 같이 명시되어 있었다. "사건과 상황의 다양성을 고려하면서, 국가들은 무기와 군수품 및 전쟁 도구의 판매와 수송을 금지하거나 제한하는 조치 및 분쟁국에 대한 차관이나 재정적 지원을, 여타 조약의 당사자로서 부과받는 책무를 훼손하지 않으면서, 고려할 수 있다."

아메리카 국가들은 마지막 구절이 여전히 행동의 자유를 충분히 보장하지 못한다는 점을 경계했다. 왜냐하면 7조에서는 협약에 포함된 어떤 것도 국제연맹의 회원국이기도 한 협약 당사국들의 권리와 의무에 영향을 미치는 것으로 이해되어서는 안 된다고 규정했기 때문이다. 1936년 당시 이것은 20개의 라틴아메리카 공화국 중 18개국에 적용되었다. 부에노스아이레스에서는 공동 연대에 대해 많은 논의가 있었지만, 공동 중립 정책이라는 명시적 표현을 끝내 찾아내지 못했다.

아메리카 국가들의 다음 회의는 1938년 12월 리마에서 개최되었다. 여기서는 중립 문제에 시간을 많이 할애하지 못했다. 다시 각국 대표들이 중립 문제를 중요하게 다루게 된 것은 1939년 9월 파나마 외무장관 회담에서였다. 유럽에서는 이미 전쟁이 발발했고, 아메리카 국가들은 중립을 선언했다. 그 회의는 몇 가지 선언을 만들어냈고, 각국 대표단은 중립 선언의 마법에 대해 굳은 믿음을 가지고 있는 듯했다. 그리하여 시적 아름다움을 가진 선언으로 중립의 권리를 교전국들에게 각인시킬 수 있다고 생각했다. 아메리카 공화국들의 중립에 대한 일반 선언이 채택되었고, 여기서 국제법에 대한 준수를 확인하면서 중립 문제에 대해 추가 결의안 작성을 담당할 아메리카 중립위원회의 전문가 7인을 임명할 것을 규정했다.

범아메리카 연대에 대한 헛된 주장이 여전히 많이 존재하고 있었지만, 실제 공동 정책을 위한 노력은 포기한 것이나 다름없었다. 파나마에서 채택된 협약은 특정 공통 표준의 존재를 인정하는 것으로 시작되었지만, 바로 첫 번째 조항에서 "이 표준들이 온전하게 적용되어야 하는 방식은 각 국가의 개별적이고 주권적인 역량에 따라 조정되는 것으로, 서명국들의 재량에 맡긴다"라고 명시했다.

아메리카 중립국 연맹을 창설하려는 미국의 시도는 실패했다. 4년이라는 짧은 기간 동안 세계 분쟁에 대한 미국의 태도는 중대한 변화를 경험했다. 이를 고려할 때, 아마 미국은 선량한 이웃 아르헨티나에게 감사를 표해야 할 것이다. 아르헨티나는 미국이 1936년 한때 가졌던 잠정적인 견해를 서반구 공법公法에 포함하지 못하도록 막았고, 그로 인해 향후 무기대여법이 채택되었을 때 미국이 폐기할 수밖에 없었을 책무가 만들어지는 것도 막았기 때문이다.

2. 아메리카를 위한 중립지대

1939년 파나마 회담 당시 유럽과 아시아의 교전국들에 대한 공동 입장은 달성되지 못했지만, 아메리카 국가들은 교전국들의 바람직한 대對 서반구 정책에 대해서 어렵잖게 의견 일치를 볼 수 있었다. 그들은 모두 이 분쟁이 아메리카의 바다에서 멀리 떨어져 있어야 하며, 대양의 반대편에서만 전쟁이 이루어져야 한다고 생각했다. 결과적으로 간단한 비법으로 만들어진 보호구역 뒤에 서반구를 고립시킴으로써 이를 성취하고자 했다. 외무장관 회의에서는 캐나다 최근접 지역을 제외한 서반구 영해를 기점으로 중립지대를 300마일까지 확장한다는 결의안이 만장일치로 통과되었다. 여기에는 아메리카의 공화국들이 "비아메리카 교전국들에 의한 어떠한 적대 행위로부터도 자유로울 수 있는 바다에 대한 고유한 권리를 부여받았다"라고 명시되어 있는데, 이는 실제로는 국제법에 근거가 없는 주장이었다.

유럽의 교전국들은 이를 진지하게 받아들이지 않았다. 영국과 독일 모두 해전에서 이러한 제한 사항을 수용하는 것이 상대국보다 더 불리할 수 있다고 생각했고, 이에 자발적인 수용을 거부했다. 그러나 서반구 국가들은 실망하지 않았다. 이듬해 아바나에서 열린 미주회의에서 아메리카 국가들은 안전지대 내의 적대 행위는 "아메리카 대륙의 평화를 지키기 위한 공화국들의 투표와 공동 결의를 훼손하는 것"이라고 엄숙하게 선언한 추가 결의안을 통과시켰다. 그러나 이 두 번째 선언이 독일의 쾌속선이나 영국 순양함이 맹렬하게 추격하는 것을 저지하지는 못했다. 어떤 라틴아메리카 국가도 그러한 정책을 실행할 수 있을 만큼 강력한 해군을 보유하지 못했고, 그렇다고 강제할 만한 다른 수단이 있는 것도 아니었다. 영국의 봉쇄로 인해 독일과 라틴아메리카 사이의 무역이 중단되었기 때문에, 그리고 라틴아메리카 국가들이 영국으로 계속 수출하기를 열망했기 때문에, 어느 쪽에 대해서든 경제적 압력을 행사할 수도 없었다. 미국은 신대륙에서 유일하게 연안을 순찰할 수 있는 해군을 보유한 국가였지만, 미국조차 서반구 전체를 위해서 중립지대 정책을 집행할 역량을 갖고 있지는 않았다. 파나마 선언은 범아메리카의 연대를 말로 표현하기는 했지만 실제 행동으로 보여주지는 못했다.

3. 공동 방어

1939년 9월에 마침내 오래전부터 예상되었던 유럽 전쟁이 발발했을 때, 미국은 전쟁에 대해 강 건너 불 보는 냉담한 구경꾼으로서 아메리카의 중립을 조정하고만 있을 수 없다는 사실을 깨달았다. 그보다는 서반구 방어 시스템을 구축하는 것이 더 절실하다는 것을 이내 알게 되었다. 대양 너머에서 어렴풋이 윤곽을 드러낸 것은 폴란드 회랑이나 중국 철도를 위한 소규모 전투가 아니었다. 유럽과 아시아 대륙의 지배권을 다투는 세계전쟁에서 전체주의가 승리한다면 서반구는 포위당할 뿐만 아니라 남아메리카는 정복 대상이 되고 북아메리카 대륙의 미국은 감금 상황에 처할 수 있었다. 이러한 인식에서 미국의 정책은 중립에서 대양을 건너 개입으로, 공동 중립 추구에서 공동 방어 추구로 전환되었다.

이전 장에서는 미국이 전체주의 전쟁에 사용되는 다양한 형태의 공격에 대항해 연합 전선을 구축하려는 시도를 보여주었다. 독일의 선전을 방어하는 데 방해가 되는 문화적 장애물과, 심리적 공격에 대한 저항을 약화시키는 요소들을 살펴보았다. 그리고 경제적 자급자족과 정치적 통합을 가로막는 장애물에 대해 설명했다. 그러나 구대륙에서 독일과 일본이 승리하면 그들의 선전 무기에 더해 모든 경제 무기와 전체 군사력까지 신대륙에 대한 투쟁에 추가될 수 있음을 깨달았다. 따라서 이러한 비상사태에 대한 공동 방어 체제를 정치적으로 준비하는 것은, 먼로독트린을 일반화하고 아메리카 국가들이 각국의 안전을 위해 집단적 책임을 수용하도록 하는 노력과 함께 시작되었다.

4. 먼로독트린의 일반화

먼로독트린은 미국 단독의 일방적인 정책으로, 바다를 건너오는 침략으로부터 미국이 신대륙의 이웃 공화국들을 방어할 것이라는 의지를 천명한 것이었다. 이 약속을 공동 방어를 위한 다자간 합의와 실행 가능한 집단 안보 체제로 일반화하는 것은 결코 쉽지 않았다. 이 문제는 바다 건너에서 오는 비슷한 위협에 직면했던 워싱턴의 과거 행정부들에서도 골치 아픈 사안이었다. 1826년 존 퀸시 애덤스는 파나마 회의에 대표단을 파견했다. 이 대표단은 애덤스의 지시 사항을 갖고 갔는데, 너무 늦게 도착하면서 그의 제안 사항을 회의에서 제시하지 못했다. 1915년 하우스 대령도 A.B.C. 국가들과 다자간 영토 보장 합의를 위해 교섭에 나섰을 때 이 문제로 어려움을 겪었다. 프랭클린 루스벨트는 전임자들이 실패한 지점에서 성공하기 위해 과감한 노력을 펼쳤지만, 그도 서반구의 결속과 연대가 정치적 현실이 아닌 말뿐이라는 사실을 깨달았다.

이 문제가 해결되지 않고 지연된 데 대해서 워싱턴 행정부를 비난할 순 없을 것이다. 유럽에서 실제로 적대 행위가 일어나기 훨씬 전인 1936년 부에노스아이레스에서 열린 회의에서 미국은 공동 중립을 달성하기 위한 노력을 시작했지만 성과가 없었다. 그때도 미국은 서반구의 연대와 방어를 위한 토대를 마련하기 위해 노력했다. 그런데 회의 시작 전에 브라질 정부가 지지하는 제안서에 대해 문제가 제기되었다. 여기에는 서반구 방어를 신대륙 모든 국가의 우려 및 관심사라고 정의하고 먼로 대통령의 원래 메시지의 문구를 사용한 협약 초안이 담겨 있었다. 이 협약은 서반구에 대한 비아메리카 국가의 간섭을 비우호적인 행동으로 간주하며, 이 경우 협약 당사국들과 즉각 논의해야 한다고 선언했다.

이 비교적 온건한 제안에 대해서 미국의 선량한 이웃 국가인 아르헨티나는 다시 한번 단호하게 반대 입장을 표명했다. 아르헨티나는 구대륙에 반대하는 범아메리카 집합체를 창설하는 어떠한 조약에 대해서도 결연한 반대 입장을 보였다. 또한 어떤 유럽 국가에 직접 도전하는 문구나 발언에 대해서도 반대했다. 아르헨티나의 영향력이 우세했고, 그리하여 협상의 결과 채택된 문서는 구속력이 결여된 이도 저도 아닌 것이 되어버렸다. 서반구에 대한 추가 위협을 다루는 평화의 지속, 보존 및 재건을 위한 협약 조항에는 다음과 같이 아무 의미 없는 구절이 포함되어 있었다. 아메리카 대륙 외부에서 국제 전쟁이 발발해 아메리카 대륙 공화국들의 평화를 위협할 경우, "서명국들이 원한다면 아메리카 대륙의 평화 수호를 위해 협력적 행동을 취할 적절한 시기와 방식"을 결정하는 협의가 이루어져야 한다는 것이었다.

미국은 낙담하지 않았으며, 2년 후 1938년 리마에서 열린 제8차 미주회의에서 노력을 재개했다. 미국 대표단이 페루의 아름다운 수도에 파견되었다. 동부 해안의 회의에서 달성하지 못했던 서반구의 연대, 즉 점증하는 파시즘의 위협에 공동으로 결속해 대처하고 모든 이데올로기적, 경제적, 군사적 침투에 반대하는 신대륙 국가들의 일치된 결의를 서부 해안에서 달성하겠다는 뚜렷한 목표를 가지고 있었다. 또한 부에노스아이레스에서 만들지 못했던 상설자문위원회도 확보하기를 희망했다. 20년 동안 세계 평화를 유지하기 위한 방법에 대해 유럽 및 아시아 열강들과의 협의를 단호히 거부했던 북쪽의 공화국은, 갑자기 그동안 국제적 사안에 대해 어떠한 영향력도 미치지 못했던 남쪽의 약소 이웃 국가들과 열정적으로 협의해나가기 시작했다.

그러나 동부 해안이든 서부 해안이든, 부에노스아이레스에서든 리마에서든, 팜파스 평원의 이웃 국가들은 늘 자리를 지키면서 미국의 프로그램을 수용하지 않겠다는 강경한 입장을 고수했다. 아르헨티나는 반대파의 리더 역할을 맡았다. 그러나 아메리카 생산물의 중요한 소비 시장이기도 한 유럽 대륙 국가들에 대해 경고해야 한다고 미국이 요구했을 때, 이를 수용하기 주저했던 것은 아르헨티나만이 아니었다. 서반구 남단은 북아메리카보다는 유럽에 경제적으로 더 크게 의존하고 있었고, 이것이 서반구의 공동 전선 창출과 통합을 저해하는 이념적, 경제적, 정치적 장애 요인으로 지속해서 작용했다.

페루의 수도에서 열린 회의의 결과 많은 주목과 찬사를 받은 리마 선언이 발표되었다. 이 선언은 범아메리카 연대의 상징으로 세계에 널리 알려졌다. 이 선언의 서문에는 정신적인 통일성, 법에 대한 흔들림 없는 헌신, 평화, 관용, 그리고 아메리카 공화국들의 특징으로 여겨지는 인종과 종교의 자유의 원칙에 대한 전통적인 자축이 포함되어 있었다. 이렇게 시작된 도입부에 이어, 아메리카의 각국 정부는 대륙적 연대를 재확인하고, 각국의 절대적인 주권을 충실히 존중하며, 모든 아메리카 공화국들은 평화, 안보, 영토 보전이 위협당할 경우에 공동의 우려를 가지며, 그러한 상황이 발생했을 때 각국은 "주권국가로서의 완전한 사법적 평등을 인정하면서 개별 국가의 역량으로 독립적으로 협의하고 행동한다"라고 선언했다.

쉬운 말로 해석하자면, 리마 선언은 아메리카 국가들이 서반구의 안전에 대해 중대한 우려와 관심을 갖고 있으며 공동의 방어 속에서 각국이 자국의 영토를 수호할 것이라고 발표했다. 애덤스가 1826년 파나마에서 희망했던 것을 헐 국무장관이 1938년 리마에서 부활시켰던 것이다. 이는 미국 외교정책의 끈기와 일관성 덕분에 가능했다고 볼 수 있지만, 20세기 신대륙 공동 방어를 위한 적절한 정치적 태세라고 평가할 수는 없다. 공통의 관심사와 집단 안보 사이에는 넓은 간극이 존재하기 때문이다.

리마 선언에 대해 대중적으로 알려진 것과는 달리, 결과적으로 누구도 이를 진실로 받아들이지 않았다. 특히 독일인들은 전혀 진지하게 여기지 않았다. 선언문의 문구를 보면, 서반구 국가 간의 관계는 연대라기보다는 대립으로 나타났고, 통일된 시각이라기보다는 각국의 뿌리 깊은 입장 차이를 드러냈다. 리마회의는 또다시 미국과 아르헨티나 사이의 근본적인 적대감을 공식화하는 자리였으며, 서반구라 일컬어지는 지리적 영역이 정치적 통일체에 근접하는 수준에 도달하는 데 실패했음을 보여주었다.

미국에서는 아르헨티나인의 반대에 대해 상당히 가혹하게 판단하는 경향이 있었다. 그러나 아르헨티나의 태도는 어떤 면에서는 미국보다 훨씬 더 현실적이었다. 워싱턴 행정부는 미주회의에서 분명히 제기되었던 비판에 대해 유럽 강대국들이 충분히 이해했을 것이라는 환상에 여전히 사로잡혀 있었다. 초기의 애덤스가 믿었던 것처럼 동맹이나 보장에 대한 조항을 포함하지 않은 다수 국가의 다자 선언이 갖는 도덕의 힘으로 국가를 규제할 수 있다고 믿었던 것이다. 히틀러가 라인란트, 오스트리아, 주데텐란트를 점령했던 것에 비춰보면 이해할 수 없는 환상이었다. 히틀러의 행동은 도덕적 힘과 함께 군사적 저항까지 제공하도록 되어 있었던 국제연맹 규약, 로카르노 조약, 프랑스의 동맹 체제마저 모두 위반한 것이었기 때문이다. 아르헨티나는 말로만 비판하는 것은 쓸데없다고 생각했다. 그리고 독일이 소위 범아메리카 연대가 본질적으로 공허하다는 사실을 꿰뚫고 있다는 것을 알고 있었다. 게다가 부에노스아이레스는 비상시에 미국이 정말로 라플라타 지역을 방어할 수 있을 것인지 확신하지 못했다.

그러나 미국의 조용한 집념은 한 가지 중요한 결과를 만들어냈다. 리마의 외무장관 회의에서 미국은 협의를 위한 절차를 받아들였다. 이로써 유럽에서 전쟁이 발발한 3주 후에 파나마에서 회의를 소집하고 또 1년 후 아바나에서 중요한 두 번째 회의를 소집할 수 있게 되었다. 파나마 회의에서는 리마 선언의 반복에 불과했던 대륙 연대의 합동 선언을 채택했지만, 아바나에서는 좀더 성공적이었다.

5. 양자 합의

1940년 7월 외무장관들이 쿠바에서 만났을 때, 유럽 분쟁은 더이상 미래의 비상사태가 아니었다. 거의 1년 동안 전쟁이 진행되었고, 독일은 유럽 대륙 정복을 거의 완료한 상태였다. 구대륙에서의 상황 전개로 다시 한번 서반구 국가들은 자유와 독립에 심각한 위협

을 겪었다. 이러한 상황에서, 아메리카 국가들은 2년 전보다 먼로독
트린의 일반화를 향해 진일보하려는 의지가 충만했지만, 이것만으
로는 결코 문제에 내재된 모든 어려움을 극복하지 못했다.

정치적 통합에 대한 것처럼, 구대륙에 대항하는 공동 방어와 관련
해서도 신대륙에서 힘의 양상은 해결할 수 없는 문제점을 제기한다.
서반구에는 하나의 강대국이 존재하고, 이 강대국은 다른 국가는커
녕 자국도 온전히 방어할 수 없는 약소국들에 둘러싸여 있는 형국이
다. 따라서 진정한 호혜주의의 가능성은 배제되며 호혜적 보장을 포
함하는 어떤 다자 조약도 힘의 현실과 충돌할 수밖에 없다. 아메리
카 국가들은 필연적으로 미국과 이웃 국가들 사이의 양자 합의를 바
탕으로 움직여야 한다. 그리고 합의 당사국들 사이의 엄청난 힘의
불균형으로 인해 양자 합의는 반드시 한쪽으로 치우칠 수밖에 없으
며, 대등한 국가들 사이의 동맹이라기보다는 보호국 및 완충 지대
방어라는 성격이 조항에서 두드러질 수밖에 없다. 먼로독트린은 상
호 보장 조항을 담은 집단 안보 조약이라기보다 서반구의 힘의 상황
을 더 현실적으로 표현한 것이다. 그러나 사실상 미국의 남쪽 이웃
국가들의 감정을 자극했기 때문에 서반구 방어 시스템으로서의 효
과는 훼손되어버린다.

그리하여 아바나에서 대표단은 어려운 과제에 직면했다. 그들은
라틴아메리카 국가들의 명예와 위신에 대한 애착을 고려해야 했고,
국가들의 법적 평등이라는 이념과 힘의 불평등이라는 현실 사이에
서 타협해야 했다. 또한 그들은 총회에서 명시했던 집단 안보의 원

칙을 상호 원조의 양자 조약과 연결시킬 방법을 찾아야 했는데, 이것이 가능해야만 원칙을 실행 가능한 군사 협력으로 전환할 수 있기 때문이었다. 유럽에서 국제연맹 규약을 상호 원조의 양자 조약과 연결시키려 했을 때 경험했던 상대적인 어려움에 비하면, 서반구에서 이 문제는 다소 용이한 해법이 있었다. 미국의 군사적 지원은 서반구 외부로부터의 침략이 있을 때에만 용인될 수 있으며, 따라서 양자 조약은 라틴아메리카 국가들 간의 세력관계에 영향을 미치지 않는다고 간주되었다.

아바나 회의는 이러한 어려움의 대부분을 해결했다. 심의를 거듭하면서 아메리카 국가들의 방어를 위한 상호 원조 협력 선언을 이끌어냈다. 이 선언은 위험할 경우 협의를 제공하고, "비아메리카 국가에 의한 아메리카 국가들의 영토의 완전성과 불가침성, 주권, 혹은 정치적 독립을 침해하는 어떠한 시도도 이 선언에 서명한 국가들에 대한 침략 행위로 간주될 것이다"라고 명시했다. 이것은 리마 선언에 포함된 단순한 공동의 우려 표명을 넘어서는 상당한 진전이었다. 일반적이고 호혜적인 방어 의무를 수용한다고 표현하지 않았고, 그래서 여전히 진정한 집단 안보 체제를 만드는 데는 부족한 수준이었지만, 효과적인 협력을 위한 법적 틀을 마련했다.

선언문의 마지막 단락에 양자 조약에 대한 조항이 있다. 여기에는 다음과 같은 구절이 포함되어 있다. "모든 서명국 또는 둘 이상의 서명국은 필요한 추가적인 보완 합의를 위한 협의를 진행함으로써, 이 선언에서 언급된 것과 같은 공격들이 발생할 경우 서로에게 가능한 방어와 원조를 위한 협력을 조직할 수 있도록 한다." 이 조항을 근거로, 미국은 서반구 방어에 효과적으로 힘을 행사하는 데 필요한 군사 합의를 위해 범아메리카적인 권한을 부여받았다.

아바나에서 열린 회의에서는 상호 원조 선언과 더불어 먼로독트린의 "양도 불가 조항"을 일반화한 또 다른 주목할 만한 문서가 작성되었다. 아메리카 국가들은 독일-일본 추축국이 승리해 서반구의 유럽 식민지를 획득하게 되었을 때 초래되는 위험에 대해서는 일찍이 인식하고 있었다. 1939년 파나마 외무장관 회의는 이 문제에 대해 우려를 표명했으며, 그러한 양도가 일어날 경우 그것은 모든 아메리카 국가의 이익에 대한 문제임을 선언했다. 그리고 주권의 변화로 인해 아메리카 국가들의 안보가 위험에 처할 경우 협의해야 한다는 결의안을 통과시켰다.

파나마에서 열린 회담에서 만일의 비상사태라고 논의되었던 것이 1년 후 아바나에서 외무장관들이 다시 만났을 때는 이미 현실이 되어 있었다. 네덜란드와 프랑스는 패배하여 정복당했고, 헤이그와 비시 정부는 독일의 완전한 지배하에 들어갔다. 만약 이들의 식민지 정부가 모국의 괴뢰정부의 통제 아래 들어간다면 그들은 서반구에 대한 선전 및 이데올로기 전쟁의 위험한 중심지가 되고, 전체주의가 승리할 경우 군사작전의 출발점이 될 것이었다.

이 위협에 대응해, 아바나 회의는 국제연맹 위임통치 제도의 기본 원칙 중 일부를 포함하는 유럽 식민지 및 소유지의 임시 행정부를 위한 협약을 통해 공동 행동을 제공했다. 여기서 아메리카의 공화국들은 어떠한 주권이나 통제권의 양도를 인정하지 않을 것이며, 식민지에서의 상황 전개가 신대륙 안보를 위태롭게 할 수 있다고 생각되면 임시 행정부를 제공할 것이라고 선언했다. 임시 행정부는 하나 이상의 아메리카 국가들에 의해 집단 신탁통치의 원칙에 따라 운영될 것이며, 이곳의 행정관들은 조약을 비준한 국가들의 대표로 구성된 아메리카 영토 행정위원회에 보고할 의무를 가질 것이다.

공통의 관심사에 대한 원칙을 승인하자 다음 문제는 실질적인 절차를 고안하는 것이었다. 공동 행동은 느리기로 악명이 높으며, 특히 적절한 검토 후에만 공동 행동을 취할 수 있었다. 따라서 지연이 곧 패배를 의미할 수 있는 군사작전에서 공동 행동은 적합하지 않았다. 서반구에서 식민지 정부의 군사적 저항에 맞서 "임시 행정부"를 수립하는 데 필요한 군대를 제공할 수 있는 국가로는 미국이 유일하다. 이러한 과업을 수행해야 할 필요성이 정말로 대두된다면, 국제회의를 소집하고 심의를 거친 후까지 조치를 지연시키는 것은 어리석은 일일 것이다. 따라서 미국이 먼저 행동하고 이후에 협의할 방법을 찾는 것이 필요했다. 이것은 회의에서 "긴급 상황"의 가능성을 인정함으로써 해결되었다. 이러한 긴급 상황에서, "아메리카의 모든 공화국은, 단독이든 공동이든, 자국 혹은 아메리카 대륙을 지키기 위해서 필요한 방식으로 행동할 권리를 가지게 된다". 그리고 아메리카 위원회는 사후에 이런 사안에 대해서 검토한 후 승인할 수 있게 되었다. 루스벨트 대통령이 네덜란드 망명 정부와 협의한 후 1941년 11월 네덜란드령 기아나에 미군을 파견했던 것도 이 협약의 조항에 근거한 것이었다.

식민지 임시행정협약과 상호 원조 선언은 여느 범아메리카 협정과는 달리 현실주의와 상식의 모델이다. 집단적 책임을 제공하지만, 효과적인 행동이 가능한 신대륙 유일의 국가인 미국이 신속하게 일방적으로 행동할 여지를 보장한다. 그러나 이들 협정의 장점은 서반구가 방어 문제뿐만 아니라 다른 측면에서도 정치적 연대의 기반이 부족하다는 사실을 받아들이는 데 있음에 유념할 필요가 있다. 어느 정도 전력을 보유한 남쪽 끝의 상대적 대국들은 집단 안보 체제에 들어가는 것을 가장 꺼리고 특별히 기여하고자 하는 의지도 없다. 아바나 회의는 양자 간 조약을 침해하지 않으면서 힘의 관계가 만들어낸 사실을 은폐할 방법을 찾았던 것이다.

미주회의에서 양자 간 군사원조조약을 일반 협약과 연결시키는 방식을 찾았지만 성공적인 협상을 위한 모든 장애물이 제거된 것은 아니었다. 상당한 잠재적 전력을 보유한 북방 이웃 국가 캐나다와의 합의에 도달하는 데는 큰 어려움이 없었지만, 미국과 라틴아메리카 국가들 간의 현격한 군사력 불평등이 걸림돌로 남았다. 라틴아메리카 국가들은 자국의 취약성 때문에 양자 협정을 체결하면 영구적인 보호국이 되어버릴 것이라는 오랜 의심과 두려움 탓에 주저했다. 신대륙에 대한 구대륙의 군사작전은 아마 아프리카를 경유할 것이며, 따라서 남아메리카의 상당 부분이 유럽과 미국 사이의 완충 지대 위치에 놓일 것이다. 이에 소국들은 군사력 측면에서 제공할 것이 거의 없으며, 결국 할 수 있는 일이라고는 북쪽 이웃 국가의 군대에 작전 기지를 제공하는 데 국한될 것이다.

라틴아메리카 정부 중 누구도 재정적으로 그러한 기지를 건설할 수 있는 상황이 아니며, 결과적으로 미국의 기술적 지원뿐만 아니라 재정적 지원이 군사기지 건설에 필수인 상황이다. 남아메리카의 특정 보수주의 집단이 친파시즘적 성향을 가지고 있으며 일부 군벌은 친독일 성향이 강하다. 이에 비춰볼 때, 비상사태가 발생하면 이 기지들이 당연히 유럽 군대가 아니라 미국의 재량에 따라 이용될 수 있을 것이라고 보장할 수는 없다. 그러한 만일의 사태에 대비하기 위한 유일한 보호책은 실제로 기지를 점령하는 것이다. 따라서 기지 점령의 허용이 군사 원조 약속의 전제 조건이 되어야 한다는 것은 일견 명백해 보일 수 있다. 그러나 라틴아메리카 정부 대부분이 그러한 조건을 수용하는 것은 불가능하지 않더라도 매우 어려울 것이 틀림없다. 어떤 나라에서 전략적 위치에 있는 비행장 한두 곳을 막강한 공군력을 보유한 외국이 장악하게 되면, 그 외국은 필연적으로 주둔한 국가의 국내 정책에 개입할 권력을 갖게 될 것이다. 이때 법률이 보장한 독립이란 휴지 조각일 뿐이다.

이집트의 사례에서 알 수 있듯이, 일시적으로 전략적 위치를 점령했던 것이 결국에는 영구적인 점령이 되어버리는 경향이 있다. 따라서 라틴아메리카 국가들이 그런 이유로 협정 체결을 주저하는 모습을 보였던 것은 결코 놀라운 일이 아니다. 그들도 군사시설을 확장하고 해군과 공군기지의 개선을 위해 재정적, 기술적 지원을 기꺼이 받아들이고자 했다. 그러나 현재까지 그들은 점령군을 영접할 수는 없다는 거부의 입장을 보이고 있다. 1941년 가을, 남아메리카 이웃 국가들은 1939년 여름 폴란드가 처했던 것과 유사한 상황에 있다고 느꼈다. 그 불행한 국가는 모스크바와 베를린 중 누구를 더 두려워해야 하는지 판단을 내릴 수 없었다. 폴란드는 러시아가 독일로부터 지켜주겠다는 제안도 수용할 수 없었다. 독일군의 위협에 대한 방어 역할을 완료한 후에도 러시아 방어군이 폴란드 영토에 머무르기를 원할 수 있다는 우려 때문이었다. 미국의 이웃 국가들도 독일 무력의 위협보다 미국의 보호를 더 두려워할 수 있는 것이다. 공동 방어를 위한 양자 조약은 의심할 여지 없이 범아메리카 협약보다 가능성이 높을 것이다. 그러나 아메리카 대륙 내 세력관계의 특수한 조건에서는 이마저 비상사태가 발생했을 때 완전한 협력이 정말로 가능할 것이라고 보장할 수 없다. 독일과 일본의 미국에 대한 선전포고를 보는 리오그란데강 이남의 반응은 1917년 미국이 제1차 세계대전에 참전했을 때와 매우 흡사했다. 1941년 말 코스타리카, 쿠바, 도미니카 공화국, 과테말라, 아이티, 온두라스, 니카라과, 파나마, 엘살바도르와 같은 아메리카 지중해의 소국들은 전쟁을 선포했다. 그리고 좀더 큰 국가인 콜롬비아, 멕시코, 베네수엘라는 독일과 외교 관계를 단절했다. 남아메리카의 우호적 이웃 국가들은 연대의 감정을 표현하면서도 중립 입장을 고수했다. 그러나 그들은 미국이 특별한 권리와 시설을 계속해서 누릴 수 있으며 결코 이를 막지 않을 것임을 암시했다. 신대륙의 공화국들은 상호 간의 견해차를 지속했고, 심지어 미국이 공격받았을 때도 공동의 동일한 행동으로 대응하지 않았다. 1942년 1월 리우데자네이루에서 열린 외무장관 회의는 만장일치를 이끌어내지 못했다. 아르헨티나와 칠레는 중립 정책을 유지하면서도 기꺼이 미국에 우호적인 입장에서 편들고자 했지만, 추축국과의 외교 관계 단절은 거부했다.

연대라는 신화

서반구 국가들은 지금까지 구대륙의 위협에 직면해 공동의 정치전선 수립에 성공하지 못했다. 19세기 초 유럽에서 프랑스가, 아시아에서 러시아가 팽창 정책을 펼치면서 위협이 드러나기 시작했을 때 공동 연대에 대한 많은 논의가 있었지만 정작 결실은 보지 못했다. 한 세기가 지나서 제1차 세계대전 기간 동안 독일의 승리가 유럽에서의 세력균형을 영원히 파괴할 것이라 생각했을 때, 미국은 집단 안보 체제의 수립 가능성을 탐색했지만 성공하지 못했다. 미국이 참전했을 때 남아메리카의 온대 지역 국가들은 중립을 지켰고, 종전 이후 기간에는 공동의 이익이 아니라 북아메리카와 남아메리카 사이의 정치적 대결이 계속해서 표출되었다. 제2차 세계대전에서 독일과 일본의 승리로 서반구가 포위될 수 있다는 우려 때문에 지금까지 아메리카 지중해 연안의 소규모 국가들과의 몇 차례 양자 협정이 성사되었지만, 신대륙 전체를 포괄하는 일반적인 협력 시스템은 수립되지 못했다. 외부 침략에 대한 공동 방어를 목적으로 아메리카의 정치적 통합을 달성하는 것은, 반구 내의 평화를 보존하기 위한 집단 안보 체제를 구축하는 것만큼이나 어렵다는 것이 입증되었다. 문화적, 경제적, 정치적 지향의 차이로 인해 협력은 어려웠으며, 많은 부분에서 공통의 위험보다는 대체로 지역적 갈등을 더 크게 인식하고 있는 것으로 보인다. 실수와 실패에도 불구하고 독일의 선전 전략은 공동 전선 구축의 노력을 방해하는 요소들을 교묘하게 활용했고, A.B.C. 국가들에게 경제적 안녕은 미국 정부가 아닌 유럽을 통제하는 세력에 필연적으로 의존할 수밖에 없다는 사실을 지속적으로 경고했다. 남아메리카의 충성을 획득하기 위한 워싱턴과 베를린 간의 전투 결과는 아직 결론이 나지 않았다. 서반구 연대는 여전히 꿈이다. 구대륙에서의 독일과 일본의 승리로 인해 아메리카가 유럽보다 덜 분열된다거나, 그 불행한 대륙의 국가들보다 아메리카 국가들을 하나씩 물리치기가 더 어려울 것이라는 징후는 없다. 과거와 마찬가지로 서반구의 방어는 아메리카 대륙 공화국들의 단합된 노력이 아니라 미국의 군사력에 계속해서 의존할 것이다.

제14장

군사 전선

독재 정부나 전제 정부와 마찬가지로 자유 정부도 싸울
의지와 능력이 있는 육군과 해군을 조직하고 유지할 수
없다면, 살아남지 못할 것이다._시어도어 루스벨트

미국이 1941년 가을에 정식 참전국이 되지 않았
다 하더라도, 독일과 일본 동맹이 유럽과 아시아에서 승리했다면 미
국 안보에 중대한 위협이 되었을 것이다. 이는 구대륙이 신대륙을
집어삼키는 결과를 초래했을 것이다. 일본은 베링 해협에서 쓰시마
에 이르기까지 태평양의 맞은편 해안에 대한 통제력을 획득했을 것
이며, 독일은 노스곶에서 희망봉에 이르는 대서양 맞은편 해안에 대
한 통제력을 확보했을 것이다. 유라시아 동맹에 의한 구대륙 정복이
이루어지면 세력 투쟁이 자동적으로 중단될 것이라는 가정은 국제
관계의 역사와 세력 정치의 본질에서 찾아볼 수 없다. 오히려 세력
투쟁이 계속될 것이라고 믿을 만한 충분한 이유가 있으며, 독일의
라틴아메리카 정책이 명확하게 보여주는 것처럼 나치의 새로운 세

계질서 구상에서 서반구가 독립적인 지역 조직이 될 여지는 없었다. 그들은 베를린의 통제를 받는 남아메리카 대륙과 미국이 완전히 고립되어 있는 북아메리카 대륙으로 분할하는 것을 상정하고 있었다. 미국의 참전은 세계 정치의 이러한 측면을 변화시킨 것이 아니라, 구대륙의 지배가 이루어지기 전에 아메리카 스스로를 방어할 기회를 제공한 것이었다. 그러나 미국이 참전했음에도 불구하고 동맹국들이 해외 전장에서 패배한다면, 완전한 포위는 현실이 될 것이다.

　나치의 제3제국이 과거에 사용했던 선전, 심리전, 경제적 압박은 신대륙 개별 국가들의 저항 의지를 약화시키고, 어떠한 실질적인 연대 형성도 파괴하며, 공동 방위를 위한 협력을 막기 위해 계속해서 적용될 수 있다. 신대륙을 포위하게 되면, 아메리카의 해양력은 서반구 인접 해안선을 따라 연안 항해만 하는 것으로 축소될 수밖에 없을 것이다. 따라서 항만 당국이 금수 조치를 내리는 것만으로 미국은 대양을 횡단해 생산물을 수송하는 일이 불가능해질 것이다. 구세계에서 승리한 후에도 동맹이 유지된다면, 동맹국들은 군사력의 상당 부분을 떼어서 서반구에 대한 작전에 투입할 수 있을 것이다. 왜냐하면 그들의 영향권 내에서 적대적 세력을 견제할 필요가 없어지기 때문이다. 신대륙은 봉쇄되고 포위된 지대가 될 것이며, 그러한 상황에서 모든 아메리카 국가가 미국과 손을 잡을 가능성은 거의 없다. A.B.C. 국가에서 영향력을 행사하는 집단들은 서반구가 단일한 경제적, 정치적 지역인가에 대해 의문을 갖고 있고, 남아메리카의 상당수 지역은 미국이 아니라 유럽에 소속되는 것이 이치에 맞는다고 생각한다. 이러한 생각은 부분적으로는 포위된 상황에서 서반구가 과연 제대로 방어될 수 있는지, 그 임무를 맡을 미국 군대가 그럴 능력을 갖고 있을지에 대한 의구심에서 영향을 받았다.

신대륙 전체는 하나의 섬이다. 태평양, 대서양, 북극해가 감싸고 있다. 섬대륙은 세 가지 방식으로 군사적 압력에 노출될 수 있다. 봉쇄와 해안 포격, 그리고 침공이다. 봉쇄와 금수 조치가 갖는 의미에 대해서는 서반구의 자연 자원을 다루는 장에서 논의했다. 해안 도시에 대한 포격만으로 국가의 항복을 얻어낼 수 있을지에 대한 문제는 오랫동안 논쟁거리였으나, 공중전이라는 새로운 조건이 만들어지자 과거와는 다른 의미를 갖게 되었다. 약소국들이 자국의 경제활동에 중요한 해안 도시에 대한 폭격과 파괴를 막지 못하고, 심지어 막강하지 않은 중소 해양 국가의 공격에도 굴복할 수밖에 없었던 사례들이 역사적으로 많이 존재한다. 그러나 중요한 항구에 대해 최소한의 해안선 방어력을 갖춘 국가들은 단순히 해안 폭격만으로 진압되는 경우가 거의 없었다. 대부분의 전쟁에서는 해안 폭격뿐만 아니라 봉쇄와 침략으로 해상 작전을 보완하는 것이 필요했다.

공중전의 발달로 작전 반경 내에서 해안 도시뿐만 아니라 내륙의 많은 지역을 폭격하는 것이 가능해졌다. 선박에 있어서는 해안이 장벽이다. 그러나 비행기에 있어서 해안은 더 이상 장애가 되지 못한다. 비행기는 해안을 넘어 선박이 할 수 있는 것보다 더 넓은 영역을 초토화시킬 수 있다. 이에 어떤 사람들은 공군력이 결정적이며 공군력이 가진 파괴력만으로 항복을 강요할 수 있다는 의견을 제시하기도 했다. 제2차 세계대전에서 영국의 사례는 지금까지 이 주장을 입증하지 못했다. 언뜻 보기에 설득력 있는 사례 같은 크레타섬 공격 또한 이를 증명하지 못한다. 크레타섬은 항복할 수밖에 없었지만, 이는 공중 폭격뿐만 아니라 공수부대의 작전이 있었기에 나타난 결과였다. 비록 군대가 전통적인 방식인 배를 타고 상륙한 것이 아니라, 낙하산 부대나 항공 수송과 글라이더를 타고 상륙했다고 하더라도, 침공은 여전히 필수적이다.

침공의 문제점

크레타섬 사례는 공군력으로 작은 섬을 정복할 수 있다는 것을 보여주었다. 단 충분한 근거리에 공격 기지를 확보해 침공국이 공중 작전 지역에서 제공권을 장악하고 일선 육군 부대를 공수할 수 있어야 한다. 여기에 서반구 방어와 관련된 중요한 사실이 있다. 서반구는 유럽과 아시아의 육상 기반 공군력의 유효 작전 반경 한참 밖에 있다는 점이다. 북극을 제외하고, 서반구로 접근하기 위해서는 최소 1800마일의 바다를 건너 비행할 수 있어야 한다. 아이슬란드와 뉴펀들랜드를 경유해 대서양 북부를 횡단하는 루트와 아프리카와 브라질을 경유하는 남부 루트는 상업용 항공기 및 장거리 폭격기의 일반적인 비행이 가능하다. 그리고 중부 태평양은 팬아메리칸 항공사가 중간 정류장을 경유해 운항하고 있다. 하지만 아직 폭탄을 잔뜩 적재하고서 대양을 왕복할 수 있는 비행기와, 그렇게 먼 거리에서 작전을 수행할 수 있는 전투기는 없다. 현재의 기술을 고려하면, 대양 횡단 공군력은 실질적인 위협이 될 수 없다. 공군력의 효과를 보기 위해서 공격국은 바다 건너 공격 대상지 근처에 우호적인 공군기지를 확보해야만 한다. 항공모함에서 시작되는 공군 공습을 완벽하게 막을 수는 없지만, 항공모함의 용적량은 제한되어 있기 때문에 그러한 공습으로 인한 피해는 육상 기반 대형 폭격 비행대에 의한 피해에 비하면 적을 것이다.

기술 발전의 미래는 의심할 여지 없이 이러한 양상을 바꾸어놓을 것이다. 그리고 거리가 갖는 방어적 가치를 축소시킬 것이다. 리스본까지 무착륙으로 화물 및 승객을 실어 나를 수 있는 새로운 보잉 클리퍼의 사정거리, 신형 플라잉 포트리스가 포탄을 적재한 채 약 3500마일을 비행하고 귀환할 수 있다는 사실, 통합초계폭격기의 유효 거리가 5000마일이 넘을 것이라는 점 등은 모두 몇 년 안에 유럽이 서반구에 폭탄을 투하하고 귀환하기에 충분한 연료를 적재할 수 있는 공군을 구축할 가능성을 증명한다. 그러나 이것이 달성되더라도, 폭격기들은 여전히 동행 전투기의 호위 없이 바다를 건너야 할 것이다. 전략 지역에 방어태세가 완비된 공군기지가 구축되어 있고 장거리 전투기가 집중적으로 배치된다면, 서반구의 방공은 상당히 견고해질 수 있다. 아메리카 본토에 대한 공습과 육상 기지 기반의 항공기를 이용한 공격은 여전히 미래의 일이며, 그때까지 원거리 침공은 해군력에 의한 전통적인 해외 원정대 형태가 될 것이다.

그러나 해상을 통한 침공은 더 이상 예전처럼 용이하지 않다. 오늘날의 전쟁은 방비가 잘 구축된 해안을 향한 작전에서 규모가 작은 수역이라도 억지 효과를 가진다는 것을 다시 한번 보여준다. 영국 해협은 공중전에서 장벽 기능을 하지 못한다. 그러나 여전히 병력 이동의 장애물이며 교전 양국 모두에게 극복하기 어려운 문제다. 독일의 기계화 군대는 피레네산맥과 모스크바를 향해 승리의 진군을 했지만, 칼레와 도버 사이의 좁은 해자가 독일군의 승리의 진군을 막았고 히틀러의 전쟁 무기에 완전히 새로운 군사적 문제를 만들어냈다. 반대로 영국 쪽에서도 유사한 문제에 직면했다. 러시아 전투로 독일이 동유럽에 군사력을 집중시켰음에도 불구하고, 영국군은 유럽 대륙에 대한 본격적인 침공을 주저했다. 현대의 전쟁 조건을 고려하면 침공을 위해서는 현대군의 막대한 장비를 운반할 수 있는 대규모 상선대가 필요하다. 그리고 중장비 하역을 위한 특별한 항만 시설을 사용할 수 없다면 불리해질 수밖에 없다. 또한 가능한 모든 저항을 극복할 수 있을 만큼 강력한 해군 및 공군의 방어력이 필요하거나, 혹은 방어국 해군력과 공군력의 사전 파괴가 필요하다.

옛날 좋았던 시절에는 군대가 가지고 다니는 장비가 지극히 제한되어 있었다. 그저 땅을 밟고 나아가면 되었다. 즉 병력을 작은 배에 싣고 해변과 개방된 해안에 상륙시킬 수 있었고, 일단 해안에 닿으면 교두보를 구축하고 내륙으로 이동할 수 있었다. 그런데 이 모든 것이 바뀌었다. 현대군은 수많은 중장비를 보유하고 있는데, 이 장비들은 많은 화물 공간을 차지하고 적절한 도킹 시설을 갖춘 항구에서만 쉽게 상륙할 수 있다. 그리고 군대는 상륙한 육지에서 군수품을 직접 조달하지 못하기 때문에 본거지와 연결하는 해상 보급로가 단절 없이 유지될 수 있어야 한다. 자동화와 기계화의 지속적인 증가로 현대 원정부대의 필요 적재 톤수는 1인당 약 10톤에 이르렀다. 이것은 5만 명의 군대가 적어도 50만 톤의 수송을 필요로 한다는 의미다. 군대가 안전하게 상륙한 후 지속적으로 보급품을 운송해야 하며, 이를 위한 필요 적재 톤수는 다시 한 달에 병사 1인당 10톤까지 증가할 수 있다. 이처럼 원정부대에 대한 병참을 끊임없이 지원하기 위해 필요한 함대의 규모는 작전 현장이 본국 기지에서 얼마나 멀리 떨어져 있는지, 함선의 속도, 현존 항만 시설 등에 따라 달라질 것이다. 평균 속도의 화물선으로 두 달마다 한 번씩 대서양을 왕복 횡단하며 작전을 완수하는 데 필요한 적재 톤수는 100만 톤으로, 초기 파병 때보다 두 배가 더 필요할 것이다. 태평양 횡단 작전을 수행하는 경우라면 필요 톤수는 더 늘어날 것이다.

1. 해군의 방어

물론 항행의 자유가 보장되지 않는 상황에서 부대가 이동하는 것은 명백한 자살행위다. 해군 작전으로 방어 함대를 패퇴시키기 전까지는 출항할 수 없다는 의미다. 또는 수송 지역에서 충분한 우위를 확보한 강력한 해군의 호위를 받을 수 있어야 한다는 의미다. 따라서 해외 원정의 성공을 위해서는 해전이 본질적으로 갖고 있는 한계를 이해해야 한다. 그 한계 가운데 가장 중요한 것은 역시 해양 수송로 확보다. 범선의 시대에는 엄청난 원거리 작전 수행도 가능했다.

핵심 동력을 바람이 제공했기 때문이다. 증기기관이 개발된 이래로 석탄이든 석유든 해군은 연료를 적재해야 했고, 그 결과 해군은 병참 보급기지에 의존하게 되었다. 이는 전투 함대의 유효 전투 반경에 한계가 있을 수밖에 없음을 뜻한다. 대형 함선들의 항행 범위가 아니라, 말하자면 구축함과 같은 소형 선박들의 전술 효율 한계가 함대의 전투 범위를 결정하는 요인이 된다. 전투 반경은 함대에 따라 다르다. 미국 해군의 경우 약 2500마일이고 영국 해군은 이보다 조금 적다. 일본 해군의 경우 약 1500마일이다.

이 반경은 전투 함대에만 적용된다. 순양함이나 잠수함 분견대는 훨씬 더 원거리에서 작전을 수행할 수 있다. 그렇다고 본국으로부터 멀리 떨어진 곳에서 전투 함대가 작전을 수행할 수 없다는 의미는 아니다. 그러나 원거리 작전 수행을 위해서는 보급선과 유조선으로 구성된 일련의 군수품 수송대를 동반해야 한다. 수송대의 반경은 2000마일 더 연장될 수 있지만, 이동 속도가 느리고 방어가 필요하기 때문에 전투 함대의 기동성과 효율성을 떨어뜨릴 것이다. 함대가 가장 이상적인 조건에서 싸운다는 것은, 수송대 없이 작전을 수행할 수 있고 근거리에 조선소, 무기고, 연료 창고 등으로 구성된 육지 설비를 갖추었을 때다. 따라서 함대 사령관이 일관된 안전을 유지할 수 있는 최단 경로를 통해 목적지에 도달하는 것을 선호하며, 기지로부터의 지원이 가능한 범위 내에서 전투를 수행하는 것을 선호하는 것은 당연하다.

해안 시설에 대한 의존성 때문에 함대의 작전 능력은 기지로부터의 거리에 반비례한다. 따라서 넓은 바다로 분리되어 있는 국가의 해군은 자국 해안과 인접한 작전 지대를 확보하게 되며, 여기서는 상당한 이점을 갖게 된다. 이 작전 지대를 확보하고 있다면 비록 상대적으로 취약한 해군력을 보유하고 있다 하더라도 먼 거리를 이동해온 상대적으로 강한 해군을 막아낼 수 있다. 이러한 상황에서 전략적 방어란 무력의 절약economy of force*을 의미한다. 이것은 국가들이 서로 인접해 있는 유럽 해역에서는 적용하기 힘들다. 유럽에서 모든 잠재적인 적국은 서로의 유효 전투지역 내에 위치하며, 중요하고도 효과적인 승리는 자국 기지에서 상대적으로 근거리에서만 성취할 수 있다. 그러나 미국은 광활한 대양으로 둘러싸여 있기에 잠재적 적국은 미국에 도달하기 위해 넓은 바다를 건너야 한다. 적어도 이론적으로 이런 환경으로 인해 미국은 자국에 상당히 유리한 곳을 전장으로 선택할 수 있다.

그러나 지상전과는 달리 해전에서는 방어 전술만으로 무력의 절약을 달성할 기회가 없다는 점을 명심해야 한다. 육지에서는 점령에 필요한 것보다 적은 무력으로 방어를 할 수 있다. 육군은 지형의 특성을 활용해서 방어할 수 있는 반면 해군에게 그런 방어는 매우 제한적이다. 대부분은 해변 수역이나 연안 바다의 제한된 구역이 해군의 자연 조건이다. 공해에는 진지가 없고, 그래서 상대적 열세인 해

---

* 병력 절약으로도 번역된다. 결정적인 시간과 장소에 전투력을 집중하기 위해 비결정적인 지점에서 임무 수행에 필요한 최소한의 병력을 사용한다는 클라우제비츠의 9개 전쟁 원칙 중 하나다.

군은 방어전에서 성공하기 어렵다. 바다에서는 공격 아니면 철수밖에 없다. 방어에는 두 가지 유형만이 존재한다. 육상에 기지를 둔 공군력으로 영해를 방어하는 것과 해군기지 방벽 뒤에서 계류하는 것이다. 항구에 남아 전투를 거부함으로써 열세인 함대가 더 강한 적에 맞서 살아남을 수 있다. 현재 이탈리아 함대가 지중해에서 하는 것과 같은 경우다. 그러나 이처럼 철수하는 것은 적에게 연안 해역을 양보하고 그곳을 통과하는 항로를 상실하는 전술적 항복을 의미한다.

"현존 함대fleet in being"* 이론은 열세인 함대라고 할지라도 존재하는 것만으로도 적국의 원정군 파견을 막을 수 있다고 주장한다. 물론 현명한 조언일 수 있다. 그러나 이를 뒷받침하는 과거의 실제 사례는 없으며, 따라서 이러한 주장에 기대기는 어렵다. 러일전쟁 당시 일본군은 랴오둥반도에 상륙을 감행하면서 "현존 함대" 독트린에 굴복하기를 거부했다. 영국은 제1차 세계대전에서 독일 함대의 존재에도 불구하고 해협을 가로질러 원정군을 파견했고, 지금 벌어지고 있는 전쟁에서도 이탈리아 함대에 맞서 지중해를 통해 그리스로까지 군대를 이동시켰다. 독일군은 영국 해군이 주둔하고 있었음에도 카테가트 해협을 건너 노르웨이 원정을 감행했고, 시칠리아에서 트리폴리로 몇 번이나 군대를 파병했다. 항공 정찰과 방어라는

---

* 해양 지배나 해양 통제를 달성하기 어려운 열세 함대의 입장에서 우세한 적 함대와의 결전을 회피하고 해군 세력 보존에 주력하는 함대. 적의 자유로운 해양 통제를 견제하는 한편 적 주력 함대로부터 분리된 소부대를 각개 격파하는 함대를 말한다.

현대적 조건에서 그러한 원정이 훨씬 더 용이한 것은 사실이지만, 유능하고 용맹한 지휘관들은 비행기가 있기 훨씬 전에도 "현존 함대"로 겁을 먹는 일은 없었다.

"존재"가 아니라 전투에서 싸우고 승리하는 것이 함대의 기능이고, 해상에서의 전투는 우세한 무력을 갖춰야만 승리할 수 있기에 지상전보다는 해상전에서 집중의 원칙principle of concentration이 더 중요하다. 물론 전체 함대를 단일 항구에 배치한다는 뜻은 아니다. 각 소대가 상호 지원할 수 있어야 하며 신속하게 단시간 내에 결속할 수 있도록 배치해야 한다는 의미다. 함대가 여러 소대로 나뉘어 분산 배치되어 있다면, 전체적으로는 열세더라도 힘의 집중을 달성한 적 함대에게 개별 소대가 연속해서 패배하게 되는 위험한 상황에 놓인다. 각 작전 구역의 함대는 가능한 한 적의 전체 전력에 충분히 대응할 수 있도록 강력한 전력을 확보해야 한다. 하나의 작전지역에 대해 이를 달성한 이후에야 다른 전역戰域에서 작전 가능한 제2의 함대 조직에 보충적인 힘을 사용할 수 있다.

제1차 세계대전과 제2차 세계대전 중의 해군 작전을 보면, 해양 강국의 갈등이 필연적으로 대규모의 결정적 전투로 귀결될 수밖에 없다는 이론에 의문을 품게 된다. 이러한 사실은 항공의 발전과 함께, 처음에는 집중의 원칙과 모순되는 것처럼 보이는 새로운 해군 전략으로 이어졌다. 영국 해군은 고속전함, 순양함, 구축함으로 보호되는 한두 척의 항공모함으로 구성된 특수 공격 함대에서 주력함을 분리해 특수 임무에 투입하기도 했다. 지금은 공중 관측을 통해 위협이 가시화되기 훨씬 전에 우세한 함대의 접근을 식별하는 것이 가능해졌기 때문에, 이런 분견대의 활용이 과거보다 더 자유롭게 이루어질 수 있다. 그러나 이런 새로운 방식의 발전이 실제로 집중의 원칙을 폐기해도 된다는 의미는 아니고, 적어도 부분적으로 히틀러의 해군에 전선이 없기 때문에 이 방법이 고안되었다는 것을 유념해야 한다. 그러나 주력함이 상당히 비슷한 두 적대국이 대치하는 해전에서 분견대를 활용하는 것은 주함대의 힘을 약화시키는 것이므로 매우 신중해야 한다.

2. 해안 방어

침략이 일어났을 때 1차 방어는 먼바다에서 작전하는 해군이 담당해야 할 것이다. 만약 함대가 다른 곳에서 교전 중이거나 혹은 패배해서 동원될 수 없는 상황이라면, 침략에 대한 방어는 해안 방어의 형태를 취하게 된다. 기존 무기를 개선하고 신무기를 발명하는 등 현대의 기술 발전으로 인해 해안 방어 구역은 점차 확장되었다. 원래는 해안포의 사정거리로 해안 방어 구역이 한정되었지만, 잠수함, 쾌속 어뢰정, 기뢰 부설 지역, 육상 기지의 공군기 등을 사용하면서 오늘날에는 범위가 더 확장되었다. 특히 적국에 대한 침공을 달성하기 위해 파병된 원정군에게 육상 기지 기반 공군기는 거의 극복할 수 없는 난제다. 어떤 함대가 항공력의 우세를 확보하지 못한다면 해안 지대 진입 시 일말의 안전도 보장할 수 없다.

공격 함대는 항공기 수송을 위해 항공모함에 의존하게 되며, 항공모함의 공군기 수송 규모는 최대한으로 잡아도 70에서 100여 기에 불과하다. 이에 맞서 방어국은 육상 기지의 공군기 전체를 출격시킬 수 있다. 함대가 해안으로 접근하는 동안 아직 해안에서 멀리 떨어진 거리에 있을 때, 방어국 해군의 장거리 정찰 폭격기나 공군의 대형 4발 폭격기가 이를 포착하게 될 것이다. 이 정찰이 성공하면 노출된 해안 지대에 육상 기지 공군력을 압도적으로 집중시킬 충분한 기회를 가질 수 있다. 방어국의 공군 비행중대가 인접 지역에 주둔할 필요는 없다. 배와 비행기 사이에는 엄청난 이동 속도의 차이가 있기 때문에 먼 거리에 기지가 있더라도 해안 작전에 투입할 충분한 시간을 확보할 수 있다. 항공모함의 비행대대는 결코 육상 기반 공군의 적수가 될 수 없다. 따라서 함대는 적 해안에 접근할수록 점점 더 위험한 지역으로 움직이게 되는 것이다. 폭격기의 유효 반경은 지속적으로 증가하고 있으며, 머지않아 육상 기반 공군기가 해안선에서 1000마일까지의 해상에서 작전을 펼치는 모습을 보게 될 것이다. 결코 불가능한 일이 아니다.

공군력의 존재로 인해 적국 함대에게 해안 수역은 극도로 위험한 지대가 되었고, 이에 각국의 해군은 해안에 기지를 둔 공군력의 지원을 받을 수 있는 지역을 전투 지역으로 선정하고자 할 것이다. 이는 적지에 대한 상륙작전을 시도할 때 본국과 상륙지역 사이에 전진기지를 구축하는 것이 그 어느 때보다 절실해졌음을 의미한다. 전진기지를 갖게 되면 몇 가지 이점이 생긴다. 그러나 전진기지가 유용하려면 그곳에 보호되고 방어할 수 있는 항구뿐만 아니라 함대를 공중 공격으로부터 보호할 수 있는 공군기지도 있어야 한다. 일본은 러일전쟁 때 장산군도(랴오닝성 부근)를 만주 침략의 전진기지로 삼았고, 영국은 다르다넬스 해협에 대한 작전에서 림노스섬(에게해 북동부)을 전진기지로 활용했다. 그리고 서반구에 대한 침략을 고려하는 국가들은 의심할 여지 없이 서반구 해안에서 인접한 유사한 전진기지를 찾고자 했다. 그러나 방어국 해안 기지 공군기의 유효 작전 반경 내에 있는 지역은 원정 작전을 위한 전진기지 역할을 할 수 없다. 따라서 항공기의 유효 폭격 반경이 점차 확장됨에 따라, 이와 같은 목적에 적합한 위치를 찾는 것은 점점 더 어려워졌다.

적국의 전진기지 구축을 막거나 혹은 적국이 확보한 진지에서 어떻게든 이들을 몰아내는 것이 방어국의 군대, 특히 해군과 공군의 임무다. 그러나 적을 몰아내려는 것보다 훨씬 더 현명한 방법은 먼저 그 자리를 차지하는 것이다. 그러면 지역 작전만으로 방어가 가능해진다. 이러한 전략적 위치의 선정, 점령, 준비는 평화 시에 할 수 있는 전쟁 준비다. 전략적 중요 지역이 국가 영토에 속하는 곳이라면 예산을 지출해 필요한 구조물을 건설하는 등 군사시설을 구축하면 된다. 반면 만일 타국 영토에 있다면, 특별한 정치적 타협이라는 방법으로 그 지역을 임차하거나 사용할 수 있도록 만들어야 한다.

만일 적군이 전진기지 구축에 성공하고 육상 기지 기반의 공군 작전을 회피하는 데 성공한다면, 해안 방어를 무시하고 상륙을 시도할 수 있다. 이때조차 적국의 기회는 여전히 매우 제한적이다. 대규모 현대적 군대가 사용하는 중포重砲와 야전 장비는 적절한 도킹 및 하역 시설 없이는 해안에 내릴 수 없다. 수송함이라는 좁은 공간에 승선한 극도로 취약한 대규모 병력이 공격력을 가진 야전부대가 되기 위해서는 신속하게 이동하고 상륙해야 한다. 그러려면 충분한 항구를 확보하는 것이 중요한데, 상륙 부대가 확보할 수 있는 항구 또한 제한적일 수밖에 없다. 따라서 집중적으로 해안 방어가 필요한 지역은 주로 일급 항구와 만으로 들어가는 입구로 한정된다. 만약 방어국이 상륙을 막지 못한다면, 적이 중요 지역에 군대를 전개하고 점령하기 전에 육군이 적을 포위하며 파괴하는 임무를 수행해야 할 것이다. 이 단계에서 방어는 해안 도시로부터 충분한 보급로를 확보하고 기동력 높은 현대화된 군대를 확보하는 것이 핵심이다.

침략이란 근거리에서라면 선박이나 항공기를 통한 접근을 뜻하지만, 궁극적으로는 국가의 경제적, 정치적 심장부에 대한 육군의 공격으로 결론이 난다. 따라서 침략에 대한 방어, 즉 좁은 의미의 영토 방어는 처음에는 해전, 다음엔 공중전, 그다음엔 해안 방어, 그리고 마지막으로 지상전에 의한다. 따라서 침략에 대한 국가의 취약성은 전략적 위치, 해안의 자연적 특성, 핵심 중심지의 위치, 육해공 부대의 전력에 달려 있다.

신대륙의 군사력

군사력 분포의 관점뿐만 아니라 전략적 중요성의 관점에서 보면,

서반구는 6개의 지대로 구분해볼 수 있다. 여기에는 북아메리카 완충 지대, 북아메리카 대륙 지대, 아메리카 지중해, 남아메리카 서부 해안, 남아메리카 완충 지대, 남아메리카 등거리 지대가 있다. 각각의 지대는 외부 침략에 대한 노출 정도, 미국과의 거리, 지역에서의 전쟁 수행 잠재력, 군사시설 규모 등에서 차이가 있다.

1. 북아메리카 완충 지대

서반구 최북부 전략 지대로서 베링 해협에서 그린란드 동부까지 이어지고, 또 알류샨열도의 태평양 전초기지로부터 아이슬란드의 대서양 전초기지까지 이어지는 넓은 지역을 일컫는다. 여기에는 긴 북극 전선뿐만 아니라 태평양과 대서양 전선의 북부 지대가 포함된다. 아시아와 유럽에서의 접근성 관점에서 보면, 이곳은 서쪽의 브리티시컬럼비아와 동쪽의 뉴펀들랜드를 통과하는 50도선과 북극 사이의 지역으로 거대한 완충 지대 기능을 한다.

이 완충 지대는 전략적 위치로 인해 매우 큰 중요성을 가진다. 이 지대는 전쟁 수행 잠재력이 없고 내재된 힘도 존재하지 않는다. 군사적인 용어로, 이 지대는 바로 남쪽에 있는 거대 대륙의 전초기지로 표현할 수 있다. 캐나다 북부는 주로 풀이 무성한 툰드라와 넓은 침엽수림 지대로 알래스카에서 래브라도까지 캐나다를 가로질러 뻗어 있다. 이 지역은 기후와 다른 제약으로 인해 인구가 매우 희박하고 경제활동은 포획, 벌목, 광업으로 제한된다. 이 지대의 서쪽과 동쪽 최선단은 난류로 인한 이점을 누린다. 즉, 태평양의 알류샨열도와 알래스카반도는 일본 해류가 흐르고, 서남쪽 그린란드와 아이슬란드는 멕시코 만류의 지류 영향을 받는다. 그래서 대륙 내부의 북부 황무지 대부분보다 훨씬 더 기후가 온화하다. 앞서 제시한 바와 같이, 북극 전선 자체는 어떠한 해양 위협도 없고 단지 사소한 항공 위협만이 있을 뿐이다. 이것은 완충 지대가 주로 북태평양과 북대서양으로부터의 접근성 측면에서 작동한다는 의미이며, 이 중에서 가장 중요한 지역은 알래스카반도와 프린스루퍼트섬 사이, 그리고 아이슬란드와 뉴펀들랜드 사이의 해안 지역임을 의미한다.

2. 북아메리카 대륙 지대

북쪽 완충 지대의 남쪽에는 북위 약 50도에서 북위 약 20도까지 뻗어 있는 진정한 대륙 지역이 있다. 이 지역에는 캐나다 남부 지대와 미국의 대부분이 포함된다. 이곳에 미국과 캐나다의 국가 경제에서 매우 생산성이 높은 지대가 자리 잡고 있다. 프레리의 엄청나게 비옥한 토양과 상당한 농업 잉여 생산 지역, 세계 최고의 동부 산업화 경제 지역이 포함된다. 이곳은 서반구에서 유일하게 대규모 군수 산업에 필수적인 철강과 중장비들을 생산하는 지역이다. 북아메리카 대륙 지대는 서반구 방어를 위한 물자를 생산할 수 있는 유일한 지역이다.

이 지역은 신대륙에서 유일하게 해안에서 해안으로의 육로 운송 시스템을 충분히 갖추고 있다. 오직 이 지역에만 철도와 고속도로 및 내륙 수로의 시스템이 조밀하게 구축되어 있어서 거대한 대륙의 서로 다른 지역을 하나의 경제로 효과적으로 통합할 수 있다. 육상과 수상 교통 간 수송 비용 차이 때문에 다른 모든 나라에서와 마찬가지로 많은 양의 연안 운송이 지속되고 있다. 연안 운송은 대륙의 폭, 로키산맥과 시에라산맥을 가로지르는 비용, 그리고 연결 고리인 파나마 운하가 대륙 지대 바깥에 있다는 사실 때문에 특별한 중요성을 지닌다. 그러나 보통은 운하를 통해 이동하는 대서양에서 태평양 항구로의 연안 운송도 필요하다면 육상 철도를 통해 처리할 수 있다.

북부 대륙 지대에서는 군사력 증강을 위해 전쟁 수행에 중요한 군수산업이 최고의 속도로 가동되고 있다. 캐나다 자치령은 당초 최소한의 해안 방어를 위해 계획되었던 군사시설을 크게 확장했다. 약 13척의 구축함, 다수의 코르벳함, 소해정, 기타 소형 선박으로 구성된 소규모 해군은 북대서양을 횡단하는 순찰과 호송 작업에 참여한다. 해외 복무를 위해 약 22만 명의 지원병을 양성하고 훈련했으며, 국토 방어를 위해 단기 군사 훈련을 받은 징병 부대를 추가로 조직하고 있다. 공동의 전쟁에서 캐나다가 기여하는 가장 값진 공헌 중 하나는 영연방 항공 훈련 계획에 따라 설립된 90여 개의 훈련소에서 조종사를 교육해 효과적인 공군력 건설을 위한 탄탄한 기반을 제공하는 것이다.

서반구에서 가장 중요한 군사력의 원천은 물론 미국이다. 제2차 세계대전 발발 이후, 미국은 거대한 군비 증강 프로그램에 돌입하면서 2대양 해군, 대규모 공군, 그리고 수백만 육군 부대의 창설을 구상했다. 최근 유럽-아시아 동맹에 의한 포위 위협이 있기 전에 미국의 해군 정책은 오직 하나의 바다에서 싸울 수 있으면 된다는 가정에 기초해 있었다. 워싱턴 군축회의에서 영일동맹이 갱신되지 않을 것이라는 확신을 얻었을 때, 미국은 해군력의 상대적인 힘의 표현으로 유명한 5:5:3 비율에 동의했다. 워싱턴 회의 이후 제네바와 런던에서 전함 및 항공모함을 비롯한 그 밖의 전력 제약을 수용하면서 추구했던 정책은 1대양 해군이라는 개념에 근거했다. 파나마 운하를 통제하면서 미국은 비교적 짧은 기간에 두 개의 대양 중 어느 곳에서든 해군력을 집중시킬 수 있게 되었고, 이에 자국이 가장 강력한 해군 국가와 동등한 수준을 달성한다면 충분히 방어할 수 있을 거라 생각했다.

1940년 프랑스가 함락될 때까지 미국 해군은 1대양 함대의 관점에서 해군 수요를 구상했다. 1934년 미국 의회는 조약에서 허용하는 수준으로 해군력을 구축하고 노후 선박을 대체할 수 있는 해군력 증강 프로그램을 승인했다. 1936년 12월, 런던 조약과 워싱턴 조약이 만료되자 미국은 완전한 행동의 자유를 갖게 되었다. 중국에서의 전쟁과 유럽에서의 긴장이 고조되자 1938년 미국은 해군력을 20퍼센트 증강한다는 법안을 통과시키는 것으로 대응했다. 이때도 여전히 1대양 해군의 개념은 유지되고 있었다. 그런데 프랑스가 함락되고 독일이 노스곶에서 피레네산맥에 이르는 유럽 본토에서 세력을 확립하는 한편 극동에서도 비슷한 상황이 전개되자, 제2차 세계대전의 결과가 서반구 포위라는 또다른 위협으로 귀결될 수 있다는 전망이 제시되었다. 1940년 7월, 미 의회는 기존 함대보다 70퍼센트 이상 증가한 132만5000톤의 추가 계획을 승인했다. 2대양 해군이 해군 정책의 목표로 수용된 것이다. 영국에서와 마찬가지로, 공군력의 새로운 위협에 대응하기 위한 첫 번째 방법은 더 많은 전함을 건조하는 것이었다.

1941년 가을, 해군은 17척의 전함, 6척의 항공모함, 37척의 순양함, 171척의 구축함, 113척의 잠수함과 더불어 소해정, 코르벳함, 항공기 보급선, 그 외 수많은 보조 선박을 갖추었다. 1940년에 시작된 대규모 군비 구축 계획이 완성되면, 미국은 32척의 전함, 18척의 항공모함, 91척의 순양함, 364척의 구축함, 185척의 잠수함을 자유자재로 운용하게 될 것이다. 해군 공창, 민간과 정부 모두, 그리고 조선 관련 산업들은 1947년 완공 예정일 이전에 2대양 해군을 실현하기 위해 연장 근무를 마다하지 않고 있었다. 해군 항공 건설은 앞으로도 계획에 따라 착착 진행될 것으로 예상되었으며 궁극적으로 약 1만 대의 항공기를 갖추는 것이 목표였다. 만약 적이 배를 침몰시키는 것보다 미국이 더 빠른 속도로 선박을 건조할 수 있다면, 종국에 미국은 가장 강력한 전력을 통제함으로써 유일하게 휘날리는 깃발의 주인이 될 수 있을 것이다.

1941년 12월 교전이 시작되었을 때, 서쪽 태평양에서 미국의 해군 병력은 여전히 아시아 함대와 태평양 함대로 분리되어 있었다. 아시아 함대는 마닐라에 주둔했고 아시아 지중해의 공동 방어에서 미국이 직접적으로 공헌할 수 있었다. 아시아 함대는 순양함 2척,

구축함 13척, 잠수함 18척, 기뢰부설함 2척, 보조함, 그리고 중국 해역에서 사용되는 소형 포함으로 구성되었다. 태평양 함대는 진주만에 기지를 두고 있었다. 태평양 함대는 미국 해군의 주력이며 최근까지는 대략 다음과 같이 구성되어 있었다. 즉, 12척의 전함, 4척의 항공모함, 약 30척의 순양함, 100척의 구축함, 60척의 잠수함, 그리고 장거리 초계폭격기를 위한 수 척의 보급정비함이 포함되었다. 여름 동안 소형 선박 다수가 초계 및 호송에 참여하기 위해 대서양으로 이전되었지만, 주력 함대는 하와이제도에 남아 있었다.

태평양 함대와 대서양 함대는 2대양 함대 구축 프로그램이 완료될 때까지 필연적으로 열세로 남아 있을 수밖에 없다. 1941년 여름을 기준으로 대서양 함대는 3척의 낡은 전함과 2척의 항모, 그리고 약 14척의 순양함, 60척의 구축함, 24척의 잠수함, 최소 10개의 초계 폭격기로 구성되어 있었다. 주력함들은 저속이었고 현대화되지 않았다. 포의 고도는 낮았고 사정거리도 짧았기 때문에 함대의 전투력에도 한계가 있었다. 두 척의 새로운 전함이 여름에 취역했다. 노스캐롤라이나함과 워싱턴함이었다. 구함선들과 함께 배치되었다면 새로운 함선의 가치도 반감되었을 것이다. 그러나 항공모함 및 순양함들과 결합함으로써 공격력의 핵심 기능을 담당하게 되었다. 서반구와 유럽 대륙의 해양력 사이에 영국 함대가 계속 존재하고 있는한 대서양에서의 전력의 약점은 그다지 심각하지 않다. 하지만 만약미국 대서양 함대가 영국의 방어 기능을 인수한다면, 함대는 크게강화되어야 할 것이다. 집중의 원칙에 따라 미국은 손실을 대체하고 새롭게 증강된 일본 함대에 균형을 맞출 수 있도록 태평양 해군의 전력을 계속해서 충분히 강화해야 한다. 그러나 만일 영국이 실패한다면 태평양에 주둔하고 있는 해군 전력과 새롭게 건조된 함선 모두 대서양으로 이동시켜야 할 것이다.

1940년에는 해군의 정책 방향을 전환했을 뿐만 아니라 군사적 대비 태세에 관한 완전히 새로운 관점을 갖게 되었다. 그해 9월, 워싱턴의 대표들은 미국 역사상 처음으로 평화 시 군 복무를 승인했다. 그리고 군대를 궁극적으로 10개의 기갑 사단과 다수의 동력화 사단으로 이루어진 총 45개 사단으로 구성한다는 계획을 채택했다. 1941년 10월까지 약 125만의 병력이 무장을 했는데, 그들이 완전히 장비를 갖추고 훈련을 받으면 북부 대륙과 아메리카 지중해를 방어하는 데 충분한 군대가 될 것이라고 판단되었다. 군부의 일부는 서반구 전체의 방어를 위해서는 최소한 지금보다 두 배의 전력이 필요하다고 느꼈다. 그리하여 징병제를 통해 그러한 규모의 군대를 편성할 수 있는 훈련된 예비 병력을 충분히 구축하기 전까지는 반구 방어를 성공적으로 수행할 수 없다고 생각했다.

미국에는 독립된 공군이 없다. 해군 항공대는 해군의 한 분과이며, 육군 항공대는 육군의 분과로 운영된다. 공군이 별도의 조직을 가져야 한다는 집요한 요구에 대응하여 1941년 타협안이 마련되었다. 즉 "육군 항공대"에 자체적인 사령부와 참모진들을 가진 준독립적인 지위를 부여한 것이다. 제2차 세계대전은 전쟁에서 항공의 중요성이 커질 것을 강조했던 사람들이 그 추세를 정확하게 예언했다는 것을 증명했지만, 또한 모든 군수품 중에서 항공기만큼 금세 구식이 되어버리는 것도 없다는 사실을 확인했다. 육군 항공대의 목표는 지속해서 상향 조정되었으며 장거리 폭격기와 장거리 전투기의 중요성이 끊임없이 강조되었다. 1941년 10월까지의 군사력 증강 계획은 약 84개의 전투 집단으로 구성된 공군이 5만 대의 현행 전투기와 예비기, 2만5000명의 조종사, 그리고 약 40만 명의 병사를 보유하는 것을 목표로 했다. 생산능력은 꾸준히 증가하고 있었고, 궁극적으로 4발 중폭격기를 포함해 연간 8만 대를 생산할 수 있다고 전망했다.

3. 아메리카 지중해

대륙 지대의 남쪽으로 가면 아메리카 지중해라는 전략 지역이 있다. 이 책의 다른 장에서 설명했던 것처럼, 아메리카 지중해는 멕시코만과 카리브해의 연안부를 포함하며 멕시코, 중앙아메리카, 콜롬비아, 베네수엘라 그리고 트리니다드에서 플로리다의 끝까지 뻗어 있는 섬들의 벨트로 구성되어 있다. 지정학적 관점에서 볼 때, 북아메리카와 남아메리카는 파나마에서 구분되는 것이 아니라 콜롬비아와 베네수엘라의 남쪽 국경에서 구분된다. 이 두 나라는 우거진 숲으로 이루어진 산악지대인 남쪽 국경 너머에 있는 남아메리카의 다른 국가들보다는 북아메리카의 맞은편 해안과 훨씬 더 친밀하게 접촉한다. 구대륙의 경우처럼 가운데 바다는 서로를 갈라놓기보다는 연결하고 있는 것이다.

아메리카 지중해의 전쟁 수행 잠재력은 매우 낮다. 중공업은 없으며, 따라서 현재의 군사시설은 소총과 다른 소형 무기들을 제외한 모든 군비를 유럽이나 미국에 의존하고 있다. 이 지역은 소규모 부대와 분산된 병력이 있는 지역으로, 미국의 도움 없이는 반구 외부로부터 오는 침략에 효과적으로 방어할 수 없다. 1941년 기준으로 가장 큰 군사력은 멕시코 군대라고 할 수 있는데, 평시에는 약 5만 명, 전시에는 약 15만 명의 병력을 갖추고 있었다. 장비는 형편없고 대부분 구식이다. 그리고 군비 현대화가 시작되긴 했지만, 기계화는 여전히 초보 단계다. 중앙아메리카의 군대도 보잘것없다. 콜롬비아는 구축함 몇 척과 함포들로 이루어진 소규모 해군을 보유하고 있으며, 1만 6000명의 평화 시 병력과 극히 소규모 공군만을 갖추고 있을 뿐이다. 이웃 국가인 베네수엘라는 그 절반도 안 되는 군대에 만족했고 사실상 해군은 전혀 보유하지 못했다. 지중해의 동쪽 해안 지역은 서인도 식민지에 주둔하던 네덜란드군과 영국군의 파견 부대 및 비시 정부에 충성 서약을 한 마르티니크의 프랑스군이 점령하고 있었다. 아이티와 산토도밍고는 몇천 명의 소규모 군대와 일부 해안 경비정만 보유하고 있으나, 그래도 쿠바는 잘 정비된 1만 5000명의 병력을 운영하고 있으며, 순양함 1척과 군함 몇 척, 해안 경비함 1척으로 구성된 소규모 해군을 보유하고 있다. 아메리카 지중해의 진정한 군사력은 파나마와 동부 연안의 기지들을 운용하는 미국이 유일하다.

4. 남아메리카 서부 해안

남아메리카의 태평양 연안 지역은 좁은 해안 분지와 산줄기 및 안데스산맥의 고원 지대로 이루어져 있다. 에콰도르, 페루, 칠레와 볼리비아의 서부 지역이 포함된다. 태평양 연안 국가 중 가장 작은 규모이자 파나마 운하에 가장 가까운 에콰도르는 약 7500명의 소규모 군대를 보유하고 있고, 약 5만 명 규모의 잠재적인 전쟁 병력을 보유하고 있다. 궁극적으로 에콰도르를 병합하고 싶어하는 남쪽의 이웃 페루는 약 1만2000명의 무장 병력을 보유하고 있고 동원할 수 있는 훨씬 더 많은 인구를 가지고 있다. 또한 순양함 2척, 구축함 3척, 잠수함 4척과 해안 경비함들 및 소규모 공군도 보유하고 있다. 서부 해안 국가 중 가장 크고 강력한 칠레는 약 2만 명의 평시 군대를 보유하고 있었으며, 예비 병력으로는 거의 20만 명을 동원할 수 있다. 공군은 약 100여 기의 공군기로 구성되어 있고, 미국에서 폭격기와 추격기를 모두 구매함으로써 빠르게 성장하고 있다. 칠레 함대는 다른 서해안 국가들보다 전력이 월등히 우수하다. 칠레 함대는 1913년산 전함 1척, 1898년산 구식 순양함 3척, 그보다는 이후에 생산된 구형 구축함 8척, 잠수함 9척, 초계함 20척으로 구성되어 있다. 아메리카 지중해와 마찬가지로 남부 대륙의 서해안은 전쟁 수행 잠재력이 매우 낮은 지역이지만, 미국의 전쟁 경제를 위한 광물 공급원으로서 중요하다. 과거 연안 국가들은 외부의 위협으로부터 자국을 보호하기 위해 먼 거리와 먼로독트린에 의존하고 있었다. 이것은 오늘날에도 이들 국가의 영토 안보를 위한 핵심적인 두 축으로 남아 있다.

5. 남아메리카 완충 지대

아메리카 지중해의 남부 해안 국가인 콜롬비아와 베네수엘라의 육지 국경 아래에는 거대한 열대림 지대가 있다. 이 지대는 광대한 아마존강 유역과 브라질 북동부의 해안 평야를 아우른다. 이 지역은 동서를 연결하는 훌륭한 교통 체계인 아마존강과 그 지류를 보유하고 있다. 그러나 이것은 또한 남북 방향으로 이동하는 데에는 거의 극복할 수 없는 장애물로 작용한다. 이 때문에 열대림 지대는 아메리카 지중해 너머의 거대한 완충 지대를 형성하며, 오직 그 해안 지역만이 위험에 노출되어 있을 뿐이다.

남아메리카의 완충 지대는 북아메리카의 완충 지대와 마찬가지로 전쟁 수행 잠재력이나 내재된 힘이 전혀 없다. 여기서는 북극 한기가 아닌 적도의 열기가 낮은 생산성의 원인이다. 정치적으로 이 지역은 브라질의 일부이지만 리우데자네이루 인근 지역인 경제적, 정치적 중심지와 효과적으로 통합되지 못했다. 브라질 남동부의 제한된 군사력은 발전 가능성이 있긴 하나 수도로부터 2000마일 떨어진 완충 지대에서 효과적으로 기능을 발휘할 수 없다.

6. 남아메리카 등거리지대

페르남부쿠는 브라질의 돌출부에 있으며, 프랑스의 항구 브레스트로부터의 거리와 비슷하게 버지니아주 노퍽과 떨어져 있다. 아르헨티나의 바이아비앙카에서 태평양과 파나마 운하를 거쳐 버지니아 항구까지 가는 여정은 대서양으로 프랑스 항구까지 가는 여정만큼 떨어져 있다. 즉 해로를 통해서 브라질 산로케곶과 파타고니아(남아메리카 남단 지역) 사이의 남아메리카 대서양 배수 지역에 접근할 때, 이곳은 북미와 유럽의 군사력 중심으로부터 동등한 거리에 있는 지대임을 의미한다. 항공 접근로의 관점에서 보면, 미국은 등거리지대equidistant zone의 남서부 구역에 대해서 약간의 이점을 가진다. 그것은 서해안을 따라 비행하는 항공로가 해상 경로와 달리 혼곶 주변이나 마젤란 해협을 관통하는 우회로를 포함하지 않기 때문이다.

이 등거리지대는 남아메리카에서 가장 중요한 지역이다. 가장 생산성이 높은 농업 지역, 인구의 75퍼센트, 주요한 두 국가의 수도, 그리고 이들 국가의 신생 산업의 중심지를 포함한다. 광산업, 커피, 목화, 목축업을 산업 기반으로 하는 브라질 남동부 쪽 국가들이 모두 이 영역 안에 있으며, 라플라타 배수 분지도 여기에 포함됨에 따라 아르헨티나에서 가장 부유한 지역 또한 포함된다. 이 지역은 유럽과 가장 가까운 경제 관계를 맺고 있으며, 서반구 연대에 대해 가장 회의적이기도 하다.

남쪽 대륙의 남동부는 여러 측면에서 전쟁 수행 잠재력을 지닌 유일한 지역이다. 이 지역에 경제 중심지를 두고 있는 브라질과 아르헨티나는 칠레와는 달리 실질적인 군사 설비를 감당할 수 있을 만큼 경제력을 가진 유일한 국가다. 브라질은 면적과 인구 면에서 아르헨티나보다 크고, 산업화 역량 면에서 더 나은 성과를 보이므로 전쟁 수행 잠재력 또한 더 크다는 장점이 있다. 그러나 1941년 브라질의 해군력은 남쪽 이웃 국가 아르헨티나보다 결코 우수하지 않았다. 2척의 구형 전함, 2척의 순양함, 8척의 어뢰정, 4척의 잠수함, 26척의 다른 함정으로 구성되어 있었고, 미국은 브라질의 해군 확장 계획과 다수의 구축함 건조를 지원하고 있었다. 육군은 평시 11만2000명의 병력과 약 20만 명의 예비군을 보유하고 있었다. 그러나 1941년 공군이 약 300대의 비행기를 보유하게 되었던 것처럼 육군도 빠르게 확장하고 있었다. 아르헨티나는 남부 대륙에서 최고의 해군을 보유하고 있었다. 2척의 구형 전함, 3척의 순양함, 16척의 구축함, 3척의 잠수함, 그리고 여러 척의 소해정과 해안 방어 함선으로 구성되어 있었다. 아르헨티나의 육군은 평시 1만 명의 병력을 보유하고 있었고 예비 병력으로는 약 30만 명이 있다. 1941년 가을, 다른 군사 설비 부문이 증강된 것과 같이 약 120기의 공군력이 증강되었다. 비록 이러한 군사력 수치는 유럽과 아시아의 강대국들 규모에 비하면 대단한 것이 아니지만, 그럼에도 불구하고 미국을 제외한 신대륙에서 여타 지역보다 등거리지대가 서반구 외부로부터의 공격에 대해 비교적 방어태세가 잘 갖추어졌음을 분명히 보여준다.

북아메리카와 비교할 때 남아메리카에는 진정한 대륙 지대가 없다. 국가들은 대부분의 연안 국가들처럼 바다 쪽을 지향하고 있을 뿐만 아니라, 육지 국경을 통한 교통은 그다지 중요하지 않다. 아마존강과 라플라타강 유역의 내륙 수로의 유용성도 제한적이다. 대륙 횡단 철도는 남쪽에만 존재하며, 지형과 기후의 장애는 고속도로와 철도의 발전을 계속 지연시킬 것이다. 대륙 내 교통은 항공을 제외하고는 주로 연안 해상 운송을 통해 이루어진다. 이는 공동 방어 체제에서 이들 국가가 해상 수송로를 통해서만 경제적으로 상호 지원할 수 있으며, 군사적인 의미에서는 예비적 여유분이 거의 없는 해군력과 공군력으로만 서로를 지원해야 한다는 뜻이다.

먼로독트린을 재확인하고 서반구 방어를 미국의 정책으로 수용하면서, 북아메리카 대륙 지대의 군수산업 생산물은 라틴아메리카 국가들이 원하는 대로 사용할 수 있게 되었다. 워싱턴 정부는 남쪽의 선량한 이웃들이 무기 대여 프로그램에 따라 원조를 받을 자격이 있다고 판단했지만, 영국, 러시아, 중국 등 동맹국의 기존 수요와 미국 자체의 군비 증강 프로그램이 비행기, 대포 및 기타 장비의 신규 생산 대부분을 선점했다. 현재 남쪽으로 가는 원조의 양은 극히 제한적이지만, 무기 생산이 본격화되는 1942년에 미국은 서반구 방어를 위한 지역 군비를 증강하는 데 더 효과적으로 원조할 수 있을 것이다.

전략 패턴

포위라는 조건 속에서 반구 방어의 문제는 대서양 및 태평양 건너편 해안 쪽 전략 지대의 위치에 의해 규정된다. 전략 패턴의 핵심은 군사 중심지와 핵심 지역을 연결하는 선들로 형성된다. 해군력과 관련해서 군사 중심지는 산업 생산성이 높은 지역 인근에 위치한 대규모 해군기지다. 따라서 신대륙으로 오는 서쪽에서의 위협은 보닌제도와 홋카이도 사이의 지역, 특히 일본 본토로부터만 발생할 수 있다. 동쪽에서의 위협은 서유럽으로부터만 발생할 수 있는데 리버풀과 마르세유 사이의 지역을 통해 올 것이다. 북아메리카 대륙 지대에서 해군 작전을 위한 중심지는, 태평양 작전을 위해서는 밴쿠버와 샌디에이고 사이, 대서양 작전을 위해서는 보스턴과 찰스턴 사이에 있다.

서반구 방어 문제는 아메리카 대륙 중심의 지도를 보면 가장 분명히 나타난다. 이렇게 보면 서반구를 포위하고 있는 해양 세력의 기지인 환태평양 및 환대서양 지역과 미국 함대의 효과적인 전투 범위를 비롯해 육상 기지 항공기의 사정권 내에 있는 해상지역이 드러난다. 이 책의 첫머리에 있는 지도에 표기된 것처럼, 전투 함대의 전투 범위는 주요 해군기지로부터 2500마일*까지 떨어진 구역이고, 육상 기지 공군의 작전 구역은 해안으로부터 1000마일*까지 떨어진 구역이다. 이 지대에서 방어국은 공격국에 비해 유리한 위치에 있다. 그 지대 중 외부 구역에서 해군은 방어 함대의 전술적 효율성을 크게 잃지 않고도 작전을 수행할 수 있으며, 내부 구역에서는 육상 기지 공군기의 지원을 받아 해군 작전을 수행할 수 있다. 만약 적군이 더 가까이 접근한다면, 그들은 방어국의 제공권 지역 안으로 들어가게 된다. 북태평양에서 외부 구역은 하와이제도로부터 서쪽으로 경

---

* 법정마일[1법정마일=1.609킬로미터].―지은이

도 180도 선의 국제날짜변경선에 이르기까지 뻗어나간다. 북대서양에서 외부 구역은 대서양 중간 지점을 넘어 아일랜드 부근의 유럽까지 접근하고, 남대서양의 외부 구역은 미군이 브라질 돌출부에서 이용할 수 있는 해군 및 공군기지에 따라 위치가 달라진다.

태평양과 대서양 해안에 있는 아메리카의 두 군사 중심지와 아시아 및 유럽 중심지와의 관계, 그리고 이 네 지점으로부터 서반구의 다른 전략 지대까지 상대적 거리가 신대륙의 방어 문제를 정의한다. 만일 독일-일본 동맹이 유럽과 아시아에서 성공한다면, 서반구에 대규모 병력을 파견해 전투에 투입할 수 있을 것이다. 아메리카 대륙의 방어를 위해서는 북아메리카 대륙 지대의 전쟁을 효과적으로 수행해야 하는데, 그러려면 북아메리카 자체뿐만 아니라 해외에서, 즉 북쪽의 노출된 지역, 아메리카 지중해의 가장자리, 남아메리카의 해안 지역에서 모두 효과적인 전쟁을 수행할 수 있어야 한다. 상대적 거리를 고려할 때, 미국은 적의 침략 시도를 저지하기 위해 서반구 전체의 지역 군대에 충분한 군사력을 구축할 수 있을까? 미국의 힘의 원천인 두 해안 지대에서 작전을 수행하고 미국의 의도대로 전진기지를 활용한다면, 미국은 과연 독일-일본 동맹의 공격을 좌절시킬 수 있을까?

제15장

반구 방어

정치적, 사회적 관점에서 바다가 스스로를 나타내는 첫
번째이자 가장 분명한 모습은 거대한 고속도로라는 것
이다. 혹은 그보다 더 좋은 것으로, 사람들이 모든 방향
으로 나아갈 수 있는 드넓은 공동의 고속도로다._앨프
리드 세이어 머핸

서반구는 대략 1500만 제곱마일의 광활한 땅덩어
리이자 섬이다. 삼면으로 세 개의 대양을 접하고 있다. 북극해, 태평
양, 대서양을 가로지르면 구대륙과 만난다. 그러나 앞서 언급했듯이
아메리카는 대륙 차원에서 단일한 섬이 아니다. 적어도 세 개의 뚜
렷한 지정학적 지역으로 구분된다. 북부 대륙과 남부 대륙 그리고
아메리카 지중해로 구성되는 하나의 세계라고 할 수 있다. 북아메리
카는 파나마에 꼭짓점이 있는 역삼각형 모양을 하고 있다. 태평양과
대서양 해안은 알래스카와 그린란드를 향해 뻗어나가면서 북쪽으
로 갈수록 각기 아시아와 유럽에 더 가까워진다. 삼각형의 세 번째
면은 알류산열도의 서쪽 섬 전진 지대에서 알래스카, 캐나다, 그린
란드의 척박한 해안 지역을 지나 아이슬란드의 동쪽 섬 전진 지대에

이르는 북극 전선이다. 남아메리카 역시 혼곶 근처의 남쪽을 정점으로 하는 역삼각형이다. 이 삼각형의 한쪽 면은 혼곶에서 파나마까지 태평양을 따라 있고, 나머지 두 면은 대서양을 접하고 있다. 첫 번째는 파나마에서 브라질의 돌출부에 있는 산로케곶까지 이어지는 곳으로 동남쪽을 향해 있고, 두 번째는 산로케곶에서 혼곶까지 이어지는 것으로 서남쪽을 바라보고 있다. 남쪽 대륙의 축은 북아메리카의 축보다 훨씬 더 동쪽에 있고, 그 결과 두 번째 삼각형이 대서양 쪽으로 더 멀리 돌출되어 아프리카의 어깨에 접근해 있다. 거대한 대륙 덩어리 사이에는 아메리카 지중해가 자리잡고 있으며 대륙들은 앞 장에서 언급한 전략 지대로 나뉘어 있다.

앞서 우리는 현대 전쟁의 조건을 고려할 때 방어국이 현대적이며 효과적인 해군, 공군, 육군을 자유자재로 운용할 수 있고 해안 방어 시스템을 갖춘 고도로 산업화된 국가라면 침략이 매우 어렵다는 사실을 알아보았다. 이러한 조건에서는 실제 상륙에 성공하더라도 중대한 위협이 되지 못한다. 왜냐하면 효율적인 철도 및 고속도로 시스템 위로 이동하는 기계화 및 동력화 사단은 적군이 점령한 해변을 빠르게 포위하고 파괴할 수 있기 때문이다. 서반구에서 이런 상황은 미국과 캐나다 남부를 포함하는 북아메리카 대륙 지대에서 유독 두드러지게 나타난다. 북아메리카 완충 지대에는 이런 상황이 존재하지 않으며, 아메리카 지중해나 남아메리카 국가들에는 적용될 수 없는 사항이다. 왜냐하면 그 국가들 대부분이 함대, 현대화된 공군, 기동력을 가진 육군, 철도나 자동차 도로망을 갖추고 있지 못하기 때문이다.

북서쪽의 알래스카와 알류산열도 및 동북쪽의 그린란드와 아이슬란드에서 뻗어나온 전초 지역은 육상 교통선으로 대륙의 중심부와 연결되어 있지 않다. 최근에 시애틀에서 알래스카까지 브리티시컬럼비아를 통과하는 도로를 건설하는 것에 대한 많은 논의가 있었지만, 장점이 있더라도 연중 일부 기간에만 개방되는 노선은 도로를 사용할 수 없는 기간에도 소요되는 경비를 고려하면 결코 적절하다고 판단할 수 없다. 어쨌든 도로 건설에는 몇 년이 걸릴 테고, 당분간 알래스카는 바다 너머의 전초 지역으로 남아 있을 수밖에 없다. 아메리카 지중해와 남아메리카 전략 지역의 해안 지역에도 이런 상황이 동일하게 적용된다. 중앙아메리카를 관통하는 고속도로도 없고 콜롬비아에서 에콰도르로, 혹은 콜롬비아와 베네수엘라 국경을 넘어 브라질로 가는 1등급 도로도 없다. 광대한 팬아메리칸 고속도로는 여전히 현실보다 비전에 가깝고 그것이 완성된 후에도 기본적인 전략 패턴은 크게 바뀌지 않을 것이다. 북아메리카 대륙 지대와 서반구의 다른 전략 지역 간의 교통은 계속해서 해로를 중심으로 이루어져야 할 것이다.

반구 내부 교통 시스템의 중심은 파나마 운하다. 파나마 운하로부터 해안선을 따라 거대한 해로들이 뻗어나간다. 이 해로들의 거리가 반구의 크기와 방어 문제의 본질을 보여준다. 파나마에서 마젤란 해협까지의 거리는 서해안을 거쳐 약 4500마일, 동해안은 중간 지점인 브라질의 돌출 지역 페르남부쿠를 거쳐 약 7500마일 정도다. 파나마 해협에서 노메(알래스카의 곶)까지는 약 7000마일, 레이캬비크(아이슬란드 수도)까지는 중간 지점 보스턴을 거쳐 약 5000마일이다. 미국에 의한 반구 방어는 본토 기지로부터 멀리 떨어진 지역에서 해군과 공군 작전을 통해 해외 영토를 방어하는 데 큰 비중을 두고 있다.

태평양을 건너오는 침략

아메리카 대륙 방어 문제의 한 측면은 일본의 침략에 대해 태평양 연안을 보호하는 것이다. 서태평양에서 일본의 위치가 완전히 안전하게 보장되지 않는 한, 신대륙에 대한 무력 공격은 매우 위험할 수 있다. 따라서 일본 정부는 대규모 대양 횡단 모험을 감행하기 전에 아시아에서의 정복을 공고히 할 것이라고 가정해야 한다. 서반구에 대한 중대한 공격은 서방이 아시아 지중해에서 쫓겨나고, 러시아 연해주가 정복되며, 미국이 서태평양에서 쫓겨나 하와이로 돌아갈 때까지 연기되리라고 보는 게 타당할 것이다. 일본은 알래스카 반대편의 동부 시베리아 땅덩어리의 주인이 되어 중국 연안을 지배하고, 아시아 지중해를 장악하며, 싱가포르와 네덜란드령 동인도제도에서 호주와 인도양으로 가는 해로를 통제하려 할 것이다.

서반구에 대한 작전을 위해 일본이 어떤 군사력을 사용할지는 예측할 수 없었다. 일본이 장악한 지역은 거의 무궁무진한 인력을 공급할 수 있었지만, 광물과 중공업의 전쟁 수행 잠재력은 북미나 유

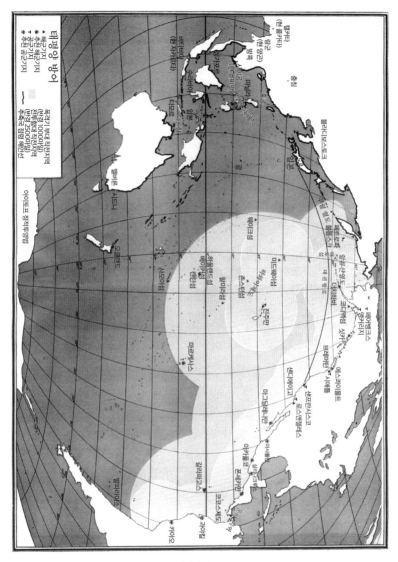

태평양 방어

럽에 비해 훨씬 낮았다. 비행기 생산은 미국이 달성한 생산량보다 훨씬 적은 것으로 추측할 수 있고, 생산율이 일본에 유리하게 바뀔 것이라고 볼 만한 근거는 없다. 물론 주요 공격 수단은 함대여야 하는데, 1941년 가을을 기준으로 일본 해군은 전함 10척, 항모 6척, 순양함 44척, 구축함 125척, 잠수함 약 70척으로 구성되어 있었다. 1936년 이후 일본의 군비 구축 계획을 둘러싼 비밀은 이러한 추정치가 정확한 것인지를 확인할 수 없게 만들었다. 일본 해군은 미국보다 빠르지만 전투 반경이 좁고, 군비도 적으며, 중무장 포의 규모도 크지 않다. 아시아 지중해를 정복할 때 일본이 적들로부터 얻을 수 있는 것보다 더 많은 배를 잃을 줄은 아무도 몰랐고, 따라서 그 모험이 일본 해군에 미칠 영향도 예측할 수 없다.

1. 전초기지

이미 여러 사례에서 언급했던 태평양이 갖는 가장 중요한 전략적 측면은 광활한 규모에 있다. 태평양에서 미국은 전략적으로 가장 중요한 두 개의 섬 전초기지를 보유하고 있다. 하나는 북극과 북태평양 전선이 만나는 지대로, 본토의 돌출된 가장자리 지역 근처에 있는 어널래스카섬이다. 다른 하나는 북회귀선 부근의 대양 한가운데 하와이제도에 위치해 있다. 이 두 섬의 군사기지에서 작전을 수행한다면, 태평양을 가로질러 서반구로 가는 접근로를 순찰하는 것이 가능하다.

알류샨열도

요코하마에서 샌프란시스코로 가는 대권항로는 베링 해협을 향해 북쪽으로 이어진 다음 동쪽과 남쪽으로 굽어져서 알류샨열도의 300마일 이내까지 뻗어간다. 더 남쪽의 목적지로 가는 경로는 알류샨열도에서 멀리 떨어져 있지만, 대권항로를 따라 요코하마에서 파나마 운하로 가는 배는 여전히 하와이제도의 북쪽과 동쪽을 통과해야 한다. 알류샨열도는 안전한 항구와 만을 다수 제공한다. 이 항구와 만이 적의 수중에 들어가게 되면 아메리카 본토 공격을 위한 전진기지로 활용될 수 있을 것이다. 따뜻한 일본 해류(또는 쿠로시오 해류)는 기후를 온화하게 만들고 부동항을 제공하지만, 알래스카로부터 오는 차가운 공기와 만나면 거친 바다와 차갑고 황량한 안개를 만들어내기도 한다. 이는 뉴펀들랜드 앞바다와 매우 유사한 조건이다. 즉 북쪽 지역은 가시거리가 짧고 항행이 어려운 지대라는 의미다.

미국 최서단의 영토인 아투는 캄차카반도의 페트로파블롭스크에 있는 러시아 해군 및 공군기지에서 800마일도 채 되지 않고, 쿠릴열도에 있는 일본 해군기지로부터는 1000마일도 되지 않는다. 1936년 12월 31일 워싱턴 조약과 거기에 포함된 비요새화 지대 조항이 만료된 후로, 방어 목적을 위해 이 지역의 고유한 개발을 막을 수 있는 수단은 아무것도 없었다. 따라서 미국 정부는 해군과 공군기지 건설 계획에 착수했다. 열도의 서쪽 섬 중 하나인 키스카에는 해군을 위한 감청 초소가 있다. 미국 정부는 본토 북서쪽으로의 접근로

를 보호할 수 있도록 어널래스카섬의 더치하버를 해군기지이자 해
군 항공기지로 개발하는 중이다.

하와이제도

태평양의 두 번째 도서 전초기지는 진주만에 있는 거대한 해군기
지로 아시아를 향해 전진해 있다. 태평양 함대의 작전 기지이자 구
식 이차원 전쟁의 해상 작전 면에서는 세계 최강의 요새 중 하나다.
진주만이 위치한 섬인 오아후는 지름이 약 25마일이다. 양 끝이 열
린 넓은 계곡이 중앙을 관통한다. 양쪽의 산악지형은 계곡을 바다로
부터 보호하며, 산 사이의 몇 개의 통로는 소규모 부대로도 방어할
수 있다. 계곡의 한쪽 끝에는 작은 마을과 2차 방어 시설이 있다. 호
놀룰루는 다른 쪽 끝에 있으며, 약 15마일 떨어진 훌륭한 내륙 항구
에 함대 기지가 있다. 든든하게 요새화된 해안 시설들은 대규모 건
식 독, 완전한 수리 시설, 연료 저장고, 탄약고, 그 밖에 함대와 수비
대를 지원하기 위한 다른 보급품과 설비로 구성되어 있다. 현재 하
와이제도의 다른 섬들에 추가 기지와 시설들이 건설되고 있다. 전략
적 취약 요소로는 대공 방어가 충분하지 않으며, 하와이섬들의 식량
은 외부로부터 들여와야 하고, 또한 하와이에 수많은 일본계 이주민
이 거주하고 있다는 점을 꼽을 수 있다. 약 15만 명이 하와이에 거주
하고 있으며, 이 중 호놀룰루의 도시와 카운티에만 7만 명이 집중되
어 있다.

대양 한가운데 섬에 위치한 이 거대한 중태평양 해군기지는, 대

류의 압박을 받는 알류산열도의 기지보다 훨씬 더 넓은 작전 지역을 제공한다. 더치하버에서의 거리는 2400마일이고 파나마 운하에서의 거리는 5000마일이다. 샌프란시스코에서 약 2500마일 떨어져있지만 요코하마에서 여전히 4000마일 떨어져 있다. 더치하버가 대권항로의 북쪽 측면에 있는 것처럼 진주만은 아시아에서 북아메리카로 가는 대권항로의 남쪽 측면에 있다. 그러나 남아메리카로 가는모든 접근로 또한 측면에 두고 있다. 하와이제도에 강력한 함대가주둔하는 한, 적국은 상당한 위험을 감수해야만 이 기지 너머 대륙본토로 이동할 수 있다.

태평양의 광활한 거리는 해군전, 특히 정찰과 관련해 특별한 문제를 만들어낸다. 광대한 지역 때문에, 다른 어떤 바다보다 태평양 바다는, 제1차 세계대전에서 볼 수 있었던 것처럼 기습공격의 기회를제공한다. 1941년 12월 7일 일본군이 적개심을 드러내며 진주만을성공적으로 공격한 사례로 이 점은 다시 한번 명백해졌다. 진주만은뛰어난 정찰 시스템이 있어야만 대륙 접근에 대한 측면 기지로서의기능을 수행할 수 있다. 미국은 기술 발전이 항공에 가져다준 새로운 가능성을 충분히 활용할 기회를 갖고 있었다. 장거리 초계폭격기는 정찰에 이상적인 장비이며, 줄지은 섬들의 체인을 가지고 있기에알류산열도에서 사모아까지 모든 길목에 관측 초소를 구축할 수 있었다. 더치하버, 미드웨이, 존스턴, 팔미라, 캔톤, 사모아에서 출발하는 초계비행으로, 미국은 동태평양으로 가는 거의 모든 항로가 통과해야 하는 국제날짜변경선 인근에 정찰 스크린을 구축할 수 있었다. 전쟁 발발 당시 스크린은 제 기능을 발휘하지 못했고, 전선에서 가장 중요한 축인 미드웨이는 일본의 작전으로 한동안 무용지물이 됐다. 사모아에서 파나마 운하까지 거의 6500마일에 이르는 전선에서는 정찰이 이루어지지 않았다. 그러나 원정군이 북아메리카 서부 해안까지 9000마일이나 되는 우회로를 택하리라는 것도 결코 예상할 수 없었다. 만약 미국이 사모아에서 파나마 운하에 이르는 전선에 있는 두 개의 제도, 즉 마르케사스제도와 갈라파고스제도를 획득했더라면, 후자는 파나마 운하로부터 약 1000마일, 에콰도르에서 약 600마일 거리에 있기 때문에 전략적 상황은 더 나았을 것이다.

태평양 함대가 진주만에 있는 한 본토 앞바다에서는 별다른 움직임이 없을 것으로 보인다. 그러나 만약 영국 함대가 미국의 2대양 해군이 완성되기 전에 패배한다면, 미국의 태평양 함대는 전부 또는 일부를 다른 대양으로 이전하거나 본토의 서부 해안 기지로 철수해야 할지도 모른다. 진주만에서 캘리포니아 기지나 운하 지대로 철수하게 된다면, 해안 지대가 주요 작전 구역이 될 것이다. 일본 해군은 여전히 대양 횡단의 거리라는 거의 극복할 수 없는 어려움을 겪을 것이다. 그러나 하와이에 퇴로를 끊을 함대가 더 이상 없다는 사실 때문에 일본 해군은 대권항로를 따라 북태평양으로의 모험을 감행할 수도 있을 것이다. 그러면 잠수함, 소함대, 그리고 해안 방어용의 고속어뢰정과 대서양으로 이전되지 않은 함대가 방어 임무를 맡게 될 것이다.

2. 본토

　군사지리학 관점에서 서반구 태평양 연안의 두드러진 특징은 알래스카의 코디악에서 남아메리카 혼곶까지 동남쪽으로 해변이 끊기지 않고 거의 일직선으로 연결된다는 사실이다. 즉, 남쪽으로 이동함에 따라 아시아에서 점점 더 멀어지고 더치하버를 시작으로 하는 각 해군기지는 다음 기지로 향하는 접근로를 측면에 두면서 더 남쪽의 다음 지역을 보호하게 된다.* 이러한 사실과 해안선의 구성은 서로 다른 지역의 방어 전략에서 일정한 유사점을 만들어내며, 북아메리카와 남아메리카 모두 유사한 방식으로 방어할 수 있도록 해준다.

해안 방어

　해안 방어는 북부 고위도에서 시작되어야 한다. 알류샨열도와 알래스카는 태평양을 횡단할 때 매력적인 디딤돌이기 때문이다. 더치하버 외에도 미국은 코디악섬과 알래스카의 좁고 긴 돌출부에 있는 싯카에 경비행기와 해군 항공기지를 건설했다. 캐나다 북서쪽으로의 접근로 보호와 방어 작전을 위해, 미국 함대는 프린스루퍼트(캐나다 브리티시컬럼비아주)의 도미니언 항구를 사용할 권한을 확보하고자 했다. 이 해안 지역의 남쪽 부분도 대륙 지대의 북쪽 경계에서 방어할 수 있다. 북아메리카 완충 지대를 방어하는 목적은 주로 적군이 남쪽으로 이동할 수 있는 전진기지 구축을 막기 위해서다.

---

* 아메리카 서쪽 해안선을 경도를 기준으로 생각해보면 이해하기 쉽다.

좁고 긴 서부 해안은 그 자체로는 가치가 없으며, 동부 해안과는 달리 대륙 중심부로 가는 편리한 접근로를 제공하지 않는다.

완충 지대의 남쪽에는 밴쿠버에서 멕시코 국경까지 이어지는 북아메리카 대륙 지대가 놓여 있다. 대륙 지대에서 미국의 해안선은 1366마일에 이른다. 다만 대서양 연안에 비해 해군기지에 적합한 심해 항구가 적다. 이 지역은 샌디에이고, 샌프란시스코, 시애틀의 세 개 해군 구역으로 나뉘며 각각에 본부를 두고 있다. 동쪽 바다에 7개의 해군 공창이 있다는 점과는 대조적으로, 태평양에는 샌프란시스코의 마레섬과 워싱턴주 퓨젓사운드의 브레머튼 두 곳에만 공창이 있다. 밴쿠버 항구와 에스콰이몰트(브리티시컬럼비아주 남부)에 있는 캐나다 기지도 이용할 수 있지만, 브레머튼과 가까워서 해군 작전 범위를 확장할 수 없다. 마레섬과 브레머튼은 모두 주요 공창이며, 브레머튼의 시설이 더 크고 전함 및 항공모함을 정비할 수 있다. 해군 공창 외에도 함대는 샌디에이고와 샌피드로라는 두 개의 작전 기지를 사용할 수 있다. 대형 상선 조선소 및 수리소도 7곳이 있다. 해안포 요새와 다른 방어 시설이 5개의 주요 해군 구역을 방어하고 있으며, 여기에는 작은 항구도 여럿 속해 있다.

샌디에이고는 대륙 지대에 있는 최신 해군기지를 대표한다. 멕시코 국경에서 남아메리카의 콜롬비아–에콰도르 국경까지의 다음 해안선은 태평양 쪽 아메리카 지중해 지역인데, 멕시코, 중앙아메리카, 파나마, 콜롬비아를 포함한다. 파나마 운하의 태평양 쪽 입구에 위치한 발보아는 강력한 요새 시스템뿐만 아니라 해군과 공군기지를 제공하며, 결과적으로 운하 방어와 나아가 해군 작전을 위한 기지이기도 하다. 여기서부터 작전하는 함대는 대부분의 해안 지역을 보호할 수 있지만, 샌디에이고와 파나마 사이의 거리는 3000마일 이상이라서 안전을 보장하기에는 지나치게 길다. 그러므로 멕시코와의 협정으로 막달레나만과 아카풀코 및 다른 항구들을 이용할 수 있게 된다면 큰 도움이 될 것이다. 1916년 비준된 니카라과와의 조약에 따라 미국은 온두라스와 살바도르에 맞닿아 있는 폰세카만에 해군기지를 건설할 권리가 있지만, 지금까지 미국은 이 기회를 이용하지 않았다.

파나마 운하가 계속 운영되어야만 아메리카 지중해가 남북 및 동서 간 통행지대로서의 주요 기능을 수행할 수 있다. 만약 전쟁이 1947년 이후까지 지연된다면, 파나마 운하의 경제적 중요성은 지속되더라도 해군의 통행로로서의 중요성은 잃을지 모른다. 운하가 없다면 남아메리카 서부 해안에서 북미 대서양 연안의 산업 지역으로 필수 광물들을 원활하게 운송하기가 어렵고 혼곶을 경유하는 훨씬 더 긴 경로를 택할 수밖에 없을 것이다. 그러나 새로운 함대가 건조되고 운영되기 전까지 반구 방어는 1대양 해군의 임무이므로 해군은 신속한 수송을 위해 파나마 운하를 이용할 수 있어야 하며, 그렇게 해서 혼곶을 경유할 때 소요되는 5주의 시간을 절약할 수 있어야 한다. 앞으로 5년 동안 모든 전략적 계획은 파나마 운하의 이용 여부에 좌우될 것이며, 이것이 방어의 가장 취약한 요소다.

파나마 운하는 침투 파괴, 함대 공격, 항공모함으로부터의 공습,

인근 비행장으로부터의 폭격 작전 등 여러 방식으로 무용지물이 될 수 있다. 수문이 손상되는 비상사태의 발생을 비롯해, 자연적 원인이나 적대적 행동으로 인한 산사태의 가능성이 항상 존재하며, 댐과 방수로放水路의 파괴로 인해 해수면보다 100피트 높은 인공 수로를 만드는 호수가 고갈될 위험도 있다. 함대 작전에 의한 직접 공격은 성공할 가능성이 가장 낮다. 해군기지에는 최대 규모의 전함을 관리할 수 있는 발보아의 거대한 독뿐만 아니라, 운하 양 끝의 수역을 방어하기 위한 잠수함과 기뢰정을 위한 기지들이 있다. 비록 현지 공군이 적 함대가 접근하는 것을 막지 못하더라도, 장거리 중무장 포대를 통해 적 함대가 가까이 접근하지 못하도록 충분한 거리를 유지할 수 있을 것이다. 가장 심각한 위험은 공습이며, 폭격기의 유효 사거리가 증가할수록 그 위험으로부터 방어하는 것은 더 어려워진다. 카리브해의 가장자리에 있는 새로운 공군기지가 유효한 모든 출입로를 순찰할 수 있게 되면서, 대서양에서 오는 항공모함의 공습은 어려워졌다. 그러나 태평양 쪽에서는 이러한 기습이 여전히 가능하며, 이 위협은 미국이 더 나은 방어막을 구축할 때까지 계속될 것이다.

시설물 파괴로 운하를 통한 운송이 중단된다면 엄청난 결과가 발생할 것이기 때문에, 이에 대비해 니카라과를 통과하는 두 번째 운하의 건설을 진지하게 고려했다. 이 계획은 부분적으로는 비용, 부분적으로는 건설 시간 때문에 중단되었고, 그 대신 정부는 앞의 원인으로 손상될 가능성을 최소화하기 위해 현재 위치에서 충분히 멀리 떨어진 곳에 파나마 운하를 위한 제3의 수문 건설을 시작했다. 이 새로운 건축 프로그램은 6만5000톤급 전함 5척이 통과할 수 있도록 수문을 충분히 크게 설계했고, 1946년에 완공될 것으로 예상된다.

파나마 운하가 건설된 이후 남아메리카의 서해안은 항공로와 해상 항로 면에서 다른 어떤 국가보다 미국에 가까워졌다. 파나마의 해군 작전은 남회귀선까지 확장될 수 있었으며, 칠레 국경까지 내려가 해안선을 방어할 수 있게 되었다. 이 해안에는 해군기지에 적합한 항구가 사실상 없기 때문에 사거리를 남쪽으로 확장하기는 결코 쉽지 않을 것이다. 칠레의 중심부는 파나마에서 작전을 수행하는 미국 함대의 전투 반경보다 훨씬 멀리 떨어져 있으며, 따라서 현지 방어력에 계속 의존해야 할 것이다. 1914년 칭다오에 기지를 두고 있던 폰 슈페 제독의 독일 극동순양함 사단은 남양군도*의 석탄선으로부터 석탄을 공급받으며 태평양을 횡단했고, 칠레 발파라이소 남쪽의 코로넬 맞은편 연안에서 크래독 제독이 지휘하는 영국 순양함대를 상대로 성공적인 전투를 벌였다. 따라서 일본도 칠레 해안까지 해상 작전을 시도할 수 있다고 충분히 예상 가능하다. 그러나 그러한 작전으로 침략을 시작할 수는 없다. 순양함 함대로 태평양을 횡단하는 것과 1만 마일의 바다를 건너는 원정군의 보급로를 유지하

---

* 현재의 태평양제도. 미크로네시아라고도 하며 적도 이북의 태평양에 산재하는 캐롤라인제도, 마리아나제도, 마셜제도로 이루어진다. 제1차 세계대전 이전에는 독일령이었으나 독일이 패한 후 일본의 위임통치령이 되었다.

는 것 사이에는 여전히 큰 간극이 존재한다.

남아메리카 대륙의 꼭짓점과 마젤란 해협을 따라 위치하는 칠레는 비상시에 미국이 큰 관심을 갖게 될 전략 지역을 통제하고 있다. 만일 파나마 운하를 이용할 수 없게 된다면, 마젤란 해협을 관통하거나 혼곶을 경유하는 경로가 미국 해군이 버지니아주 노퍽에서 캘리포니아주 샌디에이고로 왕복 이동할 수 있는 유일한 길이 될 것이다. 이것은 최소한 칠레의 관대한 중립성과 칠레 항구의 제공을 필요로 한다. 또한 파나마에서 출발하는 서해안 항로를 특정 상황에서 라플라타 지역으로 물자를 보낼 수 있는 유일한 해상 항로로 고려할 수 있다. 독일이 승리해 세네갈 다카르뿐만 아니라 브라질 돌출부에 있는 나타우까지 점령한다면 동부 해안 항로는 불가능해질 것이다.

육상 기지 항공기

해군력이 이 긴 해안을 방어하기 위해서는 분명히 육상 기지를 기반으로 하는 공군력의 지원이 있어야 한다. 이것은 방어 함대가 해안 지대에서 교전할 때 제공권을 확보하기 위해 중요하다. 또한 해군이 다른 지역에서 교전하거나 해군의 상당 부분이 대서양으로 이전되어 해군력을 동원할 수 없는 상황에서 적군이 해안 지역에 접근하지 못하도록 하기 위해서도 중요하다. 공군이 이 기능을 수행하려면 알래스카에서 칠레에 이르기까지 일련의 공군기지가 구축되어 있어야 한다. 현재 구비되어 있는 시설을 고려하면 이 해안 지역의 상당 부분을 충분히 방어할 수 있지만, 샌디에이고와 파나마 운하 사이, 콜롬비아와 칠레 사이에는 여전히 상당한 취약점이 있다.

미국 정부는 알래스카의 페어뱅크스와 앵커리지에 새로운 공군 기지 건설을 위해 속도를 내고 있다. 캐나다 정부와의 공동 방위 합의에 의해서 현재와 미래의 브리티시컬럼비아 기지들도 사용할 수 있게 되었다. 미국의 태평양 연안 주에는 시애틀, 포틀랜드, 샌프란시스코, 로스앤젤레스 주변으로 가장 중요한 비행장들이 다수 있다. 미국과 멕시코의 상호 합의에 따라 파나마 운하로 가는 미국의 비행기는 멕시코 공항을 마음대로 사용할 수 있다. 단, 비행기가 멕시코 영토에 머무는 시간은 24시간 이내여야 한다. 미국에게 이 합의는 상당한 도움이 되며 파나마 운하 방어를 용이하게 만든다. 그러나 노출된 2000마일의 멕시코 해안선을 따라 배치된 작전 기지에 대해서는 규정된 것이 없다. 그러므로 멕시코가 북쪽 이웃 국가 공군력의 도움이 필요할 경우에 대비해, 멕시코 서쪽 구역에 완벽한 시설을 갖추고 미국이 이용하도록 허용하는 것이 필요하다. 서부 해안의 중부 아메리카 지역은 파나마에서 방어할 수 있다. 그리고 중앙아메리카 폰세카만에 보급선과 초계 폭격기 편대를 배치한다면 이 방어 작전의 범위를 크게 넓힐 수 있을 것이다.

태평양 쪽 파나마 운하의 방어는 대서양 쪽만큼 지리적으로 유리한 조건이 아니다. 그러나 해안 수역의 상당 부분에 대한 항공 순찰대를 수립하는 일이 불가능한 것은 아니다. 내부 노선은 파나마만의 첨병 지점에서 통제할 수 있고, 외부 노선은 폰세카만이나 코스타리카, 코코스제도, 갈라파고스, 그리고 콜롬비아나 에콰도르 연안에 있는 주둔지로부터 통제할 수 있을 것이다. 파나마 공화국은 자국 영토에 미국의 비행장 건설을 허용했지만, 다른 기지들에 대한 양보는 아직 승인되지 않았다. 파나마 운하의 기지에 주둔한 폭격기 편대는 콜롬비아 해안을 따라 꽤 먼 거리까지 효과적인 작전 수행이 가능하지만, 에콰도르와 페루는 파나마 기지의 작전 범위 밖에 있다. 따라서 콜롬비아의 부에나벤투라, 에콰도르의 과야킬 인근, 페루의 칼라오 인근의 비행장을 이용할 수 있다면 남아메리카 서해안 지역에 대한 미국의 입지는 대폭 강화될 것이다. 이는 육상 기지에서 수행되는 폭격 작전의 외부 범위를 해상 전투의 한계선까지 이르게 만들 것이다.

미국이 이 해안 지대의 남부 방공망을 지원하는 데 필요한 설비를 구축할 때 발생하는 문제가 지역 분쟁으로 말미암아 복잡해졌다. 페루군에게 일본의 영토 침공은 꽤 가능한 현실이지만 에콰도르에게 일본의 침략은 멀고도 비현실적인 일이었다. 아시아로부터의 공격 위협은 미래 세대의 걱정거리처럼 보였지만, 남쪽 이웃 칠레가 제기하는 정복 위협은 에콰도르에게 상존하는 걱정거리다. 이 불행한 나라에는 미국에 기지를 제공하는 것에 찬성하는 집단이 있었다. 이들은 미국이 남쪽 이웃 국가에 대항해서 에콰도르의 영토 보전과 정치적 독립을 지키도록 보장해준다면, 위험을 무릅쓰고라도 미국에 필요한 갈라파고스제도 및 본토의 시설을 전적으로 제공할 수 있다는 입장이었다. 양국 사이의 불분명한 국경을 보장해주는 것은 가장 좋게 봐도 위험한 일이지만, 그렇게 되면 페루에서 공군기지를 확보할 기회마저 확실히 사라져버릴 것이다. 이 문제가 해결될 때까지 콜롬비아 남쪽 지역의 방어는 먼 거리, 취약한 지역 군대, 그리고 미국 해군에 의지해야 할 것이다.

해군 및 공군으로 방어가 가능하겠지만, 그래도 적군이 신대륙의 태평양 연안 상륙에 성공한다면 그 영향은 심각할 것이다. 그렇다고 해도 결코 치명적이지는 않을 것이다. 가장 큰 피해는 석유와 항공기 생산이 집중된 남부 캘리포니아의 점령일 것이다. 반구 방어의 관점에서 볼 때 서해안은 중요성이 가장 낮은 해안이며, 지형상 서부 해안은 핵심 중심부로 접근 가능한 출발점이 될 수 없다. 캐나다의 코스털레인지와 로키산맥, 미국의 시에라산맥과 로키산맥, 멕시코와 중앙아메리카의 시에라마드레산맥, 그리고 남아메리카의 안데스산맥은 반구의 진정한 핵심인 동쪽 지역으로 행진하는 것을 가로막는 장벽이 된다. 산맥의 장벽은 항공기로 동쪽으로 이동하는 데어느 정도 장애물이 되기도 하지만, 지형만으로는 상륙 지역이 항공 작전의 출발점이 되는 것을 막을 수 없을 것이다. 그러나 이것은 오직 적군이 상당히 넓은 지역을 오랫동안 장악하고서 기지를 지원할 수 있는 대양 횡단 보급로를 성공적으로 구축하는 경우에만 문제가 될 것이다. 북아메리카 대륙에서 적군은 동쪽에서 그들의 상륙 지점으로 집결해오는 압도적인 공군력에 의해 점령지에서 격파될 수 있고, 그들의 수송 수단으로 운송 가능한 것보다 훨씬 더 큰 군대에 포위될 수도 있다. 남아메리카 대륙에서 대서양 지역은 공군력이 부족하고 중간 기지가 없기 때문에 안데스산맥을 가로질러 서쪽에 군사적 압력을 행사할 수는 없을 것이다. 따라서 적군이 상륙한 후 그들의 교두보를 무력화하는 조치는 북쪽 국가에 의해 진행될 수밖에 없을 것이다.

극동의 공격에 대한 서반구의 방어는 매우 견고하다. 서반구의 핵심 지대는 적의 육상 기지 공군기의 폭격 범위와 해상 전력의 효과적인 전투 범위를 벗어나 매우 멀리 떨어져 있다. 밴쿠버에서 요코하마까지 가는 가장 짧은 경로도 그 거리는 여전히 약 5000마일에 이른다. 일본이 샌프란시스코에 군대를 상륙시키는 일은 미국이 요코하마에 군대를 상륙시키는 것만큼 어려울 것이다. 알래스카와 하와이의 해군기지가 작전 센터로 활용 가능하고 진주만에 일본 함대와 거의 같은 규모의 함대가 주둔하고 있는 한, 잠수함과 수상함의 습격 그리고 아마도 항공모함으로부터 흔치 않은 폭격 공격을 제외한다면 동태평양의 안전을 지킬 수 있을 것이다. 미국 해안선의 방향으로 인해 각 해안 기지는 다음 해안 기지의 측면에 위치하게 된다. 그리고 줄지어 늘어선 공군기지들은 육상 기지 공군력으로 함대를 지원할 태세를 갖추고 있다. 일본에만 대항한다면, 미국은 알래스카에서 페루에 이르는 지대를 방어할 수 있을 것이다. 칠레는 대륙의 다른 국가들에 비해 잘 방어되기는 어렵겠지만, 일본과의 거리를 고려하면 칠레는 가장 덜 취약하다고 할 수 있다. 거리, 배열, 그리고 하와이제도의 위치 등 모든 요소를 고려할 때, 구대륙과 신대륙을 분리하는 두 바다 중 태평양에서 위험이 상대적으로 낮다고 판단할 수 있다.

대서양을 건너오는 침략

태평양에서 미국 함대는 서부 해안과 일본의 위험 사이에 있다. 대서양에서 제2차 세계대전의 보호막으로 처음에 생각할 수 있는 것은 영국 해군이다. 만약 영국 함대가 패배한다면, 대서양 건너편 지역이 극동 지역에 비해 훨씬 더 중대한 침략 위협을 만들어낼 것이다. 독일이 지배하는 영역에는 유럽과 아프리카가 포함되며, 따라서 가장 짧은 대서양 횡단 교차로의 반대 지점인 노르웨이, 아일랜드, 다카르도 포함된다. 독일의 세계는 일본의 아시아보다 인구는 훨씬 적지만, 풍부한 천연자원과 높은 산업 역량을 보유하고 있기에 훨씬 더 큰 전쟁 수행 잠재력을 가지고 있다. 독일 세계는 신대륙이 만들 수 있는 것보다 훨씬 큰 군대를 건설할 수 있을 것이고, 장비의 질도 신대륙에 못지않을 것이다. 승리를 거둔 독일이 더 크지는 않더라도 미국에 필적할 규모의 공군을 보유할 것이며, 북아메리카 대륙 지대와 비교할 때 전투기 생산 역량이 크게 뒤지지 않다고 보는 것이 아마 안전할 것이다.

전체주의 동맹의 대서양 파트너가 어느 정도의 해군력을 보유하고 있을지 예측하는 것은 일본 해군의 미래 전력을 예측하는 것만큼이나 어렵다. 1941년 1월 현재 독일, 프랑스, 이탈리아의 기존 해군 전력의 숫자에 당시 건조 중이었던 선박의 수를 더하면, 대서양의 적들이 보유한 전력 합계가 23척의 전함, 5척의 항공모함, 64척의 순양함, 261척의 구축함, 500척의 잠수함일 것이라는 계산에 이른다. 그러나 적군이 승리할 때까지 이 중 얼마나 많은 전함을 잃을 것인지 누구도 예측할 수 없다. 또한 전쟁이 발발할 당시 미국과 같은 수준의 전력을 보유했던 영국 함대가 어떤 운명을 맞을지도 예측할 수 없다. 싸움으로 가라앉을 것인가, 항복할 것인가, 궤멸될 것인가, 런던판 비시 정부 지배하에 들어갈 것인가, 아니면 탈출할 것인가? 이 모든 것은 계산의 영역 밖에 있으며, 따라서 유라시아 동맹이 보유할 수 있는 대서양 해군력 규모도 순수한 추측일 뿐이다.

1. 전초기지

미국에 의한 서반구 방어라는 관점에서 본 대서양의 전략적 모습은 태평양과 큰 차이가 있다. 바다는 훨씬 더 작고, 이로 인해 잠재적 적국은 동부 아메리카 해변에서 훨씬 더 가까운 곳에 존재하고 있다. 적국의 해군 작전 본거지인 리버풀과 마르세유 사이의 구역은 태평양의 작전 본부가 될 지역에 비해 상대적으로 더 북쪽에 있다. 그리고 서반구의 동쪽 해안선 형상을 고려할 때 적어도 심각하게 노출되어 있는 두 개의 지대가 존재한다. 반면 서쪽 해안에서는 한 곳만 노출되어 있다.

아이슬란드

아이슬란드의 점령은 미국에게 태평양의 더치하버와 몇 가지 점에서 유사한 위치적 특성을 제공했다. 아이슬란드는 북극과 북대서양 전선이 만나는 지점, 뉴욕에서 모스크바로 가는 대권항로, 보스

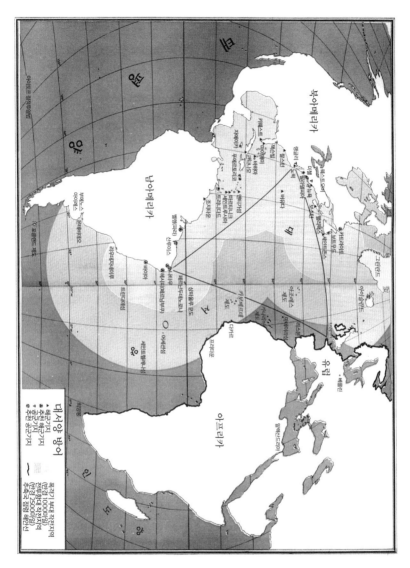

대서양 방어

턴에서 러시아 아르한겔스크로 가는 해상로에 위치한다. 영국과 프랑스의 항구에서 미국의 대서양 해안으로 가는 대권항로는 그린란드를 향해 북쪽으로 꺾인 다음 뉴펀들랜드를 향해 서쪽과 남쪽으로 구부러진다. 아이슬란드의 수도인 레이캬비크는 북아메리카 대륙으로 가는 모든 북쪽 접근로의 측면에 위치해 있다. 그리고 그린란드와 노르웨이 사이의 북대서양에서 가장 좁은 교차로 근처에 있다. 그린란드로부터는 500마일, 노르웨이로부터는 850마일 떨어져 있다. 페로제도에서 아이슬란드까지는 450마일밖에 되지 않기 때문에, 이 섬은 공군력을 서반구로 투사하고자 할 때 매력적인 징검다리가 될 것이다.

아이슬란드섬을 점령하고자 하는 주된 이유는 북대서양을 횡단하는 선박들에 대해 순찰 및 호위 임무를 수행하는 해군기지를 구축하기 위해서다. 유럽에서 독일이 승리한다면, 아이슬란드의 기능은 순찰이나 호위는 말할 것도 없고, 그린란드 방어와 본토 공격에 대비한 북부의 측면 기지 역할에 집중될 것이다. 노르웨이, 페로제도, 스코틀랜드와는 가까운 반면, 뉴펀들랜드와 보스턴과는 멀기 때문에 아이슬란드의 위치는 매우 취약하다. 보스턴과 찰스턴 사이의 본거지로 향하는 보급로는 영국 아일랜드 항구로부터 측면 공격을 받을 수 있다. 그러나 취약성에도 불구하고 전초기지로서 아이슬란드의 가치는 의심의 여지가 없으며, 따라서 이 섬을 보유하려는 노력은 그만큼 가치가 있을 것이다.

아조레스제도

아이슬란드는 더치하버와 유사한 기능을 제공하지만, 미국은 대서양 바다 한가운데에서 태평양의 하와이제도의 역할을 할 어떤 지점도 갖고 있지 않다. 신세계 해안에서 멀리 떨어진 곳에 수많은 섬이 있는데, 이 섬들은 언뜻 다른 대양에 있는 샌드위치제도*에 비견될 만큼 전략적 이점을 제공하는 것처럼 보인다. 그러나 더 면밀히 분석해보면 이 섬들의 위치가 상당히 다르다는 것을 알 수 있다. 카보베르데제도는 뉴욕에서 약 3000마일 떨어져 있으며 북회귀선의 약간 남쪽에 있다. 그러나 북대서양 항로를 통제하기에는 남쪽으로 멀리 치우쳐 있고, 훌륭한 기지를 조성하는 데 필요한 천연자원이 전혀 없다. 항만 시설은 사실상 존재하지 않으며 조성하는 것도 거의 불가능할 것이다. 기후 조건은 열악하고 해군기지에 필수인 담수도 충분하지 않다. 설령 자연이 아무리 관대하게 필요한 것을 제공한다 해도, 카보베르데제도는 여전히 군사기지로 적합하지 않을 것이다. 진주만이 큰 방어력을 가질 수 있는 것은 부분적으로 일본과의 거리 때문이다. 대서양에 있는 섬들 앞에는 진주만이 갖고 있는 심해가 없다. 구세계의 해안과 매우 가깝고, 카보베르데제도의 경우 500마일도 되지 않는다. 독일이 승리해 본토를 장악하는 상황이 된다면, 대서양에 있는 미군 기지는 하와이가 아니라 마닐라의 위치와 비슷해질 것이다. 그것은 미국의 전략에 신뢰할 수 있는 강점이 아

---

* 하와이제도의 옛 이름.

니라 아킬레스건이 될 것이다.

대서양 횡단 노선과 관련해 위치의 관점에서 더 적합한 것은 아조레스제도일 것이다. 이 제도는 유럽 지중해 입구 맞은편 40도선 근처에 있다. 뉴욕으로부터는 약 2500마일, 버뮤다로부터는 약 2000마일 떨어져 있다. 아이슬란드가 북쪽 접근로를 측면에 두고 있는 것처럼, 아조레스제도는 남쪽에서 북아메리카로 오는 접근로를 측면에 두고 있다. 미국이 이 군도에 강력한 함대를 주둔시킬 수 있다면, 적군은 상당한 위험을 감수해야만 이 기지를 지나 서반구를 향해 이동할 수 있을 것이다. 아조레스가 카보베르데보다 지리적 조건이 더 좋긴 하지만, 주요 함대 기지를 건설하는 데 필요한 천연자원은 부족하다. 상대적인 거리를 고려하면, 아조레스제도는 더 남쪽의 카보베르데만큼 방어하기가 어렵지는 않겠지만, 여전히 유럽이 더 유리한 입장이다. 신대륙으로부터 최단거리는 뉴펀들랜드에서 출발하는 것으로 약 1400마일 떨어져 있다. 북아메리카 대륙 지대 중심에서 약 2500마일 떨어져 있고, 섬에서 구대륙 본토의 브레스트로 간다면 약 1200마일, 리스본-지브롤터-카사블랑카 지대로 간다면 약 1000마일 거리다. 이로써 아조레스제도의 기지가 위 유럽 지역의 육상 기지 공군기의 작전 범위 내에 있다는 것을 알 수 있다. 유럽의 공격에 대항해 서반구가 이 기지를 방어하는 일은 그리스의 공격에 대항해 이집트가 크레타섬을 방어하는 일만큼이나 어려울 것이다.

루스벨트 대통령은 1941년 5월 27일 연설에서 반구 방어를 위한 전략적 전초기지로서 아조레스제도와 카보베르데제도의 중요성을 강조했다. 이 성명에 대해 리스본은 격앙된 반응을 보였는데, 특히 같은 시기 또 다른 전략적 전초기지인 아이슬란드가 미군에 의해 점령되었다는 사실이 알려졌기 때문이다. 포르투갈 정부는 미국이 포르투갈의 영토와 관련해 유사한 조치를 고려하고 있는지를 워싱턴에 신중하게 문의했다. 대답은 분명히 부정적이었다. 1941년 7월 14일 워싱턴에 있던 포르투갈 장관은 보도자료를 통해 미국 정부가 아조레스제도와 카보베르데제도 점령을 위해 이동할 계획이 없다고 알려왔음을 발표했다.

대서양의 군사지리학에서 태평양의 더치하버-미드웨이-진주만-사모아 라인과 유사한 것은 아이슬란드-아조레스-카보베르데 라인이 아니라, 그보다는 아이슬란드-뉴펀들랜드-버뮤다-푸에르토리코 라인이라고 할 수 있다. 그곳은 훨씬 더 좁은 해역을 둘러싸고 있고, 동쪽으로 돌출해 있는 남아메리카는 보호하지 못하며 오직 북쪽 대륙만을 방어한다. 남아메리카 대륙의 본토 해안은 단순히 북아메리카 해안을 연장하거나 유럽으로부터 더 멀리 이동하는 것이 아니라, 오히려 급격히 돌출하면서 아프리카로 접근하고 있다. 태평양은 하나이지만 동쪽 대양은 북대서양과 남대서양으로 나뉘고, 세 가지 다른 반구 방어의 문제가 존재한다. 첫 번째 문제는 그린란드에서 마이애미까지 연안 지역의 방어다. 여기에는 북아메리카 완충 지대와 북아메리카 대륙 지대가 포함된다. 두 번째는 마이애미에서 브라질 나타우까지의 선을 방어하는 것인데, 이 선은 그린란드-

마이애미 선과 직각을 이룬다. 여기에는 아메리카 지중해의 동쪽 가장자리와 남아메리카 완충 지대의 해안이 포함된다. 세 번째 문제는 나타우에서 혼곶까지의 선으로, 북아메리카 해안과 평행하게 달리고 남아메리카 등거리 지대를 포함한다.

2. 북아메리카 완충 지대

북대서양에서 가장 많이 노출되어 있는 지역은 그린란드에서 래브라도 남쪽 끝까지의 북아메리카 완충 지대다. 유럽과 가장 가까운 지역이고, 비록 고유한 가치는 없지만 전략적으로 중요하다. 대권항로를 끼고 있으며, 남쪽 경계가 대륙의 중심인 세인트로렌스 분지에 쉽게 접근할 수 있는 가까운 곳에 있기 때문이다. 래브라도와 그린란드는 방문객을 끌어들이는 요소가 거의 없을 뿐만 아니라 기지 유지를 위해 제공할 만한 것도 거의 없다. 따라서 이 노출된 지역의 방어는 북쪽의 아이슬란드와 남쪽의 뉴펀들랜드라는 두 극단의 섬에서 수행해야 한다. 페어웰곶에서 가까운 그린란드의 남쪽 첨단에 있는 율리아네호프*는 아이슬란드와 뉴펀들랜드 사이의 중간쯤 되는 지점에 위치해 있으며, 아이슬란드를 경유하는 유럽발 항공 교통을 위해 당연한 중간 정거장이 된다. 그린란드 임시보호령을 위해 체결된 합의에서, 미국은 이착륙장, 해상 항공기 기지, 라디오 및 기상관측소를 건설하고 운영할 권리를 갖게 되었다. 하지만 라디오 및 기

---

* 오늘날의 카콕톡으로 그린란드 남부에 위치한 도시.

상관측소가 가장 가치 있는 이권으로 판명되어도 크게 이상하지 않을 것이다. 이론적으로는 가능하겠지만 북쪽을 통한 항공 접근로는 그리 실용적인 경로가 아니다. 북대서양의 기후 조건은 비행하기에 좋지 않다. 그린란드의 톱니바퀴 같은 피오르 해안은 연중 제한된 기간만 안전한 정박지를 제공한다. 3월부터 9월까지는 짙은 안개가 해안의 대부분을 덮으며, 동부 해안의 항구들은 8월 말까지 얼음으로 덮여 있다. 래브라도와 허드슨만으로 향해 있는 서부 해안은 상황이 조금 낫지만 이곳에서도 기지를 위한 설비는 극히 제한적으로만 가능하다.

3. 북아메리카 대륙 지대

북아메리카 대륙 지대는 해안이 펼쳐진 방향 때문에 이점을 갖는다. 이는 서부 해안과 유사한 이점이다. 이 지대는 서남쪽 방향으로 향하는데, 이것은 이 지역의 모든 항구가 캐나다 북동부 뉴펀들랜드에서 멀리 떨어질수록 유럽으로부터도 멀리 떨어진다는 것을 의미한다. 따라서 해안선은 사실상 아일랜드로부터의 해로가 연장된 것이며, 모든 군사기지나 잠재적 기지는 더 남쪽에 있는 모든 항구의 측면에 있는 셈이 된다.* 적군의 목표 지점이 플로리다 쪽에 가까울수록 적군의 보급선은 더 길어지고 더 많이 노출되며, 함락하거나 무력화시켜야 하는 기지의 숫자도 대폭 늘어날 것이다.

---

* 북아메리카 동쪽 해안 항구들의 위치를 경도를 기준으로 생각해보면 이해하기 쉽다.

미국에 속하는 대륙 연안의 구간은 길이가 약 2000마일이고 해군기지에 적합한 훌륭한 항구들이 여기저기에 충분히 분포되어 있다. 이 항구들은 연중 결빙되지 않으며 유럽 함대의 전투 지역 밖에 있다. 이 해안 근처에는 국가의 경제 핵심부와 중요한 중공업 중심지들이 있다. 이들이 전쟁 수행을 위한 근본적인 기반이다. 해군의 목적을 위해 해안 지역은 보스턴, 뉴욕, 필라델피아, 노퍽, 찰스턴에 각기 본부를 둔 5개의 해군 구역으로 나뉜다. 각 구역은 해군 공창을 보유하고 있으며 노퍽이 가장 중요하다. 노퍽의 항구는 체서피크만의 대규모 작전 기지와 연결되어 있고, 워싱턴에 있는 해군 총기 공장과 해군 화약 공장으로 가는 접근로를 보호한다. 이러한 정부 소유 공창 외에도, 대형 전함을 건조하고 수리할 수 있는 수많은 민간 조선소가 있다. 메인(미국 동부 최북단)에서 키웨스트(미국 동부 최남단)까지 해군 공창과 여러 부대 시설을 갖춘 일련의 작전 기지가 함대에 제공된다. 함대 기지와 연결된 해군의 공군기지를 비롯해 캐나다 국경에서 플로리다까지 일련의 육군, 공군기지가 있으며, 이로써 전체 해안 지역에서 해군에 대해 육상 기지를 기반으로 하는 공군이 지원된다.

　북아메리카의 대륙 지대 방어는 본토 기지에만 의존하지 않는다. 현명한 외교력을 발휘한 결과 본토 해안 앞쪽에서 미국 소유의 영토뿐만 아니라 그 외의 중요한 기지들을 이용할 수 있게 되었다. 그 결과 뉴펀들랜드-버뮤다-푸에르토리코를 잇는 전초기지 라인이 만들어졌다. 북아메리카 완충 지대의 방어와 관련해 뉴펀들랜드의 중요성에 대해서는 이미 언급했다. 뉴펀들랜드는 대륙 지대의 방어를 위해 훨씬 더 큰 중요성을 갖는다. 뉴펀들랜드섬은 아일랜드에서 불과 2000마일 떨어져 있다. 그런 까닭에 유럽 전투 함대의 전투 지역 가장자리에 위치해 있다. 미국이 유럽의 해양 세력과 벌였던 두 전쟁에서 뉴펀들랜드 끝에 있는 세인트존스는 영국군의 침략을 위한 전진 기지였다. 뉴펀들랜드는 적국과 가장 가까운 지점이며 대륙으로 향하는 모든 실제 접근로의 북쪽 측면에 위치해 있다. 얕은 수심과 기후 조건은 특히 겨울에 이 지역의 항해를 어렵게 만들지만, 지리적 위치가 주는 이 지역의 중요성은 의심의 여지가 없다.

전쟁 이전 시기에 뉴펀들랜드는 팬아메리칸 항공의 해외여행 시작점이었다. 분쟁이 시작되자 뉴펀들랜드에서 잉글랜드로 가는 경로를 정기적으로 이용한 것은 미국 폭격기였다. 뉴펀들랜드 기지를 획득함으로써 미국의 해군과 공군 작전의 범위가 먼바다로 확장되었고 방어구역의 종심도 더 깊어졌다. 이 섬은 핼리팩스, 뉴브런즈윅, 프린스에드워드섬의 기지나 본토에 쉽게 접근할 수 있는 범위에 있으며, 이 섬의 세인트존스에서 순찰하면서 래브라도 해안과 그린란드 남부를 커버하면서 북부 항공로 및 아일랜드로 가는 대권항로를 감시할 수 있다.

뉴펀들랜드는 래브라도 및 뉴브런즈윅 본토 지역과 함께 서반구 전체에서 가장 노출되어 있는 지역이다. 만약 영국이 몰락한다면 미국이 아이슬란드에서 철수할 가능성이 매우 높으며, 그럴 경우 그린란드의 전략적 가치가 없어질 것이기 때문에 뉴펀들랜드는 북대서양을 가로지르는 접근에 대항하는 첫 번째 중요한 방어 기지가 될 것이다. 대서양 함대는 불충분하거나 다른 곳에 붙잡혀 있을 수 있기 때문에, 그 섬은 연중 많은 기간이 비행하기 열악한 조건임에도 불구하고 집중된 공군력으로 방어해야 한다. 뉴펀들랜드에 접근하는 함대를 상대하기 위해 다수의 장거리 폭격기 편대를, 접근하는 공군들을 상대하기 위해 다수의 장거리 전투기를 보유한다면, 대륙 지대의 동북쪽 구역을 충분히 안전하게 보호할 수 있을 것이다.

다음의 섬 전초기지는 버뮤다이다. 뉴욕에서 비행기로 5시간 이내에 있으며, 미국 관광객들이 최신 비치웨어를 뽐내면서 자전거가 교통수단이었던 시절의 향수를 즐길 수 있는 인기 휴양지다. 그러나 만일 적국의 공군기지가 있다면, 버뮤다는 매력이 훨씬 덜할 것이다. 1000마일의 작전 반경을 갖고 있는 적군은 캐나다 핼리팩스에서 서인도제도 버진아일랜드에 이르는 본토 해안의 대부분을 커버할 기회를 갖게 된다. 다행히 이곳의 위치가 갖는 전략적 이점은 적이 아니라 미국의 수중에 있다. 항만 시설은 순양함과 다른 함선들을 관리하기 위해 개량되고 있고, 대공 부대를 위한 막사가 건설되고 있으며, 서대서양을 순찰할 공군기지가 건설되고 있다.

대륙 지대 동남쪽 방향으로 첫 번째 섬 기지는 쿠바에 있다. 윈드워드 해협 근처 섬의 동부에 있는 관타나모만에서 미국은 임대이긴 하나 매우 훌륭한 위치를 점하고 있다. 여기에는 규모가 크고 방비도 잘되어 있으며 방어에 용이한 항구가 있는데, 전투 함대가 정박하기에 충분할 정도로 수심도 깊다. 이 기지의 공급 문제는 아바나에서 플로리다로 가는 카페리를 통해 미국 본토 철도와 쿠바 철도망의 지선을 연결하면서 간단히 해결되었다. 관타나모는 현재 영구적인 요새도 없고 항만이나 수리 시설도 없다. 전함들은 수리를 위해 버지니아 노픽으로 이동해야 하고 작은 함선들은 푸에르토리코 산후안으로 이동해야 한다. 넓은 비행장은 해군과 육군 항공부대 모두에 작전 기지이자 푸에르토리코에 있는 다음 전초기지로 가는 디딤돌이 된다. 영국과의 구축함 협정으로 미국은 바하마에 초계기를 위한 작은 기지를 설립할 수 있게 되었다. 그렇게 함으로써 플로리다 해협과 쿠바 기지 그리고 푸에르토리코 항로에 있는 섬들의 미로에서 기습 작전의 위협을 상당 부분 제거할 수 있게 되었다.

북아메리카 대륙의 동쪽 해안에서 푸에르토리코의 전략적 위치는, 비록 대양으로 투사할 수 있는 거리가 2000마일이 아니라 1000마일에 그치지만, 서부 해안에서 하와이의 위치와 어느 정도 유사성을 가지고 있다. 북쪽 접근로의 측면에 있는 뉴펀들랜드의 위치와 같이, 푸에르토리코는 남쪽에서 대륙 지대로 오는 접근로의 측면에 있다. 이 섬은 진주만에 버금가는 항만 시설은 갖고 있지 않지만, 미국 정부는 그 섬을 비롯해 바로 인접한 쿨레브라와 버진아일랜드의 자연 조건을 이용해서 전략적 위치에 걸맞은 기지를 건설하는 데 관여하고 있다. 산후안에는 방어 시설, 항만, 수리 시설이 들어설 것이며, 쿨레브라와 비에케스 해협에는 대규모 정박지와 해군 및 육군 항공기지가 들어서면서 경비정과 장거리 폭격기들이 카보베르데제도 방향으로 이륙할 수 있게 될 것이다.

뉴펀들랜드, 버뮤다, 바하마, 푸에르토리코로 인해 대륙 지대로 향하는 모든 접근을 커버하는 정찰 방호막을 가질 수 있다. 서부 해안의 기지에 비해 이들은 해안가에 훨씬 더 가까운 거리에 있다. 그래서 정찰이나 조기경보 등의 관점에서 불리할 수 있지만, 폭격 작전의 관점에서 보면 큰 장점을 지닌다. 뉴펀들랜드, 푸에르토리코, 그리고 본토 해안 사이 서부 대서양의 전반적인 달 모양 지형은 이제 육상 기지의 공군기로 대응 가능하다. 뉴펀들랜드-버뮤다-푸에르토리코를 잇는 직선의 끝과 중간을 미국이 안전하게 통제할 수 있는 한, 치고 빠지는 급습을 제외하고 적국 함대가 이 선을 침투하는 것은 자살행위나 다름없다. 유럽발 북아메리카 대륙 침공의 위협은 아시아발 침공 위협보다 더 심각하다. 대서양이 태평양에 비해 훨씬 더 근거리이기 때문이다. 그러나 미국이 장거리 비행기의 강력한 공군력을 유지하는 한 위험을 최소한으로 줄일 수 있다.

4. 아메리카 지중해

반구의 대서양 쪽에 있는 두 번째 전략 지대는 아메리카 지중해다. 아메리카 지중해는 본토 연안과 동부 가장자리 섬들과 함께 멕시코만 및 카리브해로 이루어져 있다. 영국과의 구축함 협정 이전에도 이 지역은 동북쪽으로부터의 위협에 대해서는 비교적 안전했지만 동남쪽으로부터의 위협에는 노출되어 있는 불안한 지역이었다.

북아메리카 해안선의 방어와 관련해 이미 언급된 대앤틸리스제도의 주둔지들은 당연히 멕시코만이나 카리브해로 침투하려는 공격을 막는 전초기지들과 마찬가지로 중요하다. 플로리다와 쿠바 사이의 플로리다 해협은 본토의 기지 펜서콜라와 키웨스트에서 통제된다. 관타나모만에서 윈드워드 해협을 통제하고, 쿨레브라와 푸에르토리코에서 모나 해협을 통제하며, 버진제도의 세인트토머스섬에서 애너가더 해협을 통제한다.

버진제도 너머로 거대한 원을 그리며 뻗어나가 남아메리카 본토를 향해 남쪽으로 굽어지는 소앤틸리스제도는 영국, 프랑스, 네덜란드의 소유로 서반구에 남아 있는 과거 식민 시대의 잔재다. 미국은 이 지역에 소유한 섬이 없다. 카리브해로 가는 동남쪽 접근로에 대한 미국의 전략적 위치는 과거에 매우 취약했다. 영국령 서인도제도의 기지 임대에 대한 합의가 이루어짐에 따라 벌어진 틈을 메우면서 이 문제는 이제 해결되었다. 이 때문에 트리니다드에 중요한 작전 기지를 건설하고, 이 기지와 푸에르토리코의 작전 기지를 세인트루시아와 안티구아의 중간 기지를 경유해서 연결하는 것이 가능해졌다.

베네수엘라와 트리니다드섬 사이에 있는 파리아만 기지는 이 섬과 토바고 사이에 있는 중요한 해협과 동쪽으로 나 있는 다른 입구들을 통제한다. 또한 이 기지를 통해 남아메리카 해안을 따라 그리고 파나마 운하로의 접근로 너머 1000마일 더 바다로 나가 항공 정찰 작전을 수행할 수 있다. 파리아만은 두 개의 출구가 있다는 큰 이점을 가지고 있다. 트리니다드섬은 고품질의 천연자원이 풍부할 뿐만 아니라, 베네수엘라의 산유 지역 및 네덜란드령 아루바와 퀴라소

섬의 정유 공장과 인접해 있다. 해군기지는 육군 공군기지의 지원을 받게 되며, 이 공군기지에서 이륙한 대형 폭격기는 넓은 지역에서 효과적으로 공격력을 발휘할 수 있다. 이 기지와 푸에르토리코 사이에 있는 세인트루시아와 안티과에 중계 기지가 구축될 것이다.

미국은 주변부의 새로운 기지 외에도 유럽 지중해의 몰타에 견줄 만한 전략적 요지를 보유한 카리브해의 자메이카에서 작전 수행을 할 수 있게 되었다. 위치는 윈드워드 해협 바로 뒤와 파나마 지협으로 가는 모든 접근로 앞에 있다. 유럽의 몰타처럼 주변의 기지 개발, 이곳의 경우 미국의 기지 개발로 인해 그 중요성이 크게 상실되었으며, 이제는 주로 운하 지대와 지중해 주변부의 전진기지 사이에서 중간 기지로 역할하고 있다.

5. 남아메리카 완충 지대

북아메리카 대륙과 아메리카 지중해는 태평양과 마찬가지로 대서양에서도 유리한 전략적 위치에 있지만, 남쪽 대륙의 북부 지역은 그렇지 않다. 트리니다드부터 브라질 돌출부 산로케곶까지 남아메리카 완충 지대의 해안 지역은 동남쪽으로 펼쳐져 있다. 동쪽 지점은 유럽으로부터 같은 거리를 유지하지만, 아프리카와 점점 더 가까워지면서 노퍽과 미국 해군의 기지 지역에서는 점점 더 멀어진다. 이 지역에서 가장 중요한 곳은 브라질 돌출부의 남부 경계 근처에 있다. 이곳은 서아프리카의 다카르에서 1800마일 떨어져 있으며, 아일랜드와 뉴펀들랜드 간의 거리와 비슷하다. 산로케곶 바로 아래의 항구인 페르남부쿠는 유럽에서 리우데자네이루와 라플라타로 가는 기선들이 이용했던 남아메리카 최초의 항구이며, 나타우는 다카르를 경유하는 상업 항공기들의 착륙장이다. 현재는 팬아메리칸 항공이 남아프리카 공화국 케이프타운으로 운항할 때 남대서양 횡단의 출발점이자, 같은 회사가 운영하는 폭격기 운반 서비스의 출발점이기도 하다. 뉴펀들랜드가 유럽에서 북아메리카 대륙 지대로 접근할 때 중요한 것처럼 브라질 돌출부는 아프리카에서 북아메리카 대륙 지대로 접근할 때 중요하다.

브라질의 군사력은 거대한 국가 규모에 비해 부족하고 특히 북부 지방이 가장 취약하기 때문에 완충 지대의 방어는 필연적으로 미국의 책임일 수밖에 없다. 브라질의 이 한 귀퉁이는 미국뿐만 아니라 독일의 유럽에게도 해외 영토 개척 중 가장 중요한 의도이자 목적이다. 둘 다 배를 타고 군대를 이동시켜야 하며, 둘 다 현대 장비 수송에 필요한 규모의 문제를 해결해야 한다. 그리고 항구 선택에 한계가 있다는 점 또한 공통 과제다. 브라질 돌출부는 미국과 유럽 모두에게 먼 곳이기 때문에, 이를 방어하는 것은 상대적인 거리 및 전진 기지의 문제와 결부된다.

거리와 관련해 미국과 독일의 위치는 정확히 일치한다. 페르남부쿠는 찰스턴과 보스턴 사이의 미국 본거지와 리버풀과 마르세유 사이의 유럽 본거지에서 동일한 거리에 위치해 있으며, 전략적 문제의 핵심 지역은 각각 약 4000마일을 변으로 하고 버지니아 노퍽, 프랑스 브레스트, 브라질 페르남부쿠를 꼭짓점으로 하는 정삼각형으로 표현될 수 있다. 각 본토의 본거지에서 페르남부쿠에 이르는 삼각형의 양쪽 변을 따라 양측은 모두 중간 기지와 전진기지를 가지고 있다. 독일 유럽은 지브롤터, 카사블랑카를 경유해 아프리카의 서쪽 해안을 따라 다카르에 있는 전초기지까지 이동할 것이다. 세네갈의 다카르나 시에라리온의 프리타운이 전함의 작전 기지로 개발된다면, 2500마일의 전투 사거리를 갖게 되면서 유럽의 해군 작전은 브라질 돌출부를 넘어 위로는 아메리카 지중해, 아래로는 라플라타까지 가능해질 것이다. 유럽에서 다카르로 가는 항로는 아조레스제도, 마데이라제도, 카나리아제도, 카보베르데제도에서 운용되는 항공 감시 스크린의 지원으로 안전할 것이며, 본토의 육상 기지 공군기가 이를 순찰하고 방어할 수 있다.

독일이 브라질에 공군기지를 건설할 수 없게 되면 유럽 함대는 다카르를 넘어가는 경로의 일부만 육상 기지의 공군 지원을 기대할 수 있을 것이다. 다카르에서 나타우까지의 거리는 효과적인 공중 폭격을 하기에는 너무 멀다. 그렇지만 브라질에서 공항을 사용할 수 있다면, 독일군이 미국 특수부대가 타고 있는 병력 수송 함선 위를 비행하는 것을 막을 수 없을 것이다. 두 해안에서 공항이 확보되면 남대서양 횡단 경로 전체에 대해 항공 지원이 가능해진다. 이러한 비행장을 확보하기 위해 가능한 모든 방법을 활용할 수 있다. 크루즈선에서 상륙하는 관광객들, 지역 독일 공동체에서 구성된 제5열, 또는 군대 내부 및 지방 정부 파벌에 의한 쿠데타 등이 있다.

미국은 노퍽에서 시작해 관타나모만, 푸에르토리코, 트리니다드를 이용할 수 있을 것이다. 트리니다드로부터의 전투 반경은 산로케 곶까지 이르지만, 남대서양 횡단까지 지원할 수는 없다. 트리니다드 너머에 기지가 없는 상황에서 미국은 브라질 돌출부 근처의 전략 지대와 관련해 불리한 입장에 있음이 분명하다. 그러나 문제의 본질은, 현대전의 조건에서 전투 함대를 지원할 수 있는 항구가 브라질 전체 해안에 단 한 곳도 없다는 사실이다. 적절한 작전 기지를 구축할 수 있는 가장 가까운 항구는 돌출부 너머 약 450마일 떨어진 바이아(브라질 중동부)다. 이곳은 함대가 넉넉하게 정박할 수 있도록 충분한 크기를 가진 유일한 내륙 만으로, 공중전 시대에 필수적인 조건을 가지고 있다. 나타우와 페르남부쿠는 가장 좋은 위치에 있다. 그러나 모든 자원을 동원해 개발하더라도 이 두 항구는 다른 곳에 비해 우수하다고 보기 어렵다. 그럼에도 이들 항구는 제한적인 목적을 위해 사용할 수 있고, 트리니다드에서 바이아까지의 경로에서 아마존강 하구 근처의 파라와 함께 중간 기지로 기능할 수 있다.

전투 지역에서 항공력 우위에 대한 확신이 없다면, 미국 해군을 브라질 해안으로 보내 전투를 벌이는 것은 분명 현명하지 못한 일이다. 이는 함대가 육상 기지 공군의 지원을 받아야 한다는 뜻이다. 따라서 브라질 해안의 해군기지는 특히 아프리카와 가장 가까운 지점인 나타우 인근 공군기지의 지원을 받아야 하고, 트리니다드와 나타우 사이의 일련의 중간 비행장을 이용할 수 있어야 한다. 이는 매우 중요한 과제다.

1941년 12월 적대 행위가 시작됐을 때, 브라질은 미국의 폭격기와 장거리 전투 비행대가 브라질 돌출부의 노출된 지역에 도달하는 데 필요한 공군기지의 사용을 허가하지 않았다. 그러나 더 긴밀히 협력할 수 있는 방향으로 진전이 있었다. 팬아메리칸 항공은 해안선을 따라가는 항공로에서 이용하는 공항을 개선할 권한을 가지고 있었다. 이에 아마파주, 파라주의 주도 벨렝, 상루이스, 세아라주의 주도 포르탈레자, 나타우, 페르남부쿠주의 주도 헤시피, 마시세이우, 바이아주의 주도 사우바도르시에서 건설 공사가 시작되었다. 미국 정부는 이러한 "상업 비행장"의 개선을 위한 자금 조달을 돕고 있다. 만약 비상사태가 발생했을 때 팬아메리칸의 공항을 실제로 사용한다면, 그리고 미국이 여분의 필요한 항공기를 보유한다면, 남아메리카로 가는 해상 항로는 육상 기지 기반 공군이 커버하는 해안 지대를 따라 상대적으로 안전하게 보호될 수 있다. 이는 규모 면에서는 커다란 차이가 있지만, 독일에서부터 노르웨이로 가는 항공로와 유사하다. 이 경우 미국은 결정적인 이점을 갖게 될 것이다. 왜냐하면 독일군은 다카르나 시에라리온에서 1800마일의 거리를 바다로 건너 비행해야 하지만, 미국은 수월하게 육지를 통해 브라질 돌출 지역으로 날아갈 수 있기 때문이다. 만약 공군기지를 이용할 수 없다면, 원정대는 항공모함의 항공기 호위를 받아야 하며 이는 매우 위험한 임무가 될 것이다. 만약 브라질 해안 공군기지가 이미 어떤 방법으로든 적에게 점령되었다면, 미국에서 원정군을 보내는 일은 자살행위가 될 것이다.

브라질 돌출부의 방어는 공군력의 문제로 보고 계획을 세워야 하며 그렇게 해결되어야 한다. 그렇지 않으면 전혀 해결할 수 없다. 전략 지역의 제공권을 위한 전투는 해군 작전 뒤에 시행되는 것이 아니라 선행될 것이다. 만약 유럽에서 이 영토에 대한 조치가 취해진다면, 그것은 브레스트에서 시작해 느리게 움직이는 이미 잘 알려진 원정대의 형태가 아니라 다카르에서 신속하게 기습공격을 할 것이다. 미국은 기계화된 해병대의 사단으로 특수공격부대를 창설해 개량된 노후 구축함에 올라 작전 수행 태세를 갖추고 있다. 목적지가 인근 카리브해 섬이라면 시속 25노트는 빠를지도 모른다. 그러나 공간은 대륙 단위로 측정되고 시간은 폭격기 속도로 측정되는 미래전에서는 충분하지 않다. 특수부대로 구성된 공수사단이 개발되어야만 미국은 반구 방어라는 전략 문제를 해결할 수 있을 것이다.

6. 남아메리카 등거리지대

남대서양에서 반구 방어 문제는 북대서양에서의 방어 양상과 유사한 점이 많다. 신대륙의 동쪽 해안은 남쪽으로 갈수록 모든 지점에서 서아프리카로부터 더 멀리 떨어지면서 서남쪽으로 기울어져 있다. 다카르에서 라플라타로 가는 대권항로는 이 해안과 평행을 이루며, 따라서 모든 기지는 더 남쪽의 다음 항구로 가는 접근로의 측면에 위치한다. 아프리카의 어깨 위치는 리버풀-마르세유 구역과 비슷한 특징이 있고, 브라질의 귀퉁이는 뉴펀들랜드-뉴브런즈윅 구역과 유사하다. 브라질 돌출부는 남아메리카에서 가장 많이 노출되어 있는 지역이며 남아메리카 방어 문제에서 핵심이다. 미국을 향한 북쪽 이동을 위해서뿐만 아니라 리우데자네이루 및 라플라타를 향한 남쪽 이동을 위해서도 돌출부는 완충 역할을 한다.

서반구의 이 두 지역은 전략적 패턴에서 유사점을 가지면서 심대한 차이점도 있다. 전력의 잠재력과 실제 군사력의 비율에서 둘은 상당한 격차를 보인다. 등거리지대는 진정한 하나의 대륙 지대가 아니다. 등거리지대는 세력 다툼을 벌이는 두 국가가 점령하고 있다. 브라질 돌출부와 아프리카의 어깨는 모두 북아메리카 및 유럽 강대국들의 본거지로부터 멀리 떨어져 있다. 남쪽 대륙의 각 기지는 다음 기지로 가는 접근로를 측면에 두고 있는 게 사실이지만, 기지는 몇 개 되지 않고 서로 간의 거리도 멀뿐더러 그 시설 역시 극히 제한적이다. 여러 항구 사이에 육상 교통로가 없기 때문에, 점령되고 해안 교두보가 건설된 기지를 포위하기가 어렵다.

브라질과 아르헨티나가 공동 방어를 위해 효과적으로 협력할 수 있을지, 아니면 오랜 반목 때문에 위험에 직면하더라도 분열되어 있을지는 오직 미래만이 말해줄 수 있다. 미국과 아르헨티나 사이의 오래된 갈등은 지금까지 방어를 위한 완전한 협력을 방해했다. 우루과이가 등거리지대에 대해 범아메리카 방어 체계를 구축하기 위한 정치적 기반을 마련하고자 노력했지만, 1941년까지 만족스러운 결과를 내지 못했다. 우루과이는 다자간 및 양자적 접근을 활용했으나, 우루과이 남쪽의 이웃 국가로 인해 차단당했다. 1940년 6월, 우루과이는 반구 외부의 세력과 전쟁하는 아메리카의 모든 국가에 우루과이의 항구를 사용할 수 있도록 하겠다고 공표했다. 또한 아메리카의 다른 형제 국가들에도 같은 원칙을 적용하고 공동의 목적을 위해 협약에 서명할 것을 기대한다고 발표했다. 많은 국가가 호의적인 답변을 했지만 아르헨티나가 반대했고, 결국 이 계획은 취소되었다. 우루과이와 미국 사이에 비공식적 논의가 시작되었다. 미국이 사용하도록 특정 기지 시설을 건설할 수 있는지에 대한 논의였다. 그러나 라플라타강을 따라갈 때 부에노스아이레스보다 150마일 아래 위치한 몬테비데오 근처의 기지는 아르헨티나의 해양 접근로를 통제할 수 있다. 따라서 미국이 아르헨티나의 경제생활에 절대적 통제력을 가질 수도 있다는 생각에 극도로 불쾌감을 느꼈던 아르헨티나는 강 지역의 방어는 강을 끼고 있는 국가들이 해결해야 할 지역 문제라고 주장했다. 즉 아르헨티나 혼자서 이를 해결하겠다는 의미였다. 아르헨티나의 태도는 오하이오강과 미시시피강 유역의 초기 정착민들과 다르지 않았다. 이들도 강의 하구가 다른 나라 손에 들어가서는 안 된다고 생각했다. 그렇게 해서 미국은 남아메리카 등거리지대에서 통제할 수 있는 해군기지를 보유하지 못했다. 그러나 미국의 군사력이 이 지역에서 완전히 배제된 것은 아니다. 전쟁이 발발하자 브라질은 물론 아르헨티나와 우루과이는 미국 해군에게 자국의 항구와 영해에서 비적대국의 특권을 부여한다고 선언했다.

남아메리카 등거리지대는 앞 장에서 언급했듯이 남쪽 대륙에서 유일하게 전쟁 수행 잠재력을 지닌 지역이며 브라질과 아르헨티나 모두 해군, 육군, 공군을 확대하고 있다. 그러나 구대륙의 잠재력과 비교하면 남부 지역의 군사력은 미미할 수밖에 없다. 브라질과 아르헨티나는 자연자원이 부족하고 군사시설 구축에 필요한 재정 여력도 충분하지 않다. 독일-일본이 승리할 경우 대양을 횡단해 나타날 위협에 대처하기엔 여전히 부족하다. 다른 남아메리카 국가들에 비해 상대적으로 우월함에도 불구하고, 브라질과 아르헨티나 역시 미국의 원조에 의존하고 있다.

남대서양에서 브라질과 아르헨티나 함대를 지원하기 위한 해상작전은 거리 때문에 매우 어려울 것이다. 라플라타는 미국의 대서양 기지에서 6500마일 이상 떨어져 있고, 미국의 최남단 전초기지인 트리니다드로부터도 4500마일 이상 떨어져 있다. 미국이 적절한 해군기지를 이용할 수 있을 때까지 미국의 원조는 남부 지역 국가들의 자체 함대 확장에 도움을 주는 정도로 제한되어야 할 것이다. 남대서양의 해군 방어는 필리핀 방어와 동일한 문제를 제기한다. 둘다 본거지의 전투 범위 밖에 있을 뿐만 아니라 전초기지로부터도 전투 범위 밖에 있다. 남대서양의 함대를 페르남부쿠에 배치시키는 것은 아시아 지중해에 있는 함대를 싱가포르에 배치하는 것과 다르지 않다. 프랑스 브레스트에서 뉴펀들랜드까지의 거리는 약 2000마일이고 페르남부쿠에서 뉴펀들랜드까지의 거리는 거의 두 배다. 만약 미국이 대서양 함대를 동부 해양의 남쪽 절반에 집중시킨다면, 전체 반구의 핵심 지역인 북부 대륙에서 해군의 지원을 박탈하고 해안 방위대와 육상 기지 기반 공군기로 자체 방어하도록 방치하게 되는 것이다.

침공에 대한 방어가 지상기지 기반 공군의 전력만으로 달성될 수 있다는 것이 명백해질 때까지 대서양 함대의 논리적 근거지는 뉴펀들랜드와 브라질 돌출부로부터 거의 동일한 거리에 있는 푸에르토리코 근처가 될 것이다. 이 지점에서부터 해군의 지원은 핼리팩스(캐나다 동남부)에서 나타우까지 서반구의 북대서양 전체 해안 삼각지대에 도달할 수 있다. 그러나 이러한 생각은 필연적으로 남아메리카 등거리지대를 그들의 방어력에 맡겨두고 방임하는 결과를 초래할 것이다. 그러지 않으려면 현존함대 이론을 받아들여서 유럽에서 라플라타로 오는 경로의 측면에 미국의 군사력을 배치해 구대륙의 군사적 행동을 억제해야 한다.

아프리카와 등거리지대와 관련된 브라질 돌출부의 위치 때문에, 남아메리카 완충 지대의 남부 경계에 미국 공군을 대규모로 집중시키는 것이 등거리지대의 공중 방어에 가장 값진 도움이 될 것이다. 그러면 다카르에서 오는 이 지역의 북쪽 끝자락에 대한 해군의 공격을 저지할 수 있을 것이다. 물론 남쪽으로 더 내려간 접근로에 대해서는 영향이 거의 없을 수도 있고, 특히 케이프타운에서 오는 공격에는 영향을 미치지 못할 것이다. 말하자면 독일이 구대륙을 지배한다는 조건에서, 남아프리카 공화국이 남아메리카 원정의 출발점이 된다면 실제 대양 횡단은 더 길어질 것이고 육상으로부터의 공중 지원은 불가능하겠지만, 서아프리카에서 출발하는 것에 비해 많은 이점을 가질 것이다. 남아프리카 공화국의 천연자원과 기후는 대규모 군사기지의 건설과 유지에 훨씬 더 적합할 것이고, 인도양을 경유하면 이 전진기지까지 완벽히 안전하게 도달할 수 있을 것이다.

반구 방어의 가능성

앞서 일본의 대동아 및 독일의 유라프리카로부터의 군사적 위협에 대응하는 반구 방어 문제에 대해 분석했다. 아시아와 유럽의 위협에 대해 서반구가 상대적으로 얼마나 노출되는지는 두 대양 건너편 지역의 상대적 전쟁 수행 잠재력과 바다의 너비에 달려 있다. 모든 형태의 전쟁, 심지어 가장 현대적인 전쟁에서도 거리는 그 자체로 중요한 방어가 된다. 그런 점에서 아시아의 힘의 중심은 유럽의 중심보다 훨씬 더 멀리 있다. 낮은 전쟁 수행 잠재력과 더 먼 거리가 합쳐져 아시아의 위협은 유럽의 위협보다 훨씬 덜 위험하다. 신대륙은 서쪽이 아닌 동쪽에서만 치명상을 입을 수 있다. 대륙의 대서양 배수 지역은 서해안의 침략이 있더라도 계속 저항할 수 있겠지만, 서해안은 동해안을 점령한 적군에 대항하는 투쟁을 계속할 수 없을 것이다.

유럽과 아시아의 동맹국들이 패배한다면 서반구는 삼면에서 포위될 것이다. 그러면 미국의 활동은 반구의 방어와 해상 교통을 위한 연안 해로 보호로 축소될 것이다. 이런 상황에서 미국이 신대륙을 얼마나 방어할 수 있을까? 답은 이 책에서 설명한 군사지리학 관점에서 본 방어 문제의 본질과, 최종 시험의 때가 왔을 때 구대륙과 신대륙의 상대적 군사력에 의해 결정될 것이다. 힘의 잠재력만으로 볼 때 서반구는 구대륙의 적수가 될 수 없지만, 미국은 자원과 거리를 합쳐서 상당한 힘을 가진 방어 체계를 만들 수 있다.

만약 영국 함대가 영국 본토 방어에 실패하고 파괴된다면, 아메리카 대륙은 미국의 해군력을 통해 방어해야 할 것이다. 미국이 아메리카의 항구로 철수할 때 미국 함대가 얼마나 남아 있을지는 순전히 추측에 불과하겠지만, 그것이 얼마든 간에 서부 쪽의 호송 임무와 해안 방어에 필요한 배들을 제외하고는 대서양 쪽에 주둔시켜야 할 것이다. 이것은 태평양 방어가 거의 전적으로 공군과 육군의 책임이 될 것이라는 의미다. 대서양 전선 또한 해안 방어와 함대가 필요로 하는 항공 지원을 고려할 때 공군력에 크게 의존해야 할 것이다. 따라서 과연 미국이 반구 방어를 어느 정도로 완수할 수 있는지는, 미국이 하루빨리 삼차원 전쟁의 의미를 이해하고 초기에 소홀히 했던 공군력을 만회할 수 있는지에 따라 결정된다고 분명히 말할 수 있다.

제2차 세계대전의 과정을 보면, 상륙 지점의 제공권 장악이 성공적인 침공에 필수 요소가 되었음을 알 수 있다. 해안 수역에서 영국 해군이 우세한 상황에서도 독일이 노르웨이와 크레타를 점령했던 두 사례 모두 이런 변화를 잘 보여주고 있고, 노르웨이 항구에서 영국의 역공이 실패한 것은 이 변화를 확인시켜주고 있다. 아시아 지중해에서의 군사작전 역시 동일한 모습을 보여준다. 해안 해역 및 좁은 해역에서 함대에 대항하는 육상 기지 공군력의 전술적 가능성은, 해군의 우세만으로는 더 이상 교통로나 교두보를 확보할 수 없다는 것을 분명히 보여준다. 따라서 항공력이 뒷받침되는 육상 전력으로 대체적인 반구 방어를 구상하는 것이 가능해졌다.

그러한 전략적 개념은 군비 프로그램에서 장거리 폭격기와 장거리 전투기의 중요성을 강조한다. 미국은 충분히 기지를 보유하고 있는 중요한 두 지역인 북아메리카와 아메리카 지중해를 보호하기 위해 강력한 공군력이 필요하다. 그뿐 아니라 남아메리카의 준비된 기지로 즉각 이동할 태세를 갖춘 폭격기와 전투기로 구성된 대규모 항공대 또한 필요할 것이다. 그러한 항공대는 전적으로 자급자족할 수 있어야 하고, 지상 병력과 대공對空 병력을 비롯해 연료와 설비를 항공기로 이동시킬 수 있어야 한다. 그래야 보급을 위한 연안 해로 확보와 보급선 호위 임무로부터 자유로울 수 있을 것이다. 또한 미국 전쟁산업의 전략 물자 수송을 위해 북아메리카와 남아메리카 사이의 매우 긴 해상 항로를 오가는 상선을 이용해야 하는데, 육상 기지 공군력만으로는 이 활동을 충분히 보호하기 힘들 것이다. 공군력이 다른 모든 전쟁 수단을 대체할 수 있는 날은 여전히 먼 미래다. 반구 방어를 위해서는 육군, 공군, 해군의 조화로운 협력이 필요하다. 그리고 크기, 위치, 상대적 거리, 해안선의 구성, 잠재 전력의 분포가 신대륙의 거대한 전략 지대를 어느 정도로 보호할 수 있을지 결정할 것이다.

완전히 포위된 상황이라면 미국은 자국의 군사력을 반구 전체에 분산시킬 수 없을 것이다. 미국은 과도한 확장을 경계하고, 북아메리카 대륙 지대의 보급선 길이를 단축하며, 자국의 기지 근처의 진지에 군사력을 집중시켜야 할 것이다. 북아메리카 완충 지대의 북쪽 벨트를 분명히 상실하고, 북서쪽의 알류샨-알래스카 전초기지, 동북쪽의 아이슬란드-그린란드 전초기지 등을 희생해야 할 수도 있다. 전자는 일본인들이 큰 노력을 들이지 않고도 점령할 수 있고, 후자는 독일인들이 비교적 쉽게 가져갈 수 있을 것이다. 러시아 연해주와 동시베리아를 정복한 후, 일본군은 극지방과 태평양 전선의 접선 지역에서 근접 군사작전의 모든 이점을 갖게 될 것이다. 마찬가지 상황이 극지방과 대서양 전선 사이의 접선 지역에서 독일군에게도 적용될 수 있다. 영국이 정복된 이후에는 스코틀랜드 및 노르웨이와 인접한 아이슬란드의 기지를 지킬 수 없을 것이고, 그린란드 북부에서도 마찬가지일 것이다. 대서양 건너 동맹국들이 패배한다면 미국의 북쪽 방어선은 프린스루퍼트섬에서 뉴펀들랜드까지 완충지대의 내부로 내려올 것이다.

북아메리카 대륙 지대는 의심할 여지 없이 침략자에 대항해 지킬 수 있을 것이다. 여기서 모든 이점은 방어하는 쪽에 있다. 전쟁산업과의 근접성, 잘 준비된 기지, 그리고 어떤 구간에서든 신속하게 병력을 집중시킬 수 있는 진정한 의미의 대륙 교통 시스템 등이 방어를 유리하게 한다. 바로 남쪽의 아메리카 지중해 방어도 상당히 성공적으로 이뤄낼 수 있을 것이다. 그러나 그곳은 대륙이 아니라 섬과 해양의 구역이며 바다를 건너서만 도달할 수 있다. 이것은 육상에서는 없었던 불리한 점이 매우 많음을 의미한다. 그렇더라도 상대적인 거리는 미국에 유리하고, 지리적 배치는 통제를 비교적 쉽게 하며, 전략 요충지는 이미 미국 해군의 통제하에 있다. 만약 새로운 기지가 제시간에 완공될 수 있다면, 이 지역을 유지하고 보호하며 그곳의 생산품을 북부 항구로 안전하게 이동시킬 수 있을 것이다.

지중해 너머의 남아메리카에서는, 미국과 적국 간의 상대적 우위가 변하기 시작한다. 거대한 남아메리카 완충 지대의 북쪽 끝은 여전히 유럽의 힘의 중심보다는 아메리카의 힘의 중심부와 더 가깝다. 페루와 브라질이 방어를 원해서 미국이 활용할 수 있도록 필요한 기지를 제공한다면, 미국은 남쪽 대륙의 이 지역을 서쪽으로는 북회귀선과 동쪽으로는 브라질 돌출부까지 확장해 방어할 수 있을 것이다. 그러나 이 너머에는 칠레와 등거리지대가 있다. 노퍽 및 브레스트로부터 나타우 너머 지점까지의 거리가 거의 동일하기 때문에, 다른 지역보다 이 지역에서는 상대적인 군사력이 더 결정적인 요소가 될 것이다. 포위된 상황과 1대양 해군을 상정하면, 미국은 이 지역을 공격하는 적들의 무력을 당해낼 수 없을 것이다. 남부 대륙에 대한 공격은 북아메리카 완충 지대의 양쪽 전선에 대한 군사적 압박과 병행될 것이다. 그래야만 미국의 군대를 북부에 붙잡아둘 수 있다. 서반구 관계의 다른 모든 분야와 마찬가지로 군사 관계에서도 남아메리카의 남부는 신대륙의 다른 국가들과 가장 통합되지 않은 두드러진 별개의 단위다. 만약 서반구를 포위할 수 있는 거대한 협공 작전이 전면적으로 전개되기 시작한다면, 미국은 이 지역을 방어할 수 없을 것이며 이 지역의 전략 원자재도 상실할 것이다.

미국은 지역의 협력이 있다면 신대륙의 전부는 아니지만 많은 부분을 방어할 수 있을 것이다. 서반구가 거대한 섬이라는 특징은 여전히 전략적 이점임에 틀림없다. 그러나 지리적 지역으로서 신대륙은 단일한 전략 지대가 아니며, 단일 문화 지역이나 단일 경제 단위도 아니다. 독일–일본 동맹이 유라시아 대륙에서 승리해 전력을 신대륙으로 자유롭게 이동하게 된다면, 미국은 더 이상 반구를 지킬 수 없을 것이다. 칠레를 비롯해 등거리지대로 구성된 남아메리카 하부는 미국의 방어 범위 바깥에 놓일 것이다. 구세계에서 동맹국들이 패배한다면 미국은 반구 방어 개념을 갖고 신대륙으로 후퇴할 수 없을 것이다. 미국은 북아메리카 및 남아메리카 완충 지대의 외부 벨트를 내어줄 수밖에 없을 것이고, 부분 반구 방어 개념하에 북아메리카 대륙 지대와 아메리카 지중해를 최후의 보루로 삼을 수밖에 없을 것이다.

결론

최근 세계는 동맹을 어떻게 이용해야 하는지에 대해 많은 경험과 논쟁을 했다. 약자가 강자에 대항해 방어할 수 있고, 분출하는 야망의 폭풍에 경계를 설정하며, 힘의 급류가 억제되고, 전 세계를 폐허로 몰아넣는 전쟁의 홍수로부터 제국을 구제할 수 있는 것은 연맹이 협력하고 엄격하게 감시하기에 가능하다. 동맹은 세력균형을 유지하도록 해준다. 그리고 제국의 흥망과 영원한 투쟁의 불안정에서 생겨날 수밖에 없는 불안과 걱정을 피할 수 있도록 해준다._로버트 월폴

한 국가의 외교정책이 실용적이려면, 어떤 꿈의 세계가 아니라 국제관계의 현실, 즉 힘의 정치의 관점에서 설계되어야 한다. 국제사회는 정부도 없고, 법과 질서를 보존할 중앙의 권위체도 없다. 국제사회에 속해 있는 국가들의 영토 보전, 정치적 독립성 또는 국제법상의 권리를 보장해줄 수 있는 실체가 존재하지 않는다. 따라서 국가가 생존하기 위해서는 자국의 힘이나 보호국의 힘이 중요하다. 국가가 독립을 유지하고자 한다면, 자국의 힘의 지위를 보호하거나 개선하는 것을 외교정책의 주된 목표로 삼아야 할 것이다. 세력 투쟁을 포기하고 의도적으로 무력함을 선택하는 국가는 악

을 위해서든 선을 위해서든 국제관계에 영향을 미치는 일을 중단하는 것이며 종국에는 더 강력한 이웃 국가에 흡수당하는 위험을 감수해야 할 것이다.

진정한 외교정책은 힘의 정치의 현실에 맞춰져야 할 뿐만 아니라, 국가가 세계에서 차지하는 특정한 위치를 고려해야 한다. 안보 문제를 정의하는 것은 한 나라의 지리적 위치와 군사력 중심지와의 관계다. 국제사회는 전쟁이 국가 정책의 도구가 되는 세계다. 국가의 관할 영역, 즉 국토는 전시에는 전쟁을 수행하는 군사기지이고, 평화라는 일시적인 휴전 기간 동안에는 전쟁을 준비하는 군사기지다. 그 위치에서 국가는 전시에 군사전략을 수행하고, 평시에는 정치 전략을 수행해야 한다.

미국의 지리적 위치

미국의 영토는 캐나다와 멕시코 사이에 있는 서반구의 북부 대륙에 위치한다. 대륙을 차지하고 있고 두 대양에 접하고 있다는 점이 미국 영토의 고유한 특징이다. 비옥한 토양과 풍부한 광물자원을 보유한 광활한 온대 지역을 점하고 있다. 고도로 발달된 산업 구조로 생산성 높은 거대한 농업을 뒷받침하는 국가 경제는 약 1억3500만 국민이 높은 수준으로 생활하는 것을 가능케 한다. 서반구의 어떤 나라도 미국에 상응하는 전쟁 수행 잠재력을 보유하고 있지 않다. 미국의 힘의 지위는 의심할 여지 없이 신세계의 많은 부분을 통제하는 패권국이라 할 수 있다. 미국은 북쪽과 남쪽의 이웃 국가들보다 훨씬 더 강력하고, 아메리카 지중해를 완전히 지배하며, 남아메리카 북부에 효과적인 압력을 행사할 수 있다. A.B.C. 국가의 경제적, 정치적 중심지는 미국에서 멀리 떨어져 있다. 그래서 이들 국가는 상대적인 독립성을 갖게 되었고, 그곳이 반구 내에서 유일하게 미국이 쉽게 힘을 행사할 수 없는 지역이다.

서반구는 태평양, 북극, 대서양의 3대 해양 전선에 걸쳐 구대륙에 둘러싸여 있다. 지구가 둥글기 때문에 반대로도 표현될 수 있다. 즉 신대륙도 구대륙을 둘러싸고 있다. 이런 지리적 사실에 대한 지정학적 의미는 두 대륙의 힘의 잠재력과 각 영역 내부의 힘의 분포가 결정한다. 구대륙의 넓이는 신대륙의 2.5배이고 인구는 7배다. 현시점에서 산업 생산성은 거의 동등하지만, 상대적 자급률 측면에서는 아프리카와 호주 대륙을 포함한 유라시아 대륙이 훨씬 더 우세한 위치에 있다. 만약 구대륙을 구성하는 세 개의 대륙을 소수의 국가가 통제하는 상황이 되고 견제받지 않는 힘이 대양 건너에 압력을 행사할 수 있는 조건이 만들어진다면, 아메리카 대륙은 정치적, 전략적으로 포위될 것이다. 남부 대륙 어디에도 유의미한 전쟁 수행 잠재력이 없으며, 따라서 유럽과 아시아에서 힘의 균형을 상실하게 될 때 남아메리카는 상황을 개선할 수 있는 어떠한 수단도 미국에 제공하지 못한다.

서반구가 드넓은 대양으로 구대륙과 분리된 것은 사실이다. 그러나 바다는 고립되어 있지 않다. 르네상스와 현대 항해술의 발달 이후 바다는 이제 장벽이 아니라 고속도로가 되었다. 세계는 세력들이 다투는 하나의 전장이 되었다. 힘의 사용은 본거지로부터의 거리에 반비례해 효과적이기 때문에, 넓게 분리된 지역은 상대적으로 자율적인 힘의 지대power zone로 기능할 수 있지만, 세계의 어떤 지역도 다른 지역으로부터 완전히 독립적일 수는 없다. 한 구역 내에서 이용 가능한 군사력이 서로 균형을 이룰 때에만 그 지역은 불활성화되어 다른 지역에 영향을 미칠 수 없을 것이다. 그러나 그러한 경우는 지리적 거리가 아닌 힘의 균형으로 설명해야 한다. 어떤 힘이 견제되지 않고 완충되지 못하며 자유롭다면, 그 힘은 먼 지역에서도 행사될 수 있다.

본래 군사력과 정치력의 중심은 유럽에 있었고, 세계의 다른 지역에 영향을 주었던 것도 유럽에서의 세력균형이었다. 이후 서반구와 극동 지역에서 비교적 자율적인 힘의 지대가 등장했지만, 모두 서로에게 계속 영향을 미치고 있었다. 신대륙은 섬과 같은 특성에도 불구하고 정치 집단들이 외부의 간섭 없이 그들 사이의 자연스러운 균형을 찾는 고립된 지역이 아니었다. 반대로 유럽의 세력관계는 역사 이래로 이 서반구 사람들의 정치생활에 영향을 끼쳤다. 미국의 성장과 확장은 이탈리아를 제외한 유럽 모든 강대국의 견제를 받았다. 미국이 패권적 지위를 달성할 수 있었던 것은, 구대륙 국가들이 미국에 대항하기 위해 연합하지 않았기 때문이며, 또한 구대륙 내의 세력균형이 우선이었으므로 대서양을 건너는 임무에 힘의 일부만 투여할 수 있었기 때문이다.

서반구 국가들이 독립을 달성한 이래, 대서양과 태평양 건너편 지역을 단일 국가 또는 단일한 국가들의 연합이 지배했던 적은 없었다. 미국이 성장하는 기간 대부분 동안 유럽과 아시아에서는 세력균형의 상황에 있었다. 그러나 미국 역사상 대양 건너편의 세력균형이 파괴되어서 포위될 위협을 네 번 경험했다. 첫 번째 위협은 프랑스가 신성동맹에 스페인 식민지의 재정복에 대한 협력을 호소했던 것이다. 미국은 먼로독트린으로 대응했다. 두 번째 위협은 1917년 러시아의 패배, 프랑스군의 사기 저하, 독일 잠수함 작전의 성공으로 독일이 제1차 세계대전에서 승리할 수 있다고 예상되었을 때였다. 일본은 유럽이 아시아로부터 철수하자 생긴 절호의 기회를 이용해 극동의 지배적인 강국으로 부상했다. 유럽에서 위험이 나타나자 미국은 총력을 다해 참전하는 것으로 대응했다. 완전한 승리를 거두면서 기존의 영일동맹이 미국의 안보에 작은 위험으로 떠올랐다. 지리적으로 볼 때 이 협정은 포위망을 의미했고, 두 파트너 모두 전쟁을 겪으며 해군력이 크게 증대돼서 각각의 영역에서 실질적으로 견제할 만한 다른 국가가 없었다. 그리하여 미국은 1921년 군축회담 참여를 위한 선결 조건으로 영일동맹의 종료를 요구했다.

네 번째 위협은 1940년 이후에 나타났다. 이번에는 과거 어느 때보다 더 심각한 형태다. 1940년 체결된 독일–일본 동맹은 서반구에 대항할 협력의 기반이 되었다. 1941년 가을이 되자, 독일은 유럽 대부분을 정복했고, 일본은 극동의 해안 지역 대부분을 정복했다. 유럽에서는 영국과 러시아, 아시아에서는 중국과 네덜란드령 동인도제도만이 구대륙의 완전한 정복을 막고 있었다. 독일에게 승리의 의미는 베를린이 통제하는 위대한 유럽-아프리카의 꿈을 실현하는 것이었다. 일본에게 승리는 기존에 섬나라라는 위치에서 벗어나 대륙 차원의 국가로 탈바꿈하는 것을 의미했다. 신대륙에게 그러한 상황은 엄청난 전쟁 잠재력을 통제하는 두 개의 거대한 제국에게 포위당하는 것으로 인식되었다.

반구 방어?

이러한 위기 상황에 직면해 미국이 추구해야 할 올바른 정책은 무엇이었는가? 공개 토론은 개입이냐 고립이냐를 놓고 다투는 전통적인 패턴을 따랐다. 세력관계의 중요성을 강조하는 개입주의자들은 제1방어선은 필수적으로 유럽과 아시아에서 세력균형을 유지하는 것이라고 주장했다. 대양의 거리를 강조했던 고립주의자들은 미국이 대양 건너편의 세력 투쟁에 개입하지 않고도 서반구를 방어할 수 있다고 확신했다.

전쟁이 전개됨에 따라 개입주의자들의 입장은 점점 더 폭넓게 수용되었고, 미국의 정책은 연합국에 대한 지원을 점차 증가시키는 방향으로 흘러갔다. 미국인들은 마지막 단계까지 무기대여 원조에서 완전한 참전으로 전환하는 결정을 보류했다. 독일-일본 동맹은 미국의 전쟁산업 생산이 완전히 정상화되어 충분히 많은 물자를 미국 동맹국들이 사용할 수 있기 전에 공격을 결정했다. 미국은 이제 제2

차 세계대전의 완전한 참전국이며, 미국의 적들은 구대륙에서의 승리가 완성되기도 전에 서반구의 전초기지를 공격하기 시작했다.

고립이냐 개입이냐는 더 이상 참전에 대한 논쟁이 아니다. 그러나 이러한 태도가 나타내는 두 가지 지정학적 이론은 전쟁의 수행과 평화 체제 구축의 지침이 되는 대전략의 원칙과 관련해 미국인의 사고에 계속해서 영향을 미칠 것이다. 고립주의 입장에 내재된 서반구의 성격에 대한 잘못된 생각은 매우 위험하다. 자칫 독일-일본 동맹이 구대륙에서 승리하더라도 신대륙에 위협이 되지 않을 것이라는 믿음으로 사람들을 현혹해 방어적 전략을 채택하게 할 수 있는 것이다.

리오그란데강 이남의 국가들과 효과적인 연대를 이루려는 미국의 시도는 모든 권력을 장악한 독일-일본 동맹의 반대에 부딪히리라는 점을 처음부터 명심해야 한다. 남아메리카를 위한 투쟁은 제2차 세계대전에 내재된 것이고, 구대륙에서 승리를 거두면 덜 중요해지는 것이 아니라 더 중요해질 것이다. 파시스트 국가들은 전체주의 전쟁의 모든 무기, 즉 사상적, 심리적, 경제적, 정치적, 군사적 무기를 총동원해서 남아메리카를 차지하기 위해 싸울 것이다. 그들의 목적은 신대륙 공동 방어의 선결 조건인 정치적 통합을 막는 게 될 것이다. 또 어떠한 대가를 치르더라도 신대륙에서 집단 안보 체제가 창설되는 것을 막는 게 목적이 될 것이다.

신대륙의 정치적 통합은 어려울 것이다. 적들의 효과적인 반대뿐만 아니라 통합이라는 프로젝트 자체에 많은 생래적 어려움이 있기 때문이다. 서반구는 효과적인 통합과 성공적인 방어에 필요한 요소들을 갖고 있지 않다. 앵글로색슨 아메리카와 라틴아메리카 사이에는 이데올로기적 성향에서 큰 차이가 있다. 인종적, 민족적 구성이 다르고, 경제적, 사회적 구조가 다르며, 정치적 경험, 도덕적 가치, 문화적 지향성이 다른 두 세계가 존재한다. 또한 라틴아메리카의 절반은 역사적 전통과 현재 관행의 측면에서 민주주의보다 독재에 훨씬 더 익숙한 경향이 있다.

경제적으로, 서반구는 전쟁산업을 위한 전략 원자재를 구대륙의 생산에 의존하고 있다. 생활 수준을 유지하기 위해 필요한 많은 물품도 마찬가지다. 신대륙 자체에서 합리적인 기간 내에 군비 구축을 위해 필요한 충분한 원자재 기반을 갖추기는 불가능하다. 구대륙의 포위가 도래했을 때 필요한 군비 규모는 절대 작지 않다. 그리고 적당한 수준의 자급률은 엄청난 비용을 들여도 10년 후에야 갖춰질 것이고, 그러면 현재의 갈등 상황에서 활용하기에는 너무 늦다.

독일-일본이 승리할 경우 신대륙의 수출 의존도는 수입 의존도보다 훨씬 더 큰 약점이 될 것이다. 19세기 자유무역에 수반된 지역 특화의 상황에서, 아메리카 대륙은 구대륙을 위해 식량과 원자재를 생산하는 식민지 경제로 발전했다. 정치적 독립과 미국의 산업화는 그런 관계를 아주 미미하게 변화시켰을 뿐이다. 22개의 남쪽 독립 주권국가는 유럽 시장을 상업적으로 독점하는 경제 세력에 맞서 스스로를 방어할 수 없을 것이다. 국제무역을 중앙집권적으로 통제하는 단일한 반구 경제만이 승리한 독일의 경제력을 방어할 가능성이 있다. 그러나 어떤 아메리카 국가도 그러한 지역경제를 창출하는 데 필요한 변화를 자발적으로 받아들이려 하지 않을 것이다. 그것은 현재 각 유럽 국가의 경제를 대독일공영권으로 변환시키는 데 사용되고 있는 동일한 과정을 통해서만 달성할 수 있을 것이다. 이를테면 미국이 서반구를 정복해 기존 지역경제를 무자비하게 파괴한다면, 필요한 통합이 이루어질 수도 있을 것이다.

서반구도 유럽이나 아시아와 마찬가지로 힘의 정치의 세계다. 개별 국가들이 차원 높은 초대륙적 이익이 아니라 자국의 이익을 추구하면서 생겨나는 갈등과 대립이 가득한 세계다. 이러한 이익 추구와 세력균형에 대한 집착은 신대륙 국가들 간의 정치에서 두 가지 두드러진 갈등의 패턴을 만들어낸다. 첫 번째는 미국과 남아메리카 간의 근본적인 대립이다. 이는 북방 거인의 힘에 균형을 맞추기 위한 것이다. 두 번째는 브라질과 아르헨티나 사이의 세력 투쟁에서 비롯된다. 이것이 남부 대륙 정치질서의 핵심이다. 이러한 갈등과 대립은 독일-일본 동맹이 정치적 음모를 펼칠 수 있는 이상적인 환경을 제공한다. 그래서 독일-일본 동맹의 파괴적인 행동에 직면하게 될 때 과연 반구의 연대가 지속될 수 있을지는 매우 의심스럽다.

아메리카 국가 연합을 통해 신대륙은 정치적 통합을 향한 주저하는 발걸음을 내디뎠지만, 연대의 아름다움에 대한 플라토닉한 결의를 크게 벗어나지 못했다. 그것은 또한 대양을 건너오는 위협에 대해 공동 방어 시스템의 정치적 틀을 구축하는 데 실패했다. 먼로독트린을 대륙주의로 보는 많은 문구가 발표되었지만, 다른 어떤 국가의 방어를 위해 행동해야 한다는 조약의 의무를 수용한 서반구 국가는 없었다. 국가들 간에 전쟁 수행 잠재력 격차가 매우 크기 때문에 평등과 호혜에 기반한 다자주의 방어 시스템을 구축하는 것은 불가능하다. 국가들의 법적 평등성을 보존하는 원칙은 수립되었지만, 방어에 대한 부담은 전적으로 미국의 군사력에 의존하는 현실이 계속되고 있다.

미국의 군사 조직으로 1500만 제곱마일의 지역을 지키는 임무는 결코 쉽지 않다. 아메리카 대륙에는 적어도 6개의 전략 지대가 있으며, 그중 북아메리카 대륙 지대만이 상당한 전쟁 수행 잠재력을 지니고 있다. 남아메리카 전역에서 군사적으로 자산이기는커녕 부담이 아닌 국가는 단 하나도 없다. 서반구의 특정 지역은 미국의 안보에 대한 전략적 중요성 때문에 방어되어야 하는 것이 사실이다. 그러나 남아메리카의 약한 국가들이 바다 건너 강력한 동맹국의 손실을 보상할 수는 없다.

미국이 침략으로부터 방어할 수 있는 영토의 크기는 바다 건너의 동맹국들이 패배한 후에도 여전히 사용할 수 있는 미국의 상대적 해군력 및 공군력에 달려 있을 것이다. 태평양에 얼마나 많은 미국 함대를 사용할 수 있을지, 대서양 방어 작전을 위해 얼마나 많은 영국 함대를 사용할 수 있는지 예측하는 것은 불가능하다. 미국은 서쪽의 알류샨열도와 알래스카, 동쪽의 그린란드와 아이슬란드를 제외한 북아메리카 완충 지대와 북아메리카 대륙 지대를 방어할 수 있을 것이다. 또한 브라질이 미국에 필요한 공군과 해군기지의 사용을 허용한다면, 미국은 아메리카 지중해와 남아메리카 완충 지대를 방어할 수 있을 것이다. 그러나 미국이 남아메리카의 등거리지대를 방어하는 것은 가능하지 않다. 이 지역은 브라질 돌출부에서 파타고니아(남아메리카 끝 지역)까지 뻗어 있고, 북아메리카의 힘의 중심에서는 물론 유럽의 힘의 중심에서도 멀리 떨어져 있다. 오히려 이 지역은 아프리카와 훨씬 더 가까운 거리에 있다.

그러나 반구 전체를 실제 침략으로부터 방어할 수 있다고 해도, 독일-일본 동맹이 승리한다면 반구는 포위될 것이고 이는 곧 궁극적인 패배를 의미한다. 전체주의 전쟁 시대에 침략만이 강압의 형태는 아니다. 신대륙은 적의 영토에 둘러싸이고, 금수 조치를 통한 간단한 봉쇄 절차만으로 경제적인 교살을 당할 것이다. 구대륙에 필수적인 전략 물자를 통제하지 못하기 때문에 똑같이 금수 조치로 대응하면서 경제적 교살에서 벗어날 수도 없을 것이다. 군사적 조치가 필요하겠지만 효과적인 조치는 불가능할 것이다. 포위로 인해 대양을 건너 반격할 수 있는 모든 군사 전선이 막혀버릴 것이다. 러시아가 패배할 때 영국이 유럽 대륙과의 관계에서 처할 위치적 상황은 서반구가 구대륙과의 관계에서 처할 상황과 유사할 것이다. 미국은 침략당하지 않을지는 모르나, 구대륙에서 전선이 만들어지지 않는다면 전쟁에서 승리를 희망할 수 없을 것이다. 영국에게 해협 건너의 동맹국들이 필요한 것처럼, 대서양 저편의 동맹국들 또한 미국에 필수적인 존재다.

그러나 신대륙이 공동 방어를 실현할 수 있을 만큼 충분한 기간 동안 연합할 가능성은 거의 없다. 반구의 연대는 최종적인 군사적 공격이 있기 훨씬 전에 다른 무기들로 인해 깨져버릴 것이다. 라틴아메리카의 사회와 이데올로기 구조가 여러 면에서 파시스트 이데올로기에 적합한 경향이 있고, 역사적으로 뿌리 깊은 증오와 현재의 갈등으로 가득하며, 여러 부문에서 유럽 시장에 전적으로 의존하고 있으므로, 선전, 심리 공격, 경제전이 성공할 가능성은 훨씬 더 높을 것이다. 독일은 등거리지대의 남부를 획득할 수 있다. 이를 위해 군대를 파병할 필요도 없을 것이며, 아르헨티나 제품이 유럽 시장에 진입할 조건을 좌지우지하는 간단한 장치만 있다면 가능할 것이다. 독일에 우호적인 파시스트 정권을 수용하도록 하는 것이 조건의 하나가 될 것이며, 독일은 필요한 원조 및 기술과 함께 독일 군대 교관을 대대적으로 파견해 아르헨티나의 군대를 훈련할 수 있도록 아르헨티나인들에게 요구할 것이다. 그럴 경우 군사 점령은 경제전에서 항복한 것을 그저 확인하는 절차일 뿐이다. 그것은 남반구에 대한 실제 군사작전의 결과가 아니다. 세계의 다른 지역과 마찬가지로, 군사적 점령은 전면전의 최후의 조치에 불과할 것이다.

이러한 독일의 개입은 베를린이 통제하는 괴뢰정부와, 국가 확장 및 라플라타 총독령의 역사적 경계를 재정립하는 데 몰두하는 파시스트 정당에 권력을 부여할 것이다. 우루과이, 브라질 남부, 파라과이, 볼리비아, 칠레는 모두 대남아메리카공영권으로 흡수될 후보가 될 것이다. 보통 수면 바로 아래에 존재하는 세력 투쟁이 이제 공공연한 갈등으로 폭발할 것이고, 남부 대륙은 길고 피비린내 나는 전쟁의 시기에 돌입할 것이다.

부분 반구 방어?

라플라타에 베를린이 지원하는 파시스트 정부가 수립되면 반구 연대의 신화와 반구 방어의 가능성은 산산이 부서질 것이다. 미국은 스스로를 부분 반구 방어에 국한시키고 남아메리카 권력정치의 현실에 맞춰 정책을 수립할 수밖에 없을 것이다. 만약 위협이 처음 나타났을 때 미국이 즉각 행동한다면, 합리적인 대응은 칠레 및 브라질과의 동맹일 것이다. 만약 칠레가 자발적으로든 강요에 의해서든 미국이 막기 전에 아르헨티나에 합류한다면, 브라질 및 페루와 동맹을 맺는 것을 고려해야 한다.

북아메리카 대륙 지역의 영토 안보가 남아메리카의 온대 지역과의 우호적인 관계를 필요로 하는 것은 아니다. 필요한 것은 미국이 남아메리카 완충 지대를 보유하는 것이다. 북아메리카에 대한 군사 작전의 출발점이 될 라플라타는 사실 라인강이나 서아프리카에 비해 위험성이 떨어진다. 아르헨티나에 독일 해군기지가 구축된다 해도 프랑스의 독일 해군기지보다는 위협성이 훨씬 덜할 것이다. 부에노스아이레스는 노퍽에서 6500마일 떨어져 있지만, 프랑스 브레스트는 대략 그 절반 거리인 약 3800마일 떨어져 있다. 거대한 육로 군사작전의 출발점으로서 라플라타 지역은 그다지 불안감을 만들어낼 수 없다. 우루과이의 몬테비데오와 파나마 운하 사이의 지역은 폴란드와 러시아의 대평원이나 벨기에와 프랑스 북부의 평야 지대와는 비교가 안 된다. 독일의 새로운 기계화사단에 대해 세계는 경탄하고 있지만, 부에노스아이레스에서 파나마 운하까지 육로로 이동하기에는 아직 충분하지 않다. 파라과이강을 따라 북쪽으로 단번에 올라가고, 마투그로수(브라질 중서부)의 열대 숲을 가로질러 아마존강의 진흙 늪지대를 뒹굴며, 안데스산맥의 오르막과 내리막 종단면을 따라 질주하라는 것은 너무 과도한 요구다. 남아메리카 내륙은 교통수단이 없는 황무지로서 진정한 완충 지대다. 현실적으로 라플라타에서 파나마 운하로 갈 수 있는 유일한 길은 해상 경로이며, 브라질의 돌출부를 우회해야 하므로 유럽이나 아프리카에서 오는 것보다 더 멀다. 미국이 브라질 돌출부에서 공군력을 유지할 수 있는 한, 부에노스아이레스가 다카르보다 더 위험하지는 않을 것이다.

또한 남부 지역에서 출발해 몇 번의 짧은 비행으로 북쪽에 도달할 가능성에 대한 두려움은 과장된 측면이 있다. 그 짧은 비행들을 위해서는 파나마 운하 인접 지역에 공군기지를 건설해야 한다. 이때 기억해야 할 사항이 있다. 공군기지를 만들려면 물자가 필요한데, 이것이 아르헨티나에서 생산되는 것이 아니라 서부 유럽으로부터 수입해야 한다는 점이다. 따라서 물자 공급 경로는 다소 우회해야 한다. 대륙 내부에는 교통 시설이 없기에 기지들은 공군의 지원을 받는 해군력을 통해 북쪽으로 이동해야만 할 것이다. 다시 한번 브라질 돌출부는 미국이 취하거나, 안 되면 최소한 중립화해야 하는 지점이 된다. 아르헨티나나 브라질 남부에서 독일이 거점을 확보하면 정치적인 이유로 매우 바람직하지 않을 것이다. 그러나 군사적 영향은 결코 재앙적이지 않다. 전략적으로 미국의 영토 안보를 위해 방어해야 하는 것은 더 남쪽의 국가가 아닌 브라질의 돌출부다.

순수하게 군사적 관점에서 볼 때, 부분 반구 방어는 실현 가능한 정책이다. 그러나 경제적 관점에서 볼 때, 제한된 구역은 반구 전체보다 발전할 가능성이 훨씬 낮다. 라플라타 농산물의 판로를 찾을 필요가 없기 때문에 경제 통합이 조금 더 수월한 것은 사실이지만, 북아메리카의 잉여 농산물 문제는 여전히 남아 있을 것이다. 그러나 훨씬 더 중요한 것은 수입 문제일 것이다. 전체 반구를 기반으로 모든 나라의 모든 자원을 미국이 의지대로 활용할 수 있게 되고, 노동과 막대한 희생을 투입한다면 수년 내에 전략 물자의 자립을 거의 달성할 수 있을 거라는 의견이 있었다. 그러나 이것은 남아메리카 온대 지역이 모두 참여하지 않는 한 불가능하다. 볼리비아의 주석과 텅스텐, 칠레의 구리, 아르헨티나의 텅스텐, 양모, 무두질 생산품이 없다면, 현재 아시아와 아프리카의 열대 지역에서 수입하는 재료를 브라질 북부에서 생산할 수 있다고 해도 우리의 전쟁산업은 심각하게 마비될 것이다. 반구의 반쪽만으로는 완전한 포위 상황에서 적절한 방어 시스템에 필요한 힘의 잠재력이 부족하다.

독일의 반대에 당면해 신대륙 국가들이 충분한 통합을 이룰 가능성은 없다. 설사 통합이 이루어진다 하더라도 아메리카 대륙의 힘의 잠재력은 여전히 구대륙에 대해 균형을 맞추기에는 불충분할 것이다. 대륙과 군사 잠재력의 분포를 고려할 때, 대서양과 태평양 반대편 지역에서 힘의 균형을 유지하는 것이 신대륙의 독립과 미국의 힘의 지위를 유지하기 위한 절대적인 전제 조건이다. 대양의 이쪽 편은 안전한 방어를 보장하는 위치에 있지 않다. 반구 방어는 절대 달성될 수 없다. 제2차 세계대전은 유럽과 아시아에서 패배하거나 승리할 것이다. 전략적으로 판단할 때, 미국은 바다 건너에서 대대적인 공격의 형태로 군사작전을 수행해야 한다. 구대륙에서 미국의 동맹국들이 패배한다면, 우리는 남아메리카를 지킬 수 없을 것이다. 만약 미국이 독일-일본 동맹을 바다 건너에서 패배시킨다면, 미국의 선량한 남쪽 이웃 국가들은 보호받을 필요가 없을 것이다.

전후 세계

20세기의 첫 번째 세계대전에서, 미국은 전쟁에서 승리를 얻었지만 평화는 잃었다. 이 실수를 피하려면 기억해야 할 것이 있다. 단언컨대 전쟁의 끝이 세력 투쟁의 끝이 아니라는 사실이다. 세력 투쟁은 다른 방법으로 즉시 재개될 것이고, 패배한 세력은 계속해서 승자에게 도전할 것이다. 미국의 국익은 전쟁에서의 승리뿐만 아니라 평화에 대한 지속적인 참여를 요구한다.

전후 평화회담에 있어 미국의 목소리가 얼마나 비중 있게 고려될지는 미국이 승리에 얼마나 군사적으로 기여했는지와 휴전 당시 미국의 힘의 지위에 따라 결정될 것이다. 전쟁 이후 조성될 국제사회의 모습에 대한 논의는 이미 시작되었다. 미국의 전쟁 참여도가 커지고 사람들이 희생과 고통을 겪으면서 더 나은 세계질서를 형성하는 문제에 더 큰 관심을 갖게 되었고, 이에 전후 세계 문제에 대한 논의는 더 확대될 것이다. 그러면 이 논의에서 필연적으로 전후 미국의 역할 문제를 고려해야만 할 것이고, 고립이냐 개입이냐의 오래된 문제는 1919년에 논의되었던 형태로 다시 나타날 것이다.

국제사회를 위한 매우 다양한 형태의 정치 조직을 구상하는 것은 가능하다. 그러나 현실에서는 몇 가지 기본적인 형태의 힘의 분포만이 존재한다. 국제사회는 사라지고 개별 국가들이 하나의 세계국가로 통합되거나, 한두 개의 거대한 패권 제국이 세계를 지배할 수도 있다. 혹은 여러 강대국의 불안정한 균형을 통해 국제사회가 계속해서 작동할 수도 있다. 이 모든 계획이 논의될 것이고, 과거의 관행과 차별적일수록 더 큰 호소력을 가질 것이다. 국제사회의 성격을 광범위하게 변화시키려는 계획은 모두 거대한 전쟁의 지적 부산물이다. 그러나 싸움이 멈추면, 실제 평화 구조는 보통 세력균형으로 회귀한다. 이는 결코 놀라운 일이 아니다. 왜냐하면 강대국들이 세계의 분쟁에 참여하도록 이끄는 것이 세력균형의 유지이기 때문이다.

세계연방

개별 국가가 폐지되고 하나의 세계연방으로 합병되는 것은 국제사회의 가장 근본적인 변화를 수반할 것이다. 개별 지역의 집단들 간에 벌어지는 세력 투쟁은 성격이 변할 것이고 지금까지의 국제 전쟁은 사라질 것이다. 이런 예상 때문에 이 급진적인 해결책이 많은 사람에게 호소력을 발휘한다. 그러나 평화의 문제에 대해 가장 진보적인 생각을 가진 사람은 정치권력을 가진 자가 아니다. 세계연방은 아직 요원하다. 이것은 아마 세계국가 옹호자들에게 큰 실망을 안겨줄 것이고, 그들이 기대했던 바와는 매우 다를 것이기 때문에 실현 가능성이 없는 편이 나을 것이다. 형제애가 자동적으로 갈등을 대체하지 않을 것이고, 세력 투쟁은 계속될 것이다. 외교는 로비와 협력, 혹은 결탁이 되고, 국제 전쟁은 내전과 반란이 될 것이다. 인간은 가치 있다고 생각하는 것을 위해 계속 싸울 것이고, 폭력은 지구상에서 사라지지 않을 것이다.

미국-영국 패권

영국과 미국에서 모두 미국-영국의 패권에 기반한 세계질서에 대한 논의가 있다. 이 주제와 관련해 몇 가지 변주된 논의가 있다. 슈트라이트*가 주장하는 영미연방국에서부터 더 느슨한 형태의 동맹과 협약 등이 있다. 영미 연방주의자들은 이 프로그램이 세계연방 창설의 첫 단계라고 제시하고, 궁극적으로는 올바른 행동을 통해 자신을 증명한 다른 국가들의 참여를 받아들이게 될 것이라고 말한다. 그러나 당분간은 영미연방국이 패권으로 기능할 것이라는 문제가

---

* 클래런스 슈트라이트. 미국 출신의 언론인.

남아 있다. 휴전 직후 미국과 영국이 특히 전쟁 중에 일본의 해군력을 파괴했다면 해양을 통제함으로써 큰 힘을 행사하게 되리라는 점에는 의심의 여지가 없다. 그러나 미국-영국 패권이 영구적인 형태의 세계 조직으로 변화할 수 있는지는 상당히 불확실하다. 이 프로그램이 한정된 수의 앵글로색슨계를 제외한 다른 누군가에게도 독일-일본 패권의 이상적인 대체물로 호소력을 지니리라는 가정은 실수일 것이다.

미국-영국의 지배는 특히 18세기에 대한 향수와 애착을 갖고 있고, 또한 미국의 독립선언이 실수였다고 생각하는 이들에게 매력적일 것이다. 사람들은 새로운 초대국超大國이 해양력과 금융력에 의존할 것으로 예상한다. 그러나 이렇게 유추하는 것은 잘못이다. 앨프리드 머핸 제독을 따르는 사람들의 주장과 달리, 영국은 해양력만으로 세계를 지배했던 것이 아니다. 유럽이 유일한 힘의 중심이었을 때, 그리고 유럽 국가들 간의 세력균형을 통해 유럽이 중화되었을 때, 영국은 힘의 우위를 점하고 있었다. 오늘날의 세계에서는 힘의 중심이 세 군데에 존재한다. 그중 하나인 미국은 새로운 패권의 일부다. 그러나 해양력으로 세계를 지배하려는 계획은 일본이 파괴되지 않는다면 일본을 제3의 파트너로 포함시켜야 할 것이다.

해양력을 토대로 한 일본-미국-영국의 항구적 패권 수립 계획에 반작용도 나타날 것이다. 즉 대륙 강대국들의 대항 동맹 수립이 필연적으로 초래될 것이다. 제2차 세계대전은 유라시아 대륙을 무력으로 통합하려는 시도였다. 이를 막기 위해 미국은 전쟁에 참전했다. 그러나 해양 국가의 패권 계획은 독일, 러시아, 중국의 자발적인 협력을 통해 유라시아 대륙의 통합 시도를 불러올 것이다. 왜냐하면 이들 대륙 국가는 해양 국가들에 의해 포위될 것임을 인식하고 힘을 규합할 필요성을 느낄 것이기 때문이다. 북아메리카라는 거대한 섬 대륙과 유라시아를 바라보고 있는 근해의 두 섬나라가 동맹을 수립 하게 되면 서반구의 영토 방어 관점에서는 상당한 이점이 있다. 그 러나 세계를 지배할 만큼 강력하지는 않으며 영국과 일본을 상당한 위협에 노출시키게 될 것이다. 제2차 세계대전의 경험을 통해 생각 해보면, 삼차원 전쟁 시대에 특히 육상 기지 공군력이 좁은 바다에 서는 해군력보다 장점을 가지기 때문에, 해양력을 통해 세계를 지배 할 수 있다고 판단할 근거는 없다.

세력균형

세계연방이나 미국-영국 패권의 장점에 대한 추측이 어려운 것 은 전쟁이 끝나는 날 미국이 직면할 실질적인 문제에 대한 지침이 거의 없다는 이유에서다. 그날에도 세계국가나 패권이 아니라 수많 은 크고 작은 국가가 있을 것이다. 연합군이 승리하면 러시아와 중 국은 독립된 국가로 운용될 것이다. 그리고 일본과 심지어 독일도 국가로서 남아 있을 가능성이 높다. 당장은 이상하게 보일지 모르지 만, 독일이 러시아 승전군의 침공을 받아서 방어할 수 없을 정도로 완전히 패배해야 한다는 생각을 영국은 좋아하지 않을 것이다. 영국은 계속해서 강력한 독일이 유럽 대륙에 존재해야 한다고 주장할 것이고, 워싱턴 또한 이 주장이 일리 있다고 판단할 것이다. 우랄산맥에서 북해까지 러시아 국가가 존재하는 것이 북해에서 우랄산맥까지 존재하는 독일 국가보다 나을 것이 없다. 해협에 있는 러시아 비행장은 독일 비행장만큼이나 영국의 영토 안보에 위험하다. 현재의 전쟁은 의심할 여지 없이 히틀러와 국가사회당의 파괴를 목표로 하지만, 그렇다고 해서 군사대국으로서 독일 자체를 파괴하기 위한 것은 아니다. 마찬가지의 논리가 극동에도 적용될 수 있다. 일본의 또 다른 아시아 정복 위험은 제거되어야 하지만, 이것이 필연적으로 일본의 군사력을 완전히 없애고 서태평양을 중국이나 러시아에 넘겨주는 것을 의미하지는 않는다.

따라서 휴전의 날에는 적어도 6개의 강대국과 다수의 작은 국가들로 구성된 국제사회를 마주하게 될 것이다. 궁극적으로 통합과 연방의 형태로 성취할 수 있는 것이 무엇이든 간에, 우리는 전쟁이 발발했을 때 서 있던 바로 그곳과 유사한 환경에서 시작하게 되리라는 점을 기억해야 한다. 미국이 현재의 적들뿐만 아니라 같이 싸우던 동맹국들도 물리칠 때까지 투쟁을 계속하지 않는 한, 전후 시대는 수많은 독립국가로 구성된 국제사회로 시작할 것이다.

국제사회 힘의 패턴에서 전쟁 이후 세계와 전쟁 이전 세계 사이에는 또 다른 유사점이 존재한다. 지리적 요인이 국제관계를 결정하는 한, 그 유사점은 두 시기 모두에 존재할 것이다. 대륙의 분포, 전략적 원자재의 위치, 국가 간 상대적 거리 등은 변하지 않는다. 전후 세계는 여전히 극동, 북아메리카, 유럽이라는 자율적인 지역에 힘이 분산되어 있는 세계일 것이다. 이 세 지역 간의 관계는 계속해서 세계 정치를 지배할 것이다. 기본적으로 새로운 질서는 과거와 다르지 않을 것이며, 국제사회는 동일한 근본적인 힘의 패턴에 따라 계속해서 작동할 것이다. 힘의 정치가 작동하는 세계는 계속될 것이며, 그 속에서 미국의 국익은 변함없이 유럽과 아시아에서 세력균형을 지키는 것이다. 미국은 정치 전략을 고려해 동맹국들을 지원하고 직접 전쟁에 참전했다. 마찬가지 논리로 앞으로의 평화 시대에도 미국은 대양 건너 지역의 정치에 계속해서 참여해야 할 것이다.

영토 안보와 평화적 변화

전후 시대는 소수의 강대국과 다수의 소국으로 시작될 것이다. 따라서 신대륙 질서의 설계자들은 영토 안보와 평화적 변화라는 오래된 문제에 다시 직면하게 될 것이다. 현대 전쟁의 기술적 발전과 전면전의 성격에 비춰볼 때, 이 문제는 특별한 어려움을 제기할 것이다. 영토 안보와 정치적 독립은 전통적으로 개별 국가의 힘 또는 작은 국가의 경우 더 강력한 이웃 국가의 힘에 의존해왔다. 강대국과 약소국 간의 힘의 차이에도 불구하고, 약소국은 완충국으로 역할하거나 세력균형에서 균형추 역할을 할 수 있었기 때문에 생존의 이익을 수호하는 게 가능했다.

기동성과 속도를 강조하는 기계화된 전쟁과 삼차원 전쟁을 이뤄낸 공군력의 발전은 안보 문제를 매우 복잡하게 만들었다. 이차원 전쟁의 시대에 국방은 최전선을 요새화하는 것이 우선이었다. 최전선이 특정 형태의 지리적 조건을 갖추고 있다면 다른 유형의 전선보다 방어에 더 유리하긴 하지만, 모든 국경은 항상 일종의 방어 전선을 만들 기회를 제공했다. 최전선의 요새화는 적의 침입을 지연시키는 효과를 가진다. 그러면 총동원을 위한 시간을 벌 수 있을 뿐만 아니라, 그동안 동맹국들이 공격당한 국가를 원조하기 위해 파병할 수도 있다. 전격전과 공중전이 이 모든 것을 변화시켰다. 기습 공격으로 보호국이 효과적인 원조를 제공할 시간을 주지 않고 약소국을 정복할 수 있다. 공군은 국경의 선형 전선을 무시하고, 요새 상공을 넘어 비행할 수 있으며, 상대국 내부에 폭탄을 투하할 수 있다. 섬이나 매우 높은 산지에서라면 기계화된 전쟁에서도 여전히 지리적 보호를 받을 수 있다. 그러나 이때 영토가 종심방어를 할 수 있을 정도로 충분히 커야 생존이 가능할 것이다.

제1차 세계대전이 끝나고 창설된 국제연맹은 약소국과 강대국 간의 힘의 차이를 의미 없게 만들고 국제사회를 구성하는 약소국들을 보호할 것이라고 기대되었다. 규약 제10조는 집단 안보의 원칙, 즉 어느 국가라도 침략과 침략의 위협으로부터 국제사회의 보호를 받을 권리가 있다는 것을 명확히 규정했다. 실제로 밝혀진 바와 같이, 보호받을 권리는 환상에 불과했고 집단 안보 독트린은 위선적인 사기일 뿐이었다. 이것은 부분적으로 힘의 구조에서 비롯된 실패 때문이었다. 국제연맹은 경제적 조치와 군사적 조치의 형태로 국제 제재를 구상했지만, 이사회는 국제사회의 조직된 힘을 의지대로 사용할 수 없었다. 집단행동은 국제 경찰력이 아니라 개별 국가의 임시적인 군사 협력에 의존했다. 국제연맹은 연방federation도 아니고, 연합confederation도 아니었으며, 단지 세력균형 원칙을 개선된 방식으로 적용한 조직일 뿐이었다.

이탈리아-에티오피아 분쟁에 경제 제재가 적용되었지만, 아무런 효과가 없다는 것이 입증되었다. 경제 제재가 단독으로 적용될 경우, 침략국과 방어국의 군사력이 거의 동등해서 경제적 압력이 분쟁의 결과를 결정할 수 있을 때에만 억지력을 발휘할 수 있다. 군사력에서 불평등이 심하고 승리를 쉽고도 빠르게 쟁취할 수 있는 상황은 침략의 가능성을 높이는 조건이며, 이런 상황에서 제재는 무용지물이다. 경제 제재로는 에티오피아를 구하지 못했고, 네덜란드나 벨기에도 구하지 못했을 것이다. 만약 군사적 제재가 시도되었다면, 그또한 마찬가지로 효과가 없었을 것이다. 군사 제재는 구식 군사동맹만큼의 보호를 제공할 수 없다. 집단행동의 과정은 느리고, 번거롭고, 불확실하다. 뿐만 아니라 사전에 전략적 계획을 세울 수도 없다. 전격전과 항공전의 시대에 집단 안보로는 약자와 강자 사이의 힘의 차이를 무력화할 수 없다. 기정사실화 정책과 약소한 적국에 대한 신속한 일격은 여전히 이윤을 남기며 추진할 수 있다. 경제 제재의 경우처럼 군사 제재도 침략국과 피해국이 거의 동등하게 맞붙을 수 있을 때에만 도움이 될 것이다.

결과적으로 국제사회를 구성하는 개별 국가 간의 힘의 차이가 매우 크기 때문에 안보란 존재하지 않는다. 약소국들은 과거에도 이미 생존력이 낮았지만 이제는 생존이 더 어려워졌다. 그리고 강대국들을 위한 완충국의 기능도 중단되었다. 높은 압력을 받는 지역에서 약소국들은 어느 때보다 더 힘의 공백이 되어버리면서 야망을 가진 이웃 국가들을 유혹한다. 사상과 문명에 어떤 역사적 공헌을 했는지와 상관없이, 삼차원 전쟁의 시대에 약소국들은 전체 국제사회에 정치적 재앙을 초래할 것이다. 전후 질서의 설계자들은 같은 힘의 지대 국가들 사이의 군사력 격차를 작게 만들기 위해 노력할 필요가 있다.

지역을 구성하는 국가 간의 엇비슷한 힘의 평등은 이른바 "평화적 변화"의 문제를 단순화할 수 있다. 이것은 국제연맹이 해결하는 데 실패했던 문제다. 국제연맹 규약 19조는 적용 불가능해진 조약과 평화를 위태롭게 할 수 있는 조건에 대해 총회가 재고할 것을 권고할 수 있다고 명시했다. 그러나 국제연맹은 현상 유지를 위해 무력을 사용하는 것은 정당화했지만 변화를 유도하기 위해, 심지어 필요하고도 정당하다고 여겨지는 변화를 유도하기 위해 무력을 사용할 준비는 되어 있지 않았다. 하지만 어떤 사회에서든 질서를 위해서는 두 가지 모두 필수적이다. 무정부 상태에서 질서로 가는 첫걸음은 힘의 소멸이 아니라, 개별 구성원 대신 공동체에 의한 힘의 사용이다.

이런 점에서 19세기 전반에 작동했던 유럽 협조 체제는 국제연맹보다 훨씬 더 현실적이었다고 할 수 있다. 유럽 협조 체제는 현상 유지를 수호하기 위해서뿐만 아니라 현재를 변화시키기 위해서도 무력을 사용할 수 있어야 한다는 사실을 당연하게 받아들였다. 집단행동은 특정 상황의 유지가 필요한 때뿐만 아니라 원치 않는 상황의 변화가 필요한 경우에도 사용되었다. 벨기에와 그리스의 독립을 수용하도록 만들고자 네덜란드와 튀르키예에 대해 집단행동으로 강제했던 경우가 그것이다.

개별 당사자들의 힘을 공동체의 힘으로 대체하는 것이 국제질서를 향한 첫걸음이다. 개별 국가들이 유사한 수준의 힘을 가지고 있고 이로써 서로 다른 국가들의 힘을 상쇄하게 된다면, 이러한 이행 과정은 더 쉽게 진행될 것이다. 유사한 힘을 가진 국가들은 무력에 의존하려는 행동을 막을 때 필요한 압도적인 힘을 훨씬 더 쉽게 규합할 수 있다. 이런 국제사회에서 복수의 특별한 희생양이 될까 두려워 집단행동에 참여하는 것을 주저해야 할 정도로 왜소한 국가는 없다. 지리적 위치의 차이는 여전히 공격에 대한 노출의 차이를 의미할 것이다. 그러나 힘의 평등과 결합할 때 근접성이 반드시 위험을 의미하지는 않는다.

미국과 평화협정

만약 지난 세계대전이 앞으로 일어날 일을 암시하는 것이라면, 많은 정치인이 고립으로의 복귀에 내포된 위험을 충분히 인식하고 전후 세계의 문제가 무엇인지 적절히 판별할 수 있을 것이다. 그러나 여론이 그들을 지지할 준비가 되어 있는지는 두고 봐야 한다. 휴전이 도래할 때, 미국 대중은 아마 유럽과 아시아에 대한 전적인 환멸과 동맹국들에 대한 깊은 혐오를 느낄 것이다. 1919년의 치명적인 실수를 반복하면서 전쟁에서 승리하면 미국이 다시 고립된 섬나라로 돌아갈 수 있다고 믿으려 할 것이다. 그러나 국제정치는 역동적이며, 세력균형을 유지하는 것은 영구적인 과제다. 완벽한 조약을 맺는 것으로, 더구나 "정의로운" 조약을 맺는 것으로 문제를 한 번에 최종적으로 해결할 수는 없다.

평화조약 없이 군사적 충돌을 종결할 방안을 생각해낼 수 있다면, 전체주의 전쟁의 본질과 더 조화로우면서도 다른 형태의 세력 투쟁으로 더 잘 이행할 수도 있을 것이다. 그러나 우리가 평화협정을 체결해야 한다면, 그것이 정의로운 조약이 되는 것보다는 개정 절차가 마련되는 것이 더 중요하다. 어떤 조약이 정의로운가를 평가하는 유일한 실질적 기준은 조약을 변경할 가능성의 정도다. 생존력을 잃지 않은 패전국은 필연적으로 수정주의 정책을 채택한다. 민족적 자긍심이 패배의 상징인 조약이 파괴되어야 한다고 요구하기 때문이다. 그러나 조약 개정을 원하는 것은 결코 패전국에 국한되지 않는다. 역동적이고 팽창하는 국가들은 과거의 승리를 반영했던 평화 구조를 제약과 장애로 느낄 수 있다.

힘이 움직이고 생각이 변화하는 역동적인 세상에서 어떤 법적 구조도 오랫동안 수용될 수 없다. 국가 내의 질서를 보존하는 것은 모든 문제를 해결할 수 있는 최종적이고도 영구적인 해결책을 단 한

번에 설계하는 것이 아니라 인간의 마찰을 조정하고, 사회적 힘의 균형을 맞추며, 정치적 갈등을 타협하는 일상적인 결정을 내리는 문제다. 그것은 변화하는 상황에 비춰 지켜야 할 것과 바꿔야 할 것을 결정하는 일이다. 개별 국가 사이에 힘이 분산되어 있고 복잡하게 얽혀 있긴 하지만 국제사회의 질서 유지도 동일한 성격의 문제다. 다만 외교, 임시 회담 또는 상설 협의회를 통해 다른 종류의 조직이 문제를 다룰 뿐이다. 하지만 국제사회가 개별 국가들로 구성된 공동체라는 점에서 정치적 결정의 본질은 변함없이 유지된다. 즉 국가의 군사력을 분쟁의 어느 편에 배치할지 결정하는 것을 의미한다.

미국과 유럽

미국의 전후 정책은 전쟁 발발 이전과 매우 유사한 조건의 힘의 정치 세계에서 작동해야 할 것이다. 유럽과 아시아에서 세력균형을 유지하는 정치 전략에 맞춰 정책을 수립해야 한다. 그리고 서로 다른 힘의 지대에서 개별 국가 사이의 상대적 힘의 격차가 너무 크지 않아야 영토 안보와 평화적 변화가 가능하다는 것을 고려해야 한다.

유럽 대륙의 경우, 세계 전체와 마찬가지로, 세 가지 유형의 힘의 패턴으로 구분해서 생각해볼 수 있다. 여기에는 유럽합중국United States of Europe, 한두 강대국에 의한 패권, 그리고 불안정한 세력균형 등이 있다. 유럽연방European federation은 미국이 장려해야 할 힘의 집합체가 아니다. 힘의 통합이 아니라 힘의 균형이 미국에 이익이다. 힘의 정치 관점에서 볼 때, 한 지역에서 경제적, 군사적 잠재력이 통합되는 것이 정복에 의해서인지 연방 형성에 의해서인지는 장기적으로 볼 때 중요하지 않다. 매사추세츠가 12개 식민지를 정복하면서 미국의 역사를 시작하지는 않았지만, 그럼에도 불구하고 미국의 크기와 힘 때문에 라틴아메리카의 국가들은 미국을 사실상 위협으로 인식한다. 유럽이 연방을 이룬다는 것은 거대한 힘의 집합체가 만들어진다는 의미이고, 그러면 대서양 국가로서 미국의 중요성은 변화할 것이며, 서반구에서 미국의 입지 또한 상당히 약화될 것이다. 만약 미국이 평화를 목적으로 통일된 유럽의 건설을 고려한다면, 미국은 현재 잘못된 편에서 싸우는 셈이다. 대서양 너머의 지역에서 통합을 달성하는 가장 신속한 방법은 히틀러를 전면적으로 지원하는 것이기 때문이다.

미국의 이익이 유럽연방을 막는 것이라면, 마찬가지로 한두 개의 패권국이 유럽을 지배하지 못하게 막는 것 또한 미국의 이익이다. 다행히 이 두 가지 상황 중 어느 것도 미국이 처음부터 마주하지는 않을 것이다. 앞서 제시했던 것처럼, 전후 유럽은 적어도 두 개 혹은 아마 세 개의 강대국 중심으로 출발할 것이다. 여기에는 영국, 러시아, 독일이 있다. 그리고 더 작은 다수의 국가로는 포르투갈, 스페인, 프랑스, 이탈리아가 있으며, 스웨덴과 스위스 등 런던에서 활동 중인 망명정부들도 있다. 실질적인 문제는 유럽의 개별 국가들의 힘이 최대한 동등해질 수 있도록 만들고 대륙에서의 세력균형이 작동할 수 있도록 국가들의 힘의 배치를 구상하는 일일 것이다. 이를 위해서는 러시아나 독일 같은 거대한 강국을 쪼개거나, 작은 국가들은 각기 문화적 자율성을 보존하면서 하나로 결합해 외부에서 정복하려는 생각을 좌절시킬 정도로 강한 연방을 구성하는 방안을 생각할 필요가 있다. 장기적으로는 후자가 더 만족스러운 과정이 될 것이다.

가장 큰 어려움은 독일과 러시아에 대해 균형을 맞추는 일일 것이다. 연합군이 승리할 경우 전후 소련은 엄청난 전쟁 수행 잠재력을 가진 세계에서 가장 강력한 산업국가 중 하나가 될 것이다. 독일은 파괴되지 않는다면 두 차례의 세계대전에서 보여주었던 것처럼 계속해서 상당한 군사력을 드러낼 것이다. 가장 쉬운 해결책은 이 두 국가에 공동의 국경을 제공하는 것이다. 그것이 불가능하다면, 두 국가 사이에 완충 역할을 하는 다수의 약소국을 두는 것이 아니라, 발트해에서 지중해에까지 이르는 큰 규모의 정치 단위인 동유럽연방을 사이에 두어야 한다. 더 골치 아픈 것은 네덜란드와 벨기에다. 이들은 전통적으로 완충 국가였다. 그렇지만 이제 방어 기능을 더 이상 수행하지 못하게 되었고, 현대 전쟁의 조건을 고려할 때 영국에 대한 폭격이나 프랑스에 대한 침략을 막아주지도 못한다. 동유럽연방을 비롯해 여러 다른 조합도 생각해볼 수 있다. 여기에는 북해와 발트해 주변의 영국-스칸디나비아 그룹과 지중해 주변의 라틴 그룹이 있다. 베르사유 평화조약은 경제와 힘에 대해 고려하지 않고 자결 원칙의 배타적 요구를 선택했다. 그 결과 무장해제된 독일과 비요새화된 라인란트라는 두 개의 취약한 목발이 전체 힘의 구조를 지탱하는 꼴이 되었다. 새로운 평화는 제1차 세계대전 후에 나타난 유럽의 발칸화를 바로잡아야 할 것이다. 뿐만 아니라 여러 약소국을 더 큰 하나의 단위로 통합할 수 있어야 할 것이다.

그러나 군사력과 잠재력 면에서 여러 국가가 대략적인 평등을 달성하는 일은 현실에서 가능하지 않을 것이다. 그렇다고 해도 여전히 미국은 유럽에서 발을 빼서는 안 된다. 힘의 격차를 중화하기 위해서는 제3자의 힘이 계속 필요하다. 세력균형은 본질적으로 지속적인 주의와 조정이 필요한 불안정한 균형이다. 한 세대 동안 두 번이나 미국은 고립과 중립, 개입과 전쟁의 사이클을 경험했다. 이는 영국도 여러 차례 반복했던 것과 같은 사이클이다. 이제 두 국가에게 분명해진 사실은 국가를 둘러싼 해자와 같은 바다가 더 이상 완벽한 보호 수단이 아니며, 세력균형을 통해서만 안보를 지킬 수 있다는 것이다. 제2차 세계대전의 노력과 희생을 생각할 때, 힘의 차이가 클 때보다 작을 때 균형을 잡기 쉽다는 것을 인식해야 한다. 1936년 3월에 2000만 달러의 지출과 5만 명의 병력 증원을 했다면 세계대전은 피할 수 있었을 것이다. 결국 유럽으로부터 철수해 서반구 섬으로 돌아오지 않고 유럽의 힘의 지대에서 일원이 되어 역할을 계속했다면 비용은 더 저렴했을 것이다. 그러나 결국 이후에 유럽에서 세력균형을 복원하기 위해 미국은 국가의 총력을 쏟아부어야만 했다. 처음부터 했다면 훨씬 더 적은 노력으로도 가능했을 일이다.

유럽 힘의 지대가 미국을 역외 회원국으로 하는 지역 국제연맹의 형태로 구성되어야 한다고 희망할 수도 있다. 이러한 제안은 연맹 시스템이 세력균형의 개선된 시스템에 불과하다는 것을 완전히 인식하고 있는 제안이다. 아메리카의 관점에서 볼 때도 이것은 불리하지 않고 유리할 것이다. 이런 연맹이 수립되면, 미국은 유럽의 정치 문제에 정식으로 참여할 수 있는 효과적인 방법을 갖게 된다. 미국의 힘은 세력균형을 유지하기 위해 사용할 수 있어야 한다. 이것은 어떤 한두 국가와의 일방적 동맹으로 미국이 묶일 수 없다는 의미다. 동맹으로 묶이면 미국은 자국이 아니라 동맹국의 세력 정치를 위해 움직여야 할 것이며, 동맹국이 유럽에서 패권적 지위를 획득하고 유지하는 것을 도와야 할 것이다. 미국은 유럽에서의 세력균형이라는 이익을 지킬 수 있어야 하며 질서 유지와 정치적 정의를 지원해야 한다. 이를 위한 유일한 방법은 유럽 연맹에 참여하는 것이다. 이 연맹은 국제연맹 규약 제10조의 부활과, "평화로운 변화"를 위한 현실적이고도 효과적인 체제에 대한 거의 동등한 힘을 가진 국가들의 합의에 기초해야 한다.

미국과 아시아

미국은 아시아 국가로서의 자국의 지위를 보호하기 위해 극동의 세력균형 유지에 지속적인 관심을 가지고 있었다. 그러나 미국이 아시아에서 철수하고 필리핀에 독립을 허락한다 해도, 미국은 여전히 태평양 건너 지역의 세력관계에 관심을 가질 것이다. 아시아 지중해는 아마 미국에게 전략 원자재의 가장 중요한 공급원일 것이다. 이곳을 특정한 국가가 지배한다면 미국의 군사력 기반을 위태롭게 할 수 있다. 극동은 마지막으로 자율적인 힘의 지대가 된 곳이고 정치적 힘의 원천으로서 여전히 유럽과 미국 모두에 비해 뒤처져 있다. 그러나 첨단 기술은 조만간 이 지역의 고유한 잠재력을 실제 군사력으로 변환시킬 것이며, 그러면 다른 두 지역에 비해 이 지역의 상대적 중요성은 높아질 것이다. 그렇게 되었을 때 세력균형을 지키는 것이 필수다. 이는 비단 미국이 가지는 전략적 원자재에 대한 이익뿐만이 아니라 이 지역의 세력 불균형이 다른 세계에 초래할 영향 때문이다.

제2차 세계대전이 종식되는 시점에 극동 지역에도 많은 독립국가가 존재할 것이다. 러시아, 중국, 그리고 아마 일본이 있을 것이며 영국, 네덜란드령 동인도제도, 호주, 뉴질랜드도 포함된다. 이러한 국가 구성으로부터 거의 동등한 힘을 통해 세력균형의 구조를 수립하는 것은 유럽보다 훨씬 더 어려울 것이다. 그리고 전후 시기의 가장 큰 난제는 일본이 아니라 중국이 될 것이다. 과거 천자의 왕국이 가졌던 잠재력은 벚꽃의 나라에 비해 무한히 거대했다. 중국의 잠재력이 실제 군사력으로 발현된다면, 아시아 본토에 인접한 작은 섬나라로서 패전국 일본은 매우 불편한 입장에 처할 것이다. 블라디보스토크뿐만 아니라 산둥반도 끝에서도 장거리 폭격기 부대가 작전을 펼칠 수 있게 되면, 폭격당할 일본 도시들의 화재보험료율은 의심할 여지 없이 올라갈 것이다.

현대화되고 활력 넘치며 군비를 갖춘 4억 인구의 중국은 일본뿐만 아니라 아시아 지중해에서의 서구 열강의 지위에도 위협이 될 것이다. 중국은 아시아 지중해 연안의 대부분을 통제하는 거대한 대륙 강국이 될 것이다. 중국의 지리적 위치는 미국의 아메리카 지중해에 대한 위치와 비슷하다. 중국이 강해진다면 이 지역에서 현재 중국이 갖고 있는 경제적 침투력은 의심할 여지 없이 정치적 의미를 띠게 될 것이다. 아시아 지중해가 영국, 미국 또는 일본의 해군력이 아닌 중국의 공군력이 통제하게 될 날을 예상하는 것은 결코 억측이 아니다.

이러한 힘의 정치의 현실에 입각해 수립되는 극동 정책에 미국 대중의 지지를 구하는 일은 쉽지 않을 것이다. 전통적으로 유럽에 대한 개입보다 극동 문제에 대한 개입이 훨씬 더 용인되는 것은 사실이지만, 이 전통은 전쟁 자체가 크게 강화했던 친중 반일 경향과 결부되어 있다. 극동에서의 세력균형이 중국에 유리하게 전환되어 유럽에서와 같은 정책을 미국이 극동에서도 추구할 필요가 생겼을 때가 되어도, 그 후 한참이 지나더라도, 미국 대중의 여론은 일본을 계속해서 큰 위험으로 여길 것이다. 한 세대에 미국은 영국을 두 번 지원해야 했다. 유럽 앞바다에 있는 작은 섬나라가 바다 건너 본토를 하나의 거대한 군사 대국이 지배하게 되는 상황에 직면하지 않도록 하기 위한 것이었다. 현재와 미래에 극동의 세력균형을 유지하고자 한다면, 미국은 일본에 대해서도 유사한 보호 정책을 펴야 한다. 현재 일관성 없는 미국의 정책은 제거되어야 할 것이다. 일본이 블라디보스토크에서 광둥에 이르기까지 중국 제국을 받아들여야 한다고 종용하면서, 동시에 북해 건너의 완충국 보호를 위한 전쟁에서 영국을 지원해야 한다고 주장하는 것은 논리적으로 모순이다. 유럽처럼 극동에서도 그러한 보호는 지역 차원의 국제연맹에 참여함으로써 제공할 수 있다. 일본과의 일방적인 동맹 조약은 현명하지 않다. 미국의 개입 의무 기준을 일반화하고 이에 따라 행동의 자유를 지킬 수 있어야만 아시아에서 미국의 이익은 커지고, 아시아의 질서와 평화 유지를 제대로 지원할 수 있다.

서반구에서의 미국

연합국이 승리한다면 서반구에서 미국의 지위는 변하지 않을 것이다. 신대륙의 상당 부분에 대해 헤게모니를 유지한다는 의미다. 바람직한 지역 조직의 관점에서, 남아메리카의 몇몇 국가가 연합해 더 큰 국가 단위를 형성할 수 있다면, 그것은 분명히 이점이 될 것이다. 그러나 가능성은 낮지만 A.B.C. 국가가 동맹을 맺는다고 할지라도, 북쪽 거인의 힘에 균형을 맞출 수는 없을 것이다. 미국의 패권적 지위는 북아메리카와 남아메리카 사이에 극복할 수 없는 힘의 격차에서 비롯된 측면이 크다. 이 지역에서 국가들이 어떻게 정치적 결합을 하더라도 이 격차는 극복하기 어렵다. 서반구의 기존 세력관계를 변화시켜서 거의 동등한 힘을 가진 국가들로 구성된 정치구조로 바꾸는 것은 유럽과 아시아에서보다 훨씬 더 어려울 것이다. 신대륙에서 미국의 지위는 오직 지역 외부의 영향력을 통해서만 중화될 수 있을 것이다. 따라서 미국의 선량한 이웃 국가들은 필연적으로 유럽이나 아시아와의 제휴를 통해 미국의 힘에 균형을 맞추기 위한 노력을 계속해야 할 것이다.

아메리카 공화국들의 정치 조직은 이미 존재한다. 미주연합은 서반구 연맹의 명백한 출발점이며 캐나다를 위한 자리를 마련하는 일도 어렵지 않을 것이다. 서반구는 견제받지 않는 북부 거인으로 인해 과거에도 고통받았고 미래에도 다르지 않을 것이다. 미국에는 모든 권력은 부패한다고 굳게 믿는 사람들이 있다. 그들은 미국도 다른 국가들처럼 세력균형의 대상이 되어야 한다고 생각한다. 이런 확신에서 출발해 미국이 서반구 정치 조직에 지역 외부의 회원국을 받아들이는 것이 라틴아메리카 이웃 국가들을 만족시킬 것이라고 주장한다. 외부 회원국은 아시아와 유럽의 정치권력 관계에서 미국이 차지하고자 하는 것과 유사한 지위를 가질 것이다. 그러나 미국은 먼로독트린의 원칙을 수호하고 있으며, 남아메리카에 대한 독일의 개입을 막기 위해 싸우고 있다. 따라서 이런 계획이 광범위한 지지를 받을 가능성은 높지 않다.

세계에서의 미국

국내 문제뿐만 아니라 국제적 문제도 기능주의적 접근법으로만 해결할 수 있는 것이 있다. 따라서 전후 세계는 세계 전체의 관점에서 당연히 운영되어야 하는 만국우편연합Universal Postal Union이나 국제

노동기구International Labor Office와 같은 조직을 필요로 할 것이다. 그러나 정치적 문제를 다루기 위해서는 지역적 접근이 여전히 최선의 방법이다. 국제연맹의 특징인 보편성의 추구는 오히려 취약점이 되었다. 스칸디나비아 국가들은 라플라타 지역의 경계와 세력 문제에 관심이 없었고, 라틴아메리카 국가들은 동유럽이 직면한 문제에 관심이 없었다. 앞으로도 오랫동안 국제기구는 군사작전 및 정치활동 영역이 필연적으로 지역에 한정되는 다수의 국가와, 복수의 지역 정치에 참여하고자 하는 소수의 세계 강대국들을 모두 뒷받침할 수 있어야 한다.

이 프로그램은 국제 분쟁의 종식을 약속하지 않는다. 오히려 갈등은 언제나 있을 것이고, 전쟁은 세력균형을 지키기 위해 필요한 도구로 남아 있을 것이다. 본질적으로 불안정하고, 항상 이동하며, 항상 변화하는 세력균형은 확실히 국제사회에서 이상적인 힘의 패턴이 아니다. 그러나 우리가 그 단점을 개탄하더라도, 세력균형이 독립국가에 기반을 둔 국제질서에서 없어서는 안 될 요소라는 사실을 기억해야 한다. 균형은 국제사회에서 협력, 조정, 법의 성장을 장려할 수 있으며, 다른 어떤 유형의 힘의 배분보다 평화를 보존하고 정의를 유지할 가능성이 높다. 미국의 국부들은 균형 잡힌 힘의 가치와 중요성을 진지하게 고려했다. 그들은 견제와 균형의 원리가 작동하는 정부를 미국에서 창조해냈다. 견제와 균형만이 폭정을 피할 수 있는 유일한 방법이라는 깊은 확신에서였다. 미국 정부는 느리고 거추장스럽다는 비판을 많이 받았다. 행정명령에 대한 신속하고 효율적인 대응을 선호하는 많은 사람은 짜증을 내기도 한다. 그러나 견제와 균형의 정부는 국부들의 희망에 부응했고 아마 다른 어떤 정부보다 정치적 자유와 시민의 자유를 더 잘 보존했을 것이다. 견제와 균형의 장점은 마찬가지로 국제사회의 세력균형에까지 확장된다.

국제연맹은 국제 협력을 위한 도구로 세계에 등장했다. 그리고 국제연맹은 19세기 자유주의 이데올로기의 관점에서 구상되었다. 그러나 그 새로운 제도는 현상을 유지하지 못했고, 질서 있는 변화를 제공하지 않았으며, 자발적인 권력 이양을 통해 현대 산업 및 기술 개발에 필요한 새로운 수준의 통합을 이뤄내는 데 실패했다. 독일-일본 동맹은 정복을 통해 세계질서를 만들고자 희망한다. 그런데 그들의 프로그램은 세계 대다수 국가가 철저하게 거부하고 있는 것이다. 미국은 제3의 접근법을 제시할 수 있다. 즉 통합과 개별 국가들의 권리 보호를 위한 가능성을 모두 제공하는 접근법이다. 제시되는 프로그램은 정치 조직이 궁극적으로 연방적 형태로 발전하는 것을 배제하지 않는다. 정치적, 경제적 통일성을 지향하는 추세에 변함없는 반대 입장을 고수하는 것도 아니다. 단지 이 접근법이 요구하는 바는, 통합이 지리적으로 두 대양의 반대편에서 미국을 배제한 채 진행되지 않도록 해서 또다시 포위의 위험에 노출되지 않도록 하는 것이다.

이 책을 준비하면서 나는 국제문제연구소 직원들로부터 아낌없는 도움을 받았다. 조지 H. E. 스미스와 애비 롤린스 캐벌리 박사가 초기 연구를 도왔다. 루스 옴스테드 트루크스와 헬렌 R. 니콜은 연구 후반부에서 나를 도왔고, 또한 편집 과정에서도 매우 큰 도움을 주었던 것에 특별한 감사를 표한다. 예일대학의 동료들로부터 받은 격려와 협력에 대해서도 언급할 수 있어 기쁘다. 새뮤얼 플래그 베미스 교수는 귀중한 제안을 해주었고, 아널드 울퍼스 교수는 원고 전체를 읽고 도움이 되는 비평 및 현명한 조언을 해주었다. 특별한 감사의 말을 연구소 소장인 프레더릭 S. 던 교수에게 전한다. 그는 지칠 줄 모르는 인내심으로 원고뿐만 아니라 증거 자료까지 읽어 많은 오류로부터 나를 구해주었다. 이 연구는 그의 세

심하고 철저한 검토에 힘입은 바가 크다.

니컬러스 존 스파이크먼

제1장 힘의 정치와 전쟁

Delbruck, Hans: *Geschichte der Kriegskunst im Rahmen der Politischen Geschichte*, 7 vols. Berlin, 1907-1936.

Dupuis, Charles: *Le Principe d'Equilibre et le Concert Européen de la Paix de Westphalie à l'Acte d'Algésiras.* Paris, 1909.

Foertsch, Hermann: *The Art of Modern Warfare.* New York, 1940.

Franke, Hermann (éd.): *Handbuch der Neuzeitlichen Wehrwissenschaften*, 4 vols. Berlin, 1936-1939.

Friedrich, Carl Joachim: *Foreign Policy in the Making: The Search for a New Balance of Power.* New York, 1938.

Höijer, Olof: *La Théorie de l'Equilibre et le Droit des Gens.* Paris, 1917.

Inter-Parliamentary Union: *What Would be the Character of a New War?* New York, 1933.

Marshall, S. L. A.: *Blitzkrieg: Its History, Strategy, Economics and the Challenge to America.* New York, 1940.

Merriam, Charles Edward: *Political Power: Its Composition and Incidence.* New York, 1934.

Nickerson, Hoffman: *The Armed Horde, 1J93-1Ç3Q: A Study of the Rise, Survival and Decline of the Mass Army.* New York, 1940.

Russell, Bertrand: Power: *A New Social Analysis.* New York, 1938.

Wright, Quincy: *The Causes of War and the Conditions of Peace.* London, 1935.

제2장 서반구 속의 미국

Haushofer, Karl, et al.: *Bausteine zur Geopolitik*. Berlin, 1928.

Henning, Richard: *Geopolitik: die Lehre vom Staat als Lebewesen*, 2ᵗᵉ Aufl. Leipzig, 1931.

Jones, Chester Lloyd: *The Caribbean Since içoo*. New York, 1936.

Maull, Otto: *Politische Geo graf hie*. Berlin, 1925.

Miller, George J., and Parkins, Almon E.: *Geograf hy of North America*. New York, 1928.

Platt, Raye R., et al.: *The European Possessions in the Caribbean Area*. New York, 1941.

Royal Institute of International Affairs: *The Republics of South America*. New York, 1937.

Shanahan, Edward William: *South America*. New York, 1927.

Smith, J. Russell: *North America*. New York, 1925.

Whitbeck, R. H., and Williams, Frank E.: *Economic Geography of South America*, 3rd ed. New York, 1940.

Whittlesey, Derwent: *The Earth and the State: A Study of Political Geography*. New York, 1939.

제3장 먼로독트린에서 반구 방어로

Alvarez, Alejandro: *The Monroe Doctrine: Its Importance in the International Life of the States of the New World*. New York, 1924.

Bailey, Thomas A.: *A Diplomatic History of the American People*. New York, 1940.

Bemis, Samuel Flagg: *A Diplomatic History of the United States*. New York, 1936.

Clark, J. Reuben: *Memorandum on the Monroe Doctrine*. Washington, D. C, 1930.

Davis, George T.: *A Navy Second to None: The Development of Modern American Naval Folicy*. New York, 1940.

Perkins, Dexter: Hands Off: *A History of the Monroe Doctrine*. Boston, 1941.

Rippy, J. Fred: *Latin America in World Politics*, rev. ed. New York, 1931.

Thomas, David Y.: *One Hundred Years of the Monroe Doctrine, 1823-1923*. New York, 1923.

Williams, Benjamin H.: *American Diplomacy: Policies and Practice*. New York, 1936.

제4장 아메리카와 환대서양 지역

Ballard, Vice-Admiral G. A.: *America and the Atlantic*. London, 1923.

Buell, Raymond Leslie: "The Reconstruction of Liberia," *Foreign Policy Re fort*, Vol. VIII, No. 11, August 3, 1932.

Carr, Edward Hallett: *The Twenty Years' Crisis, 1919-1939*. London, 1939.

Dean, Vera Micheles: *Europe in Retreat*. New York, 1939.

Grattan, C. Hartley: *The Deadly Parallel*. New York, 1939.

Koren, William, Jr.: "Liberia, the League and the United States," *Foreign Policy Report*, Vol. X, No. 19, November 21, 1934.

Marder, Arthur J.: *The Anatomy of British Sea Power*. New York, 1940.

Seton-Watson, R. W.: *Britain in Europe, 1789-1914*. New York, 1937.

_____: *Britain and the Dictators*. New York, 1938.

Wolfers, Arnold: *Britain and France between Two Wars: Conflicting Strategies of Peace Since Versailles*. New York, 1940.

Wright, John Kirtland: *The Geographical Basis of European History*. New York, 1928.

제5장 아메리카와 환태평양 지역

Abend, Hallett: *Japan Unmasked*. New York, 1941.

Bienstock, Gregory: *The Struggle for the Pacific*. London, 1937.

Bisson, T. A.: *American Policy in the Tar East: 1931-1940*. New York, 1939.

Chamberlin, William Henry: *Japan Over Asia,* revised and enlarged ed. Boston, 1939.

Golovin, General N.: *The Problem of the Pacific in the Twentieth Century*. New York, 1922.

Griswold, A. Whitney: *The Far Eastern Policy of the United States*. New York, 1938.

Haushofer, Karl: *Geopolitik des Pazifischen Ozeans* 3ᵗᵉ Aufl. Berlin, 1938.

Johnstone, William C: *The United States and Japan's New Order*. New York, 1941.

Morse, Hosea Ballou, and MacNair, Harley Farnsworth: *Far Eastern International Relations*. Boston, 1931.

Yakhontoff, Victor A.: *Russia and the Soviet Union in the Far East*. New York, 1931.

제6장 세계 속의 미국

Buell, Raymond Leslie: *The Washington Conference*. New York, 1922.

Earle, Edward Mead: "The Threat to American Security," *The Yale Review*, Vol. XXX, No. 3, Spring, 1941.

Engely, Giovanni: *The Politics of Naval Disarmament*. London, 1932.

Fairgrieve, James: *Geography and World Power*. London, 1932.

Harley, Livingston: *Our Maginot Line: The Defense of the Americas*. New York, 1939.

Lamb, Harold: *The March of the Barbarians*. New York, 1940.

MacKinder, H. J.: *Democratic Ideals and Reality: A Study in the Politics of Reconstruction*. New York, 1919.

_____: "The Geographical Pivot of History," *The Geographical Journal*, XXIII, No. 4, April, 1904.

McGovern, William Montgomery: *The Early Empires of Central Asia*. Chapel Hill, N. C, 1939.

Ross, C: "Die Neuverteilung der Erde," *Zeitschrift fur Geopolitik*, Vol. 132, No. 9, 1936.

Teggart, Frederick J.: *Rome and China: A Study of Correlations in Historical Events*. Berkeley, California, 1939.

Williams, Benjamin H.: *The United States and Disarmament*. New York, 1931.

제7장 두 개의 아메리카

Banse, Ewald: *Germany Prepares es for War: A Nazi Theory of "National Defense."* New York, 1934.

Farago, Ladislas (éd.): *German Psychological Warfare.* (Published by the Committee for National Morale.) New York, 1941.

Duggan, Stephen: *The Two Americas: An Interpretation.* New York, 1934.

Griffin, Charles C. (ed.): *Concerning Latin American Culture.* New York, 1940.

Gunther, John: *Inside Latin America.* New York, 1941.

Herring, Hubert: *Good Neighbors: Argentina, Brazil, Chile and seventeen other countries.* New Haven, 1941.

Hitler, Adolf: *Mein Kampf.* New York, 1939.

Pettee, George Sawyer: *The Process of Revolution.* New York, 1938.

Taylor, Edmond: *The Strategy of Terror: Europe's Inner Front.* Boston, 1940.

Ybarra, T. R.: *America Faces South.* New York, 1939.

제8장 선전과 대응 선전

Aikman, Duncan: *The All-American Front.* New York, 1940.

Chapman, Charles Edward: *Republican Hispanic America: A History.* New York, 1938.

Macdonald, N. P.: *Hitler Over Latin America.* London, 1940.

Normano, J. F.: *The Struggle for South America: Economy and Ideology.* New York, 1931.

Rippy, J. Fred: *Historical Evolution of Hispanic America.* New York, 1941.

Whitaker, John T.: *Americas to the South.* New York, 1939.

Wilgus, A. Curtis: *The Development of Hispanic America.* New York, 1941.

Wolfe, Henry C: *The German Octopus: Hitler Bids for World Power.* New York, 1938.

제9장 신세계의 경제 패턴

Ellis, Howard S.: *Exchange Control in Central Europe.* Cambridge, 1941.

Feuerlein, Willy, and Hannan, Elizabeth: *Dollars in Latin America: An Old Problem in a New Setting*. New York, 1941.

Foreign Bondholders' Protective Council, Inc.: *Annual Report, 1939*. New York, 1940.

Hansen, Alvin H.: "Hemisphere Solidarity," *Foreign Affairs*, Vol. 19, No. 1, October, 1940.

Innis, H. A., and Plumptre, A. F. W.: *The Canadian Economy and Its Problems*. Toronto, Canada, 1934.

League of Nations, Economic Intelligence Service: *International Trade in Certain Raw Materials and Foodstuffs by Countries of Origin and Consumption, 1938*. Geneva, 1939.

_____: *Statistical Yearbook of the League of Nations, 1938/39*. Geneva, 1939.

Lewis, Cleona: *America's Stake in International Investments*. Washington, D. C, 1938.

Miller, Douglas: *You Can't Do Business with Hitler*. Boston, 1941.

National Industrial Conference Board: *Trends in the Foreign Trade of the United States*. New York, 1930.

United States Department of Commerce, Bureau of Foreign and Domestic Commerce: *Foreign Commerce and Navigation of the United States for the Calendar Year 1937*. Washington, D. C, 1939.

United States Tariff Commission: *The Foreign Trade of Latin America: A Re fort of the Trade of Latin America with Special Reference to Trade with the United States*, 20 vols. Washington, D. C, 1940.

제10장 천연자원의 동원

Emeny, Brooks: *The Strategy of Raw Materials*. New York, 1937.

Kranold, Herman: *The International Distribution of Raw Materials*. London, 1938.

League of Nations, Economic Intelligence Service: *Raw Materials and Foodstuffs*.

Geneva, 1939.

Roush, G. A.: Strategic *Mineral Supplies*. New York, 1939.

Staley, Eugene: *Raw Materials in Peace and War*. New York, 1937.

United States Bureau of Mines, Foreign Minerals Division: *Mineral Raw Materials: Survey of Commerce and Sources in Major Industrial Countries*. New York, 1937.

United States Bureau of Mines: *Minerals Yearbook, 1939*. Washington, D. C, 1939.

United States Tariff Commission: *Latin America as a Source of Strategic and other Essential Materials*. Report No. 144, second series. Washington, D. C, 1941.

Whitbeck, R. H., and Finch, V. C: *Economic Geography: A Regional Survey*, 4th ed. New York, 1941.

Zimmermann, Erich W.: *World Resources and Industries*. New York, 1933.

제11장 경제 통합

Beals, Carleton: *Pan America: A Program for the Western Hemisphere*. Boston, 1940.

Bidwell, Percy W.: *Economic Defense of Latin America*. Boston, 1941.

Elliott, William Y., et al.: *International Control in the Non-ferrous Metals*. New York, 1937.

Ezekiel, Mordecai: "Economic Relations between the Americas," *International Conciliation*, No. 367, February, 1941.

Foreman, Clark, and Raushenbush, Joan: *Total Defense*. New York, 1940.

Latin American Economic Institute: *The Economic Defense of the Western Hemisphere: A Study in Conflicts*. Washington, D. C, 1941.

Oualid, William: *International Raw Materials Cartels: Causes, Effects, Regulation*. Paris, 1938.

Pribram, Karl: *Cartel Problems: An Analysis of Collective Monopolies in Europe with American Application*. Washington, D. C, 1935.

Proceedings oj the First Fan American Financial Conference. Washington, D. C, 1915.

Sayre, Francis Bowes: *The Way Forward: The American Trade Agreements Program*. New York, 1939.

Wiedenfeld, Kurt: *Die Raumbeziehungen im Wirtschaften der Welt*. Berlin, 1939.

제12장 신세계의 정치 패턴

Callahan, James Morton: *American Foreign Policy in Canadian Relations*. New York, 1937.

Carnegie Endowment for International Peace, Division of International Law: *The International Conferences of American States, 1889-1928* (Scott, James Brown, ed.). New York, 1931.

_____: *The International Conferences of American States, First Supplement, 1933-1940*. Washington, D. C, 1940.

Fenwick, Charles G.: "The Buenos Aires Conference, 1936," *Foreign Policy Report*, Vol. XIII, No. 8, July 1, 1937.

Munro, Dana G.: *The United States and the Caribbean Area*. Boston, 1934.

Stuart, Graham H.: *Latin America and the United States*, 3rd ed. New York, 1938.

Thomson, Charles A.: "The Seventh Pan-American Conference, Montevideo," *Foreign Policy Report*, Vol. X, No. 7, June 6, 1934.

_____: "Toward a New Pan-Americanism," *Foreign Policy Report*, Vol. XII, No. 16, November 1, 1936.

_____: "Results of the Lima Conference," *Foreign Policy Report*, Vol. XV, No. 1, March 15, 1939.

"The Inter-American Conference for the Maintenance of Peace" (Buenos Aires, Argentina, December 1-23, 1936), *International Conciliation*, No. 328, March, 1937.

"Eighth International Conference of American States" (Lima, Peru, December 9-27, 1938), *International Conciliation*, No. 349, April, 1939.

"Consultative Meeting of Foreign Ministers of the American Republics" (Panama, Republic of Panama, September 23 - October 3, 1939), *International Conciliation*, No. 356, January, 1940.

"Second Meeting of Ministers of Foreign Affairs of the American Republics" (Habana, Cuba, July 21 - 30, 1940), *International Conciliation*, No. 362, September, 1940.

제13장 신세계 대 구세계

Fleming, Denna Frank: *The United States and World Organization, 1920-1933*. New York, 1938.

Kelchner, Warren H.: *Latin American Relations with the League of Nations*. Philadelphia, 1930.

MacKay, R. A., and Rogers, E. B.: *Canada Looks Abroad*, New York, 1938.

Martin, Percy Alvin: *Latin America and the War*, Baltimore, 1925.

Perez - Guerrero, Manuel: *Les Relations des Etats de P Amérique Latine avec la Société des Nations*. Paris, 1936.

Rollins, Abbie Adaline: *The United States and Collective Security*, Unpublished dissertation presented to the Graduate Faculty of Yale University, June, 1937.

Wertenbaker, Charles: *A New Doctrine for the Americas*. New York, 1941.

제14장 군사 전선

Brodie, Bernard: *Sea Power in the Machine Age*, Princeton, 1941.

Castex, Admiral Raoul: *Théories Stratégiques*, Paris, 1929 - 30.

Corbett, Sir Julian S.: *Naval Opérations*, 2nd ed. New York, 1938.

Eliot, George Fielding: *Bombs Bursting in Air: The Influence of Air Power on International Relations*, New York, 1939.

Mahan, Captain A. T.: *Naval Strategy*. Boston, 1911.

Pratt, Fletcher: *Sea Power and Today's War*, New York, 1939.

Richmond, Admiral Sir Herbert: *Sea Power in the Modern World*. New York, 1934.

Slessor, Wing Commander J. C: *Air Power and Armies*. London, 1936.

Sprout, Harold and Margaret: *Toward a New Order of Sea Power*. Princeton, 1941.

Staley, Eugene: "The Myth of the Continents," *Foreign Affairs*. Vol. 19, No. 3, April, 1941.

제15장 반구 방어

Arnold, Major Gen. H. H., and Eaker, Colonel Ira C: *Winged Warfare*, 2nd ed. New York, 1941.

Baldwin, Hanson W.: *United We Stand! Defense of the Western Hemisphere*. New York, 1941.

By water, Hector C: *The Great Pacific War: A History of the American-Japanese Campaign of 1931-33*. New York, 1932.

Denlinger, Sutherland, and Gary, Charles B.: *War in the Pacific: A Study of Navies, Peoples and Battle Problems*. New York, 1936.

Eliot, George Fielding: *The Ramparts We Watch: A Study of the Problems of American National Defense*. New York, 1938.

Hagood, Major Gen. Johnson: *We Can Defend America*. New York, 1937.

Hallgren, Mauritz A.: *The Tragic Fallacy: A Study of America's War Policies*. New York, 1937.

MacLiesh, Fleming, and Reynolds, Cushman: *Strategy of the Americas*. New York, 1941.

Mahan, Captain A. T.: *The Interest of America in Sea Power, Present and Future*. Boston, 1898.

Puleston, Captain W. D.: *The Armed Forces of the Pacific*. New Haven, 1941.

결론

Buell, Raymond Leslie: *Isolated America*. New York, 1940.

Commission to Study the Organization of Peace: "Preliminary Report and Monographs," *International Conciliation*, No. 369, April, 1941.

Davis, Forrest: *The Atlantic System*. New York, 1941.

Dean, Vera Micheles: "Toward a New World Order," *Foreign Policy Report*, Vol. XVII, No. 5, May 15, 1941.

Dunn, Frederick Sherwood: *Peaceful Change: A Study of International Procedures*. New York, 1937.

Streit, Clarence K.: *Union Now*. New York, 1939.

Vinacke, Harold M.: "What Shall America Defend?" *The Yale Review*, Vol. XXX, No. 3, Spring, 1941.

Webster, C. K.: *The League of Nations in Theory and Practice*. London, 1933.

_____: *Palmerston, Metternich and the European System, 1830-1841*. London, 1934.

Weinberg, Albert K.: "The Historical Meaning of the American Doctrine of Isolation," *The American Political Science Review*, Vol. XXXIV, No. 3, June, 1940.

Wheeler-Bennett, John W.: *The Pif e Dream of Peace: The Story of the Collapse of Disarmament*. New York, 1935.

Wriston, Henry M.: *Prepare for Peace!* New York, 1941.

Zimmern, Alfred: *The League of Nations and the Rule of Law, 1918-1935*, 2nd ed. revised. London, 1939.

부록

1. 지도 설명

[지도 1] 반구 방어

첫 번째 지도는 지구상에서 서반구의 위치를 보여주기 위한 것이다. 세인트루이스를 중심에 두고 등거리 투영법을 사용했다. 세인트루이스를 중심으로 그려진 방사선의 거리는 축척에 맞게 그려졌다. 이런 유형의 투영법이 가진 가장 큰 단점은 가장자리로 갈수록 왜곡이 심해진다는 사실이다. 그러나 이 지도에서 보여주고자 하는 바에서는 주변부 왜곡이 중요하지 않다. 이 투영은 미국의 위치가 갖는 여러 특징을 하나의 지도에 표시할 수 있기 때문에 선택되었으며, 그렇지 않았다면 여러 개의 다른 차트가 필요했을 것이다. 이 지도는 지구 전체를 보여주며 신대륙이 극지방, 태평양, 대서양의 세 전선을 따라 구대륙과 분리되어 있음을 명확히 보여준다. 이 투영법은 일본에서 샌프란시스코로 가는 대권항로와 관련해 알류샨-알래스카 지대의 전략적 위치와 서유럽에서 노폭으로 가는 대권항로와 관련해 아이슬란드-그린란드 지대의 위치를 다른 어떤 것보다 더 잘 보여준다.

[지도 2] 포위된 구대륙, [지도 3] 포위된 신대륙

이 두 개의 지도는 지구가 둥글다는 특성 때문에 구대륙과 신대륙이 서로 포위하고 있는 모습을 보여준다. 여기에서는 골의 평사도법을 선택했다. 이것은 북위 45도와 남위 45도에서 지구본과 접하는 원통에 투영하는 방식, 즉 원통투영법이다. 이것은 메르카토르 투영법의 장점 대부분을 가지고 있으며 고위도에서의 극단적인 왜곡이 없다. 주된 장점은 지구의 전체 표면을 한 차트로 보여주고 동쪽 또는 서쪽 방향으로 연장할 수 있다는 것이다.

[지도 4] 라틴아메리카의 전략 물자

서반구의 원자재 생산지를 보여주기 위해 미국지리협회American Geographical Society 소속인 O. M. 밀러와 윌리엄 A. 브리제마이스터가 고안한 특별한 투영법을 활용해 남아메리카와 아메리카 지중해를 지도로 표현했다. 이 방법은 '양극, 사선, 원뿔, 등각 투영법'이라고 불린다. 북극점, 남극점은 지구본상에서 104도 떨어져 있으며, 남극은 칠레 서쪽의 남태평양에 있고 북극은 래브라도 동쪽의 북대서양에 위치해 있다. 이 투영법의 장점은 왜곡을 최소화하면서 남부 및 북부 대륙을 한 차트에 모두 표시할 수 있다는 것이다.

[지도 5] 태평양 방어, [지도 6] 대서양 방어

이 두 개의 지도는 아시아와 유럽으로부터의 공격에 대해 신대륙의 지리적 위치가 어떠한 전략적 의미를 갖는지를 보여주기 위한 것이다. 여기에는 에이토프의 등적 투영법을 사용했다. 이 투영법은 각 사분면의 가장자리에서 모양새가 왜곡된다는 단점이 있다. 그러나 이 두 지도는 지구 전체를 표시하지 않으며, 이에 심한 왜곡이 발생하는 영역은 포함되지 않았다. 더구나 광범위한 전략적 문제를 보여주기 위해서는, 해안선이 실제로 어떻게 생겼는지 정확하게 보여주는 것보다, 대양의 표면을 축척에 맞게 제대로 보여주는 것이 더 중요하다.

2. 서반구의 국가들

국가	면적 (1,000제곱마일)	인구 (천명, 1938년 12월 기준)	1937년 정부지출		1937년 군비지출	
			연도	백만달러	백만달러	총지출의 비율 (퍼센트)
미국(알래스카 포함)	3,613	130,363	1937/38	7,691.3	1,032.9	13.4
캐나다(뉴펀들랜드 및 래브라도 포함)	3,858	11,551	1937/38	548.0	32.4	5.9
아메리카 지중해						
콜롬비아	440	8,800	1937	48.6	7.3	15.0
코스타리카	19	623	1937	6.2	0.5	8.1
쿠바	44	4,228	1937/38	71.9	18.5	25.7
도미니카 공화국	19	1,617	1937	11.6	2.0	17.2
과테말라	42	3,045	1937/38	11.0	1.8	16.4
아이티	10	2,600	1937/38	5.8	1.5	25.9
온두라스	59	1,040	1937/38	5.9	1.1	18.6
멕시코	760	19,640	1937	127.4	22.5	17.7
니카라과	49	900	1937/38	2.1		(0.3)
파나마	29	560	1937	9.6	0.1	1.0
살바도르	13	1,704	1937/38	8.9	1.4	15.7
베네수엘라	352	3,580	1937/38	98.6	31.1	31.5
서인도제도						
영국령(온두라스 포함)	21	2,361				
프랑스령	1	565				
네덜란드령	.4	101				

	면적	인구		예산지출	군비지출	
중부지대						
에콰도르	176	3,000	1937	7.5	1.9	25.3
페루	482	7,200	1937	42.3	8.8	20.8
기아나						
영국령	90	338				
프랑스령	35	37				
네덜란드령	60	174				
남아메리카						
아르헨티나	1,078	12,957	1937	403.1	90.1	22.4
볼리비아	421	3,350	1937	13.8	3.0	21.7
브라질	3,286	44,116	1937	358.2	110.2	30.8
칠레	286	4,635	1937	76.4	21.7	28.4
파라과이	151	1,000	1937/38	6.7	1.9	28.4
우루과이	72	2,123	1937	69.7	8.6	12.3
총계	15,469	272,200		9,624.6	1,399.3	14.5

* 자료출처:

면적: Statistical Yearbook of the League of Nations 1939/40, pp. 15-16(제곱킬로미터를 제곱마일로 환산, 1 km² = .3861 sq. mi.)

인구: Statistical Yearbook of the League of Nations 1939/40, pp. 15-16.

예산지출: Statistical Yearbook of the League of Nations 1938/39 and 1939/40.

군비지출: Armament Yearbook of the League of Nations 1939. 공식 환율(해당 기간의 평균환율)에 따라 미화(달러)로 변환함.

3. 1937년 서반구의 수출지

생산국가	미국 비율(퍼센트)	캐나다 및 뉴펀들랜드 비율(퍼센트)	라틴아메리카 비율(퍼센트)	서반구 총액 비율(퍼센트)	대서양함단 비율(퍼센트)	태평양함단 비율(퍼센트)	총수출액 (1천달러)	총수입액 (1천달러)
미국		15.2	19.1	34.3	47.5	18.2	3,298,929	3,009,852
캐나다	36.1	.9	4.0	41.0	50.5	8.5	997,407	808,928
뉴펀들랜드	22.4	9.3	11.0	42.7	57.1	.2	28,058	23,925
세인트피에르 및 미켈론	25.0	50.0	10.0	85.0	15.0		590	800
소계 1	35.8[1]	15.4[2]	15.6	35.9	48.3	15.8	4,324,984	3,843,505
아메리카 지중해								
콜롬비아	64.2	5.5	10.9	80.6	19.3	.1	104,592	95,972
코스타리카	45.1	.6	4.2	49.9	49.4	.7	11,512	11,879
쿠바	80.7	.4	1.1	82.2	17.7	.1	186,071	129,572
도미니카 공화국	32.2		5.9	38.1	58.5	3.4	18,120	11,692
과테말라	64.2	1.4	.8	66.4	33.4	.2	16,109	20,929
아이티	27.9	.6	1.0	29.5	68.4		8,971	9,215
온두라스	88.8	.2	2.1	91.1	8.9	2.1	9,641	10,387
멕시코	56.2		7.5	63.8	34.2	2.0	247,638	107,317
니카라과	55.4		4.6	60.0	35.2	4.8	7,038	5,621
파나마	90.9	.4	4.5	95.8	4.0	.2	4,070	21,828
살바도르	61.5	3.6	2.8	67.9	32.1		15,516	10,416
베네수엘라	16.4	2.0	68.5	86.9	13.0	.1	172,271	86,029

서인도제도

영국령	9.2	16.9	9.3	35.4	64.2	.4	69,870	105,165
포랑스령	.7	.1	.8	1.5	98.5		21,260	16,529
네덜란드령	14.0		12.9	27.0	71.8	1.2	145,785	163,641
소계 2	44.4	2.2	17.2	63.8	35.3	.9	1,038,464	869,192
중부지대								
에콰도르	33.2		15.8	49.0	47.0	4.0	14,928	11,979
페루	22.6	7.3	17.1	47.0	51.5	1.5	96,850	59,272
기아나								
영국령	6.0	44.8	8.6	59.4	40.6		13,532	11,888
포랑스령	1.5		1.5	3.0	97.0		1,490	2,130
네덜란드령	65.2		7.3	72.5	27.5		4,190	3,780
소계 3	23.2	10.0	15.6	48.8	49.6	1.6	130,990	89,049
남아메리카								
아르헨티나	12.8	2.8	8.5	24.1	74.7	1.2	713,174	479,767
볼리비아	7.3	.3	2.9	10.2	89.8		45,479	21,621
브라질	36.3	.3	7.2	43.8	51.0	5.2	347,584	330,565
칠레	32.1	.1	3.8	36.0	61.8	2.2	195,231	88,346
파라과이	13.0	.6	21.2	34.7	64.9	.4	8,490	8,726
우루과이	16.0	.5	4.7	21.2	67.6	11.2	55,352	58,098
포클랜드제도			4.0	4.0	96.0		3,020	1,503
소계 4	21.4	1.6	7.2	30.2	67.1	2.7	1,368,330	988,626
총계	32.3[1]	9.7[2]	14.2	39.3	50.1	10.6	6,862,768	5,790,372

주 1) 미국 수출을 제외한 총 수출의 비율(퍼센트)
2) 캐나다의 수출을 제외한 총 수출의 비율(퍼센트)

4. 1937년 서반구의 수입원

수입국가	미국 비율(퍼센트)	캐나다 및 뉴펀들랜드 비율(퍼센트)	라틴아메리카 비율(퍼센트)	서반구합계 비율(퍼센트)	대서양횡단 비율(퍼센트)	태평양횡단 비율(퍼센트)	총수입액 (1천달러)
미국		13.3	22.9	36.2	34.5	29.3	3,009,852
캐나다	60.7	.3	4.8	65.8	27.1	7.1	808,928
뉴펀들랜드	31.1	37.1	1.3	69.5	28.8	1.7	23,925
세인트피에르 및 미켈롱	25.0	50.0	6.0	81.0	19.0		800
소계 1	59.8[1]	13.6[2]	19.0	42.7	32.9	24.4	3,843,505
아메리카 지중해							
콜롬비아	48.4	1.1	3.4	52.9	46.5	.6	95,972
코스타리카	42.5	.4	6.1	49.0	40.4	10.6	11,879
쿠바	68.6	.8	4.5	73.9	21.6	4.5	129,572
도미니카 공화국	52.3	1.7	4.5	58.5	27.3	14.2	11,692
과테말라	45.3	.4	4.6	50.3	49.2	.5	20,929
아이티	51.0	2.1	3.6	56.7	35.7	7.6	9,215
온두라스	58.0	1.3	9.8	69.2	16.2	14.6	10,387
멕시코	62.1	1.1	2.1	65.3	32.5	2.2	170,317
니카라과	54.2		10.6	64.8	30.8	4.4	5,621
파나마	52.0	.5	7.3	59.8	20.2	20.0	21,828
살바도르	40.4	.6	5.7	46.7	53.1	.2	10,416
베네수엘라	52.8	.1	1.9	54.8	41.5	3.7	86,029

서인도제도

영국령	23.6	14.9	9.9	48.4	46.1	5.5	105,165
포랑스령	16.2	.5	7.2	23.9	76.1		16,529
네덜란드령	12.8		80.7	93.5	5.4	1.1	163,641
소계 2	44.3	2.4	18.9	65.6	30.9	3.5	869,192
중부지대							
에콰도르	39.6	.6	6.5	46.7	49.6	3.7	11,979
페루	35.4	2.3	11.2	48.9	45.4	5.7	59,272
기아나							
영국령	9.8	14.3	5.7	29.8	64.9	5.3	11,888
포랑스령	5.0		20.0	25.0	75.0		2,130
네덜란드령	22.7	1.4	9.6	33.7	55.9	10.4	3,780
소계 3	31.3	3.5	10.0	44.8	49.7	5.5	89,049
남아메리카							
아르헨티나	16.1	1.5	11.0	28.6	66.0	5.4	479,767
볼리비아	27.7		34.1	61.8	33.4	4.8	21,621
브라질	23.1	1.4	18.8	43.3	54.9	1.8	330,565
칠레	29.1	.6	17.3	47.0	48.6	4.4	88,346
파라과이	7.6	.1	44.2	51.8	33.2	15.0	8,726
우루과이	13.6	.6	31.0	45.2	49.7	5.1	58,098
포클랜드제도			43.9	43.9	55.4	.7	1,503
소계 4	19.6	1.3	16.2	37.1	58.8	4.1	988,626
총계	39.7[1]	9.0[2]	18.4	45.2	37.3	17.5	5,790,372

주 1) 미국 수입을 제외한 총수입의 비율(퍼센트)
2) 캐나다 수입을 제외한 총수입의 비율(퍼센트)

5. 1937년 미국의 전략 물자 및 해외인료의 해외 주요 수입원

(총수입가치에서 비율)

	국가	비율	국가	비율	국가	비율
전략 물자						
광물						
일루미늄(보크사이트)						
안티몬	중국	9.5	튀르키예	10.0	필리핀	6.5
크롬	남아프리카	55.0	서아프리카	22.8	노르웨이	11.2
망간	러시아	30.8	마다가스카르	7.5	영국	4.8
미카	영국령 인도	73.3				
니켈	영국	1.2				
수정편						
수은	이탈리아	52.9	스페인	35.9	영국	2.7
주석	영국령 말라야	76.1	영국	8.1	중국	4.9
텅스텐	중국	65.7	영국령 말라야	15.9	호주	6.3
농산물						
코코넛 껍질 숯	기타	.1				
마닐라삼유	필리핀	98.0				
키니네	네덜란드령 동인도제도	76.9	네덜란드	22.7		
고무	영국령 말라야	60.7	네덜란드령 동인도제도	25.9	실론	5.1
실크	일본	92.4	중국	5.5	이탈리아	2.0
양모	호주	25.8	뉴질랜드	10.0	중국	8.1

핵심 물자

광물

품목	국가		국가		국가	
석면	남아프리카	12.3	남아프리카	4.4	몰타	3.0
카드뮴	벨기에	28.1	영국	18.6	노르웨이	10.9
방청석						
형석	독일	55.2	프랑스	20.3	남아프리카	2.8
흑연	실론	44.8	마다가스카르	10.7	프랑스	5.7
요오드						
백금	영국	68.4	러시아	11.7	노르웨이	2.6
티타늄	영국령 인도	90.0	영국	2.0		
바나듐						

농산물

품목	국가		국가		국가	
커피	네덜란드령 동인도제도	2.2	영국령 동아프리카	1.1	포르투갈령 아프리카	0.5
코르크	포르투갈	61.6	포르투갈스령 북아프리카	21.4	스페인	14.7
아마 씨	영국령 인도	2.0	중국	0.6		
가죽	영국령 인도	12.2	뉴질랜드	9.4	중국	7.8
케이폭	네덜란드령 동인도제도	94.0	필리핀	3.2	영국령 인도	0.2
마전자	포르투갈스령 인도차이나	72.9	영국령 인도	126.1	영국	1.0
아편	영국	58.2	튀르키예	24.7	유고슬라비아	15.3
두부질 재료	영국령 인도	6.0	튀르키예	5.0	필리핀	4.3

자료: *Foreign Commerce and Navigation of the United States, 1937.*

6. 1937년 원자재의 지역 공급원(총수입가치에서 비율)

	태평양함단	대서양함단	계	서반구	총계
전략 물자	77.0	12.0	89.0	11.0	100
광물	8.0	17.0	25.0	75.0	100

7. 서반구의 군사 편제(제2차 세계대전 발발 당시)

	연도	해군							육군		공군
		전함	항공모함	순양함	구축함	잠수함	해안 방어	기타	실병력	예비 병력	항공기
미국	1939	15	5	37	221	94		335	185,000		2,320
캐나다	1939				6				6,000		210
아메리카 지중해											
콜롬비아	1940				2			21	16,000	100,000	15
코스타리카	1939								500		
쿠바	1939			1				13	15,000	30,000	20
도미니카 공화국	1939							5	2,000	10,000	
과테말라	1939								6,000	27,000	31

국가	연도								
아이티	1939					2	3,000	500	
온두라스	1939						1,500	2,600	3
멕시코	1938					21	50,000	65,000	51
니카라과	1939					1	2,500	600	
파나마	1939								3
살바도르	1939						3,000	700	8
베네수엘라	1939	1			1	6	6,000	5,000	30
중부지대									
에콰도르	1939	1			1	1	7,500	40,000	12
페루	1939	2		3	4	10	12,000	20,000	80
남아메리카									
아르헨티나	1938	2	2	16	4	32	50,000	280,000	200
볼리비아	1939						24,000	80,000	20
브라질	1938	2	2	8	1	26	85,000[1]	200,000	200
칠레	1939	1	3	8	9	16	20,000	210,000	100
파라과이	1939					4	8,000	90,000	
우루과이	1939				3	10	8,000	25,000	45

주 1) 1940년 수치

자료: League of Nations Armaments Year Book, 1939-40.

Jane, F. T., Jane's Fighting Ships, 1939.

Baldwin, Hanson W., United We Stand (New York, 1941).

577

□

강대국 지정학: 세력균형을 통한 미국의 세계 전략

초판인쇄 2023년 11월 3일
초판발행 2023년 11월 10일

지은이 니컬러스 J. 스파이크먼
옮긴이 김연지 김태중 모준영 신영환
펴낸이 강성민
편집장 이은혜
기획 노만수
마케팅 정민호 박치우 한민아 이민경 박진희 정경주 정유선 김수인
브랜딩 함유지 함근아 박민재 김희숙 고보미 정승민 배진성
제작 강신은 김동욱 이순호

펴낸곳 (주)글항아리
출판등록 2009년 1월 19일 제406-2009-000002호
주소 10881 경기도 파주시 심학산로10 3층
전자우편 bookpot@hanmail.net
전화번호 031-955-8869(마케팅) 031-941-5161(편집부)

ISBN 979-11-6909-168-8 03300

www.geulhangari.com